现代工程结构力学丛书
Advanced Structural Mechanics in Engineering

丛书主编　赖远明

船舶结构力学

Ship Structural Mechanics

主　编　庞福振　李陈峰　孙士丽
副主编　刘　宁　李海超　许维军
参　编　周学谦　杜　圆　陈海龙
主　审　戴仰山

机械工业出版社

船舶结构力学主要研究外载荷作用下船体结构的应力、变形和稳定性。本书主要介绍船舶结构力学的基本原理和分析方法（包括经典结构力学方法和现代有限元分析法），结合工程实例研究船舶静力学问题、极限强度问题与热应力问题等，并给出具体的工程处理方法。

本书共 10 章，第 1 章为绪论，主要介绍船舶结构力学的研究范畴、研究方法和典型力学模型；第 2~6 章为第 1 篇，主要介绍经典船舶结构力学理论，包括单跨梁的弯曲理论、杆件的扭转理论、杆系的典型求解方法、板壳的弯曲理论、杆及板壳的稳定性；第 7、8 章为第 2 篇，主要介绍船舶结构有限元法，包括杆系有限元法、板壳有限元法；第 9、10 章为第 3 篇，主要介绍船舶结构力学问题应用实例，包括船舶结构力学典型问题有限元分析、典型船舶结构力学问题分析实例。

本书注重引导与培养读者的船舶结构力学思维，可为船舶与海洋工程领域结构力学学习、研究和工程应用提供参考。

图书在版编目（CIP）数据

船舶结构力学 / 庞福振，李陈峰，孙士丽主编. 北京：机械工业出版社，2025.5. -- （国家出版基金项目现代工程结构力学丛书）. -- ISBN 978-7-111-78184-4

Ⅰ. U661.4

中国国家版本馆 CIP 数据核字第 2025Z26F28 号

机械工业出版社（北京市百万庄大街 22 号　邮政编码 100037）
策划编辑：林　辉　　　　　　责任编辑：林　辉　李　乐
责任校对：梁　园　丁梦卓　　封面设计：张　静
责任印制：单爱军
北京华联印刷有限公司印刷
2025 年 9 月第 1 版第 1 次印刷
184mm×260mm・26.75 印张・663 千字
标准书号：ISBN 978-7-111-78184-4
定价：168.00 元

电话服务　　　　　　　　　　网络服务
客服电话：010-88361066　　　机　工　官　网：www.cmpbook.com
　　　　　010-88379833　　　机　工　官　博：weibo.com/cmp1952
　　　　　010-68326294　　　金　书　网：www.golden-book.com
封底无防伪标均为盗版　　　　机工教育服务网：www.cmpedu.com

丛书指导委员会（按拼音排序）

特别顾问：

  程耿东（中国科学院院士）

  胡海岩（中国科学院院士）

主 任：

  陈政清（中国工程院院士）

  崔俊芝（中国工程院院士）

  欧进萍（中国工程院院士）

委 员：

  包世华（清华大学）

  戴仰山（哈尔滨工程大学）

  姜耀东［中国矿业大学（北京）］

  康国政（西南交通大学）

  雷钟和（清华大学）

  梁立孚（哈尔滨工程大学）

  孙侠生（中国航空研究院）

  姚振汉（清华大学）

  袁明武（北京大学）

  庄 茁（清华大学）

丛书编写委员会（按拼音排序）

主　　　任：
　　赖远明（中国科学院院士）

常务副主任：
　　岑　松（清华大学，辽宁工程技术大学）
　　陈　璞（北京大学）

副　主　任：
　　陈　勉［中国石油大学（北京）］
　　苏　成（华南理工大学）
　　赵丽滨（河北工业大学）

委　　　员：
　　陈永强（北京大学）
　　崔一南（清华大学）
　　代岩伟（北京工业大学）
　　范宣华（中国工程物理研究院）
　　傅向荣（中国农业大学）
　　侯钢领（哈尔滨工程大学）
　　胡　宁（河北工业大学）
　　孔维晨（清华大学）
　　李陈峰（哈尔滨工程大学）
　　李朋洲（中国核动力研究设计院）
　　李世远［中国石油大学（北京）］
　　廉艳平（北京理工大学）
　　刘丰睿（北京航空航天大学）
　　刘瑶璐（重庆大学）
　　刘应华（清华大学）
　　罗家成（中国核动力研究设计院）
　　宁慧铭（重庆大学）
　　庞福振（哈尔滨工程大学）
　　孙　海（哈尔滨工程大学）
　　孙士丽（哈尔滨工程大学）
　　孙树立（北京大学）
　　王绥安（河北工业大学）
　　冼剑华（华南理工大学）
　　于哲峰（上海交通大学）
　　张学富（重庆交通大学）

序

"现代工程结构力学丛书"（以下简称丛书），涵盖多类结构形式力学分析的基础理论和数值解法。丛书包含《结构力学》《计算结构力学》《工程结构有限元原理》《工程结构动力学》《工程结构弹塑性力学》《工程结构断裂力学》等工程结构力学基础系列，以及《复合材料结构力学》《飞行器结构力学》《能源地下结构力学》《反应堆结构力学》《桥梁结构随机振动》《船舶结构力学》等工程结构力学专题系列。

现代工程结构力学是我国在工程建造（土木工程、交通工程、能源工程）和机械制造（机械工程、航空航天工程）等领域的基础理论和科技成果的一个亮点。华龙一号、C919、高铁等国家名片，无不蕴含着工程结构力学的科研进步、技术革命和产业变革，正深远地影响着全球创新版图、经济结构、国家前途命运和人民生活福祉。

丛书作者的很多科研成果已经广泛应用于大时代的各类工程建设中。

在土木工程领域，丛书作者参与了国家大剧院、鸟巢、中国尊、上海浦东机场、天津津塔等地标建筑的设计与分析；在交通工程领域，丛书作者参与了港珠澳大桥、京港线高铁等国家重大工程建设，以及"雪龙"号科考船、"蛟龙"号深潜器等典型船舶结构设计；在能源工程领域，丛书作者参与了大庆油田、克拉玛依油田等国家主要油田的建设，以及西气东输、华龙一号等国家重大战略项目的建设；在机械工程和航空航天领域，丛书作者参与了C919等国之重器的研发。

丛书作者在工程结构力学的相关成果获得国家自然科学奖、国家技术发明奖、国家科技进步奖等十余项国家级奖励。希望丛书能够作为工程师在日常工作中参阅的工具书，也希望丛书能够成为相关专业高校师生的参考书。

各类学科在知识内容上的需求和着重点有所不同。限于作者的知识局限性及编写时间仓促，如果有未能纳入的内容，请读者参考其他相关专业书籍。

郑远明
2023 年 5 月

前言

船舶结构力学是结构力学的一个分支,是分析、认识船舶结构系统力学特性的学科。船舶结构系统是一个庞大而且复杂的系统,船舶结构力学主要研究船体结构在外载荷作用下的结构静力响应,包括应力、变形和稳定性等,为船舶结构设计与力学性能评估提供基础理论和方法。

20世纪初,И. Г. 布勃诺夫最早在圣彼得堡工学院(现名圣彼得堡彼得大帝理工大学)开设"船舶结构力学"课程,并相继出版了两卷本《船舶结构力学》,标志着"船舶结构力学"学科的诞生。经过 И. Г. 布勃诺夫与他的学生 П. Ф. 帕普科维奇和 Ю. А. 希曼斯基师生两代人近50年的不懈努力,船舶结构力学逐步发展成为一门体系完整、理论严谨、内容充实、应用性强的技术科学。其基础理论包括单跨梁、连续梁、弹性基础梁、平面刚架、曲线刚架、平面板架、薄板、圆柱形薄壳等的弯曲和稳定性,有力地支撑了船舶结构设计,推动了造船科学技术的发展。

20世纪50年代初,船舶结构力学传入我国,早期是苏联专家针对我国高校学制编写的讲义。在经过大连海军学校(海军工程大学前身)郭日修、军事工程学院(哈尔滨工程大学前身)李维扬、上海交通大学陈铁云和陈伯真等学者的不断探索后得到了极大的发展。1980年,陈铁云和陈伯真在"全国造船专业教材委员会"的组织下编撰了《船舶结构力学》,1991年出版第2版。该书以力法、位移法、能量法、矩阵法和平面问题的有限元法、板弯曲的有限元法等各种计算方法作为主要内容和编写主线展开论述,被国内各船舶院校广泛采用至今。其间,国内相关船舶院校也陆续编写了各自的船舶结构力学教材和讲义,但内容和1980年出版的《船舶结构力学》基本相同,也是以经典的力法、位移法、能量法和矩阵法等计算方法为主要内容和编写主线。这些教材和讲义对培养我国船舶与海洋工程结构方向的专业人才,促进我国船舶与海洋工程技术的发展起到了重要的推动作用。

随着船舶大型化、设计智能化趋势的不断发展,复合材料在船舶设计中被广泛应用,对船舶结构力学分析的需求也在快速提升,要求也越来越高,传统"手算"方法解决船舶结构力学工程问题愈发捉襟见肘。随着计算机技术、数值计算技术的迅猛发展,有限元分析(FEA)技术正广泛应用于船舶结构设计领域,有力支撑了航空母舰、30万t超大型油船、40万t超大型散货船、2万箱超大型集装箱船、"海洋石油981"超深水半潜式平台、"蛟龙"号万米深潜器等国之大器设计。通用有限元法不仅可以实现大型船舶结构力学的精确分析,还可生动、直观地获得船舶结构的变形及应力信息,具备良好的人机交互界面。该技术为新工科背景下船舶结构力学发展及船舶与海洋工程应用提供了有力保障,但应用有限元法进行船舶结构计算,必须在船舶结构力学的理论指导下进行。

基于以上考虑，除第1章绪论外，本书在内容设置上分为基础篇、提高篇和应用篇三部分。其中，第2~6章为基础篇，主要介绍船舶结构力学经典理论和方法，包括梁、板、壳的弯曲、扭转及稳定性等基础知识和初参数法、力法、位移法、能量法等理论求解方法；第7、8章为提高篇，主要介绍船舶结构有限元法的基本理论，即船舶计算结构力学的相关知识，包括杆系结构的有限元法、板壳结构的有限元法、复合材料层合板的有限元法和结构热应力分析等内容；第9、10章为应用篇，主要介绍船舶结构力学问题应用实例，反映船舶结构力学新工科工程技术现状，内容包括船体结构总强度分析、极限强度分析、复合材料结构失效与分析、结构热力耦合分析和结构稳定性分析等，以及半潜式平台、超大型集装箱船和深潜器等结构设计中涉及的结构力学问题及其工程处理方法。

在编写本书过程中，编者参考了大量国内外相关文献资料，在此对所参考文献资料的作者表示感谢。哈尔滨工程大学戴仰山教授对本书进行了认真评阅，提出了许多宝贵的意见，在此编者对戴仰山教授表示衷心的感谢。此外，本书编写工作还得到了黑龙江省教育科学规划重点课题（GJB1423057）和黑龙江省教改重点项目（SJGZ20220035）的支持。

由于编者水平有限，书中难免有错误和不妥之处，望读者批评指正。

编　者

目录

序
前言

第1章 绪论 ································· 1
1.1 船舶结构力学的研究范畴 ············· 1
1.2 船舶结构力学的主要研究方法 ········ 2
1.3 船舶结构典型力学模型和发展趋势 ··· 3
1.4 本书主要内容 ···························· 7

第1篇 经典船舶结构力学理论

第2章 单跨梁的弯曲理论 ················ 9
2.1 梁的弯曲微分方程 ······················· 9
2.2 梁的支座及边界条件 ·················· 12
2.3 梁的弯曲要素及应力 ·················· 14
2.4 梁的复杂弯曲 ··························· 16
2.5 弹性基础梁的弯曲 ····················· 19
2.6 梁的极限分析 ··························· 20

第3章 杆件的扭转理论 ··················· 23
3.1 等截面直杆的扭转 ····················· 23
3.1.1 基本关系 ···························· 23
3.1.2 应力函数 ···························· 24
3.1.3 扭矩及扭矩常数 ··················· 24
3.2 薄壁杆件的自由扭转 ·················· 25
3.2.1 开口薄壁杆件的自由扭转 ······· 25
3.2.2 闭口薄壁杆件的自由扭转 ······· 26
3.3 开口薄壁杆件的约束扭转 ············ 29

第4章 杆系的典型求解方法 ············· 31
4.1 力法 ······································· 31
4.1.1 力法原理 ···························· 31
4.1.2 简单刚架与简单板架计算 ······· 35
4.1.3 弹性固定端与弹性支座 ·········· 38
4.1.4 交叉构件板架计算 ················ 44
4.2 位移法 ···································· 50
4.2.1 位移法原理 ························· 50
4.2.2 位移法在杆系结构中的应用 ···· 55

4.2.3 弯矩分配法 ························· 59
4.3 能量法 ···································· 62
4.3.1 应变能与余能 ······················ 62
4.3.2 杆件的应变能 ······················ 64
4.3.3 虚功原理 ···························· 66
4.3.4 虚位移原理的应用 ················ 67
4.3.5 虚力原理的应用 ··················· 71

第5章 板壳的弯曲理论 ··················· 75
5.1 矩形板的筒形弯曲 ····················· 75
5.2 矩形刚性板的弯曲 ····················· 80
5.2.1 刚性板的弯曲微分方程 ·········· 80
5.2.2 刚性板弯曲的解 ··················· 84
5.2.3 刚性板弯曲的能量法 ············· 90
5.3 矩形复合材料板的弯曲 ··············· 91
5.3.1 正交异性板的弯曲方程 ·········· 91
5.3.2 复合材料板的弯曲方程 ·········· 96
5.3.3 复合材料板的失效分析 ·········· 97
5.4 回转薄壳结构的弯曲 ················ 100
5.4.1 球壳结构的弯曲问题 ··········· 100
5.4.2 圆柱壳结构的弯曲问题 ········ 102
5.5 结构的热应力问题 ··················· 108
5.5.1 球壳结构的热应力问题 ········ 108
5.5.2 圆柱壳结构的热应力问题 ····· 109

第6章 杆及板壳的稳定性 ·············· 112
6.1 杆的稳定性 ···························· 113

  6.1.1 单跨杆的稳定性 …………… 113
  6.1.2 多跨杆的稳定性 …………… 120
  6.1.3 甲板板架的稳定性 ………… 124
 6.2 板的稳定性 ……………………… 128
  6.2.1 板的中性平衡微分方程及其解 … 128
  6.2.2 板稳定性的能量解法 ……… 133
  6.2.3 板的后屈曲性能 …………… 138
 6.3 曲壳的稳定性 …………………… 142
  6.3.1 球壳的稳定性 ……………… 142
  6.3.2 圆柱壳的稳定性 …………… 143
  6.3.3 加筋曲壳的稳定性 ………… 145

第 2 篇 船舶结构有限元法

第 7 章 杆系有限元法 ………………… 148
 7.1 基本概念 ………………………… 148
 7.2 杆元的基本类型 ………………… 149
 7.3 杆元及结构刚度矩阵 …………… 150
  7.3.1 杆元刚度矩阵 ……………… 150
  7.3.2 结构刚度矩阵 ……………… 153
 7.4 约束处理及坐标变换 …………… 154
  7.4.1 约束处理 …………………… 154
  7.4.2 坐标变换 …………………… 158
 7.5 空间杆系有限元分析 …………… 165
 7.6 杆系稳定性问题有限元分析 …… 168

第 8 章 板壳有限元法 ………………… 170
 8.1 弹性体应力、位移与应变关系 … 170
 8.2 有限元法基本概念及求解思路 ……… 172
 8.3 平面应力问题与平面应变问题 … 173
  8.3.1 平面应力问题及基本方程 … 173
  8.3.2 平面应变问题及基本方程 … 177
  8.3.3 三角形单元的分析与应用 … 178
  8.3.4 矩形单元的分析与应用 …… 189
  8.3.5 薄壳单元的分析与应用 …… 195
 8.4 复合材料层合板有限元模拟 …… 197
  8.4.1 经典理论层合板单元 ……… 197
  8.4.2 一阶剪切层合板单元 ……… 202
 8.5 热应力单元有限元模拟 ………… 204
  8.5.1 平面稳定温度场 …………… 204
  8.5.2 平面热应力 ………………… 207

第 3 篇 船舶结构力学问题应用实例

第 9 章 船舶结构力学典型问题有限元
    分析 ……………………………… 215
 9.1 船体结构总强度有限元分析 …… 215
  9.1.1 有限元分析模型 …………… 215
  9.1.2 载荷施加 …………………… 219
  9.1.3 有限元分析衡准 …………… 222
  9.1.4 某舱段模型的总强度校核 … 223
  9.1.5 船体下水强度有限元分析 … 225
 9.2 船体结构极限强度有限元分析 … 231
  9.2.1 有限元分析模型 …………… 231
  9.2.2 设计工况 …………………… 232
  9.2.3 有限元分析衡准 …………… 233
  9.2.4 某舱段模型的极限强度分析 … 233
  9.2.5 加筋板结构的后极限强度分析 … 235
  9.2.6 起吊眼板结构极限强度分析 … 240
 9.3 船体复合材料结构有限元分析 … 249
  9.3.1 有限元分析方法 …………… 249
  9.3.2 复合材料失效准则 ………… 250
  9.3.3 材料刚度退化模型 ………… 251
  9.3.4 结构最终失效判据 ………… 252
  9.3.5 夹层板架有限元分析 ……… 252
  9.3.6 复合加筋板抗冲击有限元分析 … 254
 9.4 船体结构热力耦合分析 ………… 261
  9.4.1 有限元分析方法 …………… 261
  9.4.2 热力耦合基本原理 ………… 262
  9.4.3 材料热物理性质 …………… 262
  9.4.4 船舶结构焊接模拟 ………… 263
  9.4.5 厚壁球壳结构焊接模拟 …… 266
  9.4.6 化学品船的热力耦合分析 … 271
  9.4.7 温差作用下船体变形分析 … 273
 9.5 船体板壳结构稳定性分析 ……… 278
  9.5.1 稳定性计算方法 …………… 278
  9.5.2 屈曲校核经验公式 ………… 278
  9.5.3 耐压壳结构稳定性分析 …… 279
  9.5.4 加筋球壳结构稳定性分析 … 288
  9.5.5 内肋骨舱段总体稳定性分析 … 293

第 10 章 典型船舶结构力学问题分析
     实例 …………………………… 298

10.1　船体结构疲劳损伤强度分析 …………… 298
　　10.1.1　疲劳损失强度评估方法 …………… 298
　　10.1.2　疲劳损失强度分析模型 …………… 301
　　10.1.3　基于时域雨流计数法和梁理论的疲劳损伤计算 …………… 302
　　10.1.4　基于频域谱分析法及砰击修正的疲劳损伤计算 …………… 304
　　10.1.5　疲劳损伤强度分析结果 …………… 307
10.2　半潜式钻井平台结构力学问题分析实例 …………… 308
　　10.2.1　半潜式钻井平台的发展概述 …………… 308
　　10.2.2　半潜式钻井平台的总强度评估 …………… 312
　　10.2.3　半潜式钻井平台的极限强度预报 …………… 320
10.3　复杂构型浮体平台结构力学问题分析实例 …………… 325
　　10.3.1　浮式平台的结构特点及载荷分析 …………… 325
　　10.3.2　单一载荷作用下极限承载能力研究 …………… 330
　　10.3.3　双向联合载荷作用下极限承载能力分析 …………… 334
10.4　超大型集装箱船结构力学问题分析实例 …………… 339
　　10.4.1　集装箱船的发展概述 …………… 339
　　10.4.2　大型集装箱船的结构分析 …………… 340
　　10.4.3　超大型集装箱船结构疲劳强度评估 …………… 341
　　10.4.4　超大型集装箱船结构极限强度分析 …………… 351
10.5　深潜器耐压壳结构力学问题分析实例 …………… 369
　　10.5.1　深海潜水器概述 …………… 369
　　10.5.2　耐压球壳结构有限元计算 …………… 370
　　10.5.3　耐压球壳的材料特性和应力分布特性 …………… 376
　　10.5.4　基于缺陷的耐压球壳屈曲行为研究 …………… 380
　　10.5.5　耐压柱壳结构有限元计算 …………… 383

附录 …………… 387
　附录A　单跨梁的弯曲要素表 …………… 387
　附录B　单跨梁复杂弯曲的弯曲要素表及辅助函数 …………… 392
　附录C　弹性基础梁的弯曲要素表及辅助函数 …………… 396
　附录D　矩形平板的弯曲要素 …………… 406
　附录E　在中间弹性支座上连续压杆的稳定性曲线 …………… 408

参考文献 …………… 411

第 1 章

绪论

1.1 船舶结构力学的研究范畴

船舶作为一种复杂的水上工程结构物,航行于海洋河湖,执行运输、生产等各种作业任务。为保证其顺利完成任务,船舶应具有一定的强度,使其在正常使用状态和一定使用年限内不产生破坏。

航行中,船舶受到的外力除船舶自重和载重外,还包括风、浪、流、温度等海洋环境对船舶的作用力。一般而言,船舶受到的力总是动力(如波浪力、冲击力以及船舶运动中的惯性力等)。实践表明,在研究船体强度问题时,将船体结构沿纵向看成是一根梁("船体梁",Ship hull girder)来研究是合理的。此时,船体在受到重力、浮力、波浪载荷等全船性外力作用下的强度称为"纵向总强度"或"总纵强度"(图1-1)。船体梁是一种刚度沿船长方向变化的空心薄壁梁。因"薄壁",会有构件失稳问题,因"空心"在总弯曲时会发生局部弯曲。船舶总纵强度十分复杂,一直是船体强度校核的重要内容。

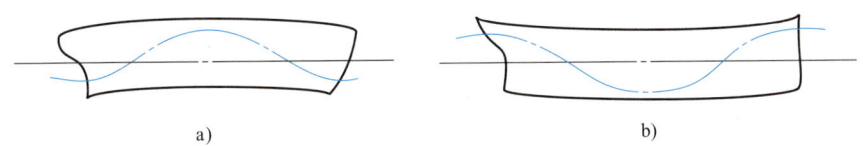

图 1-1 船舶强度问题示意图
a) 中拱状态 (hogging condition) b) 中垂状态 (sagging condition)

重力和水压力的作用除了使船体产生总纵弯曲外,还会使船体甲板、舷侧、船底等结构产生横向弯曲变形。"横向强度"是指整个船体结构抵抗横向弯曲的能力。船体保证横向强度的构件主要有横舱壁和由肋板、肋骨、横梁组成的横向框架。

局部强度是指局部结构在局部载荷作用时的强度。除总纵强度和横向强度以外,船体的局部构件也会因局部载荷而发生变形或受到破坏,如上浪压力作用下的甲板板架,液舱液压作用下的舱壁结构等,因此也需研究这些局部结构的强度问题(图1-2及图1-3)。

在进行船舶结构设计时,仅以简单梁的弯曲理论来校核船舶总纵强度是不够的。首先是船体构件的稳定性问题。研究者发现船在总弯曲时船体的受压构件(主要是中垂时的上层甲板)常常因受压过度而丧失稳定性。因此,船体总强度校核必须考虑受压构件是否有失稳现象。分析构件失稳后的应力再分配问题能较为客观地反映船体总纵强度。其次是船体的

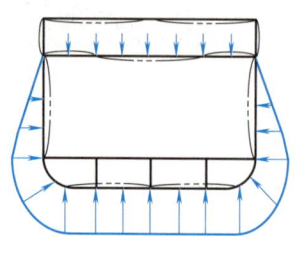

图 1-2 局部构件受力状态

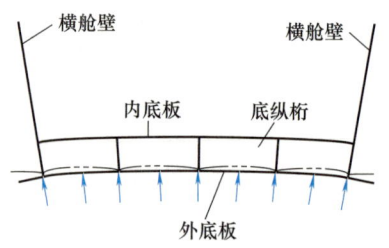

图 1-3 局部构件示意图

扭转强度问题。当集装箱船等大开口船舶在斜浪中航行时,其所受波浪力的合力不通过船体剖面的形心,因其舱口开口大,船体的抗扭刚度相对较低,可能会导致船体的扭转强度问题。

历年的船舶海损事故表明,多数海损事故主要由船舶舱口角隅等不连续处的应力集中引起。应力集中可能引起裂缝产生并向甲板甚至舷侧蔓延,严重时可能导致整船的折断。除舱口角隅外,船体上层建筑端部、舷侧开门及其他结构不连续处也会发生应力集中。减少应力集中现象、降低集中应力水平也是船体强度研究的重要内容。

随着船舶建造和船体强度问题研究的日益深入,围绕上述问题,逐渐形成了一门专门研究船体强度的学科,即"船体强度"和"船舶结构力学"。通常而言,"船体强度"是泛指研究船体结构强度的科学,它包括外力、结构在外力作用下的反应,即内力研究和许用应力的确定等一系列问题;而"船舶结构力学"则是专指研究船体结构内力的问题,不包括外力及许用应力等方面的问题。

学习船舶结构力学,就是要掌握在给定静力载荷作用下如何确定船体结构中的应力、应变、内力与变形,并主要达到以下目的:

1) 船体强度校核。具有对船体结构进行强度校核的能力,即对已设计或建造好的船舶,在船体结构尺寸已知、外载荷或工况已给定的情况下,计算船体结构的应力与变形,并与许用值进行比较,从而判断船体结构的强度是否满足要求。

2) 船舶结构设计。具有进行船舶结构设计的能力,即在已知结构的载荷及许用应力(或变形)的情况下,根据结构计算的应力、变形,确定船舶结构的尺寸。

3) 加深规范理解、完善计算方法。船舶结构设计需考虑实际因素,不能仅仅靠理论计算来完成。民用船舶结构设计通常依照各国船级社颁布的船舶建造规范进行,船舶结构力学是结构设计的基础,掌握船舶结构力学对规范会有更深的理解。随着高性能计算、云计算、智能计算等新型计算技术的不断发展与广泛应用,船在复杂海洋环境载荷下的响应计算已逐渐成为可能。随着节能减排、"双碳"政策的不断推进,极地开发的不断加速,船舶轻量化需求的不断提升,复合材料结构在船舶建造中被广泛应用,LNG 船、豪华邮轮、特种船舶、极地破冰船、极地运输船等新型船舶不断涌现,复合材料结构强度、船舶热应力问题等不断涌现,使得船体强度内容异常丰富。此外,对于还没有建造规范可依据的船舶,如一些特种船舶、悬浮隧道、深海养殖网箱等,其结构设计也需要用到船舶结构力学的知识。因此,学习船舶结构力学就更为必要了。

1.2 船舶结构力学的主要研究方法

开展结构变形与应力计算,首先需将实际结构进行物理模型抽象、简化,选用适当的计算方法进行计算，并在实践中检验计算结果的准确性，这是一般结构力学所采用的共同的方法。

在船舶结构力学中，由于船体结构及外部载荷的复杂性，采用传统计算方法，将船体受力后各组成部分的应力与变形全部计算出来几乎是不可能的。因此，设计人员在进行船体结构计算时，总是根据需要与可能，先对实际结构进行简化，然后再做结构分析。具体做法如下：

1）将船体总纵强度问题与横向强度问题、局部强度问题分开考虑，必要时再把它们的结果叠加起来。

2）在横向强度与局部强度问题中，常把空间结构拆成平面结构来考虑。通常考虑的是船体中一个隔舱内的甲板、舷侧、船底和舱壁，并把它们视为平面结构。

3）在计算中把组成船体的骨架和板分开考虑，将船体板视为支持在骨架上的板，骨架则作为板的支持结构。实践证明，船体中的骨架在受力后变形，和它相连的一部分板始终与骨架一起作用，不可分割。

由于船体的总纵强度问题与横向强度问题、局部强度问题是同时存在的，船体中的板和骨架也是连在一起的，将它们人为地分开考虑，主要是受到计算方法和计算技术上的限制，这种处理方式具有一定的近似性。

前已述及，船体总纵强度问题是把船整体当作一个空心薄壁梁，用梁的弯曲理论来解决，其计算并不困难。因此，在船舶结构力学中主要是研究船体中板和骨架的强度计算问题，主要是甲板、舷侧、船底及舱壁等结构的强度计算，也包括稳定性问题。

随着计算机技术、材料科学、数值计算技术的不断发展，许多人工无法计算的问题都可借助计算机来实现，原本因计算方法和技术而做的各种限制都可以逐渐去除，从而使得结构计算更加精确，更切合实际。具体做法如下：

1）将总纵强度问题与横向强度问题、局部强度问题一起考虑，即在确定船体整体受力的情况下，可将船体各组成结构中的应力与变形一起计算分析。

2）计算空间结构，无须将空间结构化为平面结构。

3）将骨架和板一起考虑。

4）除通常的外力载荷外，还可以考虑温度等复杂海洋环境载荷对船舶结构强度的影响。

值得注意的是，即使计算机技术、数值计算技术取得了长足进步，但选择一个合理的结构计算方案是不能脱离计算实际需要的。因此，在实际工作中，应根据不同任务的具体要求来正确地确定计算模型和选定计算方案。

1.3 船舶结构典型力学模型和发展趋势

在进行船体结构计算时，无论是采用传统方法，还是采用计算机进行数值计算，都必须对实际结构加以简化。简化后的结构常称为结构的力学模型。结构的力学模型是根据实际结构的受力特征、结构之间的相互影响和计算要求等因素来确定的，具有多样性、独特性和典型性。船舶结构典型力学模型有以下几种：

1）压杆计算模型。压杆是指仅受轴向压力作用的杆件。

2）单跨梁计算模型。单跨梁是指受横向或横向与轴向载荷共同作用，且仅在梁的两端有支座的梁。

3）连续梁计算模型。连续梁是指受横向或横向与轴向载荷共同作用，且梁的两端及跨中都有支座的梁。

4）刚架计算模型。刚架是指由不同方向骨架坚固连接所组成的构件体系。构件在同一平面内的刚架称为平面刚架。平面刚架只受到构件平面内的载荷作用，否则为空间刚架。平面刚架中构件交汇处构件数量等于 2 的刚架称为简单刚架，大于 2 的刚架称为复杂刚架。

5）板架计算模型。板架结构是指由板和骨架组成，受到垂直于平面的载荷作用的平面结构。板架在同一平面内有不同方向的梁相交，也称为交叉梁系结构。

6）板计算模型。板是指由两个平行平面（或称表面）和垂直于柱面所限制的物体，且表面间的距离小于表面本身的尺寸。板厚远小于表面本身的尺寸时称为薄板，否则称为中厚板或厚板。板计算模型分为板弯曲变形计算模型和板稳定性计算模型。

7）壳体计算模型。壳体是指上下表面具有曲率的板，壳体厚度远小于表面本身的尺寸时称为薄壳。

1. 船体中的板

船体中的板是连续的板，它构成船体的外形，并受到纵横骨架的支持。在研究船体板的力学问题时，通常把四周由纵横骨架支持的那一部分板作为研究对象。这样，船体中的板就可简化为具有矩形周界的平板。

板上的载荷一般分为两类：一类是垂直于板面的载荷，如作用于板上的水压力；另一类是位于板平面的载荷，如在船体总弯曲时作用于船体板平面内的应力，如图 1-4 所示。

2. 船体中的骨架 （图 1-5）

船体中的骨架（横梁、肋骨、肋板、纵骨、纵桁等）大多是细长的型钢或组合型材，所以这种骨架被称为杆件，简称杆。相互连接的骨架系统称为杆件系统，简称"杆系"。船体的杆系是一个复杂的空间系统，在实际计算时常把它划分为一些形状比较规则、比较简单的力学模型。

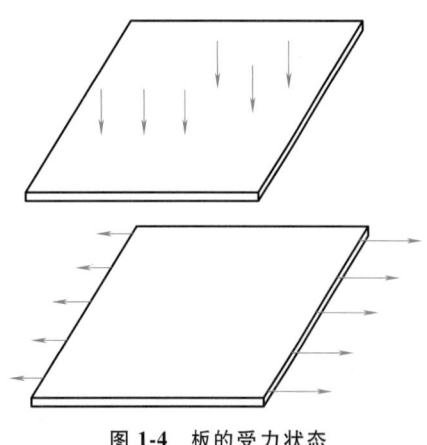

图 1-4 板的受力状态

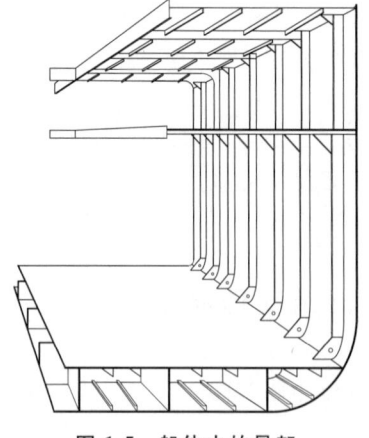

图 1-5 船体中的骨架

（1）上甲板纵骨　在上甲板骨架中，纵骨尺寸最小，它穿过强横梁并通过横舱壁在纵向保持连续。在计算纵骨时，认为强横梁有足够的刚性支持纵骨，可作为纵骨的刚性支座；

纵骨在横舱壁处则作为刚性固定端，这样就得到图1-6中的计算模型，即连续梁。

（2）甲板纵桁与舱口端横梁　在上甲板（或下甲板）骨架中，甲板纵桁与舱口端横梁尺寸最大，在计算时常可略去其他骨架对它们的影响，于是在研究甲板纵桁与舱口端横梁时就得到了一个井字形的平面杆系，如图1-7a所示。此种杆系因外载荷垂直于杆系平面而发生弯曲，称为"交叉梁系"（grillage）或"板架"。如果舱口端横梁中点有支柱或半舱壁，就又可化为图1-7b中的板架。

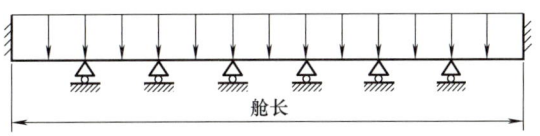

图1-6　连续梁计算模型

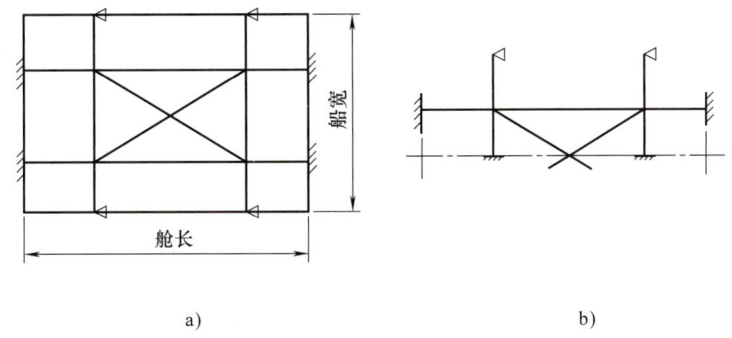

图1-7　板架

（3）横梁　在船体横剖面内，横梁、肋骨及船底肋板共同组成一个平面杆系，因此常把它们一起考虑，作为船体横向强度的研究对象。这种杆系中各杆的连接点是刚性的，并受到作用于杆系平面内的载荷作用，故称为"刚架"（rigid frame），如图1-8a所示。图中肋骨与横梁及肋板的相交点因相应位于船侧板与甲板及底板的交界处，在实际情况中不会发生线位移，故在该处加上支座表示不可移动。横梁在舱口处的支座表示舱口纵梁的支持作用。

考虑到实际船舶中肋板的尺寸远大于肋骨尺寸，所以计算时可将肋骨下端作为刚性固定端，而把肋板放到船底骨架中研究，这样就得到了仅由横梁与肋骨组成的刚架，如图1-8b所示。

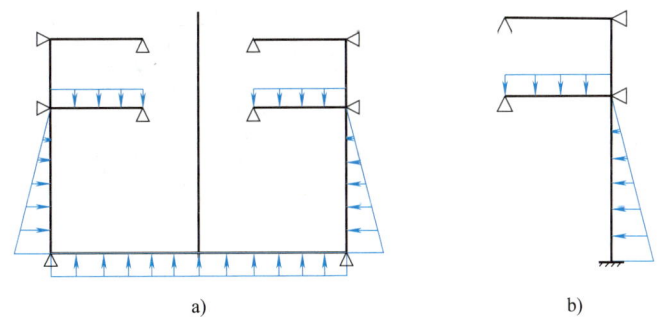

图1-8　刚架

板架和刚架这两种平面杆系虽然形式上相同，但它们所受的外载荷的作用方向并不相同，因而变形特征也就不同，所以将分别予以研究。

3. 船底

船上的双层底是一个比较特殊的结构。整个双层底可以看作一个夹层板，常称为"组合板"，也可以看作杆系结构。当把它当作杆系结构时，则将双层底视为由底纵桁和肋板组成的交叉梁系，即船底板架，这时内底板和外底板作为底纵桁和肋板的带板，如图1-9所示。船体结构中绝大多数骨架都是焊接在钢板上的，当骨架发生变形时，与它连接的板一起抵抗骨架变形。为估算骨架的承载能力，把一定宽度的板计算在骨架剖面中，这部分板称为带板。而内底纵骨和外底纵骨则和甲板纵骨相似，在计算时可作为支持在肋板上的连续梁。

以上所述的连续梁、刚架和板架就是船体结构中三种典型的杆系。计算机及数值计算技术的发展及应用，使得对空间结构和复杂结构的计算成为可能。因此，就出了现有的空间结构、板梁结构、船体立体舱段结构等的计算图形，图1-10所示为大舱口货船悬臂梁结构的计算模型，图1-11所示为大型油轮肋骨刚架离散化的计算模型。

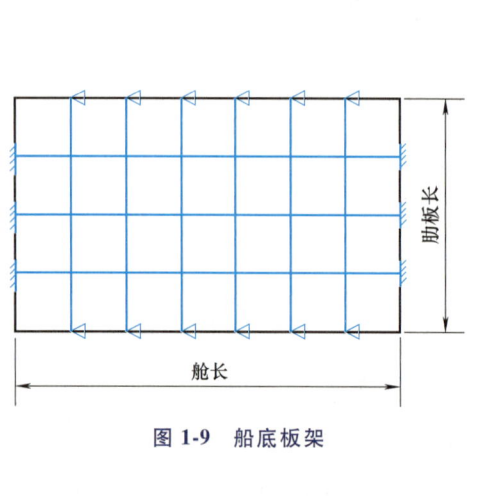

图1-9　船底板架

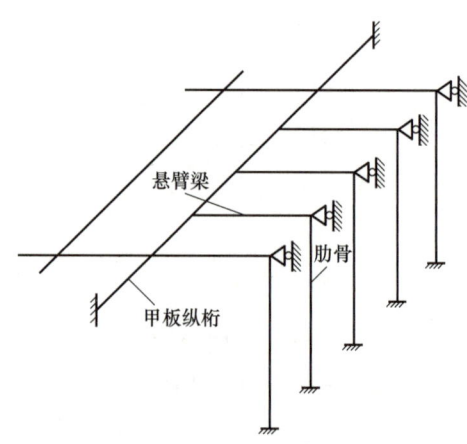

图1-10　大舱口货船悬臂梁结构的计算模型

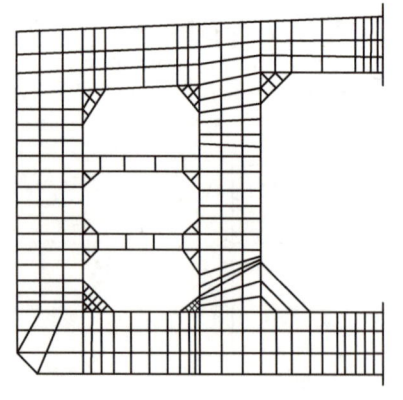

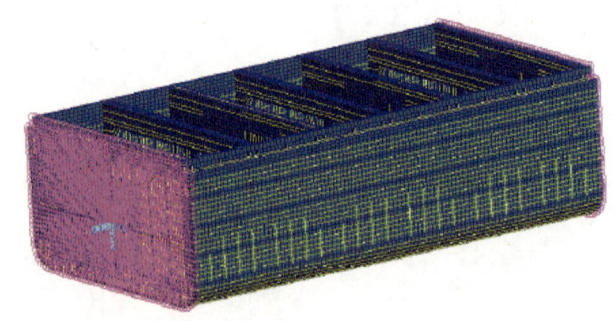

图1-11　大型油轮肋骨刚架离散化的计算模型

随着船舶科学技术的不断发展，成品油船、化学品船、滚装船、LNG船、豪华邮轮、小水线面双体船、极地科考船、深潜器、海洋平台等各类船舶及海洋工程结构物的纷纷出现，复合材料、轻量化技术等新型材料结构的不断应用，船舶结构力学范畴正在发生深刻变革。除波浪载荷、静水压力等传统海洋环境载荷外，温度场、压力场等多场耦合带来的船舶结构力学问题日益突出，其计算模型也日益复杂，数值仿真计算正日益成为新型船舶及海工装备结构力学设计的重要手段。

1.4 本书主要内容

　　本书将主要介绍现代船舶结构力学问题的分析模型、计算方法，除包含经典的单跨梁、连续梁、弹性基础梁、平面刚架、平面板架、薄板、圆柱形薄壳等基本结构的强度、稳定性的传统算法外，还涵盖现代船舶结构设计常用的有限元法、复合材料结构力学、热应力分析等内容。在具体章节及计算方法上，本书划分为基础篇、提高篇和应用篇三大部分，基础篇主要介绍船舶结构力学的基本计算方法，本着由简到繁，由特殊到一般的认识规律，将先介绍杆及杆系的强度问题，再介绍板的强度问题、杆系和板的稳定性问题，包括"力法"（Force method）、"位移法"（Displacement method）和"能量法"（Energy method）；提高篇主要介绍杆系统和板系统的有限元计算基础与方法，包括"矩阵法"（Matrix method）和"有限元法"（Finite element method）、复合材料有限元模拟、热应力分析等；应用篇主要介绍现代船舶结构力学问题实务，重点介绍采用现代计算技术进行大型船舶结构力学问题求解，包括大型集装箱船、LNG 船、潜艇及深潜器、海洋平台等船舶与海洋工程结构设计过程中的船舶结构力学问题，旨在培养和提升读者的力学思维模式，为船舶与海洋工程专业本科生、研究生及专业技术人员提供前沿理论与方法依据。

第1篇
经典船舶结构力学理论

　　本篇主要介绍了船舶结构力学的基本理论及"手算"方法，主要包括梁的弯曲理论、杆系的扭转、杆系典型求解方法、板壳弯曲及其稳定性理论，使读者能够较好地掌握船舶结构力学的基本理论框架，重点培养读者的船舶结构力学思维能力。考虑到"手算"方法的局限性，部分章节给出了船舶结构力学"手算"方法的MATLAB求解程序，为读者提供新工科背景下经典问题的有效求解方式。

　　在单跨梁的弯曲理论方面，重点介绍了梁的弯曲微分方程、梁的支座和边界条件及梁的弯曲要素和应力，以便读者掌握梁弯曲问题的初参数法及利用弯曲要素求解梁弯曲问题的一般方法；针对船舶结构的复杂受力状态，重点介绍了梁的复杂弯曲和弹性基础梁的弯曲理论，并简要介绍了梁的极限分析，旨在为船舶结构力学问题分析提供基本理论框架。

　　针对大型集装箱船、散货船等大开口船舶结构设计中存在的扭转问题，本篇介绍了杆系的扭转理论，重点介绍了等截面直杆的扭转、薄壁结构杆件的自由扭转和开口薄壁杆件的约束扭转理论，旨在使读者了解大开口船舶结构设计中涉及的扭转理论。

　　在杆系的典型求解方法方面，本篇重点介绍了力法、位移法的基本原理及其求解方法，介绍了简单刚架与板架的计算原理与方法，详细介绍了位移法原理及其在杆系中的应用，并介绍了适用于一般条件的能量法原理，以便读者根据需求合理选择求解方式。

　　在板壳的弯曲理论方面，除重点介绍了经典的矩形板的筒形弯曲、矩形刚性板的弯曲问题外，还针对复合材料结构设计问题，讨论了矩形复合材料板弯曲理论及其求解方法；同时针对深潜器等耐压结构设计、船舶焊接及LNG船舶结构设计中的热应力等问题，介绍了回转薄壳结构弯曲理论，讨论了球壳及柱壳结构的弯曲问题，介绍了球壳及圆柱壳结构的热应力问题。

　　在杆及板壳的稳定性方面，除介绍了经典的杆系及板的稳定性理论外，还针对深潜器、水下航行器稳定性设计问题，介绍了球壳、圆柱壳及加筋曲壳稳定性理论，以便读者对船舶结构力学稳定性问题具备较好的认识。

第 2 章

单跨梁的弯曲理论

2.1 梁的弯曲微分方程

受外载荷作用而发生弯曲的杆件叫作"梁",如果仅在两端有支座支持,则为"单跨梁"。船上的骨架是一个复杂的杆件系统。在大多数情况下,骨架在外载荷作用下将发生弯曲变形,因此组成骨架的各杆件都可看作梁。研究单跨梁的弯曲问题,就是要在已知梁的尺寸、边界条件和外载荷的条件下,求出梁的弯曲变形和应力。下面将从梁的弯曲微分方程出发,建立梁弯曲理论的基本关系,进而达到求出梁的弯曲变形与应力的目的。

1. 梁的弯曲微分方程

梁的弯曲理论是以"平截面假定"为基础的。平截面假定就是指梁在弯曲前的截面在弯曲后仍为平面。现考虑一单跨直梁(图 2-1)。假定此梁有一对称面 xOy,并规定 x 轴在梁的中性层上,向右为正,y 轴向下为正,z 轴与 x、y 组成右手坐标系。梁的外载荷限于在 xOy 平面内,于是梁将发生 xOy 平面内的弯曲。梁弯曲时,x 轴上点的竖向位移 v 叫作梁的"挠度",$v(x)$ 称为梁的"挠曲线",v 的正向与 y 轴的正向相同。

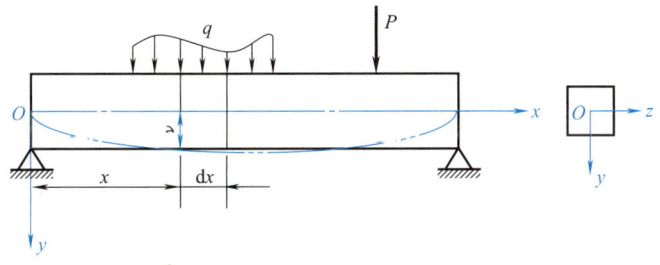

图 2-1 单跨梁

根据平截面假定,梁上原来相距 dx 的两个截面变形后相互转动,如图 2-2 所示。于是可得梁上距中性层 y 处的纤维的相对伸长(即应变)ε 为

$$\varepsilon = \frac{y}{\rho} \tag{2-1}$$

式中,ρ 为梁中性层的曲率半径。

由微积分学可知,当弯曲变形不大时,梁弯曲轴线的曲率可由下面近似公式求得

$$\frac{1}{\rho} = \frac{d^2 v}{dx^2} \tag{2-2}$$

将式（2-2）代入式（2-1），并注意到图 2-2 中的曲率是负的（$d^2v/dx^2 < 0$），故得

$$\varepsilon = -y \frac{d^2 v}{dx^2} \tag{2-3}$$

假定梁的材料符合胡克定律，则梁截面上的弯曲正应力 σ 为

$$\sigma = E\varepsilon = -Ey \frac{d^2 v}{dx^2} \tag{2-4}$$

式中，E 为材料的弹性模量。

梁截面上弯曲正应力的合力矩等于该截面上的弯矩。若规定弯矩 M 的正向如图 2-3 所示，则

$$E \frac{d^2 v}{dx^2} \int_A y^2 dA = M$$

式中，积分为梁截面对 z 轴的惯性矩 $I = \int_A y^2 dA$，于是得到

$$EI \frac{d^2 v}{dx^2} = M \tag{2-5}$$

式（2-5）表示了梁的挠度与弯矩之间的微分关系。为了建立梁上外载荷与挠度之间的关系，需进一步研究梁的平衡。现在梁上受有分布载荷的部分取出一长度为 dx 的微段，微段上的分布外载荷为 qdx，微段的两个截面上分别作用有弯矩 M 和剪力 N，如图 2-3 所示。在图中，弯矩 M 和剪力 N 的方向都是规定的正向。列出微段的静力平衡方程如下：

$$dN = qdx \quad 及 \quad dM - Ndx - \frac{1}{2}qdx^2 = 0$$

略去高阶微量后，得

$$\frac{dN}{dx} = q \quad 及 \quad \frac{dM}{dx} = N \tag{2-6}$$

将关系式（2-5）代入式（2-6），得

$$\frac{d}{dx}\left(EI \frac{d^2 v}{dx^2}\right) = N \tag{2-7}$$

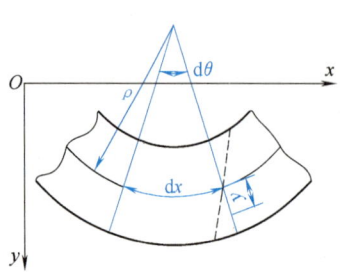

图 2-2　截面微段

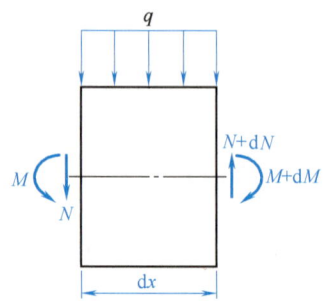

图 2-3　弯矩正向规定

第2章 单跨梁的弯曲理论

$$\frac{d^2}{dx^2}\left(EI\frac{d^2\nu}{dx^2}\right) = q \tag{2-8}$$

式（2-8）就是梁的弯曲微分方程。

在以上推导中规定了与所选用的坐标系相适应的符号法则：梁的挠度 ν 取向下为正；梁的截面转角 $d\nu/dx$ 取顺时针方向为正；梁截面的弯矩 M 取在左截面逆时针方向为正，在右截面顺时针方向为正；梁截面的剪力 N 取在左截面向下为正，在右截面向上为正。

2. 梁弯曲微分方程的解

根据前面推导得到的关系式，将微分方程求解后能够得到梁的剪力、弯矩、截面转角及挠度。现仅讨论等截面的梁，这时微分方程（2-8）变为

$$EI\nu^{(4)} = q \tag{2-9}$$

逐次积分后，得

$$EI\nu''' = \int_0^x q\,dx + A = N \tag{2-10}$$

$$EI\nu'' = \int_0^x\int_0^x q\,dx^2 + Ax + B = M \tag{2-11}$$

$$\nu' = \frac{1}{EI}\int_0^x\int_0^x\int_0^x q\,dx^3 + \frac{Ax^2}{2EI} + \frac{Bx}{EI} + C = \theta \tag{2-12}$$

$$\nu = \frac{1}{EI}\int_0^x\int_0^x\int_0^x\int_0^x q\,dx^4 + \frac{Ax^3}{6EI} + \frac{Bx^2}{2EI} + Cx + D \tag{2-13}$$

式中，A、B、C、D 为四个积分常数。

梁的弯矩 M、剪力 N、截面转角 θ 及挠度 ν 为梁的"弯曲要素"。事实上，上面四个方程中的积分常数代表了梁左端（$x=0$ 截面）处的挠度 ν_0、转角 θ_0，弯矩 M_0 及剪力 N_0，当 $x=0$ 时，可以得到

$$\nu = \nu_0 + \theta_0 x + \frac{M_0 x^2}{2EI} + \frac{N_0 x^3}{6EI} + \frac{1}{EI}\int_0^x\int_0^x\int_0^x\int_0^x q\,dx^4 \tag{2-14}$$

这表示，梁的挠曲线取决于四个初始弯曲要素 ν_0、θ_0、M_0 及 N_0（简称"初参数"）。

现应用这个概念于一般载荷作用下的梁（图 2-4），在跨中受有集中力 P，在位置 $x=a$ 处受有一集中外力矩 m，分布力的作用可视为无穷多个集中力之和，则其挠曲线方程可表示为

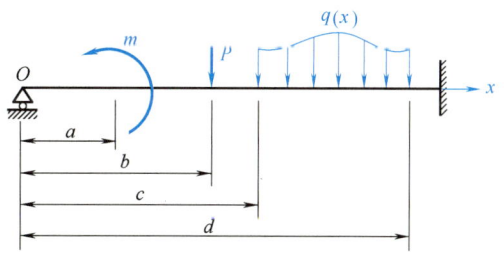

图 2-4 一般载荷作用下的梁

$$\nu = \nu_0 + \theta_0 x + \frac{M_0 x^2}{2EI} + \frac{N_0 x^3}{6EI} + \left\|\frac{m}{a\,2EI}(x-a)^2\right\| + \left\|\frac{P}{b\,6EI}(x-b)^3\right\| + \left\|\int_c^x \frac{q(\xi)}{6EI}(x-\xi)^3 d\xi\right\|$$

$$\tag{2-15}$$

式（2-15）为梁挠曲线的通用方程。以上寻求梁挠曲线方程的方法称为"初参数法"。

2.2 梁的支座及边界条件

梁端的边界条件就是梁端弯曲要素的特定值或弯曲要素之间的特定关系，取决于梁端的支座情况。以下将介绍自由支持、刚性固定、弹性支座及弹性固定端等常见边界条件。

1. 自由支持在刚性支座上

自由支持端又称铰支端或简支端，它不允许梁端发生挠度，而对梁的转动无限制，如图 2-5 所示。梁端截面的弯矩为零而剪力不等于零。因为弯矩 $M = EIv''$，故边界条件为

$$v = 0 \text{ 及 } v'' = 0 \tag{2-16}$$

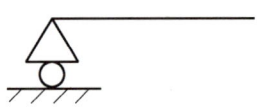
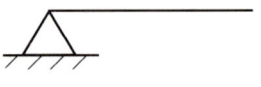

图 2-5 铰支端

2. 刚性固定在刚性支座上

刚性固定端阻止梁端发生挠度与转角，如图 2-6 所示。梁在刚性固定端处挠度与转角均为零，而弯矩、剪力不等于零，其边界条件为

$$v = 0 \text{ 及 } v' = 0 \tag{2-17}$$

3. 弹性支座

如果前面的自由支持端，它在受力后将发生一个正比于支座力的挠度，那么这个支座就叫作"弹性支座"。图 2-7 所示为弹性支座的计算图形。设支座受到梁作用于支座的力为 R，支座在力 R 的作用下发生的位移为 v，则 v 与 R 的正比关系可写作

$$v = AR \text{ 或 } v = \frac{R}{K} \tag{2-18}$$

图 2-6 固定端

式中，A 为弹性支座的"柔性系数"，K 为弹性支座的"刚性系数"，显然 K 与 A 互为倒数。

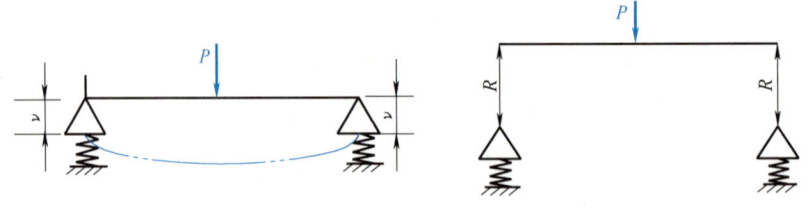

图 2-7 弹性支座

4. 弹性固定端

如果梁的固定端在梁受力弯曲后有一个正比于梁端弯矩的转角，则此固定端叫作"弹性固定端"。图 2-8 所示为弹性固定端的计算图形（中间图左右端为弹性固定端的习惯画法）。

设固定端受到梁作用于固定端的弯矩为 M，固定端发生的转角为 θ，则 θ 与 M 间的正比关系为

$$\theta = \alpha M \text{ 及 } \theta = \frac{M}{K} \qquad (2\text{-}19)$$

式中，α 为弹性固定端的"柔性系数"；K 为弹性固定端的"刚性系数"，显然 K 与 α 互为倒数。

如果 $A = \infty$ 且 $\alpha = \infty$，则表示梁端根本没有任何支座，这就是完全自由端。这时梁端的挠度与转角都不等于零，而弯矩和剪力都等于零，其边界条件为

$$EIv'' = 0 \text{ 及 } EIv''' = 0 \qquad (2\text{-}20)$$

有了梁的边界条件，就可以用挠曲线方程来计算各种单跨梁的挠度和其他弯曲要素。下面给出一个利用初参数法求解挠曲线方程的典型例题，并给出其 MATLAB 的求解方法。

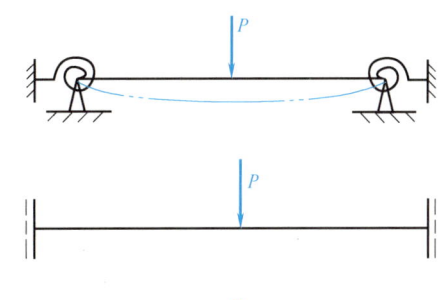
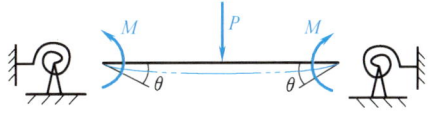

图 2-8　弹性固定端示意图

[例 2-1]　用初参数法求图 2-9 中梁的挠曲线方程（坐标原点在左端）。

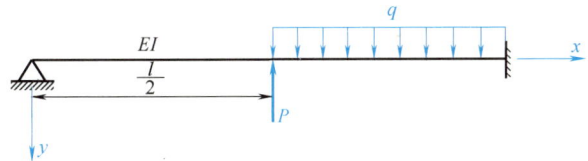

图 2-9　[例 2-1] 图

解：坐标原点取在左端，则梁的挠曲线方程由初参数法可表示为

$$v = v_0 + \theta_0 x + \frac{M_0 x^2}{2EI} + \frac{N_0 x^3}{6EI} - \bigg\|_{l/2} \frac{P(x-l/2)^3}{6EI} + \bigg\|_{l/2} \int_{l/2}^{x} \frac{q(x-\xi)^3}{6EI} d\xi$$

其中

$$\int_{l/2}^{x} \frac{q(x-\xi)^3}{6EI} d\xi = -\frac{q(x-\xi)^4}{24EI}\bigg|_{l/2}^{x} = \frac{q(x-l/2)^4}{24EI}$$

由左端边界条件，$v_0 = 0$，$M_0 = 0$，可得

$$v = \theta_0 x + \frac{N_0 x^3}{6EI} - \bigg\|_{l/2} \frac{P(x-l/2)^3}{6EI} + \bigg\|_{l/2} \frac{q(x-l/2)^4}{24EI}$$

$$v' = \theta_0 + \frac{N_0 x^2}{2EI} - \bigg\|_{l/2} \frac{P(x-l/2)^2}{2EI} + \bigg\|_{l/2} \frac{q(x-l/2)^3}{6EI}$$

$$v'' = \frac{N_0 x}{EI} - \bigg\|_{l/2} \frac{P(x-l/2)}{EI} + \bigg\|_{l/2} \frac{q(x-l/2)^2}{2EI}$$

由右端边界条件，$v_l = 0$，$v'_l = 0$，可得

$$\begin{cases} \theta_0 l + \dfrac{N_0 l^3}{6EI} - \dfrac{P(l/2)^3}{6EI} + \dfrac{q(l/2)^4}{24EI} = 0 \\ \theta_0 + \dfrac{N_0 l^2}{2EI} - \dfrac{P(l/2)^2}{2EI} + \dfrac{q(l/2)^3}{6EI} = 0 \end{cases}$$

解得

$$N_0 = \frac{5P}{16} - \frac{7ql}{128}, \quad \theta_0 = -\frac{Pl^2}{32EI} + \frac{5ql^3}{768EI}$$

MATLAB 程序如下：

syms x v0 theta0 M0 N0 P q E I l;%%定义：坐标 x,左端挠度 v0,转角 theta0,弯矩 M0,剪力 N0,集中力 P,均布载荷 q,弹性模量 E,截面惯性矩 I,梁的长度 l

v = v0+theta0 * x+(M0 * x^2)/(2 * E * I)+(N0 * x^3)/(6 * E * I)-(P * (x-l/2)^3)/(6 * E * I)+(q * (x-l/2)^4/(24 * E * I));%%初参数法定义的挠曲线的表达式

v1 = v0+theta0 * x+(M0 * x^2)/(2 * E * I)+(N0 * x^3)/(6 * E * I);%当 x<l/2 时,挠曲线的表达式

v0 = 0;%%梁左端的挠度为零

M0 = 0;%梁左端的弯矩为零

v2 = v0+theta0 * x+(M0 * x^2)/2/E/I+(N0 * x^3)/6/E/I-(P * (x-l/2)^3)/(6 * E * I)+(q * (x-l/2)^4/(24 * E * I));%%当 x>l/2,挠曲线的表达式

V2 = subs(v2,x,l);%梁右端的挠度为 V2

V2D = subs(diff(v2),x,l);%%梁右端的弯矩为 V2D

[theta0,N0] = solve(V2,V2D,theta0,N0);%求解：梁右端的挠度和弯矩均为零

上面程序的求解结果为

$$\theta_0 = -\frac{Pl^2}{32EI} + \frac{5ql^3}{768EI}, \quad N_0 = \frac{5P}{16} - \frac{7ql}{128}$$

2.3 梁的弯曲要素及应力

1. 单跨梁的弯曲要素表

大部分单跨梁的弯曲要素都已算好并列成弯曲要素表（附录 A）可查用。由于梁的弯曲要素与外力呈线性关系，当梁上受到几种不同的外力作用时，可用"叠加原理"（Principle of superposition）来进行计算，即梁上受有几种外力同时作用时，其弯曲要素可以在分别计算各外力单独作用时的弯曲要素后叠加得到。

2. 梁的应力

在一般弯曲情况下，梁截面有正应力与剪应力。梁的正应力沿截面高度为线性分布，沿截面宽度为均匀分布，相应于规定的符号法则。截面距中性轴 y 处的正应力为

$$\sigma = -\frac{My}{I} \tag{2-21}$$

梁的剪应力是由于梁在一般弯曲时各截面上的正应力不相等而引起的，参看图 2-10 中梁的一个微块，此微块左右两截面上的正应力相差一增量 $d\sigma$。为了保持力的平衡，在微块的水平截面上就有了剪应力 τ，又根据剪应力成对定理，在微块的横截面上也就有了剪应力。

在材料力学中已得到矩形截面梁距中性轴 y 处的剪应力为

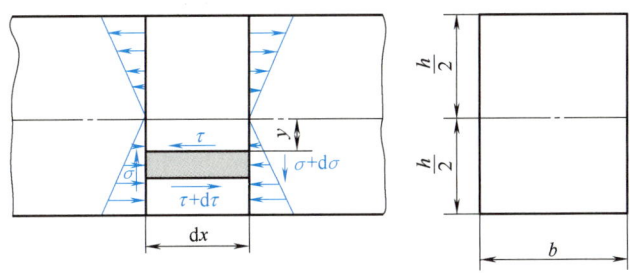

图 2-10 梁的微块示意图

$$\tau = \frac{NS}{Ib} \quad (2\text{-}22)$$

式中，S 为截面自 y 到边缘部分的面积对中性轴的静矩，$S = \int_{y}^{h/2} y\mathrm{d}A$。

对于 $b \times h$ 的矩形截面，有

$$\tau = \frac{N}{2I}\left(\frac{h^2}{4} - y^2\right) \quad (2\text{-}23)$$

此剪应力沿截面高度为二次抛物线分布，沿截面宽度为均匀分布。

下面再将所得的剪应力公式应用于薄壁型截面。为了计算方便，在截面上取一个沿截面中心线度量的坐标 S，这样 S 将为

$$S = \int_{0}^{s} yt\mathrm{d}s \quad (2\text{-}24)$$

式中，t 为壁厚。

对于薄壁截面，可认为剪应力沿壁厚均匀分布，把剪应力与壁厚的乘积 $\tau t = f$ 来研究，此 f 称为剪应力流，简称"剪流"（shear flow），剪流的计算公式为

$$f = \frac{NS}{I} = \frac{N}{I}\int_{0}^{s} yt\mathrm{d}s \quad (2\text{-}25)$$

按式（2-25）计算得到的槽形截面的剪流分布如图 2-11 所示。工字形截面可视为两个同样的槽形截面的组合，其剪流的分布如图 2-12 所示。

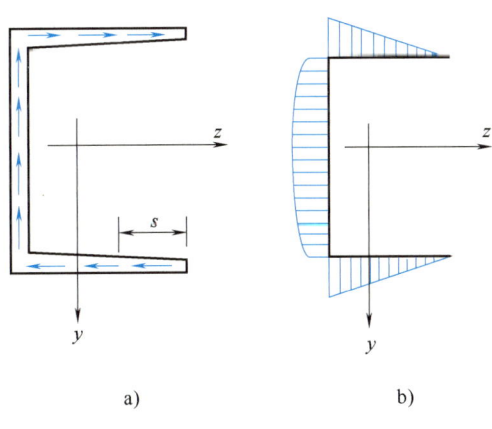

图 2-11 槽形截面剪流分布图
a) 剪流 b) 静矩 S 图

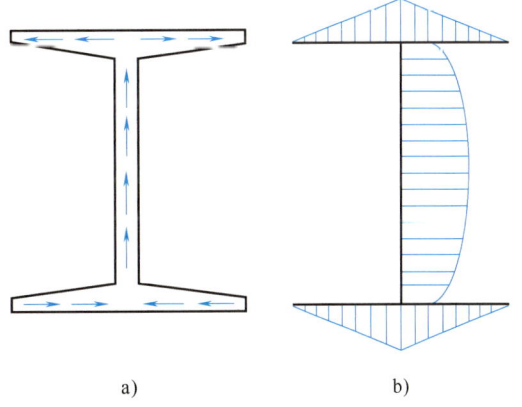

图 2-12 工字形截面剪流分布图
a) 剪流 b) 静矩 S 图

对于通常的船用薄壁型工字钢截面，计算结果表明，剪流在腹板中的分布相当平坦，故其最大剪应力可近似表达为

$$\tau_{max} \approx \frac{N}{A_\omega}$$

式中，A_ω 为腹板的横截面面积。

2.4 梁的复杂弯曲

梁除受到垂直于梁轴线的载荷以外，还同时受到沿着梁轴向作用的纵向载荷的状态叫作复杂弯曲状态。在船体结构中，船体的纵向骨架（如纵骨和纵桁等）除了受到相应的横向载荷外，还由于船体总纵弯曲的作用而受到沿其长度方向的拉力和压力，因此处于复杂弯曲状态。此外，船侧肋骨受到舷外水压力的作用，又因它是支持甲板横梁的构件，所以也受到由甲板横梁传来的轴向压力。因此，肋骨处于复杂弯曲状态。本节主要介绍梁的复杂弯曲。

若在图 2-13 所示的复杂弯曲的梁中任意截一截面，则在截面上除了有弯矩、剪力以外，还有轴向力。轴向力的存在一方面使得梁截面的正应力增加了一项沿截面均匀分布的量 T/A（A 为梁的截面面积），同时对梁的弯曲要素也有一定的影响。梁在复杂弯曲时，认为平截面假定和胡克定律仍然相符，因此基本关系式 $EIv'' = M$ 不变。在梁中取一长度为 dx 的微段（图 2-14），为了反映出轴向力的影响，画出了微段在变形后的情况。

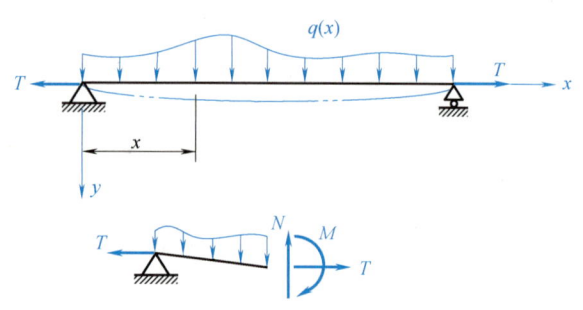 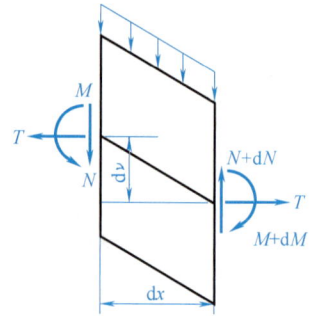

图 2-13 复杂弯曲梁截面受力　　图 2-14 截面微段受力图

对于等截面的轴向力沿梁长不变的情况，得

$$EIv^{(4)} - Tv'' = q \tag{2-26}$$

这就是梁在复杂弯曲（轴向力为拉力）时的弯曲微分方程。如果轴向力是压力，在以上式（2-26）中用 $-T$ 代 T。微分方程（2-26）的解分为相应的齐次方程的通解与非齐次方程的特解两部分。先考虑轴向拉力的情况，即方程（2-26），其齐次方程为

$$EIv^{(4)} - Tv'' = 0$$

设 v_0，θ_0，M_0 及 N_0 为 $x=0$ 时梁的四个弯曲要素并令 $k = \sqrt{T/EI}$，则得解为

$$v = v_0 + \frac{\theta_0}{k}\text{sh}kx + \frac{M_0}{EIk^2}(\text{ch}kx - 1) + \frac{N_0}{EIk^3}(\text{sh}kx - kx) \tag{2-27}$$

将式（2-27）推广到梁上受任意横向载荷时的一般情形（图 2-15），可得挠曲线通用公

式为

$$v = v_0 + \frac{\theta_0}{k}\mathrm{sh}kx + \frac{M_0}{EIk^2}(\mathrm{ch}kx - 1) + \frac{N_0}{EIk^3}(\mathrm{sh}kx - kx) +$$

$$\Big\|_a \frac{m}{EIk^2}[\mathrm{ch}k(x-a) - 1] + \Big\|_b \frac{P}{EIk^3}[\mathrm{sh}k(x-b) - k(x-b)] +$$

$$\Big\|_c \int_c^x \frac{q(\xi)\mathrm{d}\xi}{EIk^3}[\mathrm{sh}k(x-\xi) - k(x-\xi)] \tag{2-28}$$

当 $x>d$ 时，积分上限为 d。

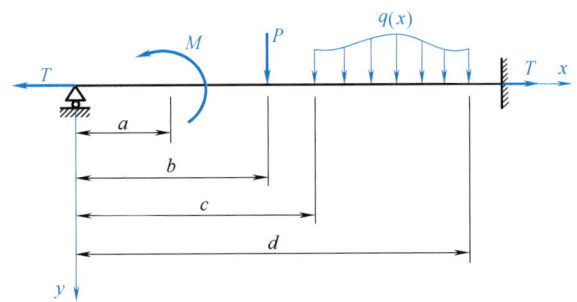

图 2-15 横向载荷一般情形

如果是轴向压力的情况，如前所述，主要将轴向拉力的公式中的 T 用 $-T^*$ 代替，可得相应于轴向压力时的挠曲线通用公式为

$$v = v_0 + \frac{\theta_0}{k^*}\mathrm{sh}k^*x + \frac{M_0}{EIk^{*2}}(1 - \cos k^*x) + \frac{N_0}{EIk^{*3}}(k^*x - \sin k^*x) +$$

$$\Big\|_a \frac{m}{EIk^{*2}}[1 - \cos k^*x(x-a)] + \Big\|_b \frac{P}{EIk^{*3}}[k^*(x-b) - \sin k^*(x-b)] +$$

$$\Big\|_c \int_c^x \frac{q(\xi)\mathrm{d}\xi}{EIk^{*3}}[k^*(x-\xi) - \sin k^*(x-\xi)] \tag{2-29}$$

式中，$k^* = \sqrt{T^*/EI}$。

对于其他载荷情况和其他支持情况的单跨梁，可用同样的方法求出其挠曲线方程和弯曲要素。单跨梁复杂弯曲的弯曲要素表及辅助函数见附录 B。

接下来介绍相关例题的解题方法，并附上 MATLAB 的解决方案。

[例 2-2] 受均布载荷作用，且两端自由支持并受轴向拉力 T 作用的梁如图 2-16 所示，计算其弯曲要素。

解：先计算得梁的挠曲线方程。因 $x=0$ 处，有 $v_0 = 0$，$M_0 = 0$，且 $N_0 = -ql/2$，故得

$$v = \frac{\theta_0}{k}\mathrm{sh}kx - \frac{ql}{2}\frac{1}{EIk^3}(\mathrm{sh}kx - kx) +$$

$$\frac{q}{EIk^3}\int_0^x[\mathrm{sh}k(x-\xi) - k(x-\xi)]\mathrm{d}\xi$$

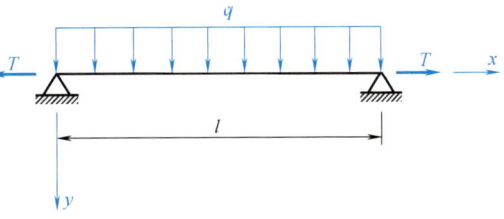

图 2-16 [例 2-2] 图

为了算出上式中的积分，令 $k(x-\xi)=w$，从而 $-k\mathrm{d}\xi=\mathrm{d}w$，于是

$$\int_0^x [\mathrm{sh}k(x-\xi) - k(x-\xi)]\mathrm{d}\xi = -\frac{1}{k}\int_{kx}^0 (\mathrm{sh}w - w)\mathrm{d}w = -\frac{1}{k}\left(1 - \mathrm{ch}kx + \frac{1}{2}k^2x^2\right)$$

所以

$$v = \frac{\theta_0}{k}\mathrm{sh}kx - \frac{ql}{2}\frac{1}{EIk^3}(\mathrm{sh}kx - kx) - \frac{q}{EIk^4}\left(1 - \mathrm{ch}kx + \frac{1}{2}k^2x^2\right)$$

其中，θ_0 由梁右端（$x=l$）的边界条件 $v=0$ 求得，即

$$\frac{\theta_0}{k}\mathrm{sh}kl - \frac{ql}{2}\frac{1}{EIk^3}(\mathrm{sh}kl - kl) - \frac{q}{EIk^4}\left(1 - \mathrm{ch}kl + \frac{1}{2}k^2l^2\right) = 0$$

由此解得

$$\theta_0 = \frac{ql}{EIk^2}\left(\frac{1}{2} - \frac{\mathrm{ch}kl - 1}{kl\mathrm{sh}kl}\right) = \frac{ql}{2EIk^2} - \frac{q}{EIk^3}\mathrm{th}\frac{kl}{2}$$

MATLAB 程序如下：

```
syms x y T q l EI k v0 theta0 M0 N0;%%定义坐标 x,拉力 T,均布载荷 q,梁的长度 l,抗弯刚度 EI,系数 k,梁左端挠度 v0,转角 theta0,弯矩 M0,剪力 N0,被积因子 y
%%当 x=0 时,v0=0,M0=0,N0=-ql/2,即梁左端为自由支持,挠度和弯矩为零,均布载荷 q 引起的剪力为-ql/2
v0=0;%%定义梁左端挠度为 0
M0=0;%%定义梁左端弯矩为 0
N0=-q*l/2;%%定义梁左端剪力为-ql/2
w(x)=int(sinh(k*(x-y))-k*(x-y),y,0,x);%%求积分项 w(x)
v(x)=v0+theta0*sinh(k*x)/k+M0*(cosh(k*x)-1)/(EI*k^2)+N0/(EI*k^3)*(sinh(k*x)-k*x)+q/(EI*k^3)*w(x);%初参数法定义的挠曲线的表达式
eqn1=v(l)==0;%%列方程:当 x=l 时,v(l)=0,即梁右端的挠度为 0
theta0=solve(eqn1,theta0);%%解方程求得未知数 theta0
```

上面程序的求解结果为

$$\mathrm{theta0} = -\frac{4q\mathrm{sh}\left(\dfrac{kl}{2}\right)^2 - klq\mathrm{sh}kl}{2EIk^3\mathrm{sh}kl}$$

代入并整理得梁的挠曲线方程为

$$v = \frac{ql^4}{EI(2u)^4}\left[\frac{\mathrm{ch}\left(1 - \dfrac{2x}{l}\right)}{\mathrm{ch}u} - 1\right] + \frac{ql^2x}{8EIu^2}(l-x)$$

式中，$u = \dfrac{kl}{2} = \dfrac{l}{2}\sqrt{\dfrac{T}{EI}}$。有了挠曲线方程后，不难求得梁的弯曲要素。

2.5 弹性基础梁的弯曲

如果梁除了两端有一定形式的支座以外，整个梁还放在弹性地基或弹性基础之上，则这种梁叫作"弹性基础梁"（图 2-17）。设梁的挠度为 v，则弹性基础单位长度给梁的约束力为 kv，此处 k 为比例常数，称为弹性基础的"刚度"或"刚性系数"。

图 2-17 弹性基础梁

在船体结构中，通常的弹性基础是由一系列弹性支座形成的，如船进坞置于坞内墩木上的情形（图 2-18），坞内墩木对船体的支持相当于弹性支座，弹性支座数目相当多，故可以把其支反力当作是连续分布的，这样对船来说就相当于弹性基础。除此之外，某些船体板架的纵桁计算和圆筒形壳受轴对称载荷的计算等问题都可以归结于弹性基础梁的计算。

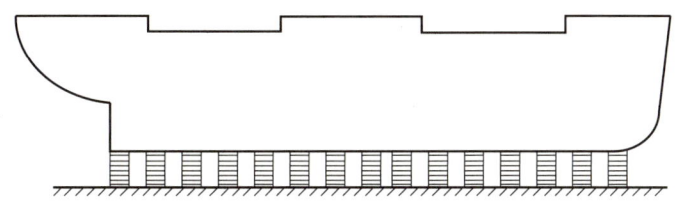

图 2-18 置于坞内墩木上的船体示意图

下面先推导弹性基础梁的弯曲微分方程，再进行这种梁的求解。把弹性基础梁看作一根上下都受载荷作用的普通梁——上面是外载荷，下面是正比于梁挠度的分布力。因此若梁上的外载荷为分布载荷 q，则将 $(q-kv)$ 代替普通梁的弯曲微分方程 $EIv^{(4)}=q$ 中的 q，即得弹性基础梁的弯曲微分方程为

$$EIv^{(4)}+kv=q \tag{2-30}$$

式（2-30）适用于等截面的弹性基础梁，并且弹性基础的刚性系数 k 不随 x 变化。弹性基础梁的弯矩、剪力等的基本关系仍和普通梁中一样，即 $M=EIv''$，$N=EIv'''$。微分方程（2-30）的解分为齐次方程的通解与非齐次方程的特解。将齐次方程 $EIv^{(4)}+kv=0$ 改写为

$$v^{(4)}+4\alpha^4 v=0 \tag{2-31}$$

式中，$\alpha = \sqrt[4]{k/(4EI)}$，对于给定的弯曲要素，可得

$$v = v_0 \operatorname{ch}\alpha x \cos\alpha x + \frac{\theta_0}{2\alpha}(\operatorname{ch}\alpha x \sin\alpha x + \operatorname{sh}\alpha x \cos\alpha x) +$$
$$\frac{M_0}{2\alpha^2 EI}\operatorname{sh}\alpha x \sin\alpha x + \frac{N_0}{4\alpha^3 EI}(\operatorname{ch}\alpha x \sin\alpha x - \operatorname{sh}\alpha x \cos\alpha x) \tag{2-32}$$

将方程（2-32）推广到受任意载荷作用时的弹性基础梁（图 2-19），不难得到

$$v = v_0 V_0(\alpha x) + \frac{\theta_0}{\sqrt{2}\alpha}V_1(\alpha x) + \frac{M_0}{2\alpha^2 EI}V_2(\alpha x) + \frac{N_0}{2\sqrt{2}\alpha^8 EI}V_3(\alpha x) +$$

$$\left\|_a \frac{m}{2\alpha^2 EI} V_2[\alpha(x-a)] + \right\|_b \frac{P}{2\sqrt{2}\alpha^3 EI} V_3[\alpha(x-b)] +$$

$$\left\|_c \int_c^x \frac{q(\xi)\mathrm{d}\xi}{2\sqrt{2}\alpha^3 EI} V_3[\alpha(x-\xi)] \right. \tag{2-33}$$

若 $x>d$，则式中的积分上限为 d。有了方程（2-33）和梁的边界条件，就可以求得弹性基础梁的挠曲线和其他弯曲要素。

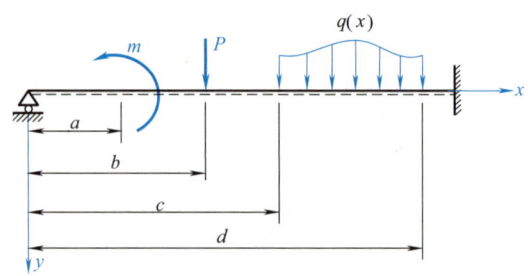

图 2-19 一般状态弹性基础梁

2.6 梁的极限分析

梁在弹塑性弯曲时的承载能力，叫作梁的"极限分析"（limit analysis），如图 2-20a 所示。当梁在弹性范围内，弯曲正应力沿高度线性分布，如图 2-20b 所示；当外力增大到某一值，梁上下边缘应力将达到屈服极限，如图 2-20c 所示；若外力继续增大，依据理想弹塑性模型，梁上下边缘的塑性范围继续扩大，如图 2-20d 所示，最终达到全塑性状态，这是一种理想状态，如图 2-20e 所示。

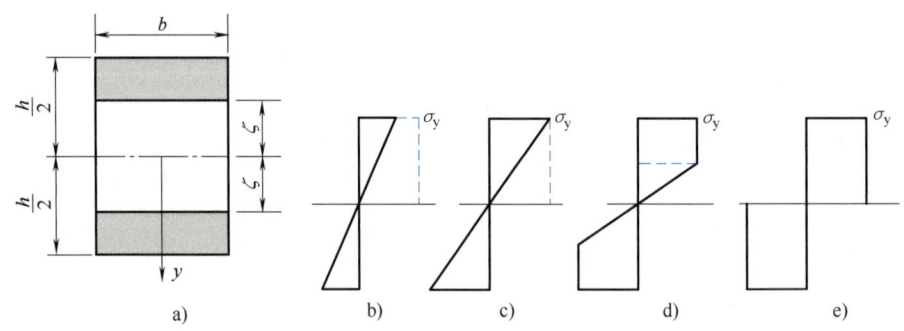

图 2-20 理想弹塑性模型截面应力

梁截面的弯曲正应力可写作

$$\sigma = \begin{cases} -\dfrac{\sigma_y y}{\zeta}, & |y| \leq \zeta \\ -\dfrac{\sigma_y y}{|y|}, & |y| \geq \zeta \end{cases} \tag{2-34}$$

弯曲正应力的合力矩为截面的弯矩，故有

$$M = -2\int_0^{h/2}\sigma ybdy = 2\sigma_y b\left(\int_0^\zeta \frac{y^2}{\zeta}dy + \int_\zeta^{h/2}\frac{y^2}{|y|}dy\right) = \frac{\sigma_y bh^2}{6}\left(-\frac{3}{2} - \frac{2\zeta^2}{h^2}\right) \tag{2-35}$$

当 $\zeta = h/2$ 时，表示截面中只有边缘纤维的应力达到屈服极限，这时相应的弯矩称为"屈服弯矩"（yield moment），或更确切一些，称为"始屈弯矩"，其值为

$$M_y = \frac{\sigma_y bh^2}{6} = \sigma_y W \tag{2-36}$$

式中，W 为截面的弹性截面模数，$W = \frac{bh^2}{6}$。

当 $\zeta = 0$ 时，表示截面上全部应力均达到屈服极限（图 2-20），这时相应的弯矩称为"塑性弯矩"（plastic moment），其值为

$$M_p = \frac{\sigma_y bh^2}{4} = \sigma_y W_p \tag{2-37}$$

式中，W_p 为截面的"塑性模数"，$W_p = \frac{bh^2}{4}$。

于是可知 $\frac{W_p}{W} = \frac{3f}{2}$，$f$ 称为截面的"形状系数"。由 f 可以求得 W_p，进而得到 M_p，相应于 M_p 的外载荷就是梁的极限载荷。

当梁截面全部屈服时，该截面将出现无约束的塑性流，这时梁就好像在该截面有一个"铰"一样，可以发生相对转动，此截面称为"塑性铰"（plastic hinge）。

梁出现了塑性铰是否意味着梁的破坏需要进行具体分析。对于两端自由支持的梁，当梁中有一个塑性铰时，梁增加了一个自由度，梁将变为一可动的机构而破坏，即达到极限状态。对于两端刚性固定的梁，若梁中有一个塑性铰，梁还不会成为可动机构，所以并非是极限状态，直到继续增加塑性铰数目使梁成为可动机构时才达到极限状态。明确地说，若梁中形成的塑性铰数目大于梁的静不定次数，则梁达到极限状态，相应的外力为梁的"极限载荷"（ultimate load），即梁能承受的最大载荷。

如图 2-21 所示，此梁为一次静不定梁，故当梁中有两个塑性铰时，梁才达到极限状态。

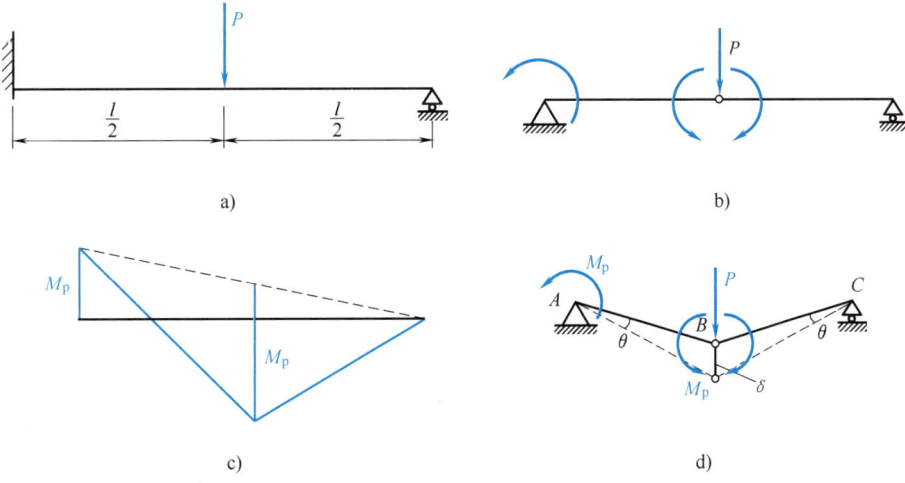

图 2-21 一次静不定梁

因梁在弹性阶段的最大弯矩在固定端，其值为 $\frac{3}{16}Pl$，故第一个塑性铰将发生在固定端截面，这样梁将变为在左端有塑性弯矩 M_p 作用的自由支持梁。

当外力继续增加时，梁跨中弯矩继续增大并最终在跨中截面形成第二个塑性铰（图 2-21b），梁到达极限状态，相应的外力即为极限载荷 P_u，它可根据梁左端与跨中截面弯矩同时为 M_p 的条件：

$$\frac{1}{4}P_u l - \frac{1}{2}M_p = M_p$$

求得

$$P_u = \frac{6M_p}{l}$$

梁的极限载荷也可用"虚功原理"来求，为此考虑梁在极限载荷 P_u 作用下的平衡状态。设给此平衡状态以虚位移 δ，则 AB 杆与 BC 杆就相应转过角度 $\theta = \frac{2\delta}{l}$。于是由虚功原理，有

$$P_u \delta - 3M_p \frac{2\delta}{l} = 0$$

由此解得

$$P_u = \frac{6M_p}{l}$$

第 3 章

杆件的扭转理论

3.1 等截面直杆的扭转

杆件的扭转分为自由扭转与非自由扭转两种。如果一等截面杆仅在两端受到扭矩作用,并不受其他约束,杆在扭转时可以自由变形,这种扭转称为"自由扭转"或"纯扭转"。如果杆受到扭矩作用后,由于有支座或其他约束存在,使它在扭转时不能自由变形,这种扭转称为"非自由扭转"或"约束扭转"。显然,实际结构中的杆件扭转大多数应属于约束扭转。

3.1.1 基本关系

1. 位移分量

对于最简单的等截面圆杆(图 3-1),设杆件截面上任一点 $P(x,y)$ 的位移分量为

$$u = -\varphi' zy, \quad v = \varphi' zx, \quad w = \varphi' F(x,y) \tag{3-1}$$

式中,φ' 为单位长度的扭角(即扭率),$\varphi' = d\varphi/dz$,为一常数;φ 为相对于杆左端截面($z=0$)的扭角,$\varphi = \varphi(z)$;$F(x,y)$ 为单位翘曲函数,代表 $\varphi'=1$ 时的翘曲,是待求的。

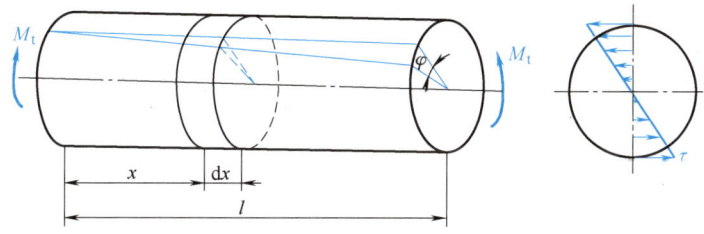

图 3-1 纯扭转示意图

2. 应变分量

杆内的应变分量为

$$\begin{cases} \varepsilon_x = \dfrac{\partial u}{\partial x} = 0 \\ \varepsilon_y = \dfrac{\partial v}{\partial y} = 0, \\ \varepsilon_z = \dfrac{\partial w}{\partial z} = 0 \end{cases} \begin{cases} \gamma_{xy} = \dfrac{\partial u}{\partial y} + \dfrac{\partial v}{\partial x} = 0 \\ \gamma_{xz} = \dfrac{\partial u}{\partial z} + \dfrac{\partial w}{\partial x} = -\varphi' y + \varphi' \dfrac{\partial F}{\partial x} \\ \gamma_{yz} = \dfrac{\partial v}{\partial z} + \dfrac{\partial w}{\partial y} = \varphi' x + \varphi' \dfrac{\partial F}{\partial y} \end{cases} \tag{3-2}$$

3. 应力分量

杆内的应力分量为

$$\begin{cases} \sigma_x = \sigma_y = \sigma_z = \tau_{xy} = 0 \\ \tau_{xz} = G\gamma_{xz} = G\varphi'\left(\dfrac{\partial F}{\partial x} - y\right) \\ \tau_{yz} = G\gamma_{yz} = G\varphi'\left(\dfrac{\partial F}{\partial y} + x\right) \end{cases} \quad (3\text{-}3)$$

式中，G 为材料的切变（剪切）模量，钢的切变模量约为 80GPa。

4. 静力平衡方程

在不计体积力的情况下，静力平衡方程为

$$\frac{\partial \tau_{xz}}{\partial z} = 0, \quad \frac{\partial \tau_{yz}}{\partial z} = 0, \quad \frac{\partial \tau_{xz}}{\partial x} + \frac{\partial \tau_{yz}}{\partial y} = 0 \quad (3\text{-}4)$$

将式（3-3）代入式（3-4）后得到关于 $F(x,y)$ 的拉普拉斯微分方程：

$$\frac{\partial^2 F}{\partial x^2} + \frac{\partial^2 F}{\partial y^2} = 0 \quad \text{或} \quad \nabla^2 F = 0 \quad (3\text{-}5)$$

在杆的侧表面上没有外力作用，因此在截面的边界上剪应力必须沿边界的切线方向，由静力方程可得边界条件为

$$\left(\frac{\partial F}{\partial y} + x\right) dx - \left(\frac{\partial F}{\partial x} - y\right) dy = 0 \quad (3\text{-}6)$$

式（3-5）和式（3-6）为单位翘曲函数 F 应满足的微分方程和边界条件。

3.1.2 应力函数

引入应力函数 $\phi(x,y)$，设应力函数满足

$$\tau_{xz} = \frac{\partial \phi}{\partial y}, \quad \tau_{yz} = -\frac{\partial \phi}{\partial x} \quad (3\text{-}7)$$

这样，静力平衡方程（3-4）恒满足。

利用式（3-3）可得到关于 $\phi(x,y)$ 的微分方程

$$\frac{\partial^2 \phi}{\partial x^2} + \frac{\partial^2 \phi}{\partial y^2} = -2G\varphi' = \text{常数} \quad (3\text{-}8)$$

在截面边界上，有

$$\frac{\partial \phi}{\partial x} dx + \frac{\partial \phi}{\partial y} dy = d\phi = 0 \quad (3\text{-}9)$$

从而可知在截面边界上 ϕ 为常数，设 $\phi = 0$ 不会影响剪应力的结果。

3.1.3 扭矩及扭矩常数

截面上剪应力合成扭矩，故有

$$M_z = \int_A (\tau_{yz} x - \tau_{xz} y) dA = G\varphi' \int_A \left[\left(\frac{\partial F}{\partial y} + x\right) x - \left(\frac{\partial F}{\partial x} - y\right) y\right] dA = GJ\varphi' \quad (3\text{-}10)$$

式中，GJ 为扭转刚度；J 为扭转惯性矩，又称扭转常数，将其定义为

$$J = \int_A \left[\left(\frac{\partial F}{\partial y} + x\right) x - \left(\frac{\partial F}{\partial x} - y\right) y \right] dA \tag{3-11}$$

另一方面，剪应力用应力函数表示时则有

$$M_z = \int_A (\tau_{yz} x - \tau_{xz} y) \, dA = -\int_A \left(\frac{\partial \phi}{\partial x} x + \frac{\partial \phi}{\partial y} y\right) dA = -2 \int_A \phi \, dA \tag{3-12}$$

比较可得

$$GJ = -\frac{2}{\varphi'} \int_A \phi \, dA \tag{3-13}$$

综上所述，求解扭转问题时，可先选取满足边界条件（3-9）且含有待定系数的应力函数 $\phi(x,y)$，代入微分方程（3-8），再求出扭率 φ'，并由式（3-7）求出剪应力 τ_{xz} 与 τ_{yz}，求出单位翘曲函数 $F(x,y)$，最后得到位移 u 与 v 和翘曲 w。

3.2 薄壁杆件的自由扭转

工程中的薄壁杆件是指杆件的三个尺度，即杆件的长度、截面的高（宽）度与厚度相比都相差很大的杆件，又称薄壁型材，它们的截面是由几个狭长的矩形所组成的。开口型截面的薄壁杆件称为开口薄壁杆件，闭口型截面的薄壁杆件称为闭口薄壁杆件。

在船体结构中，骨架（带有带板的各种型钢）大多数是开口薄壁杆件。船体本身则是一闭口薄壁型变截面杆件。当船上有多层甲板或有纵舱壁时，船体截面的形状还要复杂一些，是多闭室的薄壁截面。大开口的集装箱船截面，是一个像槽钢一样的开口型截面。

3.2.1 开口薄壁杆件的自由扭转

一个等截面的开口薄壁杆件，在两端的扭矩作用下就发生自由扭转，杆件截面不能保持平面而发生翘曲。

考虑图 3-2 和图 3-3 中的工字形截面在扭转后的变形情况。薄壁杆件在扭转时截面虽然发生翘曲，但在小变形情况下可以假定杆件扭转后截面在其原来平面中的投影形状与原截面形状相同（对工字梁来说，扭转后截面的投影仍为工字形）。这个假定称为刚周边假定，在实践中证明这是可用的。

根据刚周边假定，在计算杆件截面在其平面内的扭转位移时可把截面当作刚体发生平面运动，因此截面在扭转时其各个组成部分的扭角都相同。

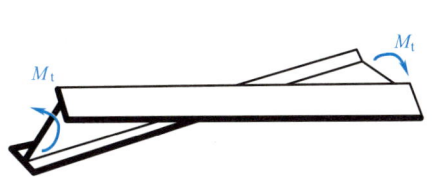

图 3-2 工字梁自由扭转

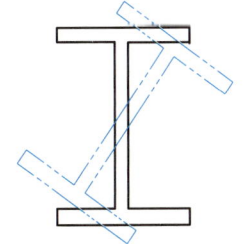

图 3-3 工字形截面扭转后状态

把工字形截面看作由三个狭长矩形截面所组成，并设 h_1、t_1、h_2、t_2 及 h_3、t_3 分别代表三个狭长矩形截面的长边和短边尺寸，若整个工字形截面上的扭矩为 M_t，扭率为 φ'，则每一狭长矩形截面的扭率都应该相同，即

$$\frac{M_{t_1}}{GJ_1}=\frac{M_{t_2}}{GJ_2}=\frac{M_{t_3}}{GJ_3}=\frac{M_t}{GJ} \qquad (3-14)$$

$$J_1=\frac{1}{3}h_1t_1^3, J_2=\frac{1}{3}h_2t_2^3, J_3=\frac{1}{3}h_3t_3^3$$

式中，M_{t_1}、M_{t_2}、M_{t_3} 为相应三个狭长矩形截面上的扭矩；J 为整个工字形截面的扭转惯性矩。

M_{t_1}、M_{t_2}、M_{t_3} 之和应等于整个工字形截面上的扭矩 M_t，解方程（3-14），不难求出整个工字形截面的扭转惯性矩为

$$J=J_1+J_2+J_3=\frac{1}{3}h_1t_1^3+\frac{1}{3}h_2t_2^3+\frac{1}{3}h_3t_3^3$$

这个结论可以推广到一般情况，任意曲线形状的开口薄壁截面扭转惯性矩也可推广得到

$$J=\frac{1}{3}\int_0^{s_1}t^3\mathrm{d}s \qquad (3-15)$$

式中，s 为沿薄壁截面中心线的坐标；s_1 为薄壁截面的长度。

由以上公式可得：开口薄壁截面的扭转惯性矩与壁厚的三次方成比例，开口薄壁杆件的壁厚越小，它的抗扭能力越差；反之，壁厚增加，抗扭能力就会大大增加。

截面的剪应力沿壁厚为线性分布，在壁厚中心线处为零，剪应力最大值为

$$\tau_{s,\max}=\frac{M_z t}{J} \qquad (3-16)$$

3.2.2 闭口薄壁杆件的自由扭转

闭口薄壁杆件在自由扭转时的主要特点：杆件在扭转时，截面中的剪应力将沿着截面形成剪应力流。对于薄壁杆件，因为壁厚很小，故可认为剪应力沿壁厚不变，这样就可用剪应力与壁厚的乘积 τt 来进行分析。τt 称为剪应力流或简称"剪流"，用符号 f 表示。

1. 单闭室截面

考虑一等截面的闭口薄壁杆件，两端受到扭矩 M_t 作用而发生自由扭转（图3-4）。

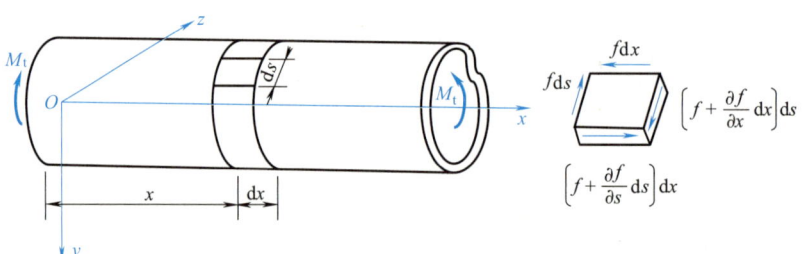

图 3-4 等截面的闭口薄壁杆件自由扭转状态

在杆件中取出 $\mathrm{d}x\mathrm{d}s$ 的一微块，在微块的截面上有剪流如图3-4所示，于是根据微块的

平衡条件可得 $\frac{\partial f}{\partial x}dx = 0$ 及 $\frac{\partial f}{\partial s}ds = 0$，由此得

$$f = \tau t = 常数$$

这表示，闭口薄壁杆件在自由扭转时，截面上任意点的剪应力与壁厚的乘积始终不变。据此，最大剪应力将发生在壁厚最小的地方，最小剪应力将发生在壁厚最大的地方。

杆件截面中剪流对截面上任意一点的力矩应等于扭矩，现在把剪流对截面与 x 轴的交点（图 3-5 中的 O 点）取矩，则有

$$\oint frds = f\oint rds = M_t \quad (3\text{-}17)$$

式中，r 为剪流 f 到 O 点的垂直距离；rds 沿截面周长的积分则为截面中心线所围成的面积的两倍，用 $2A$ 表示，即

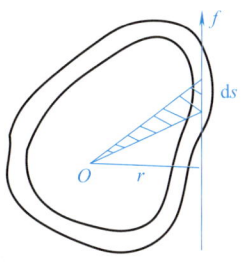

图 3-5　闭口截面取矩

$$\oint rds = 2A \quad (3\text{-}18)$$

于是

$$f = \tau t = \frac{M_t}{2A} \quad (3\text{-}19)$$

这就是闭口薄壁杆件自由扭转时的剪流计算公式，称为布雷特（Bredt）公式。

当杆件为等截面直杆时，各截面的翘曲变形 w 只是曲线坐标 s 的函数 $w(s)$，而与纵向坐标 z 无关，即各截面上同一位置的点 s 的翘曲位移都相同。

$$w = w_0(z) + \frac{M_z}{2GA}\int_0^s \frac{ds}{t} - \frac{\partial \varphi}{\partial z}\int_0^s r(s)\,ds \quad (3\text{-}20)$$

式中，$w_0(z)$ 为任意积分函数，其物理意义表示在截面 z 上 $s=0$ 处的纵向翘曲位移；$r(s)$ 为扭转中心到中面轮廓线上某点 $M(s)$ 的切线的垂直距离；φ 为截面 z 相对于杆左端截面的扭转角。

在式（3-20）中，当曲线坐标 s 由 $s=0$ 的起始点出发，绕逆时针方向又回到 $s=0$ 时，由闭口截面在 $s=0$ 处的位移连续条件，并注意到 $2A$，可得

$$w_0(z) = w_0(z) + \frac{M_z}{2GA}\oint \frac{ds}{t} - \varphi'(z) \cdot 2A \quad (3\text{-}21)$$

消去 $w_0(z)$ 后，可得扭率如下：

$$\varphi'(z) = \frac{M_z}{4GA^2}\oint \frac{ds}{t} = \frac{M_z}{GJ_d} \quad (3\text{-}22)$$

式中，J_d 为自由扭转惯性矩，$J_d = 4A^2 \big/ \oint \frac{ds}{t}$，对于图 3-6 所示宽为 a、高为 b、厚度为 t 的盒形薄壁截面扭转惯性矩为

$$J_0 = \frac{4(ab)^2}{\frac{2a}{t}+\frac{2b}{t}} = \frac{2a^2b^2t}{a+b}$$

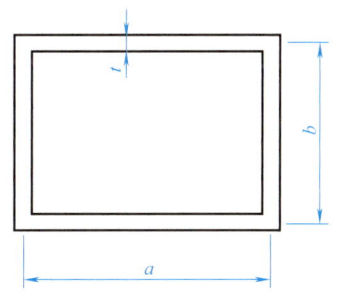

图 3-6　单闭室截面

2. 多闭室截面

图 3-7 画出了由两个闭口形成的截面，这种截面称为双闭室截面。

多闭室截面的薄壁杆件在扭矩作用下发生自由扭转时，截面上每一闭室的剪流仍为常数，而公共壁上的剪流则由相邻两闭室的常剪流叠加而成。

求解多闭室薄壁杆件自由扭转的方法是，分别对每一闭室列出方程（3-19），并使作用在各室的扭矩之和等于作用在整个截面上的扭矩 M_z，再利用式（3-22）列出各室的扭率，根据刚周边假定，令各室的扭率相同，得到的补充方程用来求解剪流和扭矩，最后得到扭转惯性矩。

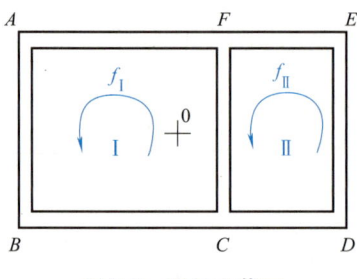

图 3-7 双闭室截面

例如图 3-7 所示的双闭室截面，有

$$2A_1 f_1 + 2A_2 f_2 = M_z \quad (3\text{-}23)$$

各室扭率如下：

$$\varphi_1' = \frac{1}{2GA_1}\left(\int_{FABC}\frac{f_1}{t_1}\mathrm{d}s + \int_{CF}\frac{f_1 - f_2}{t_3}\mathrm{d}s\right), \quad \varphi_2' = \frac{1}{2GA_2}\left(\int_{CDEF}\frac{f_2}{t_2}\mathrm{d}s - \int_{FC}\frac{f_1 - f_2}{t_3}\mathrm{d}s\right)$$

令 $\varphi_1' = \varphi_2'$，再与式（3-23）联立即可求得 f_1 和 f_2，从而可得扭率和扭转惯性矩。现在来解析下列相关例题的解法，并展示如何用 MATLAB 进行求解。

[例 3-1] 设有一如图 3-8 所示的等厚度双闭室截面计算其扭转剪应力及扭转惯性矩。

解：此时式（3-23）将为

$$2a^2 f_1 + 2a^2 f_2 = M_t \text{ 或 } f_1 + f_2 = \frac{M_t}{2a^2}$$

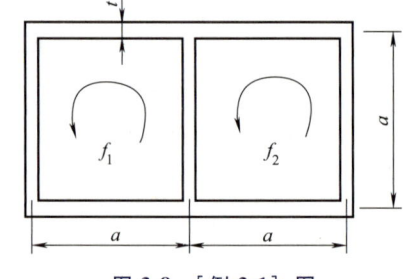

图 3-8 [例 3-1] 图

再列出两个闭室扭率相同的方程，根据 $\varphi_1' = \varphi_2'$ 有

$$\frac{1}{A}\left[f_1 \frac{3a}{t} + (f_1 - f_2)\frac{a}{t}\right] = \frac{1}{A}\left[f_2 \frac{3a}{t} - (f_1 - f_2)\frac{a}{t}\right] \text{ 或 } 3f_1 + (f_1 - f_2) = 3f_2 - (f_1 - f_2)$$

联立解得

$$f_1 = f_2 = \frac{M_t}{4a^2}$$

因而截面中间壁上的剪流 $f_3 = f_1 - f_2 = 0$，此杆件的扭率为

$$\varphi' = \frac{f_1}{2GA} \cdot \frac{3a}{t} = \frac{1}{2a^2 G} \cdot \frac{M_t}{4a^2} \cdot \frac{3a}{t} = \frac{3M_t}{8Ga^3 t} = \frac{M_t}{GJ_0}$$

则得此双闭室截面的扭转惯性矩为

$$J_0 = \frac{8a^2 t}{3}$$

MATLAB 程序如下：
syms a f1 f2 Mz t G J;%%定义边长 a, 左边闭室剪流 f1, 右边闭室剪流 f2, 扭矩 Mz
eqn1 = 2 * a^2 * f1 + 2 * a^2 * f2 = = Mz;%第一个方程：剪流对断面任意点的力矩等于扭矩 Mz

```
eqn2=1/(2*G*a^2)*(f1*4*a/t-f2*a/t)= =1/(2*G*a^2)*(f2*4*a/t-f1*a/t);%第二个方程:两个闭室扭矩相同
[f1,f2]=solve(eqn1,eqn2,f1,f2);%%联立方程组求解两个闭室的剪流
f1=1/(2*G*a^2)*Mz/(4*a^2)*3*a/t;%截面中间剪流 f3=f1-f2=0,杆件的扭率为 f1
f2=Mz/G/J;%同时杆件扭率的另一个表达式为 f2
J=solve(f1==f2,J);%联立 f1=f2,可得到杆件的扭转惯性矩 J
```

上面程序的求解结果为

$$f_1 = \frac{Mz}{4a^2}, \quad f_2 = \frac{Mz}{4a^2}$$

$$J = \frac{8a^2 t}{3}$$

如果薄壁杆截面由两个以上的闭口形成,用上面同样的方法可以求出自由扭转时的剪流与扭率,即建立截面中每一室的剪流的力矩之和等于扭矩的方程及建立各室扭率相同的方程然后求解。

在最后得出了扭率之后,将扭率写成 $\varphi' = \dfrac{M_t}{GJ_0}$ 的形式,则式中的 J_0 就是所论截面的扭转惯性矩。这个方法可用来求解船体在扭转时的剪流。

3.3 开口薄壁杆件的约束扭转

1. 基本概念

开口薄壁杆件在约束扭转时的主要特点是扭转时各截面的翘曲不相同。图 3-9 中画出了工字梁在一端刚性固定时扭转的情形,这时梁自由端的变形(扭角与翘曲)最大,而在固定端的变形为零。因此,梁各截面的扭率及翘曲不会相等。

翘曲不等就使得梁的轴向纤维有轴向伸长或缩短,从而有轴向应力;又因为梁中各轴向纤维的伸长不一定相同,所以又将导致梁发生弯曲。对工字梁来说,其上下翼板在相反方向弯曲,并产生有弯曲正应力与剪应力。因此,杆的约束扭转又称为"弯曲扭转"。

约束扭转时,因弯曲产生的剪应力称为二次剪应力。因此,约束扭转时截面的剪应力为自由扭转剪应力与二次剪应力之和。

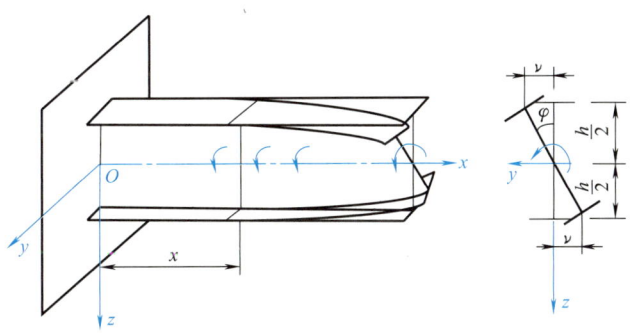

图 3-9 工字梁扭转

二次剪应力在截面内将形成扭矩,称为二次扭矩。因此,约束扭转时截面的扭矩(用 M_x 表示)为自由扭转的扭矩 $M_t = GJ\varphi'$ 与二次扭矩 M_w 之和。

$$M_x = M_t + M_w \tag{3-24}$$

式（3-24）为开口薄壁杆件约束扭转的基本关系。

2. 约束扭转的扭角微分方程

为了简单起见，仅以工字梁为例来导出约束扭转的扭角微分方程。考虑图 3-9 中的工字梁，设梁在外扭矩作用下任意截面的扭角为 $\varphi(x)$，则梁的上下翼板分别发生位移，这个位移就是翼板在 xOy 平面内的弯曲挠度；对上翼板有 $\nu = \dfrac{\varphi h}{2}$，对下翼板有 $\nu = -\dfrac{\varphi h}{2}$，于是对上下翼板分别有以下的关系：

上翼板

$$M = EI_0 \frac{d^2 \nu}{dx^2} = EI_0 \frac{h}{2} \frac{d^2 \varphi}{dx^2}$$

$$N = \frac{dM}{dx} = EI_0 \frac{h}{2} \frac{d^3 \varphi}{dx^3}$$

下翼板

$$M = EI_0 \frac{d^2 \nu}{dx^2} = -EI_0 \frac{h}{2} \frac{d^2 \varphi}{dx^2}$$

$$N = \frac{dM}{dx} = -EI_0 \frac{h}{2} \frac{d^3 \varphi}{dx^3}$$

式中，M、N 分别为翼板截面中的弯矩与剪力；I_0 为翼板截面的惯性矩，若翼板宽度为 b，厚度为 t，则 $I_0 = \dfrac{b^2 t}{12}$。

上下翼板的剪力 N 方向相反，因此在梁截面上形成了扭矩即二次扭矩 M_w，它可表示为

$$M_w = -Nh = -EI_0 \frac{h^2}{2} \frac{d^3 \varphi}{dx^3} = -E \frac{b^2 h^2 t}{24} \frac{d^3 \varphi}{dx^3}$$

注意到此扭矩方向与 φ 相反，因此记为负的，令 $I_d = \dfrac{b^2 h^2 t}{24}$，$I_d$ 称为截面的"弯曲扭转惯性矩"，代入式（3-24）中，得

$$M_x = GJ\varphi' - EI_d \varphi''' \tag{3-25}$$

如果梁上受到的是沿梁长作用的分布外扭矩 $m(x)$（图 3-10），则可由平衡条件导得 $\dfrac{dM_x}{dx} = m(x)$，于是由式（3-25）得

$$EI_d \varphi^{(4)} - GJ\varphi'' = -m \tag{3-26}$$

式（3-26）就是工字梁的约束扭转扭角微分方程。一旦由方程（3-26）中求得了扭角，即可计算扭率 φ' 及翼板的挠度 ν，于是翼板的弯曲正应力与剪应力（二次剪应力）均可求出。梁的最终剪应力为自由扭转的剪应力与二次剪应力之和。

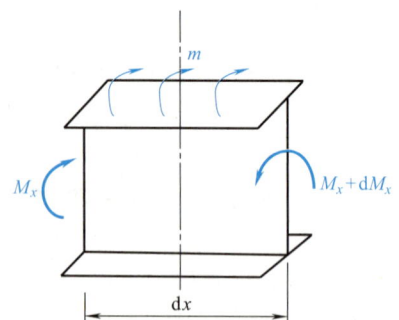

图 3-10　受分布扭矩的梁

微分方程（3-26）可以推广到任意形状截面的开口薄壁杆件的约束扭转。

第 4 章

杆系的典型求解方法

在船体结构中，除少数的桁架结构外，大多数杆系都是静不定结构。原则上总是将其分为单独杆件来进行，因具体计算方法不同，又可分为"力法"与"位移法"。本章重点对上述两种方法进行阐述，并对适用于一般条件的能量法原理进行介绍，以便读者合理选择。

4.1 力法

4.1.1 力法原理

1. 基本概念

现用双跨梁的弯曲，来说明力法的计算原理。图 4-1 所示的双跨梁是一个杆系。为了解这个杆系，要把杆系化为一静定的单跨梁，为此可以采用下面两种做法。

（1）方法一 假定把此双跨梁的中间支座拿掉，中间支座用支座对梁的作用力 R（支反力）来代替，称之为基本未知量，R 的大小应恰好使得梁在中点的挠度等于零，如图 4-2 所示。这样，基本结构就同时承受已知分布载荷 q 和多余约束力 R 的共同作用。

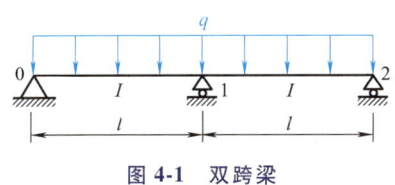

图 4-1 双跨梁

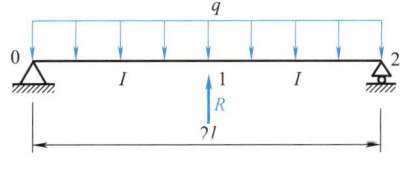

图 4-2 等效单跨梁

为了求出 R，必须考虑梁的变形。比较图 4-1 与图 4-2 的情况可以看出，原来的双跨梁在中间支座处的挠度等于零，而中间支座拿掉后的梁在中点的挠度不一定等于零；为了使二者的变形情况一致，R 的大小应恰好使得梁在中点的挠度等于零，这个条件给出

$$v_q + v_R = 0 \tag{4-1}$$

式中，v_q、v_R 分别为图 4-2 中的单跨梁中点由均布载荷 q 及集中力 R 产生的挠度。

查单跨梁的弯曲要素表（附录 A 表 A-2），不难得到：

$$v_q = \frac{5}{384} \frac{q(2l)^4}{EI} = \frac{5ql^4}{24EI}$$

$$v_R = -\frac{1}{48}\frac{R(2l)^3}{EI} = -\frac{Rl^3}{6EI}$$

将 v_q 与 v_R 代入式（4-1）得

$$\frac{5ql^4}{24EI} - \frac{Rl^3}{6EI} = 0$$

即可求出 $R = \frac{5ql}{4}$，于是问题解决。

（2）方法二 假定把原来双跨梁的中间支座截面切断，或在中间支座截面加铰（注意中间支座不拿掉），这样原来的双跨梁就拆为两根两端为自由支持的静定单跨梁，如图 4-3 所示。

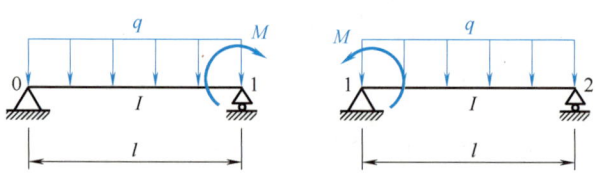

图 4-3 拆分为两端自由支持的静定单跨梁

梁在中间支座截面切开后，截面上出现了弯矩 M，这个弯矩反映了原来相连的两段梁在支座截面中力的相互作用，在切开的两个截面上互为作用力与反作用力，因此大小相等、方向相反，用 M 表示之。

为了求出这个弯矩，仍需考虑梁的变形。由于原来的双跨梁是连续的，现在把它切开后仍应保持变形连续的条件，具体地说，梁 0—1 与梁 1—2 在支座 1 处应该有相同的转角；或 M 的大小应恰好使梁 0—1 与梁 1—2 在支座 1 处保持同样的转角，即

$$\theta_{10} = \theta_{12} \tag{4-2}$$

式中，θ_{10} 为梁 0—1 在 1 端的转角；θ_{12} 为梁 1—2 在 1 端的转角。

查单跨梁的弯曲要素表（附录 A 表 A-2），可得

$$\theta_{10} = \frac{Ml}{3EI} - \frac{ql^3}{24EI}$$

$$\theta_{12} = -\frac{Ml}{3EI} + \frac{ql^3}{24EI}$$

代入式（4-2）得

$$\frac{Ml}{3EI} - \frac{ql^3}{24EI} = -\frac{Ml}{3EI} + \frac{ql^3}{24EI} \quad \text{或} \quad \frac{2Ml}{3EI} - \frac{ql^3}{12EI} = 0$$

由此解得 $M = \frac{ql^2}{8}$，求出了 M 后，两个单跨梁的应力和变形都可以解决了。

以上的两种方法都叫作"力法"，因为在计算时是以"力"为未知数，第一种做法中取"支座反力" R，第二种做法中取"支座截面弯矩" M。根据变形连续条件建立方程，最后解出未知数"力"来，所以叫作"力法"。

2. 力法的一般原理与三弯矩方程

有了力法解简单杆系的概念，下面将力法的一般原理与步骤归结如下：

1）分析结构，确定静不定次数。未知量的个数即为静不定次数。因此，确定静不定次数是力法计算的第一项工作。

2）应用力法，将静不定结构的多余约束去掉，代以约束力，使其成为一静定结构。此

静定结构叫作原来结构的基本结构。多余约束力的数目一般与静不定次数相同。因此,力法的未知数数目与结构的静不定次数相同。

3) 在去掉约束出现约束力的地方列变形连续方程,以保证基本结构的变形与原结构相同。若结构有 n 个未知力 X_1,X_2,$\cdots$,X_n(图 4-4),则有 n 个变形连续方程为

$$\begin{cases} \delta_{11}X_1+\delta_{12}X_2+\delta_{13}X_3+\cdots+\delta_{1n}X_n = \Delta_{1q} \\ \delta_{21}X_1+\delta_{22}X_2+\delta_{23}X_3+\cdots+\delta_{2n}X_n = \Delta_{2q} \\ \vdots \\ \delta_{n1}X_1+\delta_{n2}X_2+\delta_{n3}X_3+\cdots+\delta_{nn}X_n = \Delta_{nq} \end{cases} \quad (4-3)$$

式中,$\delta_{ij}X_j$ 为基本结构中力 X_j 在 X_i 位置处引起的位移;Δ_{iq} 为基本结构中外力在相应于力 X_i 位置处引起的位移。

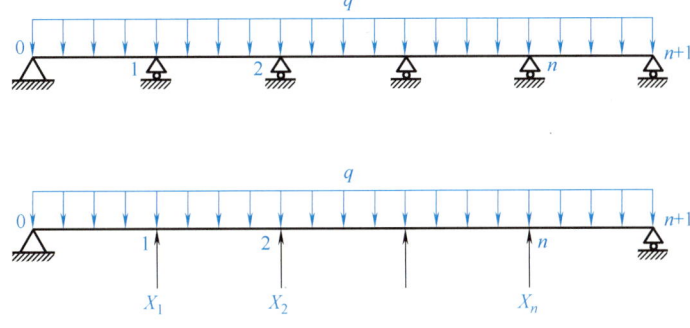

图 4-4 力法解简单杆系

方程(4-3)也可叫作"力法方程",因为由位移互等定理有 $\delta_{ij} = \delta_{ji}$,所以在数学上又叫作"正则方程"。

若取图 4-4 的计算方案,则变形连续方程为

$$\begin{cases} \alpha_{11}M_1+\alpha_{12}M_2 = \theta_{1q} \\ \alpha_{21}M_1+\alpha_{22}M_2+\alpha_{23}M_3 = \theta_{2q} \\ \alpha_{32}M_2+\alpha_{33}M_3+\alpha_{34}M_4 = \theta_{3q} \\ \vdots \\ \alpha_{n-1,n}M_{n-1}+\alpha_{nn}M_n = \theta_{nq} \end{cases} \quad (4-4)$$

式中,$\alpha_{ij}M_j$ 为弯矩 M_j 在 M_i 处引起的转角;θ_{iq} 为外力在支座 i 处引起的转角。

此方程组中的每个方程中最多包括三个弯矩,这就是著名的"三弯矩方程",在实际中被广泛地采用。

4) 解变形连续方程求出未知力,并进一步可求出结构的弯曲要素。

力法原则上适用一切静不定结构,但实际上大都用于求解连续梁、简单刚架与简单板架等。值得指出的是,如果船体结构中的连续梁上受到均布载荷,两端为刚性固定,并且是等截面、等跨度的:在这种条件下,连续梁的每一个跨度的变形都将相同,从而梁在中间支座截面的转角等于零,因此这种连续梁就可化为每一个跨度为两端刚性固定的单跨梁来处理,而无须进行连续梁的计算。目前,船体结构中的甲板纵骨及船底纵骨大都可当作两端刚性固定的单跨梁来计算。

有了如上说明的力法的一般原理与三弯矩方程，就可根据上述步骤解决船体结构中的许多问题，下面将解释相关例题的解题步骤，并演示如何在 MATLAB 环境下执行这些步骤。

[例 4-1] 已知：$P = 78\text{kN}$，$q = 58.8\text{kN}$，$m = 392\text{kN} \cdot \text{m}$，$l_{12} = l_{23} = l = 10\text{m}$，$I_{12} = I_{23} = I$，$\alpha = \dfrac{2l}{7EI}$，求解图 4-5 中结构，画出弯矩图。

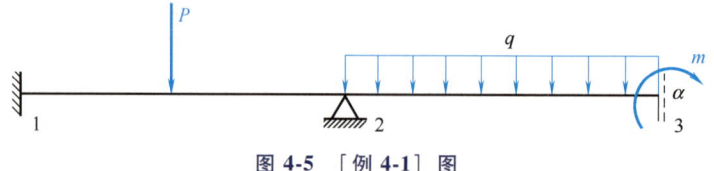

图 4-5 [例 4-1] 图

解：未知数为 M_1，M_2，M_3，转角连续方程为

$$\begin{cases} \theta_{12} = 0 \\ \theta_{21} = \theta_{23} \\ \theta_{32} = \alpha \cdot M_d = -\alpha M_3 \end{cases}$$

代入，得

$$\begin{cases} -\dfrac{M_1 l}{3EI} - \dfrac{M_2 l}{6EI} + \dfrac{Pl^2}{16EI} = 0 \\ \dfrac{M_2 l}{3EI} + \dfrac{M_1 l}{6EI} - \dfrac{Pl^2}{16EI} = -\dfrac{M_2 l}{3EI} + \dfrac{ql^3}{24EI} - \dfrac{ml}{6EI} - \dfrac{M_3 l}{6EI} \\ \dfrac{M_2 l}{6EI} + \dfrac{ml}{3EI} + \dfrac{M_3 l}{3EI} - \dfrac{ql^3}{24EI} = -\dfrac{2M_3 l}{7EI} \end{cases}$$

解得 $M_1 = -14\text{kN} \cdot \text{m}$，$M_2 = 322\text{kN} \cdot \text{m}$，$M_3 = 98\text{kN} \cdot \text{m}$。

MATLAB 程序如下：

```
syms M1 M2 M3 Md P q m E I l Alpha;%%定义三个支座的未知弯矩 M1,M2,M3,外力矩 Md,集中力 P,均布载荷 q,弹性模量 E,截面惯性矩 I,杆长 l,柔性系数 Alpha
theta12 = (-M1*l)/(3*E*I)-(M2*l)/(6*E*I)+(P*l^2)/(16*E*I) ;%转角查附录 A
theta21 = (M2*l)/(3*E*I)+(M1*l)/(6*E*I)-(P*l^2)/(16*E*I) ;
theta23 = (-M2*l)/(3*E*I)+(q*l^3)/(24*E*I)-(m*l)/(6*E*I)-(M3*l)/(6*E*I) ;
theta32 = (M2*l)/(6*E*I)+(m*l)/(3*E*I)+(M3*l)/(3*E*I)-(q*l^3)/(24*E*I) ;
Alpha = (2*M3*l)/(7*E*I);
%列出转角连续方程,将 P=78,l=10,m=392,q=58.8 代入
theta12 = subs(theta12,{P,l},{78,10});
theta21 = subs(theta21,{P,l},{78,10});
theta23 = subs(theta23,{P,q,m,l},{78,58.8,392,10});
theta32 = subs(theta32,{P,q,m,l},{78,58.8,392,10});
```

```
Alpha = subs(Alpha,l,10);%%将 l=10 代入
[M1,M2,M3] = solve(theta12,theta21-theta23,theta32+Alpha*M3,M1,M2,M3);%%
```
解方程组

上面程序的求解结果为

$$M_1 = -\frac{1639}{112}, \quad M_2 = \frac{18019}{56}, \quad M_3 = \frac{1569}{16}$$

4.1.2 简单刚架与简单板架计算

1. 简单刚架计算

船体结构中的刚架大都是由横梁、肋骨与肋板组成的"肋骨刚架"。刚架中杆件的相交点叫作刚架的"节点"。如果刚架中节点汇交的杆件只有两根,则这种刚架叫作"简单刚架",例如单层甲板船的肋骨刚架(图4-6);如果刚架中节点汇交的杆件大于两根,则叫作"复杂刚架"。

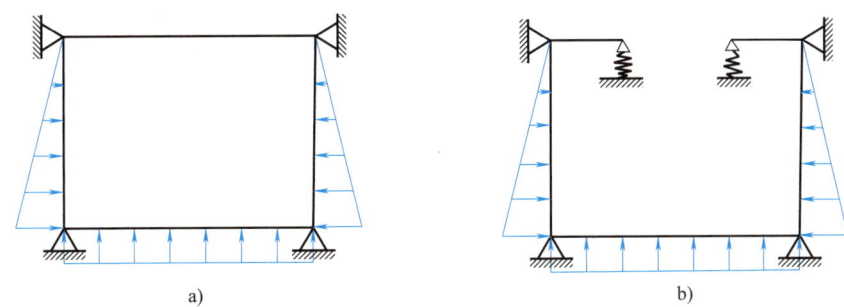

图 4-6 单层甲板船的肋骨刚架

在实际情况中,大多数刚架的节点在刚架受力变形后的线位移可以不计,故称为"不可动节点刚架"(图4-6a);在少数情况下,如大舱口的内河驳船,在远离横舱壁处的肋骨刚架的横梁在舱口处将会有较大的线位移发生,这种刚架称为"可动节点刚架"(图4-6b),此时横梁在舱口处不能加刚性支座,只能加弹性支座或给定位移的支座。

(1) 用力法解不可动节点简单刚架 不可动节点简单刚架可以看作连续梁"折合"的结果,此时刚架的节点相当于连续梁的支座,因此计算是不困难的。

例如图4-7所示的单甲板船在舱口部位的肋骨刚架,在计算时就可以将它在节点1、2、

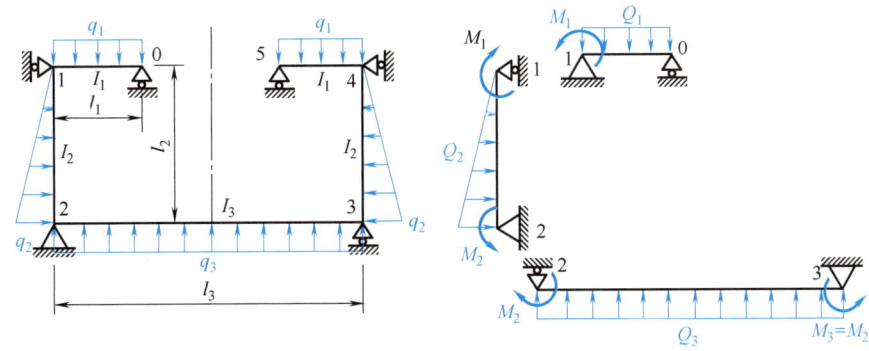

图 4-7 不可动节点简单刚架拆分

3、4 处切开并加上相应的弯矩，使刚架成为五根两端自由支持并受有相应载荷的单跨梁，然后再列出节点转角连续方程求解。

由于所论的肋骨刚架是左右对称的，所以有 $M_1 = M_4$ 及 $M_2 = M_3$，因此未知弯矩只有两个。为此在节点 1 与 2 处分别列出转角连续方程如下：

$$\begin{cases} -\dfrac{M_1 l_1}{3EI_1} + \dfrac{Q_1 l_1^2}{24EI_1} = \dfrac{M_1 l_2}{3EI_2} + \dfrac{M_2 l_2}{6EI_2} - \dfrac{7Q_2 l_2^2}{180EI_2} \\ -\dfrac{M_1 l_2}{6EI_2} - \dfrac{M_2 l_2}{3EI_2} + \dfrac{2Q_2 l_2^2}{45EI_2} = \dfrac{M_2 l_3}{3EI_3} + \dfrac{M_2 l_3}{6EI_3} - \dfrac{Q_3 l_3^2}{24EI_3} \end{cases}$$

式中，$Q_1 = q_1 l_1$，$Q_2 = \dfrac{1}{2} q_2 l_2$，$Q_3 = q_3 l_3$ 代表横梁、肋骨及肋板上的载荷。解方程，可得

$$\begin{cases} M_1 = \dfrac{\alpha_1 \left(\dfrac{3}{4}\alpha_2 + \dfrac{1}{2} \right) Q_1 l_1 + \left(\dfrac{7}{10}\alpha_2 + \dfrac{1}{5} \right) Q_2 l_2 - \dfrac{\alpha_2}{4} Q_3 l_3}{2(\alpha_1 + 1)(3\alpha_2 + 2) - 1} \\ M_2 = \dfrac{-\dfrac{\alpha_1}{4} Q_1 l_1 + \left(\dfrac{8}{15}\alpha_1 + \dfrac{3}{10} \right) Q_2 l_2 + \dfrac{\alpha_2}{2}(\alpha_1 + 1) Q_3 l_3}{2(\alpha_1 + 1)(3\alpha_2 + 2) - 1} \end{cases} \quad (4\text{-}5)$$

式中，

$$\alpha_1 = \dfrac{I_2}{I_1} \dfrac{l_1}{l_2}, \quad \alpha_2 = \dfrac{I_2}{I_3} \dfrac{l_3}{l_2}$$

求出了刚架的节点弯矩后，不难画出刚架的弯矩图。一般情况下，此肋骨刚架的弯矩图有如图 4-8 所示的形状。

由式 (4-5) 可见，肋骨两端的弯矩 M_1 和 M_2 都与甲板上的载荷 Q_1 有关，当 Q_1 增加时 M_1 增加但 M_2 减少，且当 $Q_1 = 0$ 时 M_1 最小，M_2 最大。再由图 4-8 中的弯矩图可以看出，肋骨跨中的最大弯矩一般又随 M_1 的减少而增大，由此可以得出结论：在校核肋骨强度或确定肋骨尺寸时应选取甲板上不承受载荷的情况作为计算状态。

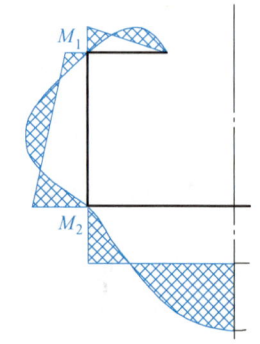

图 4-8 肋骨刚架的弯矩图

上述结论也可以从肋骨刚架的变形情况来分析得到。对肋骨来说，甲板载荷 Q_1 的存在将抵消一部分肋骨由载荷 Q_2 引起的变形，故在计算肋骨强度时，不计甲板载荷是偏于安全的。在计算时应根据计算的要求来分析并选取一个最不利的外载荷组合。也就是说，并不是把肋骨刚架上可能受到的外载荷全部考虑在内就是危险状态，而应进行分析后确定一个对所计算的构件来说是最不利的载荷状态。如果肋板的刚性比肋骨大很多，即 $I_3 \gg I_2$，这时 $\alpha_2 \to 0$，将 $\alpha_2 = 0$ 代入式 (4-5)，可得

$$\begin{cases} M_1 = \dfrac{\dfrac{\alpha_1}{2} Q_1 l_1 + \dfrac{1}{5} Q_2 l_2}{4\alpha_1 + 3} \\ M_2 = \dfrac{-\dfrac{\alpha_1}{4} Q_1 l_1 + \left(\dfrac{8}{15}\alpha_1 + \dfrac{3}{10} \right) Q_2 l_2}{4\alpha_1 + 3} \end{cases}$$

（2）对称结构的简化 对称结构的刚架，其所受的外载荷可能是对称的，也可能是不对称的。但是不对称的载荷总是可以分为一部分对称的载荷与另一部分反对称的载荷，所以下面分别讨论对称结构、对称载荷的刚架及对称结构、反对称载荷的刚架两种情况。

1）对称结构、对称载荷的刚架。图 4-9 所示为一对称结构、对称载荷的刚架。根据其变形情况可知，在刚架的对称节点处，节点转角与节点截面弯矩大小相等、方向相反；在对称轴线上，转角与剪力都等于零。

图 4-10 所示为在对称轴处有杆子（或支座）的刚架，此时刚架除了对称节点的转角与弯矩大小相等、方向相反以外，在对称轴的节点转角等于零，但左右截面中的弯矩与剪力均不等于零，从而可把刚架在对称轴处作为刚性固定端。

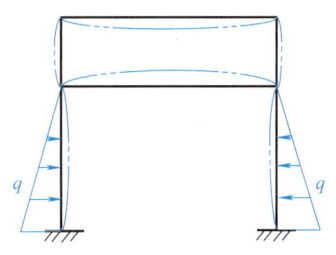

图 4-9 对称结构、对称载荷的刚架

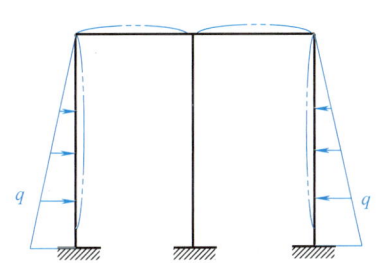 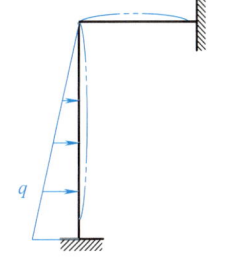

图 4-10 在对称轴处有杆子（或支座）的刚架

2）对称结构、反对称载荷的刚架。图 4-11 所示为对称结构、反对称载荷的刚架。同样根据其变形情况可知，在结构的对称节点处，节点的转角与节点截面弯矩大小相等、方向相同；在对称轴线上的线位移与截面弯矩均等于零，因此在该处可化为自由支持于刚性支座上。如果在对称轴上有杆子（或支座），如图 4-12 所示，则该处的线位移等于零，但截面弯矩不等于零。

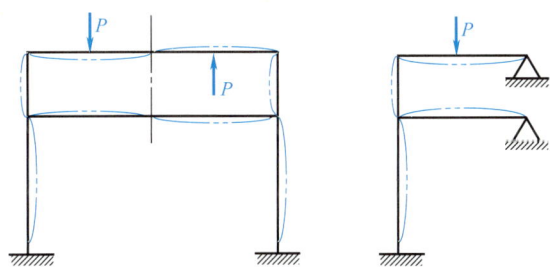

图 4-11 对称结构、反对称载荷的刚架

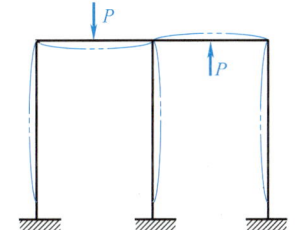

图 4-12 对称轴上有杆子的情况

2. 简单板架计算

船体结构中，相互交叉的梁系叫作板架，板架受垂直于杆系平面的载荷作用而弯曲。板架中梁的交叉点叫作板架的"节点"。在船体结构中的板架，其周界大都是矩形的，两个方向的梁是正交的，并且两个方向的梁的数目一般是不等的。其中数目较多的一组梁叫作"主向梁"，与其交叉的数目较少的梁叫作"交叉构件"。

用力法计算板架时，常用的办法是将板架两个方向的梁在相交节点处拆开，如果忽略梁的扭转，则把两向梁拆开之后，它们之间的相互作用力就是集中力，然后再用变形连续条件建立方程求解这些集中力。下面通过例子来说明解题的过程。

以图 4-13a 所示的简单板架为例，板架由三根肋板（主向梁）与一根中内龙骨（交叉构件）组成，板架上受到均布载荷 q（此处 q 为单位面积的载荷）。

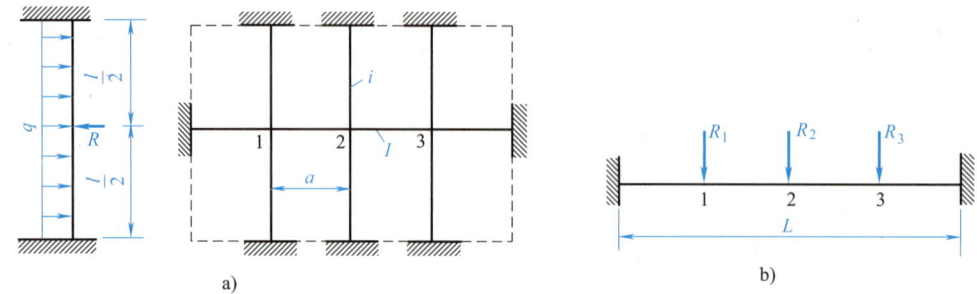

图 4-13 大型油轮在纵、横舱壁之间的船底板架

先说明一下外载荷的分配问题，由于实际上外载荷由船底板传给船底纵骨，再由船底纵骨传至肋板，因此在计算时通常认为板架上的外载荷全部由肋板（主向梁）承受。这种根据外力传递来确定板架中梁的载荷的方法在以后的板架计算中还会遇到。

现将板架的主向梁与交叉构件在相交节点处拆开，并代以节点力 R_1、R_2、R_3。于是主向梁将有图 4-13a 所示的计算图形，其中主向梁上的外载荷 $Q = aql$；交叉构件将有图 4-13b 所示的计算图形，对于本例，由于载荷及结构的对称性，故有 $R_1 = R_3$。

下面来建立主向梁与交叉构件在相应节点处挠度相等的方程（变形连续条件）。

写出边上一根（第一根）主向梁与交叉构件在 1 点处的挠度相等式子，由单跨梁的弯曲要素表（附录 A 表 A-2）不难得到

$$\frac{1}{384}\frac{Ql^3}{Ei} - \frac{1}{192}\frac{R_1 l^3}{Ei} = \frac{5}{1536}\frac{R_1 L^3}{EI} + \frac{1}{384}\frac{R_2 L^3}{EI}$$

同理可得中间一根（第二根）主向梁与交叉构件在 2 点处挠度相等的式子为

$$\frac{1}{384}\frac{Ql^3}{Ei} - \frac{1}{192}\frac{R_2 l^3}{Ei} = \frac{1}{192}\frac{R_1 L^3}{EI} + \frac{1}{192}\frac{R_2 L^3}{EI}$$

解以上两式，即可解得

$$R_1 = \frac{(4+2\mu)Q}{8+13\mu+\mu^2}, \quad R_2 = \frac{\left(4-\frac{3}{2}\mu\right)Q}{8+13\mu+\mu^2} \tag{4-6}$$

式中，

$$\mu = \frac{i}{I} \cdot \frac{L^3}{l^3}$$

求出了节点力后，即可分别计算出主向梁与交叉构件的弯曲要素。

4.1.3 弹性固定端与弹性支座

1. 弹性固定端

试考虑图 4-14 所示的双甲板船的上甲板横梁与甲板间肋骨，图中甲板间肋骨下端暂时

假定是自由支持的。

将横梁与肋骨在支座 1 处切开,加上未知弯矩,并建立支座 1 处的转角连续方程为

$$\frac{Ml_1}{3EI_1} = -\frac{Ml}{3EI} + \frac{ql^3}{24EI} \tag{4-7}$$

不难看出,式(4-7)与横梁在左端为弹性固定时的转角表达式完全相同:

$$\alpha M = -\frac{Ml}{3EI} + \frac{ql^3}{24EI} \tag{4-8}$$

由此可知,图 4-14 中的甲板间肋骨相当于横梁的弹性固定端,弹性固定端的柔性系数为 $\alpha = \dfrac{l_1}{3EI_1}$,即仅与甲板间肋骨的尺寸与结构形式有关。

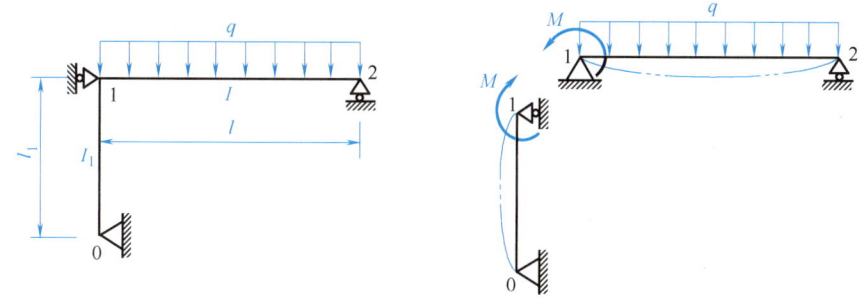

图 4-14 双甲板船的上甲板横梁与甲板间肋骨

需要强调的是,甲板间肋骨(0—1 杆)能够作为横梁(1—2 杆)的弹性固定端是因为将它们拆开后 0—1 杆的 1 端仅受弯矩作用,且此弯矩与该端的转角始终同方向并成正比,即有 $\theta \propto M$。显然如果 0—1 杆上还有外载荷,则对 0—1 杆来说不会存在有 $\theta \propto M$ 的关系,因此上述弹性固定端的存在只有杆 0—1 上没有外载荷时才可能。

此外,受载杆与不受载杆相连时,不受载杆就相当于受载杆的弹性固定端。

为了计算弹性固定端的柔性系数,只需把受载杆与不受载杆在相交处切开并加上相互作用的弯矩 M,计算无载杆在弯矩 M 作用处的转角 θ,θ 与 M 的比值就是柔性系数 α。

由于在计算柔性系数时 M 的大小是不需要知道的,所以假设 $M=1$,这时计算出单位弯矩作用处的转角 ,就是柔性系数的数值。

另外,柔性系数的数值主要取决于无载杆的杆长与截面惯性矩,而与无载杆端点的固定情况关系不大。例如,若杆 0—1 的 0 端改为刚性固定端,则可算得 $\theta = \dfrac{Ml_1}{4EI_1}$,从而 $\alpha = \dfrac{l_1}{4EI_1}$,可见此柔性系数的数值和 0 端为自由支持时相差不大。事实上本例中甲板间肋骨的下端既不是自由支持,也不是刚性固定,而是介于自由支持与刚性固定之间的情况,因此实际上 α 的数值介于 $l_1/(3EI_1)$ 与 $l_1/(4EI_1)$ 之间,而这个范围并不太大。

在实际的船体结构中,甲板间肋骨还与下甲板横梁及大舱内主肋骨相连,这些骨架将影响到甲板间肋骨下端的固定程度。但由上面的分析可知,甲板间肋骨下端的固定程度对上甲板横梁的影响不大,所以在实际计算时可不必考虑下甲板横梁、主肋骨对上甲板横梁的影响。如果要计算某一根杆件,事实上只需考虑与它相似的那一根杆件的影响而无须考虑远离此杆的其他杆件对它的作用。

2. 弹性固定端的固定系数

如果杆系中所有的杆上都有外力,无法把其中某一根杆件化为另一杆的弹性固定端,因为柔性系数无法求出。为了实际结构的分析需要,引入一个关于弹性固定端固定程度的新定义——"固定系数"(fixity factor),它是弹性固定端截面的弯矩与假想为刚性固定时的截面弯矩之比,常用 κ 表示,即

$$\kappa = \frac{M_{弹}}{M_{刚}} \tag{4-9}$$

根据此定义,若 $\kappa = 0$,即 $M_{弹} = 0$,表示是自由支持端;若 $\kappa = 1$,即 $M_{弹} = M_{刚}$,表示是刚性固定端,即 κ 在 0 到 1 中变化。

3. 弹性支座

实际结构中弹性支座的形成要由板架结构来考虑。试看图 4-15 中的简单板架,将两杆在相交节点处分开并代以节点力 R,杆 1—3 和杆 4—5 在 2 处有变形连续方程为

$$\frac{Ql^3}{384EI} - \frac{Rl^3}{192EI} = \frac{Rl_1^3}{48EI_1} \tag{4-10}$$

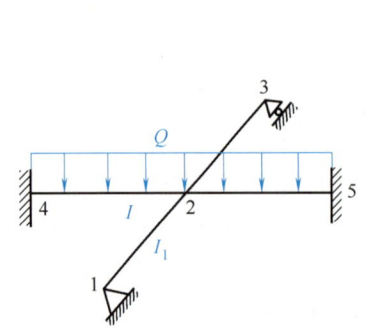
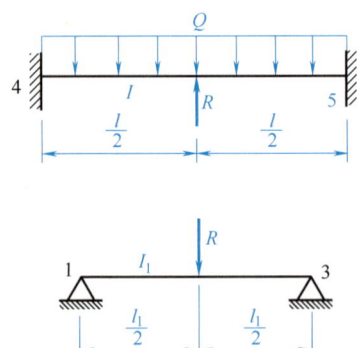

图 4-15 简单板架

此式与图 4-16 中梁 4—5 在中点具有弹性支座的挠度表达式完全相同:

$$\frac{Ql^3}{384EI} - \frac{Rl^3}{192EI} = AR \tag{4-11}$$

因此,杆 1—3 就是一个弹性支座,其柔性系数为 $A = \dfrac{l_1^3}{48EI_1}$。因为对杆 1—3 来说,其节点力与节点挠度方向始终相同并且成正比,显然这种情况只有在杆 1—3 无外载荷时才成正。

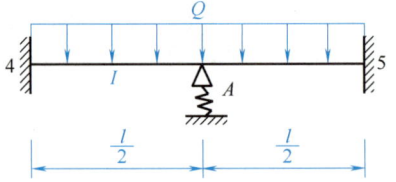

图 4-16 在中点具有弹性支座梁

在一个板架结构中,如果其中无载杆的节点力与节点挠度成正比,则可以将它化为与其交叉的有载杆的弹性支座,节点力与挠度间的比例系数就是弹性支座的柔性系数。

4. 弹性支座上连续梁计算

具有弹性支座的连续梁可以和刚性支座上的连续梁一样用力法计算。例如,对于图 4-17 所示的双跨梁,可以去掉中间的弹性支座代以支反力 R,再利用变形连续条件列方程求解。

第4章 杆系的典型求解方法

设弹性支座的柔性系数为 $A = \dfrac{l^3}{6EI}$,梁的其他尺寸如图 4-17 所示,则不难写出变形连续方程为

$$\frac{5}{384}\frac{q(2l)^4}{EI} - \frac{1}{48}\frac{R(2l)^3}{EI} = AR = \frac{Rl^3}{6EI}$$

由此直接解得 $R = \dfrac{5ql}{8}$。

对此双跨梁,也可以把中间支座截面切开加上弯矩,得到图 4-18 所示的基本结构,再建立支座截面转角连续方程求解。

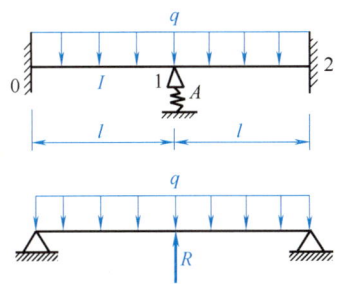

图 4-17 双跨梁

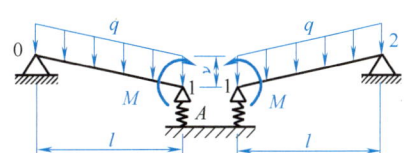

图 4-18 拆分后结构受力示意图

考虑到中间支座截面的转角与弹性支座的挠度有关,因此有转角连续方程为

$$\frac{Ml}{3EI} - \frac{ql^3}{24EI} + \frac{v}{l} = -\frac{Ml}{3EI} + \frac{ql^3}{24EI} - \frac{v}{l}$$

式中,v 为弹性支座的挠度,它可写作 $v = AR$,此 R 为弹性支座受到的力,即弹性支座对梁的支反力,可分别对梁 0—1 与梁 1—2 计算后得到

$$R = 2\left(\frac{M}{l} + \frac{ql}{2}\right)$$

于是

$$v = AR = \frac{l^3}{3EI}\left(\frac{M}{l} + \frac{ql}{2}\right)$$

对于中间弹性支座较多的连续梁,参看图 4-19 中的一般情形,其中第 i 个中间支座的转角连续方程为

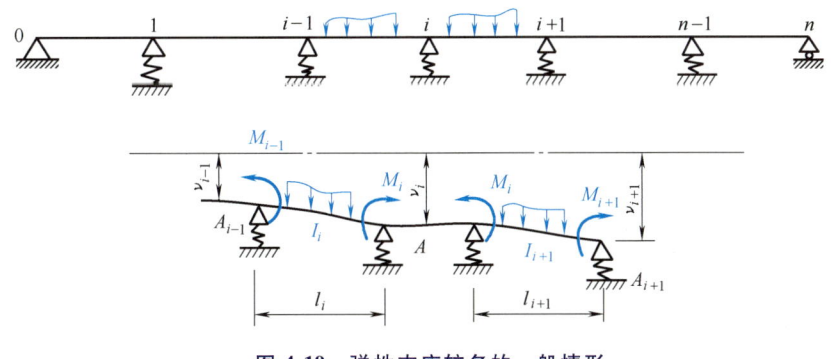

图 4-19 弹性支座较多的一般情形

$$\frac{M_{i-1}l_i}{6EI_i}+\frac{M_i l_i}{3EI_i}+\theta_i(q_i)+\frac{v_i-v_{i-1}}{l_i}=-\frac{M_i l_{i+1}}{3EI_{i+1}}-\frac{M_{i+1}l_{i+1}}{3EI_{i+1}}+\theta_i(q_{i+1})+\frac{v_{i+1}-v_i}{l_{i+1}} \quad (4\text{-}12)$$

式中，$\theta_i(q_i)$、$\theta_i(q_{i+1})$ 分别为第 i 跨度与第 $i+1$ 跨度上外载荷在支座 i 处引起的转角。由于 v_{i-1} 与 M_{i-2}、M_{i-1}、M_i 有关，v_i 与 M_{i-1}、M_i、M_{i+1} 有关，v_{i+1} 与 M_i、M_{i+1}、M_{i+2} 有关，因此将它们代入式（4-12）后得到的方程将包含 M_{i-2}、M_{i-1}、M_i、M_{i+1}、M_{i+2} 五个弯矩，所以叫作"五弯矩方程"。对每一个切开的支座截面列出此方程，所得的方程组叫作"五弯矩方程组"。解五弯矩方程组可求出各支座截面的弯矩，并可进一步求出弹性支座的挠度。

5. 阶梯形变截面梁的计算

应用"五弯矩方程"，并注意到弹性支座柔性系数的性质，可用来求解阶梯形变截面梁。图 4-20a 所示为一单跨梁，梁的左半段截面惯性矩为 I_1，右半段截面惯性矩为 I_2，可以设想在截面变化处加上一个柔性系数 $A=\infty$ 的弹性支座，如图 4-20b 所示，于是就可以按弹性支座上双跨梁的方法来计算了。

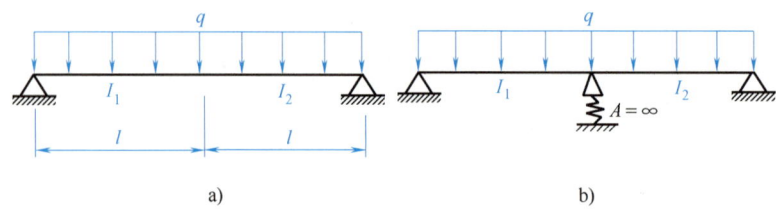

图 4-20　阶梯形变截面梁的计算方法

对于图 4-20b 所示的"双跨梁"，列出中间支座截面的转角连续方程

$$\frac{Ml}{3EI_1}-\frac{ql^3}{24EI_1}+\frac{v}{l}=-\frac{Ml}{3EI_2}+\frac{ql^3}{24EI_2}-\frac{v}{l} \quad (4\text{-}13)$$

再列出方程 $v=AR$，因为目前 $A=\infty$，故有 $R=0$，即

$$2\left(\frac{M}{l}+\frac{ql}{2}\right)=0 \quad (4\text{-}14)$$

将式（4-14）代入式（4-13）中，即可解得弯矩 M 和挠度 v。

6. 甲板板架计算

对于甲板板架，由于甲板载荷是通过甲板板传给甲板纵骨再传给横梁最后传到甲板纵桁，因此可以认为甲板纵桁承受全部外载荷，舱口端横梁不受外载荷作用，于是舱口端横梁可化为甲板纵桁的弹性支座，甲板纵桁成为在弹性支座上的连续梁（图 4-21）。

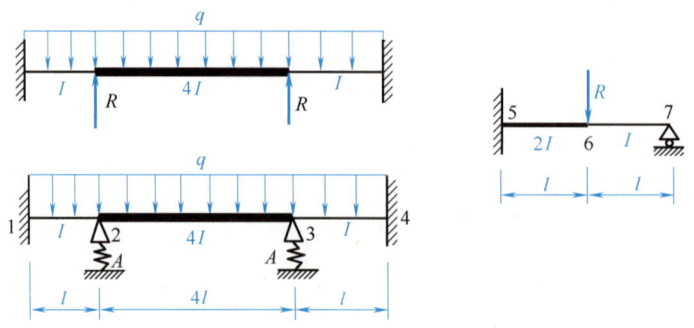

图 4-21　甲板板架计算方法

计算分下面的步骤进行：

1) 先计算出舱口端横梁作为甲板纵桁弹性支座的柔性系数，舱口端横梁是一个阶梯形变截面梁（图 4-22），计算它在节点力 R 作用下的挠度 ν。

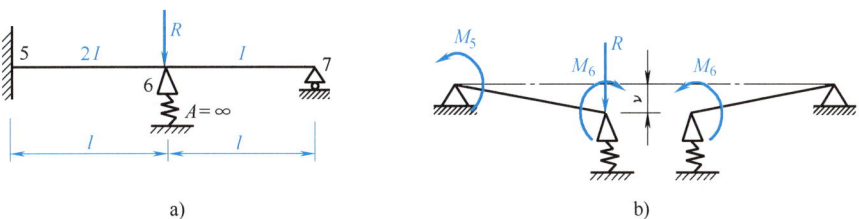

图 4-22 舱口端横梁计算

求解时需在梁的截面变化处加上一个柔性系数为 ∞ 的弹性支座，列出两个转角连续方程及弹性支座反力为零的方程，即

$$\begin{cases} -\dfrac{M_5 l}{3E(2I)} - \dfrac{M_6 l}{6E(2I)} + \dfrac{\nu}{l} = 0 \\[4pt] \dfrac{M_7 l}{6E(2I)} + \dfrac{M_6 l}{3E(2I)} + \dfrac{\nu}{l} = -\dfrac{M_6 l}{3EI} - \dfrac{\nu}{l} \\[4pt] \dfrac{2M_6 - M_5}{l} + R = 0 \end{cases}$$

2) 用"五弯矩方程"计算甲板纵桁（图 4-23）。由于对称条件，因此只要在支座 1、2 处列转角连续方程及在支座 2 处列 $\nu = AR$ 的式子，即

$$\begin{cases} -\dfrac{M_1 l}{3EI} - \dfrac{M_2 l}{6EI} + \dfrac{ql^3}{24EI} + \dfrac{\nu}{l} = 0 \\[4pt] \dfrac{M_1 l}{6EI} + \dfrac{M_2 l}{3EI} - \dfrac{ql^3}{24EI} + \dfrac{\nu}{l} = -\dfrac{M_2(4l)}{3E(4I)} - \dfrac{M_2(4l)}{6E(4I)} + \dfrac{q(4l)^3}{24E(4I)} \\[4pt] \nu = AR = 0.0509\dfrac{l^3}{EI}\left(\dfrac{M_2 - M_1}{l} + \dfrac{5}{2}ql\right) \end{cases}$$

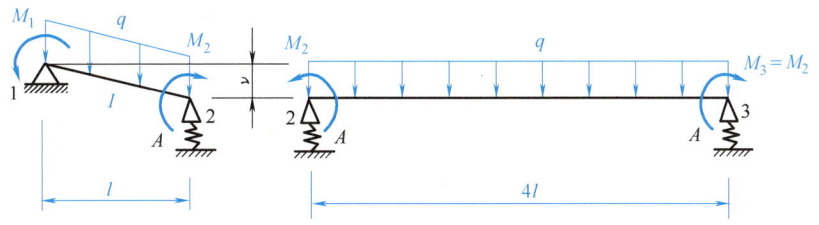

图 4-23 甲板纵桁计算

3) 再计算舱口端横梁，这时它受到的节点力已知，可通过计算得舱口端横梁的弯矩。至此，甲板纵桁与舱口端横梁的计算问题均得到解决。

4.1.4 交叉构件板架计算

本节研究具有许多主向梁与一根交叉构件的板架计算问题（图 4-24），在船体结构中这种板架可代表由一根舷侧纵桁和多根肋骨组成的舷侧结构。

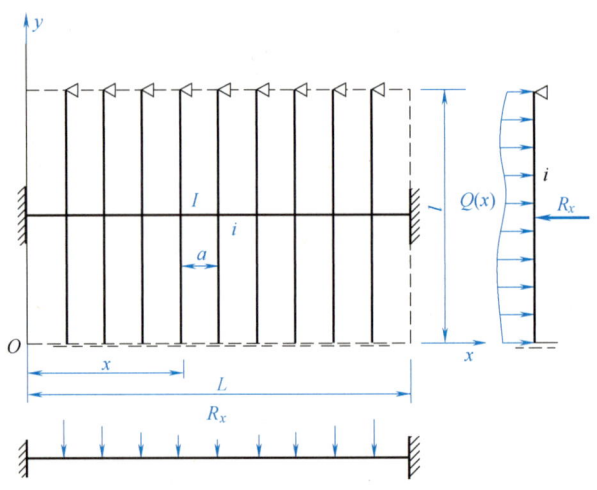

图 4-24 交叉构件的板架计算问题

这种板架原则上可用简单板架的同样方法进行计算，由于这种解法的未知数（节点力）的数目等于板架的节点数，因此对目前节点数目较多的板架来说就有一定的困难，从而在方法上需有所改进。本节所介绍的解法实质上是综合了本章前面的力法概念及弹性支座的概念而形成的，它和一般的力法不完全相同。

对于板架，由于外载荷将由板传给主向梁，所以在计算时可认为外载荷全部由主向梁承受。此外，假定所有主向梁为等截面梁，尺寸相同，且为等间距设置；各主向梁端点的固定情况相同并且各主向梁上的外力分布规律相同。满足这种条件的板架，称为相同主向梁和一根交叉构件的板架。

1. 单交叉构件计算原理

现考虑图 4-25 中的板架，L 为交叉构件长度，l 为主向梁长度，a 为主向梁间距，I 与 i 分别为交叉构件及主向梁的截面惯性矩。建立如下的坐标：x 轴沿交叉构件方向，y 轴沿主向梁方向，交叉构件的挠度用 $v(x)$ 表示。

先将主向梁与交叉构件在节点处分开，考虑坐标为 x 的承受外载荷为 $Q(x)$ 的任意一根主向梁，它所受到的节点约束力为 R_x，节点挠度为 $v(x)$，于是在外载荷与节点约束力共同作用下，有

$$v(x) = \beta \frac{Q(x)l^3}{Ei} - \gamma \frac{R_x l^3}{Ei} \quad (4\text{-}15)$$

式中，β、γ 为两个系数，与主向梁上的载荷及固定情况有关，称为"影响系数"，由于假定每一根主向梁的固定情况相同及外载荷分布规律相同，故 β 与 γ 均为常数。

由式（4-15）可得

$$R_x = \frac{\beta}{\gamma} Q(x) - \frac{Ei}{\gamma l^3} v(x) \quad (4\text{-}16)$$

再考虑交叉构件，将它所受的一系列集中力 R_x 近似地化为分布载荷 R_x/a 后，即可写出交叉构件的弯曲微分方程为

$$EI v^{(4)}(x) = \frac{R_x}{a} \tag{4-17}$$

将式（4-16）中的 R_x 代入式（4-17），并令

$$k = \frac{Ei}{\gamma a l^3} \tag{4-18}$$

$$\bar{q} = \frac{\beta}{\gamma} \frac{Q(x)}{a} \tag{4-19}$$

则得

$$EI v^{(4)} + kv = \bar{q} \tag{4-20}$$

这是一个弹性基础梁的弯曲微分方程，表明交叉构件相当于一个受有外载荷 $\bar{q}$，具有刚度 k 的弹性基础梁。解此弹性基础梁得交叉构件挠度 $v(x)$，从而可按式（4-16）求出主向梁的节点约束力。

若再令

$$\bar{P} = \frac{\beta}{\gamma} Q(x) \tag{4-21}$$

式中，$\bar{P}$ 为主向梁在节点处假想有一个刚性支座的支反力。

令

$$K = \frac{Ei}{\gamma l^3} \tag{4-22}$$

式中，K 为主向梁不受载时作为交叉构件弹性支座的刚性系数。

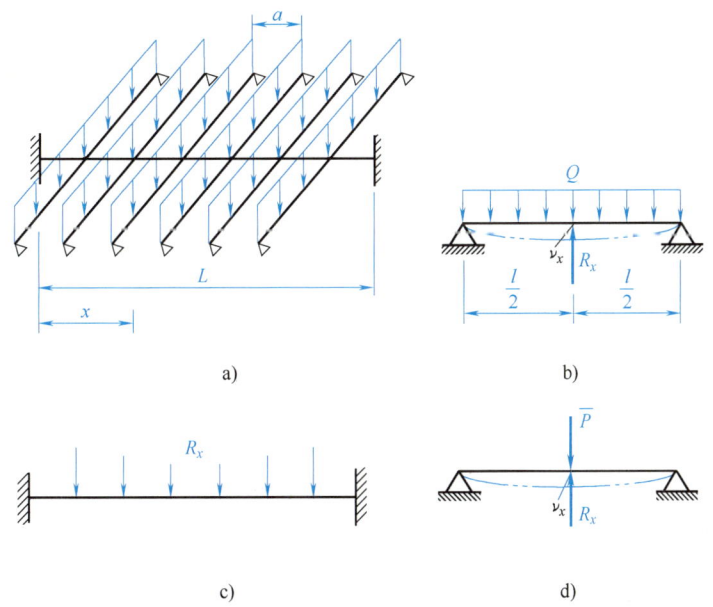

图 4-25　两端自由支持受均布载荷作用的主向梁

则

$$R_x = \overline{P} - K\nu(x) \tag{4-23}$$

于是主向梁的问题可以解决。

所得的结果表明，在这种板架中，主向梁一方面传力 $\overline{P}$ 于交叉构件，另一方面又作为交叉构件的弹性支座。为了进一步阐明这一物理意义，下面讨论一个两端自由支持受均布载荷作用的主向梁（图4-25），这时主向梁的节点挠度为（图4-25b）

$$\nu(x) = \frac{1}{48}(\overline{P} - R_x)\frac{l^3}{Ei} \tag{4-24}$$

式中，

$$\overline{P} = \frac{5Q}{8}$$

由于式（4-24）所代表的主向梁的计算图形为图4-25d，所以这表示在计算主向梁的节点挠度时图4-25b与图4-25d的结果是一样的。再注意到主向梁的节点挠度就是交叉构件的挠度，因此在计算交叉构件挠度时原来受分布载荷的板架可化为一个相当的、仅在节点处受集中力 $\overline{P}$ 作用的板架（图4-26）。

进一步研究图4-26中的板架，可以认为 $\overline{P}$ 作用在交叉构件上，于是主向梁成为不受外载的梁，从而可将它化为交叉构件的弹性支座，弹性支座的柔性系数可按图4-26b中的情形计算得到，其值为 $A = \dfrac{l^3}{48Ei}$，因此弹性支座的刚性系数为 $K = \dfrac{48Ei}{l^3}$。

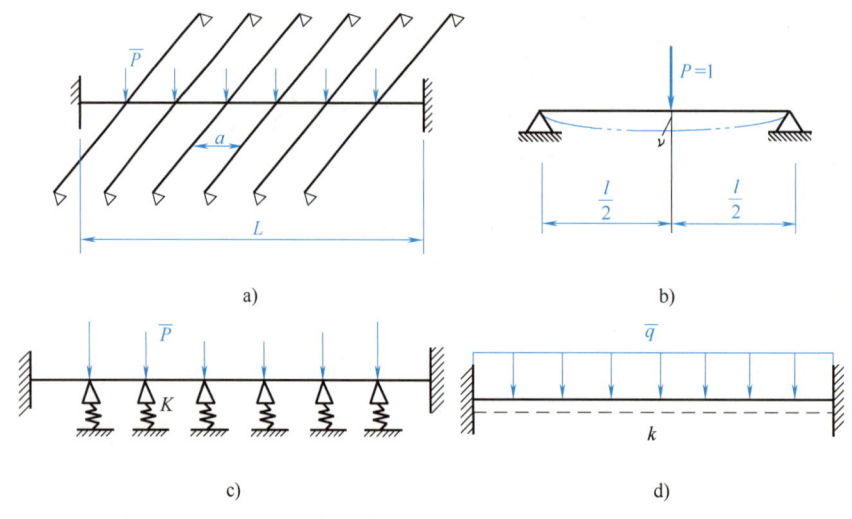

图 4-26 仅在节点处受集中力作用的板架

这样一来，交叉构件就成为图4-26c中的梁，再将其上的 $\overline{P}$ 化为分布力 $\overline{q} = \overline{P}/a$，弹性支座化为弹性基础，$k = K/a$，于是交叉构件就成了弹性基础梁，如图4-26d所示。

解弹性基础梁求出交叉构件的弯曲要素，再由交叉构件的挠度去算出主向梁的节点约束力，这就是这种板架计算的过程。

综合上述，可将一根交叉构件板架的计算步骤归纳如下：

1）根据主向梁上的外力和节点位置及固定情况计算影响系数 β 与 γ。

2) 按式（4-18）、式（4-19）计算弹性基础梁的载荷 q 与刚性系数 k。
3) 计算交叉构件（弹性基础梁）的弯曲要素。
4) 按式（4-23）计算板架的节点约束力 R_x。

2. 多根交叉构件计算原理

在船体结构中，多根交叉构件的板架计算大都是指干货船的船底板架的计算。由于船底板架比较复杂，所以精确的计算只有依靠计算机来进行，从目前的现实情况和初步校核或设计的需要来看，如果有一两个简单而可靠的手算方法，也是十分必要的。本节介绍的是一个最为简便的近似解法，称为"主向梁节点挠度选择法"。

考虑一个多根交叉构件的船底板架（图4-27），主向梁（肋板）两端为自由支持，交叉构件（底纵桁）两端为刚性固定，板架上受均布载荷作用。于是主向梁的计算图形为图4-27a；某一根（第 j 根）交叉构件的计算图形为图4-27b，图中 R_j 为节点力。

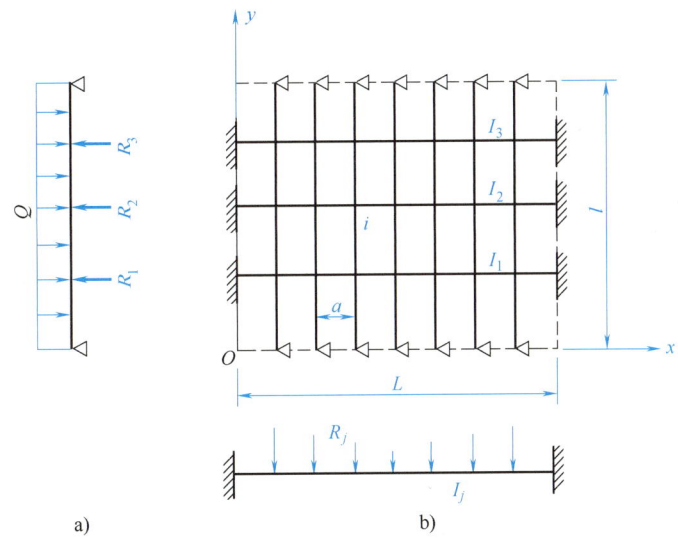

图 4-27 多根交叉构件的船底板架

现在把交叉构件上的力 R_j 化为分布力 R_j/a，于是便可以写出第 j 根交叉构件的弯曲微分方程为

$$EI_j v_j^{(4)} = \frac{R_j}{a} \qquad (4-25)$$

式中，v_j 为第 j 根交叉构件的挠曲线，$v_j = v_j(x)$。现在假定

$$v_j(x) = C_j \varphi(x) \qquad (4-26)$$

式中，C_j 为待定系数；$\varphi(x)$ 为某一 x 的函数，则式（4-26）表示假定板架中各交叉构件的弯曲形状相同，因此

$$R_j = a E I_j C_j \varphi^{(4)}(x) \qquad (4-27a)$$

或

$$\begin{cases} R_1 = aEI_1 C_1 \varphi^{(4)}(x) \\ R_2 = aEI_2 C_2 \varphi^{(4)}(x) \\ R_3 = aEI_3 C_3 \varphi^{(4)}(x) \\ \vdots \end{cases} \quad (4\text{-}27b)$$

由式（4-27）得

$$\frac{R_1}{R_j} = \frac{C_1 I_1}{C_j I_j}, \quad \frac{R_2}{R_j} = \frac{C_2 I_2}{C_j I_j}, \quad \frac{R_3}{R_j} = \frac{C_3 I_3}{C_j I_j}, \cdots \quad (4\text{-}28)$$

现转而来研究主向梁，写出板架中任意一根主向梁与第 j 根交叉构件相交节点处的挠度：

$$v_j = \beta_j \frac{Q l^3}{Ei} - \gamma_{j1} \frac{R_1 l^3}{Ei} - \gamma_{j2} \frac{R_2 l^3}{Ei} - \gamma_{j3} \frac{R_3 l^3}{Ei} - \cdots \quad (4\text{-}29)$$

式中，Q 为主向梁上的外载荷；β_j 为主向梁上外载荷在第 j 节点引起的节点挠度的影响系数；γ_{j1}、γ_{j2}、γ_{j3}、$\cdots$ 分别为主向梁上节点约束力 R_1、R_2、R_3、$\cdots$ 在第 j 节点引起的节点挠度的影响系数。

将式（4-28）代入式（4-29），令

$$\gamma_j^* = \gamma_{j1} \frac{C_1 I_1}{C_j I_j} + \gamma_{j2} \frac{C_2 I_2}{C_j I_j} + \gamma_{j3} \frac{C_3 I_3}{C_j I_j} + \cdots \quad (4\text{-}30)$$

则

$$v_j = \beta_j \frac{Q l^3}{Ei} - \gamma_i^* \frac{R_j l^3}{Ei} \quad (4\text{-}31)$$

这个公式的形式与一根交叉构件板架中主向梁的节点挠度表达式（4-24）完全一样。这说明，在计算第 j 根交叉构件时可把板架当作"一根交叉构件"来处理。

具体地说，第 j 根交叉构件可化为弹性基础梁（图 4-28），此弹性基础梁上的载荷与弹性基础的刚性系数分别为

$$\bar{q}_j = \frac{\beta_j}{\gamma_j^*} \frac{Q}{a} \quad (4\text{-}32)$$

$$k_j = \frac{Ei}{\gamma_j^* a l^3} \quad (4\text{-}33)$$

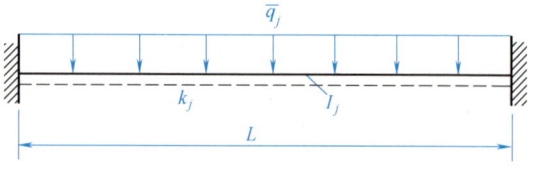

图 4-28　弹性基础梁

弹性基础梁的中点挠度、端点和中点弯矩及端点的剪力分别为

$$v_{j\text{中}} = \frac{\bar{q}_j}{k_j}(1 - \varphi_1(u_j)) \quad (4\text{-}34)$$

$$M_{j\text{端}} = \frac{\bar{q}_j L^2}{12} \chi_2(u_j) \quad (4\text{-}35)$$

$$M_{j\text{中}} = -\frac{\bar{q}_j L^2}{24} \chi_1(u_j) \quad (4\text{-}36)$$

$$N_{j\text{端}} = \mp \frac{\overline{q}_j L}{2} \mu_1(u_j) \tag{4-37}$$

$$u_j = \frac{L}{2} \sqrt[4]{\frac{k_j}{4EI_j}} \tag{4-38}$$

式中，u_j 为弹性基础梁的参数；φ_1、χ_1、χ_2 及 μ_1 为弹性基础梁的辅助函数。

并且第 j 根交叉构件作用给板架中间一根主向梁的节点约束力计算如下：

$$R_{j\text{中}} = \overline{aq}_j \varphi_1(u_j) \tag{4-39}$$

现在的问题是 γ_j^* 公式中的 C_j 还没有确定，为此研究公式（4-30），可知 C_1 与 C_2 与 C_3 之比等于主向梁的节点挠度 v_1 与 v_2 与 v_3 之比。在主向梁两端为自由支持且受均布载荷的条件下，可以假定主向梁的挠曲线为正弦曲线（图 4-29），即设

$$v(y) = A \sin \frac{\pi y}{l}$$

于是得

$$C_1 : C_2 : C_3 = \sin \frac{\pi y_1}{l} : \sin \frac{\pi y_2}{l} : \sin \frac{\pi y_3}{l}$$

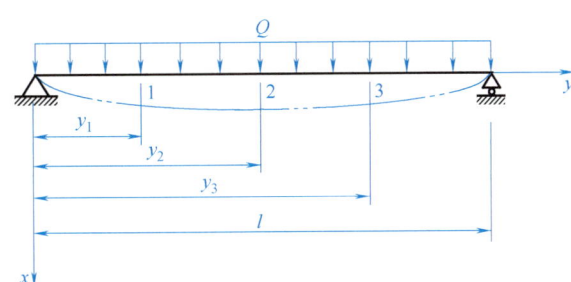

图 4-29 主向梁的挠曲线

式中，y_1、y_2、y_3 分别为主向梁节点位置的坐标。

这样，γ_j^* 完全确定，并可改写为

$$\gamma_j^* = \frac{\sum_i \gamma_{ji} C_i I_i}{C_j I_j} \tag{4-40}$$

γ_j^* 确定后，式（4-32）、式（4-33）中的 $\overline{q}_j$ 及 k_j 均可求出，于是第 j 根交叉构件的弯曲要素可按式（4-34）~式（4-37）求到，中间主向梁的节点约束力也可按式（4-39）求到。

进一步研究证明，当板架中交叉构件的挠曲线满足式（4-29）时，交叉构件（弹性基础梁）的弹性基础刚性系数 k_j 与截面惯性矩 I_j 之比为常数，即

$$\frac{k_1}{I_1} = \frac{k_2}{I_2} = \frac{k_3}{I_3} = \cdots = 常数 \tag{4-41}$$

板架中各交叉构件的参数 u_j 都一样，即

$$u_1 = u_2 = u_3 = \cdots = 常数 \tag{4-42}$$

从而，函数 φ_1、χ_1、χ_2 和 μ_1 也与交叉构件号码无关。由式（4-28）可知，$\gamma_j^* I_j$ 也为常数，即

$$\gamma_1^* I_1 = \gamma_2^* I_2 = \gamma_3^* I_3 = \cdots = 常数 \tag{4-43}$$

于是在计算时，只要求出某一根交叉构件（例如第一根交叉构件）的 γ_1^*，则其他交叉构件的 γ_2^*、γ_3^*、…均可按一定的比例求到，即

$$\gamma_j^* = \gamma_1^* \frac{I_1}{I_j} \tag{4-44}$$

$$\gamma_1^* = \frac{\sum_i \gamma_{1i} C_i I_i}{C_1 I_1} \tag{4-45}$$

从而参数 u 可表示为

$$u = \frac{L}{2} \sqrt[4]{\frac{i}{4al^3 \gamma_1^* I_1}} \tag{4-46}$$

本节介绍的板架计算方法原则上不限于交叉构件两端为刚性固定和主向梁两端为自由支持并受均布载荷作用的情形。如果交叉构件两端不是刚性固定而是弹性固定,则只要有相应固定情况的弹性基础梁的解就能解决;如果主向梁两端不是自由支持或不受均布载荷,则只要能假定出主向梁的节点挠度之比就能够求解。

在实际计算时,如果积累了一定的板架计算资料或者根据实际经验,那么合理地假定主向梁节点挠度之比也是可能的。如果缺乏资料,可建议主向梁节点挠度之比就采用主向梁的节点挠度影响系数 β_j 之比,即取 $C_1:C_2:C_3=\beta_1:\beta_2:\beta_3$ 来进行计算。

4.2 位移法

4.2.1 位移法原理

1. 基本概念

位移法是以杆系节点处的位移为基本未知数的方法。与力法不同,位移法中不是将此杆系拆为两端自由支持的单跨梁,而是将杆系中各杆化为两端刚性固定的单跨梁。为了说明问题清楚起见,仍用一双跨梁来说明位移法的原理(图 4-30)。

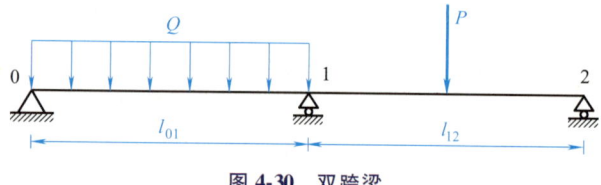

图 4-30 双跨梁

现在来比较图 4-30 与图 4-31a、b 中的梁,可以看出它们的差别有以下两点:

1)图 4-30 中的梁是连续的,梁在支座 0、1 和 2 截面都将发生转角。而图 4-31a、b 中的梁在支座 0、1 和 2 处被刚性固定了,因而在该处转角为零——这是二者变形的差别。

2)图 4-30 中梁的中间支座左右截面的弯矩大小相等、方向相反(弯矩平衡),且支座 0 和 2 是自由支持端,弯矩为零。而图 4-31a、b 的梁在外力作用下,梁 0—1 在 1 截面的弯矩和梁 1—2 在 1 截面的弯矩显然不等,且在 0 和 2 截面中的弯矩也不等于零——这是二者力的差别。

于是,为了使图 4-31a、b 中的梁的受力与变形情况与图 4-30 中的梁一致,现在强迫图 4-31a、b 中梁 0—1 的 0 端转动一个角度 θ_0,1 端转动一个角度 θ_1,同时梁 1—2 的 1 端也转动角度 θ_1,另外梁 1—2 的 2 端转动一个角度 θ_2,如图 4-31c、d 所示。

设 $\overline{M}$ 为两端刚性固定的单跨梁在外力作用下的固定截面的弯矩,称之为"固端弯矩",再设 M' 为两端刚性固定的单跨梁仅因固定端发生转角而引起的在固定端截面中的弯矩,把上述两个阶段叠加,并设 θ_0、θ_1、θ_2 恰好转到这样大小,使得梁端的总弯矩应该具有的条

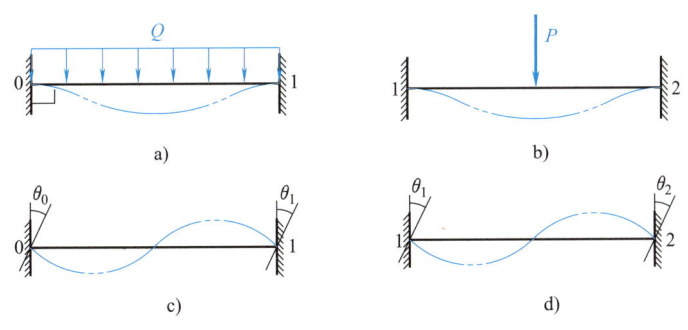

图 4-31 双跨梁等效结构

件满足。于是每一根梁的梁端总弯矩即可由下式求得。

$$M = \overline{M} + M' \tag{4-47}$$

以上所述的就是位移法的基本原理。由于这个方法是以节点转角为基本未知数（转角是角位移），再根据杆件节点截面弯矩平衡条件建立方程，最后解出位移，所以叫作位移法。

2. 位移法的符号规定与基本方程

在推导公式之前，先要对弯矩与剪力的正负做一个新的规定。新的符号法则如下：

在位移法解刚架时，令 x 方向为杆件的轴线方向，y 方向垂直于杆轴线（xOy 位于杆系平面中），则规定杆端的挠度与 y 轴正向一致时为正，杆端的转角顺时针方向为正；杆端的弯矩（不论左截面还是右截面）一律规定顺时针为正，杆端的剪力一律与 y 轴正向一致时为正，如图 4-32 所示。以下就按照这个新的符号法则推导公式。

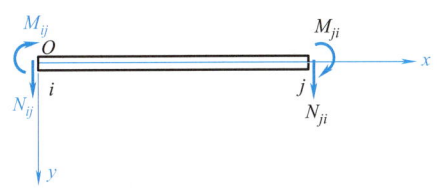

图 4-32 杆件坐标系

（1）固端弯矩和因杆端转角引起的弯矩　位移法中的固端弯矩就是两端刚性固定的单跨梁在外载荷作用下固定端中发生的弯矩，显然它可以直接查两端刚性固定单跨梁的弯曲要素表（附录 A 表 A-2）得到，只不过要注意到现在新的弯矩符号的规定。例如，在新的规定下，图 4-31 中两个梁的固端弯矩在左端都是负的，在右端都是正的。考虑任一根杆件 i—j，杆长为 l_{ij}，截面惯性矩为 I_{ij}，现假定强迫杆件的刚性固定端分别顺时针转动角度 θ_i 与 θ_j，于是杆端截面将有与 θ_i 和 θ_j 同方向的弯矩 M'_{ij} 和 M'_{ji}，如图 4-33 所示，可解得

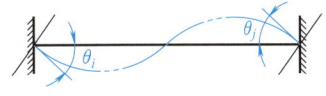

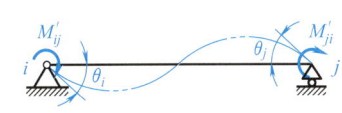

图 4-33 固端弯矩方向示意图

$$\begin{cases} M'_{ij} = \dfrac{4EI_{ij}}{l_{ij}}\theta_i + \dfrac{2EI_{ij}}{l_{ij}}\theta_j \\ M'_{ji} = \dfrac{2EI_{ij}}{l_{ij}}\theta_i + \dfrac{4EI_{ij}}{l_{ij}}\theta_j \end{cases} \tag{4-48}$$

（2）杆端的总弯矩　位移法中每一杆件的杆端总弯矩为固端弯矩与杆端发生转角而引起的弯矩之和，于是对任一根杆 i—j，有

$$\begin{cases} M_{ij} = \overline{M}_{ij} + M'_{ij} = \overline{M}_{ij} + \dfrac{4EI_{ij}}{l_{ij}}\theta_i + \dfrac{2EI_{ij}}{l_{ij}}\theta_j \\ M_{ji} = \overline{M}_{ji} + M'_{ji} = \overline{M}_{ji} + \dfrac{2EI_{ij}}{l_{ij}}\theta_i + \dfrac{4EI_{ij}}{l_{ij}}\theta_j \end{cases} \quad (4\text{-}49)$$

（3）节点弯矩平衡方程　在一般情况下，设刚架中第 i 个节点汇交着 s 根杆件，则此节点的弯矩平衡方程为 $M_{i1}+M_{i2}+M_{i3}+\cdots+M_{is}=0$，将式（4-49）代入，并令

$$\begin{cases} k_{1i} = 4E\left(\dfrac{I_{i1}}{i_{i1}}+\dfrac{I_{i2}}{i_{i2}}+\dfrac{I_{i3}}{i_{i3}}+\cdots+\dfrac{I_{is}}{i_{is}}\right) \\ k_{i1} = \dfrac{2EI_{i1}}{l_{i1}}, k_{i2} = \dfrac{2EI_{i2}}{l_{i2}}, \cdots, k_{ij} = \dfrac{2EI_{ij}}{l_{ij}} \\ \overline{M}_i = -\left(\overline{M}_{i1}+\overline{M}_{i2}+\overline{M}_{i3}+\cdots+\overline{M}_{is}\right) \end{cases} \quad (4\text{-}50)$$

则有

$$k_{i1}\theta_1 + k_{i2}\theta_2 + \cdots + k_{ii}\theta_i + \cdots + k_{is}\theta_s = \overline{M}_i \quad (4\text{-}51)$$

对于整个结构，如果有 n 个节点发生转动，则将有如下的节点平衡方程组：

$$\begin{cases} k_{11}\theta_1 + k_{12}\theta_2 + k_{13}\theta_3 + \cdots + k_{1n}\theta_n = \overline{M}_1 \\ k_{21}\theta_1 + k_{22}\theta_2 + k_{23}\theta_3 + \cdots + k_{2n}\theta_n = \overline{M}_2 \\ k_{31}\theta_1 + k_{32}\theta_2 + k_{33}\theta_3 + \cdots + k_{3n}\theta_n = \overline{M}_3 \\ \qquad\qquad\qquad \vdots \\ k_{n1}\theta_1 + k_{n2}\theta_2 + k_{n3}\theta_3 + \cdots + k_{nn}\theta_n = \overline{M}_n \end{cases} \quad (4\text{-}52)$$

此方程组又叫作"位移法方程"。

3. 位移法的计算步骤

现将位移法计算不可动节点复杂刚架（或在刚性支座上连续梁）的一般计算步骤归纳如下：

1) 分析结构的节点，看一下有几个节点可以发生转角，从而决定有几个未知数。在位移法计算中的未知数数目等于结构的动不定次数。

2) 设想在可能有转角发生的节点处全加上抗转约束，这样结构中各杆均成了两端刚性固定的单跨梁，计算这种梁在外力作用下的杆端弯矩即固端弯矩。

3) 假想将加固的各节点强迫转动，使发生转角，按式（4-48）写出各杆因转角而发生的杆端弯矩，并按式（4-49）写出各杆的杆端总弯矩。

4) 对发生转动的各节点建立节点弯矩平衡方程（4-52）。对于刚架的开口端（图 4-34），如果它是自由支持的，则在该处列弯矩方程；如果它是弹性固定的，则该处的弯矩平衡方程为

$$M_{ef} = -\dfrac{1}{\alpha}\theta_e \quad (4\text{-}53)$$

式中，α 为弹性固定端的柔性系数。

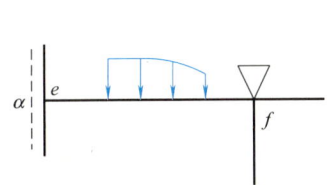 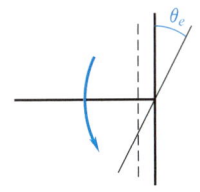 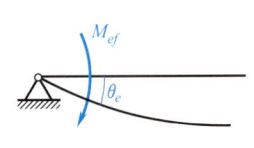

图 4-34 刚架的开口端

5）解弯矩平衡方程组，按式（4-49）计算各杆的杆端弯矩，求出各杆的弯曲要素。下面将详细说明相关例题的解答过程，并提供 MATLAB 实现的具体指导。

[例 4-2] 用位移法计算图 4-35 中的等截面双跨梁。

解：先解决未知数的数目。这个双跨梁有三个节点（支座），由于支座 0 为刚性固定，$\theta_0 = 0$，故未知转角数目有两个：θ_1 和 θ_2。于是假想在支座 1 和支座 2 处加固，使原来的双跨梁变成两个两端刚性固定的单跨梁。查弯曲要素表（附录 A），得固端弯矩为

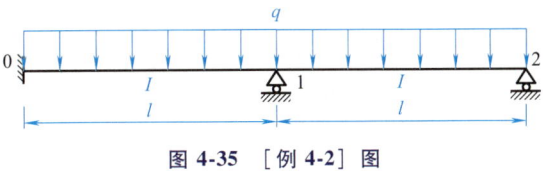

图 4-35 [例 4-2] 图

$$\overline{M}_{01} = -\frac{1}{12}ql^2, \overline{M}_{10} = \frac{1}{12}ql^2, \overline{M}_{12} = -\frac{1}{12}ql^2, \overline{M}_{21} = \frac{1}{12}ql^2$$

再计算因转角 θ_1 和 θ_2 引起的杆端弯矩：

$$M'_{01} = \frac{2EI}{l}\theta_1, M'_{10} = \frac{4EI}{l}\theta_1, M'_{12} = \frac{4EI}{l}\theta_1 + \frac{2EI}{l}\theta_2, M'_{21} = \frac{2EI}{l}\theta_1 + \frac{4EI}{l}\theta_2$$

然后在有转角的支座处列方程。对支座 1，有

$$\overline{M}_{10} + M'_{10} + \overline{M}_{12} + M'_{12} = 0$$

对支座 2，有

$$\overline{M}_{21} + M'_{21} = 0$$

将求得的固端弯矩及转角引起的杆端弯矩代入上两式，得

$$\begin{cases} \frac{1}{12}ql^2 + \frac{4EI}{l}\theta_1 - \frac{1}{12}ql^2 + \frac{4EI}{l}\theta_1 + \frac{2EI}{l}\theta_2 = 0 \\ \frac{1}{12}ql^2 + \frac{2EI}{l}\theta_1 + \frac{4EI}{l}\theta_2 = 0 \end{cases}$$

经整理后，得

$$\begin{cases} \frac{8EI}{l}\theta_1 + \frac{2EI}{l}\theta_2 = 0 \\ \frac{2EI}{l}\theta_1 + \frac{4EI}{l}\theta_2 = -\frac{1}{12}ql^2 \end{cases}$$

解得

$$\theta_1 = \frac{1}{168}\frac{ql^3}{EI}, \theta_2 = -\frac{1}{42}\frac{ql^3}{EI}$$

求出了 θ_1 和 θ_2 后，即可计算出各杆杆端弯矩如下：

$$M_{01} = \overline{M}_{01} + M'_{01} = -\frac{1}{12}ql^2 + \frac{2EI}{l}\frac{ql^3}{168EI} = -\frac{1}{14}ql^2 = -0.0714ql^2$$

$$M_{10} = \overline{M}_{10} + M'_{10} = \frac{1}{12}ql^2 + \frac{4EI}{l}\frac{ql^3}{168EI} = \frac{3}{28}ql^2 = 0.107ql^2$$

$$M_{12} = \overline{M}_{12} + M'_{12} = -\frac{1}{12}ql^2 + \frac{4EI}{l}\frac{ql^3}{168EI} - \frac{2EI}{l}\frac{ql^3}{42EI} = -\frac{3}{28}ql^2 = -0.107ql^2$$

$$M_{21} = \overline{M}_{21} + M'_{21} = \frac{1}{12}ql^2 + \frac{2EI}{l}\frac{ql^3}{168EI} - \frac{4EI}{l}\frac{ql^3}{42EI} = 0$$

MATLAB 程序如下：

syms q l theta1 theta2 EI;%%定义均布载荷 q,梁的跨长 l,支座 1 处的转角 theta1,支座 2 处的转角 theta2,抗弯刚度 EI

MG01 = -1/12 * q * l^2;%%杆 0-1 在支座 0 处的固端弯矩,查附录 A 可得

MG10 = 1/12 * q * l^2;%%杆 0-1 在支座 1 处的固端弯矩

MG12 = -1/12 * q * l^2;%%杆 1-2 在支座 1 处的固端弯矩

MG21 = 1/12 * q * l^2;%%杆 1-2 在支座 2 处的固端弯矩

MP01 = 2 * EI/l * theta1;%%杆 0-1 在支座 0 处由转角引起的杆端弯矩

MP10 = 4 * EI/l * theta1;%%杆 0-1 在支座 1 处由转角引起的杆端弯矩

MP12 = 4 * EI/l * theta1 + 2 * EI/l * theta2;%%杆 1-2 在支座 1 处由转角引起的杆端弯矩

MP21 = 2 * EI/l * theta1 + 4 * EI/l * theta2;%%杆 1-2 在支座 2 处由转角引起的杆端弯矩

eqn1 = MG10+MP10+MG12+MP12 = = 0;%节点弯矩平衡方程%%第一个方程：支座 1 为自由支持,双跨梁在支座 1 处的弯矩为 0

eqn2 = MG21+MP21 = = 0;%第二个方程：支座 2 为自由支持,双跨梁在支座 2 处的弯矩为 0

%%联立方程组,可解得未知数 theta1,theta2

[theta1,theta2] = solve(eqn1,eqn2);%解方程得 theta1、theta2

%%有了支座 1 和支座 2 处的转角,可计算各杆的杆端弯矩

M01 = MG01+MP01;%%杆 0-1 在支座 0 处的杆端弯矩

M10 = MG10+MP10;%%杆 0-1 在支座 1 处的杆端弯矩

M12 = MG12+MP12;%%杆 1-2 在支座 1 处的杆端弯矩

M21 = MG21+MP21;%%杆 1-2 在支座 2 处的杆端弯矩

上面程序的求解结果为

$$\theta_1 = \frac{ql^3}{168EI}, \theta_2 = -\frac{ql^3}{42EI}$$

$$M_{01} = -\frac{1}{14}ql^2, M_{10} = \frac{3}{28}ql^2, M_{12} = -\frac{3}{28}ql^2, M_{21} = 0$$

肋骨刚架中各杆的端点弯矩求到后，就可以画刚架的弯矩图。

在位移法中如果连续梁的端点或刚架的开口端是自由支持的，则计算时可以不将它加上

抗转约束，因此就不要将它强迫转动和建立弯矩为零的方程。

4.2.2 位移法在杆系结构中的应用

应用位移法，不仅可以用来计算不可动节点的复杂刚架或连续梁，也可以广泛用于其他各种类型的结构计算。在本节中将进一步讨论用位移法计算其他结构的一些例子——包括阶梯形变截面梁，可动节点刚架及简单板架的计算。通过本节的学习将为以后学习结构的矩阵法与有限元法打下基础，因为本书中的矩阵法与有限元法是基于位移法得到的。

为解决一般问题，需补充一个位移法的基本方程，即两端刚性固定的梁当梁端发生线位移（挠度）时的杆端弯矩与剪力的计算公式。

考虑图 4-36 中的两端刚性固定的梁，它表示位移法的基本结构中的某一根杆件，现设此梁的两端分别发生线位移（挠度）v_i 及 v_j，应用位移法的

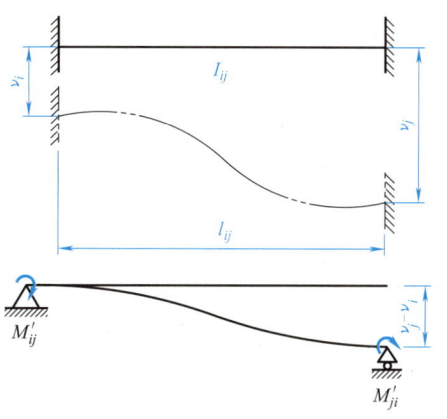

图 4-36　两端刚性固定的梁

弯矩与剪力的符号规定，并仍设 M'_{ij}、M'_{ji} 及 N'_{ij}、N'_{ji} 分别代表梁两端因位移而引起的弯矩与剪力，则有

$$M'_{ij} = \frac{6EI_{ij}}{l_{ij}^2}v_i - \frac{6EI_{ij}}{l_{ij}^2}v_j$$

$$M'_{ji} = \frac{6EI_{ij}}{l_{ij}^2}v_i - \frac{6EI_{ij}}{l_{ij}^2}v_j$$

$$N'_{ij} = \frac{12EI_{ij}}{l_{ij}^3}v_i - \frac{12EI_{ij}}{l_{ij}^3}v_j$$

$$N'_{ji} = -\frac{12EI_{ij}}{l_{ij}^3}v_i + \frac{12EI_{ij}}{l_{ij}^3}v_j$$

在一般情况下，梁两端可能既发生挠度又发生转角，为此将以上的关系式与上节中的关系式（4-49）合并，即可得到位移法中的杆件 i—j 因两端同时发生挠度与转角时的杆端弯矩与剪力的公式如下：

$$\begin{cases} M'_{ij} = \dfrac{4EI_{ij}}{l_{ij}}\theta_i + \dfrac{6EI_{ij}}{l_{ij}^2}v_i + \dfrac{2EI_{ij}}{l_{ij}}\theta_j - \dfrac{6EI_{ij}}{l_{ij}^2}v_j \\ M'_{ji} = \dfrac{2EI_{ij}}{l_{ij}}\theta_i + \dfrac{6EI_{ij}}{l_{ij}^2}v_i + \dfrac{4EI_{ij}}{l_{ij}}\theta_j - \dfrac{6EI_{ij}}{l_{ij}^2}v_j \end{cases} \quad (4-54)$$

$$\begin{cases} N'_{ij} = \dfrac{6EI_{ij}}{l_{ij}^2}\theta_i + \dfrac{12EI_{ij}}{l_{ij}^3}v_i + \dfrac{6EI_{ij}}{l_{ij}^2}\theta_j - \dfrac{12EI_{ij}}{l_{ij}^3}v_j \\ N'_{ji} = -\dfrac{6EI_{ij}}{l_{ij}^2}\theta_i - \dfrac{12EI_{ij}}{l_{ij}^3}v_i - \dfrac{6EI_{ij}}{l_{ij}^2}\theta_j + \dfrac{12EI_{ij}}{l_{ij}^3}v_j \end{cases} \quad (4-55)$$

[例 4-3] 用位移法计算图 4-37 中的可动节点刚架，刚架各杆的截面惯性矩均相同。

解：这是一个可动节点的简单刚架，刚架在外载荷作用下将发生变形并向右侧移动。因此刚架的节点 2、3 除了有转角以外，还有水平位移发生。

若认为刚架的杆件只有弯曲不可压缩，且变形很小，则节点 2 与节点 3 的水平位移 $v_2 = v_3 = v$。这样一共有三个未知位移：θ_2、θ_3 以及 v。

为此计算时设想在节点 2、3 处加固，并使发生上述的转角和线位移，再列出三个平衡方程求解，其中两个弯矩平衡方程为

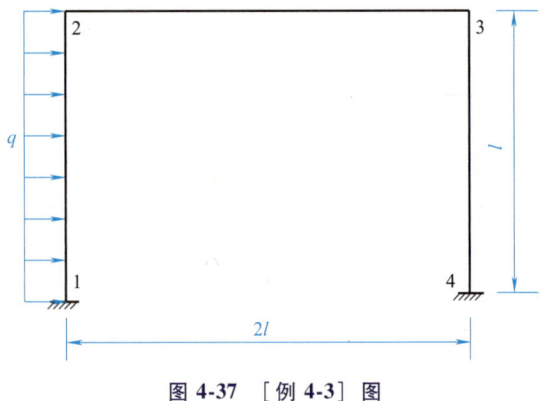

图 4-37　[例 4-3] 图

$$M_{21} + M_{23} = 0, \quad M_{32} + M_{34} = 0$$

为了研究杆 2—3 的平衡，将杆 2—3 与杆 1—2 及杆 3—4 切开，可见杆 2—3 在水平方向要能够平衡，则由杆 1—2 及杆 3—4 作用给它的力 T_{23} 与 T_{32} 之和要等于零，即 $T_{23} + T_{32} = 0$。注意到 T_{23} 与杆 1—2 在 2 端的剪力 N_{21} 大小相等、方向相反；T_{32} 与杆 3—4 在 3 端的剪力 N_{34} 大小相等、方向相反，故水平杆 2—3 的平衡方程为

$$N_{21} + N_{34} = 0$$

即

$$M_{21} = \overline{M}_{21} + M'_{21} = \frac{1}{12}ql^2 + \frac{4EI}{l}\theta_2 - \frac{6EI}{l^2}v$$

$$M_{23} = M'_{23} = \frac{4EI}{2l}\theta_2 + \frac{2EI}{2l}\theta_3$$

$$M_{32} = M'_{32} = \frac{2EI}{2l}\theta_2 + \frac{4EI}{2l}\theta_3$$

$$M_{34} = M'_{34} = \frac{4EI}{l}\theta_3 - \frac{6EI}{l^2}v$$

$$N_{21} = \overline{N}_{21} + N'_{21} = -\frac{1}{2}ql - \frac{6EI}{l^2}\theta_2 + \frac{12EI}{l^3}v$$

$$N_{34} = N'_{34} = -\frac{6EI}{l^2}\theta_3 + \frac{12EI}{l^3}v$$

代入三个平衡方程中，得

$$\begin{cases} 6\theta_2 + \theta_3 - 6\dfrac{v}{l} = -\dfrac{1}{12}\dfrac{ql^3}{EI} \\ \theta_2 + 6\theta_3 - 6\dfrac{v}{l} = 0 \\ -6\theta_2 - 6\theta_3 + 24\dfrac{v}{l} = \dfrac{1}{2}\dfrac{ql^3}{EI} \end{cases}$$

解得

$$\theta_2 = \frac{1}{80}\frac{ql^3}{EI}, \theta_3 = \frac{7}{240}\frac{ql^3}{EI}, v = \frac{1}{32}\frac{ql^4}{EI}$$

于是可算出刚架中各杆的杆端弯矩与剪力如下：

$$M_{12} = -\frac{1}{12}ql^2 + \frac{2EI}{l}\theta_2 - \frac{6EI}{l^2}v = -0.246ql^2$$

$$M_{21} = \frac{1}{12}ql^2 + \frac{4EI}{l}\theta_2 - \frac{6EI}{l^2}v = -0.054ql^2 = -M_{23}$$

$$M_{32} = \frac{EI}{l}\theta_2 + \frac{2EI}{l}\theta_3 = 0.071ql^2 = -M_{34}$$

$$M_{43} = \frac{2EI}{l}\theta_3 - \frac{6EI}{l^2}v = -0.129ql^2$$

$$N_{12} = -\frac{1}{2}ql + \frac{6EI}{l^2}\theta_2 - \frac{12EI}{l^3}v = -0.8ql$$

$$N_{21} = -\frac{1}{2}ql - \frac{6EI}{l^2}\theta_2 - \frac{12EI}{l^3}v = -0.2ql$$

$$N_{23} = \frac{6EI}{(2l)^2}(\theta_2 + \theta_3) = 0.0625ql = -N_{32}$$

$$N_{34} = -\frac{6EI}{l^2}\theta_3 + \frac{12EI}{l^3}v = 0.2ql = -N_{43}$$

MATLAB 程序如下：

syms theta2 theta3 v q l EI;%%定义节点 2 转角 theta2,节点 3 转角 theta3,节点 2 与节点 3 的水平位移 v2=v3=v,均布载荷 q,杆长 l,抗弯刚度 EI

%固端弯矩和剪力,查附录 A 可得

MG12 = -q*l^2/12;%%杆 1-2 在支座 1 处的固端弯矩

NG12 = -q*l/2;%杆 1-2 在支座 1 处的固端剪力

MG21 = q*l^2/12;%%杆 1-2 在支座 2 处的固端弯矩

NG21 = -q*l/2;%杆 1-2 在支座 2 处的固端剪力

MG23 = 0;%%杆 2-3 在支座 2 处的固端弯矩

NG23 = 0;%杆 2-3 在支座 2 处的固端剪力

MG32 = 0;%%杆 2-3 在支座 3 处的固端弯矩

NG32 = 0;%杆 2-3 在支座 3 处的固端剪力

MG34 = 0;%%杆 3-4 在支座 3 处的固端弯矩

NG34 = 0;%杆 3-4 在支座 3 处的固端剪力

MG43 = 0;%%杆 3-4 在支座 4 处的固端弯矩

NG43 = 0;%杆 3-4 在支座 4 处的固端剪力

%由转角引起的杆端弯矩与剪力

MP12 = 2*EI*theta2/l-6*EI*v/l^2;%%杆 1-2 在支座 1 处由转角引起的杆端弯矩

MP21 = 4 * EI * theta2/l-6 * EI * v/l^2;%%杆 1-2 在支座 2 处由转角引起的杆端弯矩
MP23 = 4 * EI * theta2/2/l+2 * EI * theta3/2/l;%%杆 2-3 在支座 2 处由转角引起的杆端弯矩
MP32 = 2 * EI * theta2/2/l+4 * EI * theta3/2/l;%%杆 2-3 在支座 3 处由转角引起的杆端弯矩
MP34 = 4 * EI * theta3/l-6 * EI * v/l^2;%%杆 3-4 在支座 3 处由转角引起的杆端弯矩
MP43 = 2 * EI * theta3/l-6 * EI * v/l^2;%%杆 3-4 在支座 4 处由转角引起的杆端弯矩
NP12 = 6 * EI * theta2/l^2-12 * EI * v/l^3;%%杆 1-2 在支座 1 处由转角引起的杆端剪力
NP21 = -6 * EI * theta2/l^2+12 * EI * v/l^3;%%杆 1-2 在支座 2 处由转角引起的杆端剪力
NP23 = 6 * EI * (theta2+theta3)/(2 * l)^2;%%杆 2-3 在支座 2 处由转角引起的杆端剪力
NP32 = -6 * EI * (theta2+theta3)/(2 * l)^2;%%杆 2-3 在支座 3 处由转角引起的杆端剪力
NP34 = -6 * EI * theta3/l^2+12 * EI * v/l^3;%%杆 3-4 在支座 3 处由转角引起的杆端剪力
NP43 = 6 * EI * theta3/l^2-12 * EI * v/l^3;%%杆 3-4 在支座 4 处由转角引起的杆端剪力
M21 = MG21+MP21;%%杆 1-2 在支座 2 处的弯矩
M23 = MG23+MP23;%%杆 2-3 在支座 2 处的弯矩
M32 = MG32+MP32;%%杆 2-3 在支座 3 处的弯矩
M34 = MG34+MP34;%%杆 3-4 在支座 3 处的弯矩
N21 = NG21+NP21;%%杆 1-2 在支座 2 处的剪力
N34 = NG34+NP34;%%杆 3-4 在支座 3 处的剪力
%列弯矩与剪力平衡方程
eqn1 = M21+M23 = = 0;%%第一个方程:支座 2 为自由,弯矩之和为 0
eqn2 = M32+M34 = = 0;%%第二个方程:支座 3 为自由,弯矩之和为 0
eqn3 = N21+N34 = = 0;%%第三个方程:水平方向力的平衡
%%联立方程组,求得三个未知数
[theta2,theta3,v] = solve(eqn1,eqn2,eqn3);%解方程
%%得到

$$\text{theta2} = \frac{ql^3}{80EI}, \text{theta3} = \frac{7ql^3}{240EI}, v = \frac{ql^4}{32EI}$$

%%于是可算出刚架中各杆的杆端弯矩与剪力如下
MP12 = 2 * EI * theta2/l-6 * EI * v/l^2;　　　NP12 = 6 * EI * theta2/l^2-12 * EI * v/l^3;
MP21 = 4 * EI * theta2/l-6 * EI * v/l^2;　　　NP21 = -6 * EI * theta2/l^2+12 * EI * v/l^3;
MP23 = 4 * EI * theta2/2/l+2 * EI * theta3/2/l;　　NP23 = 6 * EI * (theta2+theta3)/(2 * l)^2;

```
MP32 = 2 * EI * theta2/2/l+4 * EI * theta3/2/l;      NP32 = -6 * EI * (theta2+theta3)/(2 * l)^2;
MP34 = 4 * EI * theta3/l-6 * EI * v/l^2;             NP34 = -6 * EI * theta3/l^2+12 * EI * v/l^3;
MP43 = 2 * EI * theta3/l-6 * EI * v/l^2;             NP43 = 6 * EI * theta3/l^2-12 * EI * v/l^3;
%各杆的弯矩与剪力
M12 = MG12+MP12;                                     N12 = NG12+NP12;
M21 = MG21+MP21;                                     N21 = NG21+NP21;
M23 = MG23+MP23;                                     N23 = NG23+NP23;
M32 = MG32+MP32;                                     N32 = NG32+NP32;
M34 = MG34+MP34;                                     N34 = NG34+NP34;
M43 = MG43+MP43;                                     N43 = NG43+NP43;
```

上面程序求解的结果为

$$M_{12} = -\frac{59}{240}ql^2, M_{21} = -\frac{13}{240}ql^2, M_{23} = \frac{13}{240}ql^2, M_{32} = \frac{17}{240}ql^2,$$

$$M_{34} = -\frac{17}{240}ql^2, M_{43} = -\frac{31}{240}ql^2, N_{12} = -\frac{4}{5}ql, N_{21} = -\frac{1}{5}ql,$$

$$N_{23} = \frac{1}{16}ql, N_{32} = -\frac{1}{16}ql, N_{34} = \frac{1}{5}ql, N_{43} = -\frac{1}{5}ql$$

4.2.3 弯矩分配法

1. 基本概念

本节所述的弯矩分配法（Moment distribution method）或称"节点逐步平衡法"就是用逐步近似的方法直接求出节点转动而引起的杆端弯矩，然后把它与杆件的固端弯矩叠加起来，就得到最终弯矩。这个方法的优点是在计算中无须联立方程，因此在实用上应用颇广。

下面用图4-38a中的不可动节点刚架来说明弯矩分配法的原理。

与位移法的处理方法相同，先假想对此刚架的节点1、2、3加上抗转约束，这样就得到基本结构如图4-38b所示。在基本结构中刚架的每一根杆都成为两端刚性固定的单跨梁，在外载荷作用下杆件的端点就有固端弯矩。

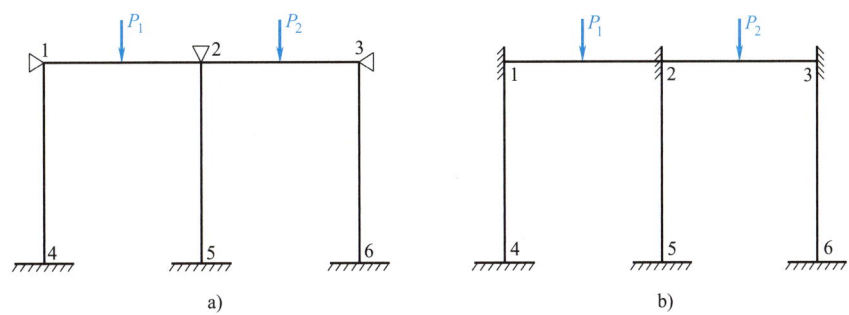

图 4-38 不可动节点刚架

连接于节点的各杆杆端的固端弯矩一般来说并不相互平衡，用位移法的弯矩符号法则，即固端弯矩之和一般不等于零。把加在节点上的抗转约束去掉，目的是使节点发生转动，从而求出有关杆件因节点转动引起的弯矩。

为了使问题清楚起见，现假定先去掉刚架中一个节点的抗转约束，例如图 4-38b 中的节点 2，其他节点仍固定，于是节点 2 将在不平衡弯矩作用下发生转动（图 4-39），节点转动的方向与不平衡弯矩方向相同。这一过程称为节点的"放松"。

在节点转动的过程中，与其相连的杆件就发生弯曲。在图 4-39 中，当节点 2 转动，带动杆 2—1、杆 2—3 及杆 2—5 弯曲，在这些杆内也产生弯矩。

一方面，它们在节点 2 截面内发生反抗弯矩，记为 m_{21}、m_{23}、m_{25}，以阻止节点 2 转动；另一方面，它们的另一端也引起弯矩，记为 m'_{21}、m'_{23}、m'_{25}。上述的反抗弯矩称为"分配弯矩"，当这些分配弯矩与节点 2 的不平衡弯矩平衡时，节点 2 就停止转动，这时节点"平衡"，而另一端的弯矩称为"传导弯矩"，它与分配弯矩的大小有关。

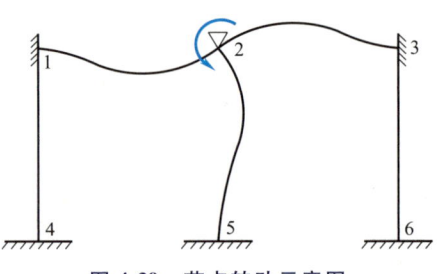

图 4-39　节点转动示意图

所论的节点 2 经过了上述平衡过程之后处于平衡状态，按照弯矩分配法的做法，再把它加上抗转约束，然后依次地将其他节点放松。例如可以把节点 1 放松，由于节点 1 原来已有不平衡弯矩 $\overline{M}_{12}$，但在节点 2 放松平衡过程中它又获得了传导弯矩 m'_{12}，此节点 1 放松时它将在 $\overline{M}_{12}+m'_{12}$ 的作用下发生转动，并带动杆 1—4 及杆 1—2 中的分配弯曲。当杆 1—4 及杆 1—2 中的分配弯矩 m_{14} 及 m_{12} 与 $\overline{M}_{12}+m'_{32}$ 平衡时，节点 1 停止转动，此时在杆 1—4 及杆 1—2 的另一端又引起传导弯矩 m'_{41} 及 m'_{21}。以此类推，可以同样对节点 3 进行放松平衡处理。

由于在节点 1 放松平衡时，节点 2 中又引起了传导弯矩 m'_{21}，因此原先已经平衡的节点 2 又有了不平衡弯矩，从而又需进行第二次平衡处理。和第一次一样，第二次处理又带给别的节点第二次传导弯矩，因此就要求循环地对各个节点进行放松平衡过程。由于传导弯矩总是一次比一次小，所以这个计算过程是收敛的，最终可使结构达到真正的平衡过程。这就是弯矩分配法逐次接近的性质，也是被称作节点逐步平衡法的由来。

2. 分配弯矩与传导弯矩

由以上分析可知，弯矩分配法中杆件在节点截面的弯矩包括三个部分：固端弯矩、分配弯矩、传导弯矩。其中固端弯矩的计算是不困难的，分配弯矩与传导弯矩都是因节点转动引起的弯矩，下面就来讨论它们的大小和方向。

1）考虑刚架中任意一个节点 i（图 4-40），设此节点在固定时有不平衡弯矩 M_i，它等于各杆在 i 端的固端弯矩之和。按位移法的符号法则，杆端弯矩顺时针为正，因此当杆件的固端弯矩为正时，节点弯矩为逆时针，故节点在放松时发生逆时针的转动。

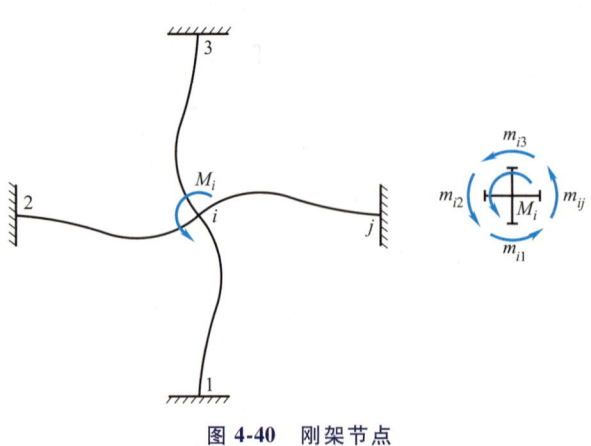

图 4-40　刚架节点

在推导分配弯矩时，因其大小和方向未知，故假定各杆杆端的分配弯矩按正向画出，这样在节点截面上就有如图 4-40 所示的逆时针弯矩 m_{i1}，m_{i2}，…，m_{ij}。写出节点的弯矩平衡方程，有

$$M_i + m_{i1} + m_{i2} + \cdots + m_{ij} = 0 \quad (4\text{-}56)$$

$$\theta_i = -\frac{m_{ij} l_{ij}}{4EI_{ij}} = -\frac{m_{ij}}{K_{ij}} \quad (4\text{-}57)$$

式中，$K_{ij} = \dfrac{4EI_{ij}}{l_{ij}}$。为了决定杆 i—j 在 j 端的传导弯矩，考虑 i—j 杆的 j 端（图 4-41），由 j 端转角等于零的条件可得

$$m'_{ji} = \frac{1}{2} m_{ij} \quad (4\text{-}58)$$

可见 j 端的传导弯矩等于 i 端分配弯矩的一半，方向与分配弯矩相同。式（4-58）中的 1/2 叫作"传导系数"。以上是一般情况下的分配弯矩与传导弯矩的公式，下面再对连续梁的端点或刚架开口端以及对称杆件的情况做一说明。

图 4-41 i—j 杆

2) 如果连续梁的端点或刚架的开口端不是刚性固定的，在用弯矩分配法计算时可不将它加上抗转约束再放松，只需引入以下的分配系数与传导系数。设杆 i—k 的 k 端为弹性固定端，柔性系数为 α_k（图 4-42），则当节点 i 在不平衡弯矩下转动时，不难求得

$$m_{ik} = -\frac{K_{ik}}{\sum_j K_{ij}} M_i = -\lambda_{ik} M_i$$

式中，λ_{ik} 为 i 端的分配系数。

上式中的 $\sum_j K_{ij}$ 为汇交于节点 i 的各杆的 K_{ij} 之和，其中包括 K_{ik}。杆 i—k 的传导系数用 n_{ik} 表示，则有

$$n_{ik} = \frac{1}{2\left(1 + 3\alpha_k \cdot \dfrac{EI_{ik}}{l_{ik}}\right)} \quad (4\text{-}59)$$

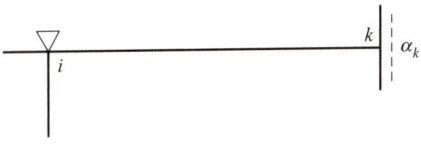

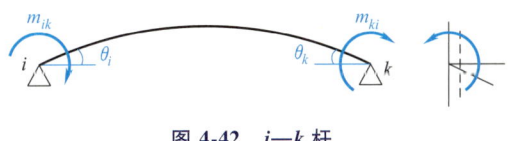

图 4-42 i—k 杆

由此可知，若 k 端为自由支持，$\alpha_k = \infty$，则

$$K_{ik} = \frac{3EI_{ik}}{l_{ik}}, \quad n_{ik} = 0 \quad (4\text{-}60)$$

3) 如果刚架中某一杆件 i—r 变形与受力是对称于其跨度中点的，则在用弯矩分配法计算时，可以只考虑其中的一端，而应用以下的"广义分配系数"。考虑图 4-43 中的对称杆 i—r，图中 m_{ir} 及 m_{ri} 分别为 i 端及 r 端的分配弯矩，m'_{ir} 及 m'_{ri} 分别为 i 端及 r 端的传导弯矩。因为 i 与 r 为对称端，故 $m_{ir} = m_{ri}$，$m'_{ir} = m'_{ri}$，设 $m'_{ir} = m'_{ri}$，则可得

$$\theta_i = -\frac{\overline{m}_{ir} l_{ir}}{3EI_{ir}} - \frac{\overline{m}_{ri} l_{ir}}{6EI_{ir}} = -\frac{\overline{m}_{ir} l_{ir}}{2EI_{ir}} \qquad (4\text{-}61)$$

与式 (4-57) 比较,得杆 i—r 的刚度为

$$K_{ir} = \frac{2EI_{ir}}{l_{ir}} \qquad (4\text{-}62)$$

图 4-43　i—r 杆

4) 为了实际计算方便起见,现引入 $k_{ij} = \dfrac{I_{ij}}{l_{ij}} \dfrac{l_0}{I_0}$,并将杆件的刚度 K_{ij} 一般表达为

$$K_{ij} = \frac{4EI_{ij}}{l_{ij}} \delta_{ij} = \frac{4EI_0}{l_0} k_{ij} \delta_{ij} \qquad (4\text{-}63)$$

分配系数可一般写作

$$\lambda_{ij} = \frac{k_{ij} \delta_{ij}}{\sum k_{ij} \delta_{ij}} \qquad (4\text{-}64)$$

3. 计算步骤

综合上述,可得弯矩分配法的求解步骤如下:

1) 将结构的节点(开口端例外)施加抗转约束,求出杆件在外载荷作用下的固端弯矩。

2) 按式 (4-64) 计算各杆的分配系数,注意汇交于节点上各杆端分配系数之和等 1。

3) 将各个节点逐次放松并平衡(放松可从不平衡弯矩最大的节点开始),这样在杆内引起分配弯矩与传导弯矩。除了双跨梁以外,一般来说各节点均需进行多次分配与传导,当传导弯矩相当小时(视要求的精度而定)计算即可结束。

4) 将各杆杆端的分配弯矩、传导弯矩与固端弯矩相加即得杆端的最终弯矩。

4.3　能量法

4.3.1　应变能与余能

在结构分析中,除了前面学过的力法和位移法以外,应用结构变形能的变形能法,或简称能量法,有着十分广泛的用途。

能量法通过能量原理来描述结构的平衡与变形连续条件,从而解决结构问题。为便于区分,通常将前述的力法、位移法以及梁的弯曲与杆的扭转解法统称为解析法。本节先讨论结构的应变能与余能。

现考虑一个较为普遍的情况:弹性体的外载与变形间的关系为非线性的,它可能由于材料本身的应力-应变间的非线性关系而引起,也可能由于大变形而产生;前者称为材料非线性,后者称为几何非线性,如图 4-44 所示。

1. 外力功与应变能

参考图 4-44a,考虑加力的某一中间瞬时,设此时的力为 P,相应的变形为 Δ。此外力认为是广义的,即可能是集中力或力矩;变形也为广义的,即可能为线位移或角位移,于是当变形有一无限小的增量 $\mathrm{d}\Delta$,外力的功可写作 $\mathrm{d}W = P\mathrm{d}\Delta$。

在整个加载过程中,外力由零到其最终值 P_1,相应变形的最终值为 Δ_1,则外力所做的

功为

$$W = \int_0^{\Delta_1} P \mathrm{d}\Delta \tag{4-65}$$

它可以用图 4-44a 中曲线 OA 下 OAB 的面积来代表。

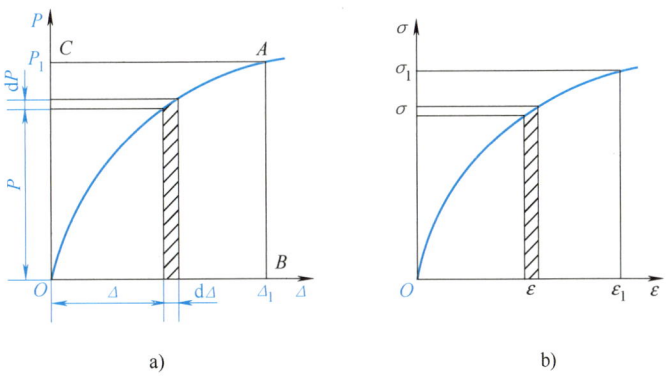

图 4-44 外力功与应变能

弹性体在外力作用下变形时，体系内产生了变形能或应变能，用 V 表示，于是

$$V = W = \int_0^{\Delta_1} P \mathrm{d}\Delta \tag{4-66}$$

对于一个三维弹性体，体系中的微块有六个应力分量 σ_x、σ_y、σ_z、τ_{xy}、τ_{yz}、τ_{zx}，相应的应变分量为 ε_x、ε_y、ε_z、γ_{xy}、γ_{yz}、γ_{zx}，可得单位体积的应变能为

$$V_0 = \int (\sigma_x \mathrm{d}\varepsilon_x + \sigma_y \mathrm{d}\varepsilon_y + \sigma_z \mathrm{d}\varepsilon_z + \tau_{xy} \mathrm{d}\gamma_{xy} + \tau_{yz} \mathrm{d}\gamma_{yz} + \tau_{zx} \mathrm{d}\gamma_{zx})$$

$$V_0 = \int \{\sigma\}^\mathrm{T} \{\mathrm{d}\varepsilon\} \tag{4-67}$$

式中，积分上限为应变的最终值。整个弹性体的应变能为

$$V = \iiint V_0 \mathrm{d}x \mathrm{d}y \mathrm{d}z \tag{4-68}$$

2. 余功与余能

现定义非线性体系的另一种功，称为余功（complementary work），为

$$W^* = \int_0^{P_1} \Delta \mathrm{d}P \tag{4-69}$$

它等于图 4-44a 中曲线 OA 与纵坐标之间所包围 OAC 的面积。并定义体系的"余能"（complementary energy）V^*，其数值等于余功，即

$$V^* = W^* = \int_0^{P_1} \Delta \mathrm{d}P \tag{4-70}$$

据此定义，可知 $W+W^*$ 或 $V+V^*$ 均等于图 4-44a 中矩形 $OCAB$ 的面积 $P_1\Delta_1$。余能可看作体系中力的变化而引起的，故余能又可叫作应力能。

单位体积的余能也可同样导出，对于单向拉杆，有

$$V_0^* = \int_0^{\sigma_1} \varepsilon \mathrm{d}\sigma$$

对于三维弹性体，有

$$V_0^* = \int \{\varepsilon\}^T \{d\sigma\}$$

式中，积分上限为应力的最终值。整个弹性体的余能为

$$V^* = \iiint V_0^* dxdydz \qquad (4\text{-}71)$$

3. 线性体系

对于外力与变形成正比的线性体系（图 4-45），则功等于余功，应变能等于余能。

若设

$$P = k\Delta$$

则

$$W = W^* = \int_0^{\Delta_1} P d\Delta = k\int_0^{\Delta_1} \Delta d\Delta = \frac{1}{2}k\Delta_1^2 = \frac{1}{2}P_1\Delta_1 \qquad (4\text{-}72)$$

同理弹性体的应变能或余能为

$$V = V^* = \frac{1}{2}\iiint \{\sigma_1\}^T \{\varepsilon_1\} dxdydz \qquad (4\text{-}73)$$

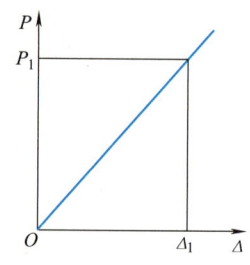

图 4-45 线性体系

式中，$\{\sigma_1\}$ 与 $\{\varepsilon_1\}$ 分别为应力、应变分量的最终值。

4.3.2 杆件的应变能

1. 拉伸或压缩（图 4-46）

$$V = \frac{1}{2}\int_0^l \frac{T^2}{EA} dx = \frac{1}{2}\int_0^l EA u'^2 dx \qquad (4\text{-}74)$$

对于等截面和等轴向力的杆件，则有

$$V = \frac{T^2 l}{2EA} = \frac{EA u^2}{2l}$$

2. 扭转（图 4-47）

$$V = \frac{1}{2}\int_0^l \frac{M_t^2}{GJ} dx = \frac{1}{2}\int_0^l GJ\varphi'^2 dx \qquad (4\text{-}75)$$

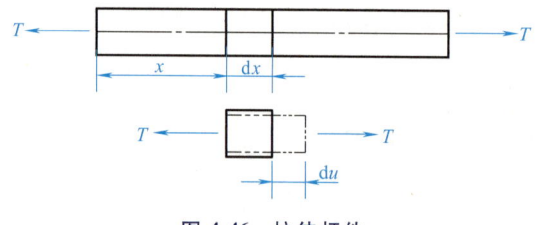

图 4-46 拉伸杆件

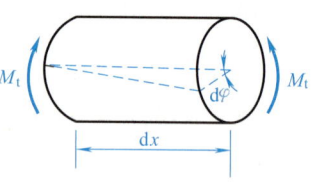

图 4-47 扭转杆件

3. 弯曲（图 4-48）

$$V = \frac{1}{2}\int_0^l \frac{M^2}{EI} dx = \frac{1}{2}\int_0^l EI v''^2 dx \qquad (4\text{-}76)$$

杆的剪切应变能为（图 4-49）

$$V = \frac{1}{2}\int_0^l \frac{N^2}{GA_s} dx = \frac{1}{2}\int_0^l GA_s v_2'^2 dx \qquad (4\text{-}77)$$

$$A_s = \frac{l^2}{\int_A \frac{S^2}{b^2} dA}$$

式中，A'_s 为有效剪切面积；v_2 为剪切挠度。

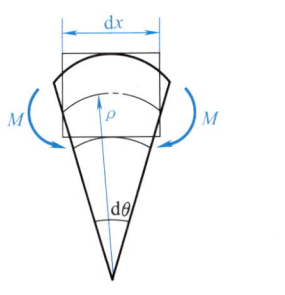

图 4-48 弯曲杆件

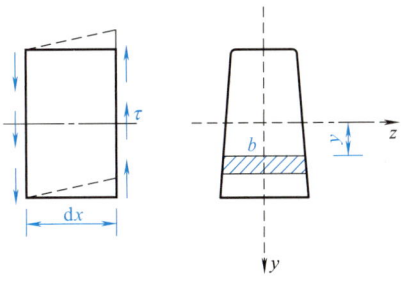

图 4-49 剪切

一般情况下，若杆同时受到拉伸（或压缩）、扭转和弯曲力，由于在线性体系中拉（压）扭转与弯曲变形之间相互不影响，故杆件的应变能为各应变能之和，即

$$V = \frac{1}{2}\int_0^l \frac{T^2}{EA}dx + \frac{1}{2}\int_0^l \frac{M_t^2}{GJ}dx + \frac{1}{2}\int_0^l \frac{M^2}{EI}dx + \frac{1}{2}\int_0^l \frac{N^2}{GA_s}dx \qquad (4-78)$$

对于杆系结构，将组成杆系的各杆件的应变能相加即得整个结构的应变能。实践证明，对于一般以弯曲为主的杆件，剪切和拉压应变能与弯曲应变能相比很小，可忽略不计。

4. 弹性支座与弹性固定端

设 R 为弹性支座受到的力，v 为支座的挠度，A 为弹性支座的柔性系数，则弹性支座的应变能为

$$V = \frac{1}{2}Rv = \frac{1}{2}AR^2 = \frac{1}{2A}v^2 \qquad (4-79)$$

设 M 为弹性固定端受到的弯矩，θ 为固定端发生的转角，则弹性固定端的变形位能为

$$V = \frac{1}{2}M\theta = \frac{1}{2}\alpha M^2 = \frac{1}{2\alpha}\theta^2 \qquad (4-80)$$

式中，α 为弹性固定端的柔性系数。

以上公式中，用位移表达的是应变能，用力表达的是余能。接下来，将逐步解析相关例题，并给出相应的 MATLAB 解法示例。

[**例 4-4**] 利用能量法计算图 4-50 所示弹性固定端处的支反力。

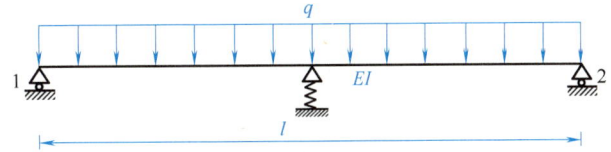

图 4-50 [例 4-4] 图

解：由题，可得

$$\begin{cases} R_1 = R_2 \\ R_1 + R_2 + R - 2ql = 0 \end{cases} => R_1 = R_2 = ql - \frac{R}{2}$$

$$M(x) = \frac{qx^2}{2} - R_1 x = \frac{qx^2}{2} - qlx + \frac{R}{2}x, \frac{\partial M(x)}{\partial R} = \frac{x}{2}$$

$$V = \int \frac{M(x)^2}{2EI} \mathrm{d}x + \frac{1}{2}AR^2$$

支反力 R 为常数，应变能 V 对 R 求导得

$$\frac{\partial V}{\partial R} = 2\int \frac{M(x)}{EI} \frac{\partial M(x)}{\partial R} \mathrm{d}x + AR = 2\int_0^l \frac{M(x)}{EI} \frac{\partial M(x)}{\partial R} \mathrm{d}x + AR$$

$$= \frac{2}{EI}\int_0^l \left(\frac{q}{2}x^2 + \frac{R}{2}x - qlx \right) \cdot \frac{x}{2} \mathrm{d}x + AR$$

$$= \frac{1}{EI}\left(\frac{-5ql^4}{24} + \frac{Rl^3}{6} \right) + \frac{Rl^3}{EI} = 0$$

解得

$$R = \frac{5ql}{28}$$

MATLAB 程序如下：
syms x Mx R R1 R2 q E I l;%%定义坐标 x,x 处弯矩 Mx,中间支座支反力 R,支座 1 处支反力 R1,支座 2 处支反力 R2,均布载荷 q,弹性模量 E,截面惯性矩 I,杆长 l,
A = l^3/(E*I);%计算弹性固定端处的柔性系数
%求弹性固定端处的支反力 R
[R1,R2] = solve(R1-R2,R1+R2+R-2*q*l,R1,R2);%受力分析得平衡方程解出梁两端支反力
Mx = q*x^2/2-R1*x;
Vw = (Mx)^2/(E*I);
V = int(Vw,x,0,l)+A*R^2/2;%双跨梁的弹性固定端处由弯曲和支座变形引起的应变能
diff(V,R);
R = solve(diff(V,R),R);

上面程序的求解结果为

$$R = 5ql/28$$

4.3.3 虚功原理

虚功原理（Principle of virtual work）是能量原理中的一个基本原理，包括"虚位移原理"及"虚力原理"。

虚位移原理研究的是一组真实力系在任意满足变形协调条件的虚位移过程中做功的情况，它等价于结构的平衡条件。

虚力原理研究的是任一组满足平衡条件的虚力系在真实位移过程中的做功情况，它等价

于变形协调条件。

1. 虚位移原理

设结构在外力作用下处于平衡状态，如果给结构一个可能发生的位移即虚位移，则外力对虚位移的功（虚功）必等于结构因虚变形获得的虚应变能，称为虚位移原理。

这里虚位移是不破坏结构连续且满足结构位移边界条件的位移，通常认为是无穷小的位移。在这个条件下，若作用在结构上的外力为 P_1，P_2，$\cdots$，相应的虚位移为 $\delta\Delta_1$，$\delta\Delta_2$，$\cdots$，因为在发生虚位移过程中外力不变，故外力的虚功为

$$\delta W = P_1\delta\Delta_1 + P_2\delta\Delta_2 + \cdots = \sum_i P_i\delta\Delta_i \tag{4-81}$$

设结构的应力为 $\{\sigma\}$，在发生虚位移时的虚应变为 $\{\delta\varepsilon\}$，则应变能为

$$\delta V = \int_\Omega \{\sigma\}^T \{\delta\varepsilon\} d\Omega \tag{4-82}$$

式中，Ω 为结构的体积。于是虚位移原理可表达为

$$\delta W = \delta V \text{ 或 } \sum_i P_i\delta\Delta_i = \int_\Omega \{\sigma\}^T \{\delta\varepsilon\} d\Omega \tag{4-83}$$

即

$$\text{真实外力} \times \text{虚位移} = \int_\Omega (\text{真实应力} \times \text{虚应变}) d\Omega$$

2. 虚力原理

设结构在外力作用下处于平衡状态，如果给外力一个不破坏静力平衡条件及静力边界条件的虚变化，并且由此虚力产生的变形是协调的，则外力的虚余功必等于结构的虚余能，这就是虚力原理。

若结构上外力的虚变化为 δP_1，δP_2，$\cdots$，与其相应的位移为 Δ_1，Δ_2，$\cdots$，则有虚余功为

$$\delta W^* = \Delta_1\delta P_1 + \Delta_2\delta P_2 + \cdots = \sum_i \Delta_i\delta P_i \tag{4-84}$$

结构的虚余能为

$$\delta V^* = \int_\Omega \{\varepsilon\}^T \{\delta\sigma\} d\Omega \tag{4-85}$$

则结构的虚力原理可表达为

$$\delta W^* = \delta V^* \text{ 或 } \sum_i \Delta_i\delta P_i = \int_\Omega \{\varepsilon\}^T \{\delta\sigma\} d\Omega \tag{4-86}$$

由于虚功原理在推导过程中没有涉及材料的性质，因此它可以运用于所有结构——线性的、非线性的、弹性的或塑性的。

4.3.4 虚位移原理的应用

从虚位移原理出发可以引申出各种能量定理用来计算结构的位移和变形等。本节介绍几种常用的能量定理。

1. 位能驻值原理

在虚位移原理中，有 $\delta W = \delta V$，其中 $\delta W = \sum_i P_i\delta\Delta_i$ 为外力对虚位移的虚功，由于在发生

虚位移过程中外力不变，因此 δW 又可写作

$$\delta W = \sum_i P_i \delta \Delta_i = \delta \sum_i P_i \Delta_i$$

此式中的 $\sum_i P_i \delta \Delta_i$ 不是外力功，现另用符号 U 表示，并称为"力函数"，即

$$U = \sum_i P_i \Delta_i, \ \delta U = \delta \sum_i P_i \Delta_i \tag{4-87}$$

于是虚位移原理变为 $\delta U = \delta V$。再令

$$\Pi = V - U = V - \sum_i P_i \Delta_i \tag{4-88}$$

称为体系的"总位能"(total potential energy)，其中（$-U$）又叫作"力位能"，于是总位能为应变能与力位能之和。

根据虚位移原理表达式（4-83）有

$$\delta \Pi = 0 \tag{4-89}$$

由变分学中知道，此式表示总位能 Π 有一驻值（极大值或极小值），故式（4-89）表示的关系称为"位能驻值原理"(Principle of stationary potential energy)。

进一步分析可证明，对于弹性体的稳定平衡来说，总位能将是极小值，因此位能驻值原理又可称为"最小位能原理"。

下面是一个应用位能驻值原理分析杆系的例题，并给出 MATLAB 编程的具体实现方式。

[**例 4-5**] 用位能驻值原理解图 4-51 中的静不定桁架。

解：为计算结构的总位能，先算结构的应变能，设各杆截面面积均为 A，则对杆 1 和杆 3 有

$$V_1 = V_3 = \frac{EA}{2l'} \Delta'^2 = \frac{EA\cos\theta}{2l}(\Delta\cos\theta)^2 = \frac{EA\Delta^2}{2l}\cos^3\theta$$

对杆 2，有 $V_2 = \frac{EA}{2l}\Delta^2$，故

$$V = V_1 + V_2 + V_3 = \frac{EA\Delta^2}{l}\cos^3\theta + \frac{EA}{2l}\Delta^2$$

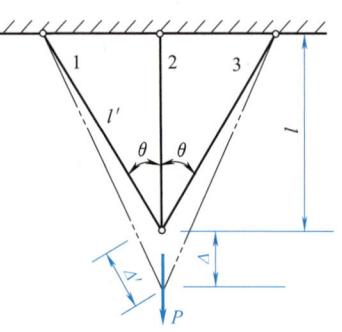

图 4-51　[例 4-5] 图

外力的力函数为 $P\Delta$，故结构的总位能为

$$\Pi = V - U = \frac{EA\Delta^2}{l}\cos^3\theta + \frac{EA}{2l}\Delta^2 - P\Delta$$

目前，Δ 是未知的，现变化 Δ 满足 $\delta\Pi = 0$ 的条件，故得

$$\delta\Pi = \frac{\partial \Pi}{\partial \Delta}\delta\Delta = \left(\frac{2EA\Delta}{l}\cos^3\theta + \frac{EA}{l}\Delta - P\right)\delta\Delta = 0$$

从而得到

$$\frac{2EA\Delta}{l}\cos^3\theta + \frac{EA}{l}\Delta - P = 0$$

所以得

$$\Delta = \frac{Pl}{EA(1+2\cos^3\theta)}$$

MATLAB 程序如下:

syms EA l Delta l2 Delta1 theta P;%%定义抗压刚度 EA,杆 2 的长度 l,位移 Delta,杆 1、3 的长度 l2,位移 Delta1,夹角 theta,拉力 P
Delta1 = Delta * cos(theta);%角度关系
l2 = l/cos(theta);
V1 = EA * Delta1^2/2/l2;%%杆 1 的应变能
V2 = EA * Delta^2/2/l;%%杆 2 的应变能
V3 = V1;%%杆 3 的应变能
V = V1+V2+V3;%杆系的总应变能
U = P * Delta;%外力的力函数
T = V−U;%总位能
eqn1 = diff(T,Delta,1) = = 0;%列方程:满足总位能有一驻值的条件
Delta = solve(eqn1,Delta)%求解 Delta

上面程序求解的结果为

$$\Delta = \frac{Pl}{EA(2\cos^3\theta+1)}$$

Δ(Delta)求得后,即可求出各杆的力,可见用位能驻值原理的计算方法是"位移法"。

2. 里茨法

里茨法或瑞利-里茨法(Rayliegh-Ritz method),是变分法中的直接法,它是利用位能驻值原理把变分问题看作求一个包含有限多个变量的普通函数的极值问题。

对于梁的弯曲,具体做法是先把梁的挠曲线 $v(x)$ 写成如下的级数形式:

$$v(x) = a_1\varphi_1(x) + a_2\varphi_2(x) + \cdots = \sum_n a_n\varphi_n(x) \quad (4\text{-}90)$$

式中,$\varphi_n(x)$ 为选取的不破坏梁端位移边界条件的函数,称为"形状函数"或"基函数";a_n 为待定系数。

然后将此 $v(x)$ 代入总位能,使其变为含有参数 a_1,a_2,…的多元函数,于是按多元函数求极值的方法将 Π 对 a_n 求偏导数后令其等于零,即可定出 a_1,a_2,…。最后将求得的 a_n 代入式 (4-90),即得满足 Π 为极值的 $v(x)$ 的解。

由于实际上级数 (4-90) 不可能取无穷多项,所以所得的解将是近似解,但是如果 $\varphi_n(x)$ 选得相当合适,能很快地求出相当准确的解答。

里茨法不仅适用于梁的弯曲问题,而且可广泛应用于其他结构。接下来将深入研究下列相关例题的解题思路,并提供相应的 MATLAB 解答示例。

[**例 4-6**] 试用里茨法求解图 4-52 中在集中载荷作用下的悬臂梁的挠曲线方程。

解:(1)选定基函数,给出梁挠曲线表达式。假设该梁的挠曲线形式为

$$v(x) = Ax^3 + Bx^2$$

容易验证,该挠曲线满足图示悬臂梁固定端转角和挠度均为零的条件。

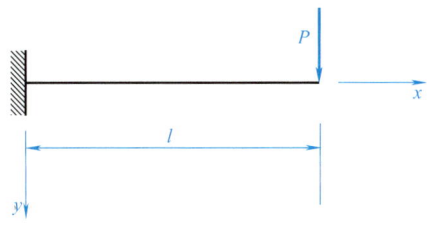

图 4-52 [例 4-6] 图

（2）求结构的总势能。

梁的应变能为

$$V = \frac{1}{2}\int_0^l EIv''^2 \mathrm{d}x = \frac{1}{2}\int_0^l EI(6Ax+2B)^2 \mathrm{d}x = EI(6A^2l^3 + 6ABl^2 + 2B^2l)$$

外力势能为

$$U = P(Al^3 + Bl^2)$$

总势能为

$$\Pi = V - U = EI(6A^2l^3 + 6ABl^2 + 2B^2l) - P(Al^3 + Bl^2)$$

（3）由最小势能原理，将 A 和 B 作为变量，对 Π 求极值，则得

$$\frac{\partial \Pi}{\partial A} = 0, \quad EI(12Al^3 + 6Bl^2) - Pl^3 = 0$$

$$\frac{\partial \Pi}{\partial B} = 0, \quad EI(6Al^2 + 4Bl) - Pl^2 = 0$$

解此方程组得

$$A = -\frac{P}{6EI}, \quad B = \frac{Pl}{2EI}$$

最后可得悬臂梁的挠曲线方程为

$$v(x) = \frac{Px^2}{6EI}(3l - x)$$

MATLAB 程序如下：

```
syms A B x l EI P;%定义待定系数A、B,坐标x,悬臂梁长l,抗弯刚度EI,集中力P
v(x)=A*x^3+B*x^2;%满足边界条件的挠曲线形式
v2(x)=diff(v(x),x,2);%对挠曲线表达式求二次导数v2(x)
V=int(EI*v2(x)^2/2,x,0,l);%悬臂梁的应变能
U=P*(A*l^3+B*l^2);%悬臂梁的外力势能
T=V-U;%悬臂梁的总势能
eqn1=diff(T,A)==0;%列方程组:根据最小势能原理,对总势能求极值
eqn2=diff(T,B)==0;
[A,B]=solve(eqn1,eqn2,A,B);%联立方程组求解
v(x)=A*x^3+B*x^2;%将所求待定系数代入原式得到挠曲线
```

3. 伽辽金法

取一挠曲线函数，它满足梁端所有的边界条件：

$$v(x) = \sum_n a_n \varphi_n(x), \quad n = 1, 2, 3, \cdots$$

将此 $v(x)$ 代入式（4-83）中得

$$\int_0^l (EIv^{(4)} - q)\delta v \mathrm{d}x = 0$$

因为 $v(x)$ 中 a_n 为待定参数，故 $\delta v(x) = \sum_n \delta a_n \varphi_n(x)$，代入上式得

$$\int_0^l \left[EI \sum_n a_n \varphi_n^{(4)}(x) - q \right] \varphi_n(x) \mathrm{d}x = 0, \quad n = 1, 2, 3, \cdots \tag{4-91}$$

式（4-91）是一个包含 a_n 的方程组，求解后可得 a_n，从而梁的挠曲线可以求得。这个方法叫作"伽辽金法"，如果结构的平衡微分方程可以写出，则此法要比里茨法方便得多。

4. 应变能原理

根据虚位移原理表达式（4-83）有

$$\delta V = \sum_i P_i \delta\Delta_i = P_1\delta\Delta_1 + P_2\delta\Delta_2 + P_3\delta\Delta_3 + \cdots \tag{4-92}$$

由于在发生虚位 $\delta\Delta_1$，$\delta\Delta_2$，$\cdots$ 时，应变能 V 的变分可写作

$$\delta V = \frac{\partial V}{\partial \Delta_1}\delta\Delta_1 + \frac{\partial V}{\partial \Delta_2}\delta\Delta_2 + \frac{\partial V}{\partial \Delta_3}\delta\Delta_3 + \cdots$$

故代入式（4-92）后可得

$$\left(\frac{\partial V}{\partial \Delta_1} - P_1\right)\delta\Delta_1 + \left(\frac{\partial V}{\partial \Delta_2} - P_2\right)\delta\Delta_2 + \left(\frac{\partial V}{\partial \Delta_3} - P_3\right)\delta\Delta_3 + \cdots = 0$$

由于虚位移的任意性，故有

$$\frac{\partial V}{\partial \Delta_i} = P_i, \quad i = 1, 2, 3, \cdots \tag{4-93}$$

式（4-93）称为"应变能原理"或"卡氏第一定理"，它代表了结构力的平衡条件，在结构分析中可用来建立位移法方程。式（4-93）就是位移法中的正则方程。

若结构中仅有 Δ_k 发生虚位移，而其余位移保持不变，则

$$\frac{\partial V}{\partial \Delta_k} = P_k \tag{4-94}$$

此式表明结构应变能对某一广义位移的偏导数等于此位移相应的广义力。

5. 单位位移法

由虚位移原理表达式（4-83），若结构仅在 i 处发生一单位虚位移 $\delta\Delta_i = 1$，则式（4-83）变为

$$P_i \times 1 = \int_\Omega \{\sigma\}^T \{\varepsilon^0\} d\Omega \tag{4-95}$$

式中，$\{\varepsilon^0\}$ 是由单位虚位移引起的虚应变。式（4-95）称为"单位位移法"（unit displacement method）的公式，可用来计算结构在某一点需施加多大的力才能保证结构的平衡，它在结构分析的单元刚度矩阵计算中十分有用。

4.3.5 虚力原理的应用

由虚力原理出发也可引申出各种能量定理，可用来计算结构的约束力等。它们与由虚位移原理得出的能量定理是对偶的。

1. 余位能驻值原理

和位能驻值原理相仿，结构分析中有余位能驻值原理。先仿照总位能 Π 定义总余位能 Π^* 如下：

$$\Pi^* = V^* - \sum_i R_i \Delta_i \tag{4-96}$$

式中，R_i 为结构的支反力；Δ_i 为相应于支反力处的位移（例如弹性支座的位移）；$-\sum_i R_i \Delta_i$ 为约束力余位能。

于是根据虚力原理，若 R_i 有变化 δR_i，虚余功为 $\sum_i \delta R_i \Delta_i = \delta \sum_i R_i \Delta_i$，虚余能为 δV^*，则 $\delta V^* = \delta \sum_i R_i \Delta_i$，因此有

$$\delta V^* - \delta \sum_i R_i \Delta_i = 0 \text{ 或 } \delta \Pi^* = 0 \tag{4-97}$$

式（4-97）称为"余位能驻值原理"或称为"总余位能定理"，可以证明对于稳定平衡来说 Π^* 为极小值。对于通常不能发生位移的支座，$\Pi^* = V^*$，总余位能就等于余能，故有

$$\delta \Pi^* = \delta V^* = 0 \tag{4-98}$$

以下内容将探讨相关例题的解法，并给出 MATLAB 编程的具体实现方式。

[例 4-7] 用余位能驻值原理计算图 4-53 中静不定桁架。

解：先计算出各杆的余能。对杆 1 和杆 3 有 $V_1^* = V_3^* = \dfrac{T'^2 l'}{2EA} = \dfrac{T'^2 l}{2EA\cos\theta}$，对杆 2 有 $V_2^* = \dfrac{T^2 l}{2EA}$。

此结构没有发生位移的支座，故

$$\Pi^* = V^* = V_1^* + V_2^* + V_3^*$$

利用力的平衡条件 $2T'\cos\theta + T = P$，将 T' 用 T 表示得

$$T' = \frac{P-T}{2\cos\theta}$$

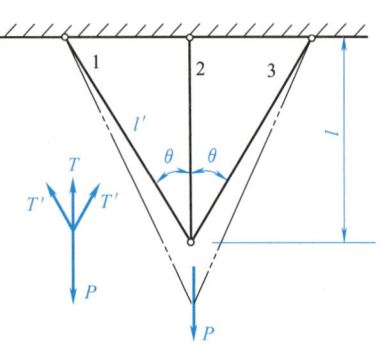

图 4-53 [例 4-7] 图

故

$$\Pi^* = \frac{T^2 l}{2EA} + 2 \cdot \frac{(P-T)^2}{4\cos^2\theta} \cdot \frac{l}{2EA\cos\theta} = \frac{T^2 l}{2EA} + \frac{(P-T)^2 l}{4EA\cos^3\theta}$$

余位能驻值原理给出 $\delta \Pi^* = \dfrac{\partial \Pi^*}{\partial T} \delta T = 0$，或

$$\frac{\partial \Pi^*}{\partial T} = \frac{Tl}{EA} - \frac{1}{EA} \cdot \frac{P-T}{2\cos\theta} \cdot \frac{1}{\cos^2\theta} = 0$$

由此可解得

$$T = \frac{P}{1 + 2\cos^3\theta}$$

可见余位能驻值原理的计算方法是"力法"，并且 $\delta \Pi^* = 0$ 就是结构的变形连续条件。

MATLAB 程序如下：

```
syms EA l2 T1 l T theta P;%%定义抗压刚度 EA,杆 1、3 长度 l2,约束力 T1,杆 2 长度 l,约束力 T,夹角 theta,拉力 P
l2 = l/cos(theta); %角度关系
T1 = (P-T)/2/cos(theta);
V1 = T1^2*l2/2/EA;%%杆 1 的虚余能
V2 = T^2*l/2/EA;%%杆 2 的虚余能
V3 = V1;%%杆 3 的虚余能
TT = V1+V2+V3; %总余位能 TT 就等于余能 V = V1+V2+V3
```

```
eqn1 = diff(TT,T,1);%列方程:满足总余位能有一驻值的条件
T = solve(eqn1,T);%解方程得到杆2的约束力为
```

2. 应力能原理

根据虚力原理表达式（4-86），有

$$\delta V^* = \sum_i \Delta_i \delta P_i = \Delta_1 \delta P_1 + \Delta_2 \delta P_2 + \Delta_3 \delta P_3 + \cdots \quad (4\text{-}99)$$

由于在发生虚力变化 δP_1，δP_2，$\cdots$时，余能 V^* 的变分可写作

$$\delta V^* = \frac{\partial V^*}{\partial P_1}\delta P_1 + \frac{\partial V^*}{\partial P_2}\delta P_2 + \frac{\partial V^*}{\partial P_3}\delta P_3 + \cdots$$

由于虚力变化的任意性，故得

$$\frac{\partial V^*}{\partial P_i} = \Delta_i, \quad i = 1,2,3,\cdots \quad (4\text{-}100)$$

式（4-100）称为"应力能原理"或"恩格塞尔（Engesser）定理"，它代表了结构的变形协调条件，可用来建立力法的方程。在线性体系中，V^* 是力的二次函数，微分一次后为力的一次函数，故式（4-100）就是力法中的正则方程。若结构中仅有力 P_k 发生虚变化，其余的力保持不变，则

$$\frac{\partial V^*}{\partial P_k} = \Delta_k \quad (4\text{-}101)$$

式（4-101）表明结构余能对某一广义力的偏导数等于相应此力的广义位移。

对于线性体系，因 $V^* = V$，故有

$$\frac{\partial V}{\partial P_k} = \Delta_k \quad (4\text{-}102)$$

式（4-102）称为"卡氏第二定理"，也就是材料力学中熟知的"卡氏定理"。

考虑图 4-54 中的静不定梁，在去掉多余约束后变为基本静定结构。其中约束力 X_2 处为弹性支座，称为内约束，梁的位移与支座位移协调，其余约束为外约束，其位移为零。应用

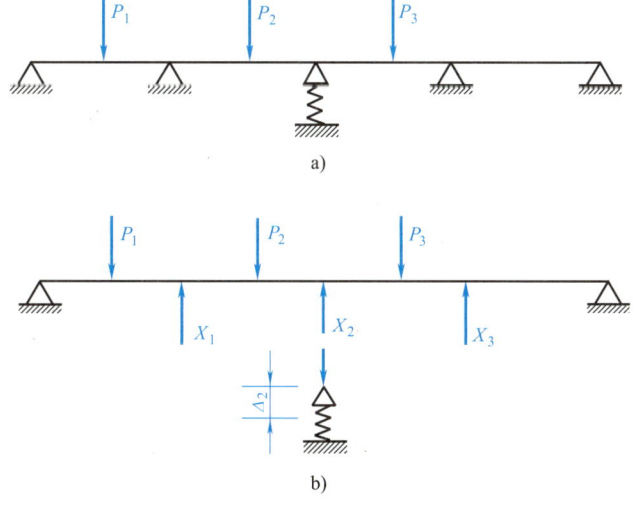

图 4-54 静不定梁结构

式（4-99），显然对外约束处有

$$\frac{\partial V^*}{\partial X_i} = 0, \quad i = 1, 2, 3, \cdots, r \tag{4-103}$$

式中，V^* 为整个结构的余能。

再设 V_1^* 与 V_2^* 分别为梁的余能及弹性支座的余能，则在内约束处有 $\frac{\partial V_1^*}{\partial X_2} = -\Delta_2$，$\frac{\partial V_2^*}{\partial X_2} = \Delta_2$，由于 $V^* = V_1^* + V_2^*$，所以最终得

$$\frac{\partial V^*}{\partial X_i} = 0, \quad i = 1, 2, 3, \cdots, r \tag{4-104}$$

式（4-104）称为"最小余能定理"，它表明在稳定平衡的静不定结构中，当外约束处的位移为零及内约束处位移协调时，多余约束力使结构的余能为最小值。

对于线性体系，因 $V^* = V$，故得

$$\frac{\partial V}{\partial X_i} = 0 \tag{4-105}$$

式（4-105）称为"最小功原理"（Principle of least work），即在线性体系中，应变能（表达为力的函数）对约束力的偏导数等于零。最小功原理在结构分析中十分有用，特别适用于曲杆及圆环。

3. 单位载荷法

由虚力原理表达式（4-86），若结构仅在 i 处有一单位虚力 $\delta P_1 = 1$，则式（4-86）变为

$$\Delta_i \times 1 = \int_\Omega \{\varepsilon\}^T \{\sigma^0\} \, d\Omega \tag{4-106}$$

式中，$\{\sigma^0\}$ 为由单位力引起的应力。

式（4-106）称为"单位载荷法"（unit load method）的公式，可用来计算结构中某一点的位移。例如对于梁的弯曲问题，可由式（4-86）导得梁上第 i 点的位移为

$$\Delta_i = \int_0^l \frac{M}{EI} M^0 \, dx \tag{4-107}$$

第 5 章

板壳的弯曲理论

5.1 矩形板的筒形弯曲

1. 筒形板的横弯曲

大量的理论分析和试验表明,当板的边长比较大（≥2.5）且外载荷沿着板的长边没有变化时,板除了与短边支界相邻的一小部分以外,中间大部分的弯曲变形为筒形,即沿短边有曲率,沿长边无曲率,故名筒形弯曲（cylindrical bending）。在研究板的筒形弯曲时通常的做法就是在板的筒形部分沿弯曲方向取一个单位宽度的狭条梁来考虑,并把此狭条梁称为板条梁,如图 5-1 所示。

板条梁与普通梁的弯曲变形是一致的,差别仅在于板条梁两侧面受到相邻板的约束不能自由变形,而普通梁的侧面是自由的。这种侧面约束使得板条梁在变形后的截面仍为矩形,而普通梁弯曲后的截面不再保持矩形（受压部分扩大,受拉部分缩小）。

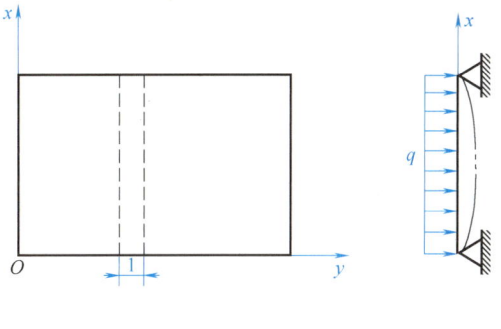

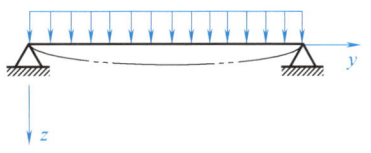

图 5-1 板条梁

上述侧面变形的差别用公式表示出来就是：对板条梁 $\varepsilon_y=0$,对普通梁 $\varepsilon_y\neq 0$。板条梁的 σ_x 与 σ_y 之间的关系为

$$\sigma_y = \mu \sigma_x \tag{5-1}$$

$$\sigma_x = \frac{E}{1-\mu^2}\varepsilon_x = E_1 \varepsilon_x \tag{5-2}$$

式中,

$$E_1 = \frac{E}{1-\mu^2} \tag{5-3}$$

认为板条梁弯曲时平断面假定成立,与普通梁具有相同的弯曲微分方程与基本关系如下：

$$E_1 I w^{(4)} = q,\ E_1 I w''' = N,\ E_1 I w'' = M \tag{5-4}$$

式中，$I = t^3/12$ 为板条梁的截面惯性矩；$w = w(x)$ 为板条梁的挠度；M，N 分别为板条梁截面的弯矩与剪力。定义板的筒形刚度或抗弯刚度为

$$D = E_1 I = \frac{Et^3}{12(1-\mu^2)} \tag{5-5}$$

则有

$$Dw^{(4)} = q, \quad Dw''' = N, \quad Dw'' = M \tag{5-6}$$

梁截面的弯曲正应力为 $\sigma_x = Mz/I$，当 $z = \pm t/2$ 时，得板表面的最大弯曲应力为

$$\sigma_{x,\max} = \frac{6M_{\max}}{t^2} \tag{5-7}$$

由上分析可知，板条梁的弯曲微分方程和基本关系式与普通梁的式子完全相同，因此板条梁的计算可直接套用其结果。具体地说，计算板条梁的弯曲要素时，可以把它当作一根普通的梁，只要用 D 代替 EI 即可，应用弯曲要素表就可以解决板条梁的计算问题。由于 σ_y 始终小于 σ_x，相应的 M_y 始终小于 M，因此在板的局部强度计算中只要考虑 σ_x 就够了，即 $\sigma_b = \sigma_x$。

2. 筒形板的复杂弯曲

在船体结构中横骨架式的甲板板与船底板，它们的边长比足够大，并且除了横载荷外还在长边受到作用于板平面内的均布的总弯曲应力 σ_0（中面应力）。在这种情况下板仍将发生筒形弯曲，在板中取出的板条梁将处于复杂弯曲状态，其求解就要用到复杂弯曲梁的结果。根据前面的分析，不难得到板条梁复杂弯曲的微分方程及基本关系为

$$\begin{cases} Dw^{(4)} \mp Tw'' = q \\ Dw''' \mp Tw' = N \\ Dw'' = M \end{cases} \tag{5-8}$$

两端自由支持的板条梁，受均布载荷及中面拉力时，梁的中点挠度与弯矩分别为

$$v\left(\frac{1}{2}\right) = \frac{5}{384} \cdot \frac{ql^4}{D} f_0(u), \quad M\left(\frac{1}{2}\right) = -\frac{ql^4}{8} \varphi_0(u) \tag{5-9}$$

式中，

$$u = \frac{1}{2}\sqrt{\frac{T}{D}}$$

$f_0(u)$、$\varphi_0(u)$ 为 u 的函数（复杂弯曲的辅助函数），它们反映了中面力对弯曲要素的影响。如果中面力为压力，数值为 T^*，则参数 u 应换为 u^*，函数 $f_0(u)$、$\varphi_0(u)$ 应换为 $f_0^*(u^*)$、$\varphi_0^*(u^*)$。

一旦求得板条梁的截面弯矩，即可求出弯曲应力 σ_b，板条梁的总应力为弯曲应力与中面应力的代数和，最大应力总是在板的表面，其值为

$$\sigma_{\max} = \sigma_0 + \frac{6M_{\max}}{t^2} \tag{5-10}$$

由于实际船体板的支持骨架相当强，板在弯曲时其支持骨架总是阻止极边（板条梁的两端）自由趋近。因此，板本身就会因弯曲而拉长，从而产生中面拉伸力。换言之，实际板条梁是两端不可以自由趋近的支座，这种支座使得板发生挠度后被拉长，即在弯

曲时产生中面拉力。由于板对中面力十分敏感，因此这种中面力就不应忽视，否则就会低估板的承载能力。这种情况只有在板发生大变形时才有意义，所以称为板的大挠度弯曲问题。

下面将展示相关例题的解法，同时提供 MATLAB 代码的实现方式。

[例 5-1] 有一两端自由支持的板条梁，$l = 1000\text{mm}$，$t = 10\text{mm}$，受均布载荷 $q = 0.05\text{N/mm}^2$，并有中面应力 $\sigma_0 = 100\text{N/mm}^2$，计算此板条梁的最大应力。已知材料的弹性模量 $E = 2 \times 10^5 \text{N/mm}^2$，泊松比 $\mu = 0.3$。

解：假设中面力为拉力，计算参数 u：

$$u = \frac{l}{2}\sqrt{\frac{\sigma_0 t}{D}} = \frac{l}{2}\sqrt{\frac{12(1-\mu^2)\sigma_0}{Et^2}} = 3.7$$

由附录 B-3 表得 $\varphi_0(u) = 0.14$，故板条梁中点的最大弯矩为

$$M\left(\frac{l}{2}\right) = -\frac{1}{8}ql^2\varphi_0(u) = \left(-\frac{1}{8} \times 0.05 \times 1000^2 \times 0.14\right)\text{N} \cdot \text{mm} = -875\text{N} \cdot \text{mm}$$

最大弯曲应力为

$$\sigma_{b,\max} = \frac{6M}{t^2} = \frac{6 \times 875}{10^2}\text{N/mm}^2 = 52.5\text{N/mm}^2$$

从而最大总应力为

$$\sigma_{\max} = \sigma_0 + \sigma_{b,\max} = 152.5\text{N/mm}^2$$

MATLAB 程序如下：

```
syms l t a q E b u;%定义长度l,板厚t,荷载q,泊松比a,中面应力b,弹性模量E
l=1000;%%板条梁长 l=1000mm
t=10;%%板厚 t=10mm
q=0.05;%%均布荷载 q=0.05N/mm^2
a=0.3;%%泊松比 a=0.3
b=100;%%中面应力 b=100N/mm^2
E=2*10^5;%%弹性模量 E=2×10^5N/mm^2
u=l/(2*t)*sqrt(12*(1-a^2)*b/E);%计算参数 u
syms f(u) M b0max bmax;%定义辅助函数f(u),中点最大弯矩M,最大弯曲应力
b0max,最大总应力 bmax
f(u)=0.14;%由附表得当u=3.69时,f(u)=0.14
M=-1/8*q*l^2*f(u);%%可得板条梁中点最大弯矩
b0max=-6*M/t^2;%%板条梁最大弯曲应力
bmax=b0max+b;%%板条梁最大总应力
%%即
        M=-875N·mm,b0max=52.5N/mm^2,bmax=152.5N/mm^2
```

若此板不受中面力，则板条梁最大弯矩为 $M\left(\frac{l}{2}\right) = -\frac{1}{8}ql^2 = -6250\text{N} \cdot \text{mm}$，则最大弯曲

应力为 $\sigma_{b,\max} = \dfrac{6M}{t^2} = 375\text{N}/\text{mm}^2$。

> MATLAB 程序如下：
> M = -1/8 * q * l^2; %若此板不受中面力,则板条梁的最大弯矩
> b0max = -6 * M/t^2; %最大弯曲应力
> D = E * t^3/12/(1-a^2); %本例中板条梁的筒形刚度
> w = 5/384 * q * l^4/D; %板条梁的中点挠度
> %%得到板条梁最大弯矩为
> $$M = -6250\text{N}\cdot\text{mm}$$
> %%板条梁最大弯曲应力为
> $$b0\max = 375\text{N}/\text{mm}^2$$
> %%板条梁的中点挠度为
> $$w = 35.55\text{mm}$$

此值已大大超过一般钢材的屈服极限，由此可见如果板没有中面拉力，它就不能承受 $q = 0.05\text{N}/\text{mm}^2$ 的横载荷。同理，此板也不能承受中面压力。

3. 筒形板的大挠度弯曲

为了研究板弯曲时因支座阻碍板边趋近而产生的中面力，现先考虑板边完全不可趋近的情况，在板条梁中取出一长度为 dx 的微段，它在变形后的长度为 ds，有

$$ds = \sqrt{1+\left(\dfrac{dw}{dx}\right)^2}\,dx \approx \left[1+\dfrac{1}{2}\left(\dfrac{dw}{dx}\right)^2\right]dx = dx + \dfrac{1}{2}w'^2\,dx$$

整个板条梁变形后的伸长量为

$$\Delta s = \dfrac{1}{2}\int_0^l w'^2\,dx \tag{5-11}$$

将式（5-11）代入，即得

$$\dfrac{Tl}{E_1 t} = \dfrac{1}{2}\int_0^l w'^2\,dx \tag{5-12}$$

式（5-12）联系了板条梁中面力 T 与挠度 w 之间的关系，显然只有式（5-12）是求不出 T 的，为此还要利用板条的复杂弯曲微分方程 $Dw^{(4)} - Tw'' = q$ 的解。具体做法是将式中的 T 代入复杂弯曲微分方程的解中求出挠度 w。下面是两种情况下的结果。

（1）板条梁两端自由支持并受均布载荷　这种情况下复杂弯曲梁的解已经算好，将其中的 EI 用 D 代换后，得

$$w(x) = \dfrac{ql^4}{16u^4 D}\left[\dfrac{\text{ch}\,u\left(1-\dfrac{2x}{l}\right)}{\text{ch}\,u} - 1\right] + \dfrac{ql^2 x}{8u^2 D}(l-x) \tag{5-13}$$

经过积分后可得

$$\left[\dfrac{E}{(1-\mu^2)q}\right]^2\left(\dfrac{t}{l}\right)^8 = \dfrac{135\,\text{th}\,u}{16u^9} + \dfrac{27}{16}\dfrac{\text{th}^2 u}{u^8} - \dfrac{135}{16u^3} + \dfrac{9}{8u^6} \tag{5-14}$$

（2）板条梁两端刚性固定并受均布载荷　同样由第 2 章式（2-28）得

$$w(x) = \frac{ql^4}{16u^3D} \frac{1}{\text{th}u} \left[\frac{\text{ch}u\left(1-\frac{2x}{l}\right)}{\text{ch}u} - 1 \right] + \frac{ql^2x}{8u^2D}(l-x) \tag{5-15}$$

代入式（5-12）中，可得

$$\left[\frac{E}{(1-\mu^2)q} \right]^2 \left(\frac{t}{l} \right)^8 = -\frac{81}{16u^7 \text{th}u} - \frac{27}{16u^6 \text{sh}^2 u} + \frac{27}{4u^8} + \frac{9}{8u^6} \tag{5-16}$$

当板的尺寸、材料及载荷已知时可解出 u，从而得板的中面力为

$$T = \frac{4u^2D}{l^2} \tag{5-17}$$

为了实际应用，将式（5-14）及式（5-16）的关系画成曲线，并令

$$U = \left[\frac{E}{(1-\mu^2)q} \right]^2 \left(\frac{t}{l} \right)^8 \tag{5-18}$$

如图 5-2 所示，其中图 5-2a 用于两端自由支持的板条梁，图 5-2b 用于两端刚性固定的板条梁。

这样当求出了 U 值后，即可由曲线查得 u，再由式（5-17）求出 T。当板的柔性大且外力大时，U 就小，这时 u 就大，表示中面拉力 T 大，反之，如板的柔性小且外力小，则 U 大，u 小，表示中面拉力小。

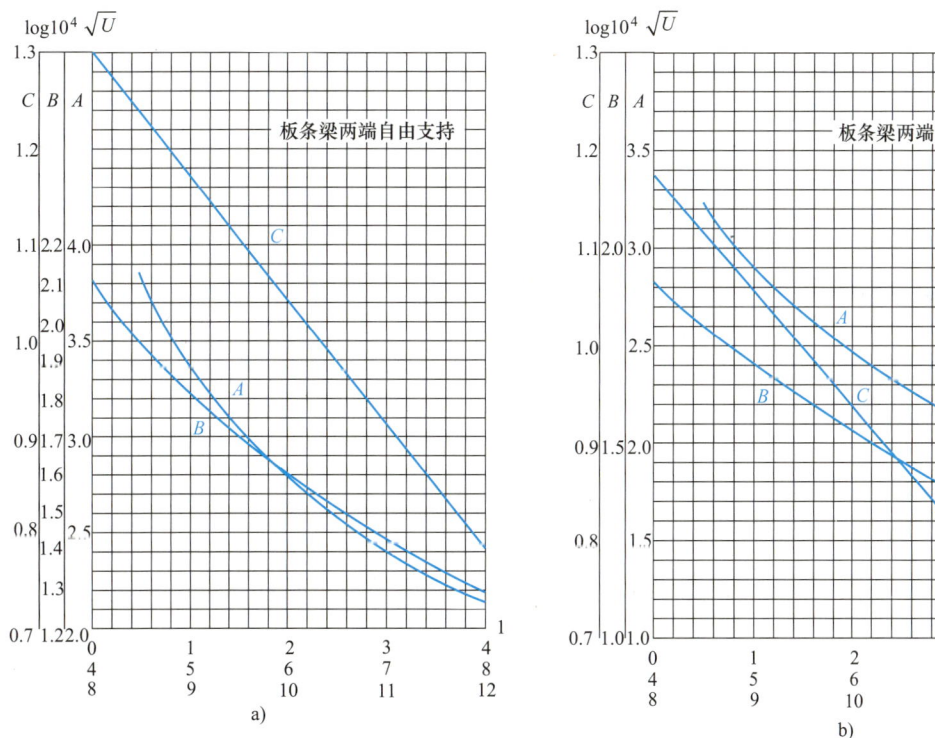

图 5-2 板条梁的 U 值

a）两端自由支持　b）两端刚性固定

5.2 矩形刚性板的弯曲

本节开始研究矩形板的一般弯曲,并限于讨论刚性板。刚性板是指中面力对弯曲要素可以忽略不计的板,具体来说,板只有横载荷,没有外加中面载荷,也不考虑板变形而产生的中面力。

船体结构中的板属于薄板的范畴。按照弹性理论中的分析,薄板是指板的厚度 t 与板短边 b 的比值满足

$$\frac{1}{100} < \frac{t}{b} < \frac{1}{5}$$

对于通常的海船甲板与外板,t/b 常在 $1/40\sim 1/60$;对于舱壁板,t/b 还要更小些,约为 $1/100$ 左右。在板弯曲问题中的应力分量与应变分量分别为

$$\{\sigma\} = \begin{Bmatrix} \sigma_x \\ \sigma_y \\ \tau_{xy} \\ \tau_{xz} \\ \tau_{yz} \end{Bmatrix}, \quad \{\varepsilon\} = \begin{Bmatrix} \varepsilon_x \\ \varepsilon_y \\ \gamma_{xy} \end{Bmatrix}$$

它们是坐标 x、y、z 的函数。位移分量为三个,其中 u、v 为 x、y、z 的函数,w 因不计 z 方向挤压变形而仅为 x、y 的函数。由此得到的应力-应变关系(物理方程)为

$$\begin{cases} \varepsilon_x = \dfrac{1}{E}(\sigma_x - \mu\sigma_y) \\ \varepsilon_y = \dfrac{1}{E}(\sigma_y - \mu\sigma_x) \\ \gamma_{xy} = \dfrac{1}{G}\tau_{xy} \end{cases} \tag{5-19}$$

5.2.1 刚性板的弯曲微分方程

在以下的讨论中,对矩形板建立如图 5-3 所示的坐标系统,xOy 面位于平分板厚度的中面上,z 轴向下。板沿 x 方向的边长为 a,沿 y 方向的边长为 b。

1. 基本假定

1) 直法线假定:板变形前垂直于中面的法线在变形后仍为直线,并且变形前在中面法线上的点在变形后距中面的距离不变。这个假定实质上可以看作梁弯曲中平断面假定引申到板弯曲问题的结果。据此假定,有 $\gamma_{xz} = \gamma_{yz} = 0$。

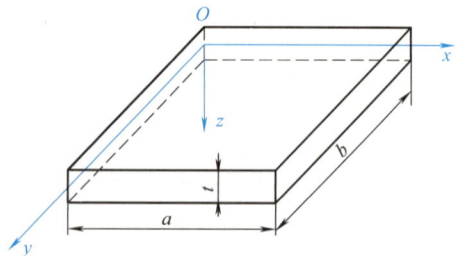

图 5-3 矩形板坐标系统

2) 板在 z 方向的正应力远小于其他两个方向的正应力,与其他应力分量相比可以忽略不计,即 $\sigma_z \ll \sigma_x$ 及 $\sigma_z \ll \sigma_y$,故可认为 $\sigma_z \approx 0$。

3) 不计板厚度方向上的变形。这是刚性板的特征，板不受外加中面力，又不计板弯曲产生的中面力（小挠度），因此可以认为板的中面在弯曲中不发生变形，即 $\varepsilon_z \approx 0$。

2. 弯曲微分方程

刚性板的弯曲微分方程可以用梁的弯曲微分方程同样的途径建立，利用变形条件、物理方程及静力平衡关系，还要用到应力合成的静力等效公式，现依次将公式导出如下。

1）应变与位移的关系：

$$\begin{Bmatrix} \varepsilon_x \\ \varepsilon_y \\ \gamma_{xy} \end{Bmatrix} = -z \begin{Bmatrix} \dfrac{\partial^2 w}{\partial x^2} \\ \dfrac{\partial^2 w}{\partial y^2} \\ 2\dfrac{\partial^2 w}{\partial x \partial y} \end{Bmatrix} \text{ 或 } \{\varepsilon\} = z\{\chi\} \tag{5-20}$$

式中，$\{\chi\} = -\left\{\dfrac{\partial^2 w}{\partial x^2}, \dfrac{\partial^2 w}{\partial y^2}, 2\dfrac{\partial^2 w}{\partial x \partial y}\right\}^{\mathrm{T}}$ 称为应变矢量。

2）应力与位移的关系：

$$\begin{cases} \sigma_x = -\dfrac{Ez}{1-\mu^2}\left(\dfrac{\partial^2 w}{\partial x^2} + \mu \dfrac{\partial^2 w}{\partial y^2}\right) \\ \sigma_y = -\dfrac{Ez}{1-\mu^2}\left(\dfrac{\partial^2 w}{\partial y^2} + \mu \dfrac{\partial^2 w}{\partial x^2}\right) \\ \tau_{xy} = -\dfrac{Ez}{1+\mu} \dfrac{\partial^2 w}{\partial x \partial y} \end{cases} \tag{5-21}$$

3）板单位宽度截面上的力和力矩：一般来说，正应力 σ_x 可以用静力上相当的作用于中面的合力和合力矩来代替。但由于 σ_x 沿线性分布，故其合力必然为零，而只有合力矩，单位宽度上的合力矩（弯矩 M_x）为

$$M_x = \int_{-t/2}^{t/2} \sigma_x z \mathrm{d}z \tag{5-22}$$

同理，正应力 σ_y 在垂直于 y 轴的截面中单位宽度的弯矩为

$$M_y = \int_{-t/2}^{t/2} \sigma_y z \mathrm{d}z \tag{5-23}$$

剪应力 τ_{xy} 及 τ_{yx} 可以用作用在中面单位宽度上的合力矩（扭矩）M_{xy}、M_{yx} 来代替：

$$M_{xy} = \int_{-t/2}^{t/2} \tau_{xy} z \mathrm{d}z , \quad M_{yx} = \int_{-t/2}^{t/2} \tau_{yx} z \mathrm{d}z \tag{5-24}$$

根据剪应力互等定理，$\tau_{xy} = \tau_{yx}$，于是有 $M_{xy} = M_{yx}$。

剪应力 τ_{xz} 及 τ_{yz} 可以用作用在中面单位宽度上的合力 N_x、N_y（剪力）来代替：

$$N_x = \int_{-t/2}^{t/2} \tau_{xz} \mathrm{d}z , \quad N_y = \int_{-t/2}^{t/2} \tau_{yz} \mathrm{d}z \tag{5-25}$$

把式（5-21）代入式（5-22）~式（5-24），即得单位宽度的弯矩和扭矩。

$$\begin{cases} M_x = -D\left(\dfrac{\partial^2 w}{\partial x^2}+\mu\dfrac{\partial^2 w}{\partial y^2}\right) \\ M_y = -D\left(\dfrac{\partial^2 w}{\partial y^2}+\mu\dfrac{\partial^2 w}{\partial x^2}\right) \\ M_{xy} = -D(1-\mu)\dfrac{\partial^2 w}{\partial x \partial y} \end{cases} \quad (5\text{-}26)$$

式中，$D=\dfrac{Et^3}{12(1-\mu^2)}$ 为板的弯曲刚度。

4）静力平衡条件。设 $q(x,y)$ 为外加的横载荷强度，在以 $\mathrm{d}x$、$\mathrm{d}y$ 为边的微块上的横向载荷是 $q(x,y)\mathrm{d}x\mathrm{d}y$。板中面微块上作用的内力及内力矩示于图 5-4 上，这些力随着坐标的变化而改变。

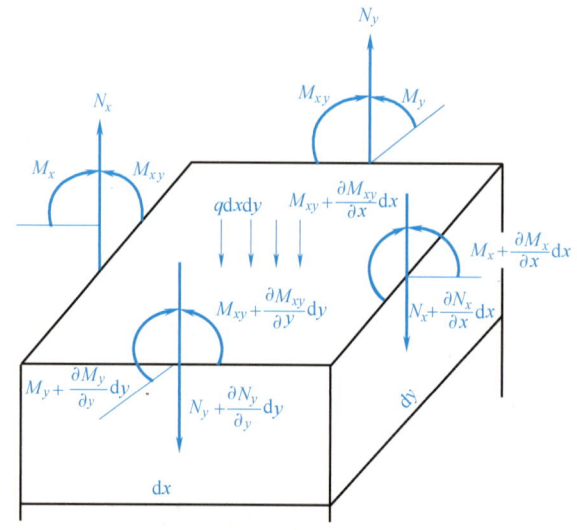

图 5-4　板的微块示意图

列出所有力对于 Oy 轴和 Ox 轴合力矩为零的方程，略去三阶微量，同除以 $\mathrm{d}x\mathrm{d}y$ 后得

$$\begin{cases} \dfrac{\partial M_x}{\partial x}+\dfrac{\partial M_{xy}}{\partial y}=N_x \\ \dfrac{\partial M_y}{\partial y}+\dfrac{\partial M_{xy}}{\partial x}=N_y \end{cases} \quad (5\text{-}27)$$

另外，使所有力在 Oz 轴上的投影之和等于零，得

$$\dfrac{\partial N_x}{\partial x}+\dfrac{\partial N_y}{\partial y}=-q(x,y)$$

从以上式子可看出，剪力在列平衡方程时不可忽略：

$$\begin{cases} N_x = -D\left(\dfrac{\partial^3 w}{\partial x^3}+\dfrac{\partial^3 w}{\partial x \partial y^2}\right) \\ N_y = -D\left(\dfrac{\partial^3 w}{\partial y^3}+\dfrac{\partial^3 w}{\partial y \partial x^2}\right) \end{cases} \quad (5\text{-}28)$$

$$D\left(\frac{\partial^4 w}{\partial x^4}+2\frac{\partial^4 w}{\partial x^2 \partial y^2}+\frac{\partial^4 w}{\partial y^4}\right)=q(x,y) \quad (5\text{-}29)$$

方程（5-29）是刚性板一般弯曲的平衡微分方程，它是四阶线性常系数的偏微分方程。这样，一旦求得板的挠曲面函数 $w(x,y)$，可利用式（5-21）得到板弯曲时的应力为

$$\begin{Bmatrix}\sigma_x\\ \sigma_y\\ \tau_{xy}\end{Bmatrix}=\frac{12z}{t^3}\begin{Bmatrix}M_x\\ M_y\\ M_{xy}\end{Bmatrix} \quad (5\text{-}30)$$

3. 边界条件

刚性板一般弯曲的微分方程（5-29）是两个变数 x 和 y 的四阶线性偏微分方程。在求解时将有八个任意常数，因此必须具有八个边界条件（每边两个条件）。这里讨论几种最常见的支持周界的边界条件。

（1）板自由支持在刚性周界上（图5-5） 自由支持在刚性周界上板的边界条件为边缘处挠度等于零和边缘处的弯矩等于零，因此，在边缘 $x=0$ 和 $x=a$ 处有

$$w=0$$

$$M_x=-D\left(\frac{\partial^2 w}{\partial x^2}+\mu\frac{\partial^2 w}{\partial y^2}\right)=0$$

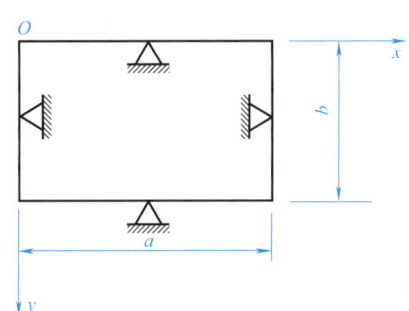

图 5-5　自由支持板

由于在这些边缘处没有挠度，因此 $\frac{\partial^2 w}{\partial y^2}=0$，这样，边界条件可写成

同理，可得 $\begin{cases}当 x=0, x=a 时, w=0, \dfrac{\partial^2 w}{\partial x^2}=0\\ 当 y=0, y=b 时, w=0, \dfrac{\partial^2 w}{\partial y^2}=0\end{cases} \quad (5\text{-}31)$

（2）板刚性固定在刚性周界上（图5-6） 此边界条件是边缘处的挠度等于零和支持边缘的转角等于零。边界条件可写成

$$\begin{cases}当 x=0, x=a 时, w=0, \dfrac{\partial w}{\partial x}=0\\ 当 y=0, y=b 时, w=0, \dfrac{\partial w}{\partial y}=0\end{cases} \quad (5\text{-}32)$$

（3）板的边缘为自由边 在这种情形下支持周界既不妨碍弯曲，也不妨碍边缘转角。若 $y=b$ 为自由边，则

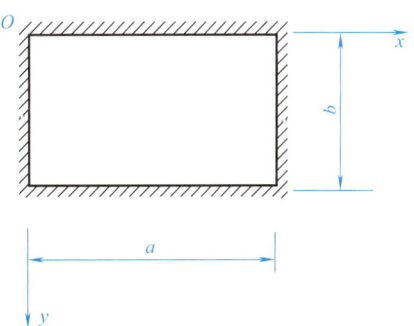

图 5-6　刚性固定板

$$\begin{cases}\dfrac{\partial^2 w}{\partial y^2}+\mu\dfrac{\partial^2 w}{\partial x^2}=0\\ \dfrac{\partial^3 w}{\partial y^3}+(2-\mu)\dfrac{\partial^3 w}{\partial x^2 \partial y}=0\end{cases} \quad (5\text{-}33)$$

5.2.2 刚性板弯曲的解

上节已指出，求解刚性板的弯曲问题，实际上就是在已知外载荷、板的尺寸、材料性质以及边界条件情况下，对微分方程（5-29）进行积分。在求得板的挠曲面函数 $w(x,y)$ 之后，借助于式（5-26）确定弯矩及扭矩，从而可算出弯曲正应力和剪应力。

1. 应用双三角级数解四边自由支持板的弯曲

对于四边自由支持的板，板的挠曲面函数在支持周界上必须适合下列条件：

$$\begin{cases} 当\ x=0,\ x=a\ 时,\ w=\dfrac{\partial^2 w}{\partial x^2}=0 \\ 当\ y=0,\ y=b\ 时,\ w=\dfrac{\partial^2 w}{\partial y^2}=0 \end{cases} \tag{5-34}$$

此时为了求解微分方程（5-29），可将 $w(x,y)$ 写成如下级数形式：

$$w(x,y) = \sum_{m=1}^{\infty}\sum_{n=1}^{\infty} A_{mn} \sin\frac{m\pi x}{a}\sin\frac{n\pi y}{b}$$

式中，A_{mn} 为未知的待定系数。并且上式满足式（5-34）的边界条件，同时将载荷也展成相对应的级数形式（傅里叶级数），即

$$q(x,y) = \sum_{m}\sum_{n} q_{mn}\sin\frac{m\pi x}{a}\sin\frac{n\pi y}{b}$$

式中，q_{mn} 为傅里叶系数，且

$$q_{mn} = \frac{4}{ab}\int_0^a\int_0^b q(x,y)\sin\frac{m\pi x}{a}\sin\frac{n\pi y}{b}\mathrm{d}x\mathrm{d}y \tag{5-35}$$

将二者代入微分方程，最终得到板的挠曲面方程为

$$w(x,y) = \sum_{m}\sum_{n} \frac{q_{mn}}{D\left[\left(\dfrac{m\pi}{a}\right)^2+\left(\dfrac{n\pi}{b}\right)^2\right]^2}\sin\frac{m\pi x}{a}\sin\frac{m\pi y}{b} \tag{5-36}$$

下面考虑两种情况。

1）若板上受均布载荷 q，这时

$$\begin{cases} 当\ m,n=1,3,5,\cdots 时,\quad q_{mn}=\dfrac{16q_0}{mn\pi^2} \\ 当\ m,n=2,4,6,\cdots 时,\quad q_{mn}=0 \end{cases} \tag{5-37}$$

所以

$$w(x,y) = \frac{16q_0}{\pi^2 D}\sum_{m=n=1,3,5,\cdots}\sum \frac{\sin\dfrac{m\pi x}{a}\sin\dfrac{n\pi y}{b}}{mn\left[\left(\dfrac{m\pi}{a}\right)^2+\left(\dfrac{n\pi}{b}\right)^2\right]^2} \tag{5-38}$$

从这里看到，级数的分母是 m,n 的五次式，因此这个级数的收敛性比较好，计算时，级数往往取 1 或 2 项就足够精确了。但是，在求弯矩时须求二次导数，收敛性要差些。

2）若板上受集中力 P，它的作用点的坐标为 (ξ,η)，如图 5-7 所示。这时系数 q_{mn} 可这样来决定：在集中力的作用处，取边长为 $\mathrm{d}\xi\mathrm{d}\eta$ 的矩形微块，并且认为在此微块 $\mathrm{d}\xi\mathrm{d}\eta$ 上

作用着强度 $q(\xi,\eta) = \dfrac{P}{\mathrm{d}\xi\mathrm{d}\eta}$ 的分布载荷。应用式（5-35），得

$$q_{mn} = \frac{4P}{ab}\int_{\xi}^{\xi+\mathrm{d}\xi}\int_{\eta}^{\eta+\mathrm{d}\eta}\frac{\sin\dfrac{m\pi x}{a}+\sin\dfrac{n\pi y}{b}}{\mathrm{d}\xi\mathrm{d}\eta}\mathrm{d}x\mathrm{d}y$$

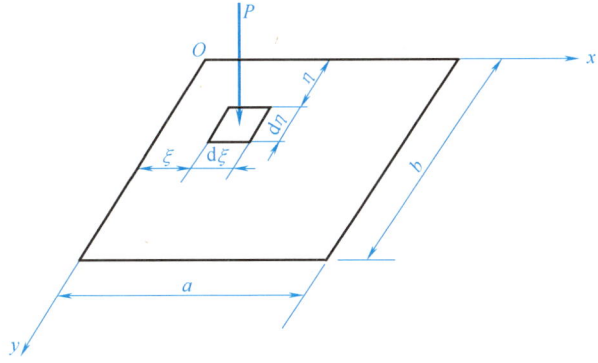

图 5-7　受集中力作用的板

当 $\mathrm{d}\xi$，$\mathrm{d}\eta$ 趋于零时，其极限为

$$q_{mn} = \frac{4P}{ab}\sin\frac{m\pi\xi}{a}\sin\frac{n\pi\eta}{b}$$

于是

$$w(x,y) = \frac{4P}{abD}\sum_{m}\sum_{n}\frac{\sin\dfrac{m\pi\xi}{a}\sin\dfrac{n\pi\eta}{b}}{mn\left[\left(\dfrac{m\pi}{a}\right)^2+\left(\dfrac{n\pi}{b}\right)^2\right]^2}\sin\frac{m\pi x}{a}\sin\frac{n\pi y}{b} \qquad (5\text{-}39)$$

从所得解的结果看到，式（5-39）中可将两个正弦函数互换位置，说明当 P 作用在板上任意点 (ξ,η) 处，则在板任意点 (x,y) 处引起的挠度就等于 P 作用在板上任意点 (x,y) 处在 (ξ,η) 处所产生的挠度，这就是位移互等定理。应用双三角级数对板弯曲问题的解称为"纳维解"。

2. 应用单三角级数解一对边自由支持板的弯曲

对于一对边为自由支持，另一对边为任意固定情况的板，可以将弯曲微分方程（5-29）的解取为满足 $x=0$ 及 $x=a$ 的自由支持的边界条件的单三角级数形式

$$w(x,y) = \sum_{m}f_m(y)\sin\frac{m\pi x}{a} \qquad (5\text{-}40)$$

式中，$f_m(y)$ 为 y 的任意函数，由平衡方程 $y=0$ 及 $y=b$ 处的边界条件来决定。把载荷 $q(x,y)$ 展开成相应的单三角级数

$$q(x,y) = \sum_{m}q_m(y)\sin\frac{m\pi x}{a} \qquad (5\text{-}41)$$

式中，

$$q_m(y) = \frac{2}{a}\int_0^a q(x,y)\sin\frac{m\pi x}{a}\mathrm{d}x$$

将式（5-40）、式（5-41）代入微分方程（5-29）中，得

$$f_m^{(4)}(y) - 2\left(\frac{m\pi}{a}\right)^2 f_m''(y) + \left(\frac{m\pi}{a}\right)^4 f_m(y) = \frac{q_m(y)}{D} \tag{5-42}$$

从这里看到，单三角级数解题的本质是分离变量法，即将一个关于 x, y 的偏微分方程化成一个变量 y 的常微分方程。

方程（5-42）的一般解为

$$f_m(y) = A_m \operatorname{ch}\frac{m\pi}{a}y + B_m \operatorname{sh}\frac{m\pi}{a}y + C_m \frac{m\pi}{a}y\operatorname{ch}\frac{m\pi}{a}y + D_m \frac{m\pi}{a}y\operatorname{sh}\frac{m\pi}{a}y + F_m(y) \tag{5-43}$$

式中，$F_m(y)$ 为特解。应用单三角级数对板弯曲问题的解称为"列维（Levy）解"。

下文详细说明相关例题的解答过程，并提供 MATLAB 实现的具体指导。

[例 5-2] 试决定自由支持在边缘 $x=0$ 与 $x=a$ 处及刚性固定在边缘 $y=\pm b/2$ 处的板的挠曲面（图 5-8）。板上受均匀分布载荷 q_0 作用。

解：由于板的挠曲面对称于 Ox 轴，因而微分方程的一般解 $f_m(y)$ 中的奇函数项的系数等于零，即 $B_m = C_m = 0$，于是

$$f_m(y) = A_m \operatorname{ch}\frac{m\pi}{a}y + D_m \frac{m\pi}{a}y\operatorname{sh}\frac{m\pi}{a}y + F_m(y)$$

其中特解 $F_m(y)$ 可以这样求得。因为

$$q_m(y) = \frac{2}{a}\int_0^a q_0 \sin\frac{m\pi x}{a}\mathrm{d}x = \frac{4q_0}{m\pi} \quad (\text{当 } m=1,3,5,\cdots \text{时})$$

所以

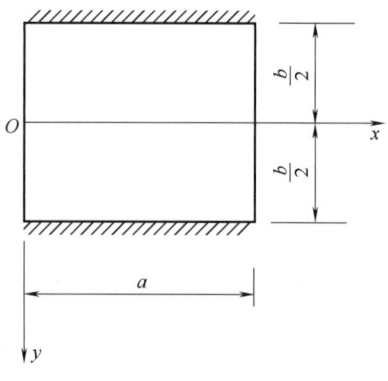

图 5-8 [例 5-2] 图

$$f_m^{(4)}(y) - 2\left(\frac{m\pi}{a}\right)^2 f_m''(y) + \left(\frac{m\pi}{a}\right)^4 f_m(y) = \frac{4q_0}{m\pi D}$$

解此微分方程可得特解

$$F_m(y) = \frac{4q_0 a^4}{D(m\pi)^5}$$

故

$$f_m(y) = A_m \operatorname{ch}\frac{m\pi}{a}y + D_m \frac{m\pi}{a}y\operatorname{sh}\frac{m\pi}{a}y + \frac{4q_0 a^4}{D(m\pi)^5}$$

其中的积分常数 A_m、D_m 可以由 $y=\pm\frac{b}{2}$ 处的边界条件来确定。

MATLAB 程序如下：

```
syms a b q x y D ;%%定义板长度 a,宽度 b,均布载荷 q,坐标 x 和 y,抗弯刚度 D
syms Am Dm m Fm(y) ;%定义未知系数 Am、Dm,系数 m,微分方程的解 Fm(y)
fm(y) = Am * cosh(m * pi/a * y)+Dm * (m * pi/a) * y * sinh(m * pi/a * y)+Fm(y);%
定义 y 的函数 fm(y),作为挠曲面的系数
%求特解 F_{m}(y)
qm(y) = 2/a * int(q * sin(m * pi * x/a),x,0,a);%定义载荷 q(x,y)的系数 qm(y)
```

eqn1 = diff(fm(y),y,4) − diff(fm(y),y,2) * 2 * (m * pi/a)^2 + fm(y) * (m * pi/a)^4 = = qm(y)/D;%列常微分方程:满足 $D\nabla^2\nabla^2\omega = q(x,y)$
Fm(y) = solve(eqn1,Fm(y));%%解方程:求出特解 Fm(y)
fm(y) = Am * cosh(m * pi/a * y) + Dm * (m * pi/a * y) * sinh(m * pi/a * y) + Fm(y);%将 Fm(y)代入 fm(y)

当 $y = \pm\dfrac{b}{2}$ 时，$w = \dfrac{\partial w}{\partial y} = 0$，即 $f_m\left(\pm\dfrac{b}{2}\right) = 0$，$f_m'\left(\pm\dfrac{b}{2}\right) = 0$。将边界条件代入可得

$$\begin{cases} A_m \operatorname{ch}\dfrac{u_m}{2} + D_m \dfrac{u_m}{2}\operatorname{sh}\dfrac{u_m}{2} = -\dfrac{4qa^4}{D(m\pi)^5} \\ A_m \operatorname{sh}\dfrac{u_m}{2} + D_m\left(\operatorname{sh}\dfrac{u_m}{2} + \dfrac{u_m}{2}\operatorname{ch}\dfrac{u_m}{2}\right) = 0 \end{cases}$$

式中，$u_m = \dfrac{m\pi b}{a}$。由此解得

$$\begin{cases} A_m = -\dfrac{4q_0 a^4}{D(m\pi)^5}\left(1 + \dfrac{u_m \operatorname{sh}^2\dfrac{u_m}{2}}{\operatorname{sh}u_m + u_m}\right)\dfrac{1}{\operatorname{ch}\dfrac{u_m}{2}} \\ D_m = \dfrac{8q_0 a^4}{D(m\pi)^5}\dfrac{\operatorname{sh}\dfrac{u_m}{2}}{\operatorname{sh}u_m + u_m} \end{cases}$$

将所求得的常数代入，可得 $f_m(y)$。

MATLAB 程序如下:
```
%当 y = ±b/2 时,w = ∂w/∂y = 0,故 fm(±b/2) = 0,fm'(±b/2) = 0
syms z1 z2 z3 z4 um;%定义 um,简化结果
z1 = fm(b/2);
z2 = fm(-b/2);
u(y) = diff(fm(y),y,1);%%u(y)表示对 fm(y)求一次导数
z3 = u(b/2);
z4 = u(-b/2);
z1 = subs(z1,m * pi * b/a,um);%式中 um = m * pi * b/a,简化计算结果
z2 = subs(z2,m * pi * b/a,um);
z3 = subs(z3,m * pi * b/a,um);
z4 = subs(z4,m * pi * b/a,um);
%%解方程组:fm(b/2) = 0,fm'(b/2) = 0
[Am,Dm] = solve(z1 = = 0,z3 = = 0,[Am,Dm]);%边界条件
Am = simplify(Am);%简化积分常数
Dm = simplify(Dm);%%求解得到 Am,Dm
```

fm(y) = Am * cosh(m * pi/a * y) + Dm * (m * pi/a * y) * sinh(m * pi/a * y) + Fm(y);%%把 Am,Dm 代入得到板的挠曲面方程的系数 fm(y),最终得到挠曲面方程 w(x,y)

上面程序求解的结果为

$$A_m = -\frac{4qa^4\left(2\operatorname{sh}\left(\frac{um}{2}\right)+um\operatorname{ch}\left(\frac{um}{2}\right)\right)}{D(m\pi)^5(um+\operatorname{sh}um)}$$

$$D_m = \frac{8qa^4\operatorname{sh}\left(\frac{um}{2}\right)}{D(m\pi)^5(um+\operatorname{sh}um)}$$

$$f_m(y) = \frac{4qa^4}{D(m\pi)^5} - \frac{4qa^4\operatorname{ch}\left(\frac{m\pi y}{a}\right)\left(2\operatorname{sh}\left(\frac{um}{2}\right)+um\operatorname{ch}\left(\frac{um}{2}\right)\right)}{D(m\pi)^5(um+\operatorname{sh}um)} + \frac{8qa^4 y\operatorname{sh}\left(\frac{um}{2}\right)\operatorname{sh}\left(\frac{m\pi y}{a}\right)}{D(m\pi)^4(um+\operatorname{sh}um)}$$

于是可得板的挠曲面函数 $w(x,y)$。

3. 四边刚性固定的板的解

对于大多数受均布载荷作用的船体板,由于载荷和结构都对称于板格的支座,通常认为板的四边都是刚性固定在刚性支座上。除了用能量法求解外,通常是将这种板化成两个四边自由支持的板叠加求解:其中一个是受均布载荷作用的自由支持板,另一个是在四边有分布弯矩作用的自由支持板,如图 5-9a、b 所示。显然这两种板都可以用双三角级数解法计算。

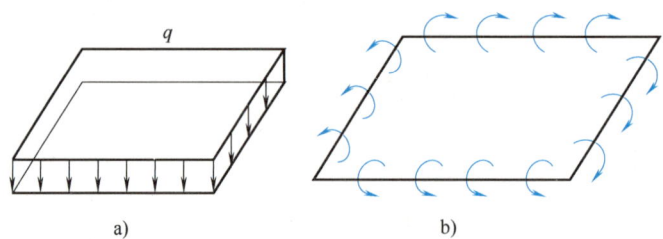

图 5-9 板的边界条件

要求图 5-9a、b 叠加后的结果就是四边刚性固定受均布载荷作用的板,为此要求图 5-9b 中板边的分布弯矩的大小恰好使这个板边的转角与图 5-9b 中受均布载荷作用的板边弯矩大小相等、方向相反,加起来等于零。根据这个条件,即可求出图 5-9b 中的板边弯矩的大小,最后将图 5-9a 与图 5-9b 的两个板叠加,即得四边刚性固定受均布载荷作用的板的解。

显然这个方法相当于用"力法"来解板的弯曲问题。

现将此种板的最后计算结果写出,以便在船体强度计算中应用。长边为 a,短边为 b 的四边刚性固定受均布载荷作用的矩形板(图 5-10)的挠度与弯矩的计算公式为

板中点的挠度

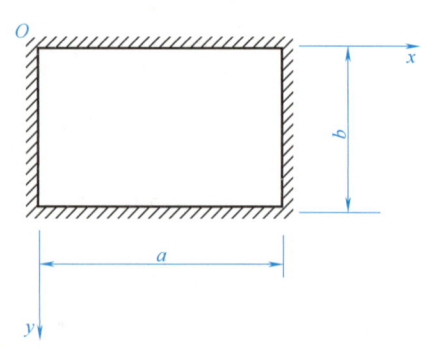

图 5-10 四边刚性固定的矩形板

$$w = k_1 \frac{qb^4}{Et^3} \tag{5-44}$$

板中点，与短边平行的截面（垂直于 x 轴的截面）中的弯矩

$$M_1 = k_2 qb^2 \tag{5-45}$$

板中点，与长边平行的截面（垂直于 y 轴的截面）中的弯矩

$$M_2 = k_3 qb^2 \tag{5-46}$$

板短边中点的弯矩

$$\overline{M}_1 = -k_4 qb^2 \tag{5-47}$$

板长边中点的弯矩

$$\overline{M}_2 = -k_5 qb^2 \tag{5-48}$$

以上公式中的系数 k_1、k_2、k_3、k_4 及 k_5 随板的边长比而变化，如图 5-11 所示，也可查附录 D 得到。

由以上公式求出了板的弯矩后，板上下表面的弯曲正应力可按下式计算：

$$\sigma = \mp \frac{6M}{t^2}$$

上式表示，当 M 为正时（板中点），板的上表面为压应力，下表面为拉应力，当 M 为负时（板边上），板的上表面为拉应力，下表面为压应力。

由图 5-11 可见，k_5 的数值比 k_2、k_3、k_4 都要大，因此不论板的边长比为多少，所论的板总是在长边中点的弯矩最大，因此该处应力也最大。

当 a/b 相当大时，$k_5 = 0.0833$，由此得长边中点截面的最大弯曲应力为

$$\sigma_{\max} = 5000q \left(\frac{b}{100t} \right)^2 \tag{5-49}$$

此式常用来校核船体板在局部强度计算中的应力。

对于参加船体总弯曲的船体板，常需计算沿船长方向的板的应力，下面就是要用到的几个公式：

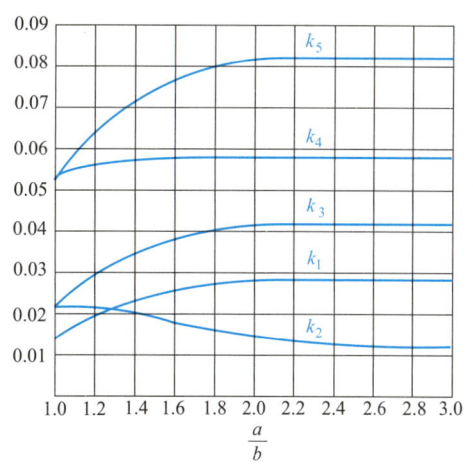

图 5-11　系数 k

纵骨架式船体板（$a>b$），当边长比相当大时，取 $k_2 = 0.0125$，$k_4 = 0.0571$，分别得沿船长方向跨度中点和支座截面中的应力为

$$\sigma_1 = 750q \left(\frac{b}{100t} \right)^2$$

$$\overline{\sigma}_1 = 3430q \left(\frac{b}{100t} \right)^2$$

横骨架式船体板（图 5-12），设短边长度为 s，则当边长比相当大时，取 $k_3 = 0.0417$，$k_5 = 0.0833$，分别得沿船长方向跨度中点和支座截面中的应力为

$$\sigma_2 = 2500q\left(\frac{s}{100t}\right)^2$$

$$\overline{\sigma}_2 = 5000q\left(\frac{s}{100t}\right)^2$$

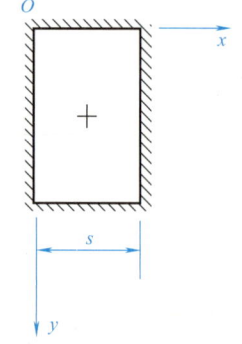

图 5-12 横骨架式船体板

5.2.3 刚性板弯曲的能量法

1. 板的弯曲应变能

用里茨法首先要知道应变能。根据结构应变能的一般表达式，对于刚性板的弯曲，有

$$V = \frac{1}{2}\iiint (\sigma_x \varepsilon_x + \sigma_y \varepsilon_y + \sigma_z \varepsilon_z) \, dxdydz \tag{5-50}$$

将式（5-20）和式（5-21）的应变与应力代入式（5-50），得到挠曲面函数 $w(x,y)$ 表示的应变能为

$$V = \frac{E}{2(1-\mu^2)}\iiint z^2 \left[\left(\frac{\partial^2 w}{\partial x^2}\right)^2 + \left(\frac{\partial^2 w}{\partial y^2}\right)^2 + 2\mu\frac{\partial^2 w}{\partial x^2}\frac{\partial^2 w}{\partial y^2} + 2(1-\mu)\left(\frac{\partial^2 w}{\partial x \partial y}\right)^2\right] dxdydz \tag{5-51}$$

这里，积分在整个板的中面内进行，D 仍表示板的抗弯刚度。

2. 里茨法

有了板的弯曲应变能 V 后，再计算出板的力函数 U，即

$$U = \iint qw \, dxdy \tag{5-52}$$

式中，q 为板上的横载荷。于是得到板的总位能为

$$\Pi = V - U = \iint \left\{\frac{D}{2}\left[\left(\frac{\partial^2 w}{\partial x^2} + \frac{\partial^2 w}{\partial y^2}\right)^2 + 2(1-u)\left[\left(\frac{\partial^2 w}{\partial x \partial y}\right)^2 - \frac{\partial^2 w}{\partial x^2} \cdot \frac{\partial^2 w}{\partial y^2}\right]\right] - qw\right\} dxdy \tag{5-53}$$

现选择一个级数来表示板的挠曲面，即

$$w(x,y) = \sum_m \sum_n A_{mn} \phi_m(x) \psi_n(y) \tag{5-54}$$

式中，$\phi_m(x)$ 及 $\psi_n(y)$ 分别为满足相应的板边位移边界条件的基函数（形状函数）；A_{mn} 为待定系数。

然后将式（5-54）中的 $w(x,y)$ 代入式（5-53），并使 Π 最小从而确定系数 A_{mn}，即使得

$$\frac{\partial \Pi}{\partial A_{mn}} = 0 \; (m=1,2,3,\cdots; n=1,2,3,\cdots) \tag{5-55}$$

可求出 A_{mn}，将其代入式（5-54）中后即得板的挠曲面，并进一步可求出板的弯曲要素。

5.3 矩形复合材料板的弯曲

5.3.1 正交异性板的弯曲方程

以上所研究的板，其材料性质在各个方向上都认为是相同的，这种板叫作各向同性板（isotropic plate）。在实际结构中，有些板的材料在 x 方向和 y 方向的物理性质是不同的，这种板叫作正交各向异性板或简称正交异性板（orthotropic plate）。

对于船体结构中的每一块板来说，属于正交异性的情况是不多的，但就整个船体板架来说（如船底板架及甲板板架），从后文介绍可知它就具有正交各向异性板的性质。

现在来研究船底板架，它由内、外底板和桁材、肋板所组成，在外载荷作用下，整个船底板架在横舱壁与船侧之间整体弯曲，因此把它当作支持在横舱壁与船侧之间的板来研究是可以的。

由于船底板架在船长方向与船宽方向的抗弯刚度是不同的，因此船底板架就可以看作是正交异性板。船底板架的正交异性是由结构上的原因造成的，所以船底板架又可称为结构上的正交异性板，或称为组合板。

在杆系结构力学中，曾把船体板架作为相互正交的交叉梁系来研究，这时内、外底板作为交叉梁系的带板。在这种研究中，带板中的剪应力以及公共带板中的平面应力状态均未考虑，交叉梁相互作用的扭矩通常也不予考虑。

这种处理板架的方法，对于甲板板架或单底板架还比较切合实际，但对双层底板架来说误差就比较大了。对于双层底板架，实践证明当用组合板计算时要比用交叉梁系计算精确得多，因此研究组合板的弯曲对船体结构计算有很大的实际意义。

现讨论材料上的正交各向异性板，即板的材料在 x 方向与 y 方向有不同的物理性质。设 E_x、μ_x 分别代表板在 x 方向的弹性模量和因 x 方向伸长在 y 方向收缩的泊松比；E_y、μ_y 代表板在 y 方向的相应数值。

因此板中的应力分量与应变分量之间必然有下列关系：

$$\begin{cases} \varepsilon_x = \dfrac{\sigma_x}{E_x} - \mu_y \dfrac{\sigma_y}{E_y} \\ \varepsilon_y = \dfrac{\sigma_y}{E_y} - \mu_x \dfrac{\sigma_x}{E_x} \\ \gamma_{xy} = \dfrac{\tau_{xy}}{G} \end{cases} \quad (5\text{-}56)$$

正交异性板在弯曲时，直法线假定仍然是正确的，将坐标面 xOy 放在板的中面，根据力的互等定理，有 $\mu_y E_x = \mu_x E_y$，并令 $E_1 = \mu_y E_x$，于是得

$$\begin{cases} \sigma_x = -z\left(\dfrac{E_x}{1-\mu_x\mu_y} \dfrac{\partial^2 w}{\partial x^2} + \dfrac{E_1}{1-\mu_x\mu_y} \dfrac{\partial^2 w}{\partial y^2} \right) \\ \sigma_y = -z\left(\dfrac{E_1}{1-\mu_x\mu_y} \dfrac{\partial^2 w}{\partial x^2} + \dfrac{E_y}{1-\mu_x\mu_y} \dfrac{\partial^2 w}{\partial y^2} \right) \\ \gamma_{xy} = -2Gz \dfrac{\partial^2 w}{\partial x \partial y} \end{cases} \quad (5\text{-}57)$$

根据这个应力的表达式，可以推导得正交异性板的弯矩和扭矩的公式为

$$M_x = \int_{-t/2}^{t/2} \sigma_x z \mathrm{d}z = \int_{-t/2}^{t/2} \left(\frac{E_x}{1-\mu_x\mu_y} \frac{\partial^2 w}{\partial x^2} + \frac{E_1}{1-\mu_x\mu_y} \frac{\partial^2 w}{\partial y^2} \right) z^2 \mathrm{d}z = -\left(D_x \frac{\partial^2 w}{\partial x^2} + D_1 \frac{\partial^2 w}{\partial y^2} \right)$$

同理，可得

$$\begin{cases} M_y = \int_{-t/2}^{t/2} \sigma_y z \mathrm{d}z = -\left(D_y \frac{\partial^2 w}{\partial y^2} + D_1 \frac{\partial^2 w}{\partial x^2} \right) \\ M_{xy} = \int_{-t/2}^{t/2} \tau_{xy} z \mathrm{d}z = -2D_{xy} \frac{\partial^2 w}{\partial x \partial y} \end{cases} \quad (5\text{-}58)$$

式中，

$$\begin{cases} D_x = \frac{E_x}{1-\mu_x\mu_y} \frac{t^3}{12}, D_y = \frac{E_y}{1-\mu_x\mu_y} \frac{t^3}{12} \\ D_1 = \frac{E_1}{1-\mu_x\mu_y} \frac{t^3}{12}, D_{xy} = \frac{Gt^3}{12} \end{cases} \quad (5\text{-}59)$$

将推导得的弯矩与扭矩代入平板弯曲平衡方程

$$\frac{\partial^2 M_x}{\partial x^2} + 2\frac{\partial^2 M_{xy}}{\partial x \partial y} + \frac{\partial^2 M_y}{\partial y^2} = -q$$

得

$$D_x \frac{\partial^4 w}{\partial x^4} + 2(D_1 + 2D_{xy})\frac{\partial^4 w}{\partial x^2 \partial y^2} + D_y \frac{\partial^4 w}{\partial y^4} = q$$

令 $H = D_1 + 2D_{xy}$，得正交异性板的弯曲微分方程为

$$D_x \frac{\partial^4 w}{\partial x^4} + 2H \frac{\partial^4 w}{\partial x^2 \partial y^2} + D_y \frac{\partial^4 w}{\partial y^4} = q \quad (5\text{-}60)$$

式中，D_x、D_y 为板在 x 和 y 方向的抗弯刚度；H 表示板的抗扭刚度。

当板为各向同性时，有

$$E_x = E_y = E$$
$$\mu_x = \mu_y = \mu$$
$$E_1 = \mu E$$

所以

$$D_x = D_y = \frac{Et^3}{12(1-\mu^2)} = D$$

$$H = \frac{\mu Et^3}{12(1-\mu)^2} + \frac{Gt^3}{6} = \frac{\mu Et^3}{12(1-\mu^2)} + \frac{Et^3}{12(1+\mu)} = \frac{Et^3}{12(1-\mu^2)} = D$$

在推导组合板——结构上正交异性板的弯曲微分方程时，先来研究图 5-13 中的双层底结构，并做以下几个假定：

1）假定 x 方向的梁（纵桁）与 y 方向的梁（肋板）的数目是相当多的，并且等间距布置，所有纵桁的尺寸相同，所有肋板的尺寸也相同。并且还假定纵桁与肋板的厚度相差不大，从而可认为板架在 x 方向的中性层与 y 方向的中性层在同一个平面上，这个平面就是组合板的中面，组合板的坐标面 xOy 就设在此中面上。

2）组合板在弯曲时直法线假定是正确的，从而纵桁和肋板在弯曲时平断面假定也将是符合的。

3）假定组合板弯曲时垂向剪力由纵桁与肋板的腹板承受，上下翼板（内、外板）中的剪应力则形成组合板的扭矩。

并引入以下符号：t_1、t_2分别为内底板和外底板的厚度；z_1、z_2分别为组合板中面到内底板和到外底板的距离；h为组合板的高度，$h = z_1 + z_2$；s_x为纵桁的间距；s_y为肋板的间距。

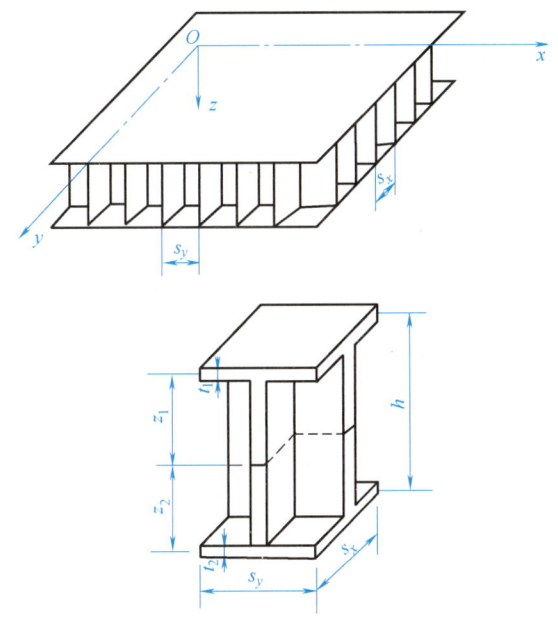

图 5-13 双层底结构

根据直法线假定，组合板中的应变与挠度间仍有式（5-20）所表示的关系。在组合板中，内、外底板为平面应力状态，桁材腹板为单向应力状态，因此对内、外底板，有

$$\sigma_x = \frac{E}{1-\mu^2}(\varepsilon_x + \mu\varepsilon_y) = -\frac{Ez_i}{1-\mu^2}\left(\frac{\partial^2 w}{\partial x^2} + \mu\frac{\partial^2 w}{\partial y^2}\right)$$

$$\sigma_y = \frac{E}{1-\mu^2}(\varepsilon_y + \mu\varepsilon_x) = -\frac{Ez_i}{1-\mu^2}\left(\frac{\partial^2 w}{\partial y^2} + \mu\frac{\partial^2 w}{\partial x^2}\right) \quad (5-61)$$

对于桁材腹板，有

$$\begin{cases} \sigma_x = E\varepsilon_x = -Ez\dfrac{\partial^2 w}{\partial x^2} \\ \sigma_y = E\varepsilon_y = -Ez\dfrac{\partial^2 w}{\partial y^2} \end{cases} \quad (5-62)$$

下面就来计算组合板的弯矩和扭矩。先考虑x方向，单位纵桁间距的弯矩为

$$M_x = \int_A \sigma_x z \mathrm{d}A = \int_{A_i} \sigma_x z_i \mathrm{d}A + \int_{A_w} \sigma_x z \mathrm{d}A \quad (5-63)$$

式中，第一个积分包含内、外底板的截面面积，其中的σ_x用式（5-61）；第二个积分包含

纵桁腹板的截面面积，其中的 σ_x 用式（5-62）。

于是

$$M_x = -\int_{A_i} E \frac{\partial^2 w}{\partial x^2} z_i^2 \mathrm{d}A - \int_{A_w} E \frac{\partial^2 w}{\partial x^2} z^2 \mathrm{d}A - \frac{\mu E}{1-\mu^2}\int_{A_i}(\mu \frac{\partial^2 w}{\partial x^2} + \frac{\partial^2 w}{\partial y^2}) z_i^2 \mathrm{d}A$$

$$= -E \frac{\partial^2 w}{\partial x^2}\left(\int_{A_i} z_i^2 \mathrm{d}A + \int_{A_w} z^2 \mathrm{d}A\right) - \frac{\mu E}{1-\mu^2}\left(\mu \frac{\partial^2 w}{\partial x^2} + \frac{\partial^2 w}{\partial y^2}\right)\int_{A_i} z_i^2 \mathrm{d}A$$

式中，第一个小括号内两个积分之和就是带有宽度为 s_x 的内、外底板的纵桁截面对中性层的惯性矩再除以 s_x。令

$$i_x = \int_{A_i} z_i^2 \mathrm{d}A + \int_{A_w} z^2 \mathrm{d}A$$

后面一个积分就是单位宽度的内、外底板对中性层的惯性矩，用 i_0 表示为

$$i_0 = z_1^2 t_1 + z_2^2 t_2$$

于是得

$$M_x = -E i_x \frac{\partial^2 w}{\partial x^2} - \frac{\mu^2 E i_0}{1-\mu^2} \frac{\partial^2 w}{\partial x^2} - \frac{\mu E i_0}{1-\mu^2} \frac{\partial^2 w}{\partial y^2}$$

$$= -\frac{E}{1-\mu^2}[i_x(1-\mu^2) + \mu^2 i_0]\frac{\partial^2 w}{\partial x^2} - \frac{\mu E i_0}{1-\mu} \frac{\partial^2 w}{\partial y^2}$$

令

$$D_x = \frac{E}{1-\mu^2}[i_x(1-\mu^2) + \mu^2 i_0] \tag{5-64}$$

$$D_1 = \frac{\mu E i_0}{1-\mu^2} \tag{5-65}$$

得

$$M_x = -\left(D_x \frac{\partial^2 w}{\partial x^2} + D_1 \frac{\partial^2 w}{\partial y^2}\right) \tag{5-66}$$

同理，可得

$$M_y = -\left(D_1 \frac{\partial^2 w}{\partial x^2} + D_y \frac{\partial^2 w}{\partial y^2}\right) \tag{5-67}$$

式中，

$$D_y = \frac{E}{1-\mu^2}[i_y(1-\mu^2) + \mu^2 i_0]$$

对于实际双层底结构，由于 i_x 与 i_0 相差不大，故

$$i_x(1-\mu^2) + \mu^2 i_0 \approx i_x$$

同理，可得

$$i_y(1-\mu^2) + \mu^2 i_0 \approx i_y$$

因此 D_x 与 D_y 可近似地表达为

$$D_x \approx \frac{E i_x}{1-\mu^2}, \quad D_y \approx \frac{E i_y}{1-\mu^2} \tag{5-68}$$

下面来计算组合板中的扭矩。只有内、外底板中有水平剪应力，单位间距的扭矩为

$$M_{xy} = \int_{A_i} \tau_{xy} z_i \mathrm{d}A = -2G \frac{\partial^2 w}{\partial x \partial y} \int_{A_i} z_i^2 \mathrm{d}A = -2Gi_0 \frac{\partial^2 w}{\partial x \partial y} = -\frac{Ei_0}{1+\mu} \frac{\partial^2 w}{\partial x \partial y}$$

令

$$i_p = \frac{Ei_0}{1+\mu} = 2D_{xy} \text{ 或 } D_{xy} = \frac{Ei_0}{2(1+\mu)} \tag{5-69}$$

则

$$M_{xy} = -2D_{xy} \frac{\partial^2 w}{\partial x \partial y} \tag{5-70}$$

将式（5-64）、式（5-65）、式（5-70）代入板的弯曲平衡方程（5-29）中，即可得到与前面材料上的正交异性板同样形式的弯曲微分方程为

$$D_x \frac{\partial^4 w}{\partial x^4} + 2H \frac{\partial^4 w}{\partial x^2 \partial y^2} + D_y \frac{\partial^4 w}{\partial y^4} = q \tag{5-71}$$

式中，

$$H = D_1 + 2D_{xy} = \frac{\mu Ei_0}{1-\mu^2} + \frac{Ei_0}{1+\mu} = \frac{Ei_0}{1-\mu^2}$$

为了求出组合板的应力，将曲率与扭率用弯矩和扭矩表达：

$$\begin{cases} \dfrac{\partial^2 w}{\partial x^2} = \dfrac{M_x D_y - M_y D_1}{D_1^2 - D_x D_y} \\ \dfrac{\partial^2 w}{\partial y^2} = \dfrac{M_y D_x - M_x D_1}{D_1^2 - D_x D_y} \\ \dfrac{\partial^2 w}{\partial x \partial y} = -\dfrac{M_{xy}}{2D_{xy}} \end{cases} \tag{5-72}$$

于是就可以写出弯矩和扭矩表达的应力计算公式。例如，对于内、外底板有应力公式为

$$\begin{cases} \sigma_x = \dfrac{Ez_i}{1-\mu^2} \dfrac{1}{D_x D_y - D_1^2} [M_x(D_y - \mu D_1) - M_y(D_1 - \mu D_x)] \\ \sigma_y = \dfrac{Ez_t}{1-\mu^2} \dfrac{1}{D_x D_y - D_1^2} [M_x(D_x - \mu D_1) - M_x(D_1 - \mu D_y)] \\ \tau_{xy} = Gz_i \cdot \dfrac{M_{xy}}{D_{xy}} \end{cases} \tag{5-73}$$

对桁材腹板有应力公式为

$$\begin{cases} \sigma_x = Ez \dfrac{M_x D_y - M_y D_1}{D_x D_y - D_1^2} \\ \sigma_y = Ez \dfrac{M_y D_x - M_x D_1}{D_x D_y - D_1^2} \end{cases} \tag{5-74}$$

然而，由弯曲微分方程求解 $w(x,y)$ 是比较困难的，所以在有限元法得到应用之前，只好用近似法。谢特（H. A. Shade）曾对组合板做了研究，并做出了双层底的计算曲线可供

应用。目前有了有限元法，组合板可以和各向同性板一般方便地解决。

5.3.2 复合材料板的弯曲方程

由于复合材料在工程中使用增多，因此复合材料结构理论也得到了相应发展。经典理论采用直法线假设，在本构方程中忽略 ε_z 的影响、横向挠度 w 和 z 无关，并且由于计算方便在工程中有较多应用。然而当这理论应用到各向异性层合壳时，在计算挠度、应力、自然频率方面的误差有时会高达30%左右，因此对这种板壳必须考虑横向剪应力的影响。

复合材料层合板的剪切变形理论是 Reissner-Mindlin 理论的推广，它比经典理论有较大改进。一般来说，在实际中当求解薄板弯曲、低阶振动固有频率时，它的精度还可以，但它不能有效地改善面内响应，为此各种高阶理论相继出现，近年来国内外都注意精化理论的研究，提出了多种形式。这些理论的精度都很高，但计算也很复杂，理论的精确性与简化计算要求之间始终存在着较大的矛盾。

设板的位移场为

$$\begin{cases} u = u_0 + z\phi_x(x,y) + z^2 \phi_x(x,y) + z^3 \xi_x(x,y) + z^4 \eta_x(x,y) \\ v = v_0 + z\phi_y(x,y) + z^2 \phi_y(x,y) + z^3 \xi_y(x,y) + z^4 \eta_y(x,y) \\ w = w_0(x,y) \end{cases} \tag{5-75}$$

在实际问题中板的上下表面大多不受横向剪切力作用，考虑到这种情形，位移场为

$$\begin{cases} u = u_0 + z\phi_x\left(1 - \dfrac{4z^2}{3h^2}\right) + z^2 \phi_x\left(1 - \dfrac{2z^2}{h^2}\right) - \dfrac{4z^2}{3h^2}\dfrac{\partial w}{\partial x} \\ v = v_0 + z\phi_y\left(1 - \dfrac{4z^2}{3h^2}\right) + z^2 \phi_y\left(1 - \dfrac{2z^2}{h^2}\right) - \dfrac{4z^2}{3h^2}\dfrac{\partial w}{\partial y} \\ w = w_0(x,y) \end{cases} \tag{5-76}$$

将式（5-76）代入柯西方程得应变-位移关系为

$$\begin{cases} \varepsilon_x = \varepsilon_x^0 + z(k_1^0 + zk_1^1 + z^2 k_1^2 + z^3 k_1^3) \\ \varepsilon_y = \varepsilon_y^0 + z(k_2^0 + zk_2^1 + z^2 k_2^2 + z^3 k_2^3) \\ \varepsilon_z = 0 \end{cases}$$

$$\begin{cases} \gamma_{oz} = \gamma_{oz}^0 + z(k_4^0 + zk_4^1 + z^2 k_4^2) \\ \gamma_{xz} = \gamma_{xz}^0 + z(k_5^0 + zk_5^1 + z^2 k_5^2) \\ \gamma_{xy} = \gamma_{xy}^0 + z(k_6^0 + zk_6^1 + z^2 k_6^2 + z^3 k_6^3) \end{cases}$$

其中，$\varepsilon_x^0 = \dfrac{\partial u_0}{\partial x}$，$k_1^0 = \dfrac{\partial \phi_x}{\partial x}$，$k_1^1 = \dfrac{\partial \phi_x}{\partial x}$，$k_1^2 = -\dfrac{1}{3h^2}\left(\dfrac{\partial \phi_x}{\partial x} + \dfrac{\partial^2 w}{\partial x^2}\right)$，$k_1^3 = -\dfrac{2}{h^2}\dfrac{\partial \phi_x}{\partial x}$。

在板坐标系下，各分层的本构方程为

$$\begin{Bmatrix} \sigma_x \\ \sigma_y \\ \tau_{xy} \end{Bmatrix} = \begin{pmatrix} \overline{Q}_{11} & \overline{Q}_{12} & \overline{Q}_{16} \\ & \overline{Q}_{22} & \overline{Q}_{26} \\ 对称 & & \overline{Q}_{66} \end{pmatrix} \begin{Bmatrix} \varepsilon_x \\ \varepsilon_y \\ \gamma_{xy} \end{Bmatrix}, \quad \begin{Bmatrix} \tau_{yz} \\ \tau_{zx} \end{Bmatrix} = \begin{pmatrix} \overline{Q}_{44} & \overline{Q}_{45} \\ \overline{Q}_{45} & \overline{Q}_{55} \end{pmatrix} \begin{Bmatrix} \gamma_{yz} \\ \gamma_{zx} \end{Bmatrix} \tag{5-77}$$

引入符号

$$\{N_k, M_k, P_k, R_k, Q_k\} = \int_{-h/2}^{h/2} \sigma_k \{1, z, z^2, z^3, z^4\} \mathrm{d}z \quad (k = x, y, zx, zy, xy)$$

其中，$\overline{Q}_{ij}$ 为单层的折算离轴刚度，叠层板的平衡方程和边界条件可由虚位移原理导出，再定义如下刚度：

$$\{A_{ij}, B_{ij}, D_{ij}, E_{ij}, F_{ij}, G_{ij}, H_{ij}, K_{ij}, L_{ij}\} = \int_{-h/2}^{h/2} \overline{Q}_{ij} \{1, z, z^2, z^3, z^4, z^5, z^6, z^7, z^8\} \mathrm{d}z$$

可导出叠层板本构方程。设板在 y 方向无限长，横向载荷和边界条件都不随 y 而改变，即产生筒形弯曲，平衡方程为

$$\begin{cases} \dfrac{\partial P_x}{\partial x} - \dfrac{2}{h^2}\left(\dfrac{\partial Q_x}{\partial x} - 4R_{zx}\right) - 2M_{zx} = 0 \\[6pt] \dfrac{\partial P_{xy}}{\partial x} - \dfrac{2}{h^2}\left(\dfrac{\partial Q_{xy}}{\partial x} - 4R_{yz}\right) - 2M_{yz} = 0 \\[6pt] \dfrac{\partial N_x}{\partial x} = 0, \quad \dfrac{\partial N_{xy}}{\partial x} = 0 \\[6pt] \dfrac{4}{3h^2}\dfrac{\partial^2 R_x}{\partial x^2} - \dfrac{4}{h^2}\dfrac{\partial P_{zx}}{\partial x} - \dfrac{\partial N_{zx}}{\partial x} + q = 0 \\[6pt] \dfrac{\partial M_x}{\partial x} - \dfrac{4}{3h^2}\left(\dfrac{\partial R_x}{\partial x} - 3P_{yx}\right) - N_{yx} = 0 \\[6pt] \dfrac{\partial M_{xy}}{\partial x} - \dfrac{4}{3h^2}\left(\dfrac{\partial R_{xy}}{\partial x} - 3P_{yz}\right) - N_{yz} = 0 \end{cases}$$

对于简支反对称叠层板，在横向载荷作用下，设解的形式是

$$u_0 = u\sin\dfrac{\pi x}{a}, \quad v_0 = v\cos\dfrac{\pi x}{a}, \quad w_0 = w\sin\dfrac{\pi x}{a}$$

$$\phi_y = \phi_2\sin\dfrac{\pi x}{a}, \quad \phi_x = \phi_1\sin\dfrac{\pi x}{a}, \quad \phi_y = \phi_2\cos\dfrac{\pi x}{a}, \quad \phi_x = \phi_1\cos\dfrac{\pi x}{a}$$

代入，并考虑板的本构关系和反对称性质得到

$$\begin{pmatrix} C_{11} & C_{12} & C_{13} & C_{14} & C_{15} & C_{16} & C_{17} \\ & C_{22} & C_{23} & C_{24} & C_{25} & C_{26} & C_{27} \\ & & C_{33} & C_{34} & C_{35} & C_{36} & C_{37} \\ & & & C_{44} & C_{45} & C_{46} & C_{47} \\ \text{对} & & & & C_{55} & C_{56} & C_{57} \\ & & & & & C_{66} & C_{67} \\ \text{称} & & & & & & C_{77} \end{pmatrix} \begin{Bmatrix} u_0 \\ v_0 \\ w_0 \\ \phi_1 \\ \phi_2 \\ \phi_1 \\ \phi_2 \end{Bmatrix} = \begin{Bmatrix} 0 \\ 0 \\ q_0 \\ 0 \\ 0 \\ 0 \\ 0 \end{Bmatrix} \quad (5\text{-}78)$$

5.3.3 复合材料板的失效分析

1. 复合材料夹芯结构

与传统夹芯结构相比，复合材料夹芯结构由于比强度高、比刚度大、耐腐蚀性好、抗冲击性能良好、可设计性强且易于维护修复等特点在船舶轻量化设计建造等工程领域中得到了

大量应用。通常将上下两层薄面板和中间低密度、高强度的芯子组合而成的结构定义为夹芯结构。这种设计可以使结构在质量不增加的情况下，大大增加了比刚度和比强度。

常见的夹芯结构有泡沫夹芯结构、蜂窝夹芯结构、点阵夹芯结构、波纹形夹芯结构等。图 5-14 所示为不同芯子构型的夹芯结构。

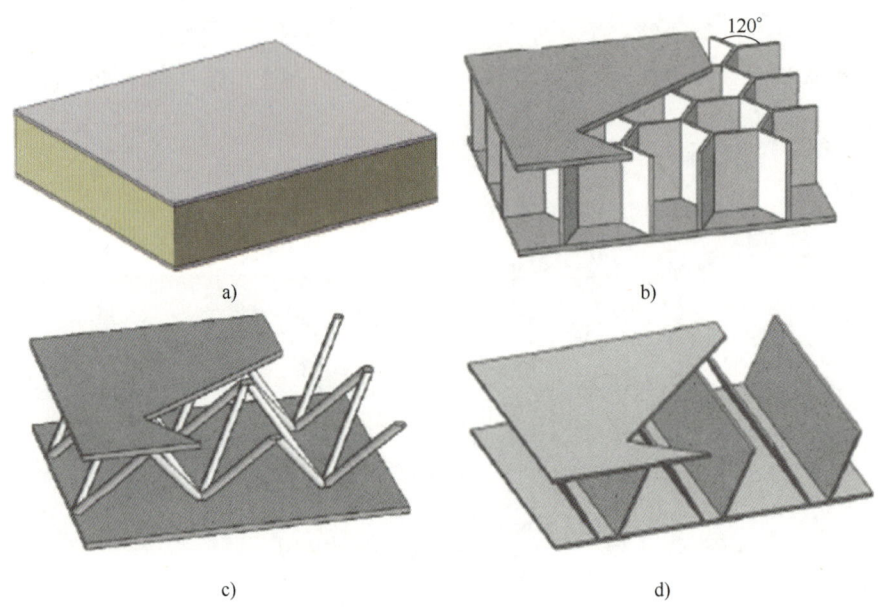

图 5-14　不同芯子构型的夹芯结构
a）泡沫夹芯结构　b）蜂窝夹芯结构　c）点阵夹芯结构　d）波纹形夹芯结构

国内外对复合材料在船体上的应用非常重视，传统的夹芯结构如泡沫夹芯结构和蜂窝夹芯结构已经在船体上得到了初步的应用。挪威海军的盾牌级船舶采用了全复合材料泡沫夹芯结构，具有较高的比强度和低磁雷达特性，同时美国海军的"短剑"号高速隐身快艇和瑞典皇家海军的"纳斯比"号轻型护卫舰也大量采用了复合材料代替钢材以提高机动性与隐身能力，我国新一代翼艇"天使号"采用了三维编织全复合材料结构设计，船体部件采用复合材料制备而成，克服了传统材料易腐蚀、质量大等缺点。

军用船舶需要足够大的强度才能够应对未来较为复杂的战斗场面。目前的结构设计要么是基于带有内部强框架和加强筋的整体式外壳，要么是基于内部和外部外壳之间机械耦合最小的双壳设计。采用夹层结构可以在不增加质量的前提下显著增强船体的刚度、强度和能量吸收。

2. 玻璃钢

玻璃钢学名纤维增强塑料，俗称 FRP（Fiber Reinforced Plastics），即纤维增强复合塑料。根据采用的纤维不同分为玻璃纤维增强复合塑料（GFRP）、碳纤维增强复合塑料（CFRP）、硼纤维增强复合塑料等。它是以玻璃纤维及其制品（玻璃布、带、毡、纱等）作为增强材料，以合成树脂作为基体材料的一种复合材料。

纤维增强复合材料是由增强纤维和基体组成的。纤维（或晶须）的直径很小，一般在 $10\mu m$ 以下，缺陷较少又较小，断裂应变约为 30‰ 以内，是脆性材料，易损伤、断裂和受到腐蚀。

FRP 的弹性模量比木材大两倍，但约为钢的 1/10，因此在产品结构中常存在刚性不足，容易变形等问题，可以做成薄壳结构、夹层结构，也可通过高模量纤维或者做加强筋等形式来弥补。

纯弯曲载荷作用下的玻璃钢构件，从理论计算上分析，其失效区域应位于两加载点之间的试样中部的最大挠度处。通常情况下，玻璃钢失效首先源于面内基体薄弱处的损伤，这些薄弱处主要同基体固化后存留的气泡、针孔、纤维断头及纤维排列的不均匀性等缺陷有关。从破坏试样断口横截面的显微照片不难看出，该失效部位各层中的纤维排列极不均匀。有的层中纤维排列较紧密，而有的层中纤维排列则较稀疏。由于沿管壁厚方向各层的应力大小分布与该层的纤维体积含量直接相关，当这种纤维排列不均匀的玻璃钢管受载时，容易形成管内的局部高应力区，首先导致纤维较稀疏层中的基体开裂。可见，纤维排列密度的不一致性是引起该试样失效的主要原因，它的不一致程度直接影响着管子的极限承载强度。

弯曲载荷作用下的玻璃钢管，其承载主要表现为管子上下表面的受拉和受压。就管子上表面而言，通常情况下，随着弯曲加载值的逐渐增加，各铺展内的拉伸应力及层间剪应力也不断增大，此项拉应力作用于基体与纤维上，首先引起偏轴层中沿纤维方向的基体开裂，这种基体开裂通常称之为初期基体开裂，它以一组平行裂纹的形式出现，裂纹长度限于一个单层厚度，裂纹数量随着载荷大小（准静态载荷）单调增加，直到达到饱和状态。随后，作用于层间的剪应力使得板内带有初期基体裂纹的相邻层之间产生垂直于初期基体裂纹方向的裂纹，它们通常被称为二期基体裂纹。

这些裂纹的进一步扩展，引起层板内部层间局部分离。当多个层间裂纹扩展并汇合一起时，导致条状分层区形成。随着分层损伤扩展阶段趋于结束，裂纹间相互作用变得越来越严重，以至于局部破坏区主要沿某个方向扩展并伴随有部分纤维断裂，迅速导致管子整体性能降低，引起管子渗漏或泄漏破坏。

3. 层合结构

复合材料是利用两种或多种不同性质的组分材料，采用物理或化学的方法在宏观尺度上组成的具有新性能的多相固体材料。在一般情况下，复合材料会改善单一组分材料的力学、物理和化学性能，并且具有许多原有组分材料所没有的优良性能。

复合材料层合结构是为了满足结构特定的刚度、强度和厚度等需求，由单层复合材料铺放成叠层形式，经过黏合后热固化处理而成。由于板壳具有节省材料、自重小、造型多样化等优点，各种类型的层合板壳结构成了复合材料在工程应用中的常见形式，如飞机的机翼、机身壁板和龙骨梁，汽车的车身蒙皮和保险杠等结构。

复合材料层合结构在冲击载荷作用下，应力状态非常复杂，这是因为复合材料层合结构微观上是多相非均质性的，宏观上是各向异性的。另外层合板损伤形式通常表现为基体的开裂、分层、挤压破坏以及铺层纤维断裂等多种形式，这些都大大增加了分析的难度。

复合材料层合结构的冲击损伤失效分析主要有以下三类方法：

1) 通过试验测得损伤破坏的单一参数临界值或称阈值，把这个值作为理论分析中的失效判据，如 Collombet 等人使用最大应力阈值来判断基体损伤的起始。该法未考虑损伤引起因素的多种性，局限性较大，在实际应用中，较少采用。

2）采用多项式失效准则。

3）采用应变能释放率来分析预测冲击损伤扩展。

5.4 回转薄壳结构的弯曲

壳体是指由两个曲面所限定的空间物体。壳体厚度与其他两个方向的尺度相比很小时，则称为薄壳。若壳体的厚度在各点都相等，就认为是等厚度壳体，否则就称为变厚度壳体。在薄壳理论中，把与上下表面等距离的曲面称作薄壳的中曲面（图 5-15）。如果给定了壳体中曲面的形状、壳厚和周边轮廓，则壳体的几何性质就完全确定了。

应用较多的是柱面壳和旋转面壳。柱面壳（图 5-16）是指壳体的中曲面为柱面，一平面曲线（称经线）绕该曲线所在平面内的 z 轴旋转而成的曲面，称为旋转（或回转）曲面。以旋转面为中曲面的薄壳，称为旋转壳。经线为直线的旋转壳，就是圆柱面壳或锥面壳。薄壳结构是从薄板演变而来的，所以分析薄板时所用的基本假设在壳体分析中同样有效。所不同的是由于薄壳的中面为曲面，因而变形状态和薄板有着很大的不同，它除了弯曲变形外还存在中面变形，这就使壳中内力包括弯曲内力和中面内力两部分。因此对薄壳的分析，在实际上可以当成平面应力状态和板的弯曲应力状态的组合。

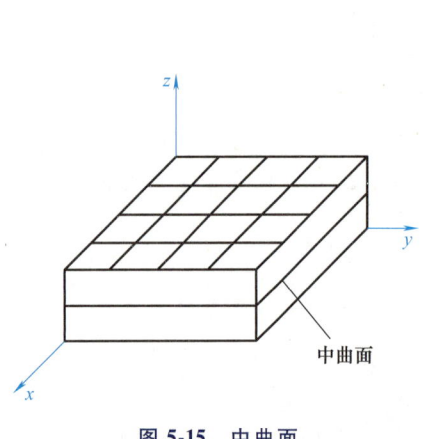

图 5-15　中曲面

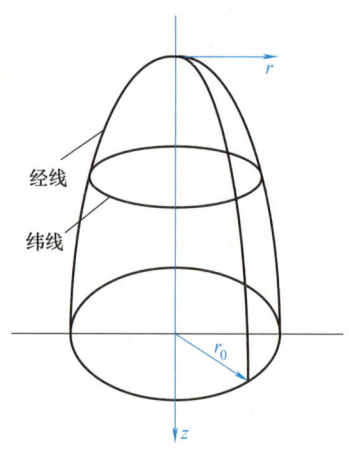

图 5-16　柱面壳

5.4.1　球壳结构的弯曲问题

1. 薄壳强度理论

基于一般的壳体理论，轴对称载荷下的旋转壳体可以归纳为三维轴对称问题。在直角坐标系下，三个基于笛卡儿坐标系的基本控制方程为

$$\begin{cases} u = u(\varphi) \\ w = w(\varphi) \\ v = 0 \end{cases} \tag{5-79}$$

旋转壳的内力 T_φ、T_θ 和力矩 M_φ、M_θ 与壳中面的变形 ε_φ、ε_θ 和 γ_φ、γ_θ 之间存在和平板弯曲理论相类似的关系式，它们之间的本构关系如下：

$$\begin{cases} \varepsilon_\varphi = \dfrac{1}{Et}(T_\varphi - \mu T_\theta), \ \varepsilon_\theta = \dfrac{1}{Et}(T_\theta - \mu T_\varphi) \\ \gamma_\varphi = \dfrac{12}{Et^2}(M_\varphi - \mu M_\theta), \ \gamma_\theta = \dfrac{12}{Et^2}(M_\theta - \mu M_\varphi) \end{cases} \tag{5-80}$$

根据有力矩理论所得到的旋转壳静力平衡方程为

$$\begin{cases} \dfrac{\mathrm{d}(R_0 T_\varphi)}{\mathrm{d}\varphi} - T_\theta \rho_1 \cos\varphi + R_0 N_\varphi + R_0 \rho_1 P_\varphi = 0 \\ \dfrac{\mathrm{d}(R_0 N_\varphi)}{\mathrm{d}\varphi} - R_0 T_\varphi - \rho_1 T_\theta \sin\varphi - R_0 \rho_1 P_n = 0 \\ \dfrac{\mathrm{d}(R_0 M_\varphi)}{\mathrm{d}\varphi} - M_\theta \rho_1 \cos\varphi - R_0 \rho_1 N_\varphi = 0 \end{cases} \tag{5-81}$$

一般情况下,对于承受均匀外压的旋转壳来说,一般是无力矩状态,则

$$M_\varphi = M_\theta = 0$$
$$P_\varphi = 0$$
$$P_n = P = C$$

将已知条件代入式(5-81)可得内力

$$T_\varphi = -\dfrac{P\rho_2}{2}, \ T_\theta = -\dfrac{P\rho_2}{2}\left(2 - \dfrac{\rho_2}{\rho_1}\right)$$

代入式(5-80)可得

$$\begin{cases} \varepsilon_\varphi = \dfrac{P\rho_2}{2Et}\left(1 - 2\mu + \mu\dfrac{\rho_2}{\rho_1}\right) \\ \varepsilon_\theta = -\dfrac{P\rho_2}{2Et}\left(2 - \mu - \dfrac{\rho_2}{\rho_1}\right) \end{cases} \tag{5-82}$$

对于球形壳来说,$\rho_1 = \rho_2 = r$,可求得变形 u、w,应变 ε_φ、ε_θ,内力 T_φ、T_θ 和薄膜 σ_φ、σ_θ,具体如下:

$$\begin{cases} u = 0, w = \dfrac{Pr^2}{2Et}(1-\mu) \\ \varepsilon_\varphi = \varepsilon_\theta = -\dfrac{Pr^2}{2Et}(1-\mu) \\ T_\varphi = T_\theta = -\dfrac{Pr}{2} \\ \sigma_\varphi = \sigma_\theta = -\dfrac{Pr}{2t} \end{cases} \tag{5-83}$$

2. 球形耐压壳弹塑性屈曲特性

在深海环境中,载人耐压壳基本采用中厚壳形式,由于受到极高的外部压力,壳体往往发生屈曲失稳破坏。一般而言,中厚度壳体屈曲分析相较于强度校核更为重要。屈曲特性的研究可以确定壳体的失稳模式和极限承载力。同时,球形耐压壳对缺陷十分敏感,对于缺陷壳体的研究也是十分必要的。

球壳屈曲分析需采用材料的真实应力和真实应变,其关系可由下式转化获取:
$$\varepsilon_{\text{true}} = \ln(1+\varepsilon_{\text{eng}}), \sigma_{\text{true}} = \sigma_{\text{eng}}(1+\varepsilon_{\text{eng}})$$

式中,$\varepsilon_{\text{true}}$、$\sigma_{\text{true}}$ 表示真实的应变和应力;ε_{eng}、σ_{eng} 表示工程的应变和应力。

同时,真实应力与真实应变的关系可被下式定义:

$$\begin{cases} \sigma = E\varepsilon, & \sigma < \sigma_y \\ \sigma = \sigma_y\left[\left(\dfrac{E\varepsilon}{\sigma_y}-1\right)n\right]^{\frac{1}{n}}, & \sigma \geqslant \sigma_y \end{cases} \quad (5\text{-}84)$$

式中,σ_y 表示屈服强度;n 为应变硬化参数。

已有实验成果表明所有的球形耐压壳都在材料弹塑性范围内发生屈曲,球形耐压壳的完美球壳非线性屈曲载荷可由下式近似计算

$$p_y = \frac{2\sigma_y t}{r} \quad (5\text{-}85)$$

采用式(5-85)计算与数值计算结果基本一致,误差在3%之内。

这表明屈曲载荷与厚径比呈线性比例关系,即随着厚径比的增加,完美球壳的屈曲载荷近似呈线性增加。

5.4.2 圆柱壳结构的弯曲问题

1. 圆柱壳基本关系式

圆柱壳是壳体最为简单的一种,它的中面是一根线(母线)绕与其平行的一直线旋转而成。柱壳沿母线方向的曲率是0,垂直于母线方向的曲率则是常数,则

$$k = \frac{1}{a} = \text{const}$$

柱形壳结构(图5-17)强度好,耗材省,易于加工,结构简单,有良好的水动力学性能,被广泛应用在水工和船舶等结构物上,如船体的舭部、潜艇耐压壳、坞的闸门等。在其他工程方面,柱壳结构也被大量采用,如各种压力容器、飞机和航天飞行器的外壳等。

壳体内应变、剪应变与位移间的基本关系式为

$$\begin{cases} \varepsilon_x = \dfrac{\partial u}{\partial x} = u', \varepsilon_\varphi = \dfrac{1}{a}\left(\dfrac{\partial v}{\partial \varphi}-w\right) = \dfrac{1}{a}(v^0-w), \varepsilon_z = 0 \\ \gamma_{x\varphi} = \dfrac{1}{a}u^0 + v', \gamma_{xz} = 0, \gamma_{\varphi z} = 0 \end{cases} \quad (5\text{-}86)$$

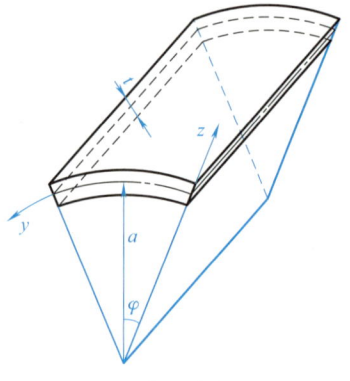

图 5-17 典型壳体结构图

记

$$\frac{\partial f}{\partial x} = f', \frac{\partial f}{\partial \varphi} = f^0, \frac{\partial f}{\partial z} = f'$$

w^{00}、f^{11}、w^{01} 等依次类推。

壳中面沿母线方向的曲率改变量 χ_φ 与沿圆周方向的改变量 χ_θ 为

$$\chi_\varphi = w^{00}, \chi_\theta = \frac{1}{a^2}(w^{01}+v^0)$$

壳中面的扭率 χ 为

$$\chi = \frac{1}{a^2}(w^{00}+w)$$

壳体内任意一点的应变-位移关系为

$$\varepsilon_x^{(z)} = \varepsilon_x - \chi_\varphi z = u' - zw^{00}$$

$$\varepsilon_\varphi^{(z)} = \varepsilon_\varphi - \chi_\theta z = \frac{1}{a}(v^0-w) - \frac{z}{a^2}(w^{00}+v^0)$$

$$\gamma_{x\varphi}^{(z)} = \gamma_{x\varphi} - 2z\chi = \frac{1}{a}u^0 + v' - \frac{2z}{a}(w^{00}+w)$$

$$\varepsilon_z^{(z)} = \gamma_{xz}^{(z)} = \gamma_{\varphi z}^{(z)} = 0$$

代入胡克定律得

$$\begin{cases} \sigma_x^{(z)} = \dfrac{E}{1-\mu^2}(\varepsilon_x^{(z)}+\mu\varepsilon_\varphi^{(z)}) = \dfrac{E}{1-\mu^2}\left[u' + \dfrac{u}{a}(v^0-w) - z\left(w^{00}+\mu\dfrac{w^{01}+v^0}{a^2}\right)\right] \\ \sigma_\varphi^{(z)} = \dfrac{E}{1-\mu^2}(\varepsilon_\varphi^{(z)}+\mu\varepsilon_x^{(z)}) = \dfrac{E}{1-\mu^2}\left[\dfrac{1}{a}(v^0-w)+\mu(u'-zw^{00})-z\dfrac{w^{01}+v^0}{a^2}\right] \\ \tau_{x\varphi}^{(z)} = G\gamma_{x\varphi}^{(z)} = \tau_{\varphi x}^{(z)} = \dfrac{E}{2(1+\mu)}\left(\dfrac{u^0}{a}+v'-2z\dfrac{w^{00}+w}{a}\right) \end{cases} \quad (5\text{-}87)$$

取壳体微元 $a\mathrm{d}\varphi \mathrm{d}x$ 作为研究对象。薄壳中应力的合成和合力矩称为内力,包括轴向力 N_x、周向力 N_φ、周向剪力 $N_{x\varphi}$ 和 $N_{\varphi x}$、弯矩 M_x 以及扭矩 $M_{x\varphi}$ 和 $M_{\varphi x}$。

各内力定义如下(图 5-18 和图 5-19):

$$M_\varphi = -\int_{-\frac{t}{2}}^{\frac{t}{2}} \sigma_\varphi^{(z)} z\mathrm{d}z, \quad N_\varphi = \int_{-\frac{t}{2}}^{\frac{t}{2}} \sigma_\varphi^{(z)} \mathrm{d}z$$

$$M_x = -\int_{-\frac{t}{2}}^{\frac{t}{2}} \sigma_\varphi^{(z)} z\left(1-\frac{t}{a}\right) \mathrm{d}z, \quad N_x = \int_{-\frac{t}{2}}^{\frac{t}{2}} \sigma_\varphi^{(z)}\left(1-\frac{t}{a}\right) \mathrm{d}z$$

$$M_{\varphi x} = -\int_{-\frac{t}{2}}^{\frac{t}{2}} \tau_{\varphi x}^{(z)} z\mathrm{d}z, \quad N_{\varphi x} = \int_{-\frac{t}{2}}^{\frac{t}{2}} \tau_{\varphi x}^{(z)} \mathrm{d}z$$

$$M_{x\varphi} = -\int_{-\frac{t}{2}}^{\frac{t}{2}} \tau_{\varphi x}^{(z)} z\left(1-\frac{t}{a}\right) \mathrm{d}z, \quad N_{x\varphi} = \int_{-\frac{t}{2}}^{\frac{t}{2}} \tau_{\varphi x}^{(z)}\left(1-\frac{t}{a}\right) \mathrm{d}z$$

后四式中 $\left(1-\dfrac{t}{a}\right)$ 项是由于壳横截面是梯形而引入的。

由于薄壳 $\left(1-\dfrac{t}{a}\right) \ll 1$,认为 $\left(1-\dfrac{t}{a}\right) \approx 1$,忽略壳截面梯形形状的微小影响,将 $\sigma_x^{(z)}$,$\tau_{x\varphi}^{(z)}$,$\tau_{\varphi x}^{(z)}$,$\sigma_\varphi^{(z)}$ 的位移形式代入上式并积分得出内力与位移的关系表达式

$$M_\varphi = \frac{k}{a^2}(w^\infty + \mu a^2 w''), \quad M_x = \frac{k}{a^2}(uw^\infty + a^2 w''), \quad M_{\varphi x} = M_{x\varphi} = \frac{k}{a}(1-u)w''$$

$$N_\varphi = \frac{D}{a}(v^0+w+\mu au'), \quad N_x = \frac{D}{a}(au'+uv^0+uw), \quad N_{\varphi x} = N_{x\varphi} = \frac{D}{a}\frac{1-u}{2}(u^0+av')$$

式中,$D = \dfrac{Et}{1-u^2}$,$k = \dfrac{Et^3}{12(1-u^2)}$。

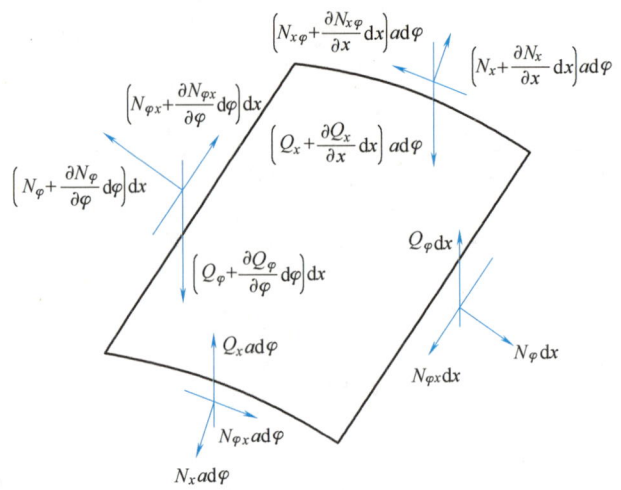

图 5-18　内力示意图

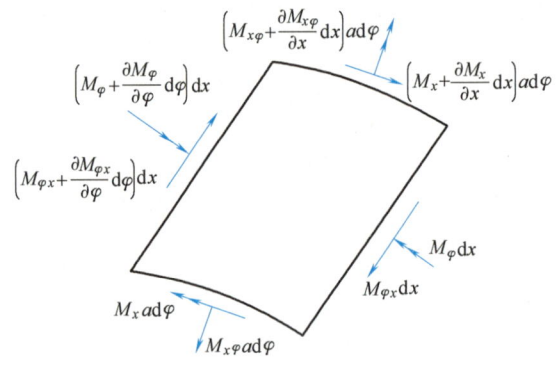

图 5-19　力矩示意图

2. 具有纵横加强的柱壳的内力表达式

具有纵横加强的壳体如图 5-20 所示。

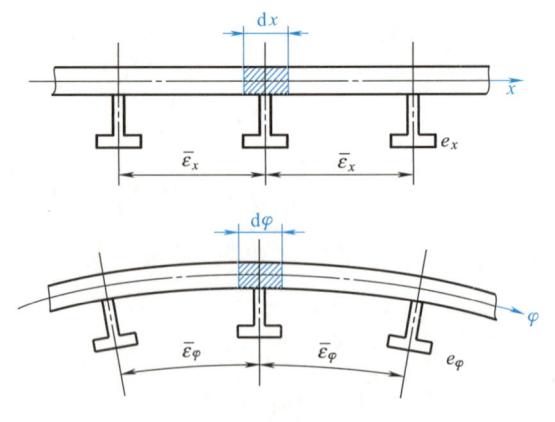

图 5-20　纵横加强壳体

设纵向有 m 个加强材，横向有 n 个加强材，则

$$f(x) = \sum_{k=1}^{m}\left\{ H\left[x-\left(b_{x1}+k\overline{\varepsilon}_\varphi-\overline{\varepsilon}_\varphi-\frac{\mathrm{d}\varphi}{2}\right)\right] - H\left[x-\left(b_{x1}+k\overline{\varepsilon}_\varphi-\overline{\varepsilon}_\varphi+\frac{\mathrm{d}\varphi}{2}\right)\right]\right\}$$

$$f(\varphi) = \sum_{k=1}^{m}\left\{ H\left[a\varphi-\left(b_{\varphi1}+k\overline{\varepsilon}_x-\overline{\varepsilon}_x-\frac{\mathrm{d}x}{2}\right)\right] - H\left[a\varphi-\left(b_{\varphi1}+k\overline{\varepsilon}_x-\overline{\varepsilon}_x+\frac{\mathrm{d}x}{2}\right)\right]\right\}$$

$f(x)$，$f(\varphi)$ 如图 5-21 所示。

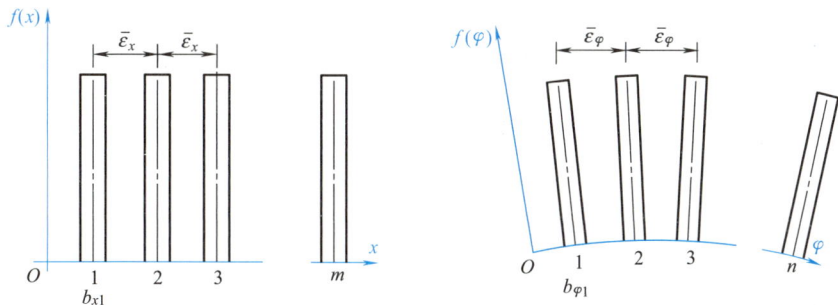

图 5-21　加强材位置函数

假设加强材与壳体固接，即加强材与壳体内部的变形规律相同，加强材中应力分别为

$$\begin{cases} \sigma_{\varphi s}=E\varepsilon_\varphi^{(z)}=E\left(\dfrac{1}{a}v^0+\dfrac{1}{a}w-z\dfrac{1}{a^2}w^\infty\right) \\ \sigma_{xs}=E\varepsilon_x^{(z)}=E(u'-zw'') \\ \tau_{\varphi xs}=E\gamma_{\varphi x}^{(z)}=E\left(\dfrac{1}{a}u^0+v'\right) \end{cases} \quad (5-88)$$

在 $\varphi=\mathrm{const}$ 的截面上，单位长度内力是壳中内力与加强材内力之和，即

$$N_\varphi = N_{\varphi k} + N_{\varphi s}$$

$$M_\varphi = M_{\varphi k} + M_{\varphi s}$$

由于加强材尺寸一般较小，假设加强材中内力在各自横剖面最大宽度内均匀分布，则有

$$N_\varphi = \frac{D}{a}(v^0+w+auu')+f(x)\int_{\omega_\varphi}\sigma_{\varphi s}\frac{e_\varphi}{\mathrm{d}\varphi}\mathrm{d}z \quad (5-89)$$

代入 $\sigma_{\varphi s}$ 积分整理得

$$N_\varphi = \frac{D}{a}(v^0+w+auu')+f(x)\left[\frac{1}{a}(v^0+w)\Omega_\varphi - H_\varphi\frac{w^\infty}{a^2}\right] \quad (5-90)$$

式中，$\Omega_\varphi = E\omega_\varphi/\mathrm{d}\varphi$，$\omega_\varphi$ 为横向加强材的剖面面积；$H_\varphi = Eh_\varphi/\mathrm{d}\varphi$，$h_\varphi = \int_\varphi e_\varphi z\mathrm{d}z$ 为 ω_φ 对壳中面的静距。

在 $x=\mathrm{const}$ 的剖面上同理可得

$$\begin{cases} N_\varphi = \dfrac{D}{a}(v^0+w+auu')+f(x)(u'\Omega_\varphi-H_\varphi w^\infty) \\ M_x = k\left(u\dfrac{w^\infty}{a^2}+w''\right)+f(\varphi)(u'H_x-w''R_x) \end{cases} \quad (5-91)$$

式中，$\Omega_\varphi = \dfrac{E\omega_x}{\mathrm{d}\varphi}$，$\omega_x$ 为纵向加强材的剖面面积。

3. 静力微分方程

为建立静力平衡微分方程，考虑从柱壳中取出的微块 $a\mathrm{d}\varphi\mathrm{d}x$，如图 5-22 所示。微块所受单位面积上的外载荷有：力 X、Y、Z，力矩 u_x、u_y、u_z。

分别建立力和力矩平衡方程，得

$$N_x' + \frac{1}{a}N_{\varphi x}^0 + X = 0$$

$$N_{x\varphi}' + \frac{1}{a}N_\varphi^0 + Y = 0$$

$$\frac{1}{a}Q_\varphi^0 + \frac{1}{a}N_\varphi + Q_x' = Z$$

$$\frac{1}{a}M_\varphi^0 + M_{\varphi x}' - Q_\varphi - u_x = 0$$

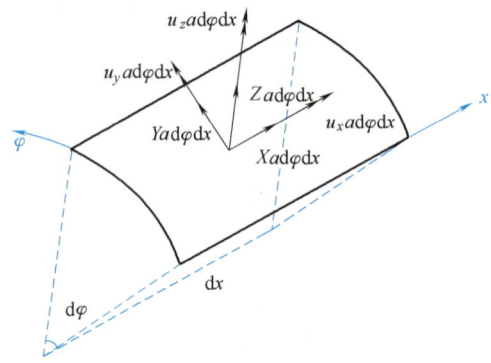

图 5-22 壳体微块受力示意图

$$\frac{1}{a}M_{\varphi x}^0 + M_x' - Q_x - u_\varphi = 0$$

$$N_{x\varphi} - N_{\varphi x} + \frac{1}{a}M_{\varphi x} - Q_x - u_z = 0$$

将内力表达式代入平衡方程，得

$$\begin{cases}
\dfrac{D}{a}(au'' + uv^{0\prime} + uw') + \dfrac{D}{a}\dfrac{1-u}{2}(u^{\infty} + av^{0\prime}) + x = 0 \\
\dfrac{D}{a^2}(v^{\infty} + w^0 uau^{0\prime}) + \dfrac{D}{a}\dfrac{1-u}{2}(u^{0\prime} + av^{0\prime}) + y = 0 \\
\dfrac{D}{a^2}(v^0 + w + uau') + \dfrac{k}{a^4}w^{\infty} + \dfrac{2k}{a^2}w^{\infty\prime\prime} + kw'''' + \dfrac{u_x^0}{a} - u_\varphi' = z \\
Q_x = \dfrac{k}{a^2}(a^2 w'''' + w^{\infty\prime}) - u_\varphi \\
Q_\varphi = \dfrac{k}{a^3}(a^2 w^{0\prime\prime} + w^{\infty 0}) + u_x
\end{cases} \quad (5\text{-}92)$$

至此，已经建立了柱壳有矩理论的微分方程。方程中只有 u、v、w 三个未知量，因而是可解的。

对于以下的加强方式，微分方程可改写为

$$(D + \Omega_x')u^{11} + \left[\dfrac{D(1-u)}{2} + S_x^r + S_\varphi^r\right]\dfrac{u^{00}}{a^2} - H_x^r w^{111} + \dfrac{Du}{a}w^1 + \left[\dfrac{D(1+u)}{2} + S_x^r + S_\varphi^r\right]\dfrac{v^{01}}{a} +$$

$$f(\varphi)\left[\Omega_x^g u^{11} - H_x^g\left(v^{01} + \dfrac{u^{00}}{a}\right)\right] + f^0(\varphi)\dfrac{1}{a}\left[S_x^g\left(v^1 + \dfrac{u^0}{a}\right)\right] + x = 0$$

$$\left[\frac{D(1+u)}{2}+S_x^r+S_\varphi^r\right]\frac{u^{01}}{a}+(D\Omega_\varphi^r)\frac{u^{00}}{a^2}-\frac{H_\varphi^r w^{000}}{a^3}+\left[\frac{D(1-u)}{2}+S_x^r+S_\varphi^r\right]v^{11}+$$

$$(D+\Omega_\varphi^r)\frac{v^0}{a^2}+f(\varphi)\left[S_x^g\left(v^{11}+\frac{u^{01}}{a}\right)\right]+y=0$$

$$-H_x^r u^{111}+(L_x^r+L_\varphi^r)\frac{u^{001}}{a^2}+\frac{Du}{a}u^1+\frac{1}{a^2}(D+\Omega_\varphi^r)v^0-H_x^r\frac{v^{000}}{a^3}+(L_x^r+L_\varphi^r)\frac{v^{001}}{a}+\frac{1}{a^2}(D+\Omega_\varphi^r)w+$$

$$\frac{1}{a^4}(k+R_\varphi^r)w^{0000}+\frac{1}{a^2}(2k+T_x^r+T_\varphi^r)w^{0011}+(k+R_x^r)w^{1111}-2H_\varphi^r\frac{w^{00}}{a^3}+f(\varphi)\left[T_x^g\frac{w^{0011}}{a^2}+\right.$$

$$\left.\frac{L_x^g}{a}\left(v^{011}+\frac{u^{001}}{a}\right)\right]-H_x^g u^{111}+R_x^g w^{1111}+f'(\varphi)\left[T_x^g\frac{w^{011}}{a^2}+\frac{L_x^g}{a}\left(v^{11}+\frac{u^{11}}{a}\right)\right]-\frac{u_x^0}{a}+u_\varphi^1+z=0$$

相应的内力表达式为

$$N_\varphi=\frac{(D+\Omega_\varphi^r)}{a}(v^0+w)-\frac{H_\varphi^r}{a^2}w^{00}$$

$$N_x=(D+\Omega_x^r)u^1+\frac{Du}{a}(v^0+w)-H_x^r w^{11}+f(\varphi)(\Omega_x^g u^1-H_x^g w^{11})$$

$$N_{\varphi x}=\left[\frac{D(1-u)}{2}+S_x^r+S_\varphi^r\right]\left(v^1+\frac{u^0}{a}\right)+f(\varphi)\left[S_x^g\left(v^1+\frac{u^0}{a}\right)\right]$$

$$N_{x\varphi}=\left[\frac{D(1-u)}{2}+S_x^r+S_\varphi^r\right]\left(v^1+\frac{u^0}{a}\right)+f(\varphi)\left[S_x^g v\left(v^1+\frac{u^0}{a}\right)\right]$$

$$M_\varphi=\frac{1}{a^2}(k+R_\varphi^r)w^{00}+\mu k w^{11}-\frac{H_\varphi^r}{a}(w+v^0)$$

$$M_x=(k+R_x^r)w^{11}+\frac{uk}{a^2}w^{00}-H_x^r u^1-f(\varphi)(H_x^g u^1-R_x^g w^{11})$$

$$M_{x\varphi}=\left[k(1-u)+T_x^r\right]\frac{w^{01}}{a}+L_x^r\left(v^1+\frac{u^0}{a}\right)+f(\varphi)\left[T_x^g\frac{w^{01}}{a}+L_x^g\left(v^1+\frac{u^0}{a}\right)\right]$$

$$Q_\varphi=(k+T_x^r)\frac{w^{011}}{a}+(k+R_\varphi^r)\frac{w^{000}}{a^3}-\frac{H_\varphi^r}{a^2}(w^0+v^{00})+L_x^r\left(v^{11}+\frac{u^1}{a}\right)+f(\varphi)\left[\frac{T_x^g}{a}w^{011}+L_x^g\left(v^{11}+\frac{u^{01}}{a}\right)\right]$$

$$Q_x=(k+T_\varphi^R)\frac{w^{001}}{a^2}+(k+R_x^r)w^{111}-H_x^r u^{11}+L_\varphi^r\left(\frac{v^{01}}{a}+\frac{u^{00}}{a^2}\right)+f(\varphi)\left[\frac{T_x^g}{a}w^{011}+L_x^g\left(v^{11}+\frac{u^{01}}{a}\right)\right]$$

$$R_\varphi=Q_{\varphi x}=M_{\varphi x}=\left[k(2-u)+T_x^r+T_\varphi^r\right]\frac{w^{011}}{a}+(k+R_x^r)\frac{w^{000}}{u^3}+L_x^r v^{11}+L_\varphi^r\frac{u^{01}}{a}-\frac{H_\varphi^r}{u^2}(w^0+v^{00})+f(\varphi)$$

$$\left[\frac{T_x^g}{a}w^{011}+L_x^g\left(v^{11}+\frac{u^{01}}{a}\right)\right]$$

在一些典型的加筋圆柱壳结构中，如船体的舷部等，加强材一般有以下三种：

1）沿纵向的加强材，分布密集且等间距，各纵桁几何特征较小。
2）横向加强的肋骨或横梁，等间距分布，几何特征相同。
3）沿纵向分布的纵桁，数量少，几何尺寸大。

5.5 结构的热应力问题

5.5.1 球壳结构的热应力问题

1. 球壳热应力基本方程

对处于球坐标系下的壳体,将坐标线放在中面的曲率线和法线上,假定壳体中任意一点沿 φ、θ、r 三个坐标轴的应变分别为 $e_{\varphi\varphi}$、$e_{\theta\theta}$ 和 e_{rr},剪应变为 $e_{\varphi\theta}$、$e_{\theta r}$ 和 $e_{r\varphi}$。

根据壳体理论第三个基本假设 $\sigma_{rr}=0$,壳体内各点沿中面法线位移与坐标轴 r 无关。根据壳体理论的第四个基本假设有 $e_{\theta r}=e_{r\varphi}=0$,壳体任意点的几何方程为

$$\begin{cases} e_{\varphi\varphi}=\dfrac{u^*+w}{R}+\dfrac{z(w^*-u)^*}{R^2} \\ e_{\theta\theta}=\dfrac{u\cos\varphi+w}{R}+\dfrac{z\cot\varphi(w^*+u)^*}{R^2} \end{cases} \tag{5-93}$$

弹性理论中研究的是外力作用下产生的应力,仅考虑温度初值和增值的情况时,各向同性材料完备的非线性热本构方程为

$$\begin{aligned} K = & \begin{bmatrix} k_1\bar{I}_1+k_3\bar{I}_1^2+k_4\bar{I}_2+k_6\bar{I}_1^3+2k_7\bar{I}_1\bar{I}_2+k_8\bar{I}_1^4+k_{10}\bar{I}_1^4+2k_{11}\bar{I}_1^2\bar{I}_2+ \\ k_{12}\bar{I}_2^2+2k_{13}\bar{I}_1\bar{I}_3+(a_1+a_3\bar{I}_1+a_7\bar{I}_1^2+a_8\bar{I}_2+a_{16}\bar{I}_1^3+a_{17}\bar{I}_3)T+ \\ (a_2+a_6\bar{I}_1+a_{13}\bar{I}_1^2+a_{14}\bar{I}_2)T^2+(a_5+a_{15}\bar{I}_1)T^3+a_{12}T^4 \end{bmatrix}I+ \\ & 2\begin{bmatrix} k_2+k_4\bar{I}_1+k_7\bar{I}_1^2+k_9\bar{I}_2+k_{11}\bar{I}_1^3+2k_{12}\bar{I}_1\bar{I}_2+k_{14}\bar{I}_3+ \\ (a_4+a_{10}\bar{I}_1+a_{20}\bar{I}_1^2+a_{21}\bar{I}_2)T+(a_9+a_{19}\bar{I}_1)T^2+a_{18}T^3 \end{bmatrix}E+ \\ & 3[k_5+k_8\bar{I}_1+k_{13}\bar{I}_1^2+k_{14}\bar{I}_2+(a_{11}+a_{23}\bar{I}_1)T+a_{22}T^2]E^2 \end{aligned} \tag{5-94}$$

各向同性材料线性热本构方程为

$$K=(k_1\bar{I}_1+a_1T)I+2k_2E \tag{5-95}$$

球坐标系下球壳热本构方程为

$$\begin{cases} \sigma_{\varphi\varphi}=2G\varepsilon_{\varphi\varphi}+\lambda(\varepsilon_{\varphi\varphi}+\varepsilon_{\theta\theta}+\varepsilon_{\gamma\gamma})-\beta T \\ \sigma_{\theta\theta}=2G\varepsilon_{\theta\theta}+\lambda(\varepsilon_{\varphi\varphi}+\varepsilon_{\theta\theta}+\varepsilon_{\gamma\gamma})-\beta T \\ \sigma_{\eta\gamma}=2G\varepsilon_{\eta\gamma}+\lambda(\varepsilon_{\varphi\varphi}+\varepsilon_{\theta\theta}+\varepsilon_{\gamma\gamma})-\beta T \end{cases} \tag{5-96}$$

根据推导步骤,求解定积分可得

$$\begin{cases} N_{\varphi\varphi}=D(\varepsilon_{\varphi\varphi}+\mu\varepsilon_{\theta\theta})-\dfrac{EH\alpha T}{1-\mu} \\ N_{\theta\theta}=D(\varepsilon_{\theta\theta}+\mu\varepsilon_{\varphi\varphi})-\dfrac{EH\alpha T}{1-\mu} \\ M_{\varphi\varphi}=K(k_{\varphi\varphi}+\mu k_{\theta\theta}) \\ M_{\theta\theta}=K(k_{\theta\theta}+\mu k_{\varphi\varphi}) \end{cases} \tag{5-97}$$

式中,$D=Eh/(1-\mu^2)$;$K=Eh^3/12(1-\mu^2)$;T 为相对温度的温度差。

2. 球壳结构典型热应力问题

载人深潜器的关键部件为耐压球壳，其安全性能将直接关系到人员和设备的安全。耐压球壳一般是由两个半球壳焊接连接而成的，在焊接过程中不可避免地会产生残余应力，可能会对结构的安全可靠性造成不利的影响，这也是目前急需研究的问题之一。

考虑由两种不同理想弹性材料构成的组合圆球壳，设内球壳内半径为 a，外半径为 b，弹性模量和泊松比分别为 E_1、μ_1。外球壳内半径为 b，外半径为 c，弹性模量和泊松比分别为 E_2、μ_2，热膨胀系数设为 α_t。初始时刻，球壳外表面 $r=c$ 处受到外界温度场 T_c 的作用，内外球壳在 $r=b$ 球面处满足径向应力和径向位移的连续性条件。

计算模型如图 5-23 所示。

当 $a \leqslant r \leqslant b$ 时，$(i)=1$ 表示与内球壳相关的量；当 $b \leqslant r \leqslant c$ 时，$(i)=2$ 表示与外球壳相关的量。在球坐标 (r, θ, φ) 中，考虑到球对称性，$\sigma_\theta = \sigma_\varphi$，$\varepsilon_\theta = \varepsilon_\varphi$，位移分量中仅有径向位移 u，并且所有分量仅是 r 的函数，同时不考虑体力，则平衡方程为

$$\frac{\mathrm{d}\sigma_r^{(i)}}{\mathrm{d}r} + \frac{2}{r}(\sigma_r^{(i)} - \sigma_\theta^{(i)}) = 0 \tag{5-98}$$

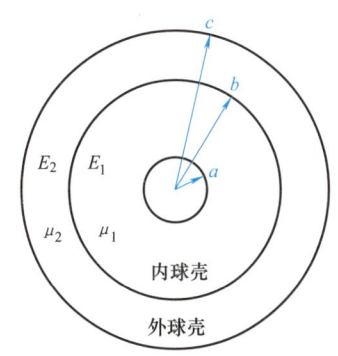

图 5-23 组合球壳模型

几何方程为

$$\varepsilon_r^{(i)} = \frac{\mathrm{d}u^{(i)}}{\mathrm{d}r}, \quad \varepsilon_\theta^{(i)} = \frac{u^{(i)}}{r} \tag{5-99}$$

内外球壳满足的本构方程为

$$\begin{cases} \varepsilon_r^{(1)} = \dfrac{1}{E_1}(\sigma_r^{(1)} - 2\mu_1 \sigma_\theta^{(1)}) \\ \varepsilon_\theta^{(1)} = \dfrac{1}{E_1}[(1-\mu_1)\sigma_\theta^{(1)} - \mu_1 \sigma_r^{(1)}] \end{cases}, \quad \begin{cases} \varepsilon_r^{(2)} = \dfrac{1}{E_2}(\sigma_r^{(2)} - 2\mu_2 \sigma_\theta^{(2)}) + \alpha_t T \\ \varepsilon_\theta^{(2)} = \dfrac{1}{E_2}[(1-\mu_2)\sigma_\theta^{(1)} - \mu_2 \sigma_r^{(2)}] + \alpha_t T \end{cases}$$

厚壁球壳满足的应力边界条件为

$$\sigma_r^{(1)}\big|_{r=a} = 0, \quad \sigma_r^{(2)}\big|_{r=c} = 0$$

径向应力和径向位移在 $r=b$ 处满足连续性条件为

$$\sigma_r^{(1)}\big|_{r=b} = \sigma_r^{(2)}\big|_{r=b}, \quad u^{(1)}\big|_{r=b} = u^{(2)}\big|_{r=b}$$

外球壳满足定常热传导方程为

$$\nabla^2 T = \frac{\mathrm{d}^2 T}{\mathrm{d}r^2} + \frac{2\mathrm{d}T}{r\mathrm{d}r} = 0 \tag{5-100}$$

温度场的边界条件为 $T|_{r=b}=0$，$T|_{r=c}=T_c$，代入式（5-100）可求得

$$T = \frac{cT_c}{c-b}\left(1 - \frac{b}{r}\right) \tag{5-101}$$

5.5.2 圆柱壳结构的热应力问题

壳体热应力基本微分方程组可用下式表示：

$$\begin{cases} \dfrac{\mathrm{d}^2 w_x}{\mathrm{d}x^2} - \dfrac{Q_x}{D} = \alpha(1+\mu)\dfrac{\mathrm{d}\overline{T}(x_i)}{\mathrm{d}x} \\ \dfrac{\mathrm{d}^2 Q_x}{\mathrm{d}x^2} + \dfrac{Eh}{R^2}w_x = -\dfrac{\alpha Eh}{R}\dfrac{\mathrm{d}T_0(x_i)}{\mathrm{d}x} \end{cases} \quad (5\text{-}102)$$

半无限长圆柱一端为自由时，基本方程为

$$w_h = -\frac{\alpha R}{\lambda^2} \cdot \left(A_2 f_3 + \frac{3A_3}{\lambda} \cdot f_4\right) - \frac{\alpha(1+\mu)}{2\lambda^2}\left(B_0 f_3 + \frac{B_1}{\lambda}f_4\right)$$

$$M_{xh} = \alpha DR\left(2A_2 f_1 + \frac{6A_3}{\lambda}f_2\right) + \alpha D(1+\mu)\left(B_0 f_1 + \frac{B_1}{\lambda}f_2\right)$$

$$M_{\theta h} = \mu M_{xh}$$

$$N_{\theta h} = -\frac{\alpha Eh}{\lambda^2}\left(A_2 f_3 + \frac{3A_3}{R}f_4\right) - \frac{\alpha Eh}{2\lambda^2 R}(1+\mu)\left(B_0 f_3 + \frac{B_1}{\lambda}f_4\right)$$

仅考虑径向温度梯度影响时的热应力为

$$\sigma_{x2} = -\frac{\alpha Eh}{2(1-\mu)}\left[B_0(1-f_1) + B_1\left(x - \frac{f_2}{\lambda}\right) + B_2 x^3 + B_3 x^3\right]$$

$$\sigma_{\theta 2} = -\frac{\alpha Eh}{2(1-\mu)}\left[B_0\left(1-\mu f_1 + \sqrt{\frac{1-\mu^2}{3}}f_3\right) + B_1\left(x - \frac{\mu}{\lambda}f_2 + \sqrt{\frac{1-\mu^2}{3\lambda^2}}f_4\right) + B_2\left(x^2 + \frac{Rh}{3}\right) + B_3(x^3 + Rhx)\right]$$

半无限长圆柱一端为简支时，基本方程为

$$w_h = -\alpha R\left[A_0 f_4 + \frac{A_2}{\lambda^2}(f_3 - f_4)\right] - \frac{\alpha(1+\mu)}{2\lambda^2}B_0(f_3 - f_4) + \frac{\alpha R^2 h^2}{6(1-\mu)}B_2 f_4$$

$$M_{xh} = 2\alpha RD\left[\lambda^2 A_0 f_2 + A_2(f_1 - f_2)\right] + \alpha D(1+\mu)\left[B_0(f_1 - f_2) - \frac{Rh}{\sqrt{3(1-\mu^2)}}B_2 f_2\right]$$

$$M_{\theta h} = \mu M_{xh}$$

$$N_{\theta h} = -\alpha Eh A_0 f_4 - 4\alpha R^2 D^2 \lambda^2 A_2(f_3 - f_4) + 2\alpha RD\lambda(1+\mu)\left[\lambda B_0(f_4 - f_3) - \frac{B_2}{\lambda}f_4\right]$$

仅考虑径向温度梯度影响时的热应力为

$$\sigma_{x2} = \frac{\alpha Eh}{2(1-\mu)}\left[B_0(f_1 - f_2 - 1) - B_1 x - B_2\left(\frac{Rh}{\sqrt{3(1-\mu^2)}}f_2 + x^2\right) - B_3 x^3\right]$$

$$\sigma_{\theta 2}^N = \frac{\alpha Eh^2 R}{6(1-\mu)}\left[\lambda^2 B_0(f_4 - f_3) - B_2(f_4 + 1) - 3B_3 x\right]$$

$$\sigma_{\theta 2}^M = -\frac{1}{2}\alpha Eh(B_0 + B_1 x + B_2 x^2 + B_3 x^3) + \mu \sigma_{x_2}$$

$$\sigma_{\theta 2} = \sigma_{\theta 2}^N + \sigma_{\theta 2}^M$$

半无限长圆柱一端为固支时，基本方程为

$$w_h = \alpha R\left[\left(A_0 - \frac{A_1}{\lambda}\right)f_3 - \left(2A_0 - \frac{A_1}{\lambda}\right)f_4\right] - \frac{\alpha R^2 h^2}{6(1-\mu)}\left[\left(B_2 - \frac{3B_3}{\lambda}\right)f_2 - \left(2B_2 - \frac{3B_3}{\lambda}\right)f_4\right] + \frac{\alpha(1+\mu)}{2\lambda^2}B_0(f_3 - 1)$$

$$M_{xh} = 2\lambda^2 \alpha RD\left[\left(2A_0 - \frac{A_1}{\lambda}\right)f_2 - \left(A_0 - \frac{A_1}{\lambda}\right)f_1\right] - \frac{\alpha R^2 h^2 \lambda^2}{3(1-\mu)}D\left[\left(2B_2 - \frac{3B_3}{\lambda}\right)f_2 - \left(B_2 - \frac{3B_3}{\lambda}\right)f_1\right] - \alpha D(1+\mu)B_0 f_1$$

$$M_{\theta h} = \mu M_{xh}$$

$$N_{\theta h} = \alpha E h \left[\left(A_0 - \frac{A_1}{\lambda} \right) f_3 - \left(2A_0 - \frac{A_1}{A} \right) f_4 \right] - \frac{\alpha E h^3 R}{6(1-\mu)} \left[\left(B_2 - \frac{3B_3}{\lambda} \right) f_3 - \left(2B_2 - \frac{3B_3}{\lambda} \right) f_4 \right] + 2\alpha R \lambda^2 D (1+\mu) B_0 f_3$$

仅考虑径向温度梯度影响时的热应力为

$$\sigma_{x2} = \frac{\alpha E h}{2(1-\mu)} \left\{ -B_0(1+f_1) - B_1 x + B_2 \left[\frac{Rh}{\sqrt{3(1-\mu^2)}} (f_1 - 2f_2) - x^2 \right] + B_3 \left[\frac{3Rh}{\sqrt{3(1-\mu^2)}} (f_2 - f_1) - x^3 \right] \right\}$$

$$\sigma_{\theta 2}^N = \frac{\alpha E h}{2(1-\mu)} \left[B_0 \sqrt{\frac{1-\mu^2}{3}} f_3 - B_2 \frac{Rh}{3} (1+f_3-2f_4) - B_3 \frac{Rh}{\lambda} \cdot (\lambda x - f_3 + f_4) \right]$$

$$\sigma_{\theta 2}^M = \mu \sigma_{x2} - \frac{1}{2} \alpha E h (B_0 + B_1 x + B_2 x^2 + B_3 x^3)$$

$$\sigma_{\theta 2} = \sigma_{\theta 2}^N + \sigma_{\theta 2}^M$$

第 6 章

杆及板壳的稳定性

一根受轴向压力的直杆（图 6-1a），若稍微给杆一个干扰，随着压力大小的不同，当撤除干扰后，该杆可能会出现以下三种情况：

1）撤掉干扰，杆恢复直线状态，即压力较小时，杆会从偏移状态回复至原处，此时称原直线平衡状态是稳定的。

2）撤掉干扰，杆仍然弯曲但平衡，即压力增至某个值时，杆会在偏移位置平衡，此时称原直线平衡位置是中性的，对应的压力称为"临界压力（或临界载荷）"。

3）撤掉干扰，杆继续弯曲，形成塑性铰，即压力大于临界压力时，杆将从偏移位置继续偏移直至破坏，此时称原直线平衡状态是不稳定的，这种现象简称"失稳"，又称"屈曲"（buckling）。

因此，结构的中性平衡是结构失稳与否的临界状态，中性平衡时对应的载荷就是结构的临界载荷。在研究结构的稳定性问题时，均先假定结构处于中性平衡状态。

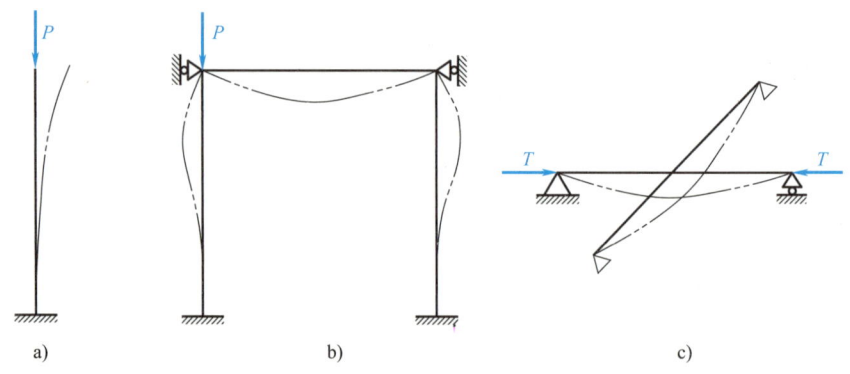

图 6-1 杆的失稳

失稳现象不只限于受压的直杆，一个结构中只要有受压的构件存在就可能有失稳现象发生。图 6-1b、c 中的刚架和板架就是这种例子：图中的刚架因竖杆受压失稳并导致整个刚架变形，叫作刚架失去了稳定性；板架因其中一根杆受压失稳而导致整个板架变形，叫作板架失去了稳定性。

图 6-2 所示为一受横载荷作用的梁的弯曲，由于梁弯曲时下翼板受压，所以当横载荷大到一定程度时下翼板将失稳而发生侧向弯曲并导致整个梁的扭曲，这叫作梁失去了"侧向稳定性"。

除了上述的杆件和杆系的失稳现象以外，承受中面压力或剪力的平板，当压力或剪力大到一定程度时板也不能保持它原来的平面平衡状态而将发生弯曲，叫作板失去稳定性又称平板"皱折"（图6-3）。

船体结构中有不少受压的构件，除了明显受压的各种支柱以外，就是船体纵向布置的骨架和板。这是因为船在波浪上发生总弯曲时，纵向的骨架和板都要受到拉力和压力，在受压的情况下都可能失稳。由于一般船舶的船底结构比甲板结构要强，整个船体梁剖面的中性轴距船底近，距甲板远，因此甲板骨架和甲板板

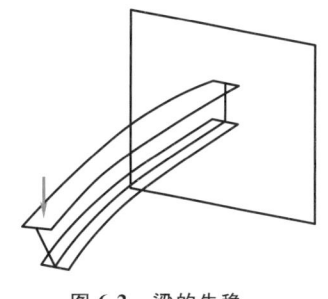

图 6-2　梁的失稳

失稳的可能性比船底的要大得多。所以实际上船舶结构的稳定性问题，除了各种支柱外，主要是讨论甲板骨架和甲板板的稳定性问题。到目前为止，已有不少由于甲板结构失稳而引起船舶破坏的实例，因此研究甲板结构稳定性问题对保证船体强度具有十分重要的意义。

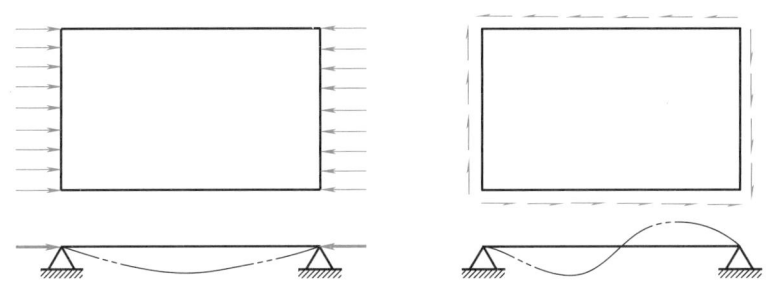

图 6-3　板的失稳

近年来，随着造船中高强度钢的应用，使得构件截面的尺寸可以减小，而失稳的可能性就增大，于是保证这种高强度钢构件的稳定性也就显得更加重要。

研究结构的稳定性就是要求出结构的临界压力或临界载荷，临界载荷取决于结构的尺寸、形式和材料，是一个结构的固有值，将临界载荷与结构实际的工作载荷相比，就可以判断结构是否会失稳。

临界载荷是结构处于临界状态的载荷。要判别一个结构是否处于临界状态，需要给结构一个微小的偏移（或干扰）：如果结构在偏移位置不能平衡而要回到原处，则结构原来的平衡位置是稳定的，相应的载荷必小于临界载荷；如果结构在偏移位置能保持平衡，则结构原来的平衡位置是中性的，此时结构的载荷就等于临界载荷；如果结构在偏移位置不能平衡但不复原而有继续加大变形的倾向，则结构原来的平衡位置是不稳定的，相应的结构载荷必大于临界载荷。因此，结构的中性平衡位置就是结构的临界状态，中性平衡位置相应的载荷就是临界载荷。

6.1　杆的稳定性

6.1.1　单跨杆的稳定性

1. 解析法

对于单跨的等截面压杆，描述小变形平衡状态的中性平衡微分方程可由梁的复杂弯曲微

分方程推导得到。由复杂弯曲微分方程（轴向压力时）$EIv^{(4)}+Tv''=q$，当 $q=0$ 时得

$$EIv^{(4)}+Tv''=0 \tag{6-1}$$

此式代表了杆件在压力作用下的弯曲平衡条件，就是压杆的中性平衡微分方程。

齐次微分方程（6-1）的解为

$$v=C_0+C_1kx+C_2\cos kx+C_3\sin kx \tag{6-2}$$

式中，C_0、C_1、C_2、C_3 为常数积分；$k=\sqrt{T/EI}$。将式（6-2）代入杆件两端的边界条件即可求出杆件的临界力。

先考虑两端自由支持的压杆（图6-4），在图示的坐标系下，有边界条件为

$$x=0 \text{ 及 } x=l \text{ 处, } v=v''=0$$

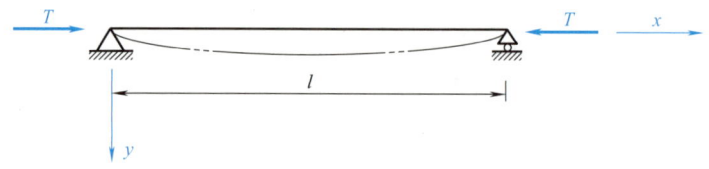

图 6-4　两端自由支持的压杆

将式（6-2）代入此边界条件中，得 $C_0=C_2=0$，及

$$\begin{cases} C_1kl+C_3\sin kl=0 \\ C_3k^2\sin kl=0 \end{cases} \tag{6-3}$$

由于式（6-3）中 C_1 与 C_3 不能同时为零，故只有式（6-3）中 C_1 与 C_3 的系数组成的行列式为零，即 $\begin{vmatrix} kl & \sin kl \\ 0 & k^2\sin kl \end{vmatrix}=0$，从而得到

$$kl=n\pi$$

式中，n 为正整数，即 $n=1$，2，3，…。又 $k=\sqrt{\dfrac{T}{EI}}$，可得

$$T=\frac{(n\pi)^2 EI}{l^2}$$

理论上，满足中性平衡状态的压力有许多个（相应于 $n=1$，2，3，…的情况）。

由于实际上所需的临界力是其中最小的一个，因此将 $n=1$ 代入上式，即得两端自由支持等截面压杆的临界力为

$$T_E=\frac{\pi^2 EI}{l^2} \tag{6-4}$$

以上结果首先由欧拉（Euler）推导得到，故所得的临界力又称为"欧拉力"，用 T_E 表示。下面将要讲到，今后将把欧拉力理解为压杆在弹性范围内失稳的临界力。

由于压杆的微分方程（6-1）是齐次的，因此挠曲线的非零解只对某一参数的几个确定的离散值而存在。使非零解存在的参数值称为"特征值"（eigenvalue），所以压杆的稳定性问题是一个求特征值问题，在特征值问题中只能确定挠曲线的形状，不能确定其幅值。对于所论的压杆，当 $kl=n\pi$ 时，由式（6-3）得 $C_1=0$，$C_3\neq 0$，故在相应于式（6-4）的欧拉力时，杆件的弯曲形状为

$$v = C_3 \sin \frac{\pi x}{l}$$

即为一个正弦半波形。

对于其他边界情况的等截面单跨压杆，可用和上面同样的方法求出其欧拉力。由所得的结果可知单跨杆的欧拉力不论杆的固定情况如何，一般可用一通式表示为

$$T_E = \frac{\pi^2 EI}{(\mu l)^2} \tag{6-5}$$

式中，μl 称为杆的"相当长度"或"折算长度"，即杆件弯曲时弯矩为零的点之间的长度，也就是失稳时杆件变形曲线中反曲点间的长度。并且，在杆件长度与截面均相同的条件下，杆端的约束越大，即两端的固定程度越大，则欧拉力也越大。

这里所指的约束大小是指：

全自由<自由支持<刚性固定

由于这个原因，工程中遇到杆端边界条件不明确的情况下，通常保守处理将杆端条件假定为自由支持。

表 6-1 给出了几种常见固定情况的压杆的欧拉力。

表 6-1 压杆的欧拉力

情况	压杆的结构形式	欧拉力
1		$\dfrac{\pi^2 EI}{4l^2}$
2		$\dfrac{\pi^2 EI}{l^2}$
3		$\dfrac{20.16 EI}{l^2}$
4		$\dfrac{4\pi^2 EI}{l^2}$

2. 能量法

压杆的中性平衡条件同样可以用虚位移原理来描述。设杆件在中性平衡时有小偏移（挠度）$v(x)$，现从 $v(x)$ 开始再给以虚位移 $\delta v(x)$，于是若 $v(x)$ 是平衡状态，必有 $\delta V = \delta W$。此处，δW 为外力的虚功，W 为杆件自直线位置到偏移位置时外力的功；δV 为虚应变能，而 V 为杆件由直线位置到偏移位置的应变能（图 6-5），即

$$V = \frac{1}{2} \int_0^l EI v''^2 \mathrm{d}x \tag{6-6}$$

设杆件两端在发生偏移 $v(x)$ 时相对靠近了 Δ，则 $W = T\Delta$。这里，由于在发生 Δ 过程中外力 T 不变化，故计算功时不加乘数 $1/2$，显然此外力功就等于力函数 U。

根据图 6-5 中的几何关系，可得

$$\mathrm{d}\Delta = \mathrm{d}x(1 - \cos\theta) = 2\mathrm{d}x \sin^2 \frac{\theta}{2}$$

当转角 θ 甚小时，$\sin^2 \dfrac{\theta}{2} \approx \left(\dfrac{\theta}{2}\right)^2$，故 $\mathrm{d}\Delta = v'^2 \mathrm{d}x/2$，从而外力功 W 或力函数 U 为

$$W = U = \frac{1}{2}\int_0^l Tv'^2 \mathrm{d}x \tag{6-7}$$

这时虚位移原理可表达为

$$\delta(V-U) = 0 \text{ 或 } \delta\Pi = 0 \tag{6-8}$$

式中，Π 为总位能，式（6-8）即为能量法中的位能驻值原理。

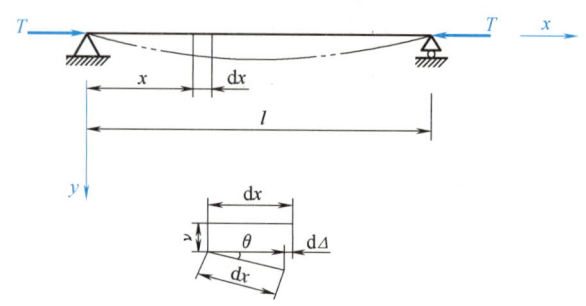

图 6-5 压杆微块分析

应用式（6-8）具体求解临界力时，可仍采用里茨法来做，即首先假定一个满足杆端位移边界条件的挠曲线函数

$$v(x) = \sum_n a_n \psi_n(x) \tag{6-9}$$

按此 $v(x)$ 由式（6-6）与式（6-7）可算出 V 与 U，代入式（6-8）得

$$\frac{\partial(V-U)}{\partial a_n} = 0 \tag{6-10}$$

即可求出临界力。例如，对于图 6-4 所示的两端自由支持的压杆，取

$$v(x) = \sum_n a_n \sin\frac{n\pi x}{l}$$

代入式（6-6）与式（6-7）中，可得

$$V = \frac{EIl}{4}\sum_n a_n^2\left(\frac{n\pi}{l}\right)^4, \quad U = \frac{Tl}{4}\sum_n a_n^2\left(\frac{n\pi}{l}\right)^2$$

代入式（6-10）中得

$$a_n\left[EI\left(\frac{n\pi}{l}\right)^4 - T\left(\frac{n\pi}{l}\right)^2\right] = 0, \quad n = 1, 2, \cdots$$

由于 a_n 不能全部为零，所以至少在某一个 n 值时，使

$$EI\left(\frac{n\pi}{l}\right)^4 - T\left(\frac{n\pi}{l}\right)^2 = 0, \quad n = 1, 2, \cdots$$

从而解得最小的 T 值为 $T_E = \dfrac{\pi^2 EI}{l^2}$。

与解析法比较，能量法的优点是能方便地解决变截面压杆或压力沿杆长变化的情况，因此在实用上应用颇广。一般情况下，正确的 $v(x)$ 是不知道的，那么就可用级数来逼近，级数项数取得越多，结果将越准确。

接下来将介绍相关例题的解题方法，并附上 MATLAB 的解决方案。

[例 6-1] 试求图 6-6 中受自重作用的悬臂杆的欧拉力 q_E。

解：根据图 6-6 中的坐标，第一次近似可取

$$v(x) = a_1\left(1 - \cos\frac{\pi x}{2l}\right)$$

将它代入式（6-6）中，得变形能

$$V = \frac{1}{2}EI\int_0^l v''^2 \mathrm{d}x = \frac{1}{2}EI\int_0^l a_1^2\left(\frac{\pi}{2l}\right)^4\cos^2\frac{\pi x}{2l}\mathrm{d}x = \frac{\pi^4 EI}{64l^3}a_1^2$$

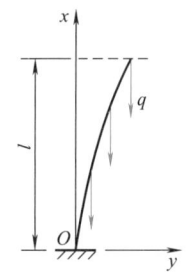

图 6-6　[例 6-1] 图

因本例中 $T(x) = q(l-x)$，故由式（6-7）可得力函数

$$U = \frac{1}{2}\int_0^l q(l-x)v'^2 \mathrm{d}x = \frac{q}{2}\int_0^l (l-x)a_1^2\left(\frac{\pi}{2l}\right)^2\sin^2\frac{\pi x}{2l}\mathrm{d}x$$

$$= \frac{q}{2}\left(\frac{\pi^2}{16} - \frac{1}{4}\right)a_1^2$$

代入式（6-10）中，得

$$a_1\left[\frac{\pi^4 EI}{32l^3} - q\left(\frac{\pi^2}{16} - \frac{1}{4}\right)\right] = 0$$

因为 $a_1 \neq 0$，故解得

$$q_E = 8.298\frac{EI}{l^3}$$

MATLAB 程序如下：

```
syms x y l q EI positive;%定义坐标 x 和 y,杆长 l,均布载荷 q,抗弯刚度 EI,为正数
syms a1;%定义挠曲线 v(x)的待定系数 a1
v(x)=a1*(1-cos(pi*x/(2*l)));%%写出满足边界条件的挠曲线表达式
V(x)=1/2* EI * int((diff(v,x,2))^2,x,0,l);%悬臂杆的变形能
U(x)=1/2* int(q*(l-x)*(diff(v,x,1))^2,x,0,l);%悬臂杆的力函数,本题 T(x)=q(l-x)
%能量法求解
eqn1=diff(V(x)-U(x),a1,1)==0;%%列方程:总位能有一驻值
qr=solve(eqn1,q);%%解方程,得到欧拉力 qr
qr=subs(qr,pi,3.14159);%%题中 π=3.14159
vpa(qr,4);%%使结果保留四位有效数字
```

上面程序求解的结果为

$$qr = 8.298\frac{EI}{l^3}$$

此式与用贝塞尔函数求得的精确解 $q_E = 7.837\frac{EI}{l^3}$ 相比，误差为 5.8%。如果要提高精度，可做二次近似，即 $v(x)$ 取两项级数

$$v(x) = a_1\left(1 - \cos\frac{\pi x}{2l}\right) + a_2\left(1 - \cos\frac{3\pi x}{2l}\right)$$

用此 $v(x)$，同样计算可得 $q_E = 7.875\frac{EI}{l^3}$，误差仅为 0.5%。

MATLAB 程序如下：
```
syms a1 a2;%%定义挠曲线表达式的未知数 a1,a2
%若要 v(x)取两项
v(x)=a1*(1-cos(pi*x/2/l))+a2*(1-cos(3*pi*x/2/l));%满足边界条件的挠曲线 v(x),取两项
V(x)=1/2*EI*int((diff(v,x,2))^2,x,0,l);%悬臂杆的变形能
U(x)=1/2*int(q*(l-x)*(diff(v,x,1))^2,x,0,l);%悬臂杆的力函数
eqn2=diff(V(x)-U(x),a1,1)= =0;%列方程:能量法,总位能对 a1 偏导为 0
a3=solve(eqn2,a1);%%解方程:得到未知数 a1 的结果,用 a3 表示
G(x)=diff(V(x)-U(x),a2,1);%总位能对 a2 求偏导,得到 G(x)
G(x)=subs(G(x),a1,a3);%%将 a3 代入 G(x)中
qe=solve(G(x)= =0,q);%%解方程:G(x)=0,得到欧拉力 qe
qe=subs(qe,pi,3.1415926);%% 题中 π=3.1415926
vpa(qe,4);%% 使结果保留四位有效数字
```

上面程序求解的结果为

$$q_E = 7.838 \frac{EI}{l^3}$$

由于正确的 $v(x)$ 形状将是杆件偏移到这个位置所化能量最少的形状，或是最容易达到的形状。因此若 $v(x)$ 不是真实的形状，相应的载荷一定要比真实载荷要大。这就使得能量法求出的临界载荷偏大，误差偏于危险，这是能量法的一个缺点。

3. 非弹性稳定性

以上由解析法或能量法所得到的均是材料在弹性范围内的结果。事实上压杆在失稳时材料可能已超过弹性范围，并且实践表明超过弹性范围时失稳的力远小于前面所得的理论欧拉力，为此就有必要来寻求超过弹性范围时压杆失稳的力，即研究压杆的非弹性稳定性问题。在造船界中，通常把杆件在弹性范围外失稳的力叫作临界力，以区别于在弹性范围内失稳的欧拉力。

压杆的非弹性稳定性问题可以用实验或理论分析方法来解决。实验方法就是通过不同材料和尺寸的压杆稳定性试验得出一条失稳压力与杆件尺寸间的关系曲线，称之为柱子曲线或屈曲曲线，如图 6-7 所示。

定义杆件柔度为

$$\lambda = \frac{1}{r}, \quad r = \sqrt{\frac{I}{A}}$$

式中，r 为杆截面的惯性半径；A 为杆截面的面积。与理论欧拉应力 $\sigma_E = T_E/A = \pi^2 EI/Al^2$ 的关系为

$$\sigma_E = \frac{\pi^2 E}{\lambda^2} \qquad (6-11)$$

非弹性稳定性的理论分析法有好几种，其中最简单的是"切线模数理论"。用这个理论处理非弹性稳定的问题时，仅需将弹性范围公式中的弹性模量 E 用非弹性阶段应力-应变曲

线的切线斜率 $E_t = \dfrac{d\sigma}{d\varepsilon}$ 来代替（图6-8），此 E_t 称为材料的"切线模数"。

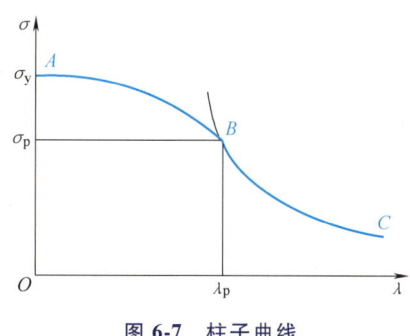

图 6-7 柱子曲线

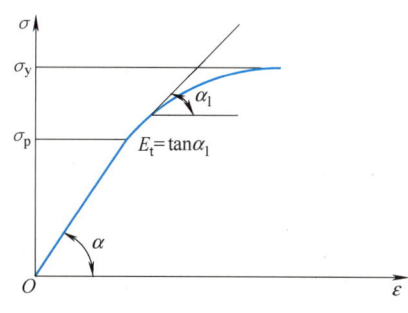

图 6-8 应力-应变曲线

对于两端自由支持的压杆，有临界应力的公式为

$$\sigma_{cr} = \dfrac{T_{cr}}{A} = \dfrac{\pi^2 E_t I}{A l^2} = \dfrac{\pi^2 E_t}{\lambda^2} \tag{6-12}$$

式（6-11）与材料的应力-应变曲线 $\sigma = \sigma(\varepsilon)$ 相配合就可以确定临界应力。

按这个方法计算临界应力，对于一定的材料，必须具备应力-应变曲线。进一步研究发现，按切线模数公式得到的柱子曲线的 AB 段（图6-7）可用二次抛物线做较好的趋近：

$$\sigma_{cr} = \sigma_y - \dfrac{\sigma_p(\sigma_y - \sigma_p)}{\pi^2 E}\lambda^2 \tag{6-13}$$

或利用式（6-9）后得

$$\sigma_{cr} = \sigma_y - \dfrac{\sigma_p(\sigma_y - \sigma_p)}{\sigma_E} \tag{6-14}$$

这样，只要知道材料的 σ_y、σ_p 及 E，即可由式（6-13）或式（6-14）算出临界应力。

在实际材料中，σ_y 与 σ_p 的数值往往在一定范围内变化，因此以上公式中应选取 σ_y 与 σ_p 数值出现频率所求得的可能最小值。目前实用上就取 $\sigma_p = \dfrac{\sigma_y}{2}$，这样代入式（6-13）及式（6-14）中分别得

$$\sigma_{cr} = \sigma_y - \dfrac{\sigma_y^2}{4\pi^2 E}\lambda^2 \tag{6-15}$$

或

$$\sigma_{cr} = \sigma_y\left(1 - \dfrac{\sigma_y}{4\sigma_E}\right) \tag{6-16}$$

在以后的分析中，常要用到切线模数 E_t 与弹性模量 E 的比值，并用符号 φ 表示，即

$$\varphi = \dfrac{E_t}{E} = \dfrac{\sigma_{cr}}{\sigma_E} \tag{6-17}$$

因为由式（6-12）有 $\lambda^2 = \dfrac{\pi^2 \varphi E}{\sigma_{cr}}$，代入式（6-13）可得

$$\varphi = \dfrac{(\sigma_y - \sigma_{cr})\sigma_{cr}}{(\sigma_y - \sigma_p)\sigma_p} \tag{6-18}$$

显然 φ 值取决于 σ_{cr}，当 $\sigma_{cr} = \sigma_p$ 时，$\varphi = 1$；当 $\sigma_{cr} = \sigma_y$ 时，$\varphi = 0$。取 $\sigma_p = \dfrac{\sigma_y}{2}$ 时，由式 (6-18) 有

$$\varphi = \dfrac{4(\sigma_y - \sigma_{cr})\sigma_{cr}}{\sigma_y^2} \tag{6-19}$$

6.1.2 多跨杆的稳定性

本节开始研究杆系的稳定性问题。先讨论多跨连续压杆。

在船体结构中的多跨压杆可分为两种：一种的中间支座是刚性支座，另一种的中间支座是弹性支座。当船体中甲板纵骨在横梁之间受压失稳时，甲板纵骨就是在刚性支座上的连续压杆，此时横梁为甲板纵骨的刚性支座；如果整个甲板板架失稳，则纵骨将成为在中间弹性支座上的连续压杆，此时横梁成了甲板纵骨的弹性支座。下面分别来研究这两种连续压杆的稳定性问题。

1. 在刚性支座上连续压杆的稳定性

在刚性支座上连续压杆的稳定性计算可以用力法来进行，下面以最简单的双跨杆来说明。

考虑图 6-9 所示的等截面双跨杆，设此杆在轴向压力作用下处于中性平衡状态。为此给此双跨杆以小偏移（即使杆在某种干扰下发生弯曲），研究杆在弯曲情况下的中性平衡条件，即可求出杆的欧拉力。

杆的弯曲平衡状态可以用力法的方程来表达。如果将杆的中间支座处切开，并加上相互作用的弯矩（图 6-10），则由于切开后

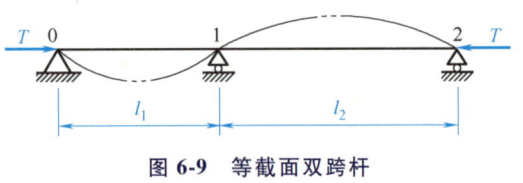

图 6-9 等截面双跨杆

的每一段杆认为是平衡的，因此就可以像用力法解连续梁的原理一样，用转角连续方程来保证两段杆的变形连续。

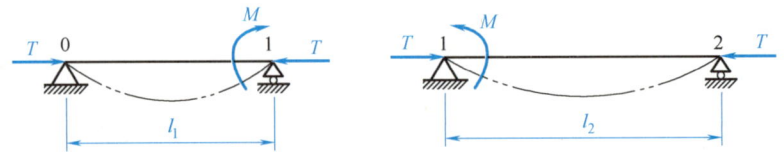

图 6-10 双跨杆的分析

注意到目前切开后的杆 0—1 与 1—2 是既受弯矩 M 又受轴向压力 T 的复杂弯曲的梁，所以支座 1 截面的转角连续方程可按附录 B 表 B-2 中的公式写作

$$\dfrac{Ml_1}{3EI}\psi_1^*(u_1) = -\dfrac{Ml_2}{3EI}\psi_1^*(u_2) \tag{6-20}$$

式中，

$$\psi_1^*(u) = \dfrac{3}{2u}\left(\dfrac{1}{2u} - \dfrac{1}{\tan 2u}\right),\ u_1 = \dfrac{l_1}{2}\sqrt{\dfrac{T}{EI}},\ u_2 = \dfrac{l_2}{2}\sqrt{\dfrac{T}{EI}} \tag{6-21}$$

由于 $M \neq 0$,$u_2 = \dfrac{l_2}{l_1} u_1$,故式(6-20)给出

$$\psi_1^*(u_1) = -\dfrac{l_2}{l_1} \psi_1^*\left(\dfrac{l_2}{l_1} u_1\right) \tag{6-22}$$

这个方程中仅包括 u_1,即轴向力 T,解此方程,其中最小的一个根 u_1 所对应的轴向力就是所需的欧拉力,若 $l_2 = 2l_1$,通常利用图解法可求得 $u_1 = 0.965$,代入式(6-21)可解得此双跨压杆的欧拉力为

$$T_E = \dfrac{(2u_1)^2 EI}{l_1^2} = \dfrac{3.72 EI}{l_1^2} = \dfrac{14.88 EI}{l_2^2}$$

由以上结果可得:

1)当 $l_1 < l_2$ 时,所得的欧拉力在以下范围之内:

$$\dfrac{\pi^2 EI}{l_2^2} < T_E < \dfrac{\pi^2 EI}{l_1^2}$$

即双跨压杆的欧拉力小于跨度为 l_1 的单跨压杆的欧拉力,但大于跨度为 l_2 的单跨压杆的欧拉力(欧拉力是在两个跨度作为单独压杆的欧拉力之间)。

2)当 $l_1 = l_2$ 时,双跨压杆的欧拉力和每一个跨度单独的欧拉力一样。这个结果可以这样来解释:由于所论的双跨压杆在失稳时的变形形状必然是反对称于中间支座,因此变形曲线在中间支座处必然是一个反曲点,即 $v'' = 0$。由于弯矩 $M = EIv''$,所以在中间支座截面的弯矩为零。因此如果将此双跨杆在中间支座截面切开时,所切的截面将没有弯矩出现,这样,双跨杆可分成两根情况完全相同的两端自由支持的单跨压杆,显然其欧拉力就等于 $\pi^2 EI/l_1^2$。

这个结论还可推广到任意多跨连续压杆,只要其每个跨度是等间距、等截面的,并且两端是自由支持的,这时不论跨度有多少,欧拉力都等于每跨单独时的欧拉力,即 $T_E = \pi^2 EI/l^2$,此处 l 为跨长。

船体结构中的纵骨大都可认为是属于这种情形,因此在计算这种纵骨的欧拉力时就可以把它当作两端自由支持的单跨杆来考虑。

以上的计算结果均认为压杆在失稳时材料没有超过弹性范围,如果失稳时材料超过了弹性范围,则按上节中介绍的切线模数理论,只要将所得公式中的弹性模量 E 用切线模数 E_t 代替就可以得到临界力。

2. 在中间弹性支座上连续压杆的稳定性

和前面的情形相仿,在中间弹性支座上连续压杆的稳定性也可以用力法建立方程来解决。先以最简单的情况——图 6-11 中的两端自由支持,中间有一个弹性支座的等截面等跨度的双跨杆来研究。

对于这种双跨杆,研究证明它在中性平衡时可能有以下两种弯曲形状:第一种是弯曲时为两个半波形状,此时中间支座不发生移动,如图 6-11 中的曲线所示,这种情况相当于中间支座是一个刚性支座,所以杆的欧拉力就等于 $\pi^2 EI/l^2$;第二种是弯曲时为一个半波形,此时中间支座发生移动,如图 6-11 中的曲线所示。

下面就来研究第二种情况的欧拉力,而杆件实际的

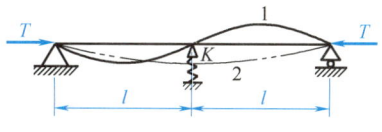

图 6-11 双跨杆

欧拉力应为相应于上述两种情况中欧拉力中之小者。

现在考虑中间支座发生位移的中性平衡状态，并把双跨杆在中间支座截面切开并加上弯矩，如图 6-12 所示，这两根压杆认为是处于平衡状态，下面就来写出中间支座的转角连续方程与中间支座的位移与支座力之间的关系式。

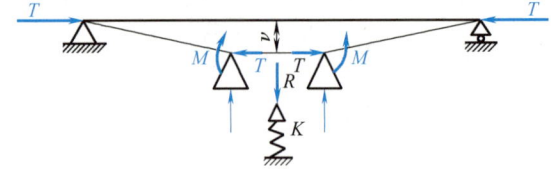

图 6-12　双跨杆的分析

先写出中间支座的转角连续方程，因为中间支座有位移 ν，故此方程为

$$\frac{Ml}{3EI}\psi_1^*(u)+\frac{\nu}{l}=-\frac{Ml}{3EI}\psi_1^*(u)-\frac{\nu}{l} \quad (6-23)$$

式中，

$$u=\frac{l}{2}\sqrt{\frac{T}{EI}}$$

设中间弹性支座的刚性系数为 K，故有

$$\nu=\frac{R}{K} \quad (6-24)$$

式中，R 为中间支座所受到的力，经整理后即可得到下面两个方程：

$$\begin{cases}\dfrac{Ml}{EI}\left[\dfrac{1}{u}\left(\dfrac{1}{2u}-\dfrac{1}{\tan 2u}\right)\right]+\dfrac{2\nu}{l}=0 \\ \dfrac{2M}{l}+\nu\left(\dfrac{8u^2EI}{l^3}-K\right)=0\end{cases} \quad (6-25)$$

由于 M 与 ν 不能同时为零，故它们的系数的行列式要等于零，解行列式并化简后得

$$\tan 2u=2u\left[1-(2u)^2\frac{2EI}{Kl^3}\right] \quad (6-26)$$

方程（6-26）可用图解法求解，即分别画出函数 $\tan 2u$ 及 $2u[1-(2u)^2 2EI/Kl^3]$ 的曲线，曲线的交点的坐标即为所求的根。由于目前弹性支座的刚性系数没有给出具体数值，所以根的具体数值也不能确定。

设方程式（6-26）的最小根为 $2u_0$，则根据公式 $u=\dfrac{l}{2}\sqrt{\dfrac{T}{EI}}$ 可得所论的双跨杆的欧拉力为：

$$T_E=\frac{(2u_0)^2EI}{l^2} \quad (6-27)$$

显然，此 $2u_0$ 的数值与弹性支座的刚性系数 K 直接有关。计算结果表明，T_E 随 K 的增大而加大，有如下三种情况：

1）当 K 比较小时，$2u_0<\pi$，此时 $T_E<\pi^2 EI/l^2$，即欧拉力小于第一种失稳情形的欧拉力，故双跨杆失稳必为第二种情况。

2）当 K 大到某一个临界值 K_c 时，$2u_0=\pi$，从而 $T_E=\pi^2 EI/l^2$，此时双跨杆两种失稳情况的欧拉力相同，这时失稳的形状可能为第一种，也可能为第二种。

3) 当 $K>K_c$ 时，$2u_0>\pi$，从而 $T_E>\pi^2 EI/l^2$，即欧拉力大于第一种失稳情形的欧拉力。这个结果已无实际意义，这时双跨杆将按第一种情况失稳，欧拉力为 $T_E=\pi^2 EI/l^2$。

以上的结果可用图 6-13 中的曲线来表示。

在图 6-13 中横坐标为

$$\lambda=\frac{T_E}{T_0}=\frac{T_E}{\dfrac{\pi^2 EI}{l^2}} \qquad (6-28)$$

代表杆的欧拉力；纵坐标为

$$X_j=\frac{K}{\dfrac{\pi^4 EI}{l^3}} \qquad (6-29)$$

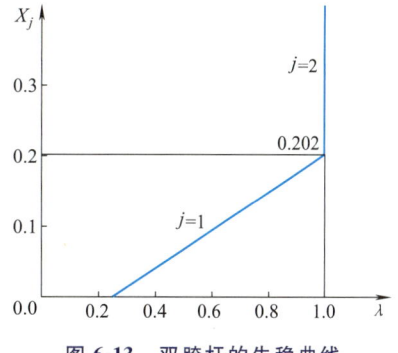

图 6-13 双跨杆的失稳曲线

代表弹性支座的刚性系数，j 为连续杆失稳时形状的半波数，例如第一种失稳形状，即 $j=2$；第二种失稳形状，即 $j=1$。

上述的 K_c 称为弹性支座的"临界刚度"，它可以根据 $2u_0=\pi$ 的条件，由式（6-26）求得，其值为

$$K_c=\frac{2\pi^2 EI}{l^3}=0.202\frac{\pi^4 EI}{l^3}$$

由以上的分析可知，具有中间弹性支座连续压杆的欧拉力将随着弹性支座的刚性系数 K 的增加而增大，但当 K 达到临界刚度 K_c 时，欧拉力将保持不变，这时中间的弹性支座就相当于一个刚性支座。如果连续杆的跨度不止两个，用上述同样方法可以求出欧拉力，从而得到类似于图 6-13 的曲线和结论。例如，三个跨度的连续压杆失稳时就有图 6-14 所示的三种情况，有图 6-15 所示的曲线，并且弹性支座也有临界刚度存在，其值为

$$K_c=0.302\frac{\pi^4 EI}{l^3}$$

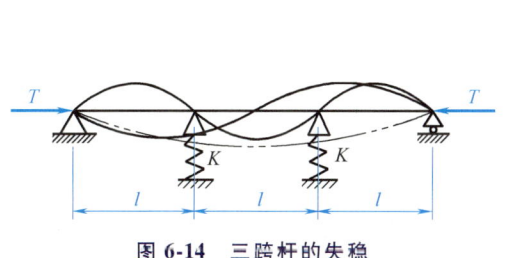

图 6-14 三跨杆的失稳

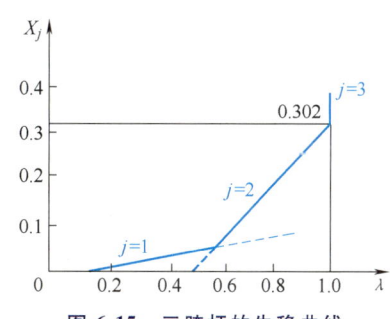

图 6-15 二跨杆的失稳曲线

由图 6-15 可以看出，对应于某一个弹性支座的刚度 K 值，即对应于图中某一个纵坐标，将有不止一个 λ 的值，即有不止一个欧拉力的值。但由于实际所需的欧拉力是所有解中的最小一个值，所以始终取其中的最小的一个，即始终用图中的实线部分。

剖析下面的相关例题，同时展示如何用 MATLAB 编写对应的解决方案。

[例 6-2] 图 6-14 中的三跨连续梁，若已知 $l=800\mathrm{mm}$，$I=26.7\times10^4\mathrm{mm}^4$，材料为钢，$E=2\times10^5\mathrm{N/mm}^2$。

(1) 如果中间弹性支座的刚性系数 $K = 4.8EI/l^3$，求压杆的欧拉力为多少？
(2) 如果给定欧拉力 $T_E = 300\text{kN}$，求必需的弹性支座的刚性系数要多少？

解：（1）根据已知的 K 值，可由式（6-29）算出系数 X_j 为

$$X_j = \frac{K}{\dfrac{\pi^4 EI}{l^3}} = \frac{4.8EI}{l^3} \cdot \frac{l^3}{\pi^4 EI} = \frac{4.8}{\pi^4} = 0.05$$

于是由图 6-15，可查得当 $X_j = 0.05$ 时，$\lambda = 0.48$，再由式（6-28）得

$$T_E = 0.48 \frac{\pi^2 EI}{l^2} = \left(0.48 \times \frac{9.87 \times 2 \times 10^5 \times 26.7 \times 10^4}{800^2}\right) \text{N} = 395.3\text{kN}$$

MATLAB 程序如下：
syms l EI;%%定义跨长 l,抗弯刚度 EI
l = 800;
EI = 2 * 10^5 * 26.7 * 10^4;
K = 4.8 * EI/l^3;%%刚性系数 K = 4.8EI/l^3
Xj = K/(pi^4 * EI/l^3);%%求纵坐标 Xj
vpa(Xj,3);%%使结果保留三位有效数字
%查图可得当 Xj = 0.05 时,lamda = 0.48
lamda = 0.48;%%得到 Xj = 0.0493
TE = lamda * (pi^2 * EI/l^2);%%求欧拉力 TE

上面程序求解的结果为

$$TE = 3.9528e+05\text{N}$$

（2）当给定 $T_E = 300\text{kN}$ 时，可算得

$$\lambda = \frac{T_E}{T_0} = \frac{T_E}{\dfrac{\pi^2 EI}{l^2}} = \frac{300000}{823528} = 0.364$$

仍由图 6-15，当 $\lambda = 0.364$ 时，得相应的 $X_j = 0.035$，于是所需的弹性支座的刚性系数为

$$K = \frac{\pi^4 EI}{l^3} X_j = \left(\frac{97.41 \times 2 \times 10^5 \times 26.7 \times 10^4}{800^3} \times 0.035\right) \text{N/mm} = 355.58\text{N/mm}$$

MATLAB 程序如下：
TE2 = 300000;%%欧拉力 TE = 300kN
lamda2 = TE2/(pi^2 * EI/l^2);%%求横坐标 lamda
Xj2 = 0.035;%%得到 lamda2 = 0.3643%查图可得当 lamda = 0.364 时,Xj = 0.035
K2 = Xj2 * pi^4 * EI/l^3;%%求刚性系数 K

上面程序求解的结果为

$$K2 = 355.5812$$

6.1.3 甲板板架的稳定性

在稳定性问题中的甲板板架通常是指由甲板纵骨与横梁组成的纵骨架式船的甲板板架。

第6章 杆及板壳的稳定性

这种板架在船体总弯曲的压应力作用下,有可能整体丧失稳定性。这种整体性的失稳是不允许的。现在就来研究这种甲板板架的临界压应力的计算问题。

实际船体中甲板板架的结构形式可能有许多种,现在只限于讨论一种最简单的情况:即甲板板架的纵骨相同并且是等间距布置的,纵骨两端自由支持;板架的横梁也是相同和等间距的。在一般船舶甲板稳定性的初步计算中,大都可采用这种简单板架的计算模型。

现在来分析纵骨不止一根的情形。为了推导公式清楚起见,先讨论有三根纵骨的甲板板架(图 6-16)。

对于这种板架,根据物理意义来判断,可知横梁对纵骨的影响仍相当于中间弹性支座,问题是弹性支座的刚性系数不容易直接求到。为此先进行下面的分析后再来计算弹性支座的刚性系数。

所论的甲板板架,由于实际上所有的纵骨所受的压力都相同(此压力即为船体总弯曲时的压应力),在这种压力作用下,甲板板架失稳时,实践和理论都证明板架中所有纵骨的弯曲形状都相同。

这样,如果将板架的纵骨与横梁在相交点分开并加上相互作用的节点力,纵骨将具有图 6-16b 中的情形(横梁的计算图形可参看图 6-17)。现写出第一根纵骨任意一点的挠度:

$$v_x^{(1)} = \gamma_{x1} R_1^{(1)} + \gamma_{x2} R_2^{(1)} + \gamma_{x3} R_3^{(1)}$$

式中,$R_1^{(1)}$、$R_2^{(1)}$、$R_3^{(1)}$ 为第一根纵骨上的节点约束力;γ_{x1}、γ_{x2}、γ_{x3} 为影响系数。

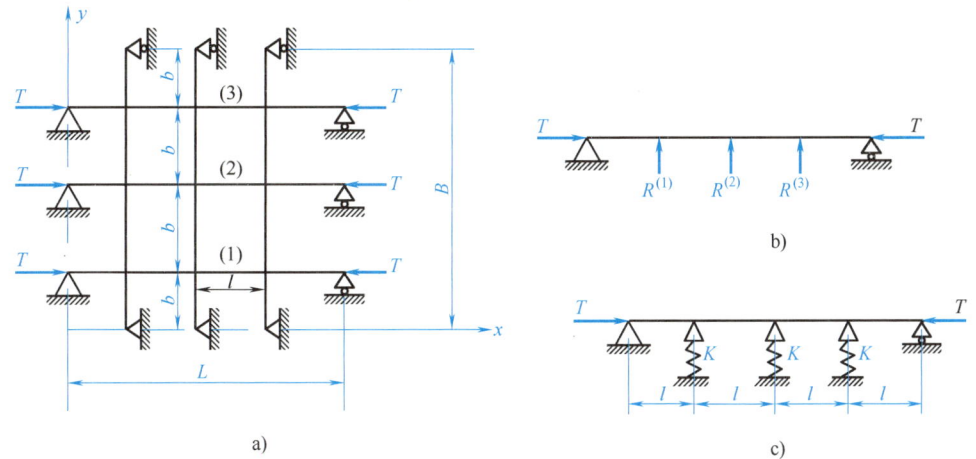

图 6-16 甲板板架

同理可写出第二根纵骨与第三根纵骨任一点的挠度为

$$v_x^{(2)} = \gamma_{x1} R_1^{(2)} + \gamma_{x2} R_2^{(2)} + \gamma_{x3} R_3^{(2)}$$
$$v_x^{(3)} = \gamma_{x1} R_1^{(3)} + \gamma_{x2} R_2^{(3)} + \gamma_{x3} R_3^{(3)}$$

以上诸式中的影响系数与纵骨所受的压力有关,但因各根纵骨所受的压力相同,故这些系数不随纵骨的号码而变化。因为 $v_x^{(1)} : v_x^{(2)} : v_x^{(3)} = 1 : \beta_1 : \beta_2$,式中 β_1、β_2 为比例常数,所以由前面三式有

$$R_1^{(1)} : R_1^{(2)} : R_1^{(3)} = 1 : \beta_1 : \beta_2$$
$$R_2^{(1)} : R_2^{(2)} : R_2^{(3)} = 1 : \beta_1 : \beta_2$$
$$R_3^{(1)} : R_3^{(2)} : R_3^{(3)} = 1 : \beta_1 : \beta_2$$

这表明板架中的每一根横梁各节点力之间成比例。

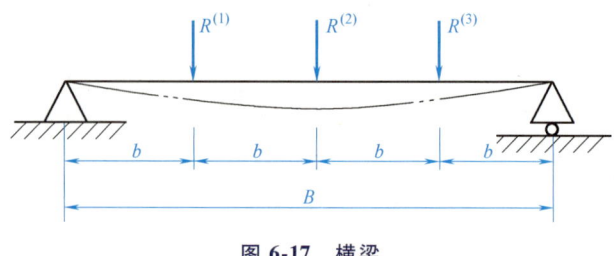

图 6-17 横梁

有了这个结论，就可以来计算横梁作为纵骨弹性支座的刚性系数。为此考虑板架中任意一根横梁（图 6-17），梁上受到纵骨作用的三个节点力：$R^{(1)}$、$R^{(2)}$、$R^{(3)}$（这里略去了 R 的下标）。对于图中所示的情况，由于对称条件，有 $R^{(1)} = R^{(3)}$，并设 $R^{(2)} = \beta R^{(1)}$。

不论纵骨数目有多少，只要纵骨是等间距的，则可得到弹性支座的刚性系数用一通式表示：

$$K = \frac{\mu^4 E I b}{B^4} \quad (6-30)$$

式中，b 为纵骨的间距；μ 值随横梁两端的弹性固定的程度而变（当横梁两端是自由支持时，$\mu = \pi$）。若横梁两端弹性固定的柔性系数分别为 α_1、α_2，则可按 $\nu_1 = \dfrac{1}{1 + \dfrac{2\alpha_1 EI}{B}}$，$\nu_2 = \dfrac{1}{1 + \dfrac{2\alpha_2 EI}{B}}$ 将柔性系数化为量纲为 1 的相当固定系数 ν_1、ν_2 后，由图 6-18 查出 μ 的值。

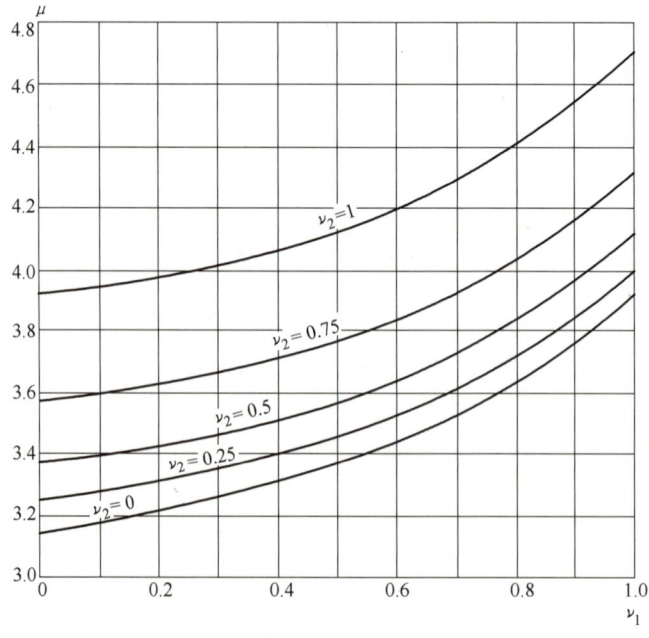

图 6-18 不同 ν_1、ν_2 值下的 μ 值

第6章 杆及板壳的稳定性

求得了纵骨的弹性支座的刚性系数后，甲板板架的稳定性问题就成了在弹性支座上连续杆的稳定性问题。于是借助于附录 E 中的曲线就可以来解决板架欧拉力的计算，并可把甲板板架的欧拉力计算公式写成下面的形式：

$$K = \frac{\mu^4 EIb}{B^4} = f(\lambda) \tag{6-31}$$

式中，$f(\lambda)$ 为 λ 的函数，即欧拉应力的函数，因为

$$\lambda = \frac{T_E}{T_0} = \frac{T_E}{\frac{\pi^2 EI}{l^2}} = \frac{\sigma_E}{\sigma_0} \tag{6-32}$$

$$\sigma_0 = \frac{\pi^2 Ei}{Al^2} \tag{6-33}$$

式中，σ_E 为纵骨的欧拉应力；i 为纵骨的截面惯性矩；A 为纵骨的截面面积；l 为纵骨的跨长，即横梁的间距。

由于上节中有关系式 (6-29)，所以可借此将式 (6-35) 改写为目前计算甲板板架稳定性的通用形式如下：

$$K = \frac{\mu^4 EIb}{B^4} = \frac{\pi^4 Ei}{l^3} X_j(\lambda) \tag{6-34}$$

$$X_j(\lambda) = I\left(\frac{\mu}{\pi}\right)^4 \left(\frac{l}{B}\right)^3 \frac{b}{B} \frac{1}{i} \tag{6-35}$$

显然，如果弹性支座的刚度大于临界刚度，即 $K>K_c$ 时，甲板板架的欧拉应力就等于纵骨作为单跨杆时的欧拉应力，即 $\sigma_E = \sigma_0 = \frac{\pi^2 Ei}{Al^2}$；当 $K<K_c$ 时，则需用式 (6-34) 来计算甲板板架的欧拉应力。

这个弹性支座的临界刚度，也就是横梁的临界刚度，可根据式 (6-34)，当 $X_j(\lambda) = X_{j,\max}$ 时求到，此 $X_{j,\max}$ 就是当 $\lambda = 1$ 时 $X_j(\lambda)$ 的值，因此有

$$I_c = \left(\frac{\pi}{\mu}\right)^4 \left(\frac{B}{l}\right)^3 \frac{B}{b} i X_{j,\max} \tag{6-36}$$

式中，I_c 为横梁的临界截面惯性矩。

由此可知，一般来说提高横梁的惯性矩可以提高甲板板架的稳定性，但是若横梁的惯性矩已超过其临界惯性矩 I_c，则再加大横梁尺寸对甲板板架的稳定性并无好处。在这种情况下，要提高甲板板架的稳定性只有增大甲板纵骨的尺寸。

如果板架失稳时超出了材料的弹性范围，对应于式 (6-35) 及式 (6-36)，此时分别是

$$\varphi X_j(\lambda) = I\left(\frac{\mu}{\pi}\right)^4 \left(\frac{l}{B}\right)^3 \frac{b}{B} \frac{1}{i} \tag{6-37}$$

$$I_c = \left(\frac{\pi}{\mu}\right)^4 \left(\frac{B}{l}\right)^3 \frac{B}{b} i \varphi X_{j,\max} \tag{6-38}$$

式中，$\lambda = \frac{\sigma_{cr}}{\varphi \sigma_0}$；$\varphi = \frac{E_t}{E}$ 为材料的切线模量。因为该值与失稳时的应力状态有关，所以在已知板架的材料及尺寸，按式 (6-37) 求解板架的临界应力时，需采用试算法。

6.2 板的稳定性

6.2.1 板的中性平衡微分方程及其解

1. 矩形板的中性平衡微分方程

本节开始研究矩形板的稳定性问题。首先考虑板的中性平衡状态,即板受中面压力或剪力作用并获得小偏移(弯曲)时的平衡状态。板在中性平衡状态时对应的外力就是板的临界力。

板的中性平衡状态可以用微分方程来描述。与杆的情形相仿,板的中性平衡微分方程可借板在复杂弯曲(既有横载荷又有中面力作用)时的弯曲微分方程推导得到,为此先来导出矩形板的复杂弯曲微分方程。

在第 5 章中已推导得到刚性板的弯曲微分方程 $D\nabla^2\nabla^2\omega=q$,这是在没有中面力时推导得到的。现在考虑中面力,设板因中面力在板内产生有中面应力 σ_x、σ_y、τ_{xy},由于目前研究的是稳定性问题,故中面应力 σ_x 与 σ_y 均假定为压应力,这时板的截面中除了弯矩 M_x、M_y、扭矩 M_{xy}、垂向剪力 N_x、N_y 之外还有中面压力与剪力。设板在 x 和 y 方向单位宽度的中面压力为 T_x、T_y,单位宽度的中面剪力为 T_{xy},它们分别为 σ_x、σ_y、τ_{xy} 在板截面上的合力,如图 6-19a 所示。并且由微块的平衡条件可知这些中面力满足以下的关系:

$$\frac{\partial T_x}{\partial x}=\frac{\partial T_{yx}}{\partial y},\quad \frac{\partial T_y}{\partial y}=\frac{\partial T_{xy}}{\partial x},\quad T_{xy}=T_{yx} \tag{6-39}$$

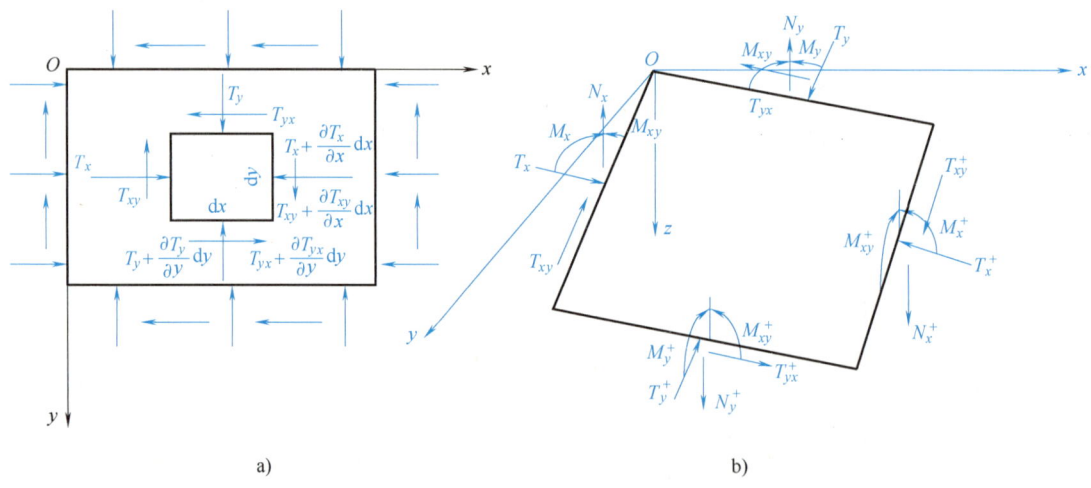

图 6-19 矩形板的中面力分析

建立计及上述中面力的微块静力平衡方程,需考虑微块在变形后的位置,图 6-19b 中画出了微块变形后的中面及其受力情况。事实上 T_x、T_y 的存在,对 x 轴及 y 轴形成了力矩,参看图 6-20,有 T_x 对 y 轴形成的力矩为

$$-T_x\frac{\partial w}{\partial x}\mathrm{d}x\mathrm{d}y \tag{6-40}$$

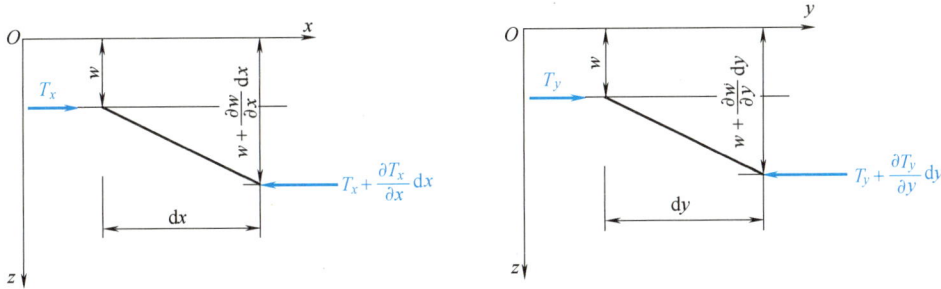

图 6-20 矩形板的力矩分析

此力矩矢量朝向 y 轴的负向，故式中有负号。此外有 T_y 对 x 轴形成的力矩为

$$T_y \frac{\partial w}{\partial y} dx dy \tag{6-41}$$

此力矩矢量朝向 x 轴的正向。

T_{xy} 的存在相当于板上增加有附加横载荷，参看图 6-21，略去高阶微量，T_{xy} 在 z 方向的分力为

$$-T_{xy} \frac{\partial w}{\partial y} dy + \left(T_{xy} + \frac{\partial T_{xy}}{\partial x} dx\right)\left(\frac{\partial w}{\partial y} + \frac{\partial^2 w}{\partial x \partial y} dx\right) dy$$

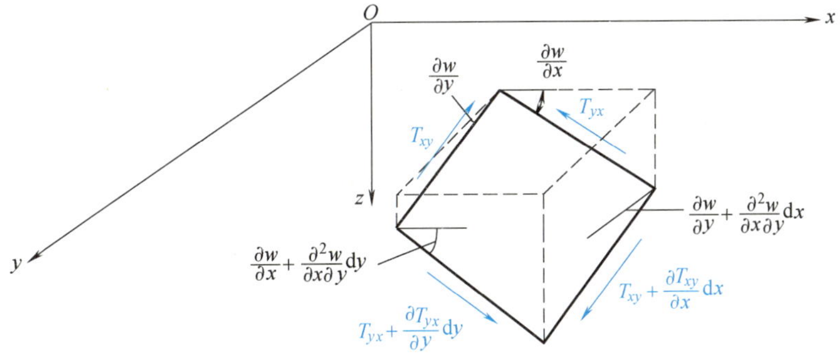

图 6-21 矩形板的受力分析

略去高阶微量后得

$$T_{xy} \frac{\partial^2 w}{\partial x \partial y} dx dy + \frac{\partial T_{xy}}{\partial x} \frac{\partial w}{\partial y} dx dy$$

同理可得 T_{yx} 在 z 方向的分力为

$$T_{yx} \frac{\partial^2 w}{\partial x \partial y} dx dy + \frac{\partial T_{yx}}{\partial y} \frac{\partial w}{\partial x} dx dy$$

将以上两式所表示的力相加，得

$$2T_{yx} \frac{\partial^2 w}{\partial x \partial y} dx dy + \frac{\partial T_{xy}}{\partial x} \frac{\partial w}{\partial y} dx dy + \frac{\partial T_{yx}}{\partial y} \frac{\partial w}{\partial x} dx dy \tag{6-42}$$

从而有

$$\frac{\partial N_x}{\partial x} = \frac{\partial^2 M_x}{\partial x^2} + \frac{\partial^2 M_{xy}}{\partial x \partial y} - \frac{\partial}{\partial x}\left(T_x \frac{\partial w}{\partial x}\right) = \frac{\partial^2 M_x}{\partial x^2} + \frac{\partial^2 M_{xy}}{\partial x \partial y} - T_x \frac{\partial^2 w}{\partial x^2} - \frac{\partial T_x}{\partial x} \frac{\partial w}{\partial x}$$

$$\frac{\partial N_y}{\partial y} = \frac{\partial^2 M_y}{\partial y^2} + \frac{\partial^2 M_{xy}}{\partial x \partial y} - \frac{\partial}{\partial y}\left(T_y \frac{\partial w}{\partial y}\right) = \frac{\partial^2 M_y}{\partial y^2} + \frac{\partial^2 M_{xy}}{\partial x \partial y} - T_y \frac{\partial^2 w}{\partial y^2} - \frac{\partial T_y}{\partial y} \frac{\partial w}{\partial y}$$

再利用式子 $\partial N_x/\partial x + \partial N_y/\partial y = -q$，将式（6-42）除以 $dxdy$ 后与该式等号右边的 q 合并，最终得板的复杂弯曲微分方程为

$$D\left(\frac{\partial^4 w}{\partial x^4} + 2\frac{\partial^4 w}{\partial x^2 \partial y^2} + \frac{\partial^4 w}{\partial y^4}\right) + T_x \frac{\partial^2 w}{\partial x^2} + T_y \frac{\partial^2 w}{\partial y^2} - 2T_{xy} \frac{\partial^2 w}{\partial x \partial y} = q \tag{6-43}$$

2. 四边自由支持单向受压板的解

先讨论在一个方向受压，四周自由支持在刚性周界上矩形板的解（图 6-22）。大多数的船体板可认为属于这种情况，因为船体板仅受船总弯曲时沿船长方向的压力，并且四周可认为自由支持在骨架上。

由于板在 $x=0$ 及 $x=a$ 的边上受到均布的压应力 σ_x，因此有 $T_x = \sigma_x t$，此处 t 为板厚。将此 T_x 及 $T_y = T_{xy} = 0$ 代入方程（6-43），并令 $q=0$，得

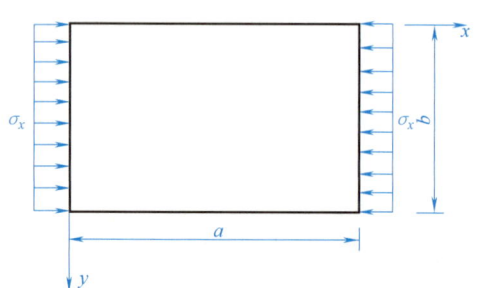

图 6-22　四边自由支持单向受压板

$$D\left(\frac{\partial^4 w}{\partial x^4} + 2\frac{\partial^4 w}{\partial x^2 \partial y^2} + \frac{\partial^4 w}{\partial y^4}\right) + \sigma_x t \frac{\partial^2 w}{\partial x^2} = 0 \tag{6-44}$$

相应的边界条件为

$$\begin{cases} x=0, x=a \text{ 处}, w = \dfrac{\partial^2 w}{\partial x^2} = 0 \\ y=0, y=b \text{ 处}, w = \dfrac{\partial^2 w}{\partial y^2} = 0 \end{cases} \tag{6-45}$$

满足边界条件（6-45）的方程（6-43）的解可用下面的双三角级数表示：

$$w(x,y) = \sum_m \sum_n A_{mn} \sin \frac{m\pi x}{a} \sin \frac{n\pi y}{b} \tag{6-46}$$

将此解代入式（6-45）中，得

$$\sum_m \sum_n A_{mn}\left\{\left[\left(\frac{m\pi}{a}\right)^2 + \left(\frac{n\pi}{b}\right)^2\right]^2 - \frac{\sigma_x t}{D}\left(\frac{m\pi}{a}\right)^2\right\} \sin \frac{m\pi x}{a} \sin \frac{n\pi y}{b} = 0$$

由于在载荷 $T_x = \sigma_x t$ 作用下，上式中任一大括号内的式子为零时，所论的板都可能失去稳定性，所以板失稳时的力可由

$$\left[\left(\frac{m\pi}{a}\right)^2 + \left(\frac{n\pi}{b}\right)^2\right]^2 - \frac{\sigma_x t}{D}\left(\frac{m\pi}{a}\right)^2 = 0$$

求到，此式给出

$$\sigma_x = \frac{\pi^2 D}{a^2 t}\left(m + \frac{n^2}{m}\frac{a^2}{b^2}\right)^2 \tag{6-47}$$

为了求得板的欧拉应力，必须选择 m 与 n 使得式（6-47）中括号内的值为最小。由于当 n 增大时 σ_x 也随着增大，故必须取 $n=1$，这表示板在失稳时在 y 方向形成一个半波形，

这样

$$\sigma_x = \frac{\pi^2 D}{a^2 t}\left(m + \frac{a^2}{mb^2}\right)^2 = \frac{\pi^2 D}{b^2 t}\left(m\,\frac{b}{a} + \frac{1}{m}\,\frac{a}{b}\right)^2 \tag{6-48}$$

为了求得 σ_x 的最小值，相应于不同的边长比 a/b，假定 $m=1,2,3,\cdots$ 即可画出 σ_x 的曲线，曲线的最低部分即为所需的欧拉应力。令 $k = \left(m\,\dfrac{b}{a} + \dfrac{1}{m}\,\dfrac{a}{b}\right)^2$，从而欧拉应力为

$$\sigma_{cr} = k\,\frac{\pi^2 D}{b^2 t} \tag{6-49}$$

当 $a/b > 1$ 时，$k \approx 4$，所以实用上可取

$$\sigma_{cr} = \frac{4\pi^2 D}{b^2 t} \tag{6-50}$$

当 $a/b < 1$ 时，$m=1$，$k = (b/a + a/b)^2$，所以

$$\sigma_{cr} = \frac{\pi^2 D}{b^2 t}\left(\frac{b}{a} + \frac{a}{b}\right)^2 = \frac{\pi^2 D}{a^2 t}\left(1 + \frac{a^2}{b^2}\right)^2 \tag{6-51}$$

如果 $a/b \ll 1$ 或 $b \gg a$，则在式（6-51）中可省略去括号内的 a^2/b^2，于是

$$\sigma_{cr} = \frac{\pi^2 D}{a^2 t} \tag{6-52}$$

这就是在 x 方向受压的板条梁的欧拉应力，说明板在失稳时将按筒形面发生弯曲。在讨论板的稳定性时，为阻止支座靠近在板中产生的中面拉力，以及支座梁剖面变形导致的抗扭作用，都会对板的稳定性产生有利影响。因而在实际计算时，通常把板在弹性假设下求得的欧拉应力，近似看作板实际失稳时的临界应力。

在船舶结构计算中，式（6-50）与式（6-52）可用来分别计算纵骨架式板及横骨架式板的临界应力。将抗弯刚度 D 中的 $E = 2.1 \times 10^5\,\text{N/mm}^2$ 及 $\mu = 0.3$ 代入，即得通常的计算公式如下：

纵骨架式船体板（图 6-23a）：

$$\sigma_{cr} \approx 76\left(\frac{100t}{b}\right)^2 \quad \text{N/mm}^2 \tag{6-53}$$

横骨架式船体板（图 6-23b）：

$$\sigma_{cr} \approx 19\left(\frac{100t}{b}\right)^2 \quad \text{N/mm}^2 \tag{6-54}$$

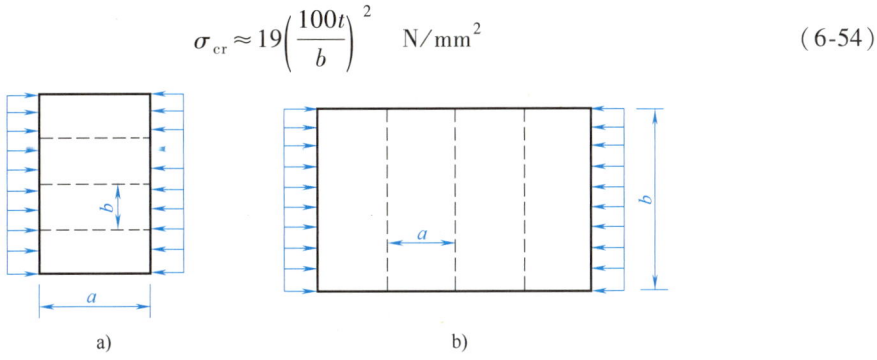

图 6-23 船体板
a）纵骨架式 b）横骨架式

由此可见纵骨架式船体板与横骨架式船体板相比，若骨架的间距相同，则前者的临界应力约为后者的四倍，这就说明纵骨架式船体板在稳定性方面比横骨架式船体板有明显的优越性。

3. 三边自由支持，一边完全自由的板

对于三边自由支持，一边完全自由的板（图 6-24），其中性平衡方程将仍为式（6-44）的形式，只是目前的边界条件为

$$\begin{cases} x=0, x=a \text{ 处}, w = \dfrac{\partial^2 w}{\partial x^2} = 0 \\ y=0, y=b \text{ 处}, w = \dfrac{\partial^2 w}{\partial y^2} = 0 \end{cases} \quad (6\text{-}55)$$

$y=b$ 处为自由边，其边界条件可由第 5 章式（5-33）求得为

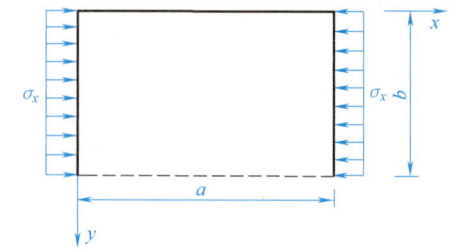

图 6-24 三边自由支持，一边完全自由的板

$$\begin{cases} \dfrac{\partial^2 w}{\partial y^2} + \mu \dfrac{\partial^2 w}{\partial x^2} = 0 \\ \dfrac{\partial^3 w}{\partial y^3} + (2-\mu)\dfrac{\partial^3 w}{\partial x^2 \partial y} = 0 \end{cases} \quad (6\text{-}56)$$

根据这些边界条件，可以取板中性平衡时的挠曲面为单三角级数

$$w(x,y) = \sum_{m=1}^{\infty} f_m(y) \sin \frac{m\pi x}{a} \quad (6\text{-}57)$$

将此 $w(x,y)$ 代入中性平衡微分方程（6-44）中，可得函数 $f_m(y)$ 应满足的常微分方程为

$$f_m^{(4)}(y) - 2\left(\frac{m\pi}{a}\right)^2 f_m''(y) + \left[\left(\frac{m\pi}{a}\right)^4 - \frac{\sigma_x t}{D}\left(\frac{m\pi}{a}\right)^2\right] f_m(y) = 0 \quad (6\text{-}58)$$

再将式（6-57）代入边界条件（6-55）及式（6-56）中得

$$f_m(0) = 0, \; f_m''(0) = 0 \quad (6\text{-}59)$$

$$\begin{cases} f_m''(b) - \mu\left(\dfrac{m\pi}{a}\right)^2 f_m(b) = 0 \\ f_m'''(b) - (2-\mu)\left(\dfrac{m\pi}{a}\right)^2 f_m'(b) = 0 \end{cases} \quad (6\text{-}60)$$

方程（6-58）的通解可以写成

$$f_m(y) = A_m \operatorname{ch}\alpha_m y + B_m \operatorname{sh}\alpha_m y + C_m \cos\beta_m y + D_m \sin\beta_m y \quad (6\text{-}61)$$

式中，$\alpha_m = \sqrt{\left(\dfrac{m\pi}{a}\right)^2 + \sqrt{\dfrac{\sigma_x t}{D}\left(\dfrac{m\pi}{a}\right)^2}}$，$\beta_m = \sqrt{-\left(\dfrac{m\pi}{a}\right)^2 + \sqrt{\dfrac{\sigma_x t}{D}\left(\dfrac{m\pi}{a}\right)^2}}$，并有 $\alpha_m^2 - \beta_m^2 = 2\left(\dfrac{m\pi}{a}\right)^2$。

将式（6-61）代入式（6-59），得 $A_m = C_m = 0$，再代入式（6-60）中，得

$$\begin{cases} B_m\left[\alpha_m^2 - \mu\left(\dfrac{m\pi}{a}\right)^2\right] \operatorname{sh}\alpha_m b - D_m \left[\beta_m^2 + \mu\left(\dfrac{m\pi}{a}\right)^2\right] \sin\beta_m b = 0 \\ B_m \alpha_m \left[\alpha_m^2 - (2-\mu)\left(\dfrac{m\pi}{a}\right)^2\right] \operatorname{ch}\alpha_m b - D_m \beta_m \left[\beta_m^2 + (2-\mu)\left(\dfrac{m\pi}{a}\right)^2\right] \cos\beta_m b = 0 \end{cases}$$

由于 B_m、D_m 不能同时为零,故使上式中 B_m、D_m 系数组成的行列式等于零,解之求出 σ_x 的最小根,即为欲求板的临界应力。

计算表明,无论 a/b 为多少,总是在 $m=1$ 时临界应力为最小,这表示板失稳时沿受压方向形成一个半波形,相应的失稳挠曲面方程为

$$w(x,y) = f_1(y)\sin\frac{\pi x}{l}$$

当 $m=1$ 时,对不同的边长比 a/b,解出板的临界应力 σ_{cr} 并可表示为

$$\sigma_{cr} = k\frac{\pi^2 D}{b^2 t} \tag{6-62}$$

式中,k 随 a/b 变化,如图 6-25 所示。

由图可知,当 a/b 相当大时,$k=0.426$,再将 D 中的 E 及 μ 的值代入后,得

$$\sigma_{cr} \approx 8.2\left(\frac{100t}{b}\right)^2 \text{ N/mm}^2 \tag{6-63}$$

此式常用来校核船体结构中组合型骨架梁的自由翼板的局部稳定性。

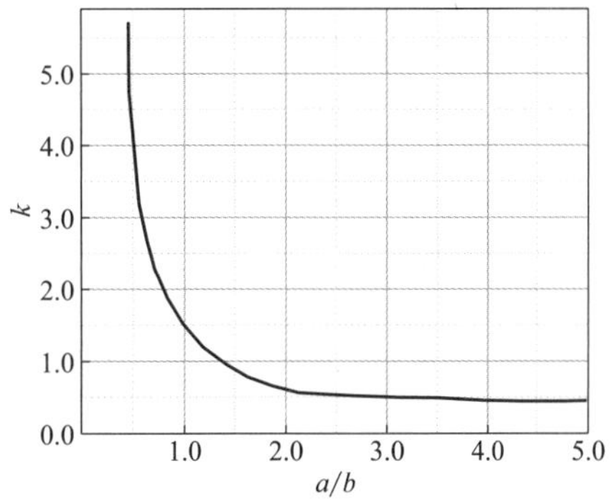

6.2.2 板稳定性的能量解法

1. 中性平衡时的应变能与外力功

图 6-25 系数 k 随 a/b 变化

和压杆的情形一样,板的中性平衡状态也可以用虚位移原理来表达,从而导出板稳定性问题的能量解法,即里茨法。下面先来说明板在中性平衡时的应变能及外力功。

设板在中性平衡状态由平面位置到达弯曲位置。在此过程中有弯曲应变能,其计算公式已在第 5 章中导出。

现在来推导板中面压力与剪力在板弯曲变形所引起的位移上做的功。为此在板中面考虑一个 $dxdy$ 的微块(图 6-26a),微块上有力 T_x、T_y、T_{xy},微块在弯曲变形后的位置如图 6-26a 所示。先考虑 T_x、T_y 的功,由于微块在 x 方向的边长 dx 变形后两端相对靠近了 $d\Delta$,此 $d\Delta$ 的值为 $\frac{1}{2}(\partial w/\partial x)^2 dx$(图 6-26),因此 T_x 的功为

$$\frac{1}{2}T_x\left(\frac{\partial w}{\partial x}\right)^2 dxdy \tag{6-64}$$

同理有 T_y 的功为

$$\frac{1}{2}T_y\left(\frac{\partial w}{\partial y}\right)^2 dxdy \tag{6-65}$$

剪力 $T_{xy} = T_{yx}$ 所做的功为

$$T_{xy}\frac{\partial w}{\partial x}\frac{\partial w}{\partial y}dxdy$$

整个板内中面力的功为

$$W = \frac{1}{2}\iint\left[T_x\left(\frac{\partial w}{\partial x}\right)^2 + T_y\left(\frac{\partial w}{\partial y}\right)^2 + 2T_{yx}\frac{\partial w}{\partial x}\frac{\partial w}{\partial y}\right]dxdy \tag{6-66}$$

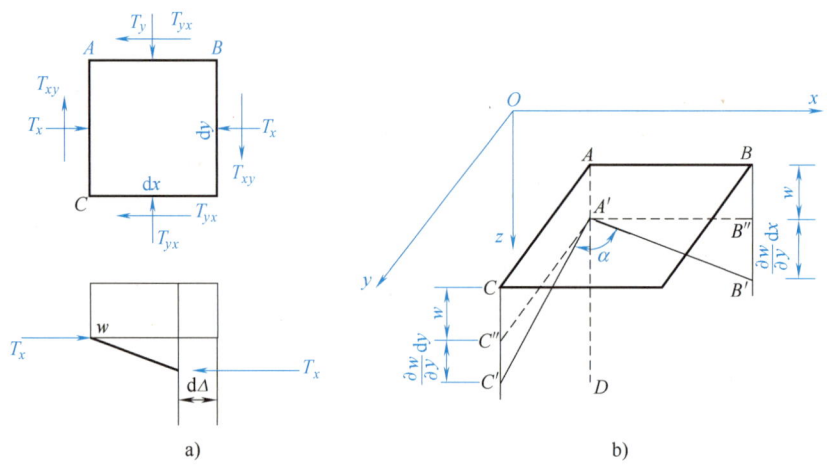

图 6-26 板的中性平衡微块分析

由于在板弯曲过程中外力不变化,故式(6-66)所得的外力功也就是力函数 U,从而得板的总位能为

$$\Pi = V - U = \frac{D}{2}\iint\left\{\left(\frac{\partial^2 w}{\partial x^2} + \frac{\partial^2 w}{\partial y^2}\right)^2 + 2(1-\mu)\left[\left(\frac{\partial^2 w}{\partial x \partial y}\right)^2 - \frac{\partial^2 w}{\partial x^2}\frac{\partial^2 w}{\partial y^2}\right]\right\}dxdy - \frac{1}{2}\iint\left[T_x\left(\frac{\partial w}{\partial x}\right)^2 + T_y\left(\frac{\partial w}{\partial y}\right)^2 + 2T_{yx}\frac{\partial w}{\partial x}\frac{\partial w}{\partial y}\right]dxdy \tag{6-67}$$

板中性平衡的虚位移原理表达式为 $\delta\Pi=0$,在利用里茨法计算时,只需先假定板的挠曲面方程再由 $\delta\Pi=0$ 求解。

2. 四周自由支持压应力线性分布的板

研究图 6-27 中一对边上受到线性分布应力的四周自由支持的矩形板,外压力如下式:

$$\sigma_x = \sigma_1\left(1 - \eta\frac{y}{b}\right) \tag{6-68}$$

式中,η 为参数,表示压应力不均匀的程度:当 $\eta = 0$ 时,$\sigma_x = \sigma_1$,板均匀受压;当 $\eta = 2$ 时,$\sigma_x = \sigma_1(1-2y/b)$,板受纯弯曲应力。

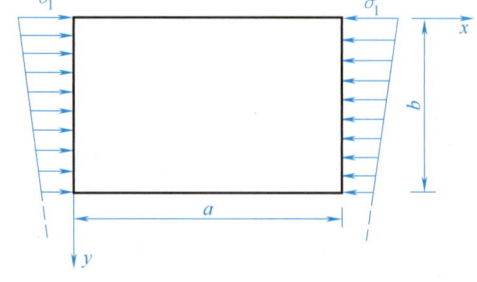

图 6-27 四周自由支持压应力线性分布的板

由于板为四周自由支持,故可假定挠曲函数为

$$w(x,y) = \sum_m \sum_n A_{mn}\sin\frac{m\pi x}{a}\sin\frac{n\pi y}{b} \tag{6-69}$$

为了简单起见,分别计算式(6-67)中的 V 与 U:

$$V = \frac{\pi^4 abD}{8}\sum_m\sum_n A_{mn}^2\left(\frac{m^2}{a^2} + \frac{n^2}{b^2}\right)^2 \tag{6-70}$$

对于本例中的载荷,由式(6-66)得 U 为

$$U = \frac{1}{2}\int_0^a\int_0^b \sigma_1 t\left(1 - \eta\frac{y}{b}\right)\left(\frac{\partial w}{\partial x}\right)^2 dxdy$$

将式（6-69）中的 $w(x,y)$ 代入上式，经计算后得

$$U = \frac{\sigma_1 tab}{8}\sum_m\sum_n A_{mn}^2\left(\frac{m\pi}{a}\right)^2 - \frac{\sigma_1 ta\eta}{4b}\sum_m\left(\frac{m\pi}{a}\right)^2\left[\frac{b^2}{4}\sum_n A_{mn}^2 - \frac{8b^2}{\pi^2}\sum_n\sum_s\frac{A_{mn}A_{ms}ns}{(n^2-s^2)^2}\right]$$

将 V，U 代入 $\delta(V-U)=0$ 中，得

$$\frac{\pi^4 abD}{a^2}A_{mn}\left(\frac{m^2}{a^2}+\frac{n^2}{b^2}\right)^2 = \frac{\sigma_1 tab}{4}A_{mn}\left(1-\frac{\eta}{2}\right)\left(\frac{m\pi}{a}\right)^2 + \frac{2\sigma_1 tab\eta}{\pi^2}\left(\frac{m\pi}{a}\right)^2\sum_s\frac{A_{ms}ns}{(n^2-s^2)^2}$$

$$n\pm s = 2N-1 \tag{6-71}$$

此方程的一般展开式为包含 A_{mn} 的无穷多个齐次方程。例如当 $m=1$，n 取不同值时就有[⊖]

$$\begin{cases}c_{11}A_{11}+c_{12}A_{12}+c_{13}A_{13}+\cdots=0\\ c_{21}A_{21}+c_{22}A_{22}+c_{23}A_{23}+\cdots=0\\ c_{31}A_{31}+c_{32}A_{32}+c_{33}A_{33}+\cdots=0\\ \vdots\end{cases} \tag{6-72}$$

因 A_{1n} 不能同时为零，故有系数行列式为零，解行列式即可求出临界应力。在具体计算时不可能取无穷多项，可取前面有限个行和列。用这个方法通过取足够多的行与列的计算结果，得此种板的临界应力足够精确的值，并可表示为

$$\sigma_{1\text{cr}} = k\frac{\pi^2 D}{b^2 t} \tag{6-73}$$

式中，k 随板的边长比 a/b 及 η 变化。当 $\eta=2$ 即纯弯曲时的 k 值可查图 6-28 中的曲线。

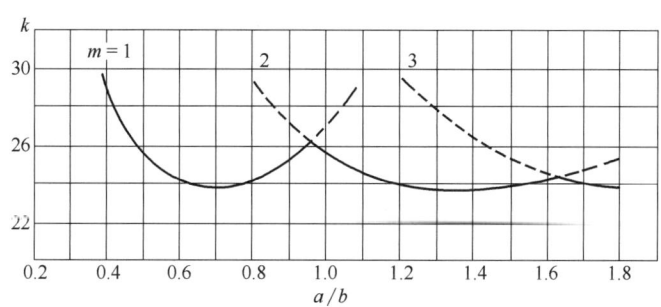

图 6-28 纯弯曲时的 k 值曲线

这种情况可用来校核船体结构中纵桁腹板在弯曲应力作用下的稳定性。

3. 四周自由支持剪应力作用的板

现研究图 6-29 中四周自由支持受剪应力作用的矩形板，设剪应力为 τ，是均布的，因此有 $T_{xy}=\tau t$。由于板四周自由支持，故仍可用式（6-69）的挠曲函数，并且 V 同式（6-70）。由式（6-65）有力函数为

⊖ 由于式（6-71）中的末项 $n\pm s$ 要为奇数，故方程组（6-72）中并非每一项都存在。

$$U = \int_0^a \int_0^b \tau t \frac{\partial w}{\partial x} \frac{\partial w}{\partial y} dxdy$$

将式（6-69）中的 $w(x, y)$ 代入上式，经计算后得

$$U = 4\tau t \sum_m \sum_n \sum_r \sum_s A_{mn} A_{rs} \frac{mnrs}{(m^2 - r^2)(s^2 - n^2)},$$

$$m \pm r = 2N - 1, \quad n \pm s = 2N - 1$$

将 V，U 代入 $\partial(V-U)/\partial A_{mn} = 0$ 中，得

$$\frac{\pi^4 abD}{4} A_{mn} \left(\frac{m^2}{a^2} + \frac{n^2}{b^2} \right)^2 - 8\tau t \sum_r \sum_s A_{rs}$$

$$\frac{mnrs}{(m^2 - r^2)(s^2 - n^2)} = 0,$$

$$m \pm r = 2N - 1, \quad n \pm s = 2N - 1 \tag{6-74}$$

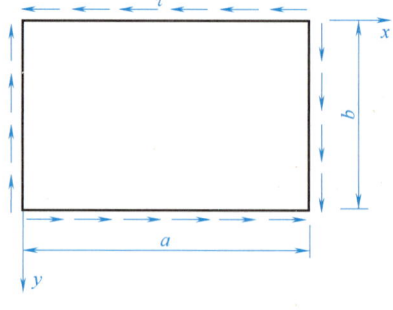

图 6-29 四周自由支持剪应力作用的板

展开此式得一组关于 A_{mn} 的齐次方程，当 $A_{mn} \neq 0$ 时有 A_{mn} 系数的行列式为零，解之可得临界剪应力 τ_{cr}，表示为

$$\tau_{cr} = k \frac{\pi^2 D}{b^2 t} \tag{6-75}$$

式中，k 与 a/b（即边长比）有关，对于正方形板，$k = 9.4$。进一步分析证明，此式对于 $a/b \leq 1.5$ 是可用的，对于 a/b 更大的情况应取更多的方程来解，最后得到的 k 值如图 6-30 所示，τ_{cr} 仍为式（6-75）的形式。

由图 6-30 可知，当 $a/b = 1.0$ 时 $k = 9.34$，$a/b \rightarrow \infty$ 时 $k = 5.35$。在实际上并可取图中曲线值包络线，它可用下面的公式近似表达：

$$k = 5.35 + 4 \frac{b^2}{a^2} \tag{6-76}$$

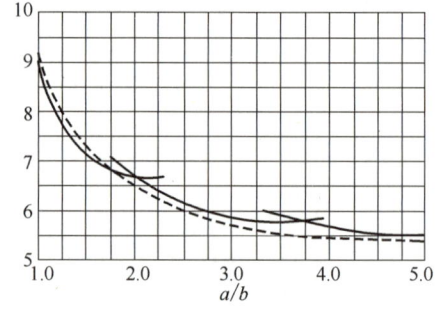

图 6-30 系数 k

当 a/b 相当大时，取 $k = 5.35$，得

$$\tau_{cr} = 5.35 \frac{\pi^2 D}{b^2 t}$$

将 D 中的 E 与 μ 的值代入后，得

$$\tau_{cr} \approx 102 \left(\frac{100t}{b} \right)^2 \quad \text{N/mm}^2 \tag{6-77}$$

4. 板在复合受力时的稳定性

在实际结构中往往有的板会同时受到几种力的共同作用，例如一般的桁材腹板，它既受线性分布的压应力又受剪应力，因此就有必要了解在几种力共同作用下板的稳定性，即板在复合受力时的稳定性问题。

板在复合受力时的稳定性原则上可以用能量法来解决，但计算过程比较复杂。因而不做推导，仅把一些结果介绍如下。

对于同时受均布压应力与均布剪应力作用的矩形板（图 6-31），计算结果表明当压应力与剪应力形成某一组合时板将丧失稳定性。对于一定边长比的板，这种组合有许多个。设

σ_{cr} 与 τ_{cr} 代表某一组合时压应力与剪应力的值，则可画出如图 6-32 所示的曲线，在此曲线上的任意点所对应的 σ_{cr} 与 τ_{cr} 组合都将使板失稳。图中 σ_{cr}^0 与 τ_{cr}^0 分别为仅有压应力或仅有剪应力时板的临界应力。

因此图 6-32 中的曲线代表了所论板稳定与不稳定的分界线。在曲线以内的压应力与剪应力不会使板失稳，故为稳定区；在曲线以外的压应力与剪应力都将使板失稳，故为不稳定区。图 6-32 中的曲线可以用二次抛物线来表示：

$$\left(\frac{\tau_{\mathrm{cr}}}{\tau_{\mathrm{cr}}^0}\right)^2 + \frac{\sigma_{\mathrm{cr}}}{\sigma_{\mathrm{cr}}^0} = 1 \tag{6-78}$$

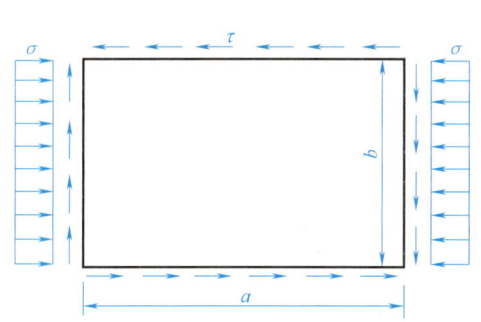

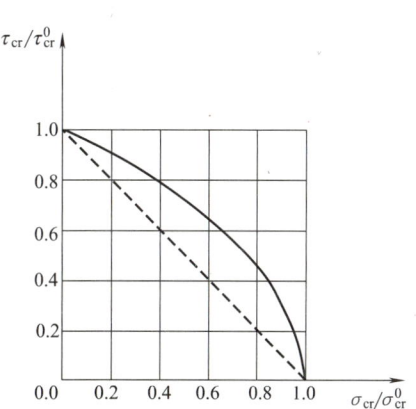

图 6-31 受均布压应力与均布剪应力作用的矩形板

图 6-32 压应力与剪应力

设板所受的压应力与剪应力之比为 $\beta = \sigma/\tau$，在到达临界状态时有 $\beta = \sigma_{\mathrm{cr}}/\tau_{\mathrm{cr}}$，将此关系代入式（6-78）中，得

$$\left(\frac{\tau_{\mathrm{cr}}}{\tau_{\mathrm{cr}}^0}\right)^2 + \beta \frac{\tau_{\mathrm{cr}}}{\tau_{\mathrm{cr}}^0} \frac{\tau_{\mathrm{cr}}^0}{\sigma_{\mathrm{cr}}^0} = 1$$

解此方程，得

$$\tau_{\mathrm{cr}} = \frac{\beta}{2} \sigma_{\mathrm{cr}}^0 \kappa^2 \left(-1 + \sqrt{1 + \frac{4}{\beta^2 \kappa^2}}\right) \tag{6-79}$$

式中，$\kappa = \tau_{\mathrm{cr}}^0 / \sigma_{\mathrm{cr}}^0$。

因为当板的边长比 $\alpha = a/b \geqslant 1$ 时，有

$$\tau_{\mathrm{cr}}^0 = \left(5.34 + \frac{4}{\alpha^2}\right) \frac{\pi^2 D}{b^2 t}, \quad \sigma_{\mathrm{cr}}^0 = 4 \frac{\pi^2 D}{b^2 t}$$

故得

$$\kappa = \frac{5.34 + 4/\alpha^2}{4} \approx \frac{4}{3} + \frac{1}{\alpha^2} \tag{6-80}$$

将 σ_{cr}^0 代入式（6-79）中，有

$$\tau_{\mathrm{cr}} = 2\beta \frac{\pi^2 D}{b^2 t} \kappa^2 \left(-1 + \sqrt{1 + \frac{4}{\beta^2 \kappa^2}}\right) = k \frac{\pi^2 D}{b^2 t} \tag{6-81}$$

式中，$k = 2\beta \kappa^2 \left(-1 + \sqrt{1 + \frac{4}{\beta^2 \kappa^2}}\right)$。

于是已知 α 可求出 κ，根据实际板上的应力比 σ/τ 得 β，从而可求得 k，并由式（6-81）求出 τ_{cr}，而 $\sigma_{cr}=\beta\tau_{cr}$。

在近似计算中，也可以将图 6-32 中的曲线用直线来代替（见图 6-32 中的虚线），这时板失稳的条件为

$$\frac{\tau_{cr}}{\tau_{cr}^0}+\frac{\sigma_{cr}}{\sigma_{cr}^0}=1 \qquad (6-82)$$

式（6-78）与式（6-82）称为"相关方程"。

6.2.3 板的后屈曲性能

1. 基本概念

在讨论压杆的稳定性时，认为压杆失稳时端点可以自由趋近，因而杆件能自由弯曲，这样当压力大于杆的临界力时，即使压力略微增加，杆件就将发生很大的变形而导致破坏。因此通常认为压杆的临界力就是其最大受压承载力，或破坏压力。

板在失稳后的现象与压杆有所不同。对于船体结构中的板，一方面，它四周由骨架支持着，并且实际上骨架的临界力远大于板的临界力，因此当板受压失稳时，骨架尚未失稳，它对板还起着支持作用，使板的周界不能自由弯曲和趋近；另一方面，船体板是连续的板，每一板格都受到相邻板格的牵制作用，因此它和孤立的板不同，板边也不能自由趋近。由于上述原因，使得板在所受的压力大于临界压力之后，即板在失稳后，如果继续增加压力，板的挠度不会迅速增大，甚至在一定范围内挠度的增加率反而会减少。这说明板失稳后还能继续承载。

板失稳后能够继续承载的原因在于板的中面力起了很大的作用。板失稳弯曲后，板的中面就被拉长，这样就发生了中面拉应力。这一现象和筒形弯曲的板条梁因端点不能趋近而引起的中面拉力相同。这个中面力随着板挠度的增加而加大，从而使得板的变形不能迅速变大。此时板的纤维如同是用锚链那样固定在支座边上，因此能使板在弯曲状态下保持平衡。这种板的中面力通常叫作板的"薄膜应力"。

总之，板在失稳后不是立即破坏，还能继续承受一定程度的压缩载荷，这一现象称为板具有"后屈曲强度"（post-buckling strength），研究板后屈曲强度的问题又叫作研究板的后屈曲性能。

2. 板后屈曲的应力分布

板后屈曲性能的研究一般来说是比较复杂的，它不仅要考虑板的中面力，还要考虑板的大挠度问题，因为屈曲后板的挠度已相当大，属大挠度弯曲的范畴；同时为了了解板在屈曲后到底在怎样的载荷下才破坏（即板的极限压缩载荷问题）还要考虑材料在超过比例极限之后的非线性问题。本节中仅对板后屈曲后的应力现象、破坏载荷的大小以及与后屈曲性能有关的"折减系数"概念做简要的说明。

先分析板后屈曲时应力分布情况。如果一块受压板的板边能够自由趋近的话，那么板在失稳后的板边将达到图 6-33a 中的虚线位置，但实际上板边不能自由趋近，因此板中部的纤维将被拉长，即产生中面拉应力。其结果板中的应力分布将有图 6-33b 的情况；受压板边的压应力不再为均布，板边的压应力大于板中部的压应力；在非受压的板边原来无应力，而现在出现了自身平衡的拉应力和压应力。

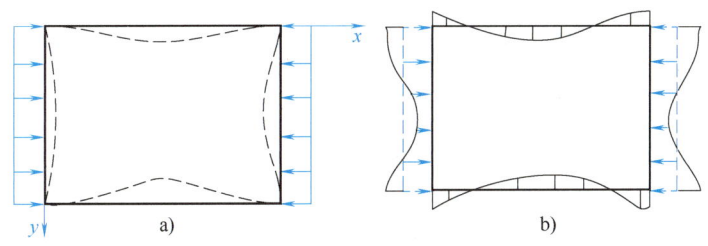

图 6-33 板的失稳

在图 6-34 中进一步画出了板在受压方向截面中应力随外载荷变化的情形。图中 1 表示板尚未失稳,即外压力小于板的临界应力,此时板中的压应力为均布;2 表示外压力已大于板的临界应力,板已经屈曲,此时板的压应力不再为均布,在板边的压应力大于板中的压应力;3 表示外压力继续增加,此时板中压应力的不均匀程度更为明显,即板边压应力与板中压应力之间的差额更为扩大。

板失稳后,在支持边的压应力大于板中部压应力的现象叫作板后屈曲中应力重新分布。这个现象说明与板边骨架相连的那部分材料起着更大的作用,承担了外载荷的绝大部分,而离骨架较远的板相对来说承担的载荷就小得多。

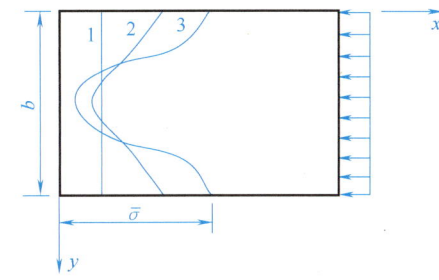

图 6-34 板的中面应力

3. 板的极限载荷

板在屈曲后能继续承载的现象已经说明,现在来研究板在屈曲后最大能承受多大的载荷才破坏,即板的破坏载荷或"极限载荷"(ultimate load)问题。在结构设计中,只有了解了板的极限载荷才能充分利用板的后屈曲强度,因此是有实际意义的。

理论上确定板极限载荷的方法需研究板失稳后的应力状态,求出板中最大应力达到屈服极限时的外载荷,此外载荷就是极限载荷,极限载荷除以板的截面积叫作板的"极限应力"或"极限强度"(ultimate strength)。

实用上,最早由卡门(V. Kármán)提出了矩形板的极限强度公式。卡门认为,既然板屈曲后板边的应力大于板中部的应力,那么在极限状态时,可假设板的载荷完全由邻近板边的一定宽度的板来承受。设该部分板每边的宽度为 c,总共宽度为 $2c$(图 6-35),则此部分板的临界应力显然可用前面推导得到的式(6-50)计算如下:

$$\sigma_{cr} = \frac{4\pi^2 D}{(2c)^2 t} = \frac{4\pi^2 E t^3}{12(1-\mu^2) 4c^2 t} = \frac{\pi^2 E t^2}{12(1-\mu^2) c^2}$$

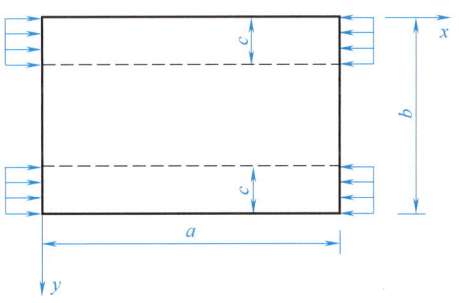

图 6-35 板的受压

式中,t 为板厚。当板达到极限状态时,令 $\sigma_{cr} = \sigma_y$,得

$$c^2 = \frac{\pi^2 E t^2}{12(1-\mu^2) \sigma_y} \quad \text{或} \quad c = \frac{\pi t}{\sqrt{12(1-\mu^2)}} \sqrt{\frac{E}{\sigma_y}}$$

从而可求出板边那部分宽度，将 π 与 μ 的数值代入后，得

$$2c = \frac{2\pi t}{\sqrt{12(1-\mu^2)}} \sqrt{\frac{E}{\sigma_y}} = 1.9t\sqrt{\frac{E}{\sigma_y}} \tag{6-83}$$

于是板的极限载荷为

$$T_{ut} = 2ct\sigma_y = 1.9t^2\sqrt{E\sigma_y} \tag{6-84}$$

板的极限强度为

$$\sigma_{ut} = \frac{T_{ut}}{bt} = 1.9\frac{t}{b}\sqrt{E\sigma_y} \tag{6-85}$$

由此可见，板的极限载荷与板的宽度无关，与板厚度的二次方成正比。上述卡门公式经过试验验证，证明对于比较薄而宽的板是正确的，对于较厚的板，则式（6-84）中的系数不再为 1.9，而要小一些。

4. 板的有效宽度与折减系数

前面已说明，板在后屈曲时的应力不再为均匀，而是板边应力大于板中部应力。这种应力分布的不均匀性可用板的有效宽度来表达。

设板中压应力的平均值为 σ_m，即

$$\sigma_m = \frac{1}{bt}\int_0^b \sigma_x(y)t\,dy = \frac{1}{b}\int_0^b \sigma_x(y)\,dy \tag{6-86}$$

再设板边的最大压应力为 $\overline{\sigma}$（图 6-34），并引入一个相当的板宽 b_e，使满足下式：

$$\sigma_m b = \overline{\sigma} b_e \quad \text{或} \quad b_e = \frac{\sigma_m}{\overline{\sigma}}b \tag{6-87}$$

由于板在屈曲后 $\overline{\sigma} > \sigma_m$，故 $b_e < b$；在屈曲前 $\overline{\sigma} = \sigma_m$，故 $b_e = b$，因此 b_e 表示假想板与骨架能承受同样大小的压应力的话，板实际起作用的那一部分宽度，被称为"有效宽度"（effective breadth）。

既然板屈曲后有效宽度小于真实宽度，所以也可以说板的截面积打了一个折扣。为此再引入一个板截面的"折减系数"，将其定义为

$$\psi = \frac{b_e}{b} = \frac{\sigma_m}{\overline{\sigma}} \tag{6-88}$$

这样，板在屈曲前，$\psi = 1$，表示板截面积不打折扣，全部有效；板在屈曲后，$\psi < 1$，表示板截面积打了折扣，不是全部有效。

和板的极限载荷确定一样，如果能够求得板后屈曲的应力状态，那么有效宽度与折减系数都不难算得。但可以发现，有效宽度与折减系数都将随着外载荷的大小而变化，不是常值。当板达到极限状态时，则前述卡门公式中的 $2c$ 就是有效宽度。

将 $E = 1.96 \times 10^5 \text{N/mm}^2$，$\sigma_y = 235 \text{N/mm}^2$ 代入式（6-83），得

$$2c \approx 60t \tag{6-89}$$

这就是过去造船界中所采用的骨架的带板宽度，显然此带板宽度是由稳定性的条件推导得到的。在船体结构分析中，受压板的折减系数主要用于船体总强度计算中。在船体总弯曲时，甲板和底板都将受到压应力，这时若总弯曲压应力小于板的临界应力，板不失稳，它将与它的骨架一起有效的工作，如果总弯曲压应力大于板的临界应力，则板失稳，板将把一部

分载荷转移到它的骨架上，此时板不再完全有效工作，或板的截面面积要减小。

然而，由于式（6-88）的折减系数 ψ 与应力分布的具体形状有关，并且相应于不同的总弯曲应力将有不同的值，这就使得在实际应用中有困难。所以在造船计算中，目前对板后屈曲的折减问题是按下面的假定进行的。

设屈曲后的压应力分布可用阶梯形曲线来代替：板边宽度为 ηb 的一部分板，其应力与骨架相同即等于 $\overline{\sigma}$，板中间宽度为 $(1-\eta)b$ 的板，其应力始终保持为板的临界应力 σ_{cr}。显然这种代替是能够做到的，只要选取一定的 η 值就行。

由于板边宽度为 ηb 的板与骨架的应力相同，即它与骨架承担同样负荷，或它与骨架一起有效工作，故称为"刚性构件"，中间的板则称为"柔性构件"。设板的有效宽度定义不变，于是有

$$\overline{\sigma} \cdot \eta b + \sigma_{\mathrm{cr}}(1-\eta)b = \sigma_{\mathrm{m}}b = \overline{\sigma} b_{\mathrm{e}}$$

或

$$b_{\mathrm{e}} = \eta b + (1-\eta)b\frac{\sigma_{\mathrm{cr}}}{\overline{\sigma}} \tag{6-90}$$

现重新定义板的折减系数

$$\psi' = \frac{\sigma_{\mathrm{cr}}}{\overline{\sigma}} \tag{6-91}$$

则得

$$b_{\mathrm{e}} = \eta b + (1-\eta)b\psi' \tag{6-92}$$

可见，做了这样的假设后，板宽度的折减只要对柔性构件进行（刚性构件宽度不折减），并且只要知道板边的应力 $\overline{\sigma}$ 就可求得折减系数 ψ'。此 ψ' 虽然与式（6-88）的 ψ 有所不同，但它同样可用来表示板的后屈曲性能：当 $\psi'=1$ 时，$b_{\mathrm{e}}=b$，板开始屈曲；当 $\psi'<1$ 时，$b_{\mathrm{e}}<b$，板已经屈曲，此时柔性构件不再与刚性构件同样有效工作，而要将柔性构件面积乘以 ψ' 后才能和刚性构件同样工作。

下面的问题是要确定刚性构件宽度 ηb 的大小。理论上说，此宽度也将随着外载荷的大小而变化，巴普考洛特金经过分析选取了一个 η 值，应用此 η 值所得的折减系数与不同大小外载荷时精确的折减系数 ψ 误差为最小，即用最小二乘法求得 η，其结果为：

对于横骨架式板（图6-36a），$\eta b = 0.44a$，于是有效宽度为

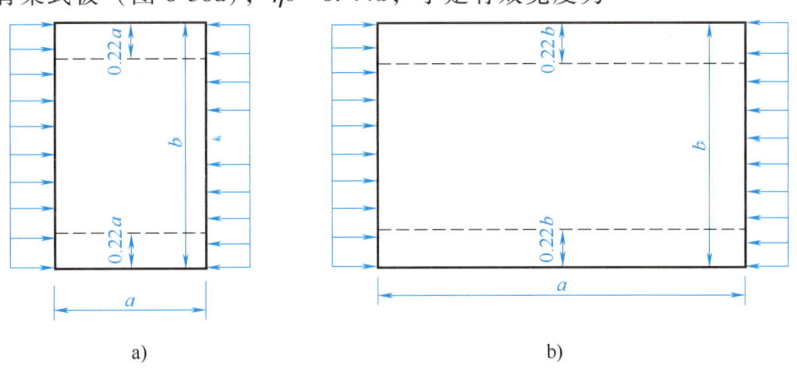

图 6-36 纵横骨架式板

$$b_e = 0.44a + (b - 0.44a)\psi' \tag{6-93}$$

对于纵骨架式板（图 6-36b），$\eta b = 0.44b$，于是有效宽度为

$$b_e = 0.44b + 0.56b\psi' \tag{6-94}$$

总之，不论是横骨架式还是纵骨架式的板，都认为板每边刚性构件的宽度等于短边长度的 0.22。在实际计算中，有时为了方便，又将此宽度取为短边长度的 1/4。

6.3 曲壳的稳定性

6.3.1 球壳的稳定性

假定球壳为各向同性材料且厚度均匀，壳体是无初始应力的理想完整模型。随着载荷逐渐增加到某一值，薄球壳以初始的无矩状态 I 转变为附加的有矩状态 II，并且以此来定义分支点稳定性问题。限制在线性理论范围内，认为附加状态 II 非常接近初始状态 I。分支点是从初始的无矩状态 I 转变为附加的有矩状态 II 的分界点，即临界点，得到以张量形式表示的球坐标系下对称薄球壳的屈曲方程

$$\begin{cases} (N_\varphi R\sin\varphi)^* - N_\varphi R\cos\varphi - Q_\varphi R\sin\varphi + PR(w^* - u)\sin\varphi + \overline{N}_\varphi(w^* - u)\sin\varphi + \\ \overline{N}_\varphi[(u^* + w)^*\sin\varphi + (u^* + w)\cos\varphi] - \overline{N}_\theta(u\cot\varphi + w)\cos\varphi = 0 \\ N_\theta R\sin\varphi + N_\varphi R\sin\varphi + (Q_\varphi R\sin\varphi)^* + PR(u^* + u\cot\varphi + 2w)\sin\varphi - \\ \overline{N}_\varphi[(w^* - u)\sin\varphi]^* + \overline{N}_\theta(u\cot\varphi + w)\sin\varphi + \overline{N}_\varphi(u^* + w)\sin\varphi d\theta d\varphi = 0 \\ (M_\varphi \sin\varphi)^* - M_\theta\cos\varphi - RQ_\varphi\sin\varphi = 0 \end{cases} \tag{6-95}$$

式中，$(\ )^* = \partial(\ )/\partial\varphi$；$\overline{N}_\varphi$ 和 $\overline{N}_\theta$ 分别表示 I 状态时外压 p 在 φ 和 θ 轴方向的薄膜力；N_φ 和 N_θ 分别表示 II 状态时在 φ 和 θ 轴方向的薄球壳内力；M_φ 和 M_θ 分别表示 II 状态时在 φ 和 θ 轴方向的薄球壳内力矩；Q_φ 表示 II 状态在 φ 轴方向的薄球壳横向剪切力。

考虑球壳只受到轴对称外压 P 的作用，温度 T 为 0，根据薄膜理论可以得到薄膜力为

$$\overline{N}_\varphi = \overline{N}_\theta = -\frac{PR}{2} \tag{6-96}$$

将式 (6-96) 代入式 (6-95)，可得屈曲状态下薄球壳稳定性方程为

$$\begin{cases} (N_\varphi\sin\varphi)^* - N_\theta\cos\varphi - Q_\varphi\sin\varphi + \\ \quad \frac{P}{2}(u\cot^2\varphi\sin\varphi - u\sin\varphi - u^*\cos\varphi - u^{**}\sin\varphi) = 0 \\ N_\theta\sin\varphi + N_\varphi\sin\varphi + (Q_\varphi\sin\varphi)^* + \\ \quad \frac{P}{2}(w^{**}\sin\varphi + w^*\cos\varphi + 2w\sin\varphi) = 0 \\ (M_\varphi\sin\varphi)^* - M_\theta\cos\varphi = RQ_\varphi\sin\varphi \end{cases} \tag{6-97}$$

铁木辛柯（S. P. Timoshenko）在研究均匀受压的轴对称球壳的屈曲问题时，用叠加原理推导出薄球壳稳定性方程为

$$\begin{cases} (N_\varphi \sin\varphi)^* - N_\theta \cos\varphi - Q_\varphi \sin\varphi + \dfrac{P}{2}(w^* - u)\sin\varphi = 0 \\ N_\theta \sin\varphi + N_\varphi \sin\varphi + (Q_\varphi \sin\varphi)^* + \\ \qquad \dfrac{P}{2}(u^* \sin\varphi + u\cos\varphi + w^{**}\sin\varphi + w^* \cos\varphi + 4w\sin\varphi) = 0 \\ (M_\varphi \sin\varphi)^* - M_\theta \cos\varphi = RQ_\varphi \sin\varphi \end{cases} \qquad (6\text{-}98)$$

6.3.2 圆柱壳的稳定性

环肋圆柱壳结构在均匀外压力 P 的作用下,由于结构的形式和尺寸的不同,一般会产生肋骨间壳板失稳和总体失稳两种失稳形式。本小节将对产生这两种失稳形式的圆柱壳结构的失稳临界压力公式 P_{cr} 进行推导分析。由于非线性问题的复杂性,采用解析法几乎不能精确地求得考虑弹塑性的稳定性问题,一般采用能量法来研究弹性体的稳定性问题。本节采用能量法中的一种常用方法——里茨法来推导圆柱壳结构的各类稳定性公式。

假设研究的圆柱壳为同刚度、等间距的环肋,受到均匀的外压力 P 作用。选取柱坐标系进行分析,沿圆柱壳轴线方向为 x 轴。

当圆柱壳结构失去总稳定性时,圆柱壳的两端简化为自由支持在刚性支座上,在壳体的两端位移 v 和 w 等于零。圆柱壳在失稳后变形是连续状态,位移在三个方向上的分量都是坐标 φ 的周期函数,选取左端舱壁为坐标原点,则能满足上述条件的圆柱壳位移函数为

$$\begin{cases} u = A\sin n\varphi \cos\dfrac{m\pi x}{L} \\ v = B\cos n\varphi \sin\dfrac{m\pi x}{L} \\ w = C\sin n\varphi \cos\dfrac{m\pi x}{L} \end{cases} \qquad (6\text{-}99)$$

式中,x 为研究点与垂直于中心轴平面之间的距离;u 为研究点沿 x 轴方向的位移;v 为研究点沿圆环切线方向的位移;w 为研究点沿径向的位移;m 为壳失稳时沿壳的长度方向形成的半波数;n 为壳失稳时沿壳的圆周上形成的整波数;A、B、C 为常数;φ 为直径面与研究点所在直径面间的夹角;L 为在两端限制壳的横舱壁的间距。

圆柱壳壳板的应变能 V 为弯曲应变能 V_1 与中面应变能 V_2 之和,即

$$V = V_1 + V_2$$

式中,V_1 由壳的曲率变化和扭率决定,称为壳的弯曲应变能;V_2 由壳的中面应变决定,称为壳的中面应变能,且 V_1、V_2 的表达式为

$$\begin{cases} V_1 = \dfrac{\pi LD}{4R}\dfrac{D}{R^2}\{2(1-\mu)m^2\alpha^2 B^2 + 4(1-\mu)m^2\alpha^2 nBC + \\ \qquad [(m^2\alpha^2 + n^2 - 1)^2 + 2(1-\mu)m^2\alpha^2]C^2\} \\ V_2 = \dfrac{\pi L}{4R}\dfrac{Et}{1-\mu^2}\left\{\left[m^2\alpha^2 + \dfrac{1}{2}(1-\mu)n^2\right]A^2 + (1+\mu)mn\alpha AB\right\} + \\ \qquad \left[n^2 + \dfrac{1}{2}(1-\mu)m^2\alpha^2\right]B^2 + 2nBC + 2\mu m\alpha AC + C^2 \end{cases}$$

式中，$\alpha = \pi R/L$；$D = \dfrac{Et^3}{12(1-\mu^2)}$ 为抗弯刚度；R 为圆柱壳半径。

当环肋圆柱壳结构的肋骨随着壳板一起失稳时，设第 i 个肋骨距离左侧横舱壁 x_i（$x_i = il$），单根肋骨可以看成为封闭曲杆即圆环，每根肋骨的应变能为

$$V_{3i} = \frac{EI}{2}\int_0^{2\pi} \chi_2^2 R\,\mathrm{d}\varphi$$

一个舱段内的肋骨总数为（$L/l-1$）根，则可求得这个舱段内的肋骨应变能为

$$V_3 = \sum_{i=1}^{L/l-1} V_{3i} = \frac{\pi L}{4R}\frac{EI}{R^2 l}(n^2-1)^2 C^2$$

耐压圆柱壳结构在海底深潜工作时，会受到沿母线方向的纵向压缩力 T_1 和外压力 P 与横向压缩力 T_2 组成的横向力。这时，外力功为纵向压缩力 T_1 所做的功 U_1 与横向力所做的功 U_2 之和，即

$$U = U_1 + U_2$$

其中

$$\begin{cases} U_1 = \dfrac{\pi L}{4R} T_1 \alpha^2 m^2 C^2 \\ U_2 = \dfrac{\pi L}{4R} T_2 (n^2-1) C^2 \end{cases}$$

在各向均匀外压力的作用下，圆柱壳横剖面和纵剖面上的初始膜力可近似取为

$$T_1 \approx 0.5PR,\ T_2 \approx PR$$

圆柱壳的总位能 Π 为结构的应变能与外力位能的和，而外力位能可以用外力功改变符号来表示，即 $\Pi = V_1 + V_2 + V_3 - U_1 - U_2$。由于存在高阶微量，在计算中可以略去。又由里茨法基本的关系式

$$\frac{\partial \Pi}{\partial A} = 0,\ \frac{\partial \Pi}{\partial B} = 0,\ \frac{\partial \Pi}{\partial C} = 0$$

可求得受到均匀外压力作用下的耐压圆柱壳的总体稳定方程为

$$T_1 m^2 \alpha^2 + T_2(n^2-1) = \frac{D}{R^2}(m^2\alpha^2+n^2-1)^2 + \frac{Et m^4 \alpha^4}{(m^2\alpha^2+n^2)^2} + \frac{EI}{R^2 l}(n^2-1)^2$$

将 $T_1 \approx 0.5PR$，$T_2 \approx PR$ 代入上式可以求环肋圆柱壳总体失稳的欧拉载荷（理论临界压力）公式为

$$P'_E = \frac{1}{n^2-1+0.5m^2\alpha^2}\left[\frac{D}{R^3}(m^2\alpha^2+n^2-1)^2 + \frac{Et}{R}\frac{m^4\alpha^4}{(m^2\alpha^2+n^2)^2} + \frac{EI}{R^3 l}(n^2-1)^2\right] \qquad (6\text{-}100)$$

式中，m 为壳体失稳时轴向失稳半波数，此处通常取 1；n 为周向失稳半波数，将 $n = 2$、3、4 代入式（6-100），计算相应的临界压力 P'_E，取其中的最小值；I 为计及带板的肋骨惯性矩；D 为抗弯刚度。

易知环肋耐压圆柱壳结构的抗弯刚度 D 的值一般要远小于 EI/l，又由波数 $n>2$，$\alpha \approx 1$，可以看作 $(m^2\alpha^2+n^2-1)^2$ 和 $(n^2-1)^2$ 是同一个数量级别的。因此，式（6-100）中括号内的第一项（壳板的抗弯刚度）与第三项（肋骨的抗弯刚度）比是微量，计算时可以略去（中括号内的第二项为壳板的抗压刚度）。

为了实际计算方便可以进一步简化为

$$P'_E = \frac{3EI}{R^3 l}\chi$$

式中，

$$\chi = \frac{1}{3(n^2-1+0.5\alpha^2)}\left[\frac{10^4 \alpha^4 \beta}{(\alpha^2+n^2)^2} + (n^2-1)^2\right]$$

$$\alpha = \frac{\pi R}{L}$$

$$\beta = \frac{lt\left(\dfrac{R}{100}\right)^2}{I}$$

$$\gamma = 100t/R$$

随着对现代潜艇下潜深度要求的提高，其耐压壳体结构的尺寸也逐渐向大型化发展，壳体使用材料的屈服极限也在上升，结构参数下降，导致壳体结构出现沿纵向的刚度不足，有时会出现 $m \neq 1$ 的情况。此时，若肋骨的刚度纵向不足，则肋骨将会不起作用，壳体结构就像无肋骨的光滑耐压壳一样。通过推导计算，可以得出当 $m \neq 1$ 时耐压壳体的总稳定临界压力为

$$P'_E = \frac{Et^2}{R^2}\frac{2}{\sqrt{3(1-\mu^2)}} \tag{6-101a}$$

对于钢材，有 $\mu = 0.3$，则上式可简化为

$$P'_E = 1.21\frac{Et^2}{R^2} \tag{6-101b}$$

在确定耐压圆柱壳的总稳定临界压力时，为了避免确定式中 m 值的麻烦，通常可以分别计算式（6-101a）和式（6-101b）的压力值，两者比较取较小的值作为耐压壳体的理论临界压力值。

6.3.3 加筋曲壳的稳定性

当环肋圆柱壳结构的肋骨刚度超过临界刚度，结构在均匀水压力下会导致肋骨间的壳板发生失稳。肋骨这时将会保持原来的正圆形不变，被当作环肋壳体两端的刚性支座周界，坏肋壳体结构失稳时其纵向的半波长度等于肋骨的间距 l。从而，只需要让式（6-100）中的 $I=0$，$m=1$，这样就易求得肋骨之间壳板的失稳公式为

$$P_E = \frac{1}{n^2-1+0.5\alpha^2}\left[\frac{Et^3}{12(1-\mu^2)R^3}(\alpha^2+n^2-1)^2 + \frac{Et}{R}\frac{\alpha^4}{(\alpha^2+n^2)^2}\right]$$

对于环肋耐压圆柱壳结构，一般壳板失稳时圆周上形成的波数 n 比较大，当参数 $u = 0.634\dfrac{l}{\sqrt{Rt}}$ 在 1 至 4 之间时，可将上式简化为

$$P_E = \frac{Et^2}{R^2}\frac{0.6}{u-0.37}$$

肋骨作为壳板的刚性支座周界，耐压壳体的稳定性并没有考虑肋骨带来的影响。然而，

肋骨的尺寸大小对耐压壳体的稳定性有很大的影响，它会使环肋圆柱壳纵剖面上的压缩力 T_2 沿长度方向的分布不均匀，并不是如假设的那样为常数。因此，为了计算的精确性可以引入系数 K，则壳板的理论压力可以推导简化为

$$P_E = \frac{1}{K(n^2-1)+0.5\alpha^2}\left[\frac{Et^3}{12(1-\mu^2)R^3}(\alpha^2+n^2-1)^2+\frac{Et}{R}\frac{\alpha^4}{(\alpha^2+n^2)^2}\right]$$

同样地，对于环肋耐压圆柱壳结构，一般壳板失稳时圆周上形成的波数 n 比较大，当参数 $u = 0.634\dfrac{l}{\sqrt{Rt}}$ 在 1 至 4 之间时，可将上式简化为

$$P_E = E\left(\frac{t}{R}\right)^2\frac{0.6}{Ku-0.37(2K-1)}$$

另外，随着现代潜艇向大型化的发展，其耐压壳体结构的材料不断采用新型的高强度钢，结构参数 $\gamma = 100t/R$ 将会下降，$u = 0.634\dfrac{l}{\sqrt{Rt}}$ 会很小，将导致壳体结构出现沿轴向的刚度不足，有时会出现壳板轴对称失稳破坏的情况。当 $u < 1$ 时，壳板的理论临界压力应采用式（6-101）来计算。

第 2 篇

船舶结构有限元法

　　本篇为提高篇，主要针对现代船舶结构设计中涉及的船舶计算结构力学问题进行简要介绍，主要介绍杆系有限元法和板壳有限元法，重点介绍杆、板有限元法的基本概念及其求解方法理论，并针对现代船舶结构设计中的复合材料、热应力有限元分析问题进行论述，重点培养新工科背景下读者运用现代计算手段解决实际船舶结构力学问题的能力。

　　在杆系有限元法方面，主要介绍有限元法的基本概念、杆元基本类型，杆元及结构刚度矩阵等内容，并对涉及的约束处理和坐标变换问题进行讨论；在此基础上，讨论了空间杆系有限元分析和杆系稳定性分析问题。

　　在板壳有限元方面，首先简要介绍了弹性体应力、位移与应变的关系，并针对平面应力问题的三角形单元分析进行了讨论，阐明了其有限元求解原理及具体方法；在此基础上，介绍了矩形板单元及薄壳单元分析，并针对复合材料层合板、热应力问题有限元分析进行阐述，旨在为新工科背景下船舶结构力学问题分析提供新手段。

第 7 章

杆系有限元法

7.1 基本概念

长期以来在结构分析计算中一直用力法或位移法来解静不定结构,由于这种解法总是要求解线性方程组;因此对于复杂的高次静不定结构,在求解上就会遇到困难。

在结构力学领域,人们希望计算机代替人脑去进行一些计算工作,比如求解大型的线性方程组。从计算方法上首先考虑使用位移法,不用力法;从计算手段上就考虑用矩阵运算,因为矩阵表达的方程简单、明了,运算有规律,适用于计算机进行自动化数字计算,因此就出现了"矩阵法"(Matrix method)。

20 世纪 60 年代,结构分析中出现了"有限元法",把结构(连续体)考虑为有限个简单形状的单元组合。对于杆系结构来说,通常将它拆为一根根杆件来分析,按照有限元法的观点,自然可将各杆件当作单元,从而把杆系当作一些杆单元的组合。因此对杆系来说,本章所述的矩阵法也可以说是有限元法。

为此在本章中要引入以下几个新的术语与概念:

(1)"离散"(discretize) 在矩阵法或有限元法中,将杆系"拆"为杆件称为将结构"离散"。离散出来的杆件两端应理解为刚性固定的,但此刚性固定端通常不画出来,此外在集中力作用的地方也常进行离散。图 7-1 中画出了一个双跨梁离散后的图形。

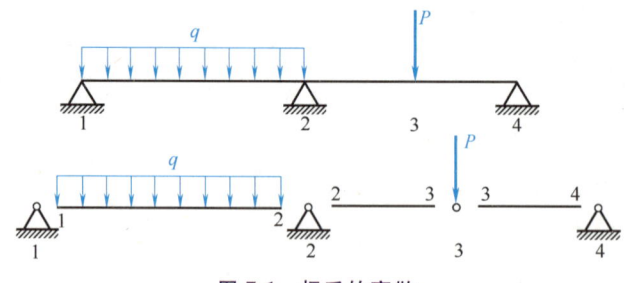

图 7-1 杆系的离散

(2)杆元与节点 每一个离散出来的杆件称为"杆元"或"单元"(element),杆元两端的点是"节点"(node)。在矩阵法中,节点是分析中计算位移与建立平衡方程的对象,故要把它们单独取出考虑,在有支座处的节点,节点与支座也应分开,如图 7-2 所示。此外杆元与节点均要进行编号。

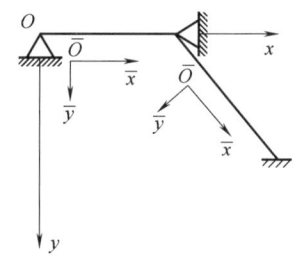

图 7-2 坐标转换

注：$\overline{O}\ \overline{x}\ \overline{y}$ 表示局部坐标系，Oxy 表示总坐标系。

（3）坐标系统　每一杆元有本身的坐标系统，称为局部坐标系统。为了解决刚架、板架等问题，还需建立一个总坐标系统或结构坐标系统，如图 7-2 所示。

（4）自由度　矩阵法的未知数是节点位移，即杆元两端的位移，它就是节点的位移。节点具有的位移数叫作"自由度数"。节点位移常用矩阵 $\{\delta_i\}$ 表示，其中的元素数就是自由度数。对于某一杆元 ij，其两端的位移常用下面的矩阵表示，叫作"单元节点位移向量"：

$$\{\delta_{ij}\} = \begin{Bmatrix} \delta_i \\ \delta_j \end{Bmatrix}$$

（5）杆元端点力　杆元端点仅因节点位移而产生的力叫作端点力，即位移法中的 M'_{ij}、N'_{ij}、M'_{ji}、N'_{ji} 等。对于某一杆元 ij，其"杆元端点力"可写作

$$\{F_{ij}\} = \begin{Bmatrix} F_i \\ F_j \end{Bmatrix}$$

杆元的端点力与端点位移总是一一对应的。

（6）杆元刚度矩阵　杆元端点力与节点位移之间的关系用杆元刚度矩阵联系，即

$$\{F_{ij}\} = [K^e]\{\delta_{ij}\} \tag{7-1}$$

式中，$[K^e]$ 称为"刚度矩阵"，简称"单刚"。除了这些术语以外，尚有分布外力处理、结构刚度矩阵、约束处理、坐标转换等将在后文分别介绍。

7.2　杆元的基本类型

应当指出，在矩阵法和有限元法中单元节点位移向量⊖和端点力向量元素的排列次序有一定的规律，单元节点位移向量各元素的排列遵循局部坐标系的矢径和右手定则，即：

1）先排起始节点，后排终止节点。
2）先排线位移，后排转角位移。
3）按照 x、y、z 轴的顺序进行排列。

单元力向量中各元素的排列也遵循类似的规则。向量元素的排列规则一经确定就不要轻易改变。

表 7-1 给出了杆元基本类型的节点位移和端点力。

⊖ 书中向量和矢量不需要统一，采用习惯称谓。——作者注

表 7-1　杆元基本类型的节点位移与端点力

名称	图形	节点位移 $\{\delta_{ij}\}$	端点力 $\{F_{ij}\}$
拉（压）杆元	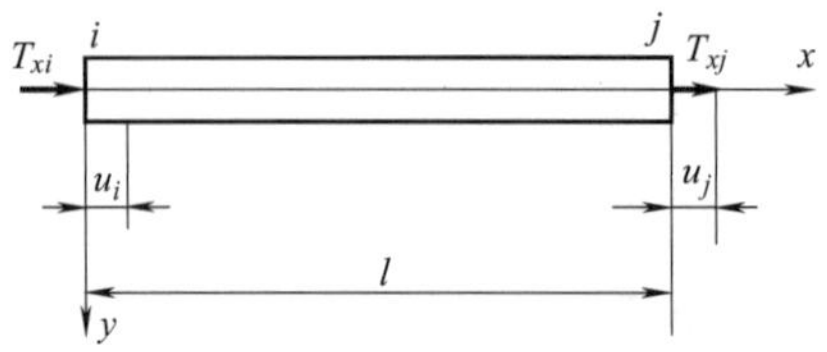	$\begin{Bmatrix} u_i \\ u_j \end{Bmatrix}$	$\begin{Bmatrix} T_{xi} \\ T_{xj} \end{Bmatrix}$
扭转杆元	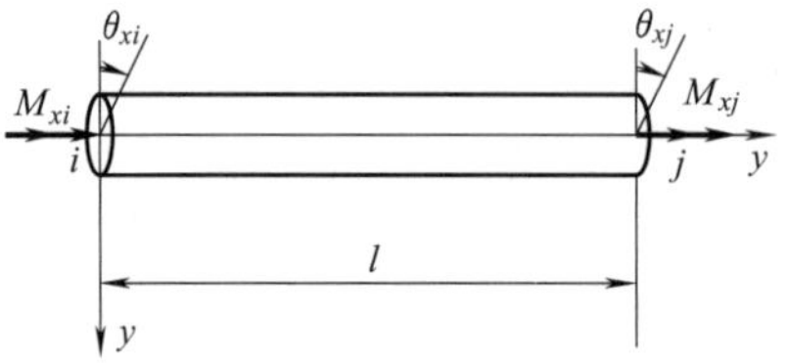	$\begin{Bmatrix} \theta_{xi} \\ \theta_{xj} \end{Bmatrix}$	$\begin{Bmatrix} M_{xi} \\ M_{xj} \end{Bmatrix}$
xOy 平面内弯曲杆元	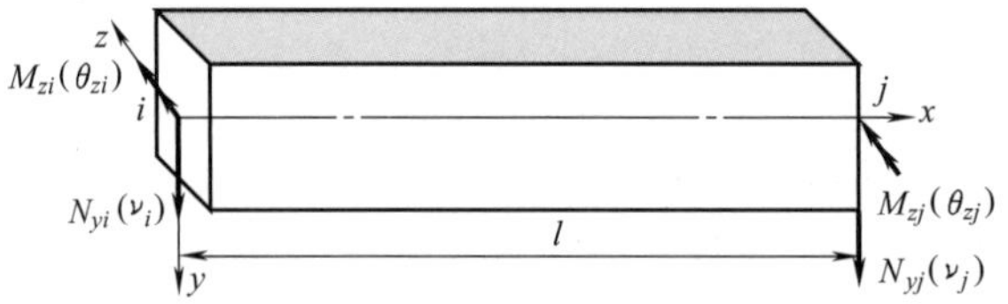	$\begin{Bmatrix} v_i \\ \theta_{zi} \\ v_j \\ \theta_{zj} \end{Bmatrix}$	$\begin{Bmatrix} N_{yi} \\ M_{zi} \\ N_{yj} \\ M_{zj} \end{Bmatrix}$
平面刚架杆元	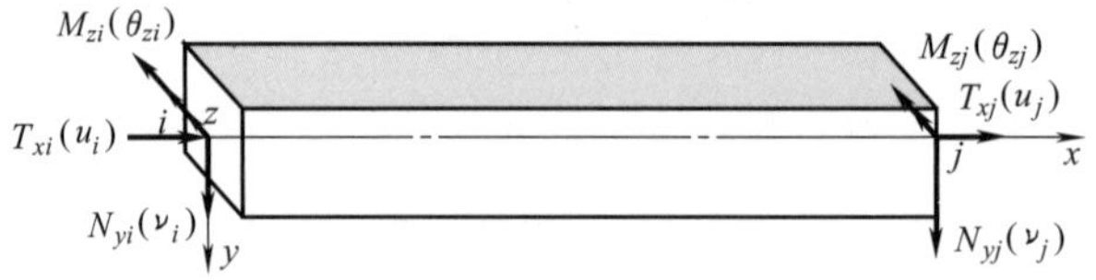	$\begin{Bmatrix} u_i \\ v_i \\ \theta_{zi} \\ u_j \\ v_j \\ \theta_{zj} \end{Bmatrix}$	$\begin{Bmatrix} T_{xi} \\ N_{yi} \\ M_{zi} \\ T_{xj} \\ N_{yj} \\ M_{zj} \end{Bmatrix}$

7.3　杆元及结构刚度矩阵

7.3.1　杆元刚度矩阵

杆元的刚度矩阵，即杆端点力 $\{F_{ij}\}$ 与节点位移 $\{\delta_{ij}\}$ 之间的关系式（7-1）中的 $[K^e]$。

1. 基本杆元的刚度矩阵

（1）拉（压）杆元　对于表 7-1 中的杆元，两端点力为 T_{xi}、T_{xj}，节点位移 u_i、u_j，均按正向表示在图上。有

$$\begin{Bmatrix} T_{xi} \\ T_{xj} \end{Bmatrix} = \frac{EA}{l} \begin{pmatrix} 1 & -1 \\ -1 & 1 \end{pmatrix} \begin{Bmatrix} u_i \\ u_j \end{Bmatrix}$$

故得刚度矩阵为

$$[K^e] = \frac{EA}{l}\begin{pmatrix} 1 & -1 \\ -1 & 1 \end{pmatrix} \tag{7-2}$$

（2）扭转杆元　对于表 7-1 中的杆元，两端扭矩为 M_{xi}、M_{xj}，扭角为 θ_{xi}、θ_{xj}，按正向画在图中，有

$$\begin{Bmatrix} M_{xi} \\ M_{xj} \end{Bmatrix} = \frac{GJ_x}{l}\begin{pmatrix} 1 & -1 \\ -1 & 1 \end{pmatrix}\begin{Bmatrix} \theta_{xi} \\ \theta_{xj} \end{Bmatrix}$$

故得刚度矩阵为

$$[K^e] = \frac{GJ_x}{l}\begin{pmatrix} 1 & -1 \\ -1 & 1 \end{pmatrix} \tag{7-3}$$

（3）xOy 平面内弯曲杆元　此种杆元的端点力与节点位移间的关系直接利用第 5 章中的结果

$$\begin{Bmatrix} N_{yi} \\ M_{zi} \\ N_{yj} \\ M_{zj} \end{Bmatrix} = \frac{EI_z}{l}\begin{pmatrix} \dfrac{12}{l^2} & \dfrac{6}{l} & -\dfrac{12}{l^2} & \dfrac{6}{l} \\ \text{对} & 4 & -\dfrac{6}{l} & 2 \\ & & \dfrac{12}{l^2} & -\dfrac{6}{l} \\ \text{称} & & & 4 \end{pmatrix}\begin{Bmatrix} v_i \\ \theta_{zi} \\ v_j \\ \theta_{zj} \end{Bmatrix} \tag{7-4}$$

式中，4×4 的方阵即为 xOy 平面内弯曲杆元的刚度矩阵。

（4）xOz 平面内弯曲杆元　同样应用第 5 章的结果，在本章的符号下，有

$$\begin{Bmatrix} M_{yi} \\ N_{zi} \\ M_{yj} \\ N_{zj} \end{Bmatrix} = \frac{EI_y}{l}\begin{pmatrix} 4 & -\dfrac{6}{l} & 2 & \dfrac{6}{l} \\ & \dfrac{12}{l^2} & -\dfrac{6}{l} & -\dfrac{12}{l^2} \\ \text{对} & & 4 & \dfrac{6}{l} \\ \text{称} & & & \dfrac{12}{l^2} \end{pmatrix}\begin{Bmatrix} \theta_{yi} \\ w_i \\ \theta_{yj} \\ w_j \end{Bmatrix} \tag{7-5}$$

式中，4×4 的方阵即为 xOz 平面内弯曲杆元的刚度矩阵。

求得了上述四种基本杆元的刚度矩阵后，不难得到：

（5）平面桁架杆元的刚度矩阵

$$\begin{Bmatrix} T_{xi} \\ N_{zi} \\ T_{xj} \\ N_{zj} \end{Bmatrix} = \frac{EA}{l}\begin{pmatrix} 1 & 0 & -1 & 0 \\ & 0 & 0 & 0 \\ \text{对} & & 1 & 0 \\ \text{称} & & & 0 \end{pmatrix}\begin{Bmatrix} u_i \\ v_i \\ u_j \\ v_j \end{Bmatrix} \tag{7-6}$$

（6）平面刚架杆元的刚度矩阵（1+3）

$$\begin{Bmatrix} T_{xi} \\ N_{yi} \\ M_{zi} \\ T_{xj} \\ N_{yj} \\ M_{zj} \end{Bmatrix} = \frac{E}{l} \begin{pmatrix} A & 0 & 0 & -A & 0 & 0 \\ & \frac{12I_z}{l^2} & \frac{6I_z}{l} & 0 & -\frac{12I_z}{l^2} & \frac{6I_z}{l} \\ & & 4I_z & 0 & -\frac{6I_z}{l} & 2I_z \\ & \text{对} & & A & 0 & 0 \\ & \text{称} & & & \frac{12I_z}{l^2} & -\frac{6I_z}{l} \\ & & & & & 4I_z \end{pmatrix} \begin{Bmatrix} u_i \\ v_i \\ \theta_{zi} \\ u_j \\ v_j \\ \theta_{zj} \end{Bmatrix} \quad (7\text{-}7)$$

式中，6×6 的方阵即为刚度矩阵。如在刚架计算中不计杆元的轴向变形，则 $A = \infty$。

（7）平面板架杆元的刚度矩阵（2+4）

$$\begin{Bmatrix} M_{xi} \\ M_{yi} \\ N_{zi} \\ M_{xj} \\ M_{yj} \\ N_{zj} \end{Bmatrix} = \frac{E}{l} \begin{pmatrix} \frac{J_x}{2(1+\mu)} & 0 & 0 & -\frac{J_x}{2(1+\mu)} & 0 & 0 \\ & 4I_y & -\frac{6I_y}{l} & 0 & -2I_y & \frac{6I_y}{l} \\ & & \frac{12I_y}{l^2} & 0 & -\frac{6I_y}{l} & -\frac{12I_y}{l^2} \\ & \text{对} & & \frac{J_x}{2(1+\mu)} & 0 & 0 \\ & & & & 4I_y & \frac{6I_y}{l} \\ & \text{称} & & & & \frac{12I_y}{l^2} \end{pmatrix} \begin{Bmatrix} \theta_{xi} \\ \theta_{yi} \\ w_i \\ \theta_{xj} \\ \theta_{yj} \\ w_j \end{Bmatrix} \quad (7\text{-}8)$$

式中，6×6 的方阵即为刚度矩阵；μ 为泊松比；$G = E/2(1+\mu)$。如在通常的板架计算中不计扭转力矩，则 $J_x = 0$。

2. 杆元刚度矩阵的性质与分块子矩阵

刚度矩阵 $[K^e]$ 有如下性质：

1）杆元刚度矩阵是对称方阵。
2）对角线上的元素为正值。
3）杆元刚度矩阵的行列式值 $|[K^e]| = 0$，即杆元刚度矩阵是奇异矩阵。

为了以后建立结构平衡方程的需要，下面将杆元刚度矩阵分为四个子矩阵。为此将 $\{F_{ij}\} = [K^e]\{\delta_{ij}\}$ 改写作

$$\begin{Bmatrix} F_i \\ \text{---} \\ F_j \end{Bmatrix} = \begin{pmatrix} K_{ii} & \vdots & K_{ij} \\ \cdots & \cdots & \cdots \\ K_{ji} & \vdots & K_{jj} \end{pmatrix} \begin{Bmatrix} \delta_i \\ \text{---} \\ \delta_j \end{Bmatrix} \quad (7\text{-}9)$$

式中，$\{F_i\}$、$\{F_j\}$ 分别为杆端 i、j 的端点力矩阵；$\{\delta_i\}$、$\{\delta_j\}$ 分别为节点 i、j 的位移矩阵；$[K_{ii}]$、$[K_{ij}]$、$[K_{ji}]$、$[K_{jj}]$ 即为杆元刚度矩阵的子矩阵。对于节点自由度为 n 的杆元，子矩阵为 $n \times n$ 方阵，并且由于杆元刚度矩阵的对称性质，子矩阵与转置矩阵间有如下关系：

$$[K_{ii}] = [K_{ii}]^T, \quad [K_{ij}] = [K_{ji}]^T, \quad [K_{jj}] = [K_{jj}]^T \tag{7-10}$$

7.3.2 结构刚度矩阵

本节研究结构的平衡方程。由于矩阵法中平衡方程是对节点建立的，所以先需对节点力做一说明。

1. 节点力

在上一小节中已经求得杆元 ij 的端点力与节点位移间的关系为

$$\begin{Bmatrix} F_i \\ \hdashline F_j \end{Bmatrix} = \begin{pmatrix} K_{ii} & K_{ij} \\ \hdashline K_{ji} & K_{jj} \end{pmatrix} \begin{Bmatrix} \delta_i \\ \hdashline \delta_j \end{Bmatrix}$$

由于节点力与杆端点力互为作用力与反作用力，故因节点位移引起的节点力为 $-\{F_{ij}\}$。如果杆元上还有外力，则一般情况下节点力包括有：$-\{F_{ij}\}$、固端力 $-\{\overline{P}_{ij}\}$ 以及节点上所受的外加集中力或支反力。除了 $-\{F_{ij}\}$ 之外，把其余的力用符号 $\{P_{ij}\}$ 概括之，并称为节点的外载荷矩阵，因此有节点力为

$$-\{F_{ij}\} + \{P_{ij}\} = -\begin{Bmatrix} F_i \\ F_j \end{Bmatrix} + \begin{Bmatrix} P_i \\ P_j \end{Bmatrix} \tag{7-11}$$

2. 节点力的平衡方程

有了节点力的概念，即可对结构诸节点建立平衡方程。仍以图 7-1 中的双跨梁为例，设杆元 1—2 为①，2—3 为杆元②，3—4 为杆元③，对它们分别有

$$\begin{Bmatrix} F_1^{(1)} \\ F_2^{(1)} \end{Bmatrix} = \begin{pmatrix} K_{11}^{(1)} & K_{12}^{(1)} \\ K_{21}^{(1)} & K_{22}^{(1)} \end{pmatrix} \begin{Bmatrix} \delta_1 \\ \delta_2 \end{Bmatrix}, \quad \{\delta_1\} = \begin{Bmatrix} \nu_1 \\ \theta_{z1} \end{Bmatrix}, \quad \{\delta_2\} = \begin{Bmatrix} \nu_2 \\ \theta_{z2} \end{Bmatrix}$$

$$\begin{Bmatrix} F_2^{(2)} \\ F_3^{(2)} \end{Bmatrix} = \begin{pmatrix} K_{22}^{(2)} & K_{23}^{(2)} \\ K_{32}^{(2)} & K_{33}^{(2)} \end{pmatrix} \begin{Bmatrix} \delta_2 \\ \delta_3 \end{Bmatrix}, \quad \{\delta_3\} = \begin{Bmatrix} \nu_3 \\ \theta_{z3} \end{Bmatrix}$$

$$\begin{Bmatrix} F_3^{(3)} \\ F_4^{(3)} \end{Bmatrix} = \begin{pmatrix} K_{33}^{(3)} & K_{34}^{(3)} \\ K_{43}^{(3)} & K_{44}^{(3)} \end{pmatrix} \begin{Bmatrix} \delta_3 \\ \delta_4 \end{Bmatrix}, \quad \{\delta_4\} = \begin{Bmatrix} \nu_4 \\ \theta_{z4} \end{Bmatrix}$$

整个结构的全部节点的平衡方程为

$$\begin{pmatrix} K_{11}^{(1)} & K_{12}^{(1)} & & \\ K_{21}^{(1)} & K_{22}^{(1)}+K_{22}^{(2)} & K_{23}^{(2)} & \\ & K_{32}^{(2)} & K_{33}^{(2)}+K_{33}^{(3)} & K_{34}^{(3)} \\ & & K_{43}^{(3)} & K_{44}^{(3)} \end{pmatrix} \begin{Bmatrix} \delta_1 \\ \delta_2 \\ \delta_3 \\ \delta_4 \end{Bmatrix}_{8\times 1} = \begin{Bmatrix} P_1 \\ P_2 \\ P_3 \\ P_4 \end{Bmatrix}_{8\times 1} \tag{7-12}$$

式中，

$$\{P_1\} = \begin{Bmatrix} R_1 - \overline{N}_{y1}^{(1)} \\ -\overline{M}_{z1}^{(1)} \end{Bmatrix}, \quad \{P_2\} = \begin{Bmatrix} R_2 - \overline{N}_{y2}^{(1)} \\ -\overline{M}_{z2}^{(1)} \end{Bmatrix}, \quad \{P_3\} = \begin{Bmatrix} P \\ 0 \end{Bmatrix}, \quad \{P_4\} = \begin{Bmatrix} R_4 \\ 0 \end{Bmatrix}$$

R_1 为支座 1 支反力，$\overline{N}_{y1}^{(1)}$ 及 $\overline{M}_{z1}^{(1)}$ 分别为杆元①在 1 端的固端剪力与固端弯矩，或可简记为

$$[K]\{\delta\} = \{P\} \tag{7-13}$$

式中，$[K]$ 称为"结构刚度矩阵"或"总刚度矩阵"，它联系了节点位移 $\{\delta\}$ 与节点外力 $\{P\}$ 间的关系。

不难发现结构刚度矩阵是由各杆元刚度矩阵的子矩阵按节点号码排列而成的，子矩阵下标的数字决定了它在总刚度矩阵中的位置：第一个下标决定了它在总刚度矩阵中的行，第二个下标决定了它在总刚度矩阵中的列，两个下标相间的子矩阵在总刚度矩阵的同一位置中相加。这一做法叫作子矩阵"对号入座"组成总刚度矩阵。

3. 结构刚度矩阵的性质

通过以上分析，可知总刚度矩阵有如下性质：

1) 结构总刚度矩阵是对称方阵，并且总刚度矩阵主对角线上的元素必为正值。

2) 结构总刚度矩阵是带状稀疏矩阵，带状区域的最大宽度叫作"带宽"（图 7-3）。

在计算机计算过程中，总刚度矩阵中的非零元素是要储存的，根据所论的特点，只需要储存矩阵中"半带宽"包括主对角线上的所有非零元素。因此为了节约计算机内存，总刚度矩阵的带状宽度越小越好，这就需要合理地编排节点的号码。

为了说明这一情况，参考图 7-4 中的刚架结构，它有 10 个节点，12 个杆元。当节点号按图 7-4a 所示排列时，总刚度矩阵带状宽度远比节点号按图 7-4b 排列时要小，因此取图 7-4a 的节点号是有利的。

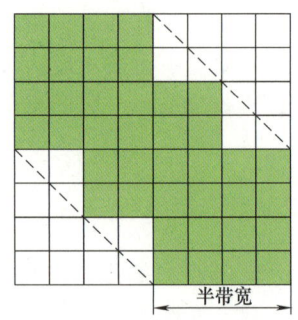

图 7-3 "带宽"示意图

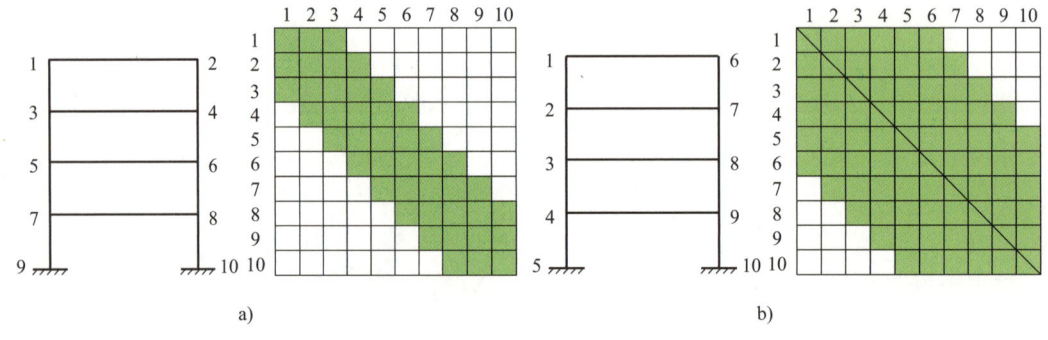

图 7-4 刚架结构节点号

7.4 约束处理及坐标变换

7.4.1 约束处理

在矩阵法中，一开始就对全部节点列出所有的平衡方程，方程的数目超过了未知数的数目，而且在方程中还出现了未知的支反力，这都是由于没有考虑到结构边界约束的缘故。就

刚度矩阵来说，由于建立杆元刚度矩阵时没有排除杆元发生某种刚体位移的可能性，因此杆元刚度矩阵与总刚度矩阵均为奇异矩阵，奇异矩阵是不可能求解的，必须进行一定的处理，这种处理就是本节中要介绍的"约束处理"。

现先以上节的连续梁为例说明约束处理的方法。根据上节得到的方程（7-12），将 $\{\delta_1\}$、…、$\{\delta_4\}$，$\{P_1\}$、…、$\{P_4\}$ 中的元素代入后，将有如下的形式：

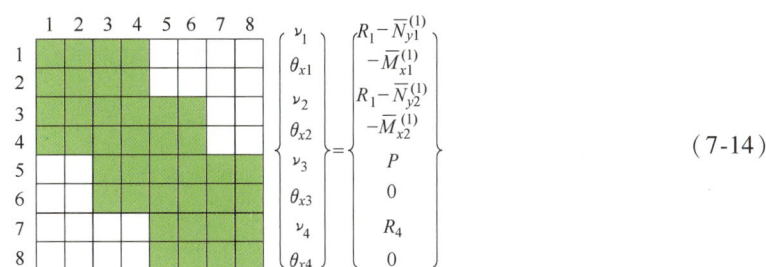

因为在本例中，节点 1、2、4 处的支座为自由支持，故 $v_1 = v_2 = v_4 = 0$，位移为零的 v_1、v_2、v_4 所对应的行和列划去，这一做法叫作将方程（7-14）进行"约束处理"，对经过约束处理后的方程进行求解。

因此对于结构中刚性约束的约束处理就是从结构刚度矩阵中划去那些与零位移相应的行和列。做到这一点并不困难，只要在程序设计中在总体自由度编码时对零位移的自由度 i 跳过，不进行编码，这样在组集结构刚度矩阵和节点外力矩阵时就自然没有原来 i 自由度有关的行和列元素，从而达到划去这些元素的目的。

对于弹性约束，例如弹性支座与弹性固定端，则情况有所不同。设图 7-1 中连续梁节点 2 处的支座为弹性支座，且其刚性系数为 $K_2 = 1/A_2$，则式（7-14）中的第三个式子将变为

$$k_{31}v_1 + k_{32}\theta_{z1} + k_{33}v_2 + \cdots = -K_2 v_2 - \overline{N}_{y2}^{(1)}$$

将等式右边的 $-K_2 v_2$ 移至左边与 $k_{33}v_2$ 的项合并，得

$$k_{31}v_1 + k_{32}\theta_{z1} + (k_{33} + K_2)v_2 + \cdots = -\overline{N}_{y2}^{(1)}$$

因此，若结构在相应于第 s 个位移分量处有刚性系数为 K_s 的弹性约束，就只要在结构刚度矩阵中把 K_s 加到相应于第 s 个位移的主对角线上的元素上去，而在相应于第 s 个位移的节点力中不必考虑弹性约束的约束力。

现在系统地分析下列相关例题的解法，并展示如何在 MATLAB 环境下进行求解。

[**例 7-1**]　计算图 7-5 所示的双跨梁，梁两端为刚性固定，中间支座为弹性支座，并在弹性支座上受到集中力 P 作用。已知 $l = 2.5\text{m}$，$I = 1200\text{cm}^4$，$P = 80\text{kN}$，中间弹性支座的刚性系数为 $K_2 = 11.7EI/l^3 = 1799\text{kN/m}$。

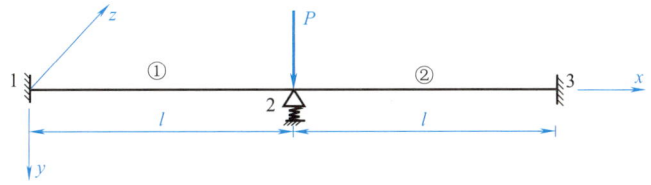

图 7-5　[例 7-1] 图

解：将此双跨梁离散为 2 个杆元，3 个节点。将此两个杆元的刚度矩阵写出为

$$[K^{(1)}]=[K^{(2)}]=\frac{EI}{l}\begin{pmatrix} \frac{12}{l^2} & \frac{6}{l} & -\frac{12}{l^2} & \frac{6}{l} \\ \frac{6}{l} & 4 & -\frac{6}{l} & 2 \\ -\frac{12}{l^2} & -\frac{6}{l} & \frac{12}{l^2} & -\frac{6}{l} \\ \frac{6}{l} & 2 & -\frac{6}{l} & 4 \end{pmatrix} = \begin{pmatrix} K_{11}^{(1)} & K_{12}^{(1)} \\ K_{21}^{(1)} & K_{22}^{(1)} \end{pmatrix} = \begin{pmatrix} K_{11}^{(2)} & K_{12}^{(2)} \\ K_{21}^{(2)} & K_{22}^{(2)} \end{pmatrix}$$

于是按下式计算结构总刚度矩阵

$$[K] = \begin{pmatrix} K_{11}^{(1)} & K_{12}^{(1)} & \\ K_{21}^{(1)} & K_{22}^{(1)}+K_{11}^{(2)} & K_{12}^{(2)} \\ & K_{21}^{(2)} & K_{22}^{(2)} \end{pmatrix}$$

可得节点平衡方程为

$$\frac{EI}{l}\begin{pmatrix} \frac{12}{l^2} & \frac{6}{l} & -\frac{12}{l^2} & \frac{6}{l} & & \\ \frac{6}{l} & 4 & -\frac{6}{l} & 2 & & \\ -\frac{12}{l^2} & -\frac{6}{l} & \frac{24}{l^2} & 0 & -\frac{12}{l^2} & \frac{6}{l} \\ \frac{6}{l} & 2 & 0 & 8 & -\frac{6}{l} & 2 \\ & & -\frac{12}{l^2} & -\frac{6}{l} & \frac{12}{l^2} & -\frac{6}{l} \\ & & \frac{6}{l} & 2 & -\frac{6}{l} & 4 \end{pmatrix} \begin{Bmatrix} v_1 \\ \theta_{z1} \\ v_2 \\ \theta_{z2} \\ v_3 \\ \theta_{z3} \end{Bmatrix} = \begin{Bmatrix} R_1 \\ M_{R1} \\ P-K_2 v_2 \\ 0 \\ R_3 \\ M_{R3} \end{Bmatrix}$$

进行约束处理，因 $v_1 = \theta_{z1} = v_3 = \theta_{z3} = 0$，由对称关系 $\theta_{z2} = 0$，故在刚度矩阵中划去第 1、2、4、5、6 行和列；将节点 2 的弹性支座刚度系数 K_2 代入，得 v_2 的一个方程如下：

$$\left(\frac{24EI}{l^3}+K_2\right)v_2 = P$$

由此解得

$$v_2 = 0.028\frac{Pl^3}{EI} = 1.46\text{cm}$$

杆元 1—2 的端点力为

$$\begin{Bmatrix} N_{y1} \\ M_{z1} \\ N_{y2} \\ M_{z2} \end{Bmatrix} = \frac{EI}{l}\begin{pmatrix} \frac{12}{l^2} & \frac{6}{l} & -\frac{12}{l^2} & \frac{6}{l} \\ \frac{6}{l} & 4 & -\frac{6}{l} & 2 \\ -\frac{12}{l^2} & -\frac{6}{l} & \frac{12}{l^2} & -\frac{6}{l} \\ \frac{6}{l} & 2 & -\frac{6}{l} & 4 \end{pmatrix}\begin{Bmatrix} 0 \\ 0 \\ v_2 \\ 0 \end{Bmatrix} = P\begin{Bmatrix} -0.336 \\ -0.168l \\ 0.336 \\ -0.168l \end{Bmatrix}$$

MATLAB 程序如下:

```
l=sym('2.5');%%定义杆长 l=2.5m
EI=sym('2400');%%定义抗弯刚度 EI=2400
P=sym('80');%%定义集中力 P=80kN
G2=sym('1799');%%定义刚性系数 G2=1799kN/m
K_1=EI/l*[12/l^2,6/l,-12/l^2,6/l;6/l,4,-6/l,2;
    -12/l^2,-6/l,12/l^2,-6/l;6/l,2,-6/l,4];%定义大小为 4×4 的杆元①刚度矩阵
K_2=K_1;%定义大小为 4×4 的杆元②刚度矩阵
O=zeros(2,2);%定义大小为 2×2 的零矩阵
%对杆元①和②的刚度矩阵进行分块处理:分成大小为 2×2 的 4 个矩阵
K11_1=K_1(1:2,1:2);                K22_2=K_2(1:2,1:2);
K12_1=K_1(1:2,3:4);                K23_2=K_2(1:2,3:4);
K21_1=K_1(3:4,1:2);                K32_2=K_2(3:4,1:2);
K22_1=K_1(3:4,3:4);                K33_2=K_2(3:4,3:4);
K=[K11_1,K12_1,O;K21_1,K22_1+K22_2,K23_2;O,K32_2,K33_2]%根据节点,合成总刚度矩阵 K
syms v1 u1 v2 u2 v3 u3;%%定义各节点位移:节点 1 的挠度 v1,转角 u1,节点 2 的挠度 v2,转角 u2,节点 3 的挠度 v3,转角 u3
V=[v1;u1;v2;u2;v3;u3];%组成大小为 1×6 的位移向量
syms R1 MR1 R3 MR3;%定义各节点的力和力矩
R=[R1;MR1;P-G2*v2;0;R3;MR3];%组成大小为 1×6 的节点力向量
%约束处理 v1=u1=v3=u3=0,u2=0
K(1:2,:)=[];%%划去总刚度矩阵的第 1~2 行
K(:,1:2)=[];%%划去总刚度矩阵的第 1~2 列
K(3:4,:)=[];%%划去总刚度矩阵的第 3~4 行
K(:,3:4)=[];%%划去总刚度矩阵的第 3~4 列
K(2:2,:)=[];%%划去总刚度矩阵的第 2 行
K(:,2:2)=[];%%划去总刚度矩阵的第 2 列
V(1:2,:)=[];%%划去位移向量的第 1~2 行
V(3:4,:)=[];%%划去位移向量的第 3~4 行
V(2:2,:)=[];%%划去位移向量的第 2 行
R(1:2,:)=[];%%划去节点力向量的第 1~2 行
R(3:4,:)=[];%%划去节点力向量的第 3~4 行
R(2:2,:)=[];%%划去节点力向量的第 2 行
v2=solve(K*V==R,v2);% 解方程:K*V=R,得到节点 2 的挠度 v2=0.0146
F=K_1*[0;0;v2;0];%计算杆元 1—2 的端点力
```

上面程序求解的结果为

$$F = \begin{Bmatrix} -26.88 \\ -33.6 \\ 26.88 \\ 33.6 \end{Bmatrix}$$

7.4.2 坐标变换

前面讨论的结构均为连续梁，即所有杆元均在同一条直线上，总体坐标系和每根杆元的局部坐标系的正方向一致，组集总刚和总体载荷向量时可以直接运用对号入座法。但是对于一般的平面刚架结构，杆元坐标系往往和总体坐标系是不一致的，因此在列力的平衡方程时必须先将节点力经过坐标转换，统一到总坐标系中才能相加。

1. 坐标转换关系

对于平面问题，仅需考虑平面内力和位移的坐标转换，为此考虑图 7-6 中的坐标 $\overline{O}\,\overline{x}\,\overline{y}\,\overline{z}$ 及 $Oxyz$，它们之间相差一个角度 α，此 α 规定自结构坐标轴 Ox 顺时针向转到局部坐标轴时为正，即 α 角的矢量与 z 轴正向一致时为正。由于 $\overline{Oz}$ 与 Oz 方向一致，故在推导平面内的坐标转换时可将 $\overline{O}$ 与 O 考虑重合。现考虑一矢量 P，它在总坐标系中的分量为 x、y，在局部坐标系中的分量为 $\overline{x}$、$\overline{y}$。于是由图 7-6 中的几何关系可知

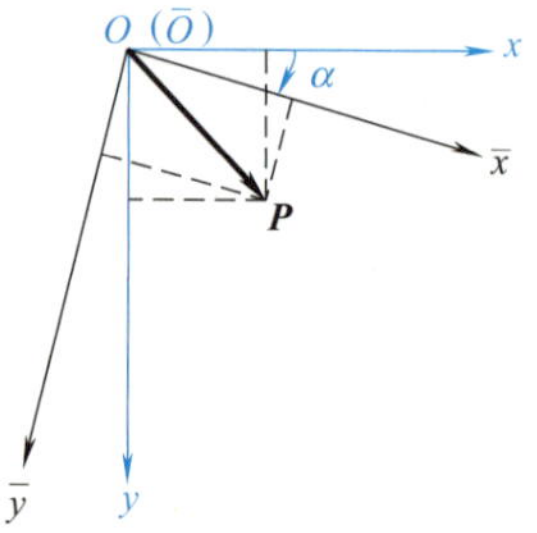

$$x = \overline{x}\cos\alpha - \overline{y}\sin\alpha, \quad y = \overline{x}\sin\alpha + \overline{y}\cos\alpha$$

图 7-6 坐标转换

考虑到 $z = \overline{z}$，得

$$\begin{Bmatrix} x \\ y \\ z \end{Bmatrix} = \begin{pmatrix} \cos\alpha & -\sin\alpha & 0 \\ \sin\alpha & \cos\alpha & 0 \\ 0 & 0 & 1 \end{pmatrix} \begin{Bmatrix} \overline{x} \\ \overline{y} \\ \overline{z} \end{Bmatrix} \tag{7-15}$$

2. 力与位移的坐标转换

将坐标转换关系式（7-15）用于各种类型的杆元，凡 $\overline{x}$、$\overline{y}$ 方向的力（或力矢量）及 $\overline{x}$、$\overline{y}$ 方向的位移均需转换成总坐标系中的量。节点位移的坐标转换相同，故一般地有

$$\begin{cases} \{F_{ij}\} = [T]\{\overline{F_{ij}}\} \\ \{\delta_{ij}\} = [T]\{\overline{\delta_{ij}}\} \\ \{P_{ij}\} = [T]\{\overline{P_{ij}}\} \end{cases} \tag{7-16}$$

式中，$[T]$ 为坐标转换矩阵，且

$$[T] = \begin{pmatrix} (t) & \\ & (t) \end{pmatrix}, \quad [t] = \begin{pmatrix} \cos\alpha & -\sin\alpha & 0 \\ \sin\alpha & \cos\alpha & 0 \\ 0 & 0 & 1 \end{pmatrix} \quad (7\text{-}17)$$

对于平面桁架杆元，
$$[t] = \begin{pmatrix} \cos\alpha & -\sin\alpha \\ \sin\alpha & \cos\alpha \end{pmatrix}$$

3. 杆元刚度矩阵的坐标转换

在局部坐标系中，有
$$\{\overline{F_{ij}}\} = [\overline{K^e}]\{\overline{\delta_{ij}}\}$$

利用式（7-15）的关系，有
$$\{F_{ij}\} = [K^e]\{\delta_{ij}\} = [T]\{\overline{F_{ij}}\} = [T][\overline{K^e}]\{\overline{\delta_{ij}}\} = [T][\overline{K^e}][T]^{-1}\{\delta_{ij}\}$$

不难证明 $[T]^T[T] = [I]$（单位矩阵），因此有
$$[K^e] = [T][\overline{K^e}][T]^T \quad (7\text{-}18)$$

把各杆元的刚度矩阵全部转换到结构坐标系后，在建立结构总刚度矩阵时就可以像以前一样将刚度矩阵的子矩阵按其下标对号入座求到。

至此，用矩阵法计算结构的全过程可归结如下：

1）将结构离散为杆元与节点，并建立杆元坐标系与结构坐标系。

2）建立杆元坐标系中的杆元刚度矩阵 $[\overline{K^e}]$。

3）通过坐标转换得结构坐标系中的杆元刚度矩阵 $[K^e]$。

4）建立结构坐标系中的总刚度矩阵 $[K]$。

5）计算节点外载荷矩阵 $\{P\}$。

6）约束处理。

7）求解平衡方程得节点位移。

8）计算在结构坐标系及杆元坐标系中的杆元端点力从而求出杆元的内力与变形。

按下来将分步解析相关例题，并给出相应的MAT-LAB解法示例。

[**例 7-2**] 计算某货轮第三货舱肋骨刚架。已知：$l_{12} = l_{34} = 6.6\text{m} = 2.2l_0$，$l_{23} = 3.0\text{m} = l_0$，$l_{35} = 8.1\text{m} = 2.7l_0$；$I_{12} = 45100\text{cm}^4 = 6.8I_0$，$I_{23} = 6655\text{cm}^4 = I_0$，$I_{34} = 8600\text{cm}^4 = 1.29I_0$，$I_{35} = 25200\text{cm}^4 = 3.8I_0$；$q_1 = 44.15\text{kN/m} = 2q_0$，$q_3 = 22.07\text{kN/m} = q_0$，$q_5 = 81.72\text{kN/m} = 3.7q_0$。

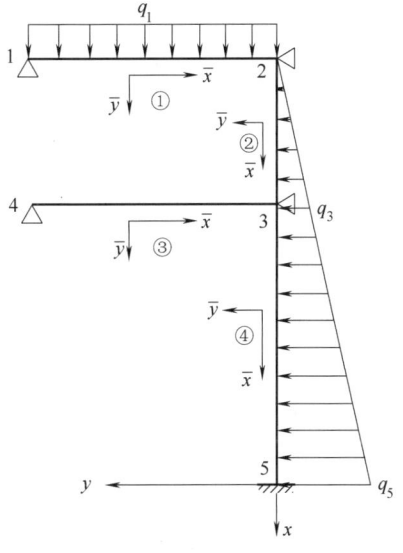

图 7-7 [例 7-2] 图

解：（1）将此刚架离散为 4 个杆元，5 个节点，并建立各杆元的局部坐标即刚架的总坐标如图 7-7 所示（图中杆元②、杆元④的局部坐标与总坐标一致）。

（2）计算各杆元的刚度矩阵。对杆元①：

$$\left(\overline{K_{1-2}^{(1)}}\right) = \frac{EI_0}{l_0^2} \begin{pmatrix} 10^8 & 0 & 0 & -10^8 & 0 & 0 \\ 0 & \dfrac{7.67}{l_0} & 8.43 & 0 & -\dfrac{7.67}{l_0} & 8.43 \\ 0 & 8.43 & 12.33l_0 & 0 & -8.43 & 6.18l_0 \\ -10^8 & 0 & 0 & 10^8 & 0 & 0 \\ 0 & -\dfrac{7.67}{l_0} & -8.43 & 0 & \dfrac{7.67}{l_0} & -8.43 \\ 0 & 8.43 & 6.18l_0 & 0 & -8.43 & 12.33l_0 \end{pmatrix}$$

对杆元②：

$$\left(\overline{K_{2-3}^{(2)}}\right) = \frac{EI_0}{l_0^2} \begin{pmatrix} 10^8 & 0 & 0 & -10^8 & 0 & 0 \\ 0 & \dfrac{12}{l_0} & 6 & 0 & -\dfrac{12}{l_0} & 6 \\ 0 & 6 & 4l_0 & 0 & -6 & 2l_0 \\ -10^8 & 0 & 0 & 10^8 & 0 & 0 \\ 0 & -\dfrac{12}{l_0} & -6 & 0 & \dfrac{12}{l_0} & -6 \\ 0 & 6 & 2l_0 & 0 & -6 & 4l_0 \end{pmatrix}$$

对杆元③：

$$\left(\overline{K_{4-3}^{(3)}}\right) = \frac{EI_0}{l_0^2} \begin{pmatrix} 10^8 & 0 & 0 & -10^8 & 0 & 0 \\ 0 & \dfrac{1.46}{l_0} & 1.60 & 0 & -\dfrac{1.46}{l_0} & 1.60 \\ 0 & 1.60 & 2.35l_0 & 0 & -1.60 & 1.17l_0 \\ -10^8 & 0 & 0 & 10^8 & 0 & 0 \\ 0 & -\dfrac{1.46}{l_0} & -1.60 & 0 & \dfrac{1.46}{l_0} & -1.60 \\ 0 & 1.60 & 1.17l_0 & 0 & -1.60 & 2.35l_0 \end{pmatrix}$$

对杆元④：

$$\left(\overline{K_{3-5}^{(4)}}\right) = \frac{EI_0}{l_0^2} \begin{pmatrix} 10^8 & 0 & 0 & -10^8 & 0 & 0 \\ 0 & \dfrac{2.32}{l_0} & 3.13 & 0 & -\dfrac{2.32}{l_0} & 3.13 \\ 0 & 3.13 & 5.63l_0 & 0 & -3.13 & 2.81l_0 \\ -10^8 & 0 & 0 & 10^8 & 0 & 0 \\ 0 & -\dfrac{2.32}{l_0} & -3.13 & 0 & \dfrac{2.32}{l_0} & -3.13 \\ 0 & 3.13 & 2.81l_0 & 0 & -3.13 & 5.63l_0 \end{pmatrix}$$

（3）对于杆元①、杆元③，应进行坐标转换，因局部坐标与总坐标夹角 $\alpha = 270°$，故由

坐标转换矩阵公式得

$$[T] = \begin{pmatrix} 0 & 1 & 0 & & & \\ -1 & 0 & 0 & & & \\ 0 & 0 & 1 & & & \\ & & & 0 & 1 & 0 \\ & & & -1 & 0 & 0 \\ & & & 0 & 0 & 1 \end{pmatrix}$$

于是 $[K^{(1)}_{1-2}] = [T][\overline{K^{(1)}}][T]^T$，$[K^{(3)}_{4-3}] = [T][\overline{K^{(3)}}][T]^T$，而 $[K^{(2)}] = [\overline{K^{(2)}}]$，$[K^{(4)}] = [\overline{K^{(4)}}]$。

（4）形成刚架的总刚度矩阵。

$$\begin{pmatrix} [K^{(1)}_{11}] & [K^{(1)}_{12}] & & & & \\ [K^{(1)}_{21}] & [K^{(1)+(2)}_{22}] & [K^{(2)}_{23}] & & & \\ & [K^{(2)}_{32}] & [K^{(1)+(2)+(3)}_{33}] & [K^{(3)}_{34}] & [K^{(4)}_{35}] & \\ & & [K^{(3)}_{43}] & [K^{(3)}_{44}] & & \\ & & [K^{(4)}_{53}] & & [K^{(4)}_{55}] \end{pmatrix}$$

（5）等效节点力计算：

杆元①，有固端力为 $\overline{M}_{12} = -\overline{M}_{21} = -0.807 q_0 l_0^2$，$\overline{N}_{12} = -\overline{N}_{21} = -1.1 q_0 l_0$，故得等效节点力为

$$-\{\overline{P}^{(1)}\} = \begin{Bmatrix} 0 \\ 1.1 \\ 0.807 l_0 \\ \hdashline 0 \\ -1.1 \\ -0.807 l_0 \end{Bmatrix} q_0 l_0$$

经坐标转换后得

$$-[T]\{\overline{P}^{(1)}\} = \begin{Bmatrix} 1.1 \\ 0 \\ 0.807 l_0 \\ \hdashline 1.1 \\ 0 \\ -0.807 l_0 \end{Bmatrix} q_0 l_0$$

杆元②，有固端力为 $\overline{M}_{23} = -0.033 q_0 l_0^2$，$\overline{M}_{32} = 0.05 q_0 l_0^2$，$\overline{N}_{23} = -0.15 q_0 l_0$，$\overline{N}_{32} = -0.35 q_0 l_0$，故得等效节点力为

$$-\{\overline{P}^{(2)}\} = \begin{Bmatrix} 0 \\ 0.15 \\ 0.033l_0 \\ \text{------} \\ 0 \\ 0.35 \\ -0.05l_0 \end{Bmatrix} q_0 l_0$$

杆元④，有固端力为 $\overline{M}_{35} = -1.262q_0 l_0^2$，$\overline{M}_{53} = 1.590q_0 l_0^2$，$\overline{N}_{35} = -2.444q_0 l_0$，$\overline{N}_{53} = -3.902q_0 l_0$，故得等效节点力为

$$-\{\overline{P}^{(4)}\} = \begin{Bmatrix} 0 \\ 2.444 \\ 1.262l_0 \\ \text{------} \\ 0 \\ 3.902 \\ -1.590l_0 \end{Bmatrix} q_0 l_0$$

（6）刚架的节点平衡方程与约束处理：本例中有 $u_1 = v_1 = u_2 = v_2 = u_3 = v_3 = u_4 = v_4 = u_5 = v_5 = 0$，且 $\theta_{z5} = 0$，故得

$$[K]\{d\} = \{P\}$$

$$\frac{EI_0}{l} \begin{pmatrix} 12.36 & 6.18 & & \\ 6.18 & 16.36 & 2 & \\ & 2 & 11.93 & 1.17 \\ & & 1.17 & 2.35 \end{pmatrix} \begin{Bmatrix} \theta_{z1} \\ \theta_{z2} \\ \theta_{z3} \\ \theta_{z4} \end{Bmatrix} = \begin{Bmatrix} 0.807 \\ -0.774 \\ 1.212 \\ 0 \end{Bmatrix} q_0 l_0^2$$

（7）计算得到最终结果。

MATLAB 程序如下：

```
syms alpha l EI q;%%定义坐标转换角度 alpha,杆长 l,抗弯刚度 EI,分布载荷 q
alpha = 3/2 * pi;%%定义 alpha = 270°
EI = 13.7 * 10^10;
q = 22.07;
%定义杆长比例关系        %定义抗弯刚度的比例关系        %定义载荷比例关系
l12 = 2.2 * l;          EI12 = 6.8 * EI;              q1 = 2 * q;
l34 = 2.2 * l;          EI23 = EI;                    q3 = q;
l23 = l;                EI34 = 1.29 * EI;             q5 = 3.7 * q;
l35 = 2.7 * l;          EI35 = 3.8 * EI;
O1 = [0,0];%创建大小为 1×2 的零矩阵
O2 = [0;0];%创建大小为 2×1 的零矩阵
K1(l) = [12/l,6;6,4*l];%创建以杆长 l 为变量的分块矩阵
K2(l) = [-12/l,6;-6,2*l];
K3(l) = [-12/l,-6;6,2*l];
```

```
K4(l) = [12/l,-6;-6,4*l];
Kb_1 = EI12/l12^2 * [10^8,O1,-10^8,O1;O2,K1(l12),O2,K2(l12);
    -10^8,O1,10^8,O1;O2,K3(l12),O2,K4(l12)];%杆元1的刚度矩阵,10^8表示无穷大
Kb_2 = EI/l^2 * [10^8,O1,-10^8,O1;O2,K1(l),O2,K2(l);
    -10^8,O1,10^8,O1;O2,K3(l),O2,K4(l)];%杆元2的刚度矩阵
Kb_3 = EI34/l34^2 * [10^8,O1,-10^8,O1;O2,K1(l34),O2,K2(l34);
    -10^8,O1,10^8,O1;O2,K3(l34),O2,K4(l34)];%杆元3的刚度矩阵
Kb_4 = EI35/l35^2 * [10^8,O1,-10^8,O1;O2,K1(l35),O2,K2(l35);
    -10^8,O1,10^8,O1;O2,K3(l35),O2,K4(l35)];%杆元4的刚度矩阵
t = [cos(alpha),-sin(alpha),0;sin(alpha),cos(alpha),0;0,0,1];%定义坐标转换子矩阵
O = zeros(3);%%创建大小为3×3的零矩阵
T = [t,O;O,t];%创建坐标转换矩阵
K_1 = T*Kb_1*transpose(T);%对杆元1的刚度矩阵进行坐标转换
K_2 = Kb_2;%% 杆元2的刚度矩阵不变
K_3 = T*Kb_3*transpose(T);%对杆元3的刚度矩阵进行坐标转换
K_4 = Kb_4;%% 杆元4的刚度矩阵不变
%分块矩阵,将各杆元的刚度矩阵分块成大小为3×3的4个子矩阵
K11_1 = K_1(1:3,1:3);        K33_3 = K_3(1:3,1:3);
K12_1 = K_1(1:3,4:6);        K34_3 = K_3(1:3,4:6);
K21_1 = K_1(4:6,1:3);        K43_3 = K_3(4:6,1:3);
K22_1 = K_1(4:6,4:6);        K44_3 = K_3(4:6,4:6);
K22_2 = K_2(1:3,1:3);        K33_4 = K_4(1:3,1:3);
K23_2 = K_2(1:3,4:6);        K35_4 = K_4(1:3,4:6);
K32_2 = K_2(4:6,1:3);        K53_4 = K_4(4:6,1:3);
K33_2 = K_2(4:6,4:6);        K55_4 = K_4(4:6,4:6);
K - [K11_1,K12_1,O,O,O;
    K21_1,K22_1+K22_2,K23_2,O,O;
    O,K32_2,K33_2+K33_3+K33_4,K34_3,K35_4;
    O,O,K43_3,K44_3,O;
    O,O,K53_4,O,K55_4];%根据节点位置关系,组成总刚度矩阵
%各杆元的固端力可查表得到
Mb_12 = -0.807*q*l^2;        Nb_12 = -1.1*q*l;
Mb_21 = -Mb_12;              Nb_21 = -1.1*q*l;
Mb_23 = -0.033*q*l^2;        Nb_23 = -0.15*q*l;
Mb_32 = 0.05*q*l^2;          Nb_32 = -0.35*q*l;
Mb_35 = -1.262*q*l^2;        Nb_35 = -2.444*q*l;
```

```
Mb_53 = 1.590 * q * l^2;                    Nb_53 = -3.902 * q * l;
Pb_1 = [0;-Nb_12;-Mb_12;0;-Nb_21;-Mb_21];%杆元1的节点力向量,大小为6×1
Pb_2 = [0;-Nb_23;-Mb_23;0;-Nb_32;-Mb_32];%杆元2的节点力向量,大小为6×1
%%杆元3不受外载荷,节点力向量为0
Pb_4 = [0;-Nb_35;-Mb_35;0;-Mb_53;-Mb_53];%杆元4的节点力向量,大小为6×1
P_1 = T * Pb_1;%对杆元1的节点力向量进行坐标转换
P_2 = Pb_2;%杆元2的节点力向量不变
P_4 = Pb_4;%杆元2的节点力向量不变
P12_1 = P_1(1:3,:);%对节点力向量进行分块,成为大小为3×1的子向量
P21_1 = P_1(4:6,:);
P23_2 = P_2(1:3,:);
P32_2 = P_2(4:6,:);
P35_4 = P_4(1:3,:);
P53_4 = P_4(4:6,:);
%建立节点平衡方程
syms v1 u1 theta1 v2 u2 theta2 v3 u3 theta3 v4 u4 theta4 v5 u5 theta5;%定义各节点的位移
V = [v1;u1;theta1;v2;u2;theta2;v3;u3;theta3;v4;u4;theta4;v5;u5;theta5];%%创建大小为15×1的位移向量
R = [P12_1;P21_1+P23_2;P32_2+P35_4;0;0;0;P53_4];%%根据节点位置,由节点力子向量组成大小为15×1的节点力向量
%约束处理 v1=u1=v2=u2=v3=u3=v4=u4=v5=u5=0,theta5=0
K(13:15,:) = [];%%划去总刚度矩阵的第13~15行
K(:,13:15) = [];%%划去总刚度矩阵的第13~15列
K(10:11,:) = [];%%划去总刚度矩阵的第10、11行
K(:,10:11) = [];%%划去总刚度矩阵的第10、11列
K(7:8,:) = [];%%划去总刚度矩阵的第7、8行
K(:,7:8) = [];%%划去总刚度矩阵的第7、8列
K(4:5,:) = [];%%划去总刚度矩阵的第4、5行
K(:,4:5) = [];%%划去总刚度矩阵的第4、5列
K(1:2,:) = [];%%划去总刚度矩阵的第1、2行
K(:,1:2) = [];%%划去总刚度矩阵的第1、2列
V(13:15,:) = [];%%划去位移向量的第13~15行
V(10:11,:) = [];%%划去位移向量的第10、11行
V(7:8,:) = [];%%划去位移向量的第7、8行
V(4:5,:) = [];%%划去位移向量的第4、5行
V(1:2,:) = [];%%划去位移向量的第1、2行
R(13:15,:) = [];%%划去节点力向量的第13~15行
```

```
R(10:11,:)=[];%%划去节点力向量的第10、11行
R(7:8,:)=[];%%划去节点力向量的第7、8行
R(4:5,:)=[];%%划去节点力向量的第4、5行
R(1:2,:)=[] %%划去节点力向量的第1、2行
V=solve(K*V==R,V);%%求解方程 K*V=R 得到位移向量 V
V=struct2array(V);%%生成结构体数组
V=subs(V,l,3000);%%将杆长 l=3000mm 代入
vpa(V,5);%%使结果保留5位有效数字
```

$$K = \begin{pmatrix} \dfrac{12.36EI}{l} & \dfrac{6.182EI}{l} & 0 & 0 \\ \dfrac{6.182EI}{l} & \dfrac{16.36EI}{l} & \dfrac{2.0EI}{l} & 0 \\ 0 & \dfrac{2.0EI}{l} & \dfrac{11.98EI}{l} & \dfrac{1.173EI}{l} \\ 0 & 0 & \dfrac{1.173EI}{l} & \dfrac{2.345EI}{l} \end{pmatrix}$$

$$V = \begin{Bmatrix} \theta_1 \\ \theta_2 \\ \theta_3 \\ \theta_4 \end{Bmatrix}$$

$$R = \begin{Bmatrix} 0.807ql^2 \\ -0.774ql^2 \\ 1.212ql^2 \\ 0 \end{Bmatrix}$$

$$\begin{Bmatrix} \theta_1 \\ \theta_2 \\ \theta_3 \\ \theta_4 \end{Bmatrix} = \begin{Bmatrix} 0.518 \\ -0.468 \\ 0.545 \\ -0.273 \end{Bmatrix}$$

7.5 空间杆系有限元分析

1. 空间杆元刚度矩阵

现讨论空间结构中的杆元。对杆元建立单元坐标系,使杆元轴线为 $\bar{x}$ 轴,截面的两个主惯性矩分别为 $\bar{y}$ 轴与 $\bar{z}$ 轴,组成右手坐标系,如图7-8所示。

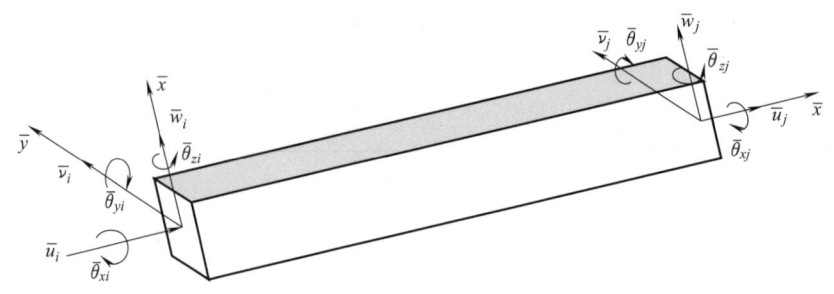

图 7-8 空间杆元坐标系

一般情况下，杆元 i—j 每一端有六个位移与六个广义力，例如在主端有

$$\{\delta_i\} = \begin{Bmatrix} \overline{u}_i \\ \overline{v}_i \\ \overline{w}_i \\ \overline{\theta}_{xi} \\ \overline{\theta}_{yi} \\ \overline{\theta}_{zi} \end{Bmatrix}$$

$$\{F_i\} = \begin{Bmatrix} \overline{T}_{xi} \\ \overline{N}_{yi} \\ \overline{N}_{zi} \\ \overline{M}_{xi} \\ \overline{M}_{yi} \\ \overline{M}_{zi} \end{Bmatrix}$$

当这些位移同时发生时，可以看成是 7.3 节中的四种基本杆元变形情况的组合，即轴向拉压、扭转、在 xOy 平面内弯曲、在 xOz 平面内弯曲四种情况叠加。因为这四种变形是互相独立的，所以复杂变形状态下的刚度矩阵可以由这四种简单变形情况的杆元刚度矩阵组合得到。可简记为

$$\{\overline{F}^e\} = [\overline{K}^e]\{\overline{\delta}^e\}$$

2. 坐标转换

以上关系是在杆元坐标系中建立的，用这些杆元组成空间结构时，杆端位移与杆端力要投影到结构坐标系才能合成，因此，必须进行坐标转换。

对于杆元两端 12 个位移分量，有下面的坐标转换关系：

$$\begin{Bmatrix} \delta_i \\ \delta_j \end{Bmatrix} = [T] \begin{Bmatrix} \overline{\delta}_i \\ \overline{\delta}_j \end{Bmatrix} \tag{7-19}$$

式中，坐标转换矩阵

$$[T] = \begin{pmatrix} (t) & & \\ & (t) & \\ & & (t) \end{pmatrix} \quad (7\text{-}20)$$

式中，

$$[t] = \begin{pmatrix} \cos<x,\bar{x}> & \cos<x,\bar{y}> & \cos<x,\bar{z}> \\ \cos<y,\bar{x}> & \cos<y,\bar{y}> & \cos<y,\bar{z}> \\ \cos<z,\bar{x}> & \cos<z,\bar{y}> & \cos<z,\bar{z}> \end{pmatrix} \quad (7\text{-}21)$$

同理，杆元两端 12 个力分量在单元坐标系与结构坐标系之间的坐标转换关系为

$$\begin{Bmatrix} F_i \\ F_j \end{Bmatrix} = [T] \begin{Bmatrix} \overline{F_i} \\ \overline{F_j} \end{Bmatrix} \quad (7\text{-}22)$$

按照与平面杆元相同的分析，不难得到空间杆元刚度矩阵的坐标转换关系为

$$[K^e] = [T][\overline{K^e}][T]^T \quad (7\text{-}23)$$

现在的问题是如何由杆元节点的坐标值来确定 $[t]$ 中的诸元素，即确定方向余弦。下面介绍用矢量叉乘的方法确定各方向余弦的值。

现在来确定 $\bar{x}$、$\bar{y}$、$\bar{z}$ 的方向余弦。设杆元坐标系的三个单位矢量为 $\boldsymbol{e}_1'$，$\boldsymbol{e}_2'$，$\boldsymbol{e}_3'$，它们与结构坐标系的三个单位矢量 $\boldsymbol{e}_1$，$\boldsymbol{e}_2$，$\boldsymbol{e}_3$ 间有关系为

$$\boldsymbol{e}_1' = l_1 \boldsymbol{e}_1 + m_1 \boldsymbol{e}_2 + n_1 \boldsymbol{e}_3 \quad (7\text{-}24)$$

$$l_1 = \frac{A_1}{L}, \quad m_1 = \frac{A_2}{L}, \quad n_1 = \frac{A_3}{L} \quad (7\text{-}25)$$

式中，$L = \sqrt{A_1^2 + A_2^2 + A_3^2}$ 为杆元的长度，$A_1 = x_j - x_i$，$A_2 = y_j - y_i$，$A_3 = z_j - z_i$。

$$\boldsymbol{e}_2' = l_2 \boldsymbol{e}_1 + m_2 \boldsymbol{e}_2 + n_2 \boldsymbol{e}_3 \quad (7\text{-}26)$$

$$l_2 = \frac{D_1}{D}, \quad m_2 = \frac{D_2}{D}, \quad n_2 = \frac{D_3}{D} \quad (7\text{-}27)$$

式中，$D = \sqrt{D_1^2 + D_2^2 + D_3^2}$。在杆元的任一主惯性轴平面上任取一参考点 K (x_k, y_k, z_k)（K 不能取在 $\bar{x}$ 轴上），$B_1 = (x_k - x_i)$，$B_2 = (y_k - y_i)$，$B_3 = (z_k - z_i)$，$C_1 = A_2 B_3 - A_3 B_2$，$C_2 = A_3 B_1 - A_1 B_3$，$C_3 = A_1 B_2 - A_2 B_1$，$D_1 = C_2 A_3 - C_3 A_2$，$D_2 = C_3 A_1 - C_1 A_3$，$D_3 = C_1 A_2 - C_2 A_1$。

$$\boldsymbol{e}_3' = \boldsymbol{e}_1' \times \boldsymbol{e}_2' = \begin{vmatrix} \boldsymbol{e}_1 & \boldsymbol{e}_2 & \boldsymbol{e}_3 \\ l_1 & m_1 & n_1 \\ l_2 & m_2 & n_2 \end{vmatrix} = l_3 \boldsymbol{e}_1 + m_3 \boldsymbol{e}_2 + n_3 \boldsymbol{e}_3 \quad (7\text{-}28)$$

式中，

$$l_3 = m_1 n_2 - m_2 n_1, \quad m_3 = n_1 l_2 - n_2 l_1, \quad n_3 = l_1 m_2 - l_2 m_1 \quad (7\text{-}29)$$

由式 (7-25)、式 (7-27)、式 (7-29) 求出了杆元三个轴的方向余弦后就得到了坐标转换矩阵 $[t]$，于是可进行坐标转换计算。以后的步骤与平面杆系矩阵法完全相同，不再赘述。

7.6 杆系稳定性问题有限元分析

稳定性分析的主要目标是确定临界载荷，为此必须要把梁单元的弹性刚度矩阵、几何刚度矩阵在局部坐标系中的表达式变换到整体坐标系中去。

这里，重新引用记号，即将局部坐标系中的弹性刚度矩阵和几何刚度矩阵记为 $\left[\overline{K}_E^e\right]$ 和 $\left[\overline{K}_G^e\right]$，并因为考虑轴向位移，需把它们扩大为 6×6 矩阵，即

杆单元

$$\left[\overline{K}_E^e\right] = \frac{EA}{l}\begin{pmatrix} 1 & 0 & 0 & -1 & 0 & 0 \\ & 0 & 0 & 0 & 0 & 0 \\ & & 0 & 0 & 0 & 0 \\ \text{对} & & & 1 & 0 & 0 \\ & & & & 0 & 0 \\ & \text{称} & & & & 0 \end{pmatrix}, \quad \left[\overline{K}_G^e\right] = \frac{EA}{l}\begin{pmatrix} 0 & 0 & 0 & 0 & 0 & 0 \\ & 1 & 0 & 0 & -1 & 0 \\ & & 0 & 0 & 0 & 0 \\ \text{对} & & & 0 & 0 & 0 \\ & & & & 1 & 0 \\ & \text{称} & & & & 0 \end{pmatrix} \quad (7\text{-}30)$$

梁单元

$$\left[\overline{K}_E^e\right] = \frac{EA}{l}\begin{pmatrix} 0 & 0 & 0 & 0 & 0 & 0 \\ & \dfrac{12}{l^2} & \dfrac{6}{l} & 0 & -\dfrac{12}{l^2} & \dfrac{6}{l} \\ & & 4 & 0 & -\dfrac{6}{l} & 2 \\ \text{对} & & & 0 & 0 & 0 \\ & & & & \dfrac{12}{l^2} & -\dfrac{6}{l} \\ & \text{称} & & & & 4 \end{pmatrix} \quad (7\text{-}31)$$

当考虑轴向位移，则梁单元的弹性刚度矩阵和几何刚度矩阵为

$$\left[\overline{K}_E^e\right] = \frac{EA}{l}\begin{pmatrix} \dfrac{A}{I} & 0 & 0 & -\dfrac{A}{I} & 0 & 0 \\ & \dfrac{12}{l^2} & \dfrac{6}{l} & 0 & -\dfrac{12}{l^2} & \dfrac{6}{l} \\ & & 4 & 0 & -\dfrac{6}{l} & 2 \\ \text{对} & & & \dfrac{A}{I} & 0 & 0 \\ & & & & \dfrac{12}{l^2} & -\dfrac{6}{l} \\ & \text{称} & & & & 4 \end{pmatrix} \quad (7\text{-}32)$$

$$[\overline{K}_G^e] = \frac{T}{l}\begin{pmatrix} 0 & 0 & 0 & 0 & 0 & 0 \\ & \dfrac{6}{5} & \dfrac{l}{10} & 0 & -\dfrac{6}{5} & \dfrac{l}{10} \\ & & \dfrac{2l^2}{15} & 0 & -\dfrac{6}{l} & -\dfrac{l^2}{30} \\ & \text{对} & & 0 & 0 & 0 \\ & & & & \dfrac{6}{5} & -\dfrac{l}{10} \\ & & \text{称} & & & \dfrac{2l^2}{15} \end{pmatrix} \qquad (7\text{-}33)$$

将整体坐标系中的单元弹性刚度矩阵和几何刚度矩阵记为

$$\begin{cases} [K_E]^e = [T]^\mathrm{T}[\overline{K}_E][T] \\ [K_G]^e = [T]^\mathrm{T}[\overline{K}_G][T] \end{cases} \qquad (7\text{-}34)$$

式中，$[T]$ 为坐标变换矩阵；$[T]^\mathrm{T}$ 为它的转置矩阵。

现在来进行整体分析。将坐标变换后的单元刚度方程在整体坐标系中进行叠加，得到

$$([K_E]+[K_G])\{D_b\} = \{P\} \qquad (7\text{-}35)$$

$$\begin{cases} [K_E] = \sum_e [K_E]^e \\ [K_G] = \sum_e [K_G]^e \end{cases} \qquad (7\text{-}36)$$

式中，$\{D_b\}$ 和 $\{P\}$ 分别表示总的弯曲节点位移向量和总的横向节点载荷向量。

当已知载荷 $\{P\}$ 时，由式（7-35）解得节点位移 $\{D_b\}$，这是一般的弯曲稳定平衡分析问题，只考虑了纵向弯曲作用，或者说计入了轴向力 T 对刚度的影响。而研究结构的失稳问题时，临界的轴向力尚未知，但几何刚度矩阵正比于轴向力，若轴向力按比例因子 λ 增加，即

$$T = \lambda T^* \qquad (7\text{-}37)$$

式中，T^* 为一选定的参考值，则几何刚度矩阵也相应线性地增加为一新值 $\lambda[K_G^*]$，其中 $[K_G^*]$ 为 $T=T^*$ 时的几何刚度矩阵。因此，有限元法方程可写成

$$([K_E]+\lambda[K_G^*])\{D_b\} = \{P\} \qquad (7\text{-}38)$$

当轴向力 T 很小时，刚度矩阵近似为常量，接近于横向弯曲问题，此时 $\{D_b\}$ 正比于 $\{P\}$。当轴向力达到临界值时，即

$$T_\sigma = \lambda_\sigma T^* \qquad (7\text{-}39)$$

结构开始失稳，此时如果 $\{P\}=0$，结构可以在微小弯曲形式下维持平衡，即屈曲状态也是平衡状态。于是有

$$([K_E]+\lambda[K_G^*])\{D_b\} = 0 \qquad (7\text{-}40)$$

此齐次方程组具有非零解的充分和必要的条件是其系数矩阵行列式等于零，即

$$[K_E]+\lambda[K_G^*] = 0 \qquad (7\text{-}41)$$

式（7-41）通常称为稳定性行列式。这是一个广义特征值问题。对于稳定性问题来说，有实际意义的是最小的临界载荷，所以由式（7-41）解出最小特征值 λ，代入式（7-39），即可求得结构失稳的临界轴向载荷。

第 8 章

板壳有限元法

在研究结构的稳定性问题时,均先假定结构处于中性平衡状态,即结构获得小偏移时的平衡状态,满足此条件的最小载荷即为临界载荷。

8.1 弹性体应力、位移与应变关系

1. 应力分量

考虑一个三维弹性体,假设材料是均匀的、连续的且为各向同性的。对此弹性体建立一直角坐标系 $Oxyz$(图 8-1),则弹性体中任一点的应力状态可用该点的无穷小 $dxdydz$ 微块来描述(图 8-2)。微块每一表面上有三个应力分量:一个是垂直于表面的正应力,另外两个是平行于表面的剪应力。

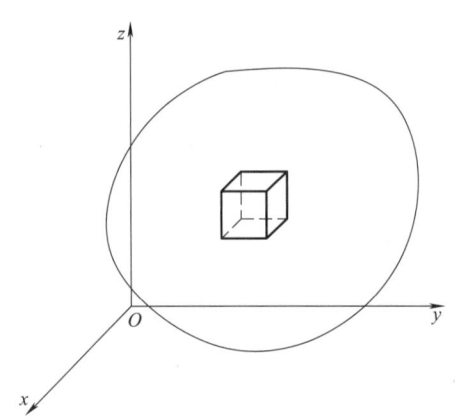

图 8-1 三维弹性体及其坐标系

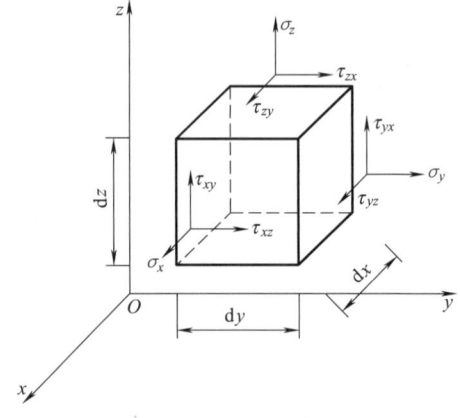

图 8-2 三维弹性体的应力分量

正应力用 σ 表示,剪应力用 τ 表示。应力的正向规定如下:凡微块的正表面(外法线与坐标轴正向相同的表面)的应力正向与坐标轴的正向相同;反之,负表面的应力正向与坐标轴的反向相同。

因此弹性体中的某一点有九个应力分量,并可用矩阵表示为

$$[\sigma] = \begin{pmatrix} \sigma_x & \tau_{xy} & \tau_{xz} \\ \tau_{yx} & \sigma_y & \tau_{yz} \\ \tau_{zx} & \tau_{zy} & \sigma_z \end{pmatrix}$$

上式也可称为"应力张量",其中的剪应力根据微块的力矩平衡条件有

$$\tau_{xy} = \tau_{yx}, \ \tau_{xz} = \tau_{zx}, \ \tau_{yz} = \tau_{zy} \tag{8-1}$$

应力可以用下面六个应力分量的列向量表示:

$$\{\sigma\} = \begin{Bmatrix} \sigma_x \\ \sigma_y \\ \sigma_z \\ \tau_{xy} \\ \tau_{yz} \\ \tau_{zx} \end{Bmatrix} \tag{8-2}$$

一般来说,弹性体内各点的应力状态都不相同,因此应力分量是坐标 x, y, z 的函数。

2. 位移分量

弹性体中任意一点在空间发生位移时,在 x, y, z 坐标上有三个位移分量 u, v, w (图 8-3),它们可用一列阵表示为

$$\{\delta\} = \begin{Bmatrix} u \\ v \\ w \end{Bmatrix} \tag{8-3}$$

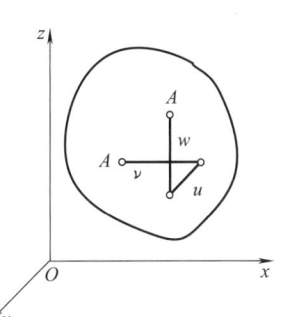

图 8-3 点位移分量

3. 应变分量

弹性体中的微块在变形时有三个线应变 ε_x, ε_y, ε_z,还有三组剪应变 $\gamma_{xy} = \gamma_{yx}$, $\gamma_{xz} = \gamma_{zx}$, $\gamma_{yz} = \gamma_{zy}$ (图 8-4)。

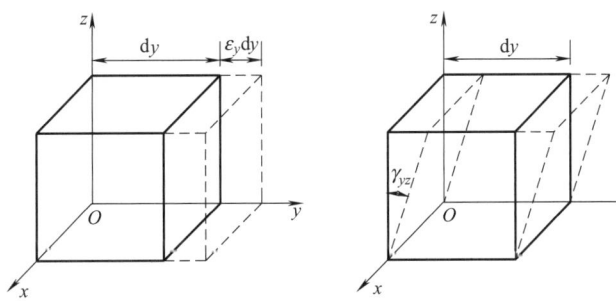

图 8-4 三维弹性体的应变分量

因此有六个应变分量,用列阵表示为

$$\{\varepsilon\} = \begin{Bmatrix} \varepsilon_x \\ \varepsilon_y \\ \varepsilon_z \\ \gamma_{xy} \\ \gamma_{yz} \\ \gamma_{zx} \end{Bmatrix} \tag{8-4}$$

8.2 有限元法基本概念及求解思路

由 8.1 节可知,弹性理论平面应力问题有三个应力分量、两个位移分量及三个应变分量,共八个未知数;相应地有两个静力平衡方程、三个几何方程及三个物理方程,共八个方程,此外还有边界条件,因此问题是可以求解的。

在计算杆系结构时,求解静不定问题有位移法与力法两种基本方法。位移法以某些位移为基本未知量,力法以某些约束力或内力为基本未知量。与此相似,在用弹性理论求解板壳问题时有位移法与应力法两种方法。按位移法求解平面应力问题时,首先以位移分量 u、v 为基本未知函数,将几何方程代入物理方程得到应力 σ_x、σ_y、τ_{xy} 与位移 u、v 的关系;然后代入静力平衡方程中求出 u、v;最后可由几何方程求出应变分量并由物理方程求出应力分量。按应力法求解平面应力问题时,以应力分量 σ_x、σ_y、τ_{xy} 为基本未知函数,用物理方程将应变连续方程中的应变化为应力再加上两个静力平衡方程求解 σ_x、σ_y、τ_{xy},应力分量求得后,即可由物理方程求应变分量,并由几何方程求出位移分量。

采用传统的弹性理论解法能够求解的多是几何形状规则的物体或载荷及边界条件简单的问题,如等厚度的矩形平板或等厚度的圆板,以及无限大平板开圆孔的问题等。对于其他较复杂的情形则很难求解。因此,过去曾有不少学者研究用其他方法如能量法及差分法来求解,然而能量法(如里茨法)总会遇到一个形状函数选择的问题,一般来说,对弹性体选择一个合适的形状函数是不容易的,而用差分方程代替微分方程的差分解法虽已具有将连续函数离散的思想,但具体求解及处理复杂的边界时仍有困难。

有限元法是把弹性体离散为有限个单元,即认为弹性体是有限个单元的组合体,先对每个单元用里茨法的思想来求位移与力之间的关系(即求单元的刚度矩阵),再借助于计算机计算。因此,有限元法是一个基于变分原理的把连续体离散化的数值解法,它可以方便地解决复杂的结构形式和复杂载荷及边界条件等问题,也能处理非均匀材料及非线性应力-应变状态的结构问题。

有限元法首先由特纳(Turner)等人在研究飞机机翼结构时提出,研究的就是平面应力问题,后来这个方法逐步迅速发展应用于杆系、板、壳等的弯曲及其他三维问题以及稳定性问题,其中对杆系弯曲问题的处理实质上就是第 7 章中所介绍的矩阵法。在这个领域中我国学者也做出了不少贡献。下面先对有限元法的一些基本概念做一介绍,然后具体讨论计算公式和方法。

1. 结构的离散化

有限元法将结构离散为有限个单元。对于二维的平面结构,就是将它分为有限个平面单元,这种平面单元可以是三角形的或四边形的,或三角形、四边形的均有,单元的顶点称为节点(图 8-5)。在理想情况下,每一个单元与相邻单元的连接边应该保持变形连续,但实际上这常难以办到,因此就规定各单元仅在节点与其他单元相连;至于单元的边,如能保持变形连续最好;如不能,则至少要在变形后相接。因此,离散后的结构与真实结构必然有差别。从这个意义上,有限元法是近似法,这是它与杆系矩阵法的差别之一。

2. 单元的位移函数

有限元法采用的是位移法,计算时以各单元的节点位移为未知数。对于平面问题,每一

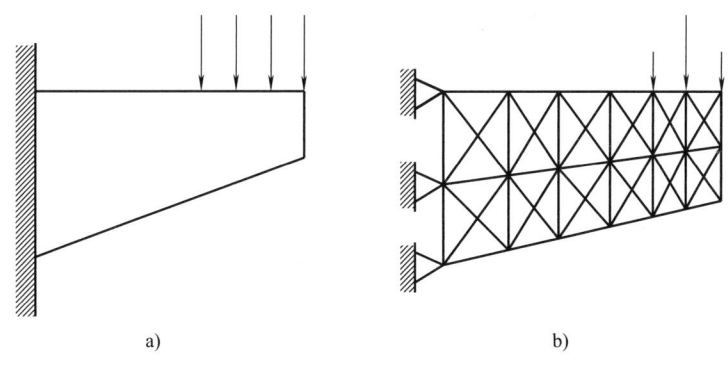

图 8-5 结构离散
a）原结构 b）离散化模型

节点有两个位移，故每个节点有两个自由度，相应地有两个由节点位移引起的节点力，并需建立单元节点位移与节点力之间的关系，为求出单元的刚度矩阵，就要寻求平面单元的解。前文已说明，三角形或四边形的平面单元的解用弹性理论方法来求是困难的，因此采用能量法即里茨法来求解，于是首先要选择一个单元位移的形状函数或位移函数，再用虚功原理求出单元的刚度矩阵。由于位移函数不是单元真正的位移，又使得有限元法具有近似性，这是它与杆系矩阵法的差别之二。

3. 分布外力的移置

有限元法是以节点为对象建立平衡方程。因此，若单元上有分布外力（包括边界力与体积力），均需以等效做功的原则将它移置到单元的节点上去。这种移置的力实质上相当于矩阵法作用于节点的固端力，但求力的方法有所不同，并且在有限元法的计算图形中外力将全部以节点力的形式出现，这是它与杆系矩阵法的差别之三。

除了上述三点之外，有限元法的其他做法，如总刚度矩阵的建立、约束处理等均与第7章的矩阵法完全一样，不必在此详述。总的来说，有限元法与矩阵法的差别主要在于上面的第一点和第二点，使得有限元法是一个近似法而非精确法。但是有限元法的近似精度会随着单元分小（网格细分）和位移函数的优化而逐渐提高，并能够收敛于精确解。显然，网格细分是容易做到的，因此位移函数的选择实质上是一个关键。有关位移函数的选取及有限元法的收敛准则将在下文介绍了三角形元的位移函数之后再予以说明。

8.3 平面应力问题与平面应变问题

8.3.1 平面应力问题及基本方程

1. 平面应力问题

薄板为一特殊的三维弹性体，可以在平面范围内讨论它的受力与变形规律。设外力沿板平面方向作用于板厚，并沿板厚为均匀分布（图8-6）。将坐标 Oxy 取在平分板厚的中面上。

因为板的厚度很小，外力又不沿厚度变化，故可以认为在板中存在着 $\sigma_z = \tau_{zx} = \tau_{zy} = 0$ 的关系。这样，板的应力分量只有在 xOy 平面内的分量 σ_x，σ_y，τ_{xy}，且与 z 无关，即

$$\{\sigma\} = \begin{Bmatrix} \sigma_x \\ \sigma_y \\ \tau_{xy} \end{Bmatrix} \tag{8-5}$$

这种问题叫作平面应力问题（plan stress problem），相应的位移分量与应变分量分别为

$$\{\delta\} = \begin{Bmatrix} u \\ v \end{Bmatrix}, \quad \{\varepsilon\} = \begin{Bmatrix} \varepsilon_x \\ \varepsilon_y \\ \gamma_{xy} \end{Bmatrix} \tag{8-6}$$

它们与 z 无关，仅为 x，y 的函数。

在船体结构中不少问题可化为平面应力问题来处理，例如，船上的甲板开口、舷侧门、横梁开孔、肘板强度、大型油轮的横框架强度以及上层建筑端部应力集中问题

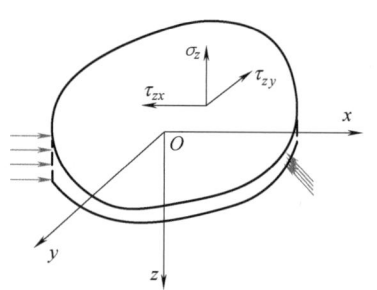

图 8-6 薄板的受力与变形

等。整个船体在总弯曲状态时，甲板和船底板也可按平面应力问题来研究。

2. 静力平衡方程

在平板中考虑一微块 $\mathrm{d}x\mathrm{d}y$，设板厚为 1，并设微块中有体积力 X，Y（均为单位面积的量）。

体积力在微块中可认为是均布的，因此其合力作用于微块的重心（图 8-7）。

分别列出 x 方向和 y 方向力的平衡方程，有

$$\begin{cases} \dfrac{\partial \sigma_x}{\partial x} + \dfrac{\partial \tau_{xy}}{\partial y} + X = 0 \\[6pt] \dfrac{\partial \tau_{xy}}{\partial x} + \dfrac{\partial \sigma_y}{\partial y} + Y = 0 \end{cases} \tag{8-7}$$

这就是平面应力问题的两个静力平衡方程，或称为"纳维（Navier）方程"。

3. 静力边界条件

在平板的边缘取一个三角形微块（图 8-8），设此微块的斜边 AB 上有边界力，它在 x 和 y 方向的分量为 p_x 和 p_y，并设斜边上的外法线为 N，外法线的方向余弦为

$$l = \cos\langle N, x\rangle, \quad m = \cos\langle N, y\rangle$$

于是若 AB 的长度为 $\mathrm{d}s$，则有 x 方向的静力平衡方程为

$$p_x \mathrm{d}s - \sigma_x l \mathrm{d}s - \tau_{xy} m \mathrm{d}s + X \frac{lm\mathrm{d}s^2}{2} = 0$$

略去高阶微量后，得

$$\begin{cases} \sigma_x l + \tau_{xy} m = p_x \\ \tau_{xy} l + \sigma_y m = p_y \end{cases} \tag{8-8}$$

此式称为"静力边界条件"。

4. 几何方程

由上面的平衡方程可知，在平面应力问题中应力分量有三个，而平衡方程只有两个，因此平面应力问题是静不定问题，必须补充变形条件才能解决问题。

在图 8-9 中表示了微块的中面在变形前后的情况：$abcd$ 为变形前的位置，$a'b'c'd'$ 为变

形后的位置。显然，微块变形有线变形与角变形。

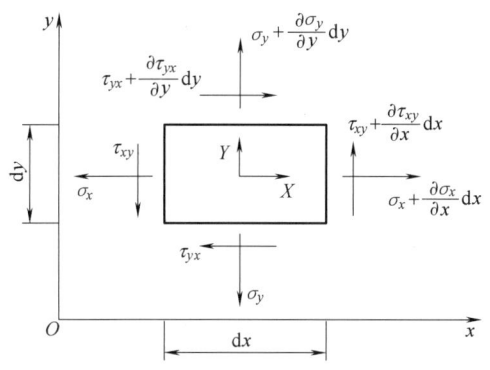

图 8-7 平面微块的受力分析

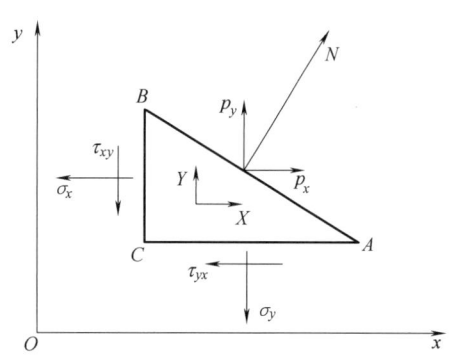

图 8-8 平面边缘微块的受力分析

线段 ab 在 x 方向的伸长为 $\dfrac{\partial u}{\partial x}\mathrm{d}x$，故线段 ab 的相对伸长即线应变为 $\varepsilon_x = \dfrac{\partial u}{\partial x}\mathrm{d}x / \mathrm{d}x = \partial u / \partial x$。同理可得，线段 ad 在 y 方向的线应变为 $\varepsilon_y = \partial v / \partial y$。

线段 ab 在 xOy 平面中的转角为

$$\alpha \approx \tan\alpha = \dfrac{\dfrac{\partial v}{\partial x}\mathrm{d}x}{\mathrm{d}x+\dfrac{\partial u}{\partial x}\mathrm{d}x} = \dfrac{\dfrac{\partial v}{\partial x}}{1+\dfrac{\partial u}{\partial x}}$$

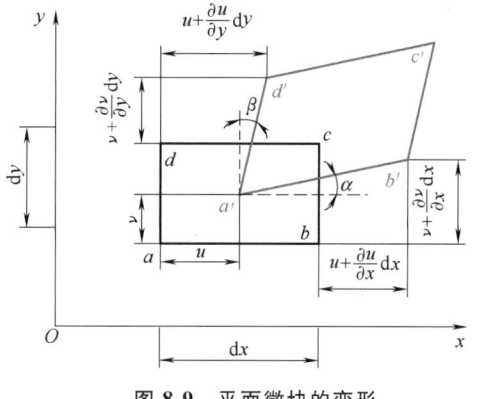

图 8-9 平面微块的变形

略去与 1 相比的微量 $\partial u / \partial x$，得 $\alpha = \partial v / \partial x$。同理可得，线段 ad 在 xOy 平面内的转角为 $\beta = \partial u / \partial y$。于是微块的剪应变为

$$\gamma_{xy} = \alpha + \beta = \dfrac{\partial v}{\partial x} + \dfrac{\partial u}{\partial y}$$

以上三个联系应变与位移间的关系归纳为

$$\begin{cases} \varepsilon_x = \dfrac{\partial u}{\partial x} \\ \varepsilon_y = \dfrac{\partial v}{\partial y} \\ \gamma_{xy} = \dfrac{\partial v}{\partial x} + \dfrac{\partial u}{\partial y} \end{cases} \qquad (8\text{-}9)$$

这就是平面应力问题中的"几何方程"，又称"柯西（Cauchy）方程"。

由此可见，当弹性体内各点的位移分量 u、v 为已知函数时，按式（8-9）就可以确定各点的应变分量 ε_x，ε_y，γ_{xy}；反之，如果随便假定应变分量的三个函数，那么按式（8-9）中的前两个方程就可求得位移函数 u、v，若再用此两个位移函数按式（8-9）中的第三个方程求 γ_{xy} 时，就会与原来假定的 γ_{xy} 不相同，这样就出现了矛盾。这是因为弹性体内任一点的应变分量之间是有一定联系的，如果在假设弹性体的应变函数时不反映出这种联系，那就将

使变形不连续,即弹性体将发生空隙或裂缝。

从数学上讲,式(8-9)中的应变分量有三个,而位移分量只有两个,因此三个应变分量不能相互独立,而必然存在有一定的关系,这个关系就叫作应变协调条件,又称应变相容条件,其推导如下:

将式(8-9)中的第一式对 y 求两次偏导,第二式对 x 求两次偏导,并将其结果相加,得

$$\frac{\partial^2 \varepsilon_x}{\partial y^2} + \frac{\partial^2 \varepsilon_y}{\partial x^2} = \frac{\partial^3 u}{\partial x \partial y^2} + \frac{\partial^3 v}{\partial x^2 \partial y} = \frac{\partial^2}{\partial x \partial y}\left(\frac{\partial u}{\partial y} + \frac{\partial v}{\partial x}\right)$$

式中,等式右边括号内就是剪应变 γ_{xy},这样就得出了应变分量之间的关系为

$$\frac{\partial^2 \varepsilon_x}{\partial y^2} + \frac{\partial^2 \varepsilon_y}{\partial x^2} = \frac{\partial^2 \gamma_{xy}}{\partial x \partial y} \tag{8-10}$$

式(8-10)就是平面应力问题中的应变协调方程,又称变形连续方程或圣维南(St. Venant)方程。应变分量 ε_x、ε_y、γ_{xy} 须满足这个方程才能保证弹性体变形的连续性。

5. 物理方程

在平面应力状态中,应变分量 ε_x 由两部分组成:一部分是由 σ_x 引起的,其值为 σ_x/E;另一部分是由 σ_y 引起的,其值为 $-\mu\sigma_y/E$。因此,其计算式为

$$\varepsilon_x = \frac{\sigma_x}{E} - \mu \frac{\sigma_y}{E}$$

式中,E 为材料的弹性模量;μ 为泊松比。同样有

$$\varepsilon_y = \frac{\sigma_y}{E} - \mu \frac{\sigma_x}{E}$$

剪应变 γ_{xy} 与剪应力 τ_{xy} 之间的关系式为

$$\gamma_{xy} = \frac{\tau_{xy}}{\dfrac{E}{2(1+\mu)}} = \frac{\tau_{xy}}{G}$$

式中,G 为剪切弹性模量。平面应力问题中的应力与应变之间的关系即物理方程为

$$\begin{cases} \varepsilon_x = \dfrac{1}{E}(\sigma_x - \mu\sigma_y) \\ \varepsilon_y = \dfrac{1}{E}(\sigma_y - \mu\sigma_x) \\ \gamma_{xy} = \dfrac{\tau_{xy}}{G} \end{cases} \tag{8-11}$$

若用应变分量来表示应力分量,则由式(8-11)可得

$$\begin{cases} \sigma_x = \dfrac{E}{1-\mu^2}(\varepsilon_x + \mu\varepsilon_y) \\ \sigma_y = \dfrac{E}{1-\mu^2}(\varepsilon_y + \mu\varepsilon_x) \\ \tau_{xy} = \dfrac{E}{2(1+\mu)}\gamma_{xy} \end{cases} \tag{8-12}$$

此式又称为平面应力状态的胡克定律,并可用矩阵形式表示为

$$\left\{\begin{array}{c}\sigma_x\\\sigma_y\\\tau_{xy}\end{array}\right\}=\frac{E}{1-\mu^2}\begin{pmatrix}1&\mu&0\\\mu&1&0\\0&0&\dfrac{1-\mu}{2}\end{pmatrix}\left\{\begin{array}{c}\varepsilon_x\\\varepsilon_y\\\gamma_{xy}\end{array}\right\} \tag{8-13}$$

$$[D]=\frac{E}{1-\mu^2}\begin{pmatrix}1&\mu&0\\\mu&1&0\\0&0&\dfrac{1-\mu}{2}\end{pmatrix} \tag{8-14}$$

式中,$[D]$称为弹性矩阵。

8.3.2 平面应变问题及基本方程

1. 平面应变问题

设有柱形体,其长度远大于横截面的尺度,在柱形体表面上受有平行于横截面而且不沿长度变化的面力,同时,体力也平行于横截面且不沿长度变化。假想该柱形体为无限长,以任一横截面为 x-y 坐标面,任一纵向线为 z 轴(图 8-10),则所有应力分量、应变分量和位移分量都不沿 z 方向变化,只是 x 和 y 的函数。

此外,在这一情况下,由于对称(任一横截面都可以看作对称面),所有各点都只沿 x 和 y 方向移动,而不会有 z 方向的位移,也就是 $w=0$。这种问题称为平面应变问题。又由对称条件可知,$\tau_{zx}=0$,$\tau_{zy}=0$。根据剪应力互等关系,又可以断定 $\tau_{xz}=0$,$\tau_{yz}=0$。但是,由于 z 方向的伸缩被阻止,所以 σ_z 一般并不等于零。因此,平面应变问题的应力分量仅有 σ_x、σ_y、τ_{xy} 和 γ_{xy}。

2. 静力平衡方程

对平面应变问题来说,除了有平面内三个应力 σ_x、σ_y、τ_{xy} 外,还有 γ_{xy},但它在 z 方向自成平衡,并不影响 x、y 方向的平衡。所以平面应变问题的平衡方程与平面应力问题的平衡方程相同,即

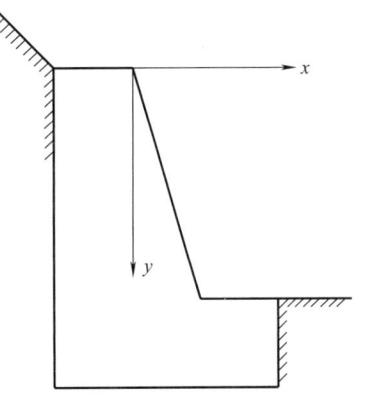

图 8-10 柱形体坐标面

$$\begin{cases}\dfrac{\partial \sigma_x}{\partial x}+\dfrac{\partial \tau_{xy}}{\partial y}+X=0\\\dfrac{\partial \tau_{xy}}{\partial x}+\dfrac{\partial \sigma_y}{\partial y}+Y=0\end{cases} \tag{8-15}$$

3. 静力边界条件

同样地,平面应变问题的静力边界条件与平面应力问题的静力边界条件相同,即

$$\begin{cases}\sigma_x l+\tau_{xy} m=p_x\\\tau_{xy} l+\sigma_y m=p_y\end{cases} \tag{8-16}$$

4. 几何方程

平面应变问题和平面应力问题都是平面问题,几何方程和变形协调方程完全相同,即

$$\begin{cases} \varepsilon_x = \dfrac{\partial u}{\partial x} \\ \varepsilon_y = \dfrac{\partial v}{\partial y} \\ \gamma_{xy} = \dfrac{\partial v}{\partial x} + \dfrac{\partial u}{\partial y} \end{cases} \qquad (8\text{-}17)$$

变形协调方程为

$$\dfrac{\partial^2 \varepsilon_x}{\partial y^2} + \dfrac{\partial^2 \varepsilon_y}{\partial x^2} = \dfrac{\partial^2 \gamma_{xy}}{\partial x \partial y} \qquad (8\text{-}18)$$

5. 物理方程

在平面应变问题中,因为物体的所有各点都不沿 z 方向移动,即 $w=0$,所以 z 方向的线段都没有伸缩,即 $\varepsilon_z = 0$。于是可得

$$\sigma_z = \mu(\sigma_x + \sigma_y) \qquad (8\text{-}19)$$

代入胡克定律,化简后即得平面应变问题的物理方程

$$\begin{cases} \varepsilon_x = \dfrac{1-\mu^2}{E}\left(\sigma_x - \dfrac{\mu}{1-\mu}\sigma_y\right) \\ \varepsilon_y = \dfrac{1-\mu^2}{E}\left(\sigma_y - \dfrac{\mu}{1-\mu}\sigma_x\right) \\ \gamma_{xy} = \dfrac{2(1+\mu)}{E}\tau_{xy} \end{cases} \qquad (8\text{-}20)$$

可以看出,如果在平面应力问题的物理方程(8-11)中,将 $\dfrac{1}{E}$ 换为 $\dfrac{1-\mu^2}{E}$,μ 换为 $\dfrac{\mu}{1-\mu}$,就得到平面应变问题的物理方程(8-20)。

8.3.3 三角形单元的分析与应用

1. 节点位移与节点力

考虑一平面三角形单元,厚度为 t,节点编号按逆时针依次为 i,j,m(图 8-11)。

建立结构坐标系 Oxy,在此坐标系下,三角形单元的节点坐标均可用此坐标系表示,即 $i(x_i, y_i)$,$j(x_j, y_j)$,$m(x_m, y_m)$,单元内任一点的坐标为 (x, y)。

在平面应力问题中,单元的每一节点有 u、v 两个位移,三个节点共有六个位移,因此平面三角形单元的自由度为 6。单元的节点位移可用节点位移矩阵 $\{\delta^e\}$ 表示为

$$\{\delta^e\} = \begin{Bmatrix} \delta_i \\ \delta_j \\ \delta_m \end{Bmatrix} = \begin{Bmatrix} u_i \\ v_i \\ u_j \\ v_j \\ u_m \\ v_m \end{Bmatrix} \qquad (8\text{-}21)$$

2. 位移函数

为了能使单元内任一点的位移由单元节点位移所描述，需要假定一个单元位移模式，对此一般选用多项式来描述位移模式（即位移函数）。多项式的项数取决于单元的自由度数，两者通常是相等的。故在求解单元的刚度矩阵之前，引入位移函数 $u(x,y)$、$v(x,y)$，它代表单元的位移，即

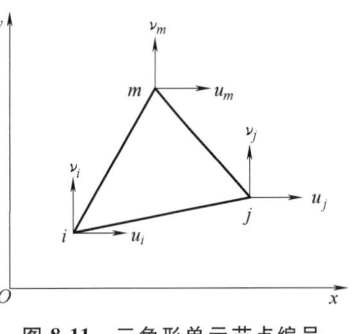

图 8-11 三角形单元节点编号

$$\begin{cases} u(x,y) = \alpha_1 + \alpha_2 x + \alpha_3 y \\ v(x,y) = \alpha_4 + \alpha_5 x + \alpha_6 y \end{cases} \quad (8\text{-}22)$$

式（8-22）可简记为

$$\{d\}_{2\times 1} = [H]_{2\times 6} \{\alpha\}_{6\times 1} \quad (8\text{-}23)$$

式中，

$$\{d\} = \begin{Bmatrix} u \\ v \end{Bmatrix},\quad [H] = \begin{pmatrix} 1 & x & y & 0 & 0 & 0 \\ 0 & 0 & 0 & 1 & x & y \end{pmatrix}$$

$$\{\alpha\} = \begin{Bmatrix} \alpha_1 \\ \alpha_2 \\ \alpha_3 \\ \alpha_4 \\ \alpha_5 \\ \alpha_6 \end{Bmatrix} \quad (8\text{-}24)$$

由于节点位移同样满足位移函数，因此将三个节点 i、j、m 的坐标代入式（8-22），得

$$\begin{Bmatrix} u_i \\ v_i \\ u_j \\ v_j \\ u_m \\ v_m \end{Bmatrix} = \begin{pmatrix} 1 & x_i & y_i & 0 & 0 & 0 \\ 0 & 0 & 0 & 1 & x_i & y_i \\ 1 & x_j & y_j & 0 & 0 & 0 \\ 0 & 0 & 0 & 1 & x_j & y_j \\ 1 & x_m & y_m & 0 & 0 & 0 \\ 0 & 0 & 0 & 1 & x_m & y_m \end{pmatrix} \begin{Bmatrix} \alpha_1 \\ \alpha_2 \\ \alpha_3 \\ \alpha_4 \\ \alpha_5 \\ \alpha_6 \end{Bmatrix} \quad (8\text{-}25)$$

式（8-25）可简记为

$$\{\delta^e\}_{6\times 1} = [A]_{6\times 6} \{\alpha\}_{6\times 1} \quad (8\text{-}26)$$

求解，得

$$\{\alpha\} = [A]^{-1} \{\delta^e\} \quad (8\text{-}27)$$

式中，

$$[A]^{-1} = \frac{1}{2\Delta} \begin{pmatrix} a_i & 0 & a_j & 0 & a_m & 0 \\ b_i & 0 & b_j & 0 & b_m & 0 \\ c_i & 0 & c_j & 0 & c_m & 0 \\ 0 & a_i & 0 & a_j & 0 & a_m \\ 0 & b_i & 0 & b_j & 0 & b_m \\ 0 & c_i & 0 & c_j & 0 & c_m \end{pmatrix} \quad (8\text{-}28)$$

$$\begin{cases} a_i = x_j y_m - x_m y_j, b_i = y_j - y_m, c_i = x_m - x_j \\ a_j = x_m y_i - x_i y_m, b_j = y_m - y_i, c_j = x_i - x_m \\ a_m = x_i y_j - x_j y_i, b_m = y_i - y_j, c_m = x_j - x_i \end{cases} \quad (8-29)$$

$$\Delta = \frac{1}{2} \begin{vmatrix} 1 & x_i & y_i \\ 1 & x_j & y_j \\ 1 & x_m & y_m \end{vmatrix} \quad (8-30)$$

其中，Δ 为三角形 ijm 的面积。为了使 Δ 不为负值，i、j、m 三点应按逆时针顺序排列。

将式（8-27）中的 $\{\alpha\}$ 代入式（8-23）中，得

$$\{d\}_{2\times 1} = [H][A]^{-1}\{\delta^e\} = [N]_{2\times 6}\{\delta^e\}_{6\times 1} \quad (8-31)$$

式（8-31）为用节点位移表达的单元位移，$[N]$ 称为位移矩阵。

显然，单元内任一点的位移取决于式（8-23）假定的位移模式（位移函数），而位移函数中多项式阶数的选择主要依赖于单元节点的自由度数。当位移函数满足以下三个条件时，有限元法的解应收敛于精确解。

（1）连续性　连续性包含两层含义，即位移函数在单元内必须连续；相邻单元之间必须协调，即在变形时两相邻单元既不重叠，也不分离。三角形单元的位移函数为二元一次多项式，在单元内是连续的，且相邻单元的公共边界上，具有相同的位移，因此，常应变三节点三角形单元满足连续性要求。

（2）完备性　位移函数必须包含单元的刚体位移（常数项）和常应变状态项（一次项）。刚体位移是单元可以发生的最基本的位移，因此单元位移函数中应含有常数项，以便能反映单元内各点都具有相同的刚体平动。当单元尺寸逐步缩小时，单元内部将趋于常应变状态（一次项的微分），如果把这许多微小的常应变单元联结起来，就能够得到一个与实际结构相当近似的结果。完备性条件是收敛性要求必不可少的条件；连续性条件并不是有限元解收敛性要求的必要和充分条件，而是消除离散误差所需的条件；但完备性和连续性同时得到满足，才是满足收敛性要求的必要和充分条件，满足这两个条件的单元称为完备协调单元，只满足完备性但不满足连续性的单元称为非协调单元。

（3）几何各向同性　单元位移场的多项式从一个坐标系转换到另一个坐标系，其解要保持不变。这要求在选取多项式形式时，应尽可能具有坐标的对称性。

综上所述，显然有限元法是一种近似方法，这种近似性主要体现在结构的离散和近似函数（位移函数）的选取上，同时，随着单元数目的增加，即单元尺寸的缩小，或者随着单元自由度的增加及插值函数精度的提高，解的近似程度将不断改进。如果单元满足收敛要求，则近似解最后将收敛于精确解。

3. 单元应变与应力

根据式（8-31），应用弹性理论平面应力问题中的几何方程（8-9），即可求得单元的应变如下：

$$\left\{\begin{array}{c}\varepsilon_x\\ \varepsilon_y\\ \gamma_{xy}\end{array}\right\}=\left\{\begin{array}{c}\dfrac{\partial u}{\partial x}\\ \dfrac{\partial v}{\partial y}\\ \dfrac{\partial v}{\partial x}+\dfrac{\partial u}{\partial y}\end{array}\right\}=\dfrac{1}{2\Delta}\begin{pmatrix}b_i & 0 & b_j & 0 & b_m & 0\\ 0 & c_i & 0 & c_j & 0 & c_m\\ c_i & b_i & c_j & b_j & c_m & b_m\end{pmatrix}\left\{\begin{array}{c}u_i\\ v_i\\ u_j\\ v_j\\ u_m\\ v_m\end{array}\right\}$$

或

$$\{\varepsilon\}_{3\times 1}=[B]_{3\times 6}\{\delta^e\}_{6\times 1} \tag{8-32}$$

式（8-32）为用节点位移表达的单元应变，[B]称为几何矩阵。

再用弹性理论中的物理方程（8-11），可得单元的应力为

$$\{\sigma\}_{3\times 1}=[D][B]\{\delta^e\}=[S]_{3\times 6}\{\delta^e\}_{6\times 1} \tag{8-33}$$

式中，[D]为弹性矩阵，见式（8-14）。

$$[S]=\dfrac{E}{2\Delta(1-\mu^2)}\begin{pmatrix}b_i & \mu c_i & b_j & \mu c_j & b_m & \mu c_m\\ \mu b_i & c_i & \mu b_j & c_j & \mu b_m & c_m\\ \dfrac{1-\mu}{2}c_i & \dfrac{1-\mu}{2}b_i & \dfrac{1-\mu}{2}c_j & \dfrac{1-\mu}{2}b_j & \dfrac{1-\mu}{2}c_m & \dfrac{1-\mu}{2}b_m\end{pmatrix}$$

式（8-33）为用节点位移表示的单元应力，[S]为应力矩阵，μ为泊松比。

单元内的应变是常数，故称为常应变三角形单元。这种单元的精度不高，在相邻单元过渡时，它能保持位移的边界连续，但存在应变和应力的突变，这是常应变单元的固有缺陷，实质上是由位移模式造成的。为了提高单元的精度可以采用高阶位移函数，但要增加单元的节点数目，这使计算变得更复杂。

4. 单元刚度矩阵和结构刚度矩阵

选定单元类型，单元位移模式将完全由节点位移确定，而节点位移则是有限元法需求解的基本未知量。单元刚度矩阵即联系单元节点位移$\{\delta^e\}$与节点力$\{F^e\}$之间的关系式中的$[K^e]$：

$$\{F^e\}=[K^e]\{\delta^e\} \tag{8-34}$$

$$[K^e]=t\iint[B]^T[D][B]\mathrm{d}x\mathrm{d}y=\begin{pmatrix}K_{ii} & K_{ij} & K_{im}\\ K_{ji} & K_{jj} & K_{jm}\\ K_{mi} & K_{mj} & K_{mm}\end{pmatrix} \tag{8-35}$$

式中，$[K_{ii}]$，$[K_{ij}]$，$\cdots$，$[K_{mm}]$为单元刚度矩阵的子矩阵，其通式为

$$[K_{rs}]=\dfrac{Et}{4\Delta(1-\mu^2)}\begin{pmatrix}b_rb_s+\dfrac{1-\mu}{2}c_rc_s & \mu b_rc_s+\dfrac{1-\mu}{2}c_rb_s\\ \mu c_rb_s+\dfrac{1-\mu}{2}b_rc_s & c_rc_s+\dfrac{1-\mu}{2}b_rb_s\end{pmatrix},\ r=i,j,m;s=i,j,m \tag{8-36}$$

并且有$[K_{ij}]=[K_{ji}]^T$，可见$[K^e]$是对称矩阵。

如果结构共有n个节点，则平衡方程就有n个（共为$2n$个方程），再利用单元节点力

与节点位移间的关系式（8-34），将平衡方程中的节点力用节点位移代替后，最终可得整个结构的节点平衡方程为

$$\begin{pmatrix} K_{11} & K_{12} & \cdots & K_{1j} & \cdots & K_{1n} \\ K_{21} & K_{22} & \cdots & K_{2j} & \cdots & K_{2n} \\ \vdots & \vdots & & \vdots & & \vdots \\ K_{i1} & K_{i2} & \cdots & K_{ij} & \cdots & K_{in} \\ \vdots & \vdots & & \vdots & & \vdots \\ K_{n1} & K_{n2} & \cdots & K_{nj} & \cdots & K_{nn} \end{pmatrix} \begin{Bmatrix} \delta_1 \\ \delta_2 \\ \vdots \\ \delta_j \\ \vdots \\ \delta_n \end{Bmatrix} = \begin{Bmatrix} P_1 \\ P_2 \\ \vdots \\ P_j \\ \vdots \\ P_n \end{Bmatrix} \quad (8-37)$$

式中，$[K_{ij}]$ 为单元刚度矩阵的子矩阵。

当单元刚度矩阵已知后，每个单元式（8-34）的关系均为已知，再由能量原理可知，结构弹性体的总势能应是所有单元势能的总和，即结构外载荷与节点位移之间应存在下列关系：

$$\{P\} = [K]\{\delta\} \quad (8-38)$$

式中，$\{P\}$ 为所有节点的外载荷向量；$\{\delta\}$ 为所有节点的位移向量；$[K]$ 为结构总刚度矩阵。

结构总刚度矩阵是由各单元刚度矩阵的子矩阵构成的。将单元刚度矩阵的子矩阵 $[K_{ij}]$ 按其下标送到结构刚度矩阵的第 i 行、第 j 列的位置，两个下标相同的子矩阵则在同一位置上相加，就构成了结构刚度矩阵，这一构成方法与第 7 章矩阵法中所述完全相同。

总刚度矩阵具有以下性质：

1）由于单元刚度矩阵是对称的，并且其子矩阵也是对称地分布在结构总刚度矩阵中，所以结构总刚度矩阵是对称矩阵。

2）由于仅仅在同一单元中的节点之间才产生子矩阵，而一个结构中的每一节点只是通过汇集于该节点的几个单元发生联系，因此也只与某些节点产生子矩阵，故面结构总刚度矩阵中总有大量的零元素。非零元素则分布于主对角线两侧的一个带状区域内，带状区域的宽度与单元节点号码的差值有关，这些特性都与第 7 章矩阵法中的结构总刚度矩阵的特性相同。

3）由求得的结构总刚度矩阵及结构节点力的平衡方程组，经过一定的约束处理后，即能解出结构中各节点的位移。

5. 约束处理

按照式（8-38）所得到的有限元基本方程组是线性相关的，即总刚度矩阵是奇异矩阵。对此必须进行约束处理，即消除结构的刚体位移后才能求解。从线性方程组的求解角度来看，约束处理是将给定位移为零或常数值的结构自由度从所对应的有限元列式中删除，并直接给出其位移值。

在有限元法中，由于复杂结构总刚度矩阵常常过于庞大，且呈带状对称分布，编程计算时常采用下三角矩阵（或上三角矩阵）的一维存储方式存储。这种存储方式一般要求对刚度矩阵所有元素进行编号，然后顺序存储，若简单采用删除某一方程的办法，必然导致存储编码混乱。因此，有限元法在实际编程时对约束的处理主要采用以下方式：对于为零的位移向量项，基本上采用划去相应的行和列的方法，即先将位移为零的位移向量项所对应的刚度矩阵对角元上的元素置为 1，然后将该行刚度矩阵其他元素置为零。由于刚度矩阵为对称矩

阵，最后还应将所对应的列上的其他元素均置为零。

此外，当结构中某一节点处存在强迫位移 $\bar{\delta}_r$ 时，一般采用以下方法进行处理：先在结构刚度方程中写出第 r 个方程，设其形式为

$$k_{r1}\delta_1 + k_{r2}\delta_2 + \cdots + k_{rr}\delta_r + \cdots + k_{rn}\delta_n = P_r$$

这时将方程右边的外载荷项用一个大数（如 $10^{20}k_{rr}\bar{\delta}_r$）来代替，同时在方程左边对应的 $k_{rr}\delta_r$ 项也乘以大数 10^{20}，这样上式变为

$$k_{r1}\delta_1 + k_{r2}\delta_2 + \cdots + 10^{20}k_{rr}\delta_r + \cdots + k_{rn}\delta_n = 10^{20}k_{rr}\bar{\delta}_r$$

由于式中其余项远小于 $10^{20}k_{rr}\bar{\delta}_r$，可不计入，这就可使得第 r 个位移 $\delta_r = \bar{\delta}_r$。

由上述内容可知，为消除总刚度矩阵的奇异性，确保结构刚度方程能够求解，必须对边界条件进行约束处理。结构的边界通常有零位移和非零位移两种情况，对此有限元法中约束处理的方法是分别对总刚度矩阵 $[K]$ 和外载荷向量 $\{P\}$ 进行修正。

6. 外载荷处理

与结构刚度矩阵 $[K]$ 一样，在式（8-38）中的 $\{P\}$ 是节点的外载荷向量或称为单元等效节点力。除集中力外，实际上作用于弹性体上的载荷还存在体积力和表面力（分布力），那么如何将体积力或分布力转换为单元等效节点力，则需要对外载荷进行移置。以下就来具体讨论外载荷移置的方法与计算公式。

有限元法中外力移置的原则是静力等效，方法是应用虚功原理。下面分别对三角形单元的体积力及边界力进行移置。

（1）单元中分布力的移置　设三角形平面单元中有分布力，例如单元的体积力，并设此分布力在单元内是均匀的，于是分布力的合力将作用于三角形的形心处。在图 8-12 中画出了单元 ijm 在 y 方向的合力 Q，与它等效的作用于单元节点上的力分别为 P_i、P_j、P_m。

先求 P_i，为此设三角形单元仅在节点 i 产生 y 方向的单位虚位移 $\delta_i = 1$，节点 j 与 m 不动。于是在单元形心处有同样方向的大小为 1/3 的虚位移。令 Q 对其虚位移的虚功等于 P_i 对虚位移的虚功，有

$$Q \times \frac{1}{3} = P_i \times 1$$

从而得 $P_i = \dfrac{Q}{3}$。同理可得 $P_j = P_m = \dfrac{Q}{3}$。

这个结果表明，三角形单元中的均布力可用作用于单元节点的三个大小为分布力合力的 1/3、方向与分布力相同的节点力等效代替。

（2）单元边界力的移置　设三角形单元的某一边界上有分布外力，其合力的大小为 Q，作用点在 B 点（图 8-13），与它等效的作用在单元节点上的力分别为 P_i、P_j、P_m。

先来求 P_i，设单元节点 i 产生与 Q 同方向的单位虚位移 $\delta_i = 1$，则 B 点有相应的虚位移为 $\dfrac{l_i}{l_{ij}}$，此处 l_{ij} 为边界 ij 的长度，l_i 为 B 点沿边界至 j 点的长度，于是虚功方程为

$$P_i \times 1 = Q \frac{l_i}{l_{ij}} \tag{8-39}$$

同理可得

$$P_j = Q \frac{l_i}{l_{ij}}, \ P_m = 0 \tag{8-40}$$

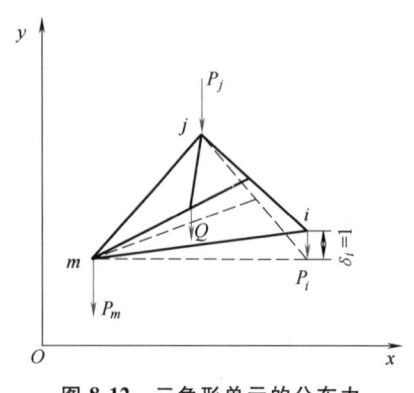

图 8-12 三角形单元的分布力

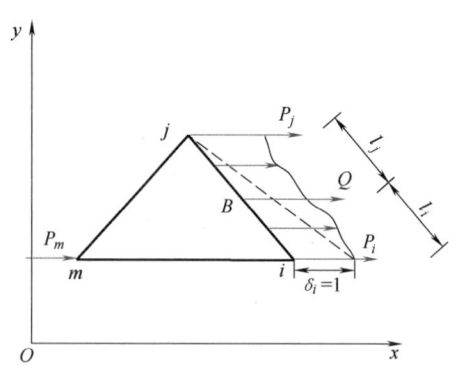

图 8-13 三角形单元的边界力

这个结果表明三角形单元边界 ij 上的分布外力可用作用于节点 i 与 j 上两个等效节点力代替，等效力之和等于外力 Q，大小与 Q 的作用点距 i 与 j 点的长度成反比。

将所得的结果用于单元边界上有均布载荷、三角形载荷及梯形载荷的情形（图 8-14a、b、c），则有

对均布载荷：

$$P_i = P_j = \frac{1}{2} q l_{ij} \tag{8-41}$$

对三角形载荷：

$$P_i = \frac{1}{3} q_i l_{ij}, \ P_j = \frac{1}{6} q_i l_{ij} \tag{8-42}$$

对梯形载荷：

$$P_i = \frac{1}{6}(2q_i + q_j) l_{ij}, \ P_j = \frac{1}{6}(q_i + 2q_j) l_{ij} \tag{8-43}$$

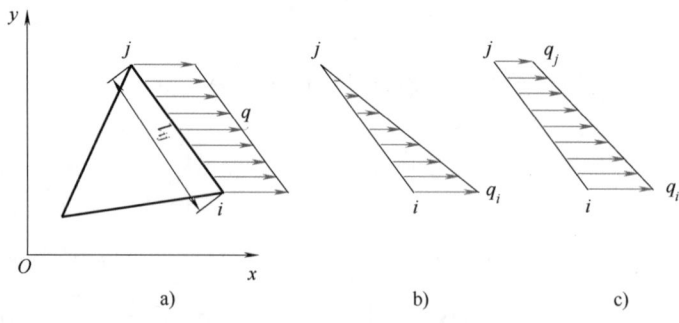

图 8-14 三角形单元的边界载荷

一个节点 i 如果汇交着几个单元，则各个单元都可能有等效节点力作用于该节点，这些等效节点力的和再加上直接作用于该节点的外力，就形成了此节点的总节点力 $\{P_i\}$。

第8章 板壳有限元法

7. 求解过程

现将三角形平面单元有限元法的解题过程归纳如下：

（1）结构的离散　根据具体结构的形式与计算精度的要求，将结构分为一定数量的三角形单元，建立结构坐标系并进行单元和节点编号。

（2）计算单元的刚度矩阵　对于每个三角形单元，根据其节点坐标按公式计算 b_i、c_i 等数值，再计算单元刚度矩阵的子矩阵 $[K_{ij}]$。

（3）计算结构总刚度矩阵　将求得的各单元刚度矩阵的子矩阵按其下标的号码"对号入座"组成总刚度矩阵。

（4）建立外力矩阵　将单元的分布载荷逐一向有关节点移置，得等效节点力，再加上直接作用于节点的外力，得节点外力矩阵。

（5）约束处理　根据结构的约束条件进行约束处理。

（6）求解节点位移　求解经过约束处理后的结构节点平衡方程，得节点位移。

（7）计算单元应力　对于每一单元，从求得的节点位移中取出三个节点的六个位移分量，按式（8-33）计算单元的平均应力。如果需要，可进一步计算出单元的主应力与主应力方向以供分析。

（8）支座反力计算和节点力平衡的检验　由所得的节点位移及单元刚度矩阵可求出单元的节点力，各有关单元在公共节点的节点力之和应等于该节点的外力。如果某一节点是支座，则该节点力与外力之和应等于支座反力。这种节点力的平衡条件可用来检验计算的误差。

8. 算例分析

图 8-15 所示为一梯形悬臂板的受力情况及有限元计算图形，求各节点的位移与各三角形单元的应力。

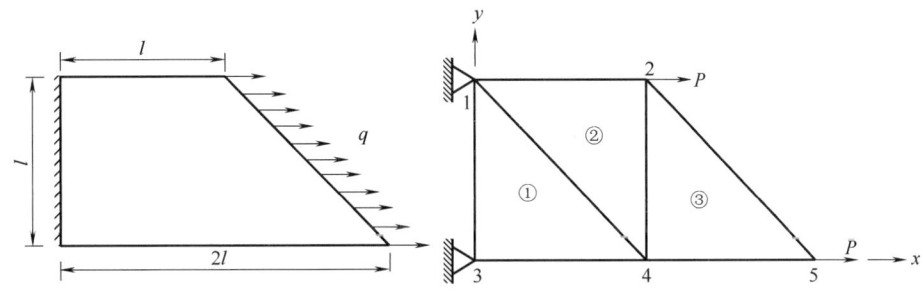

图 8-15　梯形悬臂板的计算图形

解：（1）结构离散。将结构离散为 3 个三角形单元和 5 个节点，建立结构坐标系并进行单元和节点编号。一般来说，单元的节点和边界应放置在结构几何形状、载荷及材料性质有突变的地方，并应避免采用狭长的三角形单元，这是因为三角形单元所得的应力是平均应力，而狭长的三角形单元不能很好地反映出结构在该处的真实应力状态。

（2）外载荷移置，建立外载荷矩阵。将单元的分布载荷逐一向有关节点移置，得等效节点力，加上直接作用于节点的外力，得节点外载荷矩阵，组成结构节点平衡方程如下：

$$[K]\begin{Bmatrix} u_1 \\ v_1 \\ u_2 \\ v_2 \\ u_3 \\ v_3 \\ u_4 \\ v_4 \\ u_5 \\ v_5 \end{Bmatrix} = \begin{Bmatrix} R_{x1} \\ R_{y1} \\ P \\ 0 \\ R_{x3} \\ 0 \\ 0 \\ 0 \\ P \\ 0 \end{Bmatrix}$$

式中，R_{x1}、R_{y1}、R_{x3} 为未知的支座反力。

（3）单元刚度矩阵的计算。对于每一个三角形单元，根据其节点坐标按式（8-29）计算 a_i、b_i、c_i、… 的数值，再由式（8-36）计算单元刚度矩阵的子矩阵。为此，首先计算系数。

对于单元①1—3—4：

$$x_1 = 0, \ y_1 = l, \ x_3 = y_3 = 0, \ x_4 = l, \ y_4 = 0$$

$$\begin{cases} b_1 = 0, \ c_1 = l \\ b_3 = -l, \ c_3 = -l \\ b_4 = l, \ c_4 = 0 \end{cases}$$

则当 $r = s = 1$ 时有

$$b_1 b_1 + \frac{1-\mu}{2} c_1 c_1 = \frac{1-\mu}{2} l^2, \ \mu b_1 c_1 + \frac{1-\mu}{2} c_1 b_1 = 0, \ c_1 c_1 + \frac{1-\mu}{2} b_1 b_1 = l^2$$

又因为 $\Delta_1 = \dfrac{l^2}{2}$，$\dfrac{Et}{4\Delta_1(1-\mu^2)} = \dfrac{Et}{2l^2(1-\mu^2)}$，单元刚度矩阵的子矩阵为

$$[K_{11}^{(1)}] = \frac{Et}{4(1-\mu^2)} \begin{pmatrix} \dfrac{1-\mu}{2} & 0 \\ 0 & 1 \end{pmatrix}$$

同理可得

$$[K_{31}^{(1)}] = \frac{Et}{4(1-\mu^2)} \begin{pmatrix} -\dfrac{1-\mu}{2} & -\mu \\ -\dfrac{1-\mu}{2} & -1 \end{pmatrix}$$

$$[K_{41}^{(1)}] = \frac{Et}{4(1-\mu^2)} \begin{pmatrix} 0 & \mu \\ \dfrac{1-\mu}{2} & 0 \end{pmatrix}$$

$$[K_{33}^{(1)}] = \frac{Et}{4(1-\mu^2)} \begin{pmatrix} \frac{1-\mu}{2}+1 & 1-\frac{1-\mu}{2} \\ 1-\frac{1-\mu}{2} & \frac{1-\mu}{2}+1 \end{pmatrix}$$

$$[K_{43}^{(1)}] = \frac{Et}{4(1-\mu^2)} \begin{pmatrix} -1 & -\mu \\ -\frac{1-\mu}{2} & -\frac{1-\mu}{2} \end{pmatrix}$$

$$[K_{44}^{(1)}] = \frac{Et}{4(1-\mu^2)} \begin{pmatrix} 1 & 0 \\ 0 & \frac{1-\mu}{2} \end{pmatrix}$$

由对称性可知，$[K_{31}^{(1)}] = [K_{13}^{(1)}]^T$，$[K_{41}^{(1)}] = [K_{14}^{(1)}]^T$，$[K_{43}^{(1)}] = [K_{34}^{(1)}]^T$。

故可得单元①刚度矩阵为

$$[K_{1-3-4}^{(1)}] = \begin{pmatrix} [K_{11}^{(1)}] & [K_{13}^{(1)}] & [K_{14}^{(1)}] \\ [K_{31}^{(1)}] & [K_{33}^{(1)}] & [K_{34}^{(1)}] \\ [K_{41}^{(1)}] & [K_{43}^{(1)}] & [K_{44}^{(1)}] \end{pmatrix} = \frac{Et}{4(1-\mu^2)} \begin{pmatrix} \frac{1-\mu}{2} & & & & & 对 \\ 0 & 1 & & & & \\ -\frac{1-\mu}{2} & -\mu & \frac{1-\mu}{2}+1 & & & \\ -\frac{1-\mu}{2} & -1 & -\frac{1-\mu}{2}+1 & \frac{1-\mu}{2}+1 & & 称 \\ 0 & \mu & -1 & -\mu & 1 & \\ \frac{1-\mu}{2} & 0 & -\frac{1-\mu}{2} & -\frac{1-\mu}{2} & 0 & \frac{1-\mu}{2} \end{pmatrix}$$

$$[K_{1-4-2}^{(2)}] = \begin{pmatrix} [K_{11}^{(2)}] & [K_{14}^{(2)}] & [K_{12}^{(2)}] \\ [K_{41}^{(2)}] & [K_{44}^{(2)}] & [K_{42}^{(2)}] \\ [K_{21}^{(2)}] & [K_{24}^{(2)}] & [K_{22}^{(2)}] \end{pmatrix} = \frac{Et}{4(1-\mu^2)} \begin{pmatrix} 1 & & & & & \\ 0 & \frac{1-\mu}{2} & & & & 对 \\ 0 & \frac{1-\mu}{2} & \frac{1-\mu}{2} & & & \\ \mu & 0 & 0 & 1 & & 称 \\ -1 & -\frac{1-\mu}{2} & -\frac{1-\mu}{2} & -\mu & \frac{1-\mu}{2}+1 & \\ -\mu & -\frac{1-\mu}{2} & -\frac{1-\mu}{2} & -1 & -\frac{1-\mu}{2}+1 & \frac{1-\mu}{2}+1 \end{pmatrix}$$

$$[K_{2-4-5}^{(3)}] = \begin{pmatrix} [K_{22}^{(3)}] & [K_{24}^{(3)}] & [K_{25}^{(3)}] \\ [K_{42}^{(3)}] & [K_{44}^{(3)}] & [K_{45}^{(3)}] \\ [K_{52}^{(3)}] & [K_{54}^{(3)}] & [K_{55}^{(3)}] \end{pmatrix} = \frac{Et}{4(1-\mu^2)} \begin{pmatrix} \frac{1-\mu}{2} & & & & & 对 \\ 0 & 1 & & & & \\ -\frac{1-\mu}{2} & -\mu & \frac{1-\mu}{2}+1 & & & \\ -\frac{1-\mu}{2} & -1 & -\frac{1-\mu}{2}+1 & \frac{1-\mu}{2}+1 & & 称 \\ 0 & \mu & -1 & -\mu & 1 & \\ \frac{1-\mu}{2} & 0 & -\frac{1-\mu}{2} & -\frac{1-\mu}{2} & 0 & \frac{1-\mu}{2} \end{pmatrix}$$

（4）结构总刚度矩阵。将求得的各单元刚度矩阵的子矩阵按其下标的号码"对号入座"组成总刚度矩阵如下：

$$[K] = \begin{pmatrix} [K_{11}^{(1)+(2)}] & [K_{12}^{(2)}] & [K_{13}^{(1)}] & [K_{14}^{(1)+(2)}] & 0 \\ [K_{21}^{(2)}] & [K_{22}^{(2)+(3)}] & 0 & [K_{24}^{(2)+(3)}] & [K_{25}^{(3)}] \\ [K_{31}^{(1)}] & 0 & [K_{33}^{(1)}] & [K_{34}^{(1)}] & 0 \\ [K_{41}^{(1)+(2)}] & [K_{42}^{(2)+(3)}] & [K_{43}^{(1)}] & [K_{44}^{(1)+(2)+(3)}] & [K_{45}^{(3)}] \\ 0 & [K_{52}^{(3)}] & 0 & [K_{54}^{(3)}] & [K_{55}^{(3)}] \end{pmatrix}$$

$$= \frac{Et}{4(1-\mu^2)} \begin{pmatrix} \frac{1-\mu}{2}+1 & & & & & & & & & \\ 0 & \frac{1-\mu}{2}+1 & & & & \text{对} & & & & \\ -1 & -\frac{1-\mu}{2} & 2-\mu & & & & & & & \\ -\mu & -\frac{1-\mu}{2} & -\frac{1-\mu}{2}+1 & \frac{1-\mu}{2}+1 & & & & & & \\ -\frac{1-\mu}{2} & -\mu & 0 & 0 & \frac{1-\mu}{2}+1 & & & & & \\ -\frac{1-\mu}{2} & -1 & 0 & 0 & -\frac{1-\mu}{2}+1 & \frac{1-\mu}{2}+1 & & \text{称} & & \\ 0 & -\frac{1-\mu}{2}+1 & 1-\mu & \frac{1-\mu}{2}-1 & -1 & -\mu & 3-\mu & & & \\ \mu & 0 & \frac{1-\mu}{2}-1 & -2 & -\frac{1-\mu}{2} & -\frac{1-\mu}{2} & -\frac{1-\mu}{2}+1 & 3-\mu & & \\ 0 & 0 & 0 & \mu & 0 & 0 & -1 & -\mu & 1 & \\ 0 & 0 & \frac{1-\mu}{2} & 0 & 0 & 0 & -\frac{1-\mu}{2} & -\frac{1-\mu}{2} & 0 & \frac{1-\mu}{2} \end{pmatrix}$$

（5）约束处理，解出节点位移向量。本例中支座 1 和支座 3 处的位移分量为零，从而可从节点平衡方程中划去 1，2，5，6 行与列后，求解经过约束处理的静力平衡方程，得到节点位移。

$$\frac{Et}{4(1-\mu^2)} \begin{pmatrix} 2-\mu & & & & & \\ -\frac{1-\mu}{2}+1 & \frac{1-\mu}{2}+1 & & \text{对} & & \\ 1-\mu & \frac{1-\mu}{2}-1 & 3-\mu & & & \\ \frac{1-\mu}{2}-1 & -2 & -\frac{1-\mu}{2}+1 & 3-\mu & \text{称} & \\ 0 & \mu & -1 & -\mu & 1 & \\ \frac{1-\mu}{2} & 0 & -\frac{1-\mu}{2} & -\frac{1-\mu}{2} & 0 & \frac{1-\mu}{2} \end{pmatrix} \begin{Bmatrix} u_2 \\ v_2 \\ u_4 \\ v_4 \\ u_5 \\ v_5 \end{Bmatrix} = \begin{Bmatrix} P \\ 0 \\ 0 \\ 0 \\ P \\ 0 \end{Bmatrix}$$

（6）计算单元应力。对于每一单元，由节点位移分量按式（8-33）可计算各单元的应力。

以单元①为例，将系数 b_i，c_i 等代入可得

$$[S^{(1)}] = \frac{E}{l(1-\mu^2)} \begin{pmatrix} 0 & \mu & -1 & -\mu & 1 & 0 \\ 0 & 1 & -\mu & -1 & \mu & 0 \\ \frac{1-\mu}{2} & 0 & -\frac{1-\mu}{2} & -\frac{1-\mu}{2} & 0 & \frac{1-\mu}{2} \end{pmatrix}$$

$$\{\sigma\}^{(1)} = [S^{(1)}]\{\delta\} = [S^{(1)}] \begin{Bmatrix} u_1 \\ v_1 \\ u_3 \\ v_3 \\ u_4 \\ v_4 \end{Bmatrix}$$

同理可得单元②、单元③的应力。

单元节点处的应力可由相邻单元的应力平均后求得。当单元足够多（网格足够密）时，这样求得的应力已足够精确。

8.3.4 矩形单元的分析与应用

在船体结构中，遇到最多的是矩形板格结构，因此在有限元计算时，采用矩形单元是方便的。对于形状复杂的结构件，采用矩形单元和三角形单元的组合对结构的离散更具灵活性，因此，对矩形单元进行探讨具有实际意义。

1. 位移函数

现考虑一矩形平面单元（图 8-16），单元的边长为 $2a$ 和 $2b$，四个节点 i，j，m，p 从左下角起按逆时针方向排列。以单元形心为原点建立坐标系 Oxy，显然此坐标系为单元坐标系，于是节点的坐标为 $i(-a, -b)$，$j(a, -b)$，$m(a, b)$，$p(-a, b)$。

矩形平面单元的每一节点有两个位移 u、v，故四个节点有 8 个位移，它们组成单元的节点位移矩阵 $\{\delta^e\}$，并有相应的因位移而引起的单元节点力矩阵 $\{F^e\}$ 如下：

$$\{\delta^e\} = \begin{Bmatrix} \delta_i \\ \delta_j \\ \delta_m \\ \delta_p \end{Bmatrix} = \begin{Bmatrix} u_i \\ v_i \\ u_j \\ v_j \\ u_m \\ v_m \\ u_p \\ v_p \end{Bmatrix}, \{F^e\} = \begin{Bmatrix} F_i \\ F_j \\ F_m \\ F_p \end{Bmatrix} = \begin{Bmatrix} F_{xi} \\ F_{yi} \\ F_{xj} \\ F_{yj} \\ F_{xm} \\ F_{ym} \\ F_{xp} \\ F_{yp} \end{Bmatrix}$$

现引入位移函数，它将由 8 个节点位移来确定，故

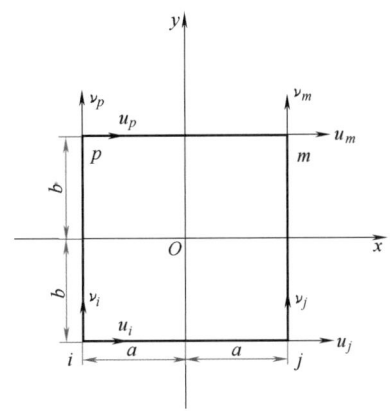

图 8-16 矩形单元的节点编号

写成

$$\begin{cases} u(x,y) = \alpha_1 + \alpha_2 x + \alpha_3 y + \alpha_4 xy \\ v(x,y) = \alpha_5 + \alpha_6 x + \alpha_7 y + \alpha_8 xy \end{cases} \tag{8-44}$$

将四个节点的坐标代入式（8-44）后，可得

$$\left\{ \delta^e \atop 8\times 1 \right\} = \begin{bmatrix} A \\ 8\times 8 \end{bmatrix} \left\{ \alpha \atop 8\times 1 \right\} \tag{8-45}$$

式中，

$$[A] = \begin{pmatrix} 1 & -a & -b & ab & 0 & 0 & 0 & 0 \\ 0 & 0 & 0 & 0 & 1 & -a & -b & ab \\ 1 & -a & -b & ab & 0 & 0 & 0 & 0 \\ 0 & 0 & 0 & 0 & 1 & -a & -b & ab \\ 1 & -a & -b & ab & 0 & 0 & 0 & 0 \\ 0 & 0 & 0 & 0 & 1 & -a & -b & ab \\ 1 & -a & -b & ab & 0 & 0 & 0 & 0 \\ 0 & 0 & 0 & 0 & 1 & -a & -b & ab \end{pmatrix} \tag{8-46}$$

由式（8-44）可解得 $\{\alpha\} = [A]^{-1}\{\delta^e\}$，从而

$$\left\{ d \atop 2\times 1 \right\} = [H]\{\alpha\} = [H][A]^{-1}\{\delta^e\} = \begin{bmatrix} N \\ 2\times 8 \end{bmatrix} \left\{ \delta^e \atop 8\times 1 \right\} \tag{8-47}$$

式中，$[N]$ 为位移矩阵，且

$$[N] = [[N_i] \quad [N_j] \quad [N_m] \quad [N_p]] \tag{8-48}$$

式中，

$$\begin{cases} [N_i] = \dfrac{1}{4ab}\begin{pmatrix} (a-x)(b-y) & 0 \\ 0 & (a-x)(b-y) \end{pmatrix} \\ [N_j] = \dfrac{1}{4ab}\begin{pmatrix} (a+x)(b-y) & 0 \\ 0 & (a+x)(b-y) \end{pmatrix} \\ [N_m] = \dfrac{1}{4ab}\begin{pmatrix} (a+x)(b+y) & 0 \\ 0 & (a+x)(b+y) \end{pmatrix} \\ [N_p] = \dfrac{1}{4ab}\begin{pmatrix} (a-x)(b+y) & 0 \\ 0 & (a-x)(b+y) \end{pmatrix} \end{cases} \tag{8-49}$$

以上所取的位移函数是坐标 x,y 的二次函数，但在单元边界上仍为一次函数，因此边界位移是线性变化的，从而相邻单元的边界在变形处仍然贴合。由此可知，矩形元是协调元。

2. 单元应变与应力

由式（8-47）可得单元内任意点的应变为

$$\left\{ \varepsilon \atop 3\times 1 \right\} = \begin{Bmatrix} \varepsilon_x \\ \varepsilon_y \\ \gamma_{xy} \end{Bmatrix} = \begin{Bmatrix} \dfrac{\partial u}{\partial x} \\ \dfrac{\partial v}{\partial y} \\ \dfrac{\partial v}{\partial x} + \dfrac{\partial u}{\partial y} \end{Bmatrix} = \begin{bmatrix} B \\ 3\times 8 \end{bmatrix} \left\{ \delta^e \atop 8\times 1 \right\} \tag{8-50}$$

式中，$[B]$ 为几何矩阵

$$[B] = [[B_i] \ [B_j] \ [B_m] \ [B_p]] \quad (8\text{-}51)$$

式中，

$$[B_i] = \frac{1}{4ab}\begin{pmatrix} -(b-y) & 0 \\ 0 & -(a-x) \\ -(a-x) & -(b-y) \end{pmatrix}$$

$$[B_j] = \frac{1}{4ab}\begin{pmatrix} (b-y) & 0 \\ 0 & -(a+x) \\ -(a+x) & (b-y) \end{pmatrix}$$

$$[B_m] = \frac{1}{4ab}\begin{pmatrix} (b+y) & 0 \\ 0 & (a+x) \\ (a+x) & (b+y) \end{pmatrix}$$

$$[B_p] = \frac{1}{4ab}\begin{pmatrix} -(b+y) & 0 \\ 0 & (a-x) \\ (a-x) & -(b+y) \end{pmatrix}$$

再由物理方程得单元内任意点的应力为

$$\left\{\begin{matrix}\sigma\\3\times 1\end{matrix}\right\} = [D]\{\varepsilon\} = [D][B]\{\delta^e\} = \left[\begin{matrix}S\\3\times 8\end{matrix}\right]\left\{\begin{matrix}\delta^e\\8\times 1\end{matrix}\right\} \quad (8\text{-}52)$$

式中，$[D]$ 为弹性矩阵 [式（8-14）]；$[S] = [[S_i] \ [S_j] \ [S_m] \ [S_p]]$ 为应力矩阵，且

$$[S_i] = \frac{E}{4ab(1-\mu^2)}\begin{pmatrix} -(b-y) & -\mu(a-x) \\ -\mu(b-y) & -(a-x) \\ -\frac{1-\mu}{2}(a-x) & -\frac{1-\mu}{2}(b-y) \end{pmatrix}$$

$$[S_j] = \frac{E}{4ab(1-\mu^2)}\begin{pmatrix} (b-y) & -\mu(a+x) \\ \mu(b-y) & -(a+x) \\ -\frac{1-\mu}{2}(a+x) & \frac{1-\mu}{2}(b-y) \end{pmatrix}$$

$$[S_m] = \frac{E}{4ab(1-\mu^2)}\begin{pmatrix} (b+y) & \mu(a+x) \\ \mu(b+y) & (a+x) \\ \frac{1-\mu}{2}(a+x) & \frac{1-\mu}{2}(b+y) \end{pmatrix}$$

$$[S_p] = \frac{E}{4ab(1-\mu^2)}\begin{pmatrix} -(b+y) & \mu(a+x) \\ -\mu(b+y) & (a+x) \\ \frac{1-\mu}{2}(a+x) & -\frac{1-\mu}{2}(b+y) \end{pmatrix}$$

由上可见，单元内任意点的应力是坐标的线性函数。对于单元中心，将 $x=y=0$ 代入上式，即可得单元中心的应力矩阵。

3. 单元刚度矩阵与结构刚度矩阵

矩形单元的刚度矩阵可以像三角形单元一样用虚功原理导出，并同样具有式（8-35）的

形式。将式（8-51）中的$[B]$及式（8-14）中的$[D]$代入式（8-35）后，得

$$[K^e_{8\times 8}] = \begin{pmatrix} [K_{ii}] & [K_{ij}] & [K_{im}] & [K_{ip}] \\ [K_{ji}] & [K_{jj}] & [K_{jm}] & [K_{jp}] \\ [K_{mi}] & [K_{mj}] & [K_{mm}] & [K_{mp}] \\ [K_{pi}] & [K_{pj}] & [K_{pm}] & [K_{pp}] \end{pmatrix} \tag{8-53}$$

其中的子矩阵为

$$[K_{ii}] = [K_{mm}] = \frac{Et}{1-\mu^2} \begin{pmatrix} f+2c_1g & c_2 \\ c_2 & g+2c_1f \end{pmatrix}$$

$$[K_{jj}] = [K_{pp}] = \frac{Et}{1-\mu^2} \begin{pmatrix} f+2c_1g & -c_2 \\ -c_2 & g+2c_1f \end{pmatrix}$$

$$[K_{ji}] = [K_{pm}] = \frac{Et}{1-\mu^2} \begin{pmatrix} -f+c_1g & c_3 \\ c_3 & \dfrac{g}{2}-2c_1f \end{pmatrix}$$

$$[K_{im}]^{\mathrm{T}} = [K_{mi}] = \frac{Et}{1-\mu^2} \begin{pmatrix} -\dfrac{f}{2}-c_1g & -c_2 \\ -c_2 & -\dfrac{g}{2}-c_1f \end{pmatrix}$$

$$[K_{jp}]^{\mathrm{T}} = [K_{pj}] = \frac{Et}{1-\mu^2} \begin{pmatrix} -\dfrac{f}{2}-c_1g & c_2 \\ c_2 & -\dfrac{g}{2}-c_1f \end{pmatrix}$$

$$[K_{ip}]^{\mathrm{T}} = [K_{pi}] = \frac{Et}{1-\mu^2} \begin{pmatrix} \dfrac{f}{2}-2c_1g & -c_3 \\ c_3 & -g+c_1f \end{pmatrix}$$

$$[K_{jm}]^{\mathrm{T}} = [K_{mj}] = \frac{Et}{1-\mu^2} \begin{pmatrix} \dfrac{f}{2}-2c_1g & c_3 \\ -c_3 & -g+c_1f \end{pmatrix}$$

式中，

$$f=\frac{b}{3a},\ g=\frac{a}{3b},\ c_1=\frac{1-\mu}{4},\ c_2=\frac{1+\mu}{8},\ c_3=\frac{1-3\mu}{8}$$

由于$[K_{ij}] = [K_{ji}]^{\mathrm{T}}$，故其余的子矩阵就不一一写出。

求得了单元刚度矩阵的子矩阵后，对于具体结构可将单元刚度矩阵的子矩阵按其下标号码"对号入座"组成结构刚度矩阵$[K]$，从而建立结构的节点力平衡方程：

$$[K]\{\delta\} = \{P\}$$

式中，$\{\delta\}$为结构节点位移矩阵；$\{P\}$为结构节点外力矩阵。

4. 外载荷移置

结构的节点外力矩阵$\{P\}$中包括单元上分布力的等效节点力。对于矩形单元，如单元

中有均匀分布的力，其合力为 Q，则可像三角形单元一样，用虚功原理导出此分布力的等效节点力为

$$P_i = P_j = P_m = P_p = \frac{Q}{4} \{\delta\} = \{P\} \tag{8-54}$$

如果单元边界上有分布力，则在该边界的两个节点上会有等效节点力，其计算公式与式（8-39）、式（8-40）相同，这里不再赘述。

5. 坐标转换

对于某些结构，在单元划分后单元的坐标系与结构坐标系方向不一定一致，这时就要进行坐标转换。

在平面问题中，坐标转换的关系与第 7 章相同，即

$$\begin{cases} x = \overline{x}\cos\alpha - \overline{y}\sin\alpha \\ y = \overline{x}\sin\alpha + \overline{y}\cos\alpha \end{cases} \tag{8-55}$$

并有以下的节点位移、节点力、节点外力的坐标转换关系：

$$\{\delta^e\} = [T]\{\overline{\delta^e}\}, \quad \{F^e\} = [T]\{\overline{F^e}\}, \quad \{P^e\} = [T]\{\overline{P^e}\} \tag{8-56}$$

单元刚度矩阵的坐标转换关系为

$$\begin{cases} [K^e] = [T][\overline{K^e}][T]^{\mathrm{T}} \\ [K_{ij}] = [t][\overline{K_{ij}}][t]^{\mathrm{T}} \end{cases} \tag{8-57}$$

以上公式的推导与第 7 章中相同。将节点位移、单元刚度矩阵以及节点外力进行坐标转换之后，才能组成对结构坐标系的节点力平衡方程或得到对结构坐标系的总刚度矩阵。将总刚度矩阵进行约束处理后，即可求解节点位移。

6. 算例分析

有一矩形悬臂板，其受力情况及单元离散如图 8-17 所示，计算各节点的位移和单元应力。已知：$l = 1000\text{mm}$，板厚 $t = 10\text{mm}$，$q = 200\text{MN/mm}^2$，$P = 5.0 \times 10^5 \text{N}$，$E = 2.0 \times 10^5 \text{MN/mm}^2$，$\mu = 0.3$。

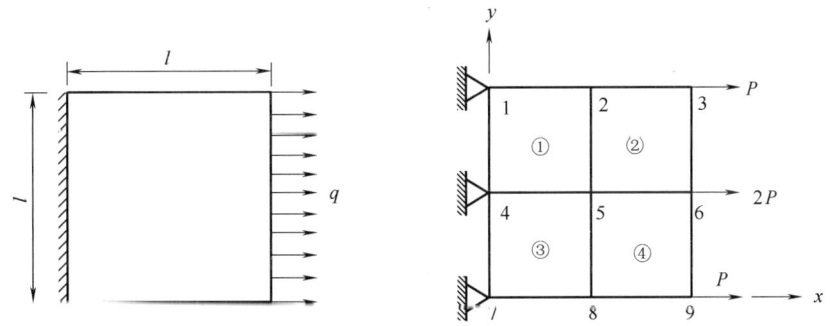

图 8-17 矩形悬臂板的计算图形

解：（1）计算各单元的刚度矩阵，对于单元①，$i=4$，$j=5$，$m=2$，$p=1$，故有

$$a = 25, \quad b = 25, \quad f = \frac{b}{3a} = \frac{1}{3}, \quad g = \frac{a}{3b} = \frac{1}{3}$$

$$c_1 = \frac{1-\mu}{4} = 0.175, \quad c_2 = \frac{1+\mu}{8} = 0.1625, \quad c_3 = \frac{1-3\mu}{8} = 0.0125$$

于是得到

$$[K_{44}^{(1)}] = [K_{22}^{(1)}] = \frac{Et}{1-\mu^2}\begin{pmatrix} 0.450 & 0.1625 \\ 0.1625 & 0.450 \end{pmatrix} = 2\times10^9\begin{pmatrix} 0.450 & 0.1625 \\ 0.1625 & 0.450 \end{pmatrix}$$

$$[K_{55}^{(1)}] = [K_{11}^{(1)}] = 2\times10^9\begin{pmatrix} 0.495 & -0.179 \\ -0.179 & 0.495 \end{pmatrix}$$

$$[K_{54}^{(1)}] = [K_{12}^{(1)}] = 2\times10^9\begin{pmatrix} -0.302 & 0.0137 \\ -0.0137 & 0.0549 \end{pmatrix}$$

$$[K_{24}^{(1)}] = 2\times10^9\begin{pmatrix} -0.247 & -0.179 \\ -0.179 & -0.247 \end{pmatrix},\ [K_{25}^{(1)}] = 2\times10^9\begin{pmatrix} 0.0549 & 0.0137 \\ -0.0137 & -0.302 \end{pmatrix}$$

$$[K_{14}^{(1)}] = 2\times10^9\begin{pmatrix} 0.0549 & -0.0137 \\ 0.0137 & -0.302 \end{pmatrix},\ [K_{15}^{(1)}] = 2\times10^9\begin{pmatrix} -0.247 & 0.179 \\ 0.179 & -0.247 \end{pmatrix}$$

单元①的刚度矩阵为

$$[K^{(1)}] = \begin{pmatrix} [K_{44}^{(1)}] & & & 对 \\ [K_{54}^{(1)}] & [K_{55}^{(1)}] & & 称 \\ [K_{24}^{(1)}] & [K_{25}^{(1)}] & [K_{22}^{(1)}] & \\ [K_{14}^{(1)}] & [K_{15}^{(1)}] & [K_{12}^{(1)}] & [K_{11}^{(1)}] \end{pmatrix}$$

其余各单元的刚度矩阵与此相同，所以只要更换各子矩阵的相应下标就能得到单元②~单位④的刚度矩阵。

（2）计算结构总刚度矩阵，由各单元刚度矩阵组合而成的结构总刚度矩阵为

$$[K] = \begin{pmatrix} [K_{11}^{(1)}] & & & & & & & & & & \\ [K_{12}^{(1)}] & [K_{22}^{(1)+(2)}] & & & & 对 & & & & & \\ 0 & [K_{32}^{(2)}] & [K_{33}^{(2)}] & & & & & & & & \\ [K_{41}^{(1)}] & [K_{42}^{(1)}] & 0 & [K_{44}^{(1)+(3)}] & & & & & & & \\ [K_{51}^{(1)}] & [K_{52}^{(1)+(2)}] & [K_{53}^{(2)}] & [K_{54}^{(1)+(3)}] & [K_{55}^{(1)+(2)+(3)+(4)}] & & 称 & & & & \\ [0] & [K_{62}^{(2)}] & [K_{63}^{(2)}] & [0] & [K_{65}^{(2)+(4)}] & [K_{66}^{(2)+(4)}] & & & & & \\ [0] & [0] & [0] & [K_{74}^{(3)}] & [K_{75}^{(3)}] & [0] & [K_{77}^{(3)}] & & & & \\ [0] & [0] & [0] & [K_{84}^{(3)}] & [K_{85}^{(3)+(4)}] & [K_{86}^{(4)}] & [K_{87}^{(3)}] & [K_{88}^{(3)+(4)}] & & & \\ [0] & [0] & [0] & [0] & [K_{95}^{(4)}] & [K_{96}^{(4)}] & [0] & [K_{98}^{(4)}] & [K_{99}^{(4)}] & \end{pmatrix}$$

完成总刚度矩阵后，就可以建立结构平衡方程。

（3）约束处理。根据图中信息，可知 $u_1 = v_1 = u_4 = v_4 = u_7 = v_7 = 0$，故划去平衡方程的第 1, 2, 7, 8, 13, 14 行与列。

（4）计算节点位移。对进行约束处理后的结构平衡方程求解可得

$$\{u_2\ v_2\ \vdots\ u_3\ v_3\ \vdots\ u_5\ v_5\ \vdots\ u_6\ v_6\ \vdots\ u_8\ v_8\ \vdots\ u_9\ v_9\}^T =$$

$$\{0.50 \quad -0.15 \mid 0.98 \quad -0.16 \mid 0.46 \quad 0 \mid 0.98 \quad 0 \mid 0.50 \quad 0.15 \mid 0.99 \quad 0.16\}^\text{T} \text{mm}$$

(5) 计算应力。根据式（8-52），当 $\bar{x}=\bar{y}=0$ 时，得单元①的中点应力矩阵为

$$[S_0^{(1)}] = 2\times 10^2 \begin{pmatrix} -1.099 & -0.330 & 1.099 & -0.330 & 1.099 & 0.330 & -1.099 & 0.330 \\ -0.330 & -1.099 & 0.330 & -1.099 & 0.330 & 1.099 & -0.330 & 1.099 \\ -0.385 & -0.385 & -0.385 & 0.385 & 0.385 & 0.385 & 0.385 & -0.385 \end{pmatrix}$$

于是可算得该单元的中点应力为

$$\{\sigma_0\}^{(1)} = [S_0^{(1)}] \begin{Bmatrix} u_4 \\ v_4 \\ u_5 \\ v_5 \\ u_2 \\ v_2 \\ u_1 \\ v_1 \end{Bmatrix} = \begin{Bmatrix} 200.00 \\ 29.28 \\ -9.16 \end{Bmatrix} \text{MPa}$$

同样可求出单元②~单元④的中点应力。

8.3.5 薄壳单元的分析与应用

壳体是指由两个曲面所限定的空间物体。曲面间的垂直距离，就称为壳体厚度，以 t 表示。当壳体厚度与其他两个方向的尺度相比很小时，则称为薄壳。壳的厚度从一点到另一点，可以是变化的，也可以是不变的。若壳体的厚度在各点都相等时，就认为是等厚度壳体，否则就称为变厚度壳体。本节只研究等厚度薄壳，如第 5 章中的图 5-17 所示。

在薄壳理论中，把与薄中曲面壳上、下表面等距离的曲面，称作薄壳的中曲面。如果给定了壳体中曲面的形状、壳厚和周边轮廓，则壳体的几何性质就完全被确定了。根据中曲面的不同形状，薄壳的外形也不同。在实际工程中，应用较多的是柱面壳和旋转面壳。

柱面壳，即一平面曲线（称经线）绕该曲线所在平面内的 z 轴旋转而成的曲面，如第 5 章中的图 5-16 所示。以旋转面为中曲面的薄壳，称为旋转壳，如圆柱面壳或锥面壳。

薄壳结构是从薄板演变而来的，所以分析薄板时所用的基本假设在壳体分析中同样有效。所不同的是由于薄壳的中面为曲面，因而变形状态和薄板有着很大的不同，它除了弯曲变形外，还存在中面变形。这就使壳中内力包括弯曲内力和中面内力两部分。因此对薄壳的分析，在实际上可以当成平面应力状态和板的弯曲应力状态的组合。在用有限元法解一般壳体问题时，考虑到这一特点，将使单元刚度矩阵的计算简化。

应用有限元法分析壳体结构时，首先将壳体进行有限单元离散，这里通常采用平面单元和曲面单元两种。在这里只介绍平面单元，在平面单元中通常使用较多的是矩形平面单元和三角形平面单元。对于任意形状曲面的壳体，宜将曲面划分成有限个三角形单元，这样能较好地反映曲面外形，而对于具有正交边界的柱面薄壳，则宜用矩形单元。单元之间彼此只在节点刚性连接。这样，就把实际的壳体结构近似地用一个双向或单向的折板体系来代替。

下面着重介绍一般柱面壳的有限元解法。

1. 节点位移向量和节点力向量

由于单元之间是通过空间刚性节点在单元角点处相连接的，因此，单元的每个节点相应地有 6 个节点位移分量和 6 个节点力分量，如图 8-18 所示。

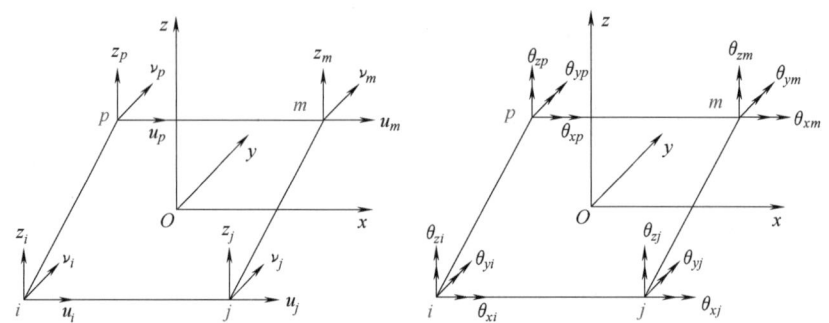

图 8-18　薄壳单元的节点位移向量和节点力向量

考虑到薄壳的应力状态为壳板的平面应力状态和弯曲应力状态的组合，所以节点位移向量及节点力向量分别是

$$\{d_i\} = \{u_i \quad v_i \mid w_i \quad \theta_{xi} \quad \theta_{yi} \mid \theta_{zi}\}^T = \{\{d_i^p\}^T \quad \{d_i^b\}^T \quad \theta_{zi}\}^T \quad (i,j,m,p) \quad (8\text{-}58)$$

$$\{F_i\} = \{X_i \quad Y_i \mid Z_i \quad M_{xi} \quad M_{yi} \mid M_{zi}\}^T = \{\{F_i^p\}^T \quad \{F_i^b\}^T \quad M_{zi}\}^T \quad (i,j,m,p) \quad (8\text{-}59)$$

式中，$\{d_i^p\}$、$\{F_i^p\}$ 为与平面应力状态有关的节点位移向量和相应的节点力向量；$\{d_i^b\}$、$\{F_i^b\}$ 为与薄板弯曲状态有关的节点位移向量和相应的节点力向量，同理 i 还可以替换为 j、m、p。

因此，单元的节点位移向量和相应的节点力向量就可表示为

$$\{d^e\} = \begin{Bmatrix} d_i \\ d_j \\ d_m \\ d_p \end{Bmatrix}, \quad \{F^e\} = \begin{Bmatrix} F_i \\ F_j \\ F_m \\ F_p \end{Bmatrix} \quad (8\text{-}60)$$

2. 单元刚度矩阵

对于这里所采用的组合应力状态的矩形平面壳体单元，单元节点力和节点位移的关系仍可写成

$$\{F^e\} = [\overline{K}^e]\{d^e\} \quad (8\text{-}61)$$

由式（8-61）可以求得任一节点的节点力向量

$$\{F_r\} = \sum_{s=i,j,m,p} [\overline{K}_{rs}]\{d_s\} \quad (8\text{-}62)$$

平面应力状态的节点力、节点位移与弯扭应力状态的节点力、节点位移互不影响，且单元的平面应力与弯扭应力不会产生节点力矩 M_{zr}，而 θ_{zr} 同样也不影响单元的节点力和应力。于是，从式（8-62）可以确定在组合应力状态下单元刚度矩阵的子矩阵 $[\overline{K}_{rs}]$ 的形式为

$$[\overline{K}_{rs}] = \begin{pmatrix} \overline{K}_{rs}^p & 0 & 0 \\ 0 & \overline{K}_{rs}^b & 0 \\ 0 & 0 & 0 \end{pmatrix} \quad (r,s = i,j,m,p) \quad (8\text{-}63)$$

式中，$[\overline{K}_{rs}^p]$ 为平面应力矩形单元 $ijmp$ 的单元刚度矩阵；$[\overline{K}_{rs}^b]$ 为矩形薄板单元弯扭应力状态

的单元刚度矩阵。

因为壳体各单元有着不同方位的局部坐标，为了形成整体刚度矩阵，建立平衡方程组，就必须把上面求得的在局部坐标下的单元刚度矩阵$[\overline{K}^e]$变换成整体坐标下的单元刚度矩阵$[K^e]$。显然，在整体坐标系下的单元刚度矩阵为

$$[K^e] = [T]^{-1}[\overline{K}^e][T] \tag{8-64}$$

根据单元节点力在单元节点位移上的功不随坐标系而变的性质，可以证明$[T]^{-1} = [T]^{\mathrm{T}}$。于是，式（8-64）可改写成

$$[K^e] = [T]^{\mathrm{T}}[\overline{K}^e][T] \tag{8-65}$$

同理，在整体坐标下的等效节点载荷向量

$$\{P^e\} = [T^{\mathrm{T}}]\{\overline{P}^e\} \tag{8-66}$$

式中，

$$\{P^e\} = \{P_{xi} \quad P_{yi} \quad P_{zi} \quad T_{xi} \quad T_{yi} \quad 0 \quad \cdots \quad P_{xp} \quad P_{yp} \quad P_{zp} \quad T_{xp} \quad T_{yp} \quad 0\}^{\mathrm{T}},$$

$$\{\overline{P}^e\} = \{P'_{xi} \quad P'_{yi} \quad P'_{zi} \quad T'_{xi} \quad T'_{yi} \quad 0 \quad \cdots \quad P'_{xp} \quad P'_{yp} \quad P'_{zp} \quad T'_{xp} \quad T'_{yp} \quad 0\}^{\mathrm{T}}$$

有了各单元的单元刚度矩阵$[K^e]$，可以用直接刚度法求得整体刚度矩阵$[K]$。利用各单元的等效节点载荷$\{P^e\}$，计算各节点的载荷向量$\{R_k\}$（k为节点编号），从而再组成结构的载荷向量$\{R\}$。在此基础上，结构的平衡方程组仍可写成

$$[K]\{d\} = \{R\} \tag{8-67}$$

引入边界条件，修改平衡方程组（8-67），然后求解，即可得到节点位移。再利用变换式（8-65）求出在局部坐标下的单元节点位移，然后计算单元各节点的内力。

8.4 复合材料层合板有限元模拟

根据板的理论，复合材料层合板的有限元，可分为：
1）以基尔霍夫（Kirchhoff）假定为基础的经典理论层合板单元。
2）以 Reissner-Mindlin 假定为基础的一阶剪切层合板单元。
3）以高阶理论为基础的层合板单元。
4）以分层转化理论为基础的层合板单元。
5）以三维理论为基础的层合板单元。

考虑一阶剪切变形 Mindlin 理论的势能表达式为

$$U = \frac{1}{2}\iint_{\Omega} \{A_{\alpha\beta\gamma\rho}(\partial_\alpha u_\beta \partial_\gamma u_\rho) + 2B_{\alpha\beta\gamma\rho}(\partial_\alpha u_\beta \partial_\gamma K_\rho) + D_{\alpha\beta\gamma\rho}\partial_\alpha K_\beta \partial_\gamma K_\rho + A_{\alpha+3,\beta+3}\gamma_\alpha\gamma_\beta\} \mathrm{d}\Omega, \alpha,\beta=1,2 \quad \gamma,\rho=1,2$$

余能表达式为

$$\psi = \frac{1}{2}\int_{\Omega}[A'_{\alpha\beta\gamma\rho}N_{\alpha\beta}N_{\gamma\rho} + 2B'_{\alpha\beta\gamma\rho}N_{\alpha\beta}M_{\gamma\rho} + D'_{\alpha\beta\gamma\rho}M_{\alpha\beta}M_{\gamma\rho} + A'_{\alpha+3,\beta+3}Q_\alpha Q_\beta]\mathrm{d}\Omega, \alpha,\beta=1,2$$

8.4.1 经典理论层合板单元

该单元是法国贡比涅技术大学巴托兹（Batoz）教授提出的，该单元的特点是仅在三角

形单元边中点满足基尔霍夫假定，故放松了原位移的约束，使此单元不存在剪切闭锁（即 shear locking），且具有收敛好的特点，该单元还能保证各单元相邻边位移的协调性。但是该单元原来适用于各向同性板，现将该单元发展成为复合材料层合板单元。

已知三角形单元其节点为 i、j、k，定义为 1、2、3，边中点为 4、5、6，位移和转角均定义为向量，按右手法则规定其正负，O、X、Y 为整体坐标，如图 8-19 所示。

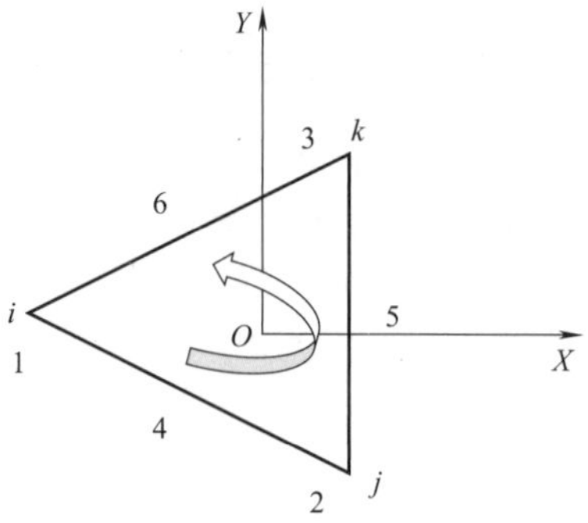

解：（1）内力势能-应变能，不考虑剪切效应，则有

$$U_{内} = \frac{1}{2}\iint \begin{Bmatrix} \varepsilon_0 \\ \chi \end{Bmatrix}^T \begin{pmatrix} [A] & [B] \\ [B] & [D] \end{pmatrix} \begin{Bmatrix} \varepsilon_0 \\ \chi \end{Bmatrix} dxdy$$

$$= \frac{1}{2}\iint (\{\varepsilon_0\}^T[A]\{\varepsilon_0\} + \{\chi\}^T[D]\{\chi\} + \{\chi\}^T[B]\{\varepsilon_0\} + \{\varepsilon_0\}^T[B]\{\chi\}) dxdy$$

(8-68)

图 8-19 三角形单元节点

设节点位移向量分为两个部分

$$\{\delta_p\}^T = \{u_1 \quad v_1 \quad u_2 \quad v_2 \quad u_3 \quad v_3\}^T$$

$$\{\delta_b\}^T = \{w_1 \quad \varphi_{x1} \quad \varphi_{y1} \quad w_2 \quad \varphi_{x2} \quad \varphi_{y2} \quad w_3 \quad \varphi_{x3} \quad \varphi_{y3}\}^T$$

若面内应变-节点位移矩阵为

$$[B_p] \rightarrow \{\varepsilon_0\} = [B_p]\{\delta_p\}$$

弯曲应变-节点位移矩阵为

$$[B_b] \rightarrow \{\chi\} = [B_b]\{\delta_b\}$$

则

$$\begin{Bmatrix} \varepsilon_0 \\ \chi \end{Bmatrix} = \begin{pmatrix} B_p & 0 \\ 0 & B_b \end{pmatrix} \begin{Bmatrix} \delta_p \\ \delta_b \end{Bmatrix}$$

(8-69)

将式（8-69）代入应变能公式（8-68）中得

$$U_{内} = \frac{1}{2}\iint \begin{pmatrix} \{\delta_p\}^T[B_p]^T[A][B_p]\{\delta_p\} + \{\delta_p\}^T[B_p]^T[B][B_b]\{\delta_b\} + \\ \{\delta_b\}^T[B_b]^T[B][B_p]\{\delta_p\} + \{\delta_b\}^T[B_b]^T[D][B_b]\{\delta_b\} \end{pmatrix} dxdy \quad (8-70)$$

由最小势能原理可得

$$[K]\{\delta\} = \{P\}$$

式中，

$$[K] = \begin{pmatrix} K_{pp} & K_{pb} \\ K_{bp} & K_{bb} \end{pmatrix}$$

(8-71)

$$\begin{cases} [K_{pp}] = \iint_\Omega [B_p]^T[A][B_p] dxdy \\ [K_{pb}] = \iint_\Omega [B_p]^T[A][B_b] dxdy \\ [K_{bp}] = \iint_\Omega [B_b]^T[B][B_p] dxdy \\ [K_{bb}] = \iint_\Omega [B_b]^T[D][B_b] dxdy \end{cases}$$

(8-72)

（2）矩阵$[B_p]$的确定

采用常应变插值函数，则

$$\begin{Bmatrix} u \\ v \end{Bmatrix} = \begin{pmatrix} L_1 & 0 & L_2 & 0 & L_3 & 0 \\ 0 & L_1 & 0 & L_2 & 0 & L_3 \end{pmatrix} \begin{Bmatrix} u_1 \\ v_1 \\ u_2 \\ v_2 \\ u_3 \\ v_3 \end{Bmatrix} \qquad (8-73)$$

式中，L_1、L_2、L_3为面积坐标，且

$$L_1 = \frac{A_1}{A}, \quad L_2 = \frac{A_2}{A}, \quad L_3 = \frac{A_3}{A}$$

$$\begin{Bmatrix} L_1 \\ L_2 \\ L_3 \end{Bmatrix} = \frac{1}{2A} \begin{pmatrix} x_2 y_3 - x_3 y_2 & y_2 - y_3 & x_3 - x_2 \\ x_3 y_1 - x_1 y_3 & y_3 - y_1 & x_1 - x_3 \\ x_1 y_2 - x_2 y_1 & y_1 - y_2 & x_2 - x_1 \end{pmatrix} \begin{Bmatrix} 1 \\ x \\ y \end{Bmatrix}$$

$$A = \frac{1}{2} \begin{vmatrix} 1 & 1 & 1 \\ x_1 & x_2 & x_3 \\ y_1 & y_2 & y_3 \end{vmatrix}$$

$$\{\varepsilon_0\} = \begin{pmatrix} \dfrac{\partial}{\partial x} & 0 \\ 0 & \dfrac{\partial}{\partial y} \\ \dfrac{\partial}{\partial y} & \dfrac{\partial}{\partial x} \end{pmatrix} \begin{Bmatrix} u \\ v \end{Bmatrix} \qquad (8-74)$$

式中，$\dfrac{\partial u}{\partial x} = \dfrac{\partial u}{\partial L_1} \dfrac{\partial L_1}{\partial x} + \dfrac{\partial u}{\partial L_2} \dfrac{\partial L_2}{\partial x} + \dfrac{\partial u}{\partial L_3} \dfrac{\partial L_3}{\partial x}$，该单元能保证各边$C^0$连续。

（3）矩阵$[B_b]$的确定

$$\{\chi\} = \begin{Bmatrix} \chi_x \\ \chi_y \\ \chi_{xy} \end{Bmatrix} = \begin{pmatrix} \dfrac{\partial \varphi_y}{\partial x} \\ -\dfrac{\partial \varphi_x}{\partial y} \\ \dfrac{\partial \varphi_y}{\partial y} - \dfrac{\partial \varphi_x}{\partial x} \end{pmatrix} = \begin{pmatrix} 0 & \dfrac{\partial}{\partial x} \\ -\dfrac{\partial}{\partial y} & 0 \\ -\dfrac{\partial}{\partial x} & \dfrac{\partial}{\partial y} \end{pmatrix} \begin{Bmatrix} \varphi_x \\ \varphi_y \end{Bmatrix} \qquad (8-75)$$

弯曲能量表达式中包含φ_x，φ_y的导数项，故其插值函数要求满足沿边界上曲率、位移及转角（0，1，2）连续，其次，必须避免剪切闭锁现象。

1）对φ_x，φ_y分项插值，得

$$\begin{cases} \varphi_x = L_1(2L_1-1)\varphi_{x1} + L_2(2L_2-1)\varphi_{x2} + L_3(2L_3-1)\varphi_{x3} + \\ \qquad 4L_2L_3\varphi_{x4} + 4L_1L_3\varphi_{x5} + 4L_1L_2\varphi_{x6} \\ \varphi_y = L_1(2L_1-1)\varphi_{y1} + L_2(2L_2-1)\varphi_{y2} + L_3(2L_3-1)\varphi_{y3} + \\ \qquad 4L_2L_3\varphi_{y4} + 4L_1L_3\varphi_{y5} + 4L_1L_2\varphi_{y6} \end{cases} \qquad (8-76)$$

式中，φ_{x4}，φ_{y4}，φ_{x5}，φ_{y5}，φ_{x6}，φ_{y6} 为辅助自由度，最后需消去。

2）建立 φ_x，φ_y 边中点的转角与两端点转角的关系。

设在端点与边中点满足基尔霍夫假定，即

$$\begin{cases} \varphi_{xm}=\left(\dfrac{\partial w}{\partial y}\right)_m, \ \varphi_{xi}=\left(\dfrac{\partial w}{\partial y}\right)_i, \ \varphi_{xj}=\left(\dfrac{\partial w}{\partial y}\right)_j \\ \varphi_{ym}=-\left(\dfrac{\partial w}{\partial x}\right)_m, \ \varphi_{yi}=-\left(\dfrac{\partial w}{\partial x}\right)_i, \ \varphi_{yj}=-\left(\dfrac{\partial w}{\partial x}\right)_j \end{cases} \quad (8\text{-}77)$$

于是

$$\begin{Bmatrix} \dfrac{\partial w}{\partial x} \\ \dfrac{\partial w}{\partial y} \end{Bmatrix}_m = \begin{pmatrix} \cos\alpha & -\sin\alpha \\ \sin\alpha & \cos\alpha \end{pmatrix} \begin{Bmatrix} \dfrac{\partial w}{\partial \xi} \\ \dfrac{\partial w}{\partial \eta} \end{Bmatrix}_m$$

$$= \begin{pmatrix} -\dfrac{1.5}{l} & 0.25 & 0 & \dfrac{1.5}{l} & -0.25 & 0 \\ 0 & 0 & 0.5 & 0 & 0 & 0.5 \end{pmatrix} \begin{Bmatrix} w_i \\ \left(\dfrac{\partial w}{\partial \xi}\right)_i \\ \left(\dfrac{\partial w}{\partial \eta}\right)_i \\ w_j \\ \left(\dfrac{\partial w}{\partial \xi}\right)_j \\ \left(\dfrac{\partial w}{\partial \eta}\right)_j \end{Bmatrix}$$

$$(8\text{-}78)$$

$$\{\varphi_{xi}\} = \begin{Bmatrix} \varphi_{x1} \\ \varphi_{x2} \\ \varphi_{x3} \\ \varphi_{x4} \\ \varphi_{x5} \\ \varphi_{x6} \end{Bmatrix} = \begin{Bmatrix} \left(\dfrac{\partial w}{\partial y}\right)_1 \\ \left(\dfrac{\partial w}{\partial y}\right)_2 \\ \left(\dfrac{\partial w}{\partial y}\right)_3 \\ \left(\dfrac{\partial w}{\partial y}\right)_4 \\ \left(\dfrac{\partial w}{\partial y}\right)_5 \\ \left(\dfrac{\partial w}{\partial y}\right)_6 \end{Bmatrix} = [M_x] \begin{Bmatrix} w_1 \\ \left(\dfrac{\partial w}{\partial x}\right)_1 \\ \left(\dfrac{\partial w}{\partial y}\right)_1 \\ w_2 \\ \left(\dfrac{\partial w}{\partial x}\right)_2 \\ \left(\dfrac{\partial w}{\partial y}\right)_2 \\ w_3 \\ \left(\dfrac{\partial w}{\partial x}\right)_3 \\ \left(\dfrac{\partial w}{\partial y}\right)_3 \end{Bmatrix} = [M_x] \begin{Bmatrix} w_1 \\ -\varphi_{y1} \\ \varphi_{x1} \\ w_2 \\ -\varphi_{y2} \\ \varphi_{x2} \\ w_3 \\ -\varphi_{y3} \\ \varphi_{x3} \end{Bmatrix} = [T_x] \begin{Bmatrix} w_1 \\ \varphi_{x1} \\ \varphi_{y1} \\ w_2 \\ \varphi_{x2} \\ \varphi_{y2} \\ w_3 \\ \varphi_{x3} \\ \varphi_{y3} \end{Bmatrix}$$

同理可得
$$\{\varphi_{yi}\} = [T_y]\begin{Bmatrix} w_1 \\ \varphi_{x1} \\ \varphi_{y1} \\ w_2 \\ \varphi_{x2} \\ \varphi_{y2} \\ w_3 \\ \varphi_{x3} \\ \varphi_{y3} \end{Bmatrix}$$

将 $\{\varphi_{xi}\}$，$\{\varphi_{yi}\}$ 的表达式代入式（8-76）中得

$$\begin{Bmatrix} \varphi_x \\ \varphi_y \end{Bmatrix} = \begin{pmatrix} [N] & 0 \\ 0 & [N] \end{pmatrix} \begin{Bmatrix} \varphi_{xi} \\ \varphi_{yi} \end{Bmatrix} = \begin{pmatrix} [N] & 0 \\ 0 & [N] \end{pmatrix} \begin{Bmatrix} [T_x] \\ [T_y] \end{Bmatrix} \begin{Bmatrix} w_1 \\ \varphi_{x1} \\ \varphi_{y1} \\ w_2 \\ \varphi_{x2} \\ \varphi_{y2} \\ w_3 \\ \varphi_{x3} \\ \varphi_{y3} \end{Bmatrix} = \begin{pmatrix} [N] & [T_x] \\ [T_y] & [N] \end{pmatrix} \begin{Bmatrix} w_1 \\ \varphi_{x1} \\ \varphi_{y1} \\ w_2 \\ \varphi_{x2} \\ \varphi_{y2} \\ w_3 \\ \varphi_{x3} \\ \varphi_{y3} \end{Bmatrix} \quad (8\text{-}79)$$

将式（8-79）代入式（8-75）中得

$$\begin{Bmatrix} \chi_x \\ \chi_y \\ \chi_{xy} \end{Bmatrix} = \begin{Bmatrix} \left(\dfrac{\partial N}{\partial x}\right)[T_y] \\ -\left(\dfrac{\partial N}{\partial y}\right)[T_x] \\ \left(\dfrac{\partial N}{\partial y}\right)[T_y] - \left(\dfrac{\partial N}{\partial x}\right)[T_x] \end{Bmatrix} \{\delta_b\}, \{\chi\} = [B_b]\{\delta_b\} \quad (8\text{-}80)$$

将式（8-74）、式（8-80）代入式（8-72）中可得单元刚度矩阵。

（4）几何刚度矩阵

$$U_{外} = \frac{1}{2}\int \begin{Bmatrix} \dfrac{\partial w}{\partial x} \\ \dfrac{\partial w}{\partial y} \end{Bmatrix}^{\mathrm{T}} \begin{pmatrix} N_x & N_{xy} \\ N_{xy} & N_y \end{pmatrix} \begin{Bmatrix} \dfrac{\partial w}{\partial x} \\ \dfrac{\partial w}{\partial y} \end{Bmatrix} \mathrm{d}x\mathrm{d}y \quad (8\text{-}81)$$

$$\begin{Bmatrix} \dfrac{\partial w}{\partial x} \\ \dfrac{\partial w}{\partial y} \end{Bmatrix} = \begin{Bmatrix} -\varphi_y \\ \varphi_x \end{Bmatrix} = \begin{pmatrix} -[N] & [T_y] \\ [N] & [T_x] \end{pmatrix} \begin{Bmatrix} w_1 \\ \varphi_{x1} \\ \varphi_{y1} \\ w_2 \\ \varphi_{x2} \\ \varphi_{y2} \\ w_3 \\ \varphi_{x3} \\ \varphi_{y3} \end{Bmatrix} = [G] \begin{Bmatrix} w_1 \\ \varphi_{x1} \\ \varphi_{y1} \\ w_2 \\ \varphi_{x2} \\ \varphi_{y2} \\ w_3 \\ \varphi_{x3} \\ \varphi_{y3} \end{Bmatrix}$$

代入式（8-81）可得

$$U_{\text{外}} = \frac{1}{2}\{\delta_b\}^{\mathrm{T}} \int [G]^{\mathrm{T}} \begin{pmatrix} N_x & N_{xy} \\ N_{xy} & N_y \end{pmatrix} [G] \,\mathrm{d}x\mathrm{d}y \{\delta_b\}$$

则几何刚度矩阵为

$$[K_g] = \int [G]^{\mathrm{T}} \begin{pmatrix} N_x & N_{xy} \\ N_{xy} & N_y \end{pmatrix} [G] \,\mathrm{d}x\mathrm{d}y \tag{8-82}$$

8.4.2 一阶剪切层合板单元

1) 设一八节点壳单元，每节点仍为五个自由度，由等参定义设

$$\begin{cases} x = \sum_{i=1}^{8} N_i x_i \\ y = \sum_{i=1}^{8} N_i y_i \\ z = \sum_{i=1}^{8} N_i \dfrac{t_i}{2}\zeta \\ h_j = \sum N_i h_i \\ T = \sum N_i t_i \end{cases} \tag{8-83}$$

式中，N_i 为自然坐标 ξ，η 下中 i 点的形函数；T 为板总厚度；t_i 为 i 节点处厚度；$-1<\zeta<1$；h_j 为第 j 层厚度。则位移场插值表达式为

$$u = \sum_{i=1}^{8} N_i u_i + \sum_{i=1}^{8} N_i \frac{t_i}{2}\zeta\theta_{yi}, \quad v = \sum_{i=1}^{8} N_i v_i + \sum_{i=1}^{8} N_i \frac{t_i}{2}\zeta\theta_{xi}, \quad w = \sum_{i=1}^{8} N_i w_i \tag{8-84}$$

应变-位移关系为

$$\{\varepsilon\} = \begin{Bmatrix} \varepsilon_x \\ \varepsilon_y \\ \gamma_{xy} \\ \gamma_{yz} \\ \gamma_{zx} \end{Bmatrix} = \begin{pmatrix} \dfrac{\partial}{\partial x} & 0 & 0 \\ 0 & \dfrac{\partial}{\partial y} & 0 \\ \dfrac{\partial}{\partial y} & \dfrac{\partial}{\partial x} & 0 \\ 0 & \dfrac{\partial}{\partial z} & \dfrac{\partial}{\partial y} \\ \dfrac{\partial}{\partial z} & 0 & \dfrac{\partial}{\partial x} \end{pmatrix} \begin{Bmatrix} u \\ v \\ w \end{Bmatrix} \tag{8-85}$$

2）由三维弹性力学本构关系（令 $\sigma_z = 0$，对本构方程约化），即

$$\begin{Bmatrix} \sigma_x \\ \sigma_y \\ \tau_{xy} \\ \tau_{yz} \\ \tau_{xz} \end{Bmatrix} = \begin{pmatrix} \overline{C}_{11}^* & \overline{C}_{12}^* & \overline{C}_{16}^* & 0 & 0 \\ \overline{C}_{21}^* & \overline{C}_{22}^* & \overline{C}_{26}^* & 0 & 0 \\ \overline{C}_{61}^* & \overline{C}_{62}^* & \overline{C}_{66}^* & 0 & 0 \\ 0 & 0 & 0 & \overline{C}_{44} & \overline{C}_{43} \\ 0 & 0 & 0 & \overline{C}_{34} & \overline{C}_{33} \end{pmatrix} \tag{8-86}$$

$$C_{ij}^* = \overline{C}_{ij} - \frac{\overline{C}_{i3}\overline{C}_{3j}}{\overline{C}_{33}}, \quad i,j = 1,2$$

$$C_{ij}^* = C_{ij}, \quad i,j = 4,5$$

3）势能原理与单元刚度矩阵为

$$[K] = \int_V [B]^T [D][B] \mathrm{d}V = \int_{-1}^{1}\int_{-1}^{1}\int_{-1}^{1} [B]^T [D][B] |J| \mathrm{d}\xi \mathrm{d}\eta \mathrm{d}\zeta \tag{8-87}$$

雅可比矩阵为

$$[J] = \begin{pmatrix} \frac{\partial x}{\partial \xi} & \frac{\partial y}{\partial \xi} & \frac{\partial z}{\partial \xi} \\ \frac{\partial x}{\partial \eta} & \frac{\partial y}{\partial \eta} & \frac{\partial z}{\partial \eta} \\ \frac{\partial x}{\partial \zeta} & \frac{\partial y}{\partial \zeta} & \frac{\partial z}{\partial \zeta} \end{pmatrix} = \begin{pmatrix} \sum \frac{\partial N_i}{\partial \xi} X_i & \sum \frac{\partial N_i}{\partial \xi} Y_i & \sum \frac{\partial N_i}{\partial \xi} \frac{t_i}{2} \zeta \\ \sum \frac{\partial N_i}{\partial \eta} X_i & \sum \frac{\partial N_i}{\partial \eta} Y_i & \sum \frac{\partial N_i}{\partial \eta} \frac{t_i}{2} \zeta \\ \sum \frac{\partial N_i}{\partial \zeta} X_i & \sum \frac{\partial N_i}{\partial \zeta} Y_i & \sum \left(\frac{\partial N_i}{\partial \zeta} \frac{t_i}{2} \zeta + \frac{N_i t_i}{2} \right) \end{pmatrix}$$

由于每层材料层内相同，而沿厚度方向各层不同，故引入 ζ 局部坐标（每一层一个），ζ 不能是连续函数，第 k 层为

$$-1 < \zeta_k < 1$$

其原点在每层的中面。

由几何关系可得

$$\zeta = -1 + \frac{1}{t}\left[-h_k(1 - \zeta_k) + 2\sum_{i=1}^{k} h_i \right] \tag{8-88}$$

$$\mathrm{d}\zeta = \frac{h_k}{t}\mathrm{d}\zeta_k \tag{8-89}$$

代入式（8-87）得

$$[K] = \sum_{k=1}^{n} \int_{-1}^{1}\int_{-1}^{1}\int_{-1}^{1} [B]^T [D][B] |J| \frac{h_k}{t} \mathrm{d}\xi \mathrm{d}\eta \mathrm{d}\zeta \tag{8-90}$$

式中，n 为层板总层数。

8.5 热应力单元有限元模拟

8.5.1 平面稳定温度场

1. 平面稳定温度场的概念及分类

平面结构受热与放热互相平衡时,结构温度不再随时间而改变,平面内的温度只是坐标的函数,称为平面稳定温度场。其表达式为

$$T = T(x, y) \tag{8-91}$$

在平面求解域内,有

$$K\left(\frac{\partial^2 T}{\partial x^2} + \frac{\partial^2 T}{\partial y^2}\right) + p = 0$$

式中,K 为热传导系数;p 为热源强度。

一般的工程结构,本身不产生热量,热量多是由外界传入,故有 $p=0$,于是

$$\frac{\partial^2 T}{\partial x^2} + \frac{\partial^2 T}{\partial y^2} = 0$$

对应不同的热边界条件,微分方程的解是不同的,对于平面结构有不同的温度分布。

(1) 第一类边界条件 平面结构的边界上保持给定的分布温度。

(2) 第二类边界条件 确定结构边界处的温度梯度,称为第二类边界条件。其表达式为

$$K\frac{\partial T}{\partial n} = q \tag{8-92}$$

绝热条件:在边界处和周围介质没有热交换,即

$$\frac{\partial T}{\partial n} = 0$$

(3) 第三类边界条件 在边界处与周围介质存在热交换,即

$$-K\frac{\partial T}{\partial n} = -q + \lambda(T - T_f) \tag{8-93}$$

式中,q 为进入的热流;λ 为放热系数;T_f 为周围介质的温度。式(8-93)中包含边界温度和温度梯度,称为第三类边界条件,是一种混合边界。

当 q,λ 不同时,式(8-93)转化为不同的边界条件,可以统一地编制有限元程序。对于平面结构的不同边界部位,改变 q、λ、T_f 即可。

2. 第一类边界条件问题

$$\frac{\partial^2 T}{\partial x^2} + \frac{\partial^2 T}{\partial y^2} = 0, \quad T = \overline{T} \tag{8-94}$$

式中,$\overline{T}$ 为边界分布温度。式(8-94)等价于 $\delta U = 0$,式中,

$$U = \iint_\Omega \frac{1}{2}\left[\left(\frac{\partial T}{\partial x}\right)^2 + \left(\frac{\partial T}{\partial y}\right)^2\right] dx dy \tag{8-95}$$

使用有限元法求解此变分问题:采用简单三角形单元,单元内温度假定为线性分布,则有

$$T(x,y) = a_1 + a_2 x + a_3 y$$

设单元3个顶点的温度分别为 T_l,T_m,T_n,单元节点温度列阵为

$$\{T^e\} = \{T_l \quad T_m \quad T_n\}^T \tag{8-96}$$

单元内各点温度为

$$T(x,y) = [N]_T \{T^e\} \tag{8-97}$$

式中,$[N]_T$ 为形状函数矩阵,$[N]_T = [N_l \quad N_m \quad N_n]$。

采用简单三角形单元,温度场为线性分布,则形状函数为

$$N_l = \frac{a_l + b_l x + c_l y}{2\Delta} \tag{8-98}$$

三角形单元满足完备性和协调性,可以收敛于真实解。对任意单元 e,单元泛函为

$$\begin{Bmatrix} \dfrac{\partial T}{\partial x} \\ \dfrac{\partial T}{\partial y} \end{Bmatrix} = \begin{Bmatrix} \dfrac{\partial}{\partial x} \\ \dfrac{\partial}{\partial y} \end{Bmatrix} [N]_T \{T^e\} = [F]\{T^e\} \tag{8-99}$$

式中,$[F]$ 为应变矩阵,其表达式为

$$[F] = \frac{1}{2\Delta} \begin{pmatrix} b_l & b_m & b_n \\ c_l & c_m & c_n \end{pmatrix}$$

代入式(8-95),得到

$$U^e = \iint_{\Omega^e} \frac{1}{2} ([F]\{T^e\})^T ([F]\{T^e\}) \,dx\,dy = \frac{1}{2} \{T^e\}^T [h]^e \{T^e\} \tag{8-100}$$

式中,$[h]^e$ 为单元刚度矩阵,其表达式为

$$[h]^e = \frac{1}{4\Delta} \begin{pmatrix} b_l^2 + c_l^2 & b_l b_m + c_l c_m & b_n b_l + c_n c_l \\ b_l b_m + c_l c_m & b_m^2 + c_m^2 & b_n b_m + c_n c_m \\ b_n b_l + c_n c_l & b_n b_m + c_n c_m & b_n^2 + c_n^2 \end{pmatrix}$$

又因为 $\delta U = 0$,故

$$\frac{\delta U}{\delta \{T\}} = 0$$

即

$$[H]\{T\} = 0 \tag{8-101}$$

结合边界条件,求解方程组。

3. 第三类边界条件问题

$$\frac{\partial^2 T}{\partial x^2} + \frac{\partial^2 T}{\partial y^2} = 0$$

$$-K \frac{\partial T}{\partial n} = -q + \lambda (T - T_f)$$

等价于

$$\delta U = 0 \tag{8-102}$$

$$U = \iint_\Omega \frac{K}{2}\left[\left(\frac{\partial T}{\partial x}\right)^2 + \left(\frac{\partial T}{\partial y}\right)^2\right]dxdy = \iint_\Omega \left(\frac{1}{2}\lambda T^2 - \lambda T_f T - qT\right)ds$$

式中，s 为边界上的弧坐标。

采用简单三角形单元，单元泛函表示为

$$U^e = U_1^e + U_2^e \tag{8-103}$$

式中，

$$U_1^e = \iint_\Omega \frac{K}{2}\left[\left(\frac{\partial T}{\partial x}\right)^2 + \left(\frac{\partial T}{\partial y}\right)^2\right]dxdy = \frac{1}{2}\{T^e\}^T[h_1]\{T^e\}$$

$$U_2^e = \int_{\Gamma^e}\left(\frac{1}{2}\lambda T^2 - \lambda T_f T - qT\right)ds$$

$$[h_1]^e = K\int_{\Omega^e}[F]^T[F]dxdy$$

其中，Γ^e 为 e 单元所拥有的边界（图 8-20），只有靠近边界的单元才具有这一项。

设单元 e 的节点 m、l 位于边界上，计算时以直线 lm 代替部分边界。

e 单元的温度为

$$T = [N]_T\{T^e\} \tag{8-104}$$

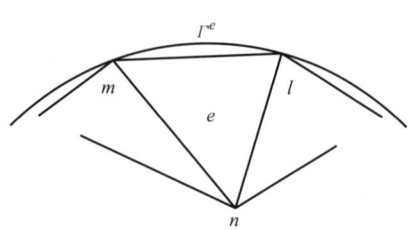

图 8-20　边界处的单元

$$U_2^e = \int_{lm}\left[\frac{1}{2}\lambda([N]_T\{T^e\})^2 - (\lambda T_f + q)[N]_T\{T^e\}\right]ds$$

$$= \frac{1}{2}\{T^e\}^T[h_2^e]\{T^e\} - \{T^e\}^T\{P^e\}$$

式中，$[h_2^e]$ 为边界刚度矩阵，$[h_2^e] = \int_{lm}\lambda[N]_T^T[N]_T ds$；$\{P^e\}$ 为边界载荷，$\{P^e\} = \int_{lm}[N]_T^T(\lambda T_f + q)ds$。

结构总泛函为

$$U = \sum_{e=1}^m U^e = \frac{1}{2}\{T\}^T[H]\{T\} - \{T\}^T\{P\} \tag{8-105}$$

式中，$[H]$ 为结构总刚度矩阵，$[H] = \sum_{e=1}^m ([h_1^e] + [h_2^e])$；$\{P\}$ 为结构总载荷，$\{P\} = \sum_{e=1}^m \{P^e\}$。由式（8-102）可得到

$$[H]\{T\} = \{P\} \tag{8-106}$$

当已知载荷求解方程组时，对于第三类边界条件，可按上述分析方法处理；而在进行上述分析时没有考虑第一类边界条件，但在求解方程组时给予了考虑，即使该边界处的节点温度取为给定值，将整个边界按第三类边界处理；而对于第一类边界位置，将介质温度 T_f 取为给定值，并将放热系数 λ 取为相当大的值。

8.5.2 平面热应力

与温度场的求解一样,从微分方程 $\begin{cases} \dfrac{\partial \sigma_x}{\partial x} + \dfrac{\partial \tau_{xy}}{\partial y} + X = \rho \dfrac{\partial^2 u}{\partial t^2} \\ \dfrac{\partial \sigma_y}{\partial y} + \dfrac{\partial \tau_{xy}}{\partial x} + Y = \rho \dfrac{\partial^2 v}{\partial t^2} \end{cases}$ 出发,用伽辽金法对微分方程做"变分"计算,从而导出有限元法计算的基本方程。

将微分方程代入

$$\begin{cases} \int_R W_l Q(x) \mathrm{d}x = 0 \\ \int_R W_l D[\widetilde{y}(x)] \mathrm{d}x = 0 \end{cases} \quad (l = 1, 2, \cdots, n)$$

可得

$$\iint_D W_l \left(\frac{\partial \sigma_x}{\partial x} + \frac{\partial \tau_{xy}}{\partial y} + X - \rho \frac{\partial^2 u}{\partial t^2} \right) \mathrm{d}x\mathrm{d}y = 0 \quad (l = 1, 2, \cdots, n) \quad (8\text{-}107\mathrm{a})$$

$$\iint_D W_l \left(\frac{\partial \sigma_y}{\partial y} + \frac{\partial \tau_{xy}}{\partial x} + Y - \rho \frac{\partial^2 v}{\partial t^2} \right) \mathrm{d}x\mathrm{d}y = 0 \quad (l = 1, 2, \cdots, n) \quad (8\text{-}107\mathrm{b})$$

注意式(8-107a)和式(8-107b)必须联立求解。

将格林公式代入式(8-107),考虑到边界 Γ 上具有 $\mathrm{d}t = -\mathrm{d}s\cos\langle n, \hat{y}\rangle$, $\mathrm{d}y = \mathrm{d}s\cos\langle n, \hat{x}\rangle$, 得

$$\iint_D \left(\sigma_x \frac{\partial W_l}{\partial x} + \tau_{xy} \frac{\partial W_l}{\partial y} - X W_l + \rho W_l \frac{\partial^2 u}{\partial t^2} \right) \mathrm{d}x\mathrm{d}y - \oint_\Gamma W_l Q_x \mathrm{d}s = 0 \quad (8\text{-}108)$$

式中,Q_x 为边界上面力均布载荷在 x 轴方向的分量。

同样利用格林公式和边界条件可推导出

$$\iint_D \left(\sigma_y \frac{\partial W_l}{\partial x} + \tau_{xy} \frac{\partial W_l}{\partial y} - Y W_l + \rho W_l \frac{\partial^2 v}{\partial t^2} \right) \mathrm{d}x\mathrm{d}y - \oint_\Gamma W_l Q_y \mathrm{d}s = 0 \quad (8\text{-}109)$$

在式(8-107)中同时包含应力和位移两种函数,计算起来比较困难。解决方法是应用物理方程对两种函数做替换处理,即或者在积分方程中只包含应力函数,或者只包含位移函数。具体选择哪种方案,则根据给定的边界条件来确定。在多数弹性力学问题计算中,往往是先从计算位移着手更为方便,故这里把式(8-108)和式(8-109)表达成位移 u 和 v 的函数形式。

对于平面应力问题,式(8-108)和式(8-109)则为

$$\frac{\partial J^D}{\partial u_i} = \iint_D \left\{ \frac{E}{1-\mu^2} \left[\left(\frac{\partial u}{\partial x} + \mu \frac{\partial v}{\partial y} \right) - (1+\mu)\alpha \Delta T \right] \frac{\partial W_l}{\partial x} + \frac{E}{2(1+\mu)} \left(\frac{\partial v}{\partial x} + \frac{\partial u}{\partial y} \right) \frac{\partial W_l}{\partial y} - X W_l + \rho W_l \frac{\partial^2 u}{\partial t^2} \right\} \mathrm{d}x\mathrm{d}y - \oint_\Gamma W_l Q_x \mathrm{d}s = 0 \quad (8\text{-}110)$$

$$\frac{\partial J^D}{\partial v_i} = \iint_D \left\{ \begin{array}{l} \dfrac{E}{1-\mu^2} \left[\left(\dfrac{\partial v}{\partial y} + \mu \dfrac{\partial u}{\partial x} \right) - (1+\mu)\alpha\Delta T \right] \dfrac{\partial W_l}{\partial y} + \\ \dfrac{E}{2(1+\mu)} \left(\dfrac{\partial v}{\partial x} + \dfrac{\partial u}{\partial y} \right) \dfrac{\partial W_l}{\partial x} - Y W_l + \rho W_l \dfrac{\partial^2 v}{\partial t^2} \end{array} \right\} \mathrm{d}x\mathrm{d}y - \oint_\Gamma W_l Q_y \mathrm{d}s = 0 \quad (8\text{-}111)$$

上述两式中添加了变分算符 $\dfrac{\partial J^D}{\partial u_i}$ 和 $\dfrac{\partial J^D}{\partial v_i}$。式 (8-110) 和式 (8-111) 是对整体区域 D 的变分表达式。对于有限元法计算，首先是把区域 D 剖分成 E_3 个单元和 n 个节点。

1. 离散和单元位移插值函数

在三角形单元内，作位移函数 u 和 v 的线性插值函数

$$\begin{cases} u = a_1 + a_2 x + a_3 y \\ v = a_4 + a_5 x + a_6 y \end{cases} \quad (8\text{-}112)$$

式中，a_1，a_2，$\cdots$，a_6 为待定系数。

分别将三角形单元三顶点的位移值 u_i、u_j、u_m 和 v_i、v_j、v_m 以及坐标值 x_i、x_j、x_m 和 y_i、y_j、y_m 代入式 (8-112)，可以解出这六个未知值。由此得到

$$\begin{cases} u = \dfrac{1}{2\Delta_l} \sum_{l=i,j,m} (a_l + b_l x + c_l y) u_l \\ v = \dfrac{1}{2\Delta_l} \sum_{l=i,j,m} (a_l + b_l x + c_l y) v_l \end{cases} \quad (8\text{-}113)$$

引入型函数（或面积坐标），则式 (8-113) 可写成

$$\begin{cases} u = N_i u_i + N_j u_j + N_m u_m \\ v = N_i v_i + N_j v_j + N_m v_m \end{cases}$$

把区域剖分成单元后，式 (8-110) 和式 (8-111) 就可以在三角形单元的范围内积分。要求边界单元只有 jm 一条边位于区域边界。这样，式 (8-110) 和式 (8-111) 的单元积分计算可写成

$$\frac{\partial J^D}{\partial u_l} = \iint_e \left\{ \begin{array}{l} \dfrac{E}{1-\mu^2} \left[\left(\dfrac{\partial u}{\partial x} + \mu \dfrac{\partial v}{\partial y} \right) - (1+\mu)\alpha\Delta T \right] \dfrac{\partial W_l}{\partial x} + \\ \dfrac{E}{2(1+\mu)} \left(\dfrac{\partial v}{\partial x} + \dfrac{\partial u}{\partial y} \right) \dfrac{\partial W_l}{\partial y} - X W_l + \rho W_l \dfrac{\partial^2 u}{\partial t^2} \end{array} \right\} \mathrm{d}x\mathrm{d}y - \oint_\Gamma W_l Q_x \mathrm{d}s \quad (8\text{-}114)$$

$$\frac{\partial J^D}{\partial v_l} = \iint_e \left\{ \begin{array}{l} \dfrac{E}{1-\mu^2} \left[\left(\dfrac{\partial v}{\partial y} + \mu \dfrac{\partial u}{\partial x} \right) - (1+\mu)\alpha\Delta T \right] \dfrac{\partial W_l}{\partial y} + \\ \dfrac{E}{2(1+\mu)} \left(\dfrac{\partial v}{\partial x} + \dfrac{\partial u}{\partial y} \right) \dfrac{\partial W_l}{\partial x} - Y W_l + \rho W_l \dfrac{\partial^2 v}{\partial t^2} \end{array} \right\} \mathrm{d}x\mathrm{d}y - \oint_\Gamma W_l Q_y \mathrm{d}s \quad (8\text{-}115)$$

对于带有冲击性质的机械载荷和热载荷，位移加速度项 $\rho W_l \dfrac{\partial^2 u}{\partial t^2}$ 和 $\rho W_l \dfrac{\partial^2 v}{\partial t^2}$ 会起到显著的作用。但当这两种载荷随时间的变化不剧烈时，加速度项就很微小而可略去不计。这种并非静态问题但可略去加速度项的处理方法，使计算过程大大简化，称为准静态计算方法。大多数工程实践都属于准静态计算的范畴。

对于伽辽金法，式（8-114）和式（8-115）中的权函数 W_l 可表达为

$$W_l = \frac{\partial u}{\partial u_l} = \frac{\partial v}{\partial v_l} = N_l \quad (l=i,j,m) \tag{8-116}$$

2. 内部单元的积分计算

对于内部单元，式（8-114）和式（8-115）中的线积分项等于零。如果只考虑准静态应力计算，则位移加速度也等于零。这样，式（8-114）和式（8-115）可简化为

$$\frac{\partial J^e}{\partial u_l} = \iint_e \left\{ \frac{E}{1-\mu^2}\left[\left(\frac{\partial u}{\partial x}+\mu\frac{\partial v}{\partial y}\right) - (1+\mu)\alpha\Delta T\right]\frac{\partial N_l}{\partial x} + \frac{E}{2(1+\mu)}\left(\frac{\partial v}{\partial x}+\frac{\partial u}{\partial y}\right)\frac{\partial N_l}{\partial y} - XN_l \right\} dxdy \quad (l=i,j,m) \tag{8-117}$$

$$\frac{\partial J^e}{\partial v_l} = \iint_e \left\{ \frac{E}{1-\mu^2}\left[\left(\frac{\partial v}{\partial y}+\mu\frac{\partial u}{\partial x}\right) - (1+\mu)\alpha\Delta T\right]\frac{\partial N_l}{\partial y} + \frac{E}{2(1+\mu)}\left(\frac{\partial v}{\partial x}+\frac{\partial u}{\partial y}\right)\frac{\partial N_l}{\partial x} - YN_l \right\} dxdy \quad (l=i,j,m) \tag{8-118}$$

可得

$$\frac{\partial N_l}{\partial x} = \frac{b_l}{2\Delta}, \quad \frac{\partial N_l}{\partial y} = \frac{c_l}{2\Delta}$$

$$\begin{cases} \dfrac{\partial u}{\partial x} = \dfrac{b_i u_i + b_j u_j + b_m u_m}{2\Delta} \\ \dfrac{\partial u}{\partial y} = \dfrac{c_i u_i + c_j u_j + c_m u_m}{2\Delta} \end{cases}, \quad \begin{cases} \dfrac{\partial v}{\partial x} = \dfrac{b_i v_i + b_j v_j + b_m v_m}{2\Delta} \\ \dfrac{\partial v}{\partial y} = \dfrac{c_i v_i + c_j v_j + c_m v_m}{2\Delta} \end{cases}$$

这里，在考虑 ΔT 时，为了简化热应力计算，认为每个单元的温度是均匀的。实际上由温度场的求解得知单元三顶点的温度是不同的，所以单元的温度是不均匀的。此处近似地取单元平均温度

$$\bar{T} = \frac{T_i + T_j + T_m}{3} \tag{8-119}$$

代入式（8-117）和式（8-118），用矩阵形式表达为

$$\begin{Bmatrix} \dfrac{\partial J^e}{\partial u_i} \\ \dfrac{\partial J^e}{\partial v_i} \\ \dfrac{\partial J^e}{\partial u_j} \\ \dfrac{\partial J^e}{\partial v_j} \\ \dfrac{\partial J^e}{\partial u_m} \\ \dfrac{\partial J^e}{\partial v_m} \end{Bmatrix} = \begin{pmatrix} [K_{ii}] & [K_{ij}] & [K_{im}] \\ [K_{ji}] & [K_{jj}] & [K_{jm}] \\ [K_{mi}] & [K_{mj}] & [K_{mm}] \end{pmatrix} \begin{Bmatrix} u_i \\ v_i \\ u_j \\ v_j \\ u_m \\ v_m \end{Bmatrix} - \frac{\Delta}{3}\begin{Bmatrix} X \\ Y \\ X \\ Y \\ X \\ Y \end{Bmatrix} - \frac{E\alpha\Delta T}{2(1-\mu)}\begin{Bmatrix} b_i \\ c_i \\ b_j \\ c_j \\ b_m \\ c_m \end{Bmatrix} \tag{8-120}$$

用 $[K^e]$ 表示式（8-120）中的系数矩阵。$[K^e]$ 表面上看起来很复杂，但是它有很强的规律性。不难看出 $[K^e]$ 是由九块下标轮换的子矩阵所组成。其中每一块子矩阵都可表示成

$$[K_{ln}]_{2\times 2} = \begin{pmatrix} H_{11} & H_{12} \\ H_{21} & H_{22} \end{pmatrix}_{l,n} \quad (l,n = i,j,m) \tag{8-121}$$

式中，

$$\begin{cases} [H_{11}]_{l,n} = \dfrac{E}{4\Delta(1-\mu^2)}\left(b_l b_n + \dfrac{1-\mu}{2} c_l c_n\right) \\[2mm] [H_{12}]_{l,n} = \dfrac{E}{4\Delta(1-\mu^2)}\left(\mu b_l c_n + \dfrac{1-\mu}{2} c_l b_n\right) \\[2mm] [H_{21}]_{l,n} = \dfrac{E}{4\Delta(1-\mu^2)}\left(\mu c_l b_n + \dfrac{1-\mu}{2} b_l c_n\right) \\[2mm] [H_{22}]_{l,n} = \dfrac{E}{4\Delta(1-\mu^2)}\left(c_l c_n + \dfrac{1-\mu}{2} b_l b_n\right) \end{cases} \tag{8-122}$$

在式（8-122）中，以 $l=i$，$n=j$ 为例，则 $[H_{11}]_{ij}$ 就是式（8-125）中 u_i 的系数；$[H_{12}]_{ij}$ 则为 u_j 的系数；$[H_{21}]_{ij}$ 则 v_i 的系数；$[H_{22}]_{ij}$ 则为 v_j 的系数。

注意到在式（8-122）各矩阵元素的表达式中必有

$$[H_{12}]_{l,n} = [H_{21}]_{l,n} \tag{8-123}$$

且当 $l=n$ 时，$[H_{11}]_{l,n}$ 及 $[H_{22}]_{l,n}$ 都是主对角元素。其表达式中出现了平方和的运算，故 $[K^e]$ 为对称正定矩阵。

3. 边界单元的积分计算

参阅式（8-114）和式（8-115），对于边界单元的准静态位移场计算，只要在式（8-117）和式（8-118）的基础上，再分别添加线积分项 $-\int_{jm} Q_x W_l \mathrm{d}s$ 和 $-\int_{jm} Q_y W_l \mathrm{d}s$（$l=i,j,m$）就可以了。

在单元的 jm 边上，u 和 v 的插值函数可以采用比式（8-114）更简单的形式。可以写出

$$\begin{cases} u = (1-g)u_j + gu_m \\ v = (1-g)v_j + gv_m \end{cases} \tag{8-124}$$

对于 u 和 v 的插值函数，如式（8-124），可以求得相同的权函数

$$\begin{cases} W_i = \dfrac{\partial u}{\partial u_i} = \dfrac{\partial v}{\partial v_i} = 0 \\[2mm] W_j = \dfrac{\partial u}{\partial u_j} = \dfrac{\partial v}{\partial v_j} = 1-g \\[2mm] W_m = \dfrac{\partial u}{\partial u_m} = \dfrac{\partial v}{\partial v_m} = g \end{cases} \tag{8-125}$$

现在对上面的两个线积分项计算如下：

$$\begin{cases} -\int_{jm} W_i Q_x \mathrm{d}s = 0 \\ -\int_{jm} W_j Q_x \mathrm{d}s = -\int_0^1 (1-g) Q_x S_i \mathrm{d}g = -\dfrac{S_i}{2} Q_x \\ -\int_{jm} W_m Q_x \mathrm{d}s = -\int_0^1 g Q_x S_i \mathrm{d}g = -\dfrac{S_i}{2} Q_x \end{cases} \tag{8-126}$$

对于 $-\int_{jm} W_l Q_x \mathrm{d}s$ 可以得到与式（8-126）类似的表达式，只要把 Q_x 换作 Q_y 即可。

最后，如果在节点 j 上作用有集中力载荷

$$\{R\}_j = \begin{Bmatrix} R_x \\ R_y \end{Bmatrix}_j \tag{8-127}$$

则在载荷项中还应添加一项集中力载荷。由于集中力本身就是离散的，按照式（8-127）均布面力载荷两点均分的分配模式，可直接把 R_x 和 R_y 写在集中力载荷项中。其正负规则与面力相同，即作用力方向与坐标轴同向为正，反之取负值。值得注意的是，在做单元剖分时，必须使集中力作用在节点上。

记

$$\{Q^e\} = \dfrac{S_i}{2} \begin{Bmatrix} 0 & 0 & Q_x & Q_y & Q_x & Q_y \end{Bmatrix}^\mathrm{T}$$

为边界面力载荷列向量，

$$\{R^e\} = \begin{Bmatrix} 0 & 0 & R_x & R_y & 0 & 0 \end{Bmatrix}^\mathrm{T}$$

为集中力载荷列向量，式中集中力作用在单元的节点 j 上。

这样，得到边界单元的积分计算结果如下：

$$\begin{Bmatrix} \dfrac{\partial J^e}{\partial u_i} \\ \dfrac{\partial J^e}{\partial v_i} \\ \dfrac{\partial J^e}{\partial u_j} \\ \dfrac{\partial J^e}{\partial v_j} \\ \dfrac{\partial J^e}{\partial u_m} \\ \dfrac{\partial J^e}{\partial v_m} \end{Bmatrix} = [K^e] \begin{Bmatrix} u_i \\ v_i \\ u_j \\ v_j \\ u_m \\ v_m \end{Bmatrix} - \dfrac{\Delta}{3} \begin{Bmatrix} X \\ Y \\ X \\ Y \\ X \\ Y \end{Bmatrix} - \dfrac{E\alpha\Delta T}{2(1-\mu)} \begin{Bmatrix} b_i \\ c_i \\ b_j \\ c_j \\ b_m \\ c_m \end{Bmatrix} - \dfrac{S_i}{2} \begin{Bmatrix} 0 \\ 0 \\ Q_x \\ Q_y \\ Q_x \\ Q_y \end{Bmatrix} - \begin{Bmatrix} 0 \\ 0 \\ R_x \\ R_y \\ 0 \\ 0 \end{Bmatrix} \tag{8-128}$$

式（8-128）也可简写为

$$\left\{ \dfrac{\partial J^e}{\partial o} \right\} = [K^e]\{\delta^e\} - \{F^e\} - \{L^e\} - \{Q^e\} - \{R^e\} \tag{8-129}$$

由公式

$$\begin{cases} \dfrac{\partial J^e}{\partial u_i} = \sum_{e=1}^{E_3} \dfrac{\partial J^e}{\partial u_l} = 0 \\ \dfrac{\partial J^e}{\partial v_i} = \sum_{e=1}^{E_3} \dfrac{\partial J^e}{\partial v_l} = 0 \end{cases} \quad (e=1,2,\cdots,n; l=i,j,m) \tag{8-130}$$

式中，E_3 为域 D 剖分成单元的总数。

设边界上有均布面力 Q_0，在节点 3 上作用有集中力 R。由式（8-130）得

$$\begin{cases} \dfrac{\partial J^D}{\partial u_3} = \dfrac{\partial J^{③}}{\partial u_i} + \dfrac{\partial J^{④}}{\partial u_j} + \dfrac{\partial J^{⑤}}{\partial u_m} = 0 \\ \dfrac{\partial J^D}{\partial v_3} = \dfrac{\partial J^{③}}{\partial v_i} + \dfrac{\partial J^{④}}{\partial v_j} + \dfrac{\partial J^{⑤}}{\partial v_m} = 0 \end{cases} \tag{8-131}$$

对于 n 个节点，类似于式（8-131）的线性代数方程共有 $2n$ 个，可写成矩阵形式如下：

$$\begin{pmatrix} k_{11} & k_{12} & & & & & & & \\ k_{21} & k_{22} & & & & & & & \\ k_{31} & k_{32} & k_{33} & k_{34} & & & & & \\ k_{41} & k_{42} & k_{43} & k_{44} & & & & & \\ & & k_{53} & k_{54} & k_{55} & k_{56} & & & \\ & & k_{63} & k_{64} & k_{65} & k_{66} & \ddots & & \\ & & & & & & \ddots & k_{2n-1,2n-1} & k_{2n-1,2n} \\ & & & & & & & k_{2n,2n-1} & k_{2n,2n} \end{pmatrix} \begin{Bmatrix} u_1 \\ v_1 \\ u_2 \\ v_2 \\ u_3 \\ v_3 \\ \vdots \\ u_n \\ v_n \end{Bmatrix} = \begin{Bmatrix} P_{u1} \\ P_{v1} \\ P_{u2} \\ P_{v2} \\ P_{u3} \\ P_{v3} \\ \vdots \\ P_{un} \\ P_{vn} \end{Bmatrix} \tag{8-132}$$

式中，

$$\begin{pmatrix} k_{11} & k_{12} \\ k_{21} & k_{22} \end{pmatrix} = [K_{11}]$$

$$\begin{pmatrix} k_{31} & k_{32} \\ k_{41} & k_{42} \end{pmatrix} = [K_{21}]$$

$$\vdots$$

$$\begin{pmatrix} k_{2n-1,2n-1} & k_{2n-1,2n} \\ k_{2n,2n-1} & k_{2n,2n} \end{pmatrix} = [K_{nn}]$$

式中，矩阵 $[K]$ 和右端项 $\{P\}$ 都是按合成式（8-131）计算出来的。现以二阶子矩阵 $[K_{33}]$、$[K_{32}]$ 和右端项 P_5、P_6 为例分别说明如下：

$$[K_{33}] = \begin{pmatrix} k_{55} & k_{56} \\ k_{65} & k_{66} \end{pmatrix} = \begin{pmatrix} H_{11} & H_{12} \\ H_{21} & H_{22} \end{pmatrix}_{jj}^{③} + \begin{pmatrix} H_{11} & H_{12} \\ H_{21} & H_{22} \end{pmatrix}_{jj}^{④} + \begin{pmatrix} H_{11} & H_{12} \\ H_{21} & H_{22} \end{pmatrix}_{mm}^{⑤}$$

由此可得

$$k_{55} = \frac{E}{4\Delta(1-\mu^2)} \left[\left(b_j^2 + \frac{1-\mu}{2} c_j^2 \right)^{③} + \left(b_j^2 + \frac{1-\mu}{2} c_j^2 \right)^{④} + \left(b_m^2 + \frac{1-\mu}{2} c_m^2 \right)^{⑤} \right]$$

$$k_{56} = \frac{E}{4\Delta(1-\mu^2)} \left[\left(\mu b_j c_j + \frac{1-\mu}{2} b_j c_j\right)^{③} + \left(\mu b_j c_j + \frac{1-\mu}{2} b_j c_j\right)^{④} + \left(\mu b_m c_m + \frac{1-\mu}{2} b_m c_m\right)^{⑤} \right]$$

$$k_{66} = \frac{E}{4\Delta(1-\mu^2)} \left[\left(c_j^2 + \frac{1-\mu}{2} b_j^2\right)^{③} + \left(c_j^2 + \frac{1-\mu}{2} b_j^2\right)^{④} + \left(c_m^2 + \frac{1-\mu}{2} b_m^2\right)^{⑤} \right]$$

同理可以写出

$$[K_{33}] = \begin{pmatrix} k_{53} & k_{54} \\ k_{63} & k_{64} \end{pmatrix} = \begin{pmatrix} H_{11} & H_{12} \\ H_{21} & H_{22} \end{pmatrix}_{ji}^{③} + \begin{pmatrix} H_{11} & H_{12} \\ H_{21} & H_{22} \end{pmatrix}_{mi}^{⑤}$$

进一步展开就省略了。下面再看右端项的合成：

$$P_5 = P_{u3} = \left[\left(\frac{\Delta}{3}X\right)^{③} + \left(\frac{\Delta}{3}X\right)^{④} + \left(\frac{\Delta}{3}X\right)^{⑤} \right] + \frac{E\alpha}{2(1-\mu)} \left[(b_j \Delta T)^{③} + (b_j \Delta T)^{④} + (b_j \Delta T)^{⑤} \right] - \left[\left(\frac{Q_0}{2} b_i\right)^{④} + \left(\frac{Q_0}{2} b_i\right)^{⑤} \right] + (R_x^{④} + R_x^{⑤})$$

$$P_6 = P_{v3} = \left[\left(\frac{\Delta}{3}Y\right)^{③} + \left(\frac{\Delta}{3}Y\right)^{④} + \left(\frac{\Delta}{3}Y\right)^{⑤} \right] + \frac{E\alpha}{2(1-\mu)} \left[(c_j \Delta T)^{③} + (c_j \Delta T)^{④} + (c_j \Delta T)^{⑤} \right] - \left[\left(\frac{Q_0}{2} c_i\right)^{④} + \left(\frac{Q_0}{2} c_i\right)^{⑤} \right] + (R_y^{④} + R_y^{⑤})$$

注意 P_5 和 P_6 都是节点 3 的载荷分量。

式（8-132）中的系数矩阵在一些文献中称之为刚度矩阵或劲度矩阵，也是一个稀疏带形对称正定矩阵。所以在计算机程序中只要存贮下三角矩阵中的非零元素带就可以了。与温度场的求解一样，这里也采用变带宽一维压缩存贮的方法。值得注意的是，为了存贮刚度矩阵中的元素，这里需要的内存单元数约为温度场的 4 倍（对于平面问题）。

第 3 篇
船舶结构力学问题应用实例

  本篇主要针对航空母舰、超大型油船、超大型散货船、超大型集装箱船、海洋平台、深潜器等国之大器设计、建造及运营航行中涉及的结构力学问题及其工程处理方法进行阐述，通过有限元分析及典型船舶结构力学问题应用实例，阐明船舶结构力学理论方法及有限元分析技术如何应用于实际工程，旨在为新工科背景下船舶与海洋工程领域结构力学工程应用提供参考。

  在第 2 篇内容基础上，本篇首先进行了船舶结构力学典型问题有限元分析论述，重点介绍了船体结构总强度有限元分析和极限强度有限元分析等典型工程应用；针对复合材料船体结构强度问题，讲述了船体复合材料板架结构有限元分析；在结构热应力及稳定性方面，重点介绍了船体结构热力耦合分析和船体板壳结构稳定性分析，重点介绍有限元法进行船舶结构力学问题分析的具体方法，旨在新工科背景下船舶结构力学有限元分析应用提供参考。

  在典型船舶结构力学问题应用实例方面，主要针对海洋平台、超大型集装箱船、深潜器等设计、建造及运营航行重大工程的船体总强度、极限强度、疲劳强度，稳定等问题进行工程应用实例分析，重点关注典型工程中船舶结构力学问题处理方式、设计理念，旨在为新工科背景下船舶与海洋工程领域船舶结构力学问题工程应用提供参考。

第 9 章

船舶结构力学典型问题有限元分析

9.1 船体结构总强度有限元分析

船舶在航行时主要受到结构自重、内外部压力和波浪载荷的作用,在极端海况下,可能出现主体结构的屈服屈曲问题。为保证船舶的行驶安全,需要在设计阶段就对其结构总强度进行校核,而随着计算机技术和有限元理论的完善,直接计算法成为评估船体结构强度的有力手段并被各国船级社广泛采用。直接计算法一般包含以下内容:确定强度分析的计算范围并进行建模;施加内外载荷及边界条件;利用直接计算法直接计算船舶结构的应力;对照规范规定的屈服及屈曲等标准,校核船舶结构的强度和稳定性。

9.1.1 有限元分析模型

1. 模型范围

船体结构强度分析包括舱室区域的纵向船体梁构件、主要支撑结构和舱壁尺寸的评估。依据规范,船体结构强度应建模的结构有:内壳和外壳、甲板、双层底实肋板和纵桁、横向和垂向强框架、舱口围板、水平桁材、横向和纵向舱壁结构等主要支撑构件。结构上的所有板和加强筋均应建模,对主要支撑构件强度起作用且其尺寸不小于典型网格尺寸的肘板也应进行建模。以散货船为例,进行有限元结构评估和载荷施加的货舱区域包括以下货舱范围,其定义如图 9-1 所示;货舱范围据船长和舱室布置的不同可能有所不同。散货船最尾货舱结构有限元模型如图 9-2 所示。

- 首部货舱区域:指纵向舱室重心处于 AE 前 $0.7L$ 之前的舱室,不包括最首货舱。

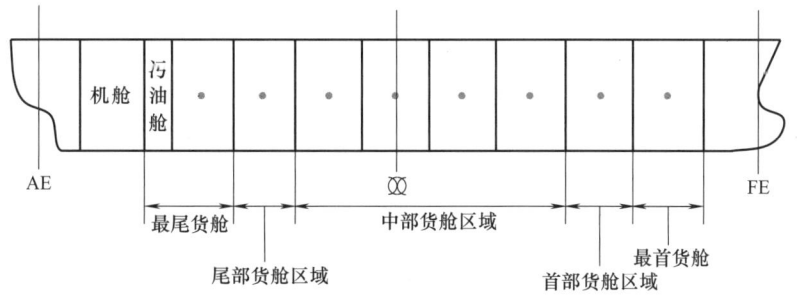

图 9-1 有限元结构评估的货舱区域定义

- 中部货舱区域：指纵向舱室重心处于 AE 前 $0.3L$ 和 $0.7L$ 范围之内的舱室。
- 尾部货舱区域：指纵向舱室重心处于 AE 前 $0.3L$ 之后的舱室，不包括最尾货舱。
- 最首货舱：指处于货舱区最前位置的货舱。
- 最尾货舱：指处于货舱区最后位置的货舱。
- 中舱：若选取三个货舱的有限元模型，其中间舱称为中舱。

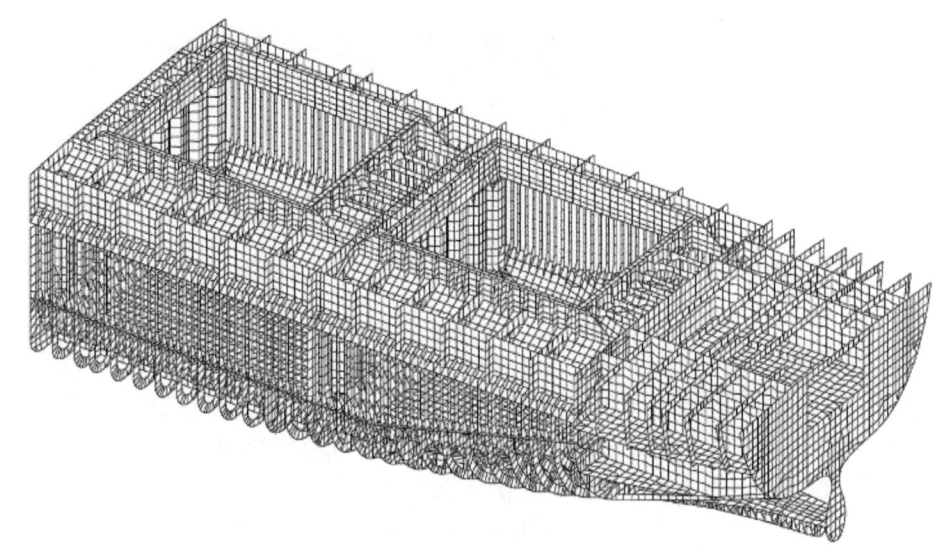

图 9-2　散货船最尾货舱结构有限元模型示例

一般情况下，有限元模型应表达船体外壳的几何形状。对于舯货舱区域，如果中舱是棱柱形，有限元模型也可以是棱柱形的。如果船体外壳使用拉伸的方法建模，应将对应处所（艏部或机舱处所）中间位置的横剖面的几何属性沿简化模型进行复制，如图 9-3 所示。拉伸部分的横向强框架与艏部或机舱的横向强框架的属性相同。

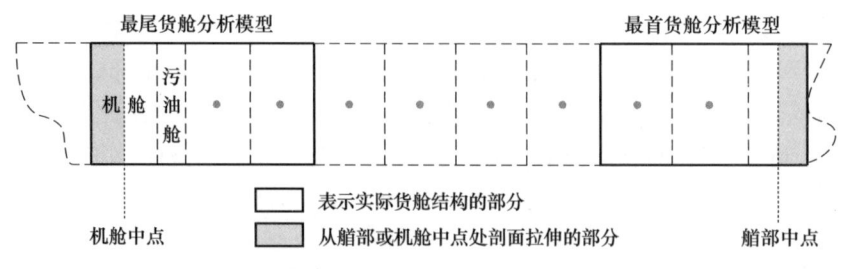

图 9-3　最首和最尾货舱模型的船体外形简化

船舶的左舷和右舷都应建模。同时船舶的全深范围内都应建模，包括上甲板上的主要支撑构件、管隧、首楼和舱口围板。机器处所的上层建筑或甲板室以及挡浪板不要求建模。

2. 单元类型与网格尺寸

在非线性有限元分析中单元类型的不同也会导致计算的准确性和计算效率产生较大的出入。一个大尺度结构的尺寸远大于结构的厚度，可以采用壳单元来替代薄壁结构。对于船体板架、加强筋等船体结构，可以采用三维实体单元或者壳单元来模拟，其中实体单元虽然计算精度比较高，但是网格划分的过程较为复杂，因此通常采用壳单元模拟船体结构。

在利用有限元软件对船体结构极限强度进行计算时,板应使用壳单元表示,所有的加强筋应使用具有轴向刚度、扭转刚度、双向剪切和弯曲刚度的梁单元表示,模型应考虑中和轴的偏心。主要支撑构件和肘板的面板应使用杆单元或梁单元表示。

在结构建模过程中,壳单元的长宽比应不超过3,同时尽量少使用三角形壳单元。对于可能出现高应力或高应力梯度的区域,壳单元的长宽比应尽量接近于1且避免使用三角形壳单元。壳单元的网格应尽可能与加强筋布置保持一致,以反映加强筋的实际板格布置。通常,壳单元网格应符合以下要求:

1)相邻纵骨间一个单元。在纵向方向,单元长度不应大于2倍的纵骨间距且主要支撑构件间至少应有三个单元。

2)横舱壁上每相邻加强筋间一个单元。

3)横向和垂向强框架、横撑和水平桁材上每相邻腹板加强筋间一个单元。

4)双层底纵桁、实肋板、横向强框架、垂向强框架以及横舱壁水平桁材沿其高度方向至少3个单元,对于腹板高度较小的横向撑材、甲板横梁以及横向止荡舱壁和纵舱壁上的水平桁,如果能保证其在相邻腹板加强筋间至少有1个单元,则在其整个高度上可以使用2个单元来表示。邻接结构的网格尺寸应做相应调整。

典型横舱壁有限元网格如图9-4、图9-5所示,s为骨材间距。

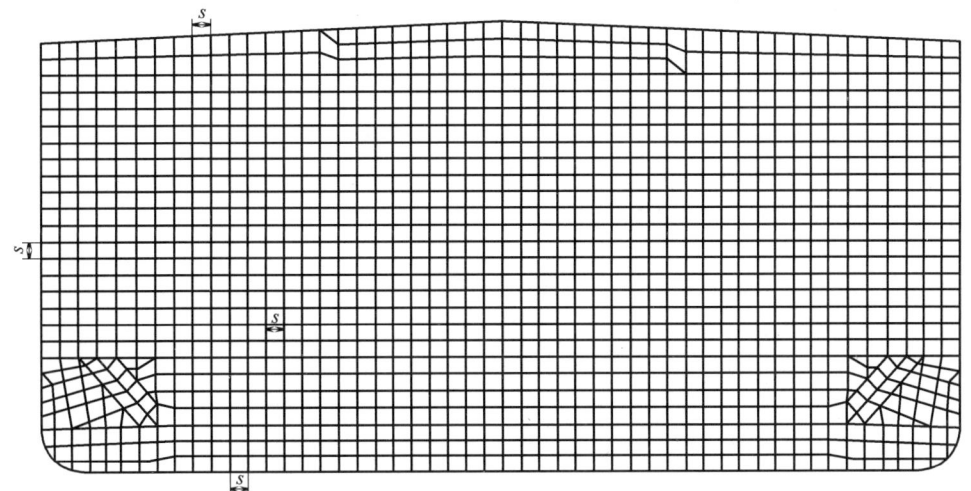

图9-4 典型横舱壁有限元网格

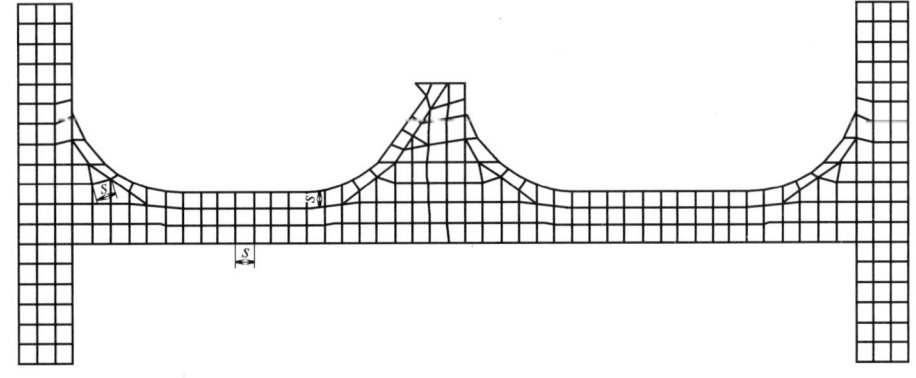

图9-5 典型横舱壁横向水平桁有限元网格

对于在舱段模型中几何形状不能被充分地表达和应力超过舱段网格验收衡准的位置，应使用细化网格，以证明其尺寸满足要求。这些分析所要求的网格尺寸应根据几何尺寸而定。散货船货舱结构的有限元网格布置如图 9-6 所示。

3. 边界条件与约束

船舶的几何尺寸、运动、加速度和载荷系统根据图 9-7 所示的坐标系统来定义。

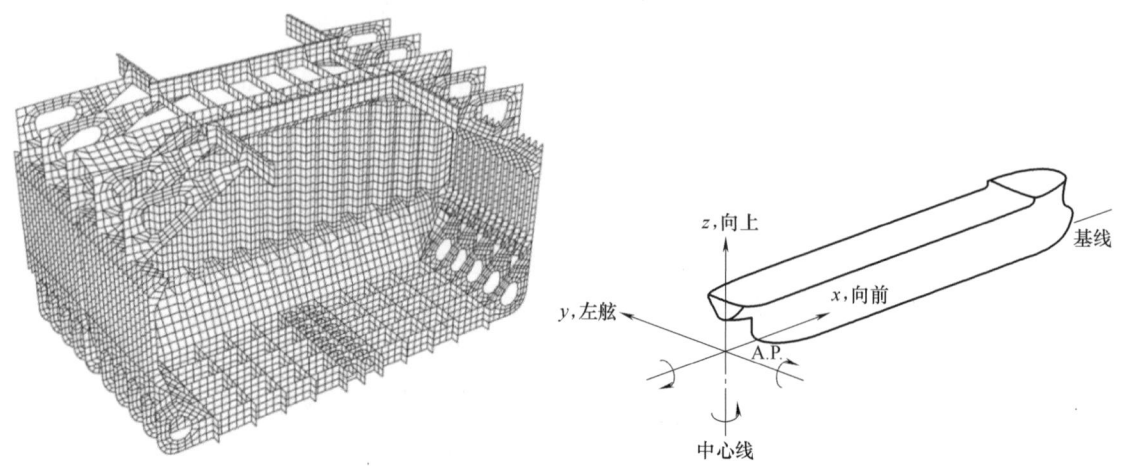

图 9-6　散货船货舱结构的有限元网格布置示例　　　　图 9-7　坐标系统

本节的边界条件适用于货物区域的舱段有限元模型分析，边界条件包括模型端部的刚性连接、点约束和端部梁，如图 9-8 所示。

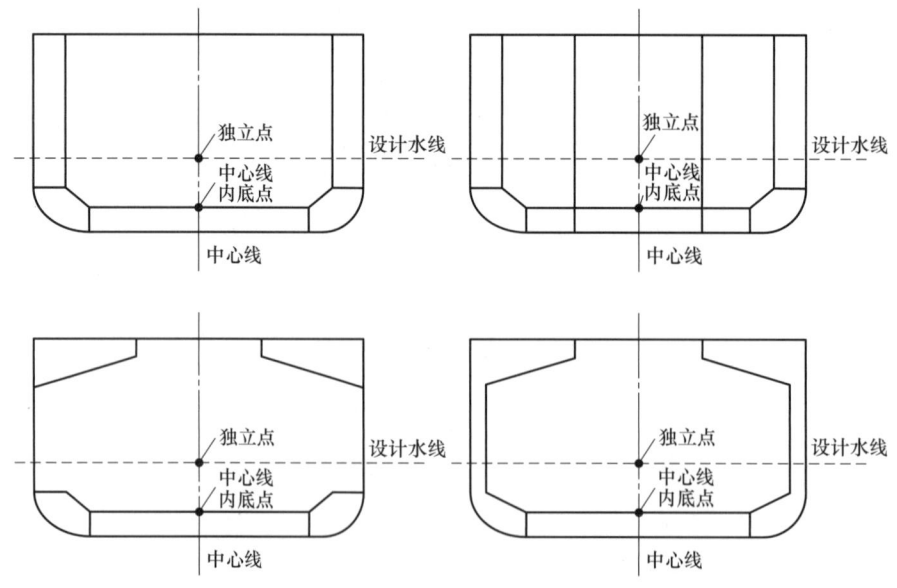

图 9-8　施加于模型端部的边界条件

刚性连接将模型端部的纵向构件的节点连接到中纵剖面上中和轴处的独立点上。边界条件应施加在舱段有限元模型的端部，非最首货舱的模型端部边界条件见表 9-1，最首货舱的模型端部边界条件见表 9-2。

表 9-1　非最首货舱的模型端部边界条件

位置	平移			转动		
	δ_x	δ_y	δ_z	θ_x	θ_y	θ_z
后端						
独立点	—①	固定	固定	弯矩	—	—
横剖面	—	刚性连接	刚性连接	刚性连接	—	—
端部梁②						
前端③						
独立点	—	固定	固定	固定	—	—
中剖面和内底板的交点	固定	—	—	—	—	—
横剖面	—	刚性连接	刚性连接	刚性连接	—	—
端部梁						

① —表示不需施加约束（自由）。
② 端部梁如图 9-9 所示。
③ 前端的边界条件施加在最前端从基线至强力甲板保持连续的加强环或强框架上。

表 9-2　最首货舱的模型端部边界条件

位置	平移			转动		
	δ_x	δ_y	δ_z	θ_x	θ_y	θ_z
后端						
独立点	—	固定	固定	固定	—	—
中剖面和内底板的交点	固定	—	—	—	—	—
横剖面	—	刚性连接	刚性连接	刚性连接	—	—
端部梁						
前端						
横剖面	—	刚性连接	刚性连接	刚性连接	—	—
独立点	—	固定	固定	弯矩	—	—

应在模型两个端面上所有的纵向连续结构和散货船的舱口间甲板板上建立端部约束梁。图 9-9 所示是一个双壳散货船端面的端部约束梁的示例。

9.1.2　载荷施加

有限元载荷组合定义为装载模式、吃水、静水弯矩和剪力与给定的动载荷工况组合。对于舱段结构强度分析，应根据不同的船型和货舱区域选取相应的设计载荷组合。每个设计载荷组合由一个装载模式和动载荷工况组成。每一个载荷组合都要求施加结构自重、内部压力、

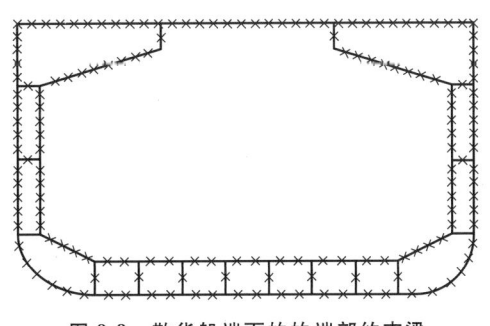

图 9-9　散货船端面的的端部约束梁

外部压力和船体梁载荷。航行工况需同时施加静载荷分量和动载荷分量（S+D）。港内工况和舱室试验工况只需施加静载荷分量。

1. 海水总压力

用于静（S）设计载荷环境的外板上任意一点的外部压力 P_{ex}（以 kN/m^2 计）取为

$$P_{ex} = P_s，但不小于 0 \tag{9-1}$$

用于静加动（S+D）设计载荷环境的外板上任意一点的外部总压力 P_{ex}（以 kN/m^2 计）应由每一个动载荷工况得到，取为

$$P_{ex} = P_s + P_w，但不小于 0 \tag{9-2}$$

式中，P_s 为静水压力；P_w 为水动压力。

2. 静水压力

任意一点的静水压力 P_s（以 kN/m^2 计）参见图 9-10。

$$P_s = \begin{cases} \rho g(T_{LC} - z), & z \leq T_{LC} \\ 0, & z > T_{LC} \end{cases}$$

3. 外部动压力

对于动载荷工况所对应的水动压力，这里以 HSM（迎浪时船中部垂向波浪弯矩达到最小或最大值时的等效设计波）载荷工况为例做一介绍，从表 9-3 中得到，同时参见图 9-11 和图 9-12。

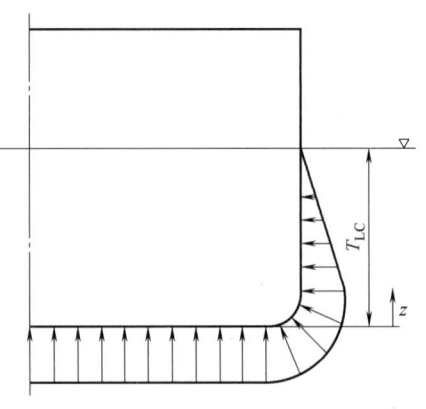

图 9-10　静水压力 P_s

表 9-3　用于 HSM 载荷工况的水动压力

载荷工况	水动压力（以 kN/m^2 计）		
	$z < T_{LC}$	$T_{LC} \leq z \leq h_w + T_{LC}$	$z > h_w + T_{LC}$
HSM-1（中拱）	$P_w = \max\{-P_{HS}, \rho g(z - T_{LC})\}$	$P_w = P_{w,WL} - \rho g(z - T_{LC})$	$P_w = 0$
HSM-2（中垂）	$P_w = \max\{-P_{HS}, \rho g(z - T_{LC})\}$		

其中，

$$P_{HS} = f_{ps} f_{nl} f_{yz} f_h k_a k_p C_w \sqrt{\frac{L_0 + \lambda - 125}{L}} \tag{9-3}$$

式中，L 为规范船长（m）；L_0 为实际船长，但不小于 110m；f_{ps} 为强度评估系数，不同环境下取不同系数，对于极端载荷设计载荷环境，$f_{ps} = 1.0$；f_{nl} 为非线性影响系数，取为

$$\begin{cases} f_{nl} = 1.0, 极限海况设计载荷环境 \\ f_{nl} = 0.95, 用于压载水置换设计载荷环境 \end{cases}$$

f_{yz} 为周长分布系数，取为

$$f_{yz} = \frac{z}{T_{LC}} + f_{yB} + 1 \tag{9-4}$$

f_h 为系数，取为

$$f_h = 3.0(1.21 - 0.66 f_T) \tag{9-5}$$

k_a 为沿船舶纵向的幅值系数，取为

$$\begin{cases} k_a = (0.5+f_T)\left\{(3-2\sqrt{f_{yB}}) - \dfrac{20}{9}f_{xL}(7-6\sqrt{f_{yB}})\right\} + \dfrac{2}{3}(1-f_T), & f_{xL} < 0.15 \\ k_a = 1.0, & 0.15 \leqslant f_{xL} < 0.7 \\ k_a = 1+(f_{xL}-0.7)\left\{(15f_T-5.83)+2(1-f_{yB})\left[\dfrac{18}{C_B}f_T(f_{xL}-0.7)-0.25(2-f_T)\right]\right\}, & f_{xL} \geqslant 0.7 \end{cases}$$

k_p 为由表 9-4 得到的相位系数,位于其间的值通过线性内插得到;C_w 为波浪系数(m),取为

$$\begin{cases} C_w = 10.75 - \left(\dfrac{300-L}{100}\right)^{1.5}, & 90 \leqslant L \leqslant 300 \\ C_w = 10.75, & 300 < L < 350 \\ C_w = 10.75 - \left(\dfrac{L-300}{150}\right)^{1.5}, & 350 \leqslant L \leqslant 500 \end{cases} \quad (9-6)$$

λ 为动载荷工况的波长(m),取为

$$\lambda = 0.6(1+f_T)L$$

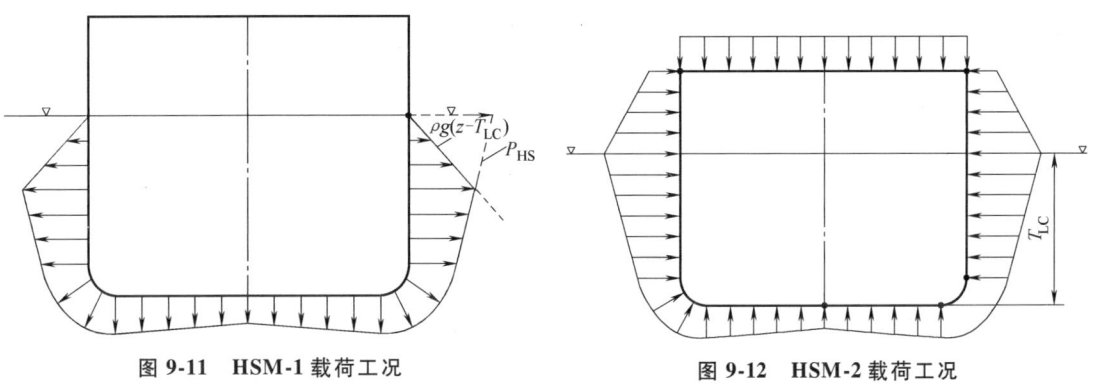

图 9-11 HSM-1 载荷工况   图 9-12 HSM-2 载荷工况

表 9-4 用于 HSM 载荷工况的 k_p 值

f_{xL}	0	$0.3-0.1f_T$	$0.35-0.1f_T$	$0.8-0.2f_T$	$0.9-0.2f_T$	1.0
k_p	$-0.25f_T(1+f_{yB})$	-1	1	1	-1	-1

任意一点的动压力包络值 P_{ex-max} 应取为由任意一个动载荷工况根据以上定义得到的压力最大值。

4. 其他外部载荷

外部载荷除舷侧外板和船底板的外部海水压力外,还有露天甲板的外部压力、上层建筑和甲板室的外部压力、船艏区域的压力、船底砰击压力以及舱口盖的外部压力。

5. 内部压力

内部压力应针对每个载荷工况,计算各设计载荷分项。内部压力包括干货和液货的静压力、压载水和其他液体静压力、减压阀设定压力以及由于加速度引起的干货、液货、压载水和其他液体的动压力。

6. 施加在有限单元上的压力

在单元形心处计算的压力值作为常量施加在受压面的壳单元上,也可以将在单元节点处

计算得到的压力在单元范围内按线性分布施加在单元上。

施加载荷时,弯矩和剪力的符号应与图 9-13 一致,即:

1) 垂向弯矩 M_{sw} 和 M_{wv} 在强力甲板产生拉应力(中拱弯矩)时为正,在底部产生拉应力(中垂弯矩)时为负。

2) 垂向剪力 N_{sw} 和 N_{wv} 在所考虑的横剖面之后作用的合力向下或在所考虑的横剖面之前作用的合力向上时为正。

3) 水平弯矩 M_{wh} 在右舷产生拉伸应力时为正,在左舷产生拉伸应力时为负。

4) 扭矩 M_{wt} 在所考虑的横剖面之后合力矩沿绕 x 轴的负方向或在横剖面之前合力矩沿 x 轴的正方向时为正。

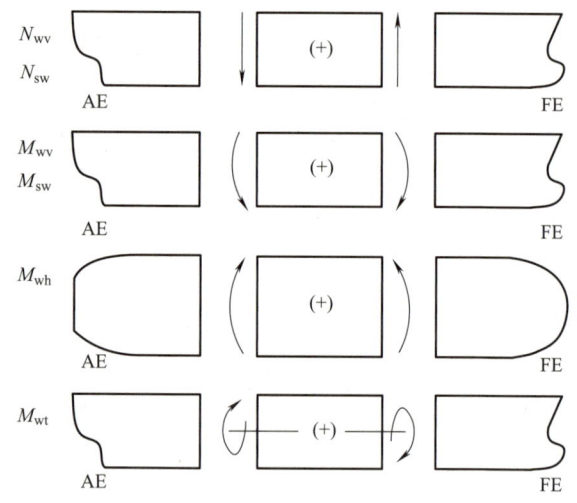

图 9-13 剪力和弯矩的符号约定

9.1.3 有限元分析衡准

1. 评估区域

针对验收衡准的结果验证应在中舱长度范围内进行,如图 9-14 所示,包括以下结构构件:

1) 所有船体梁纵向结构构件。
2) 所有主要支撑构件和中舱内的舱壁。
3) 所有横舱壁的组成结构构件。
4) 所有构成止荡舱壁以及由其向前延伸一个横框架间距的结构构件。
5) 组成最尾货舱后端横舱壁的所有结构构件,以及此横舱壁之后 15% 的最尾货舱舱长范围内的所有船体梁纵向结构构件。

2. 屈服强度评估

(1) von Mises 应力 对前述定义的所有结构构件板,其 von Mises 应力 σ_{vm}(以 N/mm² 计)应基于壳单元的膜正应力和剪应力,应采用单元中心的中面应力。其具体表达式为

$$\sigma_{vm} = \sqrt{\sigma_x^2 - \sigma_x \sigma_y + \sigma_y^2 + 3\tau_{xy}^2} \quad (9-7)$$

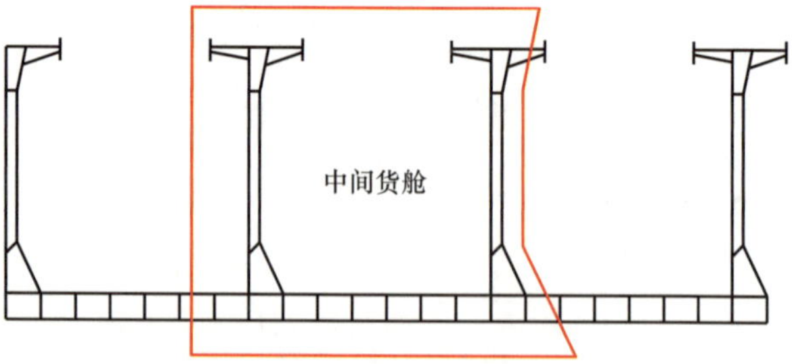

图 9-14 散货船评估区域的纵向范围

式中,σ_x、σ_y 为单元膜正应力(N/mm²);τ_{xy} 为单元剪应力(N/mm²)。

(2) 粗网格许用屈服利用因子 λ_{yperm} 粗网格许用屈服利用因子基于网格尺寸和单元类型,每个结构构件的单元应力计算出的屈服利用因子不应超过表 9-5 中的许用值。

表 9-5　粗网格许用屈服利用因子

结构构件	粗网格许用屈服利用因子 λ_{yperm}
1) 纵向船体梁构件、主要支撑构件和舱壁的板 2) 用壳或杆单元建模的主要支撑构件的面板 3) 槽型舱壁的压杆单元	1.0（S+D 载荷组合） 0.8（S 载荷组合）
1) 承受液体侧向压力的具有底凳的垂向槽型舱壁和水平槽型舱壁的槽条的壳单元 2) 无底凳的槽型舱壁下端的支撑结构①	0.90（S+D 载荷组合） 0.72（S 载荷组合）
承受侧向液体压力的无底凳的垂向槽型舱壁的槽条的壳单元	0.81（S+D 载荷组合） 0.65（S 载荷组合）

① 横向槽型舱壁的支撑结构是指在舱壁前后 1/2 框架间距纵向范围内，一个槽深的垂向范围内的结构。纵向槽型舱壁的支撑结构是指舱壁左右 3 个纵骨间距的横向范围内，一个槽深的垂向范围内的结构。

（3）梁和杆单元的轴向应力　对于梁单元和杆单元，轴向应力 σ_{axial}（N/mm²）应只基于轴向力计算。轴向应力应采用单元长度中点处的应力。

（4）屈服衡准　上述结构单元应符合以下衡准：

$$\lambda_y \leqslant \lambda_{yperm} \tag{9-8}$$

式中，λ_y 表示屈服利用因子，对于板单元，$\lambda_y = \dfrac{\sigma_{vm}}{R_y}$；对于杆单元或梁单元，$\lambda_y = \dfrac{\sigma_{axial}}{R_y}$；$R_y$ 为名义屈服应力（N/mm²），取值为 $\dfrac{235}{k}$，其中材料系数 k 的取值见表 9-6，该系数是最小屈服应力 R_{eH} 的函数；σ_{vm} 为 von Mises 应力（N/mm²）；σ_{axial} 为杆或梁单元的轴向力（N/mm²）；λ_{yperm} 为粗网格的许用屈服利用因子。

表 9-6　材料系数 k

最小屈服应力 R_{eH}/(N/mm²)	k	最小屈服应力 R_{eH}/(N/mm²)	k
235	1.0	355	0.72
315	0.78	390	0.68

对于应进行细化网格分析的区域，如果其舱段有限元分析中该区域的单元 von Mises 应力超过了验收衡准，则在细化网格分析中，在等效于舱段有限元分析模型网格尺寸面积范围内的平均 von Mises 应力应满足上述屈服衡准。

9.1.4　某舱段模型的总强度校核

以某型船为例，选取艏区域左右舷 6 个舱室作为校核区域，如图 9-15 所示，重点开展甲板、舷侧、船底、横舱壁、纵舱壁及相应区域的横向梁或纵向骨材等主要结构构件进行强度评估分析。

按前述建立三舱段模型，并给定舱段模型的边界条件，考虑压载航行工况、满载航行工况和多种作业工况，并分别施加相应的载荷，计算得到舱段模型的响应结果。分别提取不同位置的应力云图，以迎浪中拱压载航行工况为例，其计算结果如图 9-16 所示。

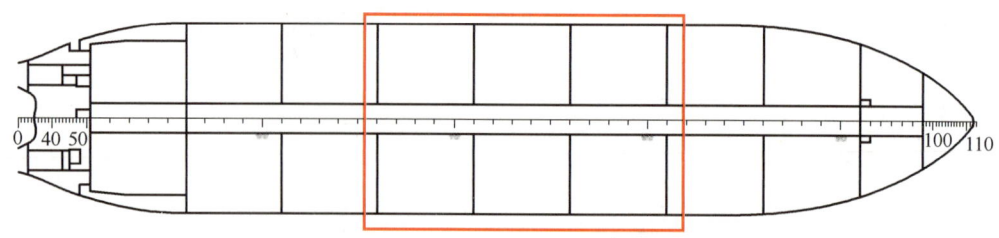

图 9-15 舱段模型选取

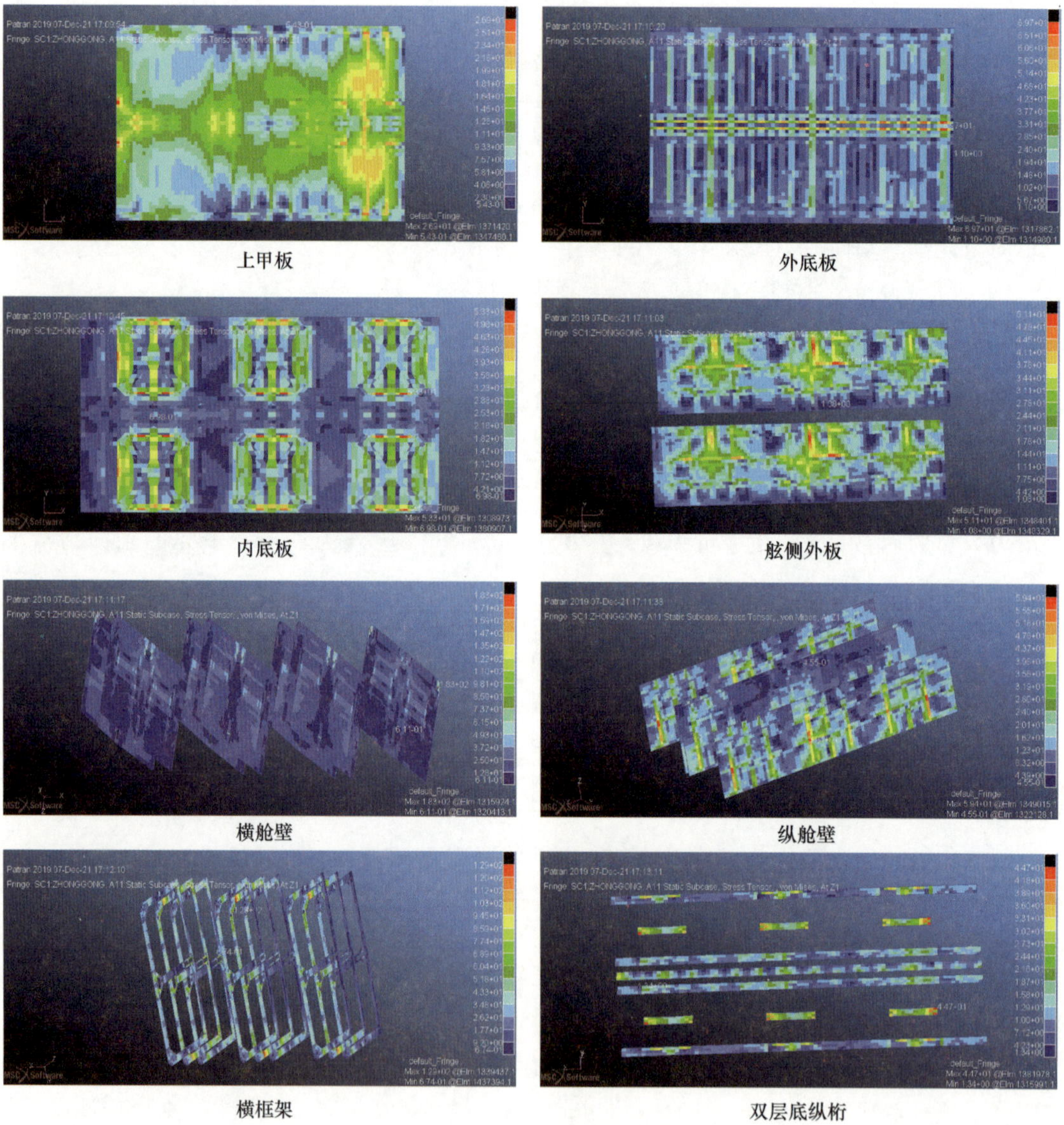

图 9-16 有限元计算结果

根据有限元结果,依据前述强度分析方法,计算得到结构屈服利用因子并完成对各个结构的强度评估,见表 9-7 和表 9-8。

表 9-7　板单元的屈服强度校核结果

部位	最大应力/(N/mm²)	λ_y	λ_{yperm}	校核结果
上甲板	26.9	0.08	1.0	合格
外底板	69.7	0.20	1.0	合格
内底板	53.3	0.15	1.0	合格
舷侧外板	51.1	0.14	1.0	合格
横舱壁	183	0.52	1.0	合格
纵舱壁	59.4	0.17	1.0	合格
横框架	129	0.36	1.0	合格
双层底纵桁	44.7	0.13	1.0	合格

表 9-8　梁单元的屈服强度校核结果

部位	最大应力/(N/mm²)	λ_y	λ_{yperm}	校核结果
上甲板纵骨	35.9	0.10	1.0	合格
舷侧外板纵骨	34.0	0.10	1.0	合格
内底板纵骨	49.0	0.14	1.0	合格
外底板纵骨	38.6	0.11	1.0	合格
横舱壁扶强材	89.0	0.25	1.0	合格
纵舱壁纵骨	53.9	0.15	1.0	合格
横框架扶强材	85.4	0.24	1.0	合格

可以发现，在该工况下最大屈服利用因子为 0.52（横舱壁板单元），小于许用屈服利用因子，即在该工况下船体结构是安全的。与以上计算过程类似，对于不同的计算工况，对舱段模型施加相应的静载荷、波浪载荷，完成所有工况的强度校核。根据强度校核结果，应对不满足强度衡准的结构进行细化和进一步的校核。

9.1.5　船体下水强度有限元分析

在船舶气囊下水过程中，船体底部的气囊约束力以及船体总弯曲力矩和局部应力的变化非常复杂，特别是底部气囊约束力变化剧烈，可能导致气囊的爆炸，同时可能在某些位置使结构的应力达到很高的数值导致结构损坏。唯一的方法是通过科学的计算来预报下水过程中船体结构的受力情况，预先采取适当的工艺措施，保证船舶安全下水。

目前常用的船舶下水强度计算方法主要是针对船舶滑道下水提出的船体刚性下水计算方法、弹性下水计算方法及将弹性下水方法与有限元技术结合的方法。刚性下水计算方法将下水船体看作一根刚性基础梁，该方法仅能计算下水姿态，不能计算船底约束力分布和船体内力。弹性下水计算方法则认为船体是一根弹性梁，船舶底部支撑系统作为船体梁的弹性基座，船体梁在重力、浮力和支反力作用下处于平衡。因此该方法可以相对准确地计算出滑道下水过程中船体运动和受力情况，但气囊下水过程采用的滚动气囊的变形是非线性的，传统的弹性下水计算方法无法考虑基座变形的非线性，因此需要对其进行改进，从而准确预报气囊下水过程中船舶的运动、受力及气囊的支撑情况。同时，该方法同样将船体简化成一根梁，无法考核船舶局部强度并确定最合理的下水方案。随着计算机计算能力的不断增强和大型有限元软件的发展，使得这一问题可以得到顺利解决。通过有限元程序计算这种定量的分析方法，可以准确地预报气囊下水过程中气囊的安全性和局部船体结构的强度。

1. 计算原理

气囊下水中船舶强度和气囊安全性评估方法的基本思想是应用船舶静力学和弹性力学的原理进行下水系统的运动和受力分析，并结合有限元法进行相关的分析和评估。

（1）气囊下水工艺 与以往滑道下水采用支墩和滑道将船舶送下水不同，气囊下水是通过在船底布置一定数量的气囊将船舶送下水的工艺。船舶下水时，船艏、船舯、船艉放进起重气囊进行起重，到达预定位置，依次拆出船墩，同时按次序和间距放入滚动气囊，等滚动气囊全部充气完毕，撤出起重气囊；起动牵引绞车，慢慢放出钢缆，船体借助滚动气囊开始移动。当艏部最前一只气囊脱离船底后，立即抬到艉部，并按工艺要求的气囊排放间距置入气囊，重复上述过程，逐渐将船移至水边。此时，船舶依靠自身重力快速下水或者用牵引绞车控制入水，回收气囊，下水完成。气囊下水的工艺布置如图9-17所示。

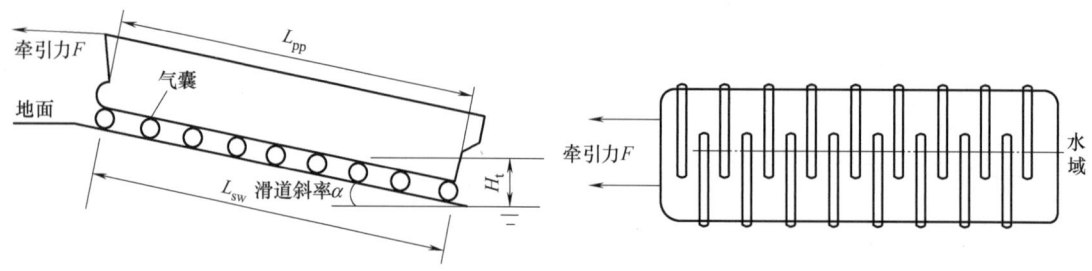

图 9-17 气囊下水工艺布置图

（2）气囊下水运动与受力分析 船舶下水作业后一段时间内，船体的重力分布在全部气囊上。随着滑程增大，船体后部浮力增大到一定程度，船体后部抬升，部分仍在滑道范围内的气囊也与船体脱离，船体重力由浮力和前部的部分气囊支反力平衡，船底反力逐渐向艏部集中，直到船体全部起浮。整个过程，气囊的变形、约束力和船体浮力、纵倾角等都是在不断改变，因此准确地预报整个下水过程的运动及受力情况对有限元分析结果的准确性至关重要。船舶弹性下水计算方法能比较好地解决这个问题，计算模型如图9-18所示。

弹性下水计算方法是将船体作为一根弹性变截面梁，在气囊下水过程中，坡道—气囊支承—船底系统是船体梁的弹性支撑。串联弹簧的刚度系数 K 用下式计算：

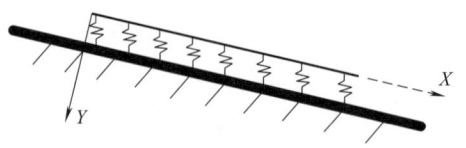

图 9-18 船舶弹性下水计算模型

$$\frac{1}{K} = \frac{1}{K_{\text{hull bottom}}} + \frac{1}{K_{\text{airbag}}} + \frac{1}{K_{\text{slope way}}} \quad (9\text{-}9)$$

在船舶下水过程的任一时刻，船体都在重力、浮力、墩约束力、摩擦力、水阻力及惯性力的作用下平衡。由于沿船体纵向作用的力对于船体垂向变形没有影响，因此不予考虑，仅考虑重力、浮力和支反力沿船体垂向分量的平衡。船体变形、气囊变形所决定的气囊接触数目和气囊支反力的大小与平衡状态协调。

实际计算时，将整个滑程划分成若干段，船舶每运行一段距离（一般取 5~10m）就进行一次计算，确定船舶的受力与姿态。具体做法是：先假定一个艉吃水（一般取前一次计算所确定的艉吃水),以每一肋距作为一个船体切片,根据邦金曲线计算其获得的浮力,将其施加到梁节点上并汇总,得总浮力、浮力分布及浮心位置。计算出弹性支座上的船体梁在重力与浮力作用下每一节点的位移、弹簧沉降、弹簧约束力(考虑气囊刚度的非线性)以及船体梁每一截面处的弯矩与剪力。通过迭代计算,找到一个正确的艉吃水值,使力的平衡条件及弹簧支座接触状态的协调性获得足够精确,得到船舶在计算位置处的姿态和受力等参数。据此可计算结构内力,进而做出船舶下水过程的安全性预报。

(3) 气囊刚度的非线性分析　与滑道下水不同,气囊下水过程中气囊的压缩变形是高度非线性的,因此合理预报气囊下水的运动、受力并进行有限元分析的前提是有效地计算气囊刚度。迄今为止,确定气囊刚度的方法主要有试验方法和理论方法。

1) 试验方法。山东大学曾对半径 0.9m 柱形气囊的压缩性能进行了测试,通过计算得到了气囊内压与变形量的回归公式:

$$p = 0.302\Delta^2 - 0.0468\Delta + 0.0328 \tag{9-10}$$

式中,p 为气压 (MPa);Δ 为位移 (垂向变形)(m)。

2) 理论方法。经过一系列的研究发现,气囊压缩过程是介于等温过程和绝热过程之间的。选择多变指数 $n = 1.3$,并使用真实气体状态方程(范德华方程)

$$\left(p + \frac{an^2}{V_m^2}\right)(V_m - nb) = nRT \tag{9-11}$$

确定了气囊尺寸参数、温度及初始内压后,就可以得到气囊内气体的物质的量。给定一组内压,就可以得到一组体积,建立内压-体积关系。考虑气囊周壁的伸张,对其进行修正。

引入量纲为一的量

$$\tau_1 = \frac{\dfrac{p_{理论}}{p_0}}{2R - \dfrac{H}{2R}}, \quad \tau_2 = \frac{p_{试验}}{p_{理论}} \tag{9-12}$$

式中,τ_1、τ_2 包含了影响气囊压缩变形的初始内压、瞬时内压、初始尺寸和瞬时高度等参数,通过拟合得到修正系数。修正后的半径 0.9m 气囊内压-垂向变形率关系曲线如图 9-19 所示,该型号气囊的载荷-垂向位移关系曲线如图 9-20 所示,其斜率即为刚度。

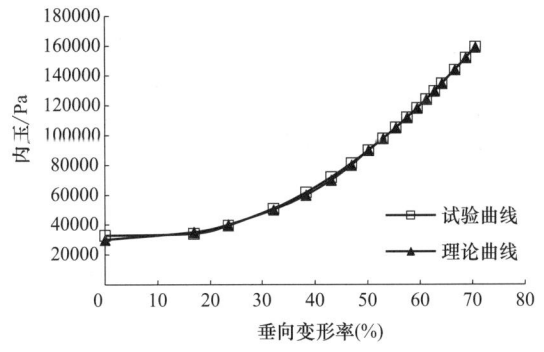

图 9-19　气囊理论曲线与试验曲线比较

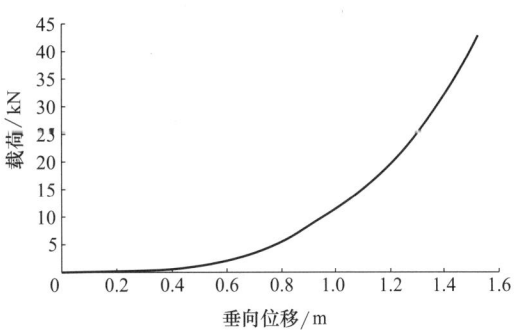

图 9-20　气囊载荷-垂向位移关系曲线

2. 有限元模型建立

下面对一艘 45000DTW 成品油轮气囊下水的安全性进行分析。该船已经采用滑道下水方式完成了下水，在下水前进行了下水强度评估并对局部构件进行了加强。

（1）模型简介

1）气囊选取及布置。根据气囊下水工艺要求，并考虑支墩高度，选择 48 个滚动气囊来实施下水作业。气囊规格为直径 1.5m 的超高压气囊，该气囊长 18m，有效长度 16m，图 9-21 所示为该气囊单位长度的内压-垂直变形率关系曲线。由于该船型宽 32.2m，因此气囊的布置为左右交叉摆放。

2）坡道坡度的选择。坡道坡度的选择也是船舶能否安全下水的关键。对于修造船厂而言，其船台及其坡道的坡度是固定的。有时为了保证船舶安全下水，须要对坡道进行修整以满足气囊式下水的坡度要求。表 9-9 列举了几个典型坡度下船舶气囊下水计算结果。

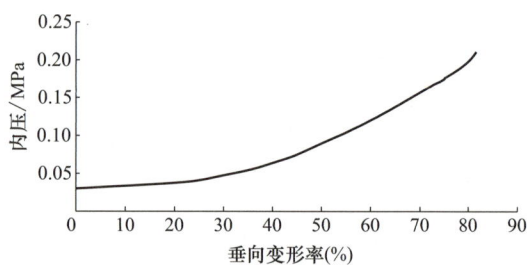

图 9-21 半径 0.75m 的气囊内压-垂直变形率关系

表 9-9 几个典型坡度下船舶气囊下水计算结果

坡度	计算结果
1°	船舶无法自行下水
2°	船舶可以自行下水，且无明显艉跌落现象
5°	船体在坡道上移动时，船体最大局部应力为 87MPa，满足要求；但是当船舶部分入水之后出现船艉跌落现象，尤其到船舯区域入水时，情况最严重，甲板应力远超过许用应力

通过分析可以发现，当坡道坡度为 2°时较合适。

（2）有限元模型 对船体进行有限元分析，必须首先建立有限元模型，除了需要遵循一些基本建模准则，还需要考虑底部结构在下水过程中的强度，因此底部应该采用较细网格，舷侧和甲板在保证总纵强度的情况下尽量采用较粗网格。对于那些仍不满足分析要求需要进一步细化的局部结构，若采用独立的局部有限元模型，其边界条件往往很难确定，因此选择内嵌式局部细化模型。图 9-22 所示为全船有限元模型和局部结构模型。

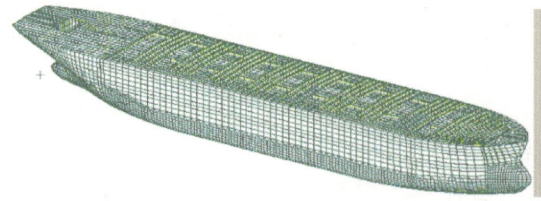 

图 9-22 全船有限元模型和局部结构模型

1）水压力。各单元到水平面的距离是由该单元的坐标位置和船体的倾斜角度决定的。设某设计工况下船体倾角为 α，i 单元中心到尾轴的垂直距离为 x_i，到基线的距离为 z_i，如图 9-23 所示，则 i 单元处的水压力为

$$p = \rho g D_i = \rho g [(x_0 - x_i)\tan\alpha - z_i]\cos\alpha \tag{9-13}$$

式中，D_i 为单元中心到水面的距离；x_0 为尾轴线到零吃水点的垂直距离，$x_0 = T_a/\sin\alpha$，T_a 为该工况的尾吃水。

2）边界条件。由于本节采用的是静力分析，所以必须添加必要的边界条件限制船体的刚体运动。船舶下水分析的重点是沿船体垂向的变形和受力，因此添加的边界条件必须保证船体沿垂向运动，同时限制其沿纵向横向的运动。据此，在船艏取一节点设位移条件 $x=0$，$y=0$，转动条

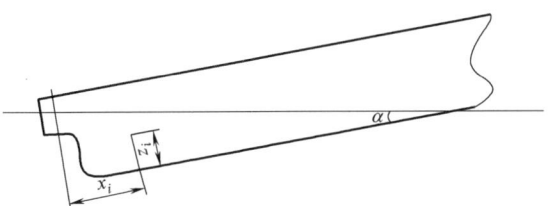

图9-23 某工况船体的姿态

件 $R_x=0$，$R_z=0$，在船艉取一节点设位移条件 $y=0$，转动条件 $R_x=0$，$R_z=0$，并在船底建立接地弹簧元模拟气囊，保证船体的垂向运动。计算分析过程中，气囊刚度的非线性的模拟通过人工干预来实现。

3. 有限元结果分析

采用考虑气囊刚度非线性的下水运动预报方法计算各滑程的船体状态，计算结果见表9-10，表中只列举了需要计算的工况。

表9-10 船体下水各滑程主要参数

工况	滑程/m	艉吃水/m	艏吃水/m	浮力/kN	浮心位置	气囊个数	最大支反力/kN	船舶斜率/rad
1	5	0.07	-6.74	0	0	48	3815.79	0.03958
2	50	1.85	-4.96	-2775	144.99	48	3644.09	0.03958
3	60	2.25	-4.56	-5708	140.42	48	3439.24	0.03958
4	65	2.45	-4.36	-7672	138.26	47	3366.54	0.03958
5	70	2.65	-4.16	-9980	136.19	46	3356.52	0.03958
6	105	4.03	-2.78	-35771	123.25	35	4880.05	0.03958
7	110	4.23	-2.58	-40829	121.53	33	5351.29	0.03958
8	125	4.82	-1.99	-58033	116.45	29	4892.58	0.03958
9	130	5.02	-1.79	-64459	114.79	27	4666.97	0.03958
10	160	5.65	-0.60	-97940	105.55	19	1499.38	0.03635
11	165	5.57	-0.40	-100357	104.09	18	1513.40	0.03472
12	170	5.47	-0.21	-102539	102.61	15	1443.57	0.03300
13	175	5.37	-0.01	-104690	101.14	14	1317.24	0.03126

船舶弹性下水计算和有限元分析在各工况下的气囊最大支反力比较如图9-24所示。从图中可以看出，两种计算方法计算得到的最大支反力变化趋势是一致的，最危险工况都出现在艏区域脱离船台入水期间，即工况6~工况9，这与实际情况相符。但是两种方法在最大支反力数值和出现的工况上存在一定的差异：弹性下水计算方法计算的最大支反力为第7计算工况的27号气囊，支反力为5351.29kN，有限元分析的最大支反力出现在第9计算工况的第27号气囊上，大小为6658kN。这是由弹性下水方法将船体看作一根船体梁，无法考虑气囊布置的左右不对称及船体局部结构的影响导致的。所以弹性下水评估适用于气囊下水

工艺布置的初步设计和气囊安全性的初步评估,最终下水方案和气囊的安全性评估须通过有限元分析得到。

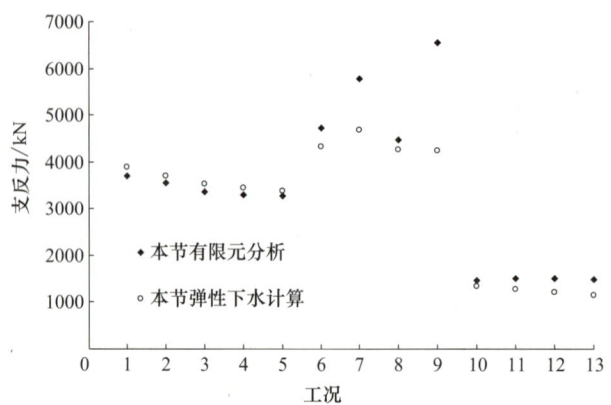

图 9-24 弹性下水计算和有限元分析在各工况下的气囊最大支反力比较

现采用有限元计算结果进行气囊安全性评估。整个滑程气囊的最大支反力为 6658kN;对于所选用的直径 1.5m,极限支撑力 6830kN 的气囊,因为下水是一次性作业,且力的作用时间短,建议将安全系数取为 1.0,据此所有承压气囊全部满足强度要求。

对于船体结构强度而言,分别提取了甲板、甲板纵骨、船底板、船底纵骨及纵桁的应力进行评估,船体结构也全部满足强度要求。表 9-11 所列为船体最大应力及其出现的工况和位置,图 9-25 所示为船体局部应力云图。

表 9-11 船体局部强度分析

构件	最大应力/(N/mm^2)	位置	发生工况
船底板	97.60	Fr.108-109 右舷纵骨 9	工况 9
船底纵骨	91.79	Fr.114 左舷纵骨 1	工况 9
船底纵桁	122.37	Fr.45 旁底桁 1	工况 9
甲板	68.65	Fr.124-125 右舷弦侧	工况 9
甲板纵骨	76.30	Fr.112-113 右舷纵骨 8	工况 9

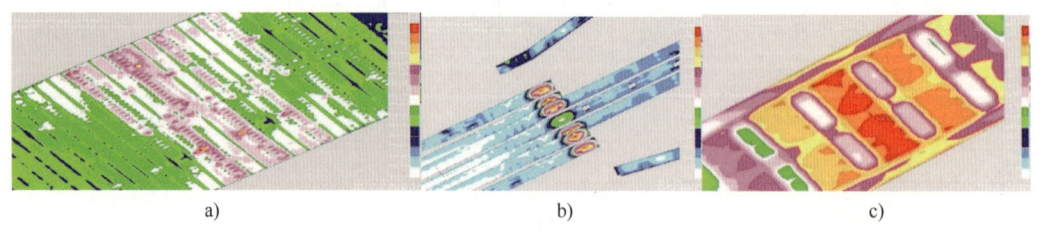

图 9-25 船体局部应力云图
a) 船底板 b) 船底纵桁 c) 甲板

以上对气囊下水方式、气囊刚度及气囊下水安全性评估方法进行了研究,以一艘 45000DTW 成品油轮气囊下水为例,计算分析了各计算滑程的气囊的支反力及主要船体结构的应力,并对它们进行了评估。与滑道下水方式的支墩相比,气囊对船体结构应力响应更小;气囊数量、它们的布置形式和坡度的选择是气囊下水工艺的重要内容,也是确保船舶安全下水的基本要求。

9.2 船体结构极限强度有限元分析

船体结构在航行的过程中，可能会因为特殊载况或恶劣环境发生主要构件的屈服、屈曲或两者的组合，失效的构件不能再有效地承担载荷，船体的刚度减少并发生应力再分配，但由于剖面其余构件仍可进一步承载，包括转嫁来的载荷，因此船体仍能继续承载。随着构件的逐个破坏，船体剖面刚度继续损失，直到变形急剧增加而发生崩溃。这时剖面达到了其极限承载能力同时外载荷也达到了极限值，这便是船体结构的极限强度，如图9-26所示。

对船体结构极限强度进行研究所采用的方法主要有试验法、解析法和非线性有限元法。随着计算机技术的不断发展，非线性有限元法逐渐成为求解极限强度的重要方法。目前使用有限元计算结构极限强度的方法主要有静态分析方法和准静态分析方法。

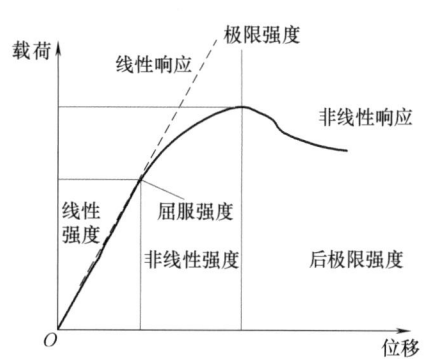

图 9-26 典型船体结构载荷-位移曲线

静态分析方法的计算思路是将所要施加的载荷增量分为若干载荷增量，在几个增量步或者一个增量步的几个子步中施加。求解器对每一个增量步求解之后，通过调整刚度矩阵实现结构刚度的非线性变化，进而对下一个增量求解。

准静态分析方法的基本思路是用慢速加载的动态分析来模拟静态问题，本质上讲是一个结构动态求解过程，分析过程中结构模型的动能与其应变能之比是判断加载速率是否合适的一个重要标准，作为一般性的规律，一般准静态的要求是动能与其应变能之比小于5%。

9.2.1 有限元分析模型

1. 模型范围

船体极限强度分析的对象主要包括单跨模型和舱段模型，其中，单跨模型的纵向范围取1个横向强框架间距，横向范围取整个船宽，垂向范围取整个型深，如图9-27所示，模型应包括横向强框架之间的所有纵向连续构件、肋骨以及局部加强筋。

舱段模型的纵向范围取1个舱段长度，横向范围取整个船宽，垂向范围取整个型深，模型应包括1个舱段之间的所有纵向连续构件和除横舱壁、底凳、顶凳、舱口间甲板以外的所有横向构件以及局部加强筋。

2. 单元类型与单元尺寸

船体极限强度分析采用的单元类型与船体总强度有限元分析中的单元类型基本一致。板和主要支撑构件应采用4节点壳单元。加强筋一般采用4节点壳单元，但对于加强筋的翼板和主要支撑构件腹板上的加强筋，可以采用梁单元。

船体极限强度分析的有限元局部模型如图9-28所示，结构模型的网格形状应尽量接近正方形，网格大小满足下述要求：

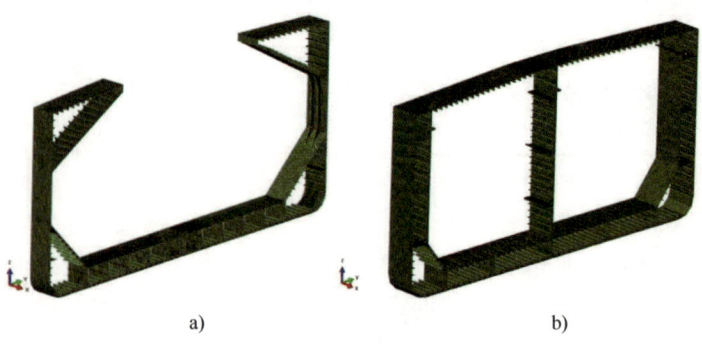

图 9-27 单跨模型

a）散货船 b）油船

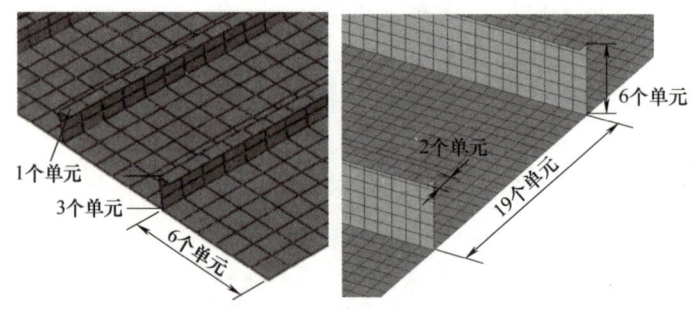

图 9-28 结构单元尺寸

1）板：两根相邻加强筋之间至少划分为 6 个单元。

2）加强筋腹板：腹板高度方向至少划分为 3 个单元。

3）加强筋翼板：如采用壳单元时，角钢和球扁钢的翼板宽度方向至少划分为 1 个单元，T 型钢材的翼板宽度方向至少划分为 2 个单元。

4）主要支撑构件腹板：若腹板上有加强筋，加强筋间的腹板至少划分为 3 个单元；若腹板上没有加强筋，腹板至少划分为 6 个单元。

5）主要支撑构件翼板：翼板宽度方向至少划分为 4 个单元。

6）单元的长宽比一般应小于 2.0。

3. 边界条件

在计算舱段的极限强度时，边界条件的影响不可忽视，对于这类问题，常用的方式是在左右两端的横剖面 A、B 的中和轴处分别设置独立点 A、B，通过参考点给模型施加约束条件，两个独立点分别与模型前后端面节点的 x、y、z 方向位移和 y 轴转角相关，约束独立点 A 的 x、y、z 方向位移和 x 轴转角以及约束独立点 B 的 y、z 方向位移，最后在两个独立点上施加相同大小的中拱/中垂弯矩（或转角）。有限元模型采用的边界条件见表 9-12。

9.2.2 设计工况

船体极限强度有限元分析考虑的载荷同 9.1.2 小节，本小节不再赘述。模拟船舶航行的设计工况组合见表 9-13。其中，散货船的航行工况、港内/遮蔽水域工况和进水工况采用设计工况组合 A；油船的航行工况和港内/遮蔽水域工况采用设计工况组合 A；海上营运均匀满载工况采用设计工况组合 B。

表 9-12　有限元模型的边界条件

位置	位移约束			转角约束		
	δ_x	δ_y	δ_z	θ_x	θ_y	θ_z
横剖面 A	link①	link	link	—	link	—
横剖面 B	同端面 A					
独立点 A	Cons.②	Cons.	Cons.	Cons.	BM③	—
独立点 B	—	Cons.	Cons.	—	BM	—

① link——端面节点与独立点的自由度相关联。
② Cons.——表示位移约束。
③ BM——中拱/中垂端面弯矩。

表 9-13　设计工况组合

设计工况组合		许用静水弯矩 M_{sw-U}
A	航行工况	M_{sw-h} 或 M_{sw-s} ①
	港内/遮蔽水域工况	M_{sw-p-h} 或 M_{sw-p-s} ②
	进水工况	M_{sw-f} ③
B	航行工况	海上营运均匀满载时的最大中垂静水弯矩

① M_{sw-h}，M_{sw-s}：船体横剖面处垂向许用中拱与中垂静水弯矩（以 kN·m 计）。
② M_{sw-p-h}，M_{sw-p-s}：垂向许用中拱与中垂静水弯矩（以 kN·m 计）。
③ M_{sw-f}：船体横剖面处垂向许用中拱与中垂静水弯矩（以 kN·m 计）。

9.2.3　有限元分析衡准

船体梁任一横剖面处的极限弯曲能力应满足以下准则：

$$M \leqslant \frac{M_U}{\gamma_R} \tag{9-14}$$

式中，M 为船体梁任一横剖面的垂向弯矩（kN·m），$M = \gamma_s M_{sw-U} + f_\beta \gamma_w M_{wv}$；$\gamma_s$ 为非线性有限元方法的影响因子，单跨模型的 $\gamma_s = 1.05$，舱段模型的 $\gamma_s = 1.0$；M_{sw-U} 为中拱与中垂工况下，所考虑船体横剖面的许用静水弯矩（kN·m）；M_{wv} 为中拱与中垂工况下，所考虑船体横剖面的垂向波浪弯矩（kN·m）；γ_w 为垂向波浪弯矩对应的分项安全因子，设计工况组合 A 的 $\gamma_w = 1.2$，设计工况组合 B 的 $\gamma_w = 1.3$；f_β 为浪向修正系数，航行工况的 $f_\beta = 1.05$，航行压载水置换，在港/遮蔽水域和意外进水设计载荷设定 $f_\beta = 1.0$。M_U 为船体梁任一横剖面的极限弯曲能力（kN·m）。γ_R 为船体梁极限弯曲能力的分项安全因子，$\gamma_R = \gamma_M \gamma_{DB}$；$\gamma_M$ 为计及材料、几何、强度不确定性的分项安全因子，$\gamma_M = 1.1$；γ_{DB} 为计及双层底弯曲效应的分项安全因子，取以下值：单跨模型中拱工况：BC-A 散货船的 $\gamma_{DB} = 1.25$，BC-B、BC-C 散货船以及油船的 $\gamma_{DB} = 1.10$；单跨模型中垂工况及舱段模型 $\gamma_{DB} = 1.0$。

9.2.4　某舱段模型的极限强度分析

以某型矿砂船为例开展船体极限强度计算，该船总长 362m，选取舯货舱区建立 1/2+1+

1/2 舱段有限元模型，模型长度 82m，网格采用四节点 S4R 单元，总计 22 万多网格，船体横剖面和有限元模型分别如图 9-29 和图 9-30 所示。

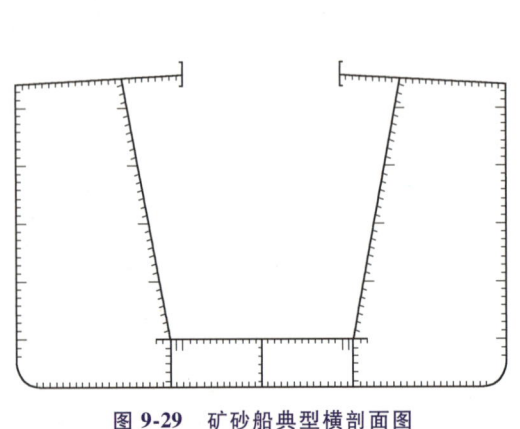

图 9-29 矿砂船典型横剖面图

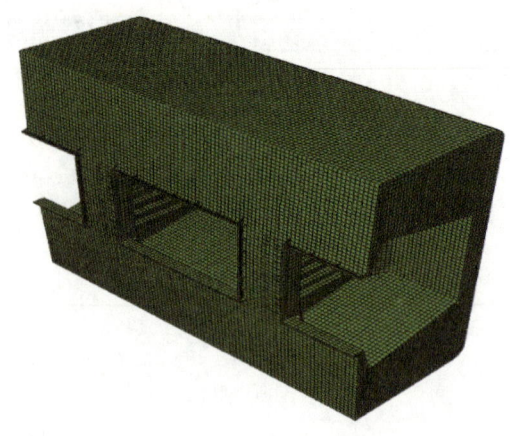

图 9-30 矿砂船 1/2+1+1/2 舱段有限元模型

弹性模量和屈服强度等材料属性直接影响船体的极限强度。为了保证计算精度，材料参数选取拉伸试验数据，如图 9-31 所示。

由于拉伸试验得到的工程应力是由试件所受载荷约束力值直接除以试件在试验前的原始横截面面积得到的，工程应变是试件的拉伸伸长量除以该试件的初始长度得到的，这两个数据未考虑试件在拉伸过程中截面的变形，不是准确的实际应力-应变结果，需要将材料工程应力、应变数据转换为真实应力、应变数据，转换公式如下：

$$\sigma_{real} = \sigma_{engin}(1+\varepsilon_{engin})$$
$$\varepsilon_{real} = \ln(1+\varepsilon_{engin})$$

式中，σ_{real} 为材料真实应力；ε_{real} 为材料真实应变；σ_{engin} 为材料工程应力；ε_{engin} 为材料工程应变。

通过对舱段模型两端施加绕横截面 y 轴的转角，模拟船体舱段在海上遭受垂向波浪载荷的作用。图 9-32 所示是舱段中垂和中拱状态下的转角-弯矩曲线，曲线的峰值点为舱段极限强度，中垂极限弯矩为 $3.84×10^7 kN·m$，中拱极限弯矩为 $4.16×10^7 kN·m$。

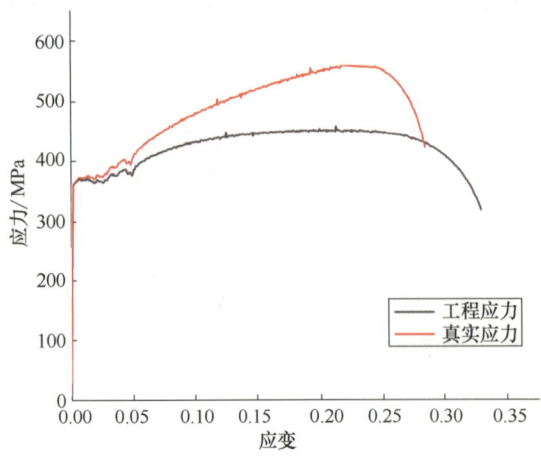

图 9-31 材料工程应力-应变曲线和真实应力-应变曲线

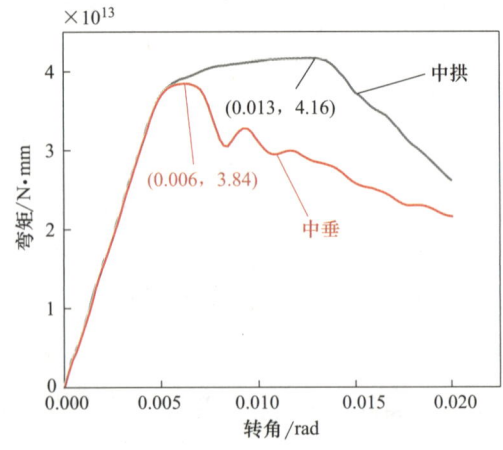

图 9-32 中垂/中拱状态下舱段的转角-弯矩曲线

图 9-33 和图 9-34 所示分别为船体舱段中垂破坏和中拱破坏时的应力分布和结构变形。中垂状态下，大部分甲板结构部件发生塑性屈曲，舱口围板处更加明显，双层底部发生屈服，船体结构产生中垂破坏。中拱状态下，大部分甲板结构部件发生屈服，双层底部发生塑性屈曲，船体结构产生中拱破坏。

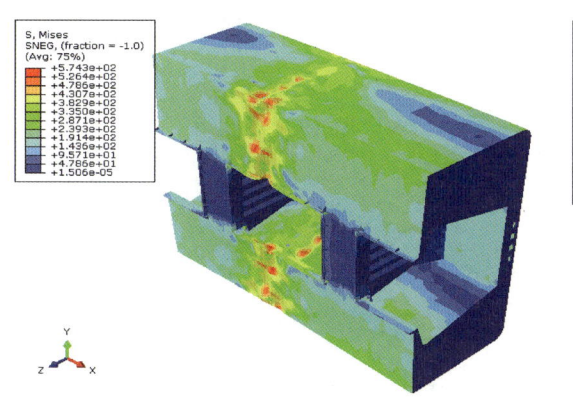

图 9-33　船体舱段中垂破坏

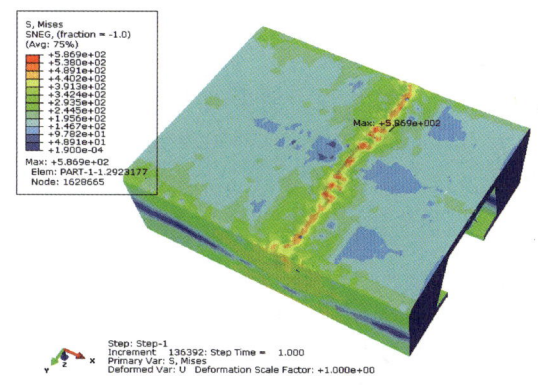

图 9-34　船体舱段中拱破坏

9.2.5　加筋板结构的后极限强度分析

加筋板结构是构成船体结构的主要构件，其在外载荷作用下的失效破坏往往直接或间接地会导致船体结构的失效破坏，在极限载荷作用下，加筋板结构一旦超过极限弯矩之后，其承载能力并非完全丧失，而是在一定程度上迅速下降，并随着塑性变形的增大而趋于平缓。加筋板结构的这种承载能力的变化正是该结构本构关系的体现，反映着结构在受损之后的承载能力随着变形程度的变化过程，通常可以称这种变化过程为结构的后极限强度行为。

为使船体结构的安全性设计得到有效的技术支撑，研究加筋板结构在达到极限强度之后的载荷-位移关系曲线，即后极限强度行为。

1. 计算模型描述

船体结构在波浪载荷作用时的总纵强度一直受到研究学者的关注，尤其是波浪的波长与船体长度相当时，波浪弯矩与静水弯矩共同作用下易使船体多处于中垂或中拱状态。相比船体底部结构而言，甲板具有较小的刚度，距离船体剖面的中和轴较远，而且船用钢材的抗拉伸性能要高于抗压缩性能，因此甲板结构更易于在波浪载荷作用下发生崩溃行为。

选择船体结构处于中垂状态时，需将离中和轴较远的甲板结构作为研究对象，探索其在极限载荷作用下的后极限强度行为，旨在明确甲板结构在受损之后承载能力的变化过程，为船体结构的安全设计提供参考数据。

在利用非线性有限元法分析船体加筋板极限强度时，面内载荷是最常见的形式，而弯矩对加筋板的作用通常可以等效为面内载荷作用，由于加筋板四周结构对其的约束，垂向载荷也使其产生面内的拉伸或压缩，因此需要研究一般的面内载荷作用下加筋板架结构的后极限强度行为。

首先，选择典型的甲板结构进行有限元建模，然后根据加筋板结构的受力特点施加轴向的面内压力，对该加筋板结构的承载能力进行数值计算和分析。有限元模型是基于典型的甲板板架结构建立的，如图 9-35 所示。加筋板结构的几何尺寸见表 9-14，其中 a、b 分别为板的长和宽，t 为板厚，h_w 为加强筋腹板的高度，t_w 为加强筋腹板的厚度，t_f 为加强筋翼板的厚度，b_f 为加强筋翼板的宽度。

表 9-14 加筋板结构的几何尺寸

尺寸	a/mm	b/mm	t/mm	尺寸	h_w/mm	b_f/mm	t_w,t_f/mm
板	650	650	4,5,6,7	角钢	30	10	7

2. 有限元模拟

（1）材料特性 计算模型所用材料为 Q235 钢，密度 $\rho = 7850 \text{kg/m}^3$，弹性模量 $E = 2.1 \times 10^5 \text{MPa}$，泊松比 $\mu = 0.3$。当加筋板结构在外载荷作用下发生崩溃时，非线性问题变得十分明显。本研究中为了简化，将材料的应力-应变关系假设为满足线性硬化关系，旨在从硬化率变化的角度探讨对结构后极限强度行为的影响。

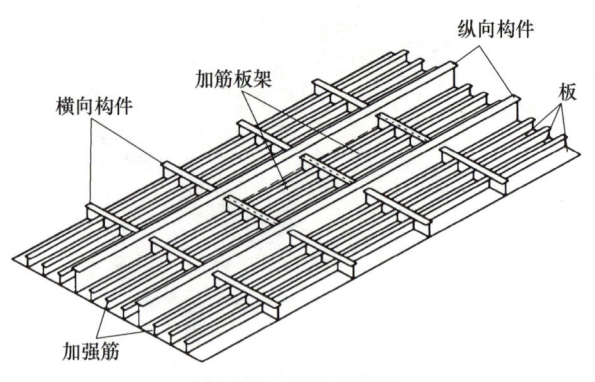

图 9-35 加筋板模型

（2）初始缺陷 影响加筋板结构极限强度的初始缺陷主要为结构的初始变形与焊接残余应力，由于船体结构在制造过程中不可避免地产生初始缺陷，利用一致模态法加载模型的初始缺陷，选用整体的变形模态来描述结构初始变形的影响。在模型数值计算中，仅考虑板的初始缺陷而假设加强筋在初始状态无弯曲和侧移缺陷，对于板的初始缺陷可以采用一致模态法进行考虑。采用如图 9-36 所示形状的模态作为初始缺陷的计算模态。缺陷因子为

$$w = \frac{b_1}{200} \tag{9-15}$$

式中，w 为缺陷因子，代表加筋板的最大挠度；b_1 为加强筋之间的距离，取决于加强筋的数量。

（3）边界条件和载荷 这里设置了两种边界条件进行讨论，分别为简支及固支的边界条件。坐标系设置及加载方式如图 9-37 所示，其中 X 轴沿加筋板宽度方向，即与加强筋方向垂直；Y 轴则垂直于板架结构方向；Z 轴沿加强筋长度方向，即平行于板面的方向。

本例中，轴向载荷施加于 AD 边，由于板在屈曲时，AD 面的法线方向不断改变，因此不能在该边界上施加压力（pressure）以及壳边载荷（shell edge load）等，而施加集中力（concentrated forces）则必须采用多点约束（multi-point constraint）的方式进行，从而使一些在设置自由点与约束点之间的连接方式上出现准确性的问题。

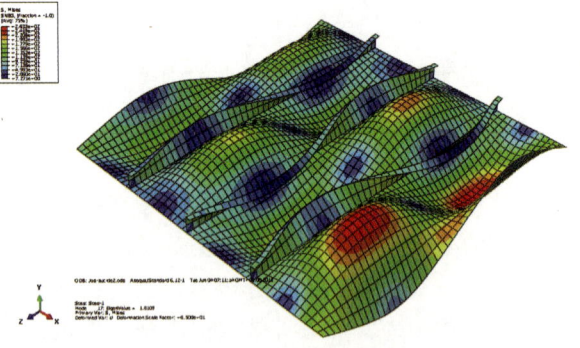

图 9-36 一致模态法确定的初始缺陷所用模态

总之，在针对加筋板架结构施加力载荷时，由于出现的大挠度非线性问题使得结果往往

不容易收敛，并且在准静态分析时直接以力的方式施加载荷需要设置较长的分析步时间，计算时间将会急剧增加，直接施加力可能导致外力超出结构承载范围而失效，采用位移法则能够有效地追踪结构的载荷变形关系。

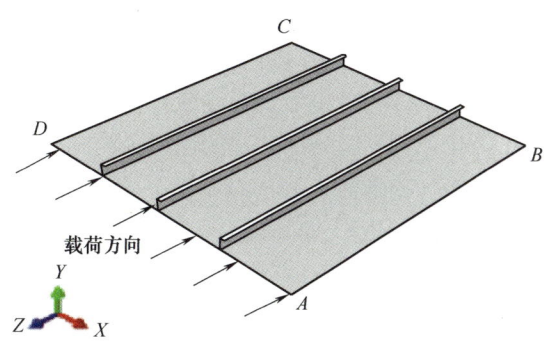

图 9-37　坐标系设置及加载方式

为了有效地解决上述出现的问题，很多研究学者选择了位移法进行加载，即在设置边界条件中，将产生位移的边或者节点预制为一定的位移，这样对应每个位移都会自动找到与之对应的载荷。这样的处理方式比直接施加力载荷的方式具有更大的优越性，可以极大地降低收敛难度。本小节在加筋板 AD 边界上设置沿 Z 轴方向的位移 U_3，限制边 AB、CD 横向即沿 X 轴的位移，输出 BC 边沿 Z 轴的支反力 F_z。值得注意的是，为了准确地捕捉到板架结构发生崩溃时的瞬间行为，位移 U_3 的值不能设置太大，使结构能够在准静态状况下逐步达到崩溃即可。

（4）网格划分及单元类型　有限元模型网格划分的疏密，对分析结果有较大的影响，尤其对于大挠度非线性问题。随着网格密度增加，分析结果会收敛到唯一解，但同时用于分析计算所需的时间也会增加。根据现有模拟条件以及模拟结果的精度要求，模型采用 17mm×17mm 的网格进行划分。本例中无论板还是加强筋都采用壳单元，网格单元采取壳单元常用的线性减缩积分四边形壳单元 S4R。

3. 有限元结果分析

（1）初始缺陷对加筋板结构后极限强度的影响　针对给定的计算模型，在简支条件下设置不同的初始缺陷，板厚取为 4mm，材料的硬化率取为 $E/40$，对于加强筋数量分别取 3、5、10 时，缺陷因子分别对应于 0.81、0.54、0.29。在此条件下计算得出的载荷-位移曲线如图 9-38 所示。

从图 9-38 可看出，不同的初始缺陷对于结构的极限强度基本上没有影响，不考虑初始缺陷加筋板结构的极限强度并不一定比考虑的大，还要取决于残余的拉应力是否可以抵消面内压载，而对后极限强度行为的影响却比较显著。

缺陷因子的大小对应着初始变形的程度，因此从计算结果可知当缺陷因子为 0.29 和 0.54 时，结构的后极限强度行为相似，均在超过极限强度之后承载能力迅速下降，初始时开始出现"凸起"现象，然后沿着"凸起"处继续下降，最后趋于平缓。当缺陷因子为 0.81 时，结构的承载能力由极限强度点随着变形的增大急剧下降，并最后趋于平缓。3 种不同的缺陷因子条件下结构的承载能力最后都基本上趋于相同的值。

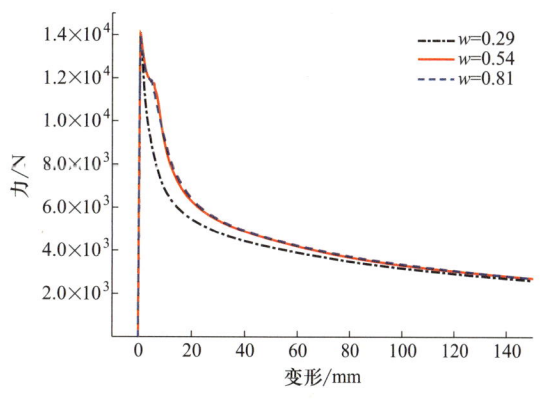

图 9-38　不同缺陷因子下的结构载荷-位移曲线

"凸起"现象的出现主要是由于在较小的初始缺陷条件下，结构在超过极限强度后承载能力迅速下降，应力进行重新分布，外力所做的功需要转化为塑性的应变能和部分的弹性应变能。能量在转化过程中试图寻找结构中的薄弱环节而进行转化，由于初始缺陷较小，使得能量在转化中首先会遇到一定的阻碍，当结构的变形变得稍微大一些时，能量的转化才变得容易。因此，缺陷因子为 0.29、0.54 所对应的载荷-位移曲线中呈现出"凸起"的现象。而对于缺陷因子为 0.81 的情况下，结构具有较大的初始变形，能量在转化过程中能够很容易地沿着结构的薄弱环节转化为塑性应变能，不至于出现"凸起"现象。

实际上加筋板结构受压发生屈曲时会沿着一个能量最小的平衡路径屈曲，当初始缺陷较小时，结构会沿着这个能量最小的平衡路径屈曲；当初始缺陷较大时，结构则会先沿着初始缺陷对应的模态发生屈曲现象。由于 3 种情况下的承载能力最终会趋于相同的值，可认为初始缺陷对于剩余强度的评估影响不大，而对于在给定变形情况下的承载能力评估结构有着显著的影响。由于缺陷因子与加强筋之间的距离有关，加筋板长宽一定时，加强筋数量的增加使加强筋间距减小，由式（9-15）可知，此时缺陷因子也相应减小。因此在控制重力的前提下，加强筋数量的增加对于提高加筋板结构在给定变形情况下的承载能力有利。

（2）板厚对加筋板结构后极限强度的影响　在简支的条件下，材料的硬化率保持 $E/40$ 不变，加筋板结构的板厚变化为 4～7mm，得到不同板厚情况下的载荷-位移曲线如图 9-39 所示。

由图 9-39 可看出，随着板厚的增加，加筋板结构的初始刚度和极限强度有明显的提高，并且大致呈现线性增长。结构的承载能力在超过极限强度之后都表现为急速下降趋势。比较板厚为 4mm、5mm 的曲线，4mm 板厚的曲线明显地呈现出在开始阶段下降稍微平缓，然后出现较大的"凸起"现象，而 5mm 板厚的曲线则下降急剧且比较光顺。板厚为 6mm、7mm 的曲线也都表现为在承载能力下降的过程中出现了"凸起"现象，相比 4mm 板厚，后两种曲线的"凸起"表现为较平缓，且随着板厚的增加"凸起"出现对应于的结构变形发生"后移"。

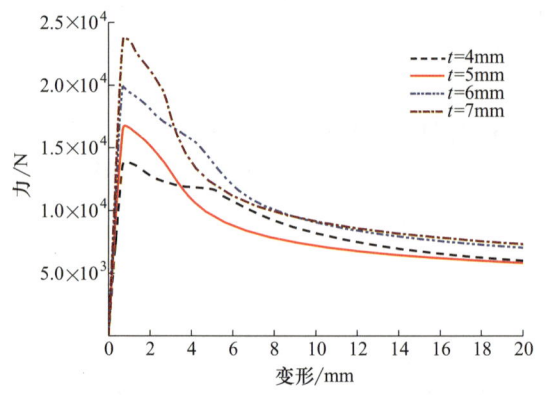

图 9-39　载荷-位移曲线随板厚的变化

可以认为加筋板结构在面内压力的作用下所表现出的本构关系不但与板厚有关，而且与加强筋的强度也有关。对于一定的结构，载荷变形关系是结构的自身属性。不同于材料的本构关系，一般是由材料的拉伸或压缩试验得出的；对于船体结构而言，由于板架间的相互作用，当整个剖面达到塑性状态时结构达到其极限强度，是结构本构关系的体现。对于板厚较小的情形，加强筋的强度在承受载荷时占主导作用，加筋板结构的变形趋势与加强筋的变形趋势一致；而对于板厚较大的情形，板在承受载荷时占主导作用，加筋板结构的变形趋势与板的变形趋势一致。对于 5mm 板厚的情形，则表现为板和加强筋在承受载荷作用时所起的作用相当。

另外，由于在模型计算中考虑了初始缺陷的影响，因此，在分析板厚对结构承载能力影响时不可忽略初始缺陷的因素。对于较小板厚的情况,加筋板结构在载荷作用下首先随着变形的增加试图寻找结构的最薄弱部位,在应力重新进行分配的过程中首先产生弹性大变形,由于初始缺陷的存在,最后会按照初始缺陷的模态产生塑性大变形。对于较大板厚的情况,由于结构的整体刚度较薄板的结构大,结构的变形更容易遵循设定的初始缺陷模态发生。因此在图 9-39 中会出现不同程度的"凸起"和"凸起"前移的现象。

由于在计算过程中,仅考虑了板的初始缺陷,因此对于板厚为 4mm 的情况,加强筋在板架结构中起到主要的承载作用,结构发生一定的大变形后才出现"凸起"现象;而对于 6mm、7mm 时,板在板架结构中起到主要的承载作用,承载能力出现"凸起"所对应的变形明显前移,即按照给定的初始缺陷模态发生变形。对于板厚为 5mm 的情况,认为由于板厚与加筋板尺寸之间处于一种中间的情形,板和加强筋在承载能力分配过程中所起到的作用相当。在这种情况下,加筋板结构在变形过程中更容易受初始缺陷的影响,结构的承载能力变化基本上是随着变形的增加急剧下降并最后趋于平缓。因此可以认为,在设计阶段,合理地设计船体结构的尺寸对于提高结构的承载能力十分重要。

定义结构的崩溃程度为

$$T = \frac{F_u - F_0}{F_u} \tag{9-16}$$

式中,F_u 为极限强度;F_0 为承载能力下降之后最后趋于的平缓值。

结构的崩溃程度随板厚的变化如图 9-40 所示。由此图可看出,板厚为 5mm 的加筋板结构在受到极限载荷作用下的崩溃程度较高,反映出该结构受到初始缺陷的影响比较显著。对于 7mm 板厚的加筋板结构,由于板厚的增加并没有降低结构的崩溃程度,可以认为板在承受载荷过程中并不能有效地改善结构的承载能力,加强筋才是提高结构承载能力的关键。另外,从结构的承载能力方面分析,将加强筋等效到板厚上在某种程度上意味着降低了结构在受损之后的承载能力。

(3) 硬化率对加筋板结构后极限强度的影响 选择一组加筋板结构为例,探索不同硬化率对加筋板结构后极限强度的影响。板厚为 7mm,边界条件为简支,缺陷因子为 0.81,硬化率从 $E/20$ 变化到 $E/60$。图 9-41 所示为载荷-位移曲线随硬化率变化的规律。

由图 9-41 可看出,随着硬化率的提高,结构的承载能力也得到了提高,这是由于硬化率越大的材料组成的加筋板结构所储存的应变能越大,在发生同等变形情况下剩余的承载能力越大。因此,在船体结构设计时可以考虑采用高硬化率的材料,这对于提高结构的承载能力是有利的。

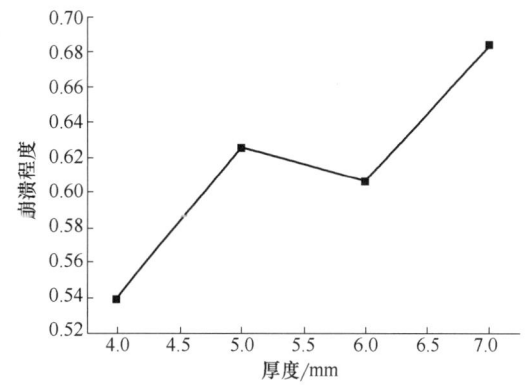

图 9-40 结构的崩溃程度随板厚的变化

(4) 边界条件对加筋板后极限强度的影响 为比较固支和简支两种边界条件对加筋板后极限强度行为的影响,将固支条件下的计算结果与图 9-39 中的计算结果汇总到一起,如图 9-42 所示。图中 S.S 代表简支,B.I 代表固支。与图 9-39 中的结果对应,固支条件下的模型板厚变化范围也是 4~7mm。

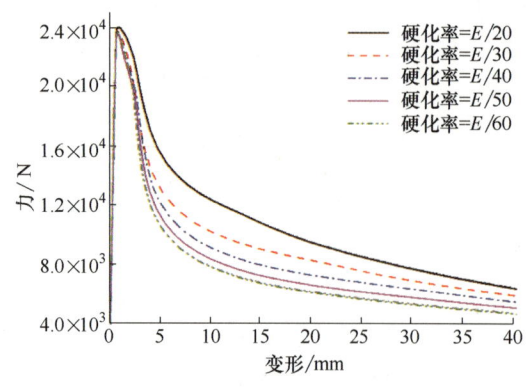

图 9-41 载荷-位移曲线随硬化率变化的规律

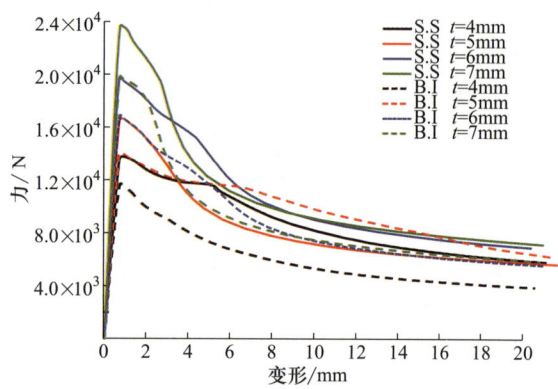

图 9-42 简支和固支边界条件下的载荷-位移曲线

从图 9-42 中可以看出，相同板厚的结构在简支边界条件下，加载的初始状态为线性阶段，曲线斜率更大表明其初始刚度较大，且在简支条件下结构的极限抵抗力更大，因而较固支状态具有更高的极限强度。从结构的承载能力趋于平缓阶段来看，对于板厚为 4mm、6mm 和 7mm 的结构，都呈现出简支条件下的承载能力高于固支条件的。然而，对于板厚为 5mm 的情况却恰恰相反。这可能是由于 5mm 板厚的加筋板结构在承载外载荷时，由于板和加强筋所起到的作用相当，在这种情况下，初始缺陷所对应的模态反而成为导致结构发生垮塌的主要因素。结构内部所贮存的内能会沿着初始缺陷所对应的模态释放能量，从而转化为塑性应变能。

4. 加筋板后极限强度结果

通过对影响船体加筋板后极限强度行为的几种重要参数的分析和研究，得出了以下主要结论：

1）初始缺陷的存在会使受压加筋板结构载荷-位移曲线的后屈曲阶段出现"凸起"，大大提高了结构的后极限强度。加筋板长宽一定时，加强筋数量的增加使加强筋间距减小，此时缺陷因子也相应减小，在控制重力的前提下，对于提高加筋板结构在给定变形情况下的承载能力有利。

2）加筋板结构中板比较薄时承载能力的提高主要是加强筋起到主导作用，板比较厚时主要是板起到主导作用。加强筋承载能力的提高取决于板与加强筋的相对强弱，当二者之间存在着某种匹配时，初始缺陷起到了较大的作用，结构会沿着初始缺陷对应的屈曲模态产生变形。

3）板厚的增加在承受载荷过程中并不能有效地改善结构在受损后的承载能力，加强筋在提高结构承载能力过程中起到主导的作用。从结构的承载能力方面分析，将加强筋等效到板厚上在某种程度上意味着降低了结构在受损之后的承载能力。

4）材料硬化率越大的加筋板在受损之后的承载能力越高。在船体结构设计时可以考虑采用高硬化率的材料，这对于提高结构的承载能力是有利的。

5）简支边界条件所对应的载荷-位移曲线的峰值比固支边界条件所对应的载荷-位移曲线的峰值要高一些，加强筋与板之间的相互作用也受边界条件的影响。

9.2.6 起吊眼板结构极限强度分析

起吊眼板是气垫船在建造和运输过程中必不可少的重要构件，它担负着吊运、翻身等多种作业，其使用的合理与否同生产安全息息相关。眼板结构虽简单，但当其承受较大空间载荷时，吊耳承压面上应力分布十分复杂。当载荷增大或减小时，眼板与销轴接触面出现弹塑性变形或者塑性卸载的情况，这使得求解过程更为复杂。随着有限元技术应用越来越广泛，采用有限元法对眼板进行强度校核已成为一种快速高效的方法。

本小节讨论了多种对眼板强度校核的理论计算方法，并以加敷板的 C 型铝合金眼板为例用 LS-DYNA 有限元软件对起吊接触问题进行了模拟仿真，在考虑销轴是否变形两种情况下，分析校核了不同起吊速度下眼板结构强度，并对仿真结果进行了对比分析。同时考虑材料的非线性，采用塑性极限方法对眼板的弹塑性极限进行分析，得到眼板塑性极限承载能力，并定义极限载荷系数，以保证眼板使用的安全可靠性，并为该形式下铝合金起吊眼板的实际应用提供切实可行的理论性指导意见。

1. 计算模型描述

（1）有限元模型　研究的起吊眼板材质采用与主船体一致的铝合金，由于起吊眼板的设计不仅要考虑其承受较大的集中载荷，还要考虑其与强构件的连接，以保证力的有效传递，故起吊眼板采用 C 型眼板形式。

眼板贯穿甲板设计成连续结构，由于起吊时船体的重力全部集中在起吊眼板上，所以在眼板吊孔位置通过增大板厚实现结构的局部加强，同时为避免产生应力集中，眼板与所连接舱壁板采用圆弧过渡连接。

所研究起吊眼板为某型船上建甲板上的眼板，在该船上共有 4 个起吊眼板，首尾部各 2 个，根据起吊过程中整船的分析，由于尾部眼板所受吊索拉力较首部较大且左右舷对称，故此以左舷尾部眼板为例，其结构形式如图 9-43 所示。

该起吊眼板孔半径 r_1 为 70mm、眼板内环半径为 190mm，从眼板内缘到纵舱壁上端板厚依次为 66mm、16mm、10mm，板厚分布如图 9-44 所示。

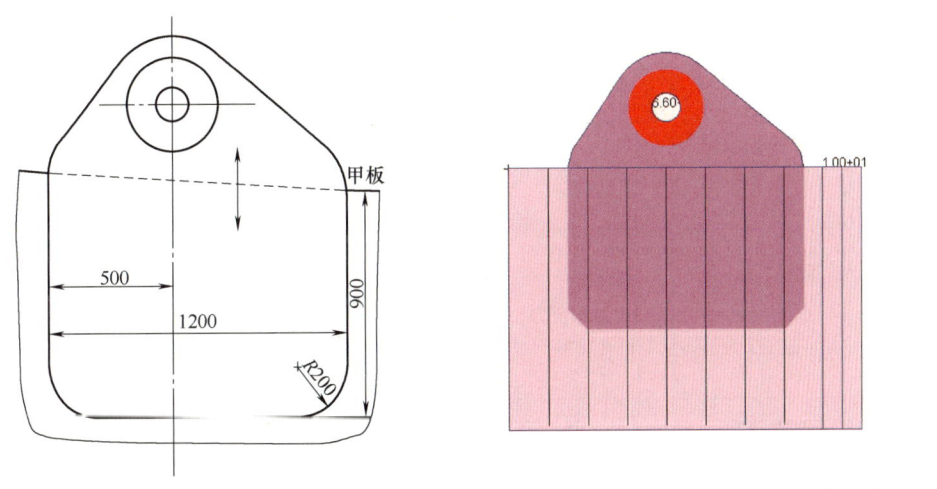

图 9-43　起吊眼板设计结构图　　　　图 9-44　眼板板厚分布示意图

眼板材质采用铝合金，销轴材质为 45 钢，为了降低销轴与眼板孔之间的挤压应力，在保证销轴正常工作性能的前提下其直径尽可能接近孔径，本例中设定销孔径比为 0.95。眼板与销轴实体模型如图 9-45 所示。

（2）材料参数　本船选用的起吊眼板材料为铝合金，弹性模量 E 取 68.9 GPa，泊松比

μ 取 0.33，其焊后屈服强度 σ_s = 186MPa，依据《海上高速船入级与建造规范》，全船整体结构应力许用值以及模型局部细化后结构许用应力见表 9-15，本处以细化后吊眼板模型为对象进行局部强度计算，构件应力应不大于表 9-15 中局部细化后有限元模型所列许用应力值。

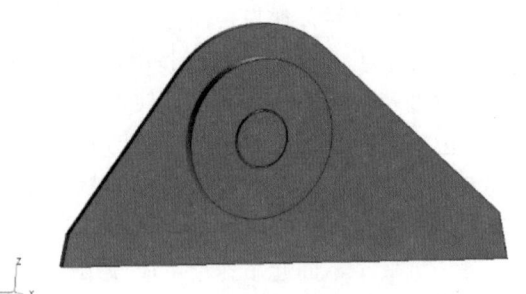

图 9-45 眼板与销轴实体模型

2. 强度校核方法

通常情况下，起吊眼板是直接焊接在上建甲板上，大部分研究者仅片面考虑眼板在受拉过程中焊缝处的强度问题，很少考虑眼板孔的应力，但对于铝制眼板来说这是不够的。眼板处应力可通过计算公式进行初步强度校核，以下整理介绍了部分公式方法，包括实践经验计算公式和拉曼公式等理论计算方法，各种方法都有其理论原理、求解目标、适用对象以及优缺点，表 9-16 对起吊眼板强度理论校核方法进行了汇总。

表 9-15 铝合金结构许用应力

单元类别	全船整体结构有限元模型	局部细化后有限元模型
板单元许用等效应力	$0.80\sigma_s$	$1.45\sigma_s$（单个单元）
梁、杆单元许用应力	$0.77\sigma_s$	$1.02\sigma_s$（区域平均）

表 9-16 起吊眼板强度理论校核方法对比

分析内容	方法 1	方法 2	方法 3	方法 4	方法 5
基本原理	曲梁拉弯受力	拉曼公式	弹性理论	弹性曲梁公式	厚壁圆筒公式 曲梁公式
应力	截面应力	孔壁拉压应力	最大接触应力	水平截面应力 垂直截面应力	水平截面应力 垂直截面应力
适用对象	临时使用的或不重要的规则眼板	主要适用于等厚度规则眼板较为精确校核			内环加敷板眼板
优缺点	计算简单；计算值有时过于安全	可得眼板孔最大拉压应力；值有时偏小	考虑销孔径比影响，应用弹性理论方法；限定条件较多	考虑销孔接触特点，孔壁上载荷按正弦规律分布；公式较为复杂	考虑外敷结构影响，不同截面通过不同原理计算
精度	较粗略	一般	精度较高	精度高	精度高

以下各方法中 P 为眼板载荷，δ 为吊耳板厚度。

方法 1：将眼板环当作曲梁来计算，以拉、弯组合的受力模式推导得到

$$\sigma = \frac{P}{2h\delta} + \frac{Pl}{kw} \tag{9-17}$$

式中，h 为眼板环（孔缘）厚度；l 为眼板环中心距；k 为系数，取值见表 9-17，d 为孔径；

w 为眼板孔径处环截面模数,即 $\dfrac{\delta h^2}{6}$。

表 9-17　系数 k 取值

h/d	0.2	0.4	0.6	0.8	1.0	1.2
k	16	11	8.2	6.8	6	5.8

方法 2：吊耳孔内缘承压应力 σ_{cj} 应满足：

$$\sigma_{cj} = \frac{\alpha \gamma P}{2 r_1 \delta} \leqslant \sigma_{cj} \tag{9-18}$$

式中，σ_{cj} 为孔壁局部受压承载力；α 为动力系数；γ 为载荷分项系数；r_1 为眼板孔半径；σ_{cj} 为局部承压强度。

吊耳孔内缘抗拉应力 σ_{tj} 应满足：

$$\sigma_{tj} = \frac{\sigma_{cj} R^2 + r_1^2}{R^2 - r_1^2} \leqslant \sigma_{tj} \tag{9-19}$$

式中，σ_{tj} 为孔壁受拉承载力；R 为吊耳板外径；σ_{tj} 为孔壁抗拉强度设计值。

方法 3：考虑销轴的作用，应用弹性理论方法可以得到眼板最大接触应力

$$\sigma_{\max} = 0.418 \sqrt{\frac{PE}{\delta} \frac{r_1 - r_2}{r_1 r_2}} \tag{9-20}$$

式中，E 为材料弹性模量；r_2 为销轴半径。

方法 4：根据销轴与眼板孔的接触特点，假定孔壁上载荷按正弦规律分布，根据弹性曲梁公式得到水平、垂直截面最大应力值分别为

$$\sigma_{\max}^{a} = \frac{4P}{\pi^2 A} + \frac{2Ph\left(\dfrac{1}{2} - \dfrac{4}{\pi^2}\right)}{2\delta\left(R\ln\dfrac{2R+h}{2R-h} - h\right)(2R-h)} \leqslant [\sigma] \tag{9-21}$$

$$\sigma_{\max}^{b} = \frac{4P}{\pi^2 A} + \frac{2Ph\left(\dfrac{4}{\pi^2} - \dfrac{1}{\pi}\right)}{2\delta\left(R\ln\dfrac{2R+h}{2R-h} - h\right)(2R+h)} \leqslant [\sigma] \tag{9-22}$$

式中，$\sigma_{\max}^{a}$ 为眼板水平截面应力；$\sigma_{\max}^{b}$ 为眼板垂直截面应力；A 为眼板环截面面积；R 为孔径。

方法 5：水平截面应力按厚壁圆筒公式计算，垂直截面应力按曲梁公式计算，即

$$\sigma_H = \frac{P(h_2^2 + 0.25 d^2)}{d(h_2^2 - 0.25 d^2)(t_1 + 2t_2)} \tag{9-23}$$

$$\sigma_V = \frac{h_1 + 0.984(d + h_1)\alpha}{2 h_1^2 (t_1 + 2t_2)} P \tag{9-24}$$

式中，σ_H 为水平截面应力；P 为眼板载荷；σ_V 为垂直截面应力；α 为应力换算系数，可由图 9-46 查得，眼板各尺寸字母表示如图 9-47 所示。

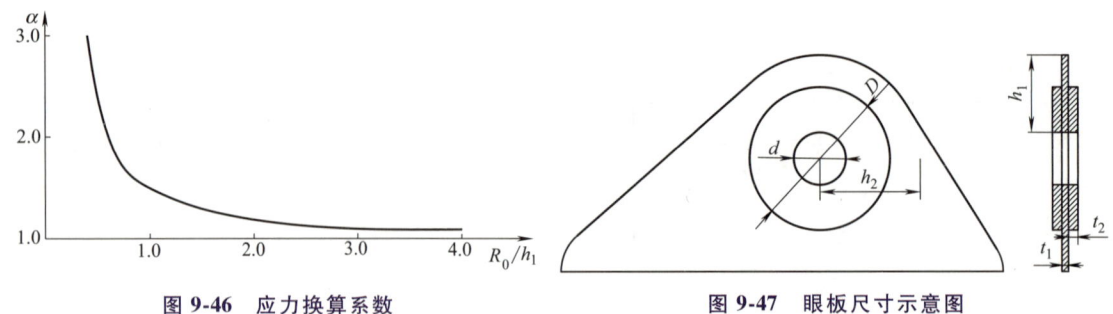

图 9-46 应力换算系数   图 9-47 眼板尺寸示意图

根据船舶重心位置和 4 个眼板的位置，以及力平衡和力矩平衡原理可以得到后眼板吊索拉力的垂向分量 F_z = 100t，方法 5 用于变厚度眼板的强度校核，适用于目标眼板，计算得到目标眼板水平截面应力为 162.90MPa，垂直截面应力为 236.63MPa，可以看出垂直截面应力远大于水平截面应力。

3. 有限元结果分析

（1）起吊眼板的接触分析　一般情况下，具有近似刚度的两个接触体可认为是柔性-柔性接触。本节所研究起吊眼板采用铝合金材料，销轴为 45 钢。由于 45 钢机械性能、切削性能优良，硬度大（55~58HRC），因此一般销轴不易破坏，而铝制眼板硬度仅为其 1/6 左右，且起吊过程主要考虑吊耳板的强度安全，故建模过程中可将吊耳定义为变形接触体，销轴定义为刚体接触体。以下分别分析了销轴与吊眼板之间的接触为刚性-柔性接触以及柔性-柔性接触两种类型。

本部分通过 ANSYS/LS-DYNA 对上述起吊眼板的受力情况进行有限元数值模拟，其接触算法采用罚函数法，该法具有编程简单、很少引起 Hourglass 效应、噪声小等优点。眼板与销轴接触类型为面面接触。为了简化计算，模拟眼板承载质量，保证眼板竖直起吊，该质量以质量点的形式分布在起吊眼板下表面。

（2）刚性-柔性接触下的眼板的有限元分析　将销轴定义为刚体，眼板为柔体，销轴与起吊眼板相接触，为了模拟起吊以后眼板的应力响应及分布，对眼板下部各节点进行约束，限制除 Z 方向（垂向）外的自由度。

1）考虑销轴静止，对销轴两端进行刚性约束，让眼板在船体重力场作用下向下挤压销轴，得到眼板 von Mises 应力云图，如图 9-48 所示。

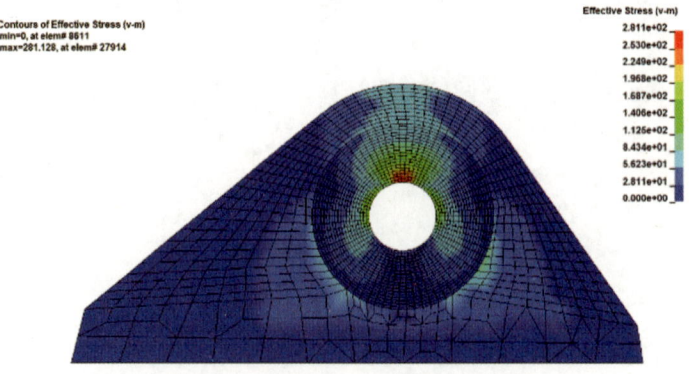

图 9-48 眼板 von Mises 应力云图

为研究眼板孔上部受力分布情况，分别沿眼板孔壁上半部分外缘以及中间位置确定一条路径，提取路径上各节点的垂向力，并绘制得到节点力分布图，如图 9-49 所示。

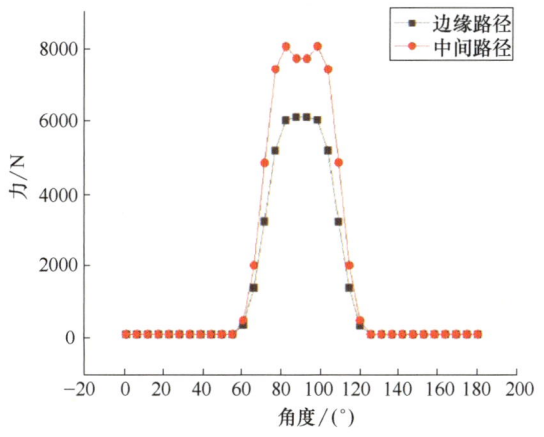

图 9-49　垂向节点力分布曲线（一）

2）眼板在重力场作用下，给销轴一定速度匀速向上起吊眼板，计算得到 5mm/s、10mm/s、15mm/s 速度下眼板稳定后 von Mises 应力云图，如图 9-50~图 9-52 所示。

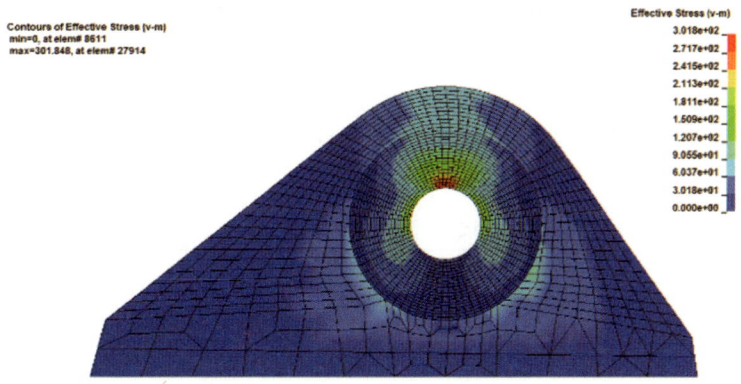

图 9-50　眼板 von Mises 应力云图（起吊速度 5mm/s）

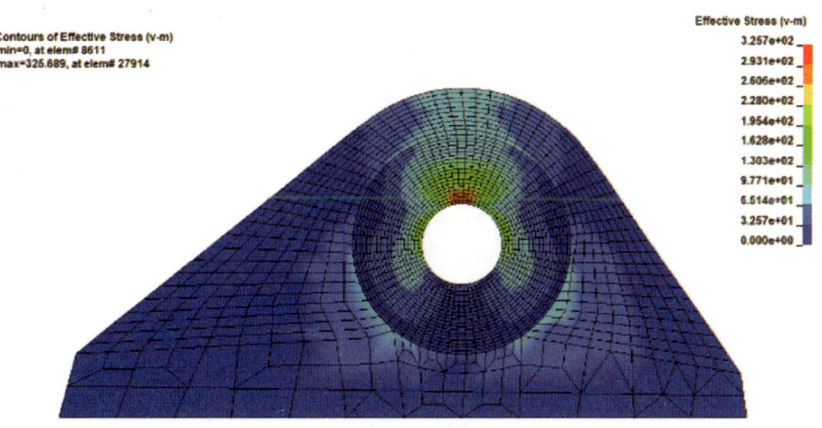

图 9-51　眼板 von Mises 应力云图（起吊速度 10mm/s）

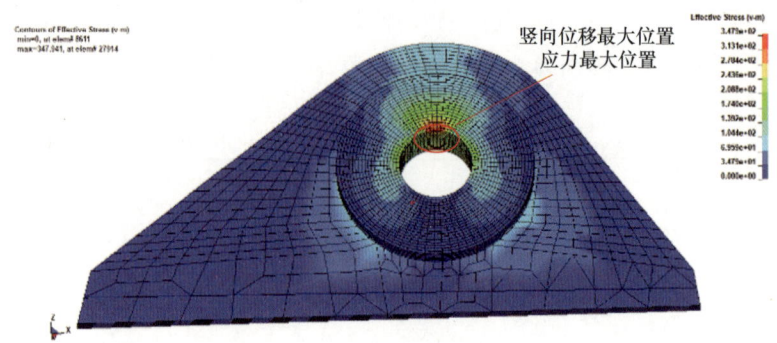

图 9-52　眼板 von Mises 应力云图（起吊速度 15mm/s）

以 15mm/s 起吊速度下的眼板为例，得到稳定后眼板压力云图，如图 9-53 所示。

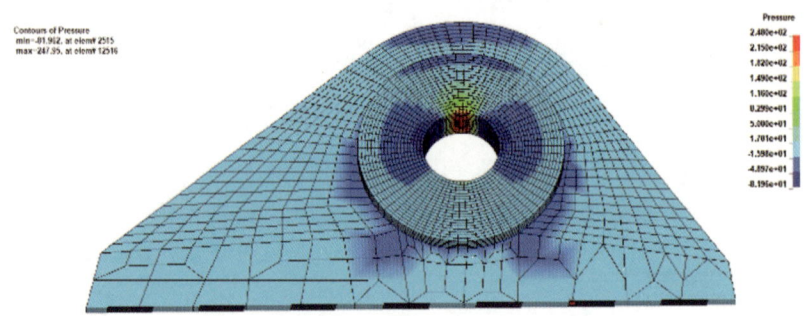

图 9-53　眼板压力云图（起吊速度 15mm/s）

根据以上云图，得到不同起吊速度下眼板最大应力及最大竖向位移，位置如图 9-50 所示，值见表 9-18。

表 9-18　不同起吊速度下眼板最大应力及最大竖向位移

起吊情况	最大应力/MPa	最大竖向位移/mm
$V=0$mm/s	281.1	0.861
$V=5$mm/s	301.8	0.916
$V=10$mm/s	325.7	0.973
$V=15$mm/s	347.9	1.031

同样绘制得到各速度下沿眼板孔壁上半部分外缘路径节点力分布图，如图 9-54、图 9-55 所示。

据表 9-18 分析可以看出，起吊眼板应力最大、竖向位移最大位置出现在眼板孔上部与销轴接触边缘位置，但接触压力分布较为均匀，其他部位位移相对不大，眼板孔除边缘外其他部位位移均为 0.5mm 以下。随着相对速度的增加，应力、位移也有所增大，眼板最大应力均超过了屈服应力，但仅有极少单元，剩余受载单元应力普遍集中在 260MPa 以下。

对于眼板孔壁上部节点力的提取可以

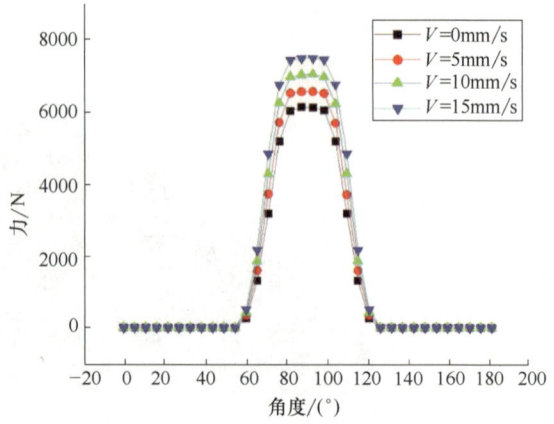

图 9-54　垂向节点力分布曲线（二）

看出，节点力作用区域均集中在 60°~120° 范围内，眼板孔上半部中间节点力明显大于眼板孔上半部边缘节点力，且随起吊速度增加而增大，表明眼板结构主要是中间部分受力。

（3）柔性-柔性接触下眼板的有限元分析　若同时考虑销轴的变形，销轴与起吊眼板之间的接触认为柔性-柔性接触。同样绘制得到眼板边缘垂向节点力分布图，如图 9-55 所示。同时得到不同起吊速度下眼板最大应力及最大竖向位移，见表 9-19。

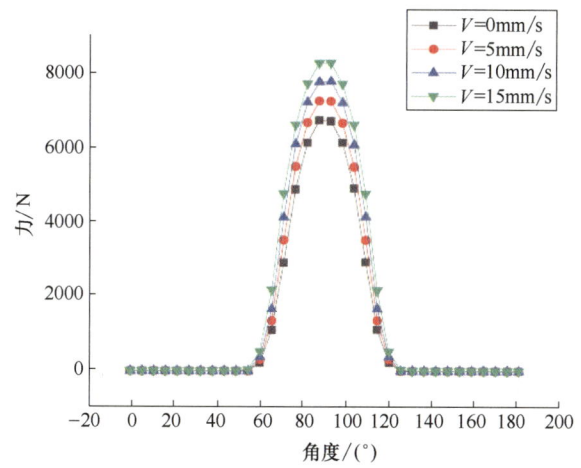

图 9-55　不同起吊速度下边缘垂向节点力分布图

表 9-19　不同起吊速度下眼板最大应力及最大竖向位移

起吊情况	最大应力/MPa	最大竖向位移/mm
$V=0$mm/s	339.3	0.989
$V=5$mm/s	362.2	1.052
$V=10$mm/s	386.0	1.111
$V=15$mm/s	408.0	1.171

销轴设定为柔性时，眼板最大应力明显大于销轴设定为刚性时的最大应力；当速度为 15mm/s 时，最大应力达到 408.0MPa，但眼板最大压力仅为 271MPa。最大应力虽远超出结构屈服极限，但仅出现在眼板孔上部边缘两侧表面单元，眼板内环 90% 单元应力在 270MPa 以内。

通过是否考虑销轴变形两种设定的对比分析，可以看出起吊眼板应力最大位置均出现在眼板孔上部与销轴接触边缘位置表面，仅有极少数目单元超出屈服应力。这是由于销轴两端刚固或向上运动，眼板在重力场作用下向下挤压，导致销轴弯曲变形，局部挤压到两个边缘所造成，接触位置压力整体分布均匀。

对于眼板孔壁上部节点力，销轴设定为柔性时，眼板孔上半部各处节点力最大值均比销轴设定为刚性时大 60MPa 左右，眼板与销轴接触部位最大压力大约 28MPa，最大竖向节点位移大 13%~15%。

4. 眼板弹塑性极限分析

比起其他船体结构，起吊眼板结构虽较为简单，但当其承受较大空间载荷时，其接触承压部位会出现应力集中，使其局部进入塑性状态，但眼板整体结构还仍能继续承载。所研究的眼板采用塑性极好的铝合金材料，在本节中采用弹塑性有限元分析方法，获取塑性极限承载能力。

数值分析方法又称有限元强度折减法，也称载荷增量法，是通过不断降低材料强度或增大载荷，使其在数值计算中最终达到破坏状态。

由于大部分金属结构在较大外力作用下都会局部产生塑性变形，从而进入塑性状态，不能再采用传统的弹性极限设计方法。其局部塑性变形一定程度上会降低应力的集中，使得结构变形区域内部应力重新分配，达到一种应力相对最小的状态。

起吊眼板在船体建造和运输过程中是必不可少的重要构件，它担负着吊运、翻身等多种作业，但在使用过程中，由于存在使用次数少、承载时间短、载荷较大、无冲击且不考虑疲劳等特点，因此可以采用极限分析方法来确定其承载能力。

（1）基于位移的塑性极限分析　在本节中采用塑性极限方法对眼板的接触部位进行极限载荷分析，眼板采用理想弹塑性模型，von Mises 屈服条件。通过增大外载荷得到眼板载荷-位移曲线如图 9-56 所示。

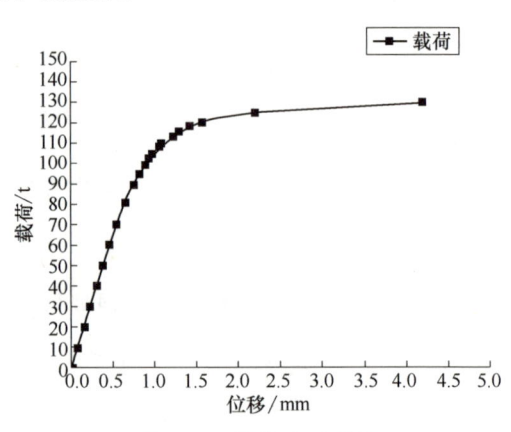

图 9-56　载荷-位移曲线

结合得到的载荷-位移曲线，若该曲线在趋于水平阶段的斜率小于弹性斜率的 1/100，则可判定已达到极限载荷，通过塑性垮塌载荷法进一步确定眼板的极限载荷约为 113.5t，满足结构强度要求，并得到该载荷下眼板结构等效应力以及位移云图，如图 9-57、图 9-58 所示。

经过有限元计算最大等效应力值为 286MPa，最大等效位移为 1.06mm，且眼板孔内环 3/5 的区域已发生塑性变形，表明眼板内环已趋于完全屈服，进而会导致结构发生塑性垮塌。

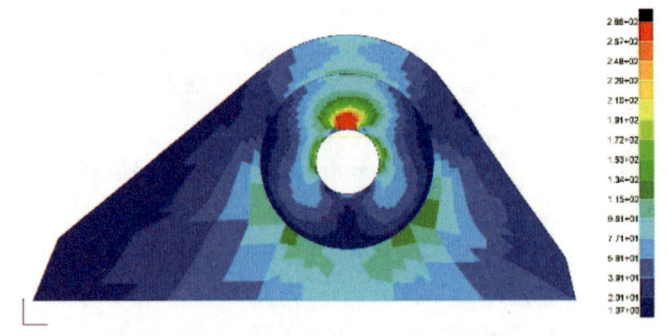

图 9-57　眼板等效应力云图

（2）基于屈服强度的塑性极限分析　将螺栓与眼板缓慢接触分析眼板的强度。采用塑性极限载荷分析时，根据 ASME Ⅷ-2 新标准中规定理想塑性材料模型中屈服强度取为 1.5 倍来确定塑性极限。将眼板材料屈服强度设为 279MPa，进行加载分析，可得到眼板承载能力曲线，计算结果如图 9-59 所示。

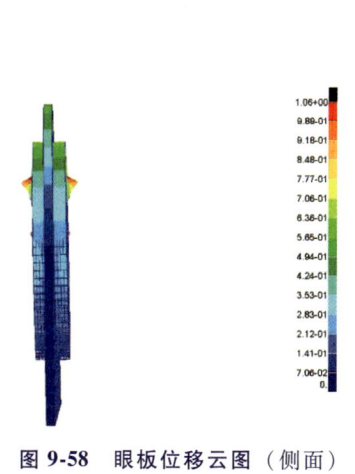 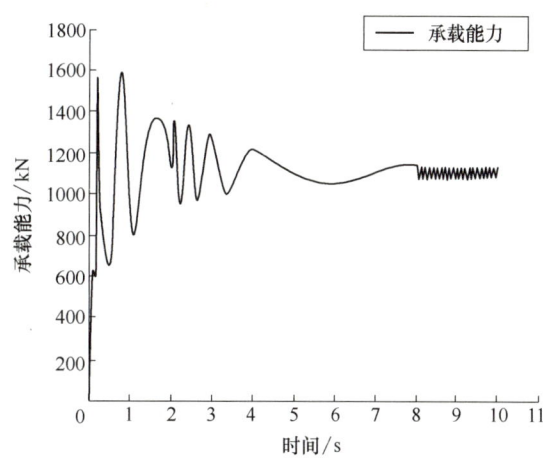

图 9-58 眼板位移云图（侧面）　　　　图 9-59 实体眼板承载能力曲线

从图 9-59 可以得出，整体眼板的承载能力趋于平稳，可以承受单个眼板最大起吊力 1100kN 左右，即 113t 左右，与基于位移的塑性极限分析得到的极限载荷基本一致。

大多数情况下，起吊眼板在外载荷作用下，屈服现象仅出现在眼板孔与销轴接触部位边缘处，且屈服也只是表面屈服，应变很小，其承载能力还有很大的裕度，为表征结构进入局部塑性后，还可以继续承载的能力，定义极限载荷系数 $K = \dfrac{M_1}{M_2}$，M_1 为模型极限载荷，M_2 为模型局部结构进入塑性时的外载荷。

从图 9-56～图 9-59 可以看出，眼板与螺栓接触位置局部区域达到屈服极限，发生塑性变形，但整体眼板的承载能力趋于平稳，可以承受单个眼板最大起吊力 113t 左右，满足结构强度要求，其极限载荷系数为 1.412。

9.3　船体复合材料结构有限元分析

复合材料作为一种新型功能/结构材料，具有质量小、比强度高、耐腐蚀、抗疲劳、绝缘以及可设计性强等一系列优势，随着船舶轻量化成为主流趋势，复合材料在船舶领域得到了广泛的应用，包括小型舰艇整体结构、大型船舶的非主承力结构和完整的上层建筑等。复合材料结构虽然能大幅降低船舶重力，但其存在复杂的承载力学特性。

目前，复合材料结构的破坏模式与失效机理尚未被完全掌握，工程上也未形成对其极限承载能力的估算方法，通常基于通用有限元软件的二次语言开发复合材料渐进损伤的子程序，进而预测复合材料结构在加载过程中的损伤演变、扩展机理以及最终失效强度。

9.3.1　有限元分析方法

基于渐进损伤理论开发了有限元的渐进损伤计算方法，该方法主要包含四部分：第一部分是定义初始条件，如几何模型、材料参数、载荷和边界条件等，其中，给定的初始载荷 P 确保不会引起单元失效；第二部分是应力求解，即基于设定增量步，施加载荷，并对整个模型建立平衡方程，迭代计算收敛后的应力；第三部分是失效分析，即根据复合材料的失效准则，判定材料在外载荷加载后是否失效；第四部分是材料属性退化，即对满足失效准则的材料属性，按照已设定的刚度进行性能退化。后三个步骤重复迭代循环直到达到平衡或者材料整体失效时终止。复合材料结构渐进损伤计算分析流程如图 9-60 所示。

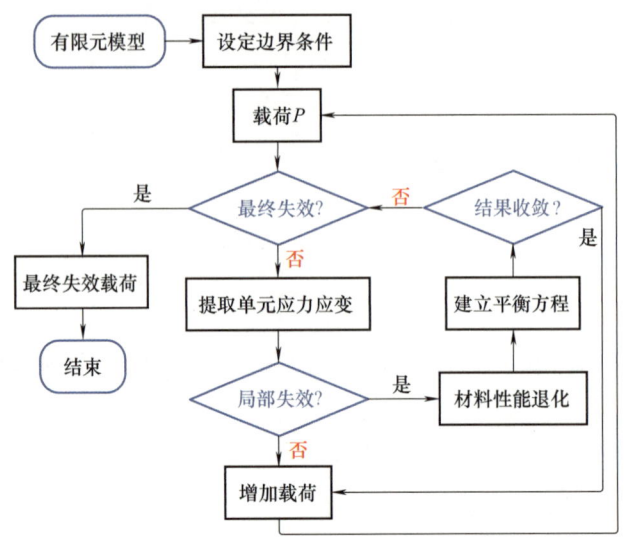

图 9-60　复合材料结构渐进损伤计算分析流程

9.3.2　复合材料失效准则

失效准则用来判断材料在承受载荷后，是否失去承载能力，发生失效现象。学者对复合材料的研究已历经了相当长的时间，相继提出了 20 多种形式的失效判断准则。然而由于复合材料破坏的复杂性，不同的失效准则都有自己的优缺点和适用范围。

总的来说，关于复合材料失效准则可以分为以下两大类：

1) 仅能判断材料是否发生失效，不能判断材料发生何种失效形式的模式无关失效准则（Mode-Independent Failure Criteria）。

2) 能够判断材料是否失效和材料失效的模式相关失效准则（Mode-dependent Failure Criteria）。

出于篇幅原因，本小节仅对应用较为广泛的模式相关失效准则——Shokrieh-Hashin 失效准则进行介绍，Shokrieh-Hashin 失效准则包括了七个判定方程，对应下面七种失效模式。

纤维拉伸断裂失效（$\sigma_{11}>0$）：

$$\left(\frac{\sigma_{11}}{X_t}\right)^2+\left(\frac{\tau_{12}}{S_{12}}\right)^2+\left(\frac{\tau_{13}}{S_{13}}\right)^2 \geq 1 \tag{9-25}$$

纤维压缩失效（$\sigma_{11}<0$）：

$$\left(\frac{\sigma_{11}}{X_c}\right)^2 \geq 1 \tag{9-26}$$

基体拉伸失效（$\sigma_{22}>0$）：

$$\left(\frac{\sigma_{22}}{Y_t}\right)^2+\left(\frac{\tau_{12}}{S_{12}}\right)^2+\left(\frac{\tau_{23}}{S_{23}}\right)^2 \geq 1 \tag{9-27}$$

基体压缩失效（$\sigma_{22}<0$）：

$$\left(\frac{\sigma_{22}}{Y_c}\right)^2+\left(\frac{\tau_{12}}{S_{12}}\right)^2+\left(\frac{\tau_{23}}{S_{23}}\right)^2 \geqslant 1 \qquad(9\text{-}28)$$

纤维-基体剪切失效（$\sigma_{11}<0$）：

$$\left(\frac{\sigma_{11}}{X_c}\right)^2+\left(\frac{\tau_{12}}{S_{12}}\right)^2+\left(\frac{\tau_{13}}{S_{13}}\right)^2 \geqslant 1 \qquad(9\text{-}29)$$

拉伸分层失效（$\sigma_{33}>0$）：

$$\left(\frac{\sigma_{33}}{Z_t}\right)^2+\left(\frac{\tau_{13}}{S_{13}}\right)^2+\left(\frac{\tau_{23}}{S_{23}}\right)^2 \geqslant 1 \qquad(9\text{-}30)$$

压缩分层失效（$\sigma_{33}<0$）：

$$\left(\frac{\sigma_{33}}{Z_c}\right)^2+\left(\frac{\tau_{13}}{S_{13}}\right)^2+\left(\frac{\tau_{23}}{S_{23}}\right)^2 \geqslant 1 \qquad(9\text{-}31)$$

式中，σ_{11}、σ_{22}、σ_{33} 为三个方向的主应力；τ_{11}、τ_{22} 和 τ_{33} 为三个面内的主应力；X、Y、Z 分别代表 1 方向、2 方向和 3 方向的结构强度，其下标 t 代表轴向拉伸，下标 c 代表轴向压缩；S 代表剪切强度，其中下标 1 代表纤维长度方向，2 代表与纤维垂直的宽度方向，3 代表层合板的厚度方向。

该类失效模式相关准则，已考虑各应力分量相互间的作用，并能将失效模式与刚度退化结合起来。尤其是 Shokrieh-Hashin 准则，将分层破坏模式考虑在内，对于受弯曲载荷下的三维应力状态的判定比较适用。

9.3.3　材料刚度退化模型

事实上，复合材料结构在加载过程中出现局部破坏失效后，仍能继续承受载荷。渐进失效分析方法用性能参数退化的材料来等效失效区域的材料，从而使失效区域的应力降低。

材料性能退化模型可以分为：渐变退化模型（Gradual Degradation Model）和突然退化模型（Sudden Degradation Model）两类。渐变退化模型中材料的刚度是逐渐变化的过程。即使没有失效发生，材料参数或刚度矩阵也会按某些演化变量的函数形式进行退化。

如图 9-61 所示，$OABC$ 表示突然退化模型，当应变为 ε_1 时，退化系数突然降为 k。突然退化模型中材料性能参数瞬间退化为失效前材料性能的一部分。这个模型允许在同一点发生多种失效模式，每一种失效模式对应着一定的材料参数退化系数，如基体失效的区域也发生纤维失效。由于突然退化模型的二元特性，即一点的材料特性要么是完好的，要么是完全退化的，使得该模型比较简单，更容易实现。因此该类模型在渐进失效分析中被广泛应用。

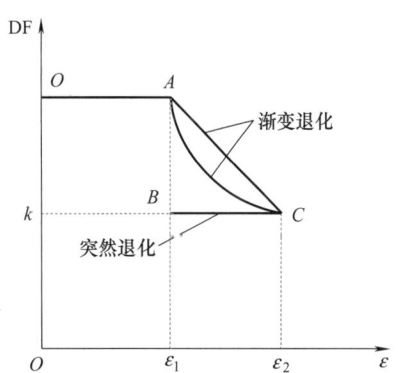

图 9-61　材料性能退化模型

这类退化模型又可以分为：单层板完全衰减和单层板局部衰减两类。第一种模式中，失效层的刚度矩阵所有项都减为零，但各单层的空间位置不变。事实上，单层板往往在局部首先失效，而且余下的刚度不必全部衰减为零，因此这种模式低估了层合板的强度。第二种模式中，刚度矩阵中仅与失效模式相关的项退化为零或未损伤材料性能参数的一部分。该模式通过刚度退化系数将对材料失效起主要作用的应力降低，即

$$p^* = kp \tag{9-32}$$

式中，p^* 为失效后的刚度参数；p 为失效前的刚度参数；k 为刚度退化系数，k 的取值范围为 0~1。

在有限元失效分析过程中，对破坏单元的刚度折减方法有多种，较容易实现的方法是改变破坏单元的材料属性，通过降低材料的性能以达到降低单元刚度的目的。在有限元分析中常用材料性能退化方法见表 9-20。

表 9-20 材料性能退化方法

退化准则	失效模式	材料性能退化方法
Kim	基体失效	$E_{22} = G_{12} = \mu_{12} = 0$
	纤维失效	$E_{11} = \mu_{12} = 0$
Lessard-Shokrieh	基体失效	$E_{22} = \mu_{12} = 0$
	纤维失效	$E_{11} = E_{22} = G_{12} = \mu_{12} = 0$
	基纤剪切失效	$G_{12} = \mu_{12} = 0$
Chang	基体失效	$E_{22} = \mu_{12} = 0$
	纤维失效	$E_{11} = E_{22} = E_{33} = G_{12} = G_{13} = G_{23} = \mu_{12} = \mu_{13} = \mu_{23} = 0$
	基纤剪切失效	$G_{12} = \mu_{12} = 0$
Camanho-Matthews	基体拉伸失效	$E_{22} = 0.2E_{22}, G_{12} = 0.2G_{12}, G_{23} = 0.2G_{23}$
	基体压缩失效	$E_{22} = 0.4E_{22}, G_{12} = 0.4G_{12}, G_{23} = 0.4G_{23}$
	纤维拉伸失效	$E_{11} = 0.07E_{11}$
	纤维压缩失效	$E_{11} = 0.14E_{11}$
	基纤剪切失效	$G_{12} = \mu_{12} = 0$

9.3.4 结构最终失效判据

当复合材料结构每一层都发生失效时，整个层合结构将发生彻底失效。

当施加力载荷时，随着压力的增大，观察每一单层的失效单元增长变化，当有限元模型中各单层的单元发生失效，且失效单元扩展到整个板宽或贯穿整个板时，认为结构将失去承载能力，此时对应的外载荷可作为最终压缩强度。当纤维失效扩展到复合材料边界时，可停止计算。

当施加位移载荷时，随着压缩位移的增大，若结构的节点支反力总和急剧下降，则可认为拐点为结构的承载极限值。当模型的承载能力急剧下降时，结构失效。

9.3.5 夹层板架有限元分析

增加筋条是结构设计中提高结构效能的一种重要方式，因其不仅具备设计灵活、成本低廉而且具有制造工艺相对简单、产品易于检验等特点，被广泛地应用于船舶与海洋工程领

域。近些年，由于复合材料的高比强度和高比刚度，复合材料加筋结构受到学者广泛地关注而开始进行大量的研究。

1. 结构参数

夹层板架由夹层板和2根纵筋构成。夹层板作为壁板，由上下玻璃钢表层和PVC泡沫芯材组成；筋材为帽形筋结构，包括内部芯材和玻璃钢表层。复合材料夹层板架局部截面示意图如图9-62所示。复合材料夹层板架有限元模型如图9-63所示。

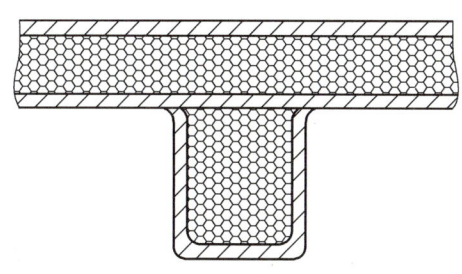

图9-62 复合材料夹层板架局部截面示意图

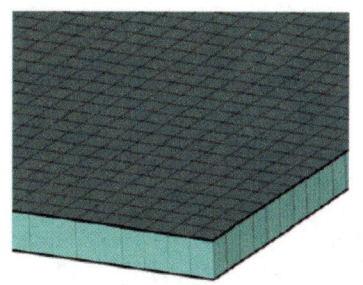

图9-63 复合材料夹层板架有限元模型

研究表明：
1) 复合材料外表面设置45°层有利于提高其抗屈曲性能。
2) 以受拉、压为主的构件，应以0°铺层居多为宜。

因此本小节复合材料面板铺层方式选为 $[45°/0°_3/45°/90°]_s$，单层厚度为0.125mm。板架结构尺寸参数见表9-21。

表9-21 复合材料板架结构尺寸参数

类型	长/mm	宽(高)/mm	总厚度/mm	面板厚度/mm	芯材厚度/mm	面板铺层
夹层板	4000	3000	35	1.5	32	$[45°/0°_3/45°/90°]_s$
筋条	4000	100	83	1.5	80	$[45°/0°_3/45°/90°]_s$

2. 边界条件

在多数研究中，纵骨和横框架之间的板被假定为四周简支，然而船体板是连续的板，板格之间相互牵制而不能自由趋近，另外当遭受垂向压力时，相邻的板格应该具有相同的变形。

因此选取ISSC在2009年总结中提出的约束方式，如图9-64所示，即在$A—A_1$和$C—C_1$处施加沿板长度方向的对称性约束，加筋板的纵向边界及强横梁处z向简支，在$A—C$边施加y向约束和在$A—A_1$边施加x向约束以限制刚性位移，在$B—B_1$、$D—D_1$强横梁处设置板上节点$U_z=0$，筋腹板y向位移相

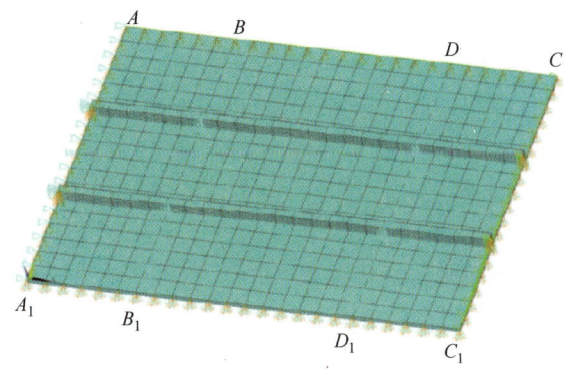

图9-64 边界条件

同（又称为直边界），以限制筋在强横梁处的侧向变形；由于所计算的板格取自连续板中的一部分，各边在变形时应施加直边界条件，$C—C_1$ 处施加 x 方向直边界条件，该截面所有节点在受力时 x 向位移相同；$A_1—C_1$ 边则设置 y 向位移相同。

3. 初始变形

初始变形采用模型在单位纵向均布压力下的一阶屈曲模态，幅值取板长的 1/400。经计算，在前面所述边界条件下的一阶屈曲模态如图 9-65 所示。

4. 结果分析

将一阶屈曲模态作为结构的初始几何缺陷施加到原模型上，在此基础上对其进行渐进失效分析。图 9-66 所示为夹层板架的载荷-位移曲线。

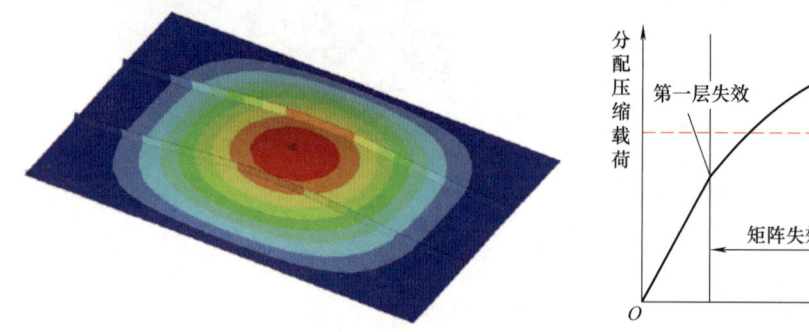

图 9-65　一阶屈曲模态　　　　　图 9-66　夹层板架的载荷-位移曲线

从图 9-66 中可以看出：

1）载荷-位移曲线起初呈线性变化，在结构失稳前，复合材料夹层板就出现损伤，曲线出现拐点，结构刚度下降，但仍有能力继续承载；随着载荷继续增大，复合材料夹层板损伤逐渐扩大，使结构刚度进一步下降，直到结构满足极限条件为止。

2）基体失效的出现并未使结构完全失去承载能力，当纤维失效发生时，结构很快地失去承载能力，这表明纤维方向是结构承受载荷的重要因素。总的来说，当复合材料某一单层或者局部发生失效破坏时，并不是代表整个复合材料的失效，结构还具有相当大的承载能力。

9.3.6　复合加筋板抗冲击有限元分析

在潜艇表面敷设各种声学覆盖层材料已被认为是一种有效提高潜艇隐身性能的方法，被广泛应用于各国潜艇上。声学覆盖层大多是由多层黏弹性吸声材料层复合而成的，并在内部设置了空腔结构。由于声学覆盖层含有空腔的特殊结构形式，该空腔结构在受到爆炸冲击波时，腔体将产生变形并吸收能量，这必然会对潜艇的抗冲击性能产生影响。

1. 水下爆炸冲击过程

爆炸反应传播的主要类型是爆轰过程，爆轰时化学反应的速度与反应时产生物理扰动的传播速度相等。这种类型的反应产生在处于初始状态的物质与高温高压的爆轰生成物之间的薄层内。这种急剧推进的突跃称为"爆轰波"，它在炸药内以每秒数千米的速度运动。故在研究爆炸诸现象时，需从确定炸药与其周围介质之间的边界物理条件出发，建立状态方程，描述炸药的爆轰过程。爆轰压力 P 和每单位体积内能 E 及相对体积 V 的关系采用 Jones-Wilkins-Lee（JWL）状态方程加以描述。

$$P = A\left(1 - \frac{\omega}{R_1 V}\right) e^{-R_1 V} + B\left(1 - \frac{\omega}{R_2 V}\right) e^{-R_2 V} + \frac{\omega E}{V} \quad (9\text{-}33)$$

式中，ω、A、B、R_1、R_2 是输入参数，适用于各种凝态炸药。

为便于工程应用，对于给定的爆炸，任意一点上的压力仅与炸药当量有关，峰值压力 P_m 可按指数规律近似给出：

$$P_m = k \left(\frac{W^{1/3}}{R}\right)^\alpha \quad (9\text{-}34)$$

式中，W 为炸药当量；R 为距爆心距离；k、α 是常系数，通常取 $k = 533$，$\alpha = 1.13$。

同时，为了能在更普遍的意义上表达爆炸产生超压冲击波对船体结构的影响，定义冲击因子为

$$\varphi = \frac{W^{1/2}}{R_1} \quad (9\text{-}35)$$

式中，R_1 为爆心距物体外表面的最小距离。

2. 有限元分析模型

（1）声学覆盖层处理　由于潜艇尺度较大，而声学覆盖层微观尺度相对较小（声学覆盖层结构如图 9-67 所示），且结构较为复杂，采用实体单元对声学覆盖层建立模型将导致计

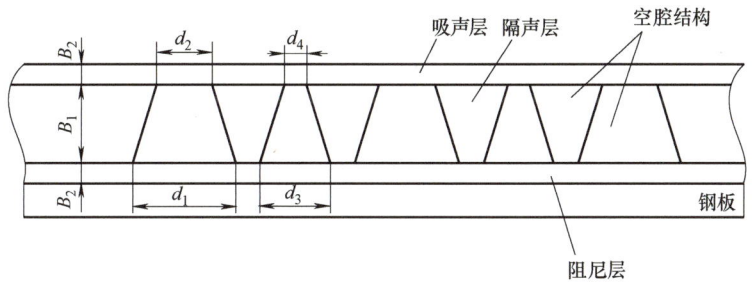

a)

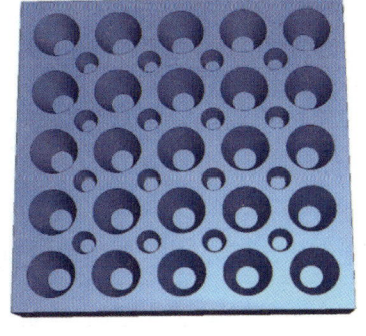 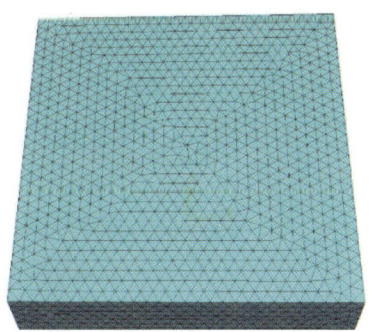

b)

图 9-67　声学覆盖层结构及示意图

a）声学覆盖层结构示意图　b）声学覆盖层结构及有限元模型

算规模巨大,计算无法进行。

实际上,当水下爆炸冲击波入射声学覆盖层外表面时,覆盖层表面质点将在冲击波方向产生纵向振动,并向艇体方向传递;在声学覆盖层与艇体交界面处,声学覆盖层质点振动速度与艇体表面振动速度一致。如假设爆炸过程中声学覆盖层与艇体之间始终变形协调(即界面处无相对位移),则声学覆盖层与艇体的运动可由复合板单元方法进行模拟。

声学覆盖层结构由橡胶材料组成,该材料在弹性范围内具有高度的非弹性(图 9-68a),且在大变形时(通常超过 10%)仍保持为弹性;因此,声学覆盖层材料的本构关系不能由线弹塑性模型来描述,应由超弹性模型来描述。

钢材动态特性的材料模型可采用 Plastic-Kinematic 模型(图 9-68b);在爆炸载荷作用下,材料的应变率影响采用 Cowper-Symonds 模型描述。

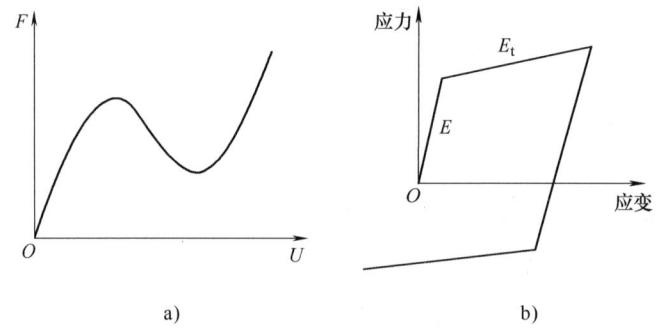

图 9-68 材料特性曲线图

a) 超弹性应力-应变曲线 b) Plastic-Kinematic 模型

(2)载荷及工况描述 由于声学覆盖层材料的物理特性是确定的,故在对敷设声学覆盖层的板结构抗冲击特性进行研究时,加筋板结构在不同水下冲击波作用下的抗冲击性能可通过调整声学覆盖层结构、空腔形状、空腔尺寸以及隔声层的厚度等参数来进行分析;声学覆盖层结构、板架结构尺寸参数及模型工况详见表 9-22 与表 9-23。

表 9-22 声学覆盖层结构尺寸参数 (单位:cm)

名称	B_1	B_2	d_1	d_2	d_3	d_4
cylinder	3	0.5	2	2	1	1
nohole	2.5	0.5	无空腔结构			
rubber1	2.5	0.5	2	1	1	0.5
rubber2	3	0.5	2	1	1	0.5
rubber3	3.5	0.5	2	1	1	0.5
rubber4	4	0.5	2	1	1	0.5

表 9-23 模型工况表 (单位:cm)

工况	H	B	a	声学覆盖层	冲击波载荷
steelonly	1.4	0.5	14	无	806kg TNT,距爆心:$R=30$m
rubber-steel	1.4	0.5	14	rubber1	
rubber-steel-2	1.4	0.5	14	rubber2	

（续）

工况	H	B	a	声学覆盖层	冲击波载荷
rubber-steel-3	1.4	0.5	14	rubber3	
rubber-steel-4	1.4	0.5	14	rubber4	806kg TNT, 距爆心：$R=30$m
rubber-steel-cylinder	1.4	0.5	14	cylinder	
rubber-steel-nohole	1.4	0.5	14	nohole	

3. 抗冲击性能结果分析

（1）抗冲击性能随声学覆盖层尺寸变化关系　首先讨论敷设声学覆盖层结构随声学覆盖层尺寸的变化关系，图9-69所示给出了冲击波载荷作用下，不敷设声学覆盖层和敷设不

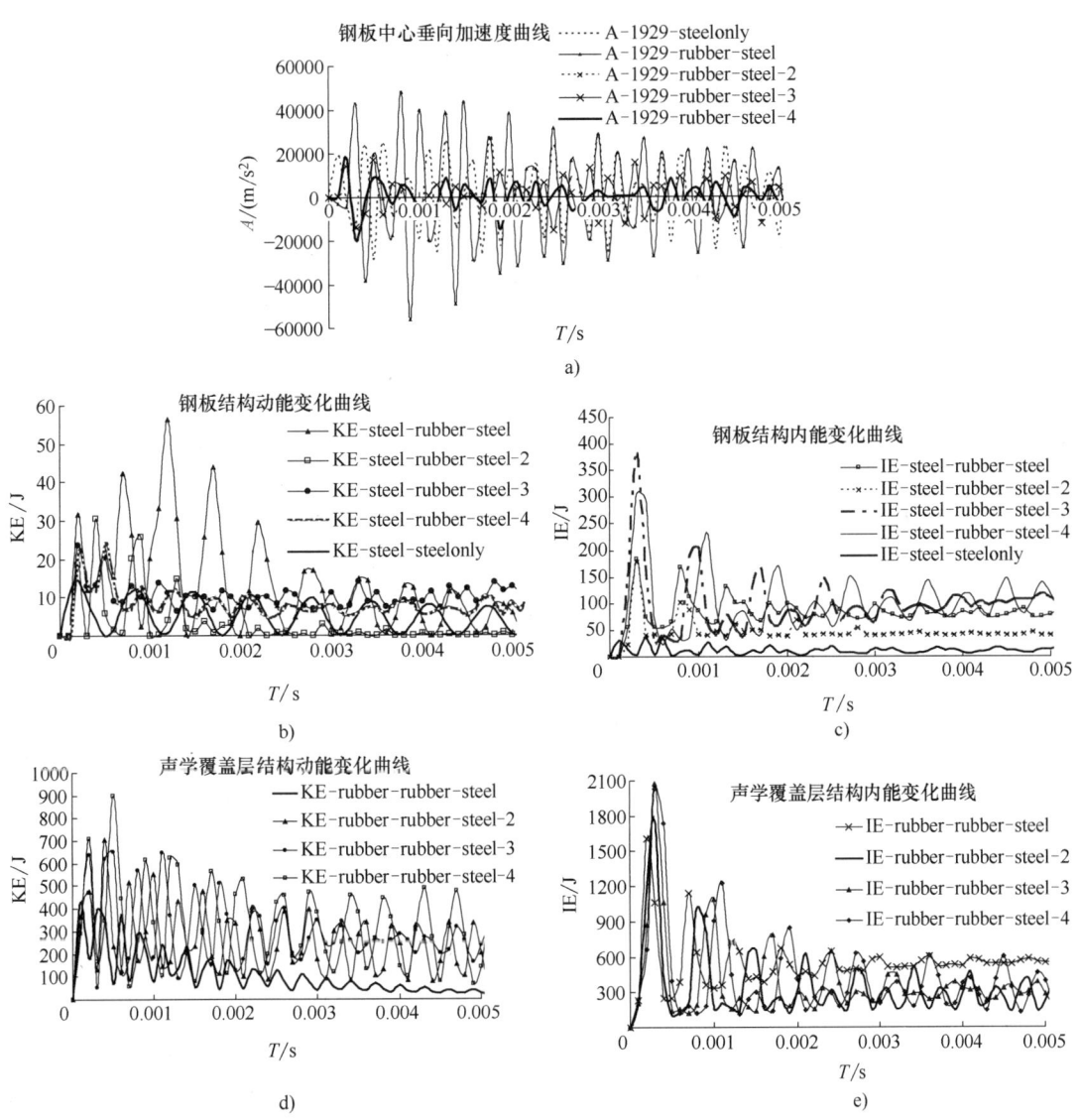

图9-69　抗冲击性能随声学覆盖层尺寸的变化关系
a）钢板中心垂向加速度曲线　b）钢板结构动能变化曲线　c）钢板结构内能变化曲线
d）声学覆盖层结构动能变化曲线　e）声学覆盖层结构内能变化曲线

同厚度声学覆盖层时结构的加速度变化,钢板结构、声学覆盖层结构的动能及内能变化关系,表 9-24 给出了各工况对比的详细结果。

敷设不同厚度声学覆盖层时,板架结构的变形、速度、加速度、动能、内能及声学覆盖层结构的动能、内能等均不相同。由图 9-69a 可以看出,当敷设一定厚度的声学覆盖层结构时,板架中心加速度有所提高;但随着声学覆盖层厚度的增大,板架中心加速度变化不大。由图 9-69b~图 9-69e 可以看出,敷设声学覆盖层后钢板结构的动能及内能都有较大的提高,随着声学覆盖层结构厚度的增加,板架结构的最大内能在不断增加;板架结构的最大动能随声学覆盖层结构厚度的增加有所减小,但相对于不敷设声学覆盖层结构仍有较大提高;声学覆盖层结构的内能及动能随声学覆盖层厚度的增加而增加。

由于声学覆盖层的存在,系统从外界吸收的能量很大程度上被覆盖层所吸收,仅有一小部分被板架所吸收;通过对比敷设前后钢板结构的内能、动能变化可以看出,尽管板架吸收的能量仅占系统能量的一小部分,但仅此部分能量也较不敷设声学覆盖层时系统吸收的能量偏大,这说明敷设声学覆盖层后系统从外界吸收的能量有了很大提高。

从表 9-24 可以更直观地看出敷设前后板架结构加速度、速度、位移,钢板结构的内能、动能及覆盖层的内能、动能变化情况。可以看出,由于声学覆盖层的存在,系统吸收的能量有较大提高,并主要被声学覆盖层吸收,钢板结构吸收的能量仅占很少一部分,但仅此部分能量也较不敷设声学覆盖层时钢板结构吸收的能量偏大。即从能量方面考虑,由于声学覆盖层结构的存在使得结构变得更加危险。

表 9-24 模型部分工况计算结果 (一)

工况	steelonly	rubber-steel	rubber-steel-2	rubber-steel-3	rubber-steel-4
板中心最大加速度/$m \cdot s^{-2}$	28602.5	55958.1	27474.6	16890.8	19634.6
板中心最大速度/$m \cdot s^{-1}$	11.01	21.46	15.34	9.74	7.39
板中心最大位移/cm	0.06	0.14	0.14	0.12	0.11
钢板最大内能/J	37.09	184.47	177.38	382.59	328.65
钢板最大动能/J	14.62	56.41	30.52	23.72	24.47
声学覆盖层最大内能/J	—	1611.68	1764.18	2070.71	2029.43
声学覆盖层最大动能/J	—	428.10	704.18	650.67	899.03

(2) 抗冲击性能随声学覆盖层腔体形状的变化关系 下面讨论板架结构随声学覆盖层形状的变化关系。图 9-70 所示给出了冲击波载荷作用下,不敷设声学覆盖层和敷设不同厚度声学覆盖层时钢板结构的加速度变化,钢板结构、声学覆盖层结构的动能及内能变化关系。表 9-25 及表 9-26 给出了相同声学覆盖层厚度时板结构的抗冲击性能随声学覆盖层腔型变化的规律。

敷设相同厚度不同腔型声学覆盖层时,板架结构位移、速度、加速度、动能、内能及声学覆盖层结构的动能、内能变化均不相同。由图 9-70a 可以看出,不论是否开设空腔,敷设后,板架结构的加速度较不敷设时偏大,不开设空腔时板架结构的加速度较开设空腔时偏小;从图中还可看出,敷设后板架中心加速度曲线随时间衰减较快,这说明声学覆盖层具有良好的阻尼效果。由图 9-70b~图 9-70e 可以看出,敷设后板架结构的动能及内能都有较大的提高;当不开设空腔结构时,板架结构的内能及动能较开设空腔结构时有所减小,但仍较不敷设时的情况偏大。

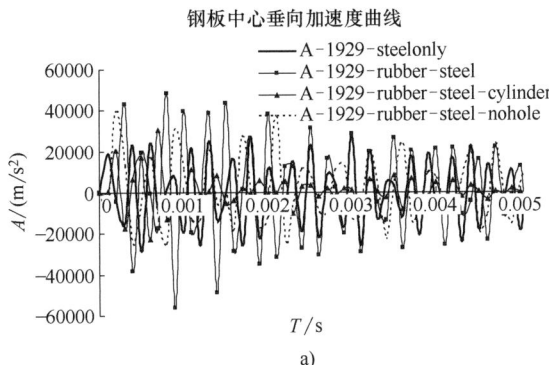

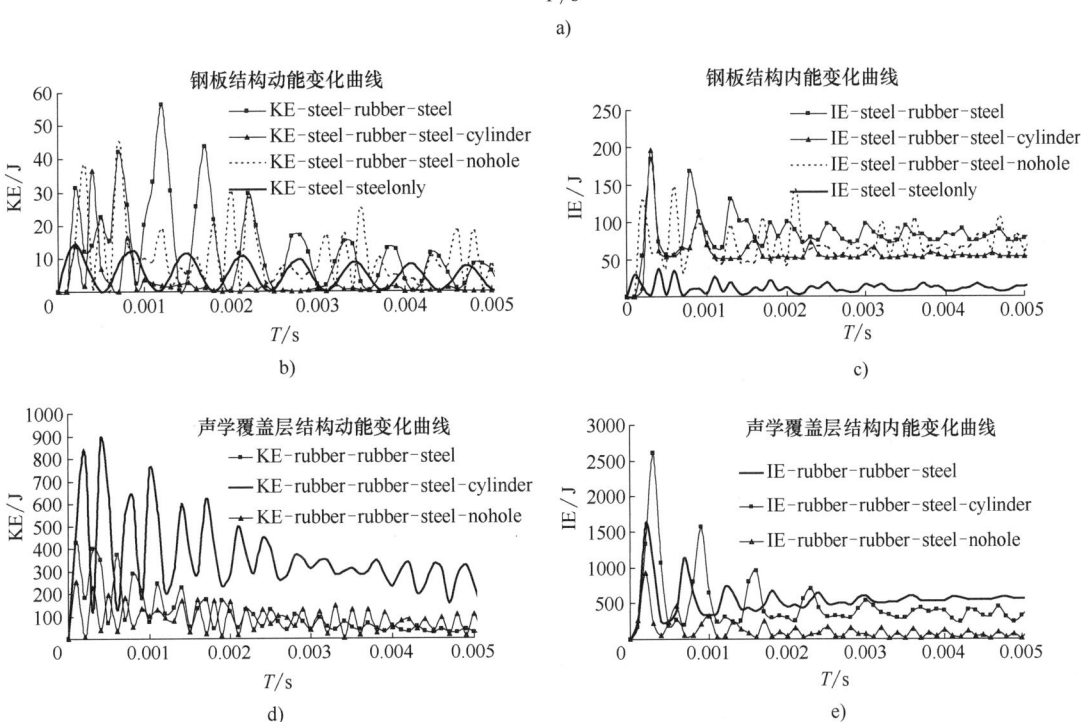

图 9-70 抗冲击性能随声学覆盖层腔体形状的变化关系

a) 钢板中心垂向加速度曲线 b) 钢板结构动能变化曲线 c) 钢板结构内能变化曲线
d) 声学覆盖层结构动能变化曲线 e) 声学覆盖层结构内能变化曲线

表 9-25 模型部分工况计算结果（二）

工况	steelonly	rubber-steel	rubber-steel-nohole
板中心最大加速度/m·s^{-2}	28602.50	55958.10	39020.30
板中心最大速度/m·s^{-1}	11.01	21.46	19.17
板中心最大位移/cm	0.06	0.14	0.12
钢板最大内能/J	37.09	184.47	146.79
钢板最大动能/J	14.62	56.41	45.28
声学覆盖层最大内能/J	—	1611.68	928.29
声学覆盖层最大动能/J	—	428.10	252.29

表 9-26 模型部分工况计算结果（三）

工况	steelonly	rubber-steel-2	rubber-steel-cylinder
板中心最大加速度/$m \cdot s^{-2}$	28602.50	27474.60	30635.50
板中心最大速度/$m \cdot s^{-1}$	11.01	15.34	16.77
板中心最大位移/cm	0.06	0.14	0.14
钢板最大内能/J	37.09	177.38	197.03
钢板最大动能/J	14.62	30.52	36.48
声学覆盖层最大内能/J	—	1764.18	2609.31
声学覆盖层最大动能/J	—	704.18	879.62

由表 9-25 及表 9-26 可以更直观地看出板架结构加速度、速度、位移，钢板结构的内能、动能及声学覆盖层结构的内能、动能随声学覆盖层腔型变化情况。可以看出，敷设后，板架结构加速度、速度、位移，钢板结构的内能、动能较不敷设时偏大；当声学覆盖层结构开设空腔时，板架结构相应值较不开设空腔时也偏大，且空腔越大，板架结构相应值也越大。

通过对比表 9-25 及表 9-26 的结果可看出，开设空腔相当于减小声学覆盖层结构的刚度，使结构变软，此时系统从外界吸收的能量将增大，不开设空腔相当于增大声学覆盖层结构的刚度，此时系统从外界吸收的能量将减小；由此可见，减小声学覆盖层结构对钢板结构抗冲击负面影响的方法是增大声学覆盖结构的刚度，即减小声学覆盖层厚度、不开设空腔或尽量减小空腔结构，但这样会对其吸声性能产生影响。

大量研究经验表明，提高结构抗冲击性能的主要因素在于结构的弹性模量 E；E 越大，结构的抗冲击性能越好；E 越小，结构的抗冲击性能越差。因此，若要提高结构的抗冲击性能可在结构外表面敷设一层较硬的护甲。

（3）结果讨论 通过以上分析可知，结构的抗冲击性能随声学覆盖层厚度与板架结构厚度之比存在如下关系：

假定声学覆盖层厚度为 t_1（$t_1 = B_1 + 2B_2$），板架结构厚度为 t_2（$t_2 = H$），无声学覆盖层时板架结构的最大动能为 S_s，敷设声学覆盖层后板架结构的最大动能为 S_A，则 S_A/S_s 与 t_1/t_2 存在如图 9-71 所示的关系。

由图 9-71 可以看出，当 t_1/t_2 较小时，S_A/S_s 先随 t_1/t_2 的增大而迅速增长，当 t_1/t_2 达到一定程度后，S_A/S_s 又随 t_1/t_2 递减。当不敷设声学覆盖层时，$t_1/t_2 = 0$，$S_A/S_s = 1$，

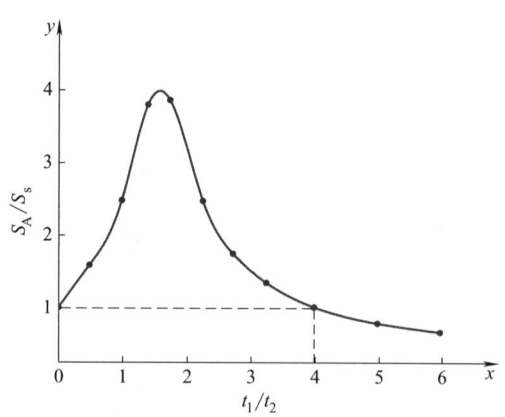

图 9-71 S_A/S_s 与 t_1/t_2 的变化关系示意图

此时对应图中曲线与 y 轴的交点；当 t_1/t_2 增大较小时，由于声学覆盖层材料较软，在冲击波载荷作用下将产生较大位移，此时系统从外界吸收的能量较多，而声学覆盖层结构由于尺寸较小，不能容纳太多的能量，此时钢板吸收的能量较不敷设时偏大；当声学覆盖层厚度无限增大时，系统吸收的能量全部为声学覆盖层所吸收，钢板结构吸收的能量很少，此时钢板吸收的能量较不敷设时偏小，且当 $t_1/t_2 \leq 4.0$ 时，板架结构的冲击响应仍较不敷设声学覆盖

层时偏大。可见，从能量方面考虑，在潜艇表面敷设声学覆盖层结构后，潜艇的抗冲击性能与材料和结构之间的厚度比 t_1/t_2 有较大关系；且当 $t_1/t_2>4.0$ 时，潜艇表面敷设声学覆盖层后潜艇的抗冲击性能有较好改变。

本节主要结论如下：

1) 板架结构加速度、速度、位移，钢板结构的内能、动能先随声学覆盖层厚度的增大而增大；当声学覆盖层厚度超过一定厚度后，板架结构加速度、速度、位移，板架结构的内能、动能又有所减小，但板架结构的加速度、速度、位移随声学覆盖层厚度的增大变化不大。

2) 敷设同样厚度声学覆盖层时，腔型对板架结构抗冲击性能有较大影响：空腔越大，板架结构的内能、动能及声学覆盖层结构的内能、动能越大；空腔越小，板架结构的内能、动能及声学覆盖层结构的内能、动能越小；不开设空腔时，板架结构的内能、动能及声学覆盖层结构的内能、动能最小。

3) 从能量方面考虑，敷设声学覆盖层后板架结构的抗冲击性能遵循图 9-71 所示的变化关系，当 $t_1/t_2>4.0$ 时，板架结构的冲击响应仍较不敷设声学覆盖层时有所改善。

9.4 船体结构热力耦合分析

船体结构热力耦合分析，即关于船体结构的热温度场和结构静力的耦合分析，其在船舶领域主要涉及的有船体结构焊接、船舶火灾、船舶运输等方面。对于没有位移约束或不存在过约束的结构，温度场引起热变形，但不产生热应力；而对于船舶中常见的过约束结构，由于强制边界的影响，温度场引起的热应变还会转化为热应力，进而在边界上产生约束力。

热变形和热应力通常会使船体结构的力学性能降低，对结构的承载能力产生不利影响。因此，分析结构在特定温度场下产生的结构响应和如何降低其不利影响的研究是船体结构热力耦合分析的热点问题。

9.4.1 有限元分析方法

求解结构热力耦合分析的有限元分析方法主要有直接耦合法和间接耦合法。直接耦合法应用于温度场和变形场产生相互影响的强耦合场景，在有限元软件中，应用直接耦合法需要采用同时考虑温度和结构自由度的单元，来同时获得结构的热学和结构响应。间接耦合法应用于温度场对结构分析发生单向影响的弱耦合场景，此时，结构响应对温度的分布影响较小，工程上为了简化计算，可以仅考虑温度对结构分析的单向影响。间接耦合法易收敛、计算费用低且满足工程需要，是结构热力耦合分析的主流求解办法，具体分析顺序如图 9-72 所示。间接耦合法首先进行温度响应的分析，并得到所有节点的温度分布，接着将温度场作为外界载荷施加到结构分析中的对应节点上来进行结构分析，最后得到工件的

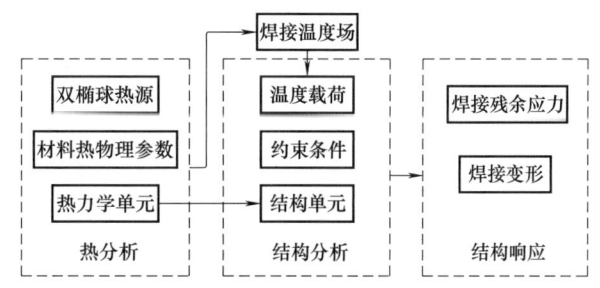

图 9-72 间接耦合法流程图

结构响应。值得注意的是,在热分析和结构分析中的几何模型是相同的,而单元类型不同。

9.4.2 热力耦合基本原理

在热分析中,用于计算非线性传热分析的有限元控制方程可描述为

$$\rho c \frac{\partial T}{\partial t} = \frac{\partial}{\partial x}\left(\lambda \frac{\partial T}{\partial x}\right) + \frac{\partial}{\partial y}\left(\lambda \frac{\partial T}{\partial y}\right) + \frac{\partial}{\partial z}\left(\lambda \frac{\partial T}{\partial z}\right) + \overline{Q} \tag{9-36}$$

式中,T 为温度;ρ、c 和 λ 分别为密度、比热容和材料的导热系数;$\overline{Q}$ 为内部产热率(W/mm^3)。

为了求解该偏微分方程,通常用到以下三类边界条件:

1)已知边界上的温度分布

$$T_i = T_i(x,y,z,t) \tag{9-37}$$

2)已知边界上的热流密度分布

$$-\lambda \frac{\partial T}{\partial n} = q_i(x,y,z,t) \tag{9-38}$$

3)已知边界上的物体与周围介质间的热交换

$$-\lambda \frac{\partial T}{\partial n} = \alpha(T_i - T_a) \tag{9-39}$$

式中,T_i 为边界的温度;q_i 为热通量;T_a 为环境温度;α 为物体表面的对流换热系数。

在力学分析中,结构的总应变 ε 可以表示为三种分量之和,即

$$\varepsilon = \varepsilon_e + \varepsilon_p + \varepsilon_{th} \tag{9-40}$$

式中,ε_e 为弹性应变,由胡克定律计算得到;ε_p 为塑性应变,由 von Mises 屈服准则计算得到;ε_{th} 为热应变,通过材料的热膨胀系数计算得到。

9.4.3 材料热物理性质

船体结构中的钢、铝合金等材料的热物理属性会随着温度升高而发生改变,如图 9-73 所示。

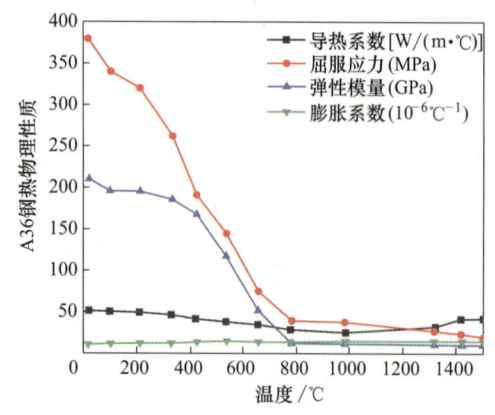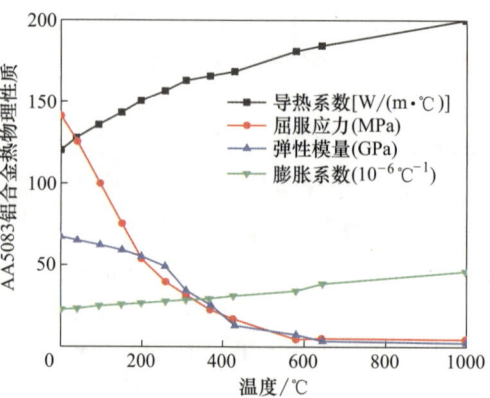

图 9-73 钢和铝合金的热物理属性

钢和铝合金的弹性模量和屈服应力等重要物理参数均随着温度的升高而大幅下降，同时，材料的热学性质也随温度改变而发生变化。因此，在焊接和船舶火灾模拟中，需要考虑因为材料属性退化而导致的结构承载能力下降，才能得到精确的结构响应。

9.4.4 船舶结构焊接模拟

焊接是船体结构组装的重要手段之一，其特点是工序简单、节省材料、焊接接头强度高，对提高船舶建造效率、降低船舶建造成本、提高建造质量等方面有重要的作用。船舶领域常用的焊接技术主要有钨极惰性气体保护焊（TIG 焊）和金属极惰性气体保护焊（MIG 焊），在焊接过程中，焊丝沿着焊接路径恒速前进并不断放出大量热量，使得工件局部熔化形成熔池，熔池冷却凝固后工件即接合为一体。

1. 热源模型

在焊接模拟中，热源模型的有效性直接关系到焊接过程数值模拟精度。常用的焊接热源包括：二维高斯平面热源模型、三维高斯锥形热源模型、双椭球热源模型等。

在高斯平面热源模型中，热量被施加在一个半径为 r 的圆形区域中，其几何分布特征可以由下式进行描述：

$$q(r) = q_0 \exp(-Cr^2) \tag{9-41}$$

式中，$q(r)$ 为距热源中心点 r 处的热流大小；q_0 为最大热流；C 为不定常数。

高斯平面热源模型适用于模拟 TIG 焊、埋弧焊（SAW）等低熔深弧焊过程，但不适用于 GMAW、等离子弧焊、激光和电子束焊等熔深较深的焊接过程的建模，其热流分布如下：

$$q(r,z) = q_0 \exp\left(-C \frac{r^2}{r_0^2(z)}\right)$$

式中，r_0 为 z 处的热源半径；r 为 z 处的径向坐标。

双椭球热源模型是目前熔化焊数值模拟应用最广泛的热源模型之一，也是船舶结构焊接中常用的热源模型，其通过划分前后半弧椭球的方式将热输入量分成非均匀的两部分并施加在焊缝上。假设焊接是沿 x 轴进行且焊枪电弧垂直于焊接平面，则位于焊接电弧前方的第一个半椭球内一点的功率密度分布可描述为

$$q_1(x,y,z) = \frac{6\sqrt{3} f_1 \eta UI}{a_1 bc \pi \sqrt{\pi}} \exp\left(-\frac{3x^2}{a_1^2} - \frac{3y^2}{b^2} - \frac{3z^2}{c^2}\right), \quad x \geq 0 \tag{9-42}$$

类似地，对于覆盖弧后部的第二半椭球内的点，功率密度方程描述为

$$q_2(x,y,z) = \frac{6\sqrt{3} f_2 \eta UI}{a_2 bc \pi \sqrt{\pi}} \exp\left(-\frac{3x^2}{a_2^2} - \frac{3y^2}{b^2} - \frac{3z^2}{c^2}\right), \quad x < 0 \tag{9-43}$$

式中，$q_1(x,y,z)$、$q_2(x,y,z)$ 分别为前、后半椭球所在空间内的任意位置的热流密度；a_1、a_2 分别为前、后半椭球的长半轴大小；b、c 分别代表半椭球的另两个半轴大小；f_1、f_2 分别为前后两椭球热量分配系数，且应满足 $f_1+f_2=2$；η 为焊枪热输入效率；U、I 分别为焊接电压（V）、电流（A）。

2. 有限元模型

由于采用的是间接耦合的分析方法，在进行焊接模拟时，需要根据焊接试件的实际尺

寸，在有限元软件中建立分别用于热分析和结构分析的网格模型。传统的做法是建立实体模型。近年来，一种 shell-solid 单元混合建模方法被应用在焊接模拟中，如图 9-74 所示。混合模型在应力梯度较高的焊缝附近使用三维连续单元；在焊接区外则使用壳单元离散结构，以减小整体模型尺寸，从而将全三维模型求解的高精度与壳体模型的高计算效率结合起来。

为了更精确地进行模拟，可以在温度场计算模型中引入生死单元法来模拟焊料填充的过程，即在模拟焊接时，先在焊接路径上布置好焊料（单元），并通过将其各项属性（如刚度、质量）乘以极大的折减系数的方法来停用这些单元，当需要这些单元参与模拟时，再去除其折减系数来使单元参与分析计算。

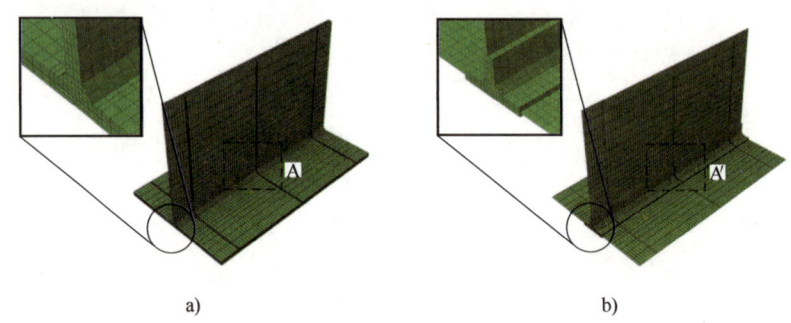

图 9-74　典型有限元模型

a）全实体建模　b）shell-solid 混合建模

3. T 型构件焊接模拟

（1）实验模型　实验模型为 T 型焊接构件，T 型焊接构件面板尺寸为 200mm×600mm×12mm，腹板结构尺寸为 200mm×200mm×12mm，实验采用 CO_2 手工焊，焊接线能量为 1500J/mm，焊脚尺寸为 6mm。实验模型材料为普通 A 级低碳钢。

考虑到结构的对称性，取结构的一半建立有限元模型（图 9-75 与图 9-76），对称面上取对称边界条件。在计算温度场时，结构外表面施加空气对流边界条件；计算应力场时，只需约束结构的刚体位移即可。

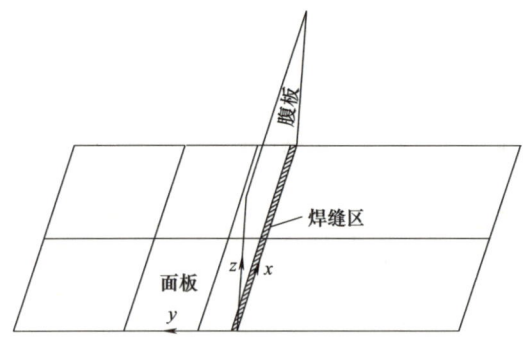

图 9-75　焊接实验模型结构示意图

图 9-76　焊接实验模型结构的三维有限元模型

（2）计算结果分析

1）温度场结果分析：图 9-77 和图 9-78 所示为焊点到达 T 型板正中时焊缝处温度数值实验结果与解析结果对比，图中温度场解析解由下式求得：

$$T-T_0 = \frac{q}{2\pi\lambda R}\exp\left(-\frac{vx}{2a}-\frac{vR}{2a}\right) \qquad (9\text{-}44)$$

式中，x 为热源移动方向；T_0 为焊接的初始温度；q 为电弧有效热功率；λ 为导热系数；a 为热扩散率；R 为焊件上某点到热源中心的距离，$R=x^2+y^2+z^2$，x、y、z 分别表示该点在动坐标系下的坐标值。

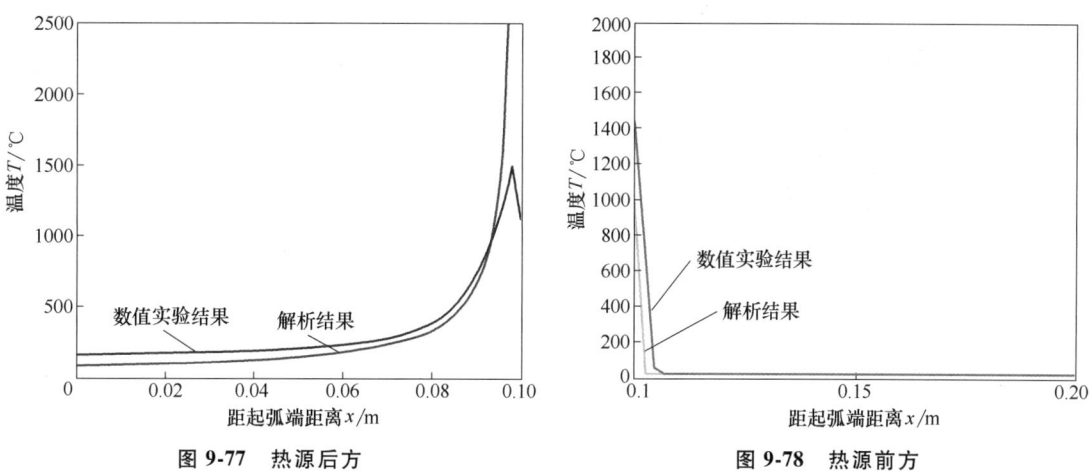

图 9-77　热源后方　　　　　　　　　图 9-78　热源前方

从图 9-77 和图 9-78 可以看出，数值实验结果与解析结果基本是一致的，但在某些位置还存在着一定误差。这主要是因为理论结果是半无限体的解析结果，而且没有考虑对流和热辐射的影响，而算例综合考虑了对流和热辐射的影响；其次，采用 ABAQUS 软件进行计算时，模型所用材料的热物理性能参数是变化的，而利用解析法计算时，其热物理性能参数是随温度变化的一个平均值。从图中还可看出焊接温度的最高时刻比热源的移动滞后一段时间，这和理论研究是一致的。以上结果分析表明，基于 ABAQUS 软件进行二次开发以模拟焊接过程的温度场是可行的。

2）焊接变形结果分析：通过对焊接构件进行热-结构耦合分析可得到结构的焊接变形。由数值结果可知，焊接后构件的最大垂向位移发生在面板平行于焊缝的一条边上，位移为 1.63mm。焊接过程中由于焊缝处金属的膨胀，面板先产生向下的垂向变形，而后由于焊缝处金属的收缩作用，面板迅速上移，并迅速稳定下来。物理实验得到面板端点位移为 1.6mm，数值模拟结果为 1.63mm，误差 2%，可见数值模拟和物理实验的结果吻合较好，采用该数值方法能够较好地模拟焊接过程。

4. 船舶甲板焊接模拟

船舶建造时的焊接效果取决于多方面的因素，如焊接顺序、焊接速度、焊接前处理等。得益于成熟的焊接有限元模拟技术，研究者可以有效地找出最佳的焊接方式。如图 9-79 所示，以船舶甲板焊接为例，设计了八种不同的焊接顺序，通过比较焊接变形来确定该甲板结构的最佳焊接顺序。

提取甲板结构纵向中线变形和横向中线变形进行分析，变形曲线如图 9-80 所示。通过模拟结果可知，不同的焊接顺序对焊接变形的影响较大，第四个焊接顺序导致板材中的平均变形最小。这也说明了有限元法可以确定船舶大型复杂结构的焊接变形，且通过使用适当的焊接顺序，可以在不需要特殊设备的情况下以最低成本将焊接过程的变形降至最低。

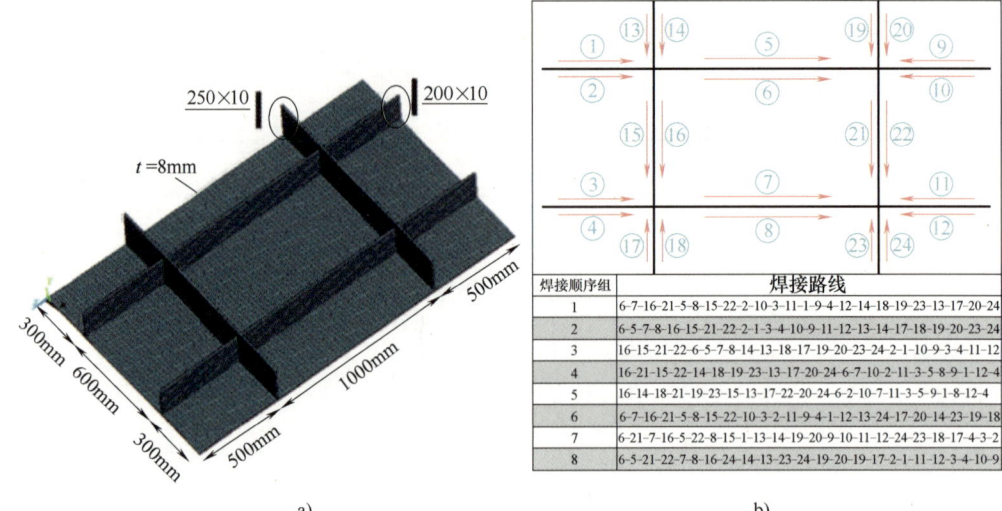

图 9-79 船舶甲板焊接顺序研究
a) 甲板模型　b) 甲板焊接顺序设置

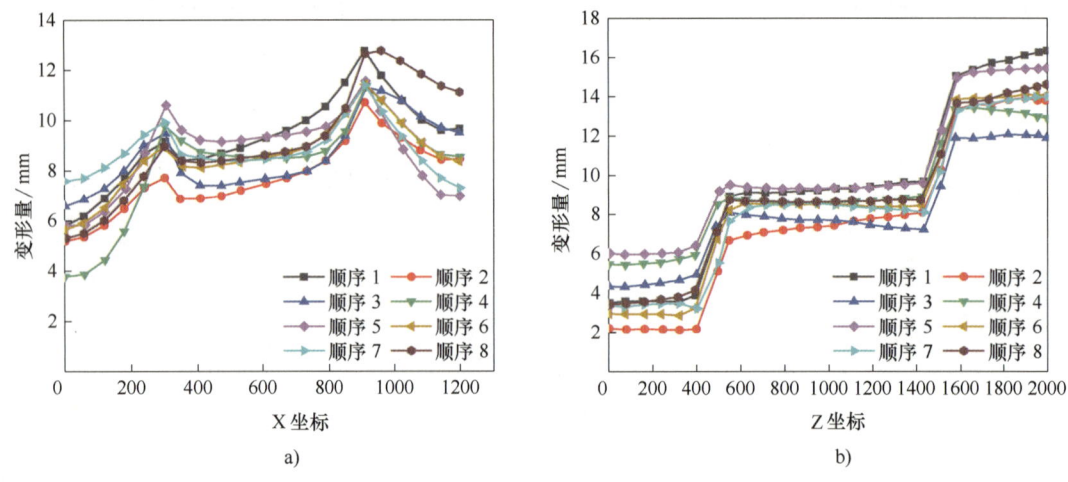

图 9-80 焊接变形曲线
a) 沿纵向中线变形　b) 沿横向中线变形

9.4.5 厚壁球壳结构焊接模拟

潜艇的球面艏端耐压隔壁结构由于其受力好、易于布置等优点,正在逐渐被各海军大国潜艇采用。但在其建造过程中,焊接产生的瞬时应力、应变及随后出现的残余应力与变形是导致焊接裂纹发生及影响结构强度和性能的重要因素,目前对于潜艇艏端隔壁等厚壁构件在焊接接头处的残余应力与变形的分布特征,尚未被充分阐明。为保证焊接构件的可靠性,准确推断潜艇球面艏端隔壁构件焊接过程中的力学行为是迫切需要解决的重要课题。

1. 计算模型

焊接模型为一厚壁球壳结构,材料为高强度合金钢。厚壁球壳结构模型图如图 9-81 所示,其中 R_1 为球壳内径,R_2 为球壳外径,t 为球壳厚度。按工厂加工经验及相关试验结论,取此厚壁球壳结构的坡口形式为 X 型坡口,坐标系采用图 9-81a 所示的球坐标。焊接线能量为 1500J/mm,焊接完成后对结构进行空冷。

考虑到结构的对称性,取结构的一半建立有限元模型(图 9-81b),模型结构共 10196 个节点,8298 个单元。

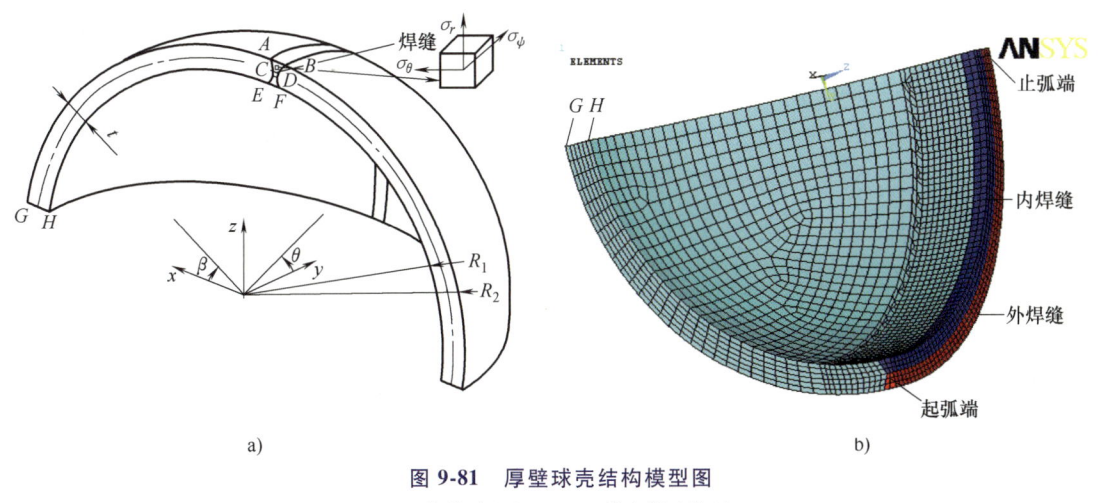

图 9-81 厚壁球壳结构模型图
a)焊接球坐标 b)三维有限元模型

边界条件:在计算温度场时,取对称面为绝热边界条件,其他各面均施加表面对流边界条件。在计算应力场时,在对称面施加对称边界,其他边界条件保证模型结构无整体刚性位移,对 G 节点和 H 节点处进行了刚性固定。

(1)焊接温度场模拟

1)杀死焊缝处的全部单元。为模拟焊料逐步生长的过程,首先使焊缝处的单元全部"死"掉,当焊料被焊接上去时,再使其成为"活"单元,在此之前需要将焊料区的单元按正常的焊接顺序排列。

2)焊接阶段温度场模拟。为较准确地模拟真实的焊接过程,在焊接点处对单元节点施加热流密度载荷以准确模拟焊接热源。热流密度载荷模型可选取为高斯平面热源模型或双椭球热源模型。此部分是程序的核心段,该部分首先要选择焊接点处的单元,并将其激活,以模拟焊料逐步生长的过程;然后选择单元上的节点,计算出电弧距该节点的距离,再由双椭球热源模型公式计算出施加在该节点处的热流密度并施加于节点上。由于此过程要采用瞬态求解,故在施加载荷时载荷步较小。为使计算更加真实,沿焊缝方向焊接热载荷是以单元为基本单位施加的。因此,在焊接阶段需进行多步瞬态计算。

3)冷却阶段温度场模拟。由于冷却阶段较长,且该阶段不需涉及单元"死活"及载荷施加的问题,为节约计算时长,可对其进行变步长的瞬态分析。

(2)焊接应力场模拟

1)读取温度场的计算结果。应力场的计算必须和温度场的计算共用同一模型,并在应力场的基础上进行热-结构耦合分析。在此过程中须指定分析的单元类型、计算时的参考温度,以及温度场分析结果的文件。

2）焊接阶段应力场模拟。同焊接阶段温度场模拟相似，该阶段也需先将单元杀死，当焊料到达时，再将焊接点处的金属重新激活，并将激活处单元的材料换为参考温度为材料熔点的材料。在计算应力场时最重要的是计算的应力场应与熔池到达时刻的温度场相对应。同求解温度场类似，此过程也要采用瞬态求解，求解时的载荷步较小，且焊接阶段需进行多步瞬态计算。

3）冷却阶段应力场模拟。该阶段不涉及单元"死活"及载荷施加的问题，为节约计算时长，可对其进行变步长的瞬态分析。

2. 工况描述

由于 X 型坡口可分为对称 X 型坡口及非对称 X 型坡口，而球壳结构内外表面关于壳体中心线又是不对称的，故在讨论中对球冠结构的焊接过程共分 4 种工况，各工况结构的坡口形式及焊接顺序如图 9-82 所示。

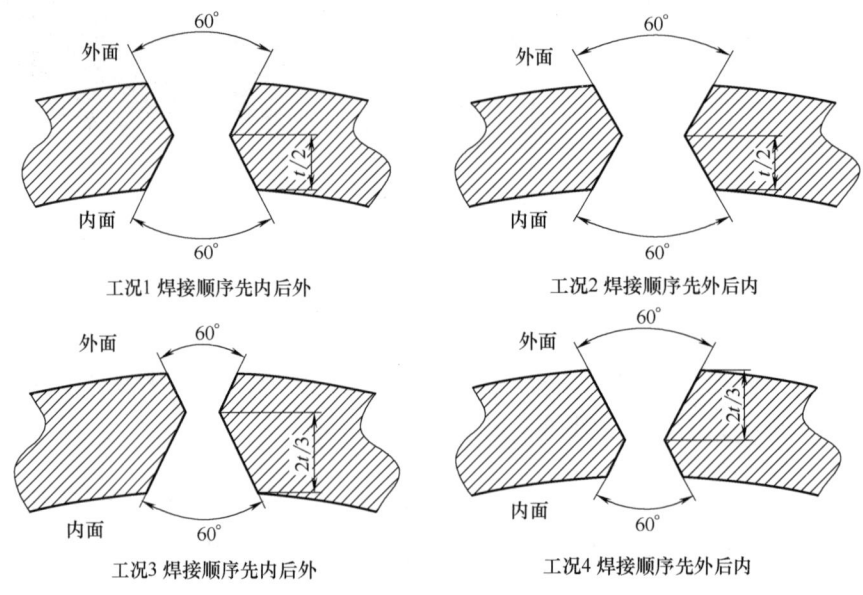

图 9-82　各工况结构的坡口形式及焊接顺序

3. 计算结果及分析

（1）焊接温度场分析　温度场是焊接变形及残余应力数值试验的基础，它的分布将直接决定焊接残余应力及焊接变形的分布。图 9-83a 所示为焊接过程中厚壁球壳结构的温度场分布，图 9-83b 所示为冷却完成时的温度分布，图 9-83c、d 所示为距焊缝不同位置处球壳内表面（图 9-81 中壳面 ABE）、外表面（图 9-81 中壳面 CDF）各截面温度随时间的变化曲线。

可以看出，在厚壁球壳结构的焊接过程中，温度场的分布主要集中在距焊缝 30mm 附近的范围内，该区域内焊接温度梯度较大，温度分布差异十分明显；而其他区域内温度相对较低且温度梯度较小。

（2）焊接变形分析　得到焊接温度场后，通过热-结构耦合分析即可得到焊接过程中厚壁球壳的变形情况。图 9-84a 所示为焊接完成后厚壁球壳的残余变形示意图，以及焊接完成后距焊缝不同距离时球壳结构的焊接残余变形随距起弧点距离的变形曲线。

从图 9-84 可以看出，焊缝区域内，焊料的收缩效果非常明显，这主要是因为焊缝金属

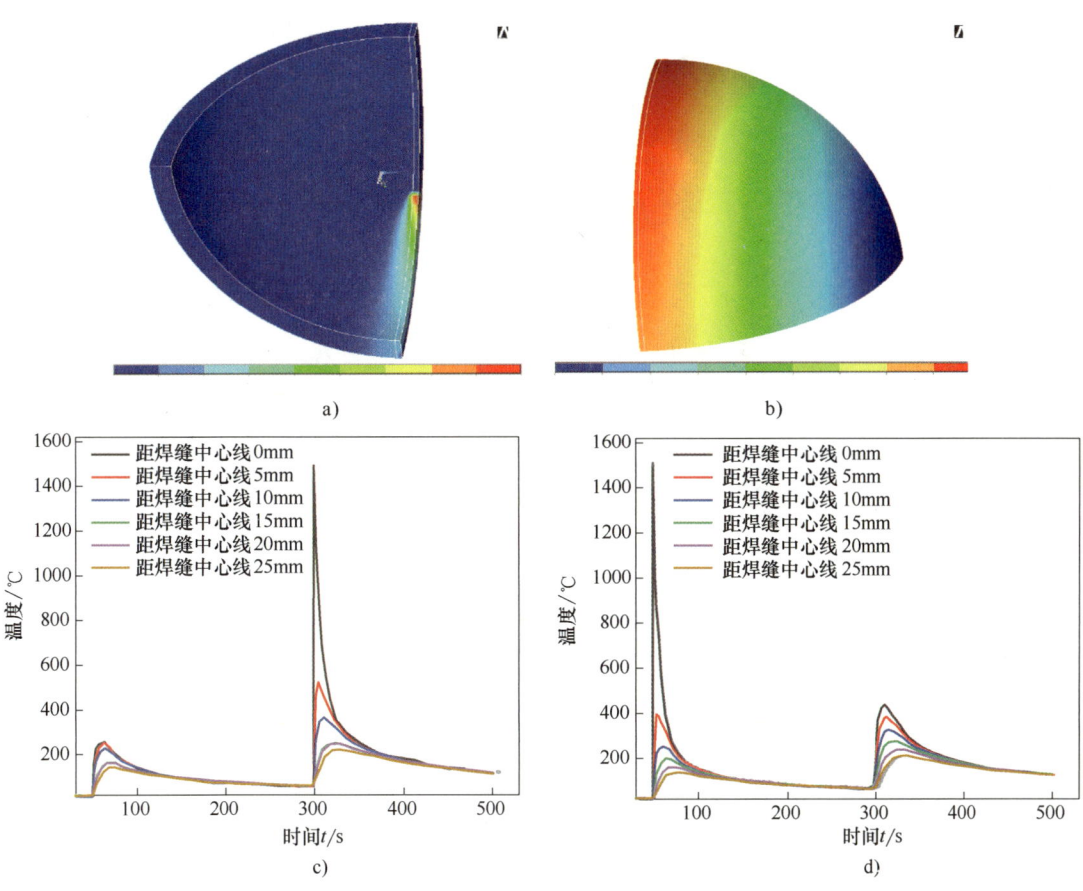

图 9-83 焊接过程中焊接构件温度变化及分布图

成型时金属由液态变为固态时金属材料的体积要缩小造成的。由变形曲线可见焊接完成后，沿焊缝方向上球壳结构的焊接变形随着距离焊接起弧点距离的增加而逐渐变大。对比图中各条曲线可以看出，在垂直焊缝方向上，焊接变形则随着距离焊缝的增加而逐渐减小。

（3）焊接应力场分析　通过热-结构耦合分析还可得到球壳结构的应力场。图 9-85 所示为工况 2 的球壳结构在焊接过程中及焊接完成后的应力分布图。

可以看出在焊接过程中，熔池处的金属处于熔化状态，此处的应力较小，而熔池周围温度较低处，构件的应力较大；而焊接完成后，焊缝处的残余应力较大，残余应力主要分布于焊缝周围很小的范围内，且构件残余应力的最大值出现在焊接止弧端处，此处的四种工况均符合以上规律。

对于球壳外表面，焊料未流经该区域球壳内表面时，该区域的应力值为 0；焊料流经球壳内表面并迅速冷却时，由于焊料的不均匀收缩使得球壳外表面的应力出现一次较小应力的峰值，随着焊缝长度的不断增大，焊缝金属收缩的不均匀性有所缓解，导致焊接应力又迅速下降并稳定在一较小的水平上；当焊料再次流经该区域球壳外表面并迅速冷却时，焊料金属收缩的不均匀性急剧增加，球壳结构外表面应力迅速达最大峰值，随着焊缝长度的增大及焊缝温度的降低，球壳外表面焊接应力又有所下降并稳定在一较大水平上最终以焊接残余应力形式被保存下来。

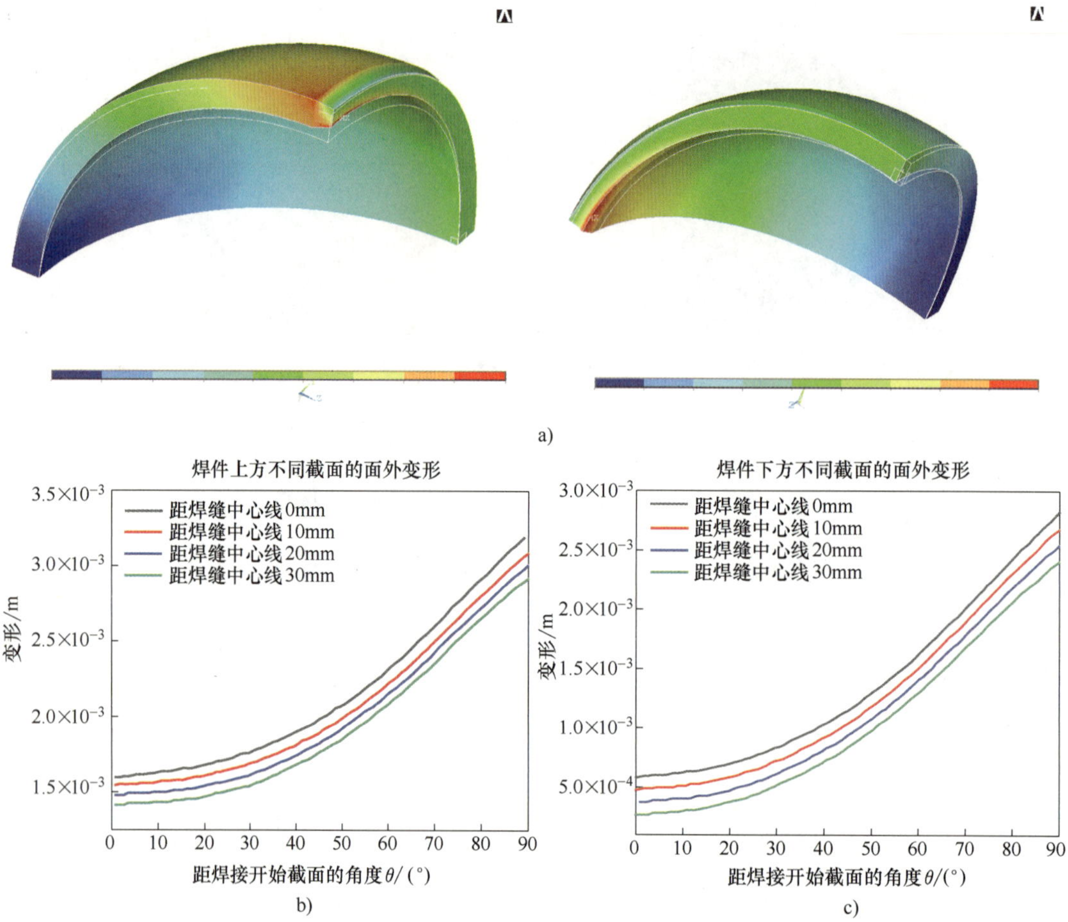

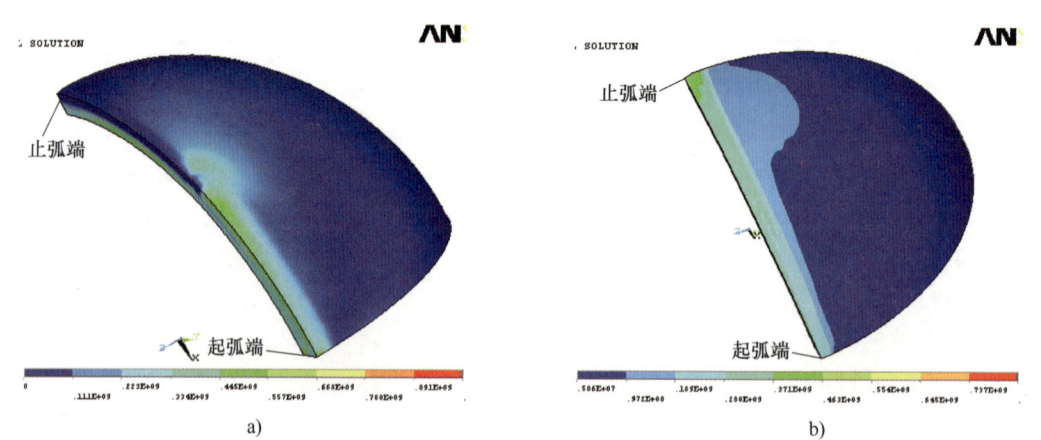

图 9-84 焊接完成后球壳的径向位移分布及变形曲线图

a) 焊接完成后厚壁球壳结构的残余变形示意图 b) 焊缝上方各截面焊接变形曲线 c) 焊缝下方各截面焊接变形曲线

图 9-85 焊接过程中焊接构件的应力分布及变化图

a) 焊接过程中某时刻构件的应力场 b) 焊接完成后结构的应力场

对于球壳内表面，当焊料流经球壳内表面并快速冷却时，由于焊料收缩的极端不均匀性使得球壳内表面的应力迅速达到应力最大值，随着焊缝长度的不断增大及焊缝温度的降低，焊缝金属收缩的不均匀性有所缓解,焊接应力稳定在一较大水平上;当焊料再次经过焊缝外表面时,由于焊缝区域的温度升高,使得焊缝金属区热膨胀不均匀性有所缓解,故焊缝附近 10mm 以内结构应力有所减小;但随着温度的进一步降低,焊料收缩的不均匀性又有所加强,最终导致焊接残余应力稳定在一较大水平上。

综上,从厚壁球壳结构的焊接模拟实验可以看出,厚壁球壳结构焊接完成后的变形最大值出现在焊接的止弧端处;沿焊缝方向上,变形随着与焊接起弧截面距离的增大而逐渐变大,而垂直焊缝方向上,则随着远离焊缝距离的增大而逐渐减小。采用对称的 X 型坡口,且焊接顺序由外及内时,构件产生的残余应力及总变形最小。

9.4.6 化学品船的热力耦合分析

化学品船作为一种运载危险液体货物的特殊船舶,经常运输一些对人体或环境有害的液体或气体,这些物质在运输途中一般需要保持一定的特殊存贮环境,例如运输沥青、木馏油、硫黄等化学物质时通常需要持续加热并使其维持在高温状态以防止货物凝固。这就要求化学品船能够经受住长时间高热源作用下引起的温度应力,保证船体结构不发生屈服或开裂破损等问题,因此需要对化学品船进行专门的温度场及温度应力分析。

化学品船的热力耦合分析过程与焊接相似,不同的是,化学品船热力耦合分析关注的是舱段乃至整船的结构强度,因此在得到热应力后应进一步进行焊接应力影响下的舱段或整船的强度校核,基于热应力的极限强度评估与 9.2 节所述相同,本节不再赘述。

对某 8 万 t 化学品船的第四舱室进行液态化学物的热力耦合分析,三舱段模型如图 9-86 所示。

a)   b)

图 9-86 第四舱室三舱段模型
a)整体模型 b)内部构件

选取化学品船装载手册中提供的最大装载工况(即装载率 80%),对液货施加温度场。设定液舱温度为 80℃,海水温度为 0℃,空气温度为 5℃,得到第四舱室三舱段模型温度分布如图 9-87 所示。

将得到的温度场分布作为结构分析的温度载荷工况,得到温度载荷作用下的船体结构响应。第四舱室船体结构的热应力分布云图如图 9-88 所示,目标舱室各构件的热应力值见表 9-27。

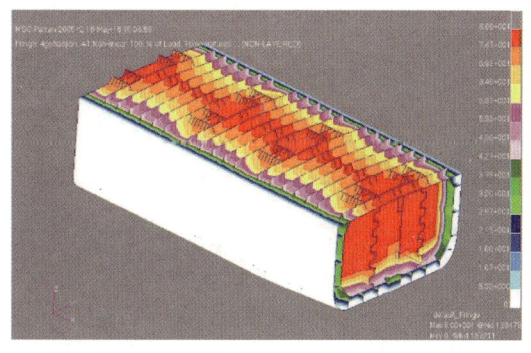

图 9-87 目标舱段模型 80℃下温度场分布

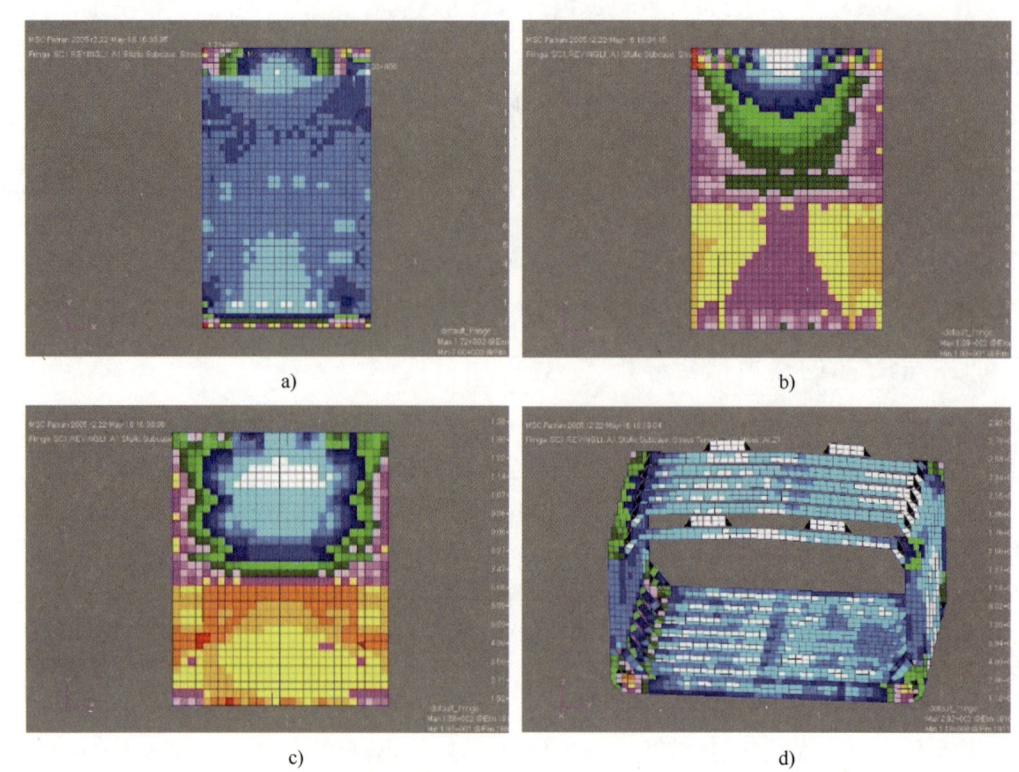

图 9-88　第四舱室船体结构热应力分布云图
a）甲板　b）外底板　c）内底板　d）强框架

表 9-27　目标舱室各构件的热应力值

构件类型	von Mises 应力/MPa	构件类型	von Mises 应力/MPa
甲板	172.38	纵舱壁（NV-A 级钢）	34.45
外底板	138.57	横舱壁（高强度钢）	109.99
内底板	138.26	横舱壁（NV-A 级钢）	68.45
舷侧外板（高强度钢）	180.08	顶边舱斜板	126.16
舷侧外板（NV-A 级钢）	149.39	底边舱斜板	116.25
舭部板	131.19	纵向凳	127.77
内壳板	163.45	横向凳	137.86
舷侧纵桁	219.70	强框架	292.19
双层底纵桁	170.41	纵向船体梁	152.38
纵舱壁（高强度钢）	84.87		

通过对温度场进行分析，可以发现，只在温度载荷作用下，温度由液货舱内部到外界环境均匀衰减，并且在内壳板到外壳板之间的温度下降剧烈，尤其在强框架的底边舱隔板开口位置，热量传导困难，引起该部位温度较高。

此外，在强框架开口处，可能会出现热应力最大值，具体为 292MPa，已经达到了低级钢材的屈服极限，船体结构在该处容易发生破坏，应当对其进行加固处理。

9.4.7 温差作用下船体变形分析

船舶建造和维修期间,由于焊接、坐墩、吊装、设备上舰、负载改变以及日照温度变化等因素的影响,结构变形不可避免。

对于坐坞船舶的结构响应分析,目前常用的方法有基于梁理论的解析方法和基于结构有限元模型的有限元法。其中,解析法将坐坞船舶简化为具有一系列弹性支座的变截面梁,根据力平衡和变形协调,求解坞墩约束力和船体梁整体变形,计算原理明确、方法简单易行,但无法有效预报结构的局部变形与应力。有限元法通过建立船体或者舱段的结构有限元模型,精确地模拟船体质量分布和坞墩布置,可以全面地掌握坐坞状态船体结构的变形与应力状态及支墩约束力等信息。

根据某大型水面船舶坐坞期间的实测发现,日照温差和温度分布不均匀导致该舰"荷叶变形"现象显著,早晚呈收缩状、中午呈伸展状。事实上,船舶坐坞期间的这类耦合因素引起的变形对于舰载武器系统和航空保障系统的校准影响非常大,因此有必要开展日照温差作用下坐坞船舶结构响应与变形的研究。

1. 计算原理

(1) 热传导与热应力原理 基于有限元热力耦合分析方法,开展计及日照温差作用的坐坞船舶结构响应分析,温度载荷以温度场的形式施加到结构上,主要考虑热传导的影响,并通过钢材相关热物理参数的设置,部分考虑热辐射和热对流的影响。

温度载荷在船体结构中的传递一般包括热传导、热对流和热辐射。其中,热传导可表示为

$$Q = kA \frac{\Delta T}{\Delta x} \tag{9-45}$$

式中,Q 为热量;A 为导热面积;ΔT 为不同位置处的温度差;k 为材料的导热系数。

热对流以牛顿冷却公式表达,其计算公式为

$$\frac{Q}{A} = \alpha \Delta T \tag{9-46}$$

式中,α 为对流换热系数,$\alpha = 1.74\sqrt[3]{\Delta T}$。

物体通过吸收或辐射的方式进行换热的过程即为辐射换热过程,其表达式为

$$Q = \alpha_r \Delta T A \tag{9-47}$$

式中,α_r 为辐射换热系数。

当船体结构或构件由于温度变化而发生变形时,由于受到各种边界条件约束、结构内存在的温度梯度以及不同结构位置存在的相对温差,结构及构件中就会产生温度应力,其结构响应原理为

$$\{\sigma\} = [D][B]\{\delta\}^e - [D]\alpha \cdot \Delta T \begin{Bmatrix} 0 \\ 0 \\ 1 \end{Bmatrix} \tag{9-48}$$

式中,$[D]$ 为弹性矩阵;$[B]$ 为几何矩阵;$\{\delta\}^e$ 为单元节点位移。

(2) 坞墩布置原则与坐坞变形原理 为了保证船舶坐坞强度并控制坐坞变形,坞墩布置原则一般如下:

1) 墩木应布置在船底横向与纵向强构件的交叉处。

2) 墩木在纵向大接缝处应沿纵向布置，在横向大接缝处应沿横向布置，且与大接缝处的距离应大于 0.4m。

3) 由于艏部和艉部距离基线高度较大，通常布置可以活动的墩木。艏艉部坞墩设置成钢箱梁或者钢支架，上部采用松木墩木与船体接触。

将坐坞船舶简化为具有一系列弹性支座的变截面梁，如图 9-89 所示，其弯曲微分方程可写为

$$E_i I_i \frac{\partial^4 \nu_i}{\partial x^4} = q_i(x) \quad (9\text{-}49)$$

式中，E 为材料的弹性模量；I 为梁的惯性矩；ν 为梁的挠度值；q 为单位长度上的外载荷。

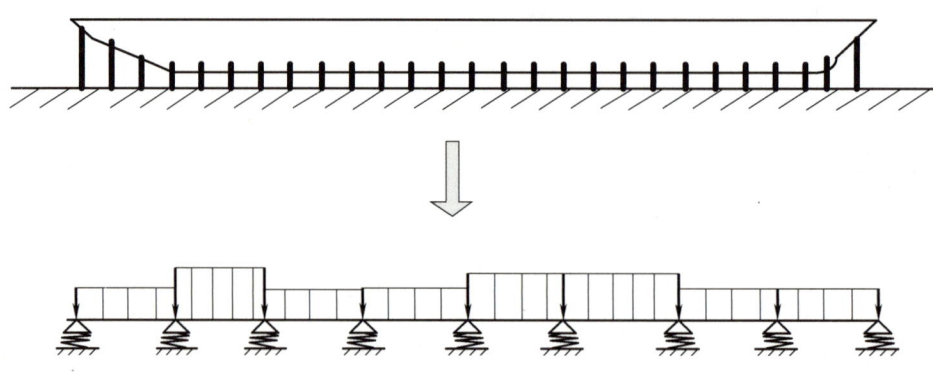

图 9-89　坐坞船舶简化力学模型

2. 有限元模型

以一型水面船为例，开展日照温差作用下坐坞变形与结构响应分析。目标船船长 120m、型宽 14.4m、型深 15.8m，结构质量 1215t，全船有限元模型如图 9-90 所示，表 9-28 所列为材料主要的热物理参数。

图 9-90　全船有限元模型

表 9-28　材料主要的热物理参数

参数	值	单位
密度	7850	kg/m^3
传热系数	60.6	$W/(m^2 \cdot ℃)$
膨胀系数	1.10×10^{-5}	$℃^{-1}$
对流换热系数	23.3	$W/(m^2 \cdot ℃)$
弹性模量	2.06×10^5	N/mm^2
泊松比	0.3	—
屈服强度	355	MPa

建模过程中,除了纵骨、T型材面板和支柱等用梁单元来近似模拟外,其他船体主要结构均用板壳单元模拟,以真实地反映实际结构的形式。同时,根据坞墩布置原则在船底强肋骨与纵桁连接处等船体强结构交叉区域进行坞墩布置,采用接地弹簧模拟墩木。弹簧刚度可根据实际的坞墩尺寸建立有限元模型,并计算单位载荷作用下坞墩的变形量,这里取 $5.88 \times 10^5 \text{N/mm}$。

由于本小节主要考察日照和重力作用下船体的结构响应,尤其是纵向和垂向变形,同时为了避免边界条件的影响,因此除了接地弹簧外,主要在艏艉端处约束船体的横向位移和水平转动。

3. 计算工况

通过对某船厂所在区域 9 月某天的温度测量,得到图 9-91 所示的船体甲板温度与环境温度关系曲线。由图中可见,当环境温度为 20℃ 时,甲板温度与环境温度相差不大,而后随着环境温度逐步升高,温差逐步增大,当环境温度达到 37℃ 时甲板温度可达 70℃。据此定义了 6 组计算工况,以分析日照温度载荷对坐坞船舶变形与应力的影响,具体见表 9-29。

其中,工况 1 不计及日照温度载荷作用,

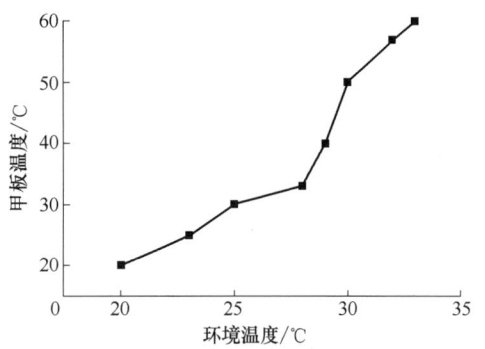

图 9-91 环境温度和甲板温度关系曲线

用来验证墩木布置的合理性并为接下来的计及日照温度载荷的有限元计算提供基础。工况 2~工况 6 分别为在工况 1 基础上施加不同温度载荷,具体分析日照温度载荷作用带来的影响。由于日照作用引起的相对温差变化在甲板区域最为显著,为简化计算,仅考虑甲板温度和环境温度以此施加温度场。

表 9-29 计算工况定义

工况	重力场	甲板温度/℃	环境温度/℃
工况 1	$g = -9.8 \text{m/s}^2$	—	—
工况 2	$g = -9.8 \text{m/s}^2$	30	25
工况 3	$g = -9.8 \text{m/s}^2$	40	29
工况 4	$g = -9.8 \text{m/s}^2$	50	30
工况 5	$g = -9.8 \text{m/s}^2$	60	33
工况 6	$g = -9.8 \text{m/s}^2$	70	37

注:表中负号"-"表示向下为负。

4. 计算结果与分析

在全船有限元模型的基础上,施加各工况的温度载荷,开展日照温差作用下坐坞船舶的结构有限元计算。

图 9-92 所示为不计及温度载荷作用下即工况 1 下全船变形和应力云图,图 9-93 和图 9-94 所示分别为工况 2 和工况 6 下全船变形、应力及应力最大位置云图,且图 9-94 还给出了工况 6 下全船应力集中位置云图,其余工况云图趋势基本相同。表 9-30 所列为各工况下的最大变形、最大应力以及最大应力位置。

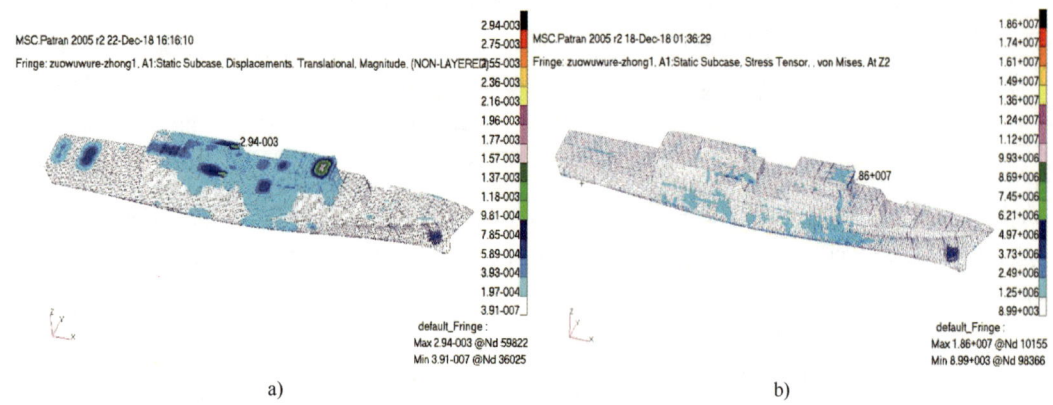

图 9-92 工况 1 下全船变形和应力云图
a) 变形云图　b) 应力云图

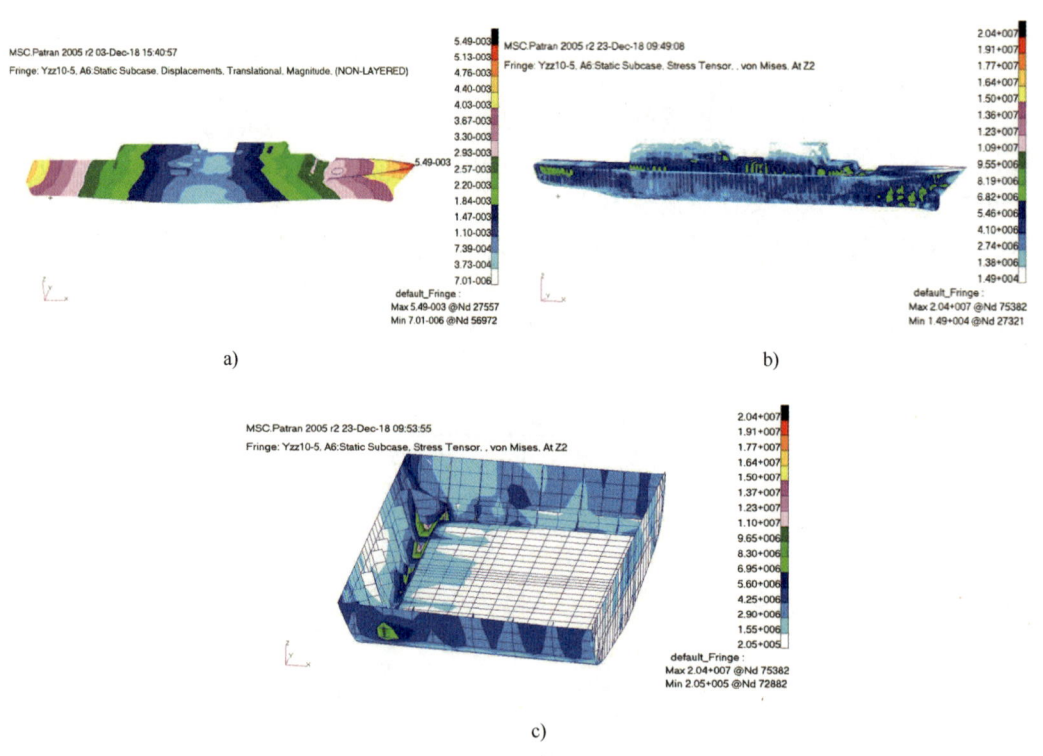

图 9-93 工况 2 下全船变形、应力及应力最大位置云图
a) 变形云图　b) 应力云图　c) 应力最大位置云图

从计算结果可以发现，日照作用下坐坞船舶应力极值最小为 18.6MPa，最大值为 107MPa，整体应力水平随着环境温度上升，甲板温度与环境温度温差的增大而增大，应力极值出现的位置也会随着甲板温度的上升而从船艉底部转为上层建筑与船体舷侧板相交处。当甲板温度达到 60℃ 和 70℃ 时，船艏甲板大开口处分别出现了 87.3MPa 和 96.7MPa 的应力集中。虽然此温度条件下整船应力值仍处于安全范围内，但由于应力集中的出现，仍需对此类结构的强度问题加以重视。从船体变形角度看，船体最小变形极值为 2.94mm，最大变形

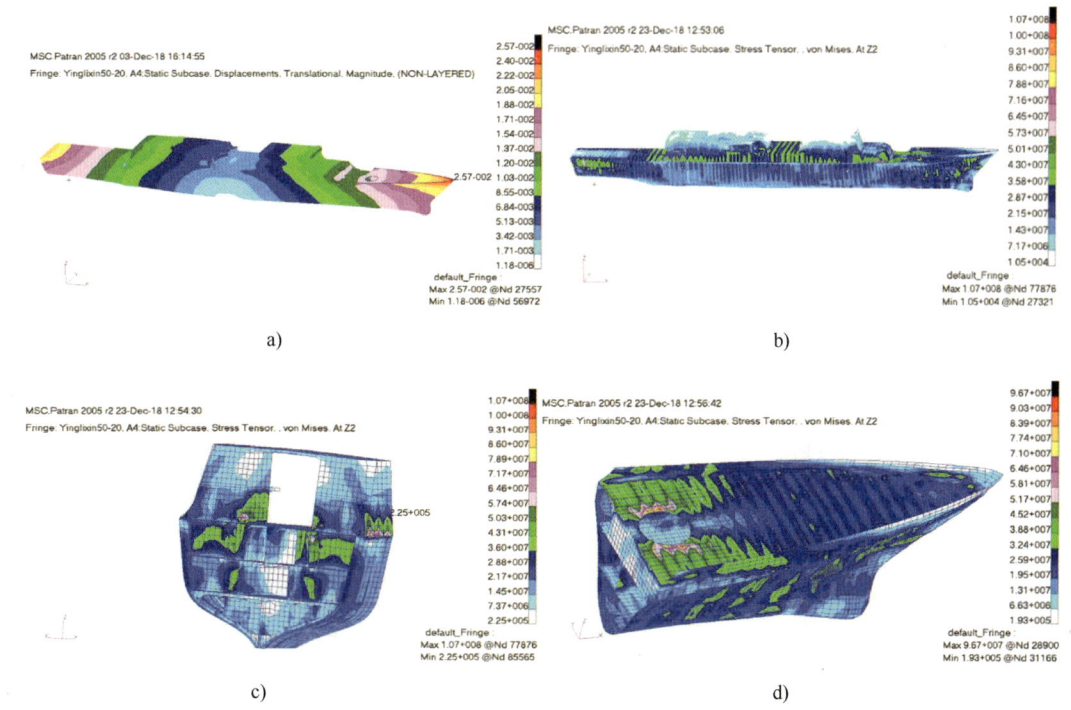

图 9-94 工况 6 下全船变形、应力、应力最大位置及应力集中位置云图

a) 变形云图　b) 应力云图　c) 应力最大位置云图　d) 应力集中位置云图

极值为 25.7mm。同样随着环境温度上升，甲板与环境温度温差的增大而增大，均出现在船艏的甲板前端。整体而言，船艏艉甲板均有明显向外端扩张趋势。

当此船舶伴随光照进行坐坞时，随着温度增加，其变形趋势为船舯向艏艉两端扩张，呈现出"荷叶变形"状态，变形值会随着甲板温度升高而逐渐增大；对于船舶应力而言，随着甲板温度的升高，应力值会逐渐增大，最大应力位置也会由船艉底部区域转移到上层建筑与船体舷侧板相交处，最终进入一个稳定的状态。

表 9-30 各工况下的最大变形、最大应力及最大应力位置

工况	最大变形/mm	最大应力	
		应力水平/MPa	位置
工况 1	2.94	18.6	上层建筑顶部区域的纵向构件位置
工况 2	5.49	20.4	船艉底部的纵向构件
工况 3	10.6	39.6	上层建筑与船体舷侧板相交处
工况 4	14.8	72.0	上层建筑与船体舷侧板相交处
工况 5	19.6	97.3	上层建筑与船体舷侧板相交处
工况 6	25.7	107.0	上层建筑与船体舷侧板相交处

采用有限元法建立了日照作用下坐坞船舶结构响应与变形分析方法，研究表明：坐坞状态下，船舶的整体变形和结构应力随甲板温度的升高而增加；伴随着日照温差的变化，船舶会出现船舯向艏艉两端扩张的趋势，即"荷叶变形"状态，这与实际观察相符，同时也证明本小节方法有效、可行。

9.5 船体板壳结构稳定性分析

板壳结构的稳定性分析问题,主要指的是耐压壳体结构的稳定性分析问题。在船舶行业中,耐压壳体结构是深潜器、水下空间站、水下航行器等装备的重要组成部分,其在外压工程环境下失效形式主要有两种:强度破坏和屈曲失稳,而在实际工程中,耐压壳体结构屈曲失稳的概率要远远大于强度破坏,且屈曲失稳常在无明显征兆的情况下突然发生。

9.5.1 稳定性计算方法

屈曲失稳问题本质上属于非线性理论范畴,目前解决板壳结构屈曲问题的方法主要有静力学法、能量法以及数值试验法,三种方法的区别和联系列于表 9-31。

表 9-31 三种求解方法的区别与联系

方法	求解内容	求解精度	应用范围	相同点
静力学法	建立平衡微分方程,化屈曲失稳问题为本征值问题	较精确	等截面以及应力分布均匀的构件	满足平衡条件、几何条件以及变形协调条件;可选应力法、位移法或混合法求解
能量法	基于最小势能原理求解总势能的泛函变分	精度随选取的变形函数变化	结构或受力复杂的构件	
数值试验法	有限元模拟和设定屈曲试验	失稳压力值拟合公式	验证理论模型的准确性	

9.5.2 屈曲校核经验公式

根据理论分析方法,各船级社基于指导实际工程应用的需求,逐步制定了自己的耐压壳体的屈曲计算与校验方法。

美国船级社 ABS2012 给出了计算圆柱壳临界屈曲载荷 P_c 的经验公式:

$$P_c = \begin{cases} \dfrac{P_m}{2}, & \dfrac{P_m}{P_y} \leqslant 1 \\ P_y\left(1 - \dfrac{P_y}{2P_m}\right), & 1 < \dfrac{P_m}{P_y} \leqslant 3 \\ \dfrac{5}{6}P_y, & \dfrac{P_m}{P_y} > 3 \end{cases} \quad (9\text{-}50)$$

$$P_m = \dfrac{2.42E\left(\dfrac{t}{2R}\right)^{\frac{3}{2}}}{(1-\mu^2)^{\frac{3}{4}}\left(\dfrac{L}{2R} - 0.45\left(\dfrac{t}{2R}\right)^{\frac{1}{2}}\right)} \quad (9\text{-}51)$$

式中,P_y 为屈服载荷;P_m 为 von Mises 失稳压力;t 为壁厚;R 为圆柱壳半径;L 为轴向长度;E 为弹性模量;μ 为泊松比。

中国船级社也在 CCS2013 中给出了圆柱壳的临界失稳压力的经验公式。

对于肋骨之间的壳板按下式计算其屈曲压力：

$$P_{cr} = 0.75 C_s P_e \tag{9-52}$$

$$P_e = E\left(\frac{t}{R}\right)^2 \frac{0.6}{\mu - 0.37} \tag{9-53}$$

$$\mu = 0.643 \frac{L}{\sqrt{Rt}} \tag{9-54}$$

式中，P_{cr} 为临界弹性失稳压力；C_s 为材料非线性修正系数；P_e 为理论临界压力。

对于有强肋骨加强时，舱壁之间的舱段，应按下式计算其屈曲压力：

$$P_{cr} = 0.83 C_s P_e \tag{9-55}$$

$$P_e = \frac{E}{n^2 - 1 + 0.5\alpha^2}\left\{\frac{t}{R}\frac{\alpha^4}{(\alpha^2+n^2)^2} + \frac{(n^2-1)^2}{R^3}\left[\frac{I}{l} + \frac{2(I_k - l)}{L}\sin^2\frac{\pi\alpha}{L}\right]\right\} \tag{9-56}$$

$$\sigma_e = \frac{P_e R}{t + \dfrac{\sum F + F_k}{L - l}} \tag{9-57}$$

$$\alpha = \frac{\pi R}{L} \tag{9-58}$$

式中，t 为壳板最小厚度；l 为肋骨间距；F、I 分别为肋骨剖面面积和惯性矩（包括有效长度为 l 的带板）；F_k、I_k 分别为强肋骨剖面面积和惯性矩（包括有效长度为 $2l$ 的带板）。

9.5.3 耐压壳结构稳定性分析

水下航行器耐压壳结构是最为常见的耐压壳结构之一，通常由环肋圆柱壳、环肋圆锥壳、锥柱结合壳、球壳、耐压液舱和舱壁等结构组成。

水下航行器耐压壳结构的质量占整体质量的 30% 以上，极大地限制了自身的承载能力。对耐压壳进行结构优选设计自然会考虑到采用复合材料，复合材料拥有许多固有的优良特性，比如高比强度、高比模量、耐腐蚀、质量小、可设计性强等，在水下航行器非耐压壳结构上已有着广泛的应用，包括上层建筑、指挥室围壳等。因此，希望通过采用复合材料对水下航行器耐压结构进行合理的设计研究来实现水下航行器的超大潜深，并降低结构重力提升承载能力。

耐压壳作为水下航行器的核心部件，其失效往往存在两种不同的形式：壳体的屈曲和材料的破坏。许多研究表明对于复合材料圆柱壳而言，其主要破坏形式为屈曲破坏，因此稳定性在耐压壳的设计中显得尤为关键。一旦水下航行器在深水中发生失稳，对于人的生命以及设备安全都是毁灭性的打击。

1. 有限元分析模型

（1）结构简化　利用有限元法分析潜艇稳定性时主要将潜艇耐压结构简化为圆柱、球壳等组合进行建模，如图 9-95 所示。

（2）范围选取　理论分析与客观实践均表明，潜艇耐压结构在深水外压力作用下，只有在各舱段内才有丧失结构稳定性的可能。因此，不必进行全船有限元稳定性分析，只需计

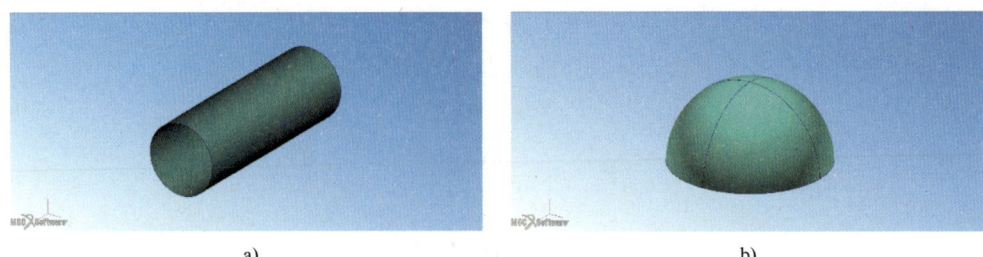

图 9-95 简化有限元模型

a) 简化圆柱壳 b) 简化球壳

算分析各舱段内的结构稳定性问题。

(3) 网格划分　根据经验，分析总稳定性问题时网格可以取得相对较粗一些，划分方法粗略可以是周向 3°为一格，轴向 $L/5$ 为一格。分析局部稳定性问题时网格要较总稳定时更加细一些，划分方法粗略可以是周向 2.5°为一格，轴向 $L/6$ 为一格。

(4) 单元类型　一般选取四边形或三角形板壳单元。以大型通用有限元计算软件 ABAQUS 为例，常用四边形板壳单元为 S4R 壳单元，其中文名称可以称作"四节点曲壳单元"，曲壳单元表示其可以模拟曲面壳体。S4R 单元计算采用减缩积分方式进行，这种积分形式避免了完全积分在受弯曲载荷作用时造成剪切闭锁现象的同时又保证了计算精度。

(5) 载荷及边界条件设置　位移边界条件允许轴线方向一端移动，也允许边界绕圆周切线转动，即模型边界条件一般采取惯性释放，允许对完全无约束的结构进行静力分析。简单来说就是用结构的惯性力来平衡外力。尽管结构没有约束，分析时仍假设其处于一种"静态"的平衡状态。

水下航行器在深水中受力，相当于耐压船体受到一个均匀载荷，其值等于耐压船体轴线的船舯处至自由水平面高度的水柱压力。

$$P = \gamma h \tag{9-59}$$

由于耐压壳的尺度相较于下潜深度来说较小，可近似认为耐压壳的外部载荷为均匀静水压力，取一条梁带进行分析，梁带所受的轴向力 T_1 和梁带两侧相互挤压产生的侧向力 T_2，如图 9-96 所示。

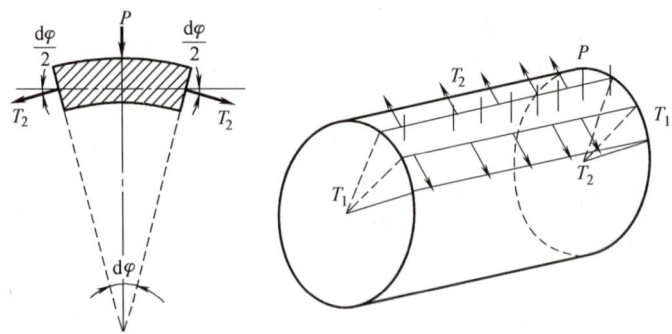

图 9-96 梁带受力示意图

由平衡方程可以得到，T_1 及 T_2 合力计算公式如下：

$$T_1 = -\frac{1}{2}PR \tag{9-60}$$

$$T_2 = -PR \qquad (9\text{-}61)$$

除在模型相应单元上加均布压力载荷外，还在端部横截面的各个节点上加节点集中力

$$P = \frac{\pi R^2 p_c}{\text{端部节点数}} \qquad (9\text{-}62)$$

式中，P 表示集中力；p_c 表示静水压力，一般取 1MPa，具体如图 9-97 所示。

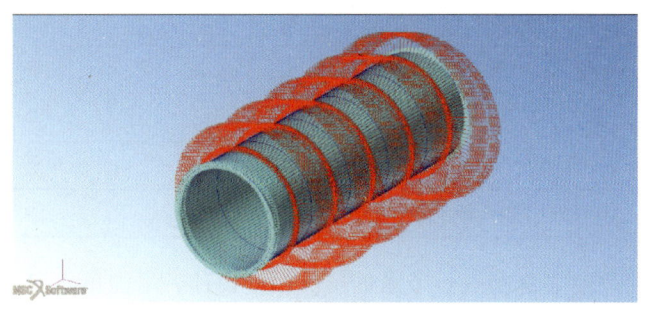

图 9-97 载荷施加示意图

2. 耐压壳铺层设计

（1）一般原则　对于碳纤维材料而言，由于材料的各向异性沿材料主方向的性能通常较好。因此，不同铺层形式的碳纤维层合板可以应对不同的工况。

1）选择 0°、±45°、90°四种铺层方向的层合板。

2）均衡对称铺设原则。避免拉-弯、拉-剪耦合而引起固化后的翘曲变形。

3）铺层最小比例原则。对于 0°、±45°、90° 铺层，其任意一方向的铺层最小比例应大于 6%。

4）铺设顺序原则。主要从三方面考虑：应使各定向单层尽量沿层合板厚度均匀分布，避免将同一铺层角的铺层集中放置。如不得不使用时，一般不超过 4 层，以减少两种定向层的层内开裂和边缘分层；如果层合板中含有±45°层、0°层和 90°层，应尽量在+45°层和-45°层之间用 0°层和 90°层隔开，在 0°层和 90°层之间用+45°层或-45°层隔开，并避免将 90°层成组铺放，以降低层间应力；对于暴露在外的层合板，在表面铺设织物或±45°层，将具有较好的使用维护性，也可以改善层合板的压缩和抗冲击性能。

5）规定 0°铺层为沿耐压壳周向铺放，根据梁带受力平衡方程，为保证耐压壳的周向强度，应保证有足够比例的 0°铺层。

（2）样本选择　对于耐压壳体的铺层总数设计为 20 层，并采用对称铺层设计。首先考虑各角度铺层所占百分比对耐压壳稳定性的影响，根据各个角度纤维所占铺层纤维总数的百分比不同共分为 3 个系列，见表 9-32。

表 9-32 铺层百分比设置表

铺层角度	系列	0°	±45°	90°
铺层比例	A	50%	40%	10%
	B	40%	40%	20%
	C	30%	40%	30%

根据不同铺层百分比系列设置铺层顺序，其中 A 系列铺层百分比为：0°铺层占 50%、±45°铺层占 40%、90°铺层占 10%；B 系列铺层百分比为：0°铺层占 40%、±45°铺层占 40%、90°铺层占 20%；C 系列铺层百分比为：0°铺层占 30%、±45°铺层占 40%、90°铺层占 30%，铺层角度顺序见表 9-33。

表 9-33　铺层角度顺序表

序号	铺层顺序	序号	铺层顺序
A1	[±45/0/0/90/0/±45/0/0]$_s$	B3	[0/90/±45/90/0/±45/0/0]$_s$
A2	[±45/0/0/±45/90/0/0]$_s$	C1	[±45/90/0/90/0/±45/90/0]$_s$
A3	[0/±45/0/±45/90/0]$_s$	C2	[±45/90/90/0/0/±45/90/0]$_s$
B1	[±45/90/0/90/0/±45/0/0]$_s$	C3	[0/90/±45/90/0/±45/0/90]$_s$
B2	[±45/90/0/0/±45/0/90/0]$_s$		

设计完 9 组不同的铺层角度后，考虑单层的厚度设计，增加单层厚度可以增加耐压船体的剖面模数 W 以及提升结构刚度。根据船舶总纵强度的弯曲正应力计算公式 $\sigma = M/W$，增加剖面模数 W 会降低弯曲正应力 σ，因此可以提升耐压壳体的极限载荷；同样地，根据耐压壳体临界失稳载荷计算公式，提升壳厚度可以提升水下航行器的稳定性。由于水下航行器耐压壳属于薄壳范畴，耐压壳体厚度 t 应远小于中面最小曲率半径 R，即 $t/R \leqslant 0.05$。在改变单层厚度时，保证该纤维增强树脂基复合材料的纤维体积分数不变，单层厚度的取值分别为 1mm、1.25mm、1.5mm，壳体的总厚度为 20mm、25mm、30mm。以铺层序号 A1 为例，给出了其铺层形式示意图，如图 9-98 所示。

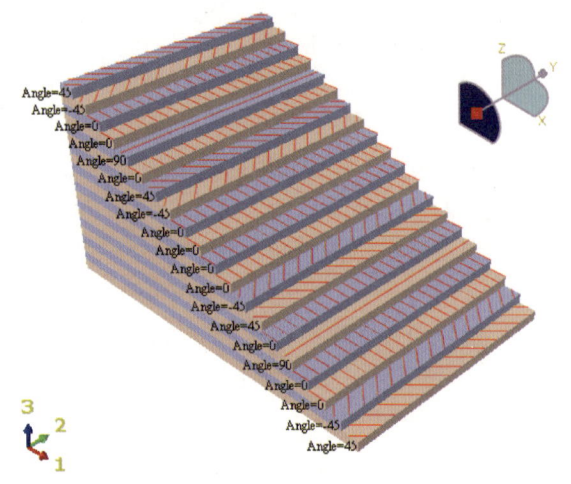

图 9-98　序号 A1 铺层形式示意图

3. 稳定性计算

通过 ABAQUS 软件建立几何模型，对复合材料耐压壳体进行稳定性计算以确定壳体的失稳压力。在进行稳定性计算时，通常需要设置相应的边界条件并施加载荷，对耐压壳体表面施加单位均布压缩载荷，并在壳体的一个端面建立 MPC 约束，通过 MPC 作用点的位置施加一个等效的节点力。然后对施加节点力的一端释放轴向转角（$UR1 = UR2 = 0$），而另一端则进行简支约束（$UR1 = UR2 = UR3 = 0$）。

计算得到复合材料耐压壳体的一系列失稳模态，由于所添加的载荷为单位载荷，故相应的特征值即为该耐压壳体的失稳压力。以单层厚度为 1.5mm 的铺层序号 A1 耐压壳体为例，失稳模态及有限元计算结果如图 9-99 所示。

经过同样的约束与加载过程，可以计算得到其他铺层角度不同单层厚度的失稳压力，见表 9-34。

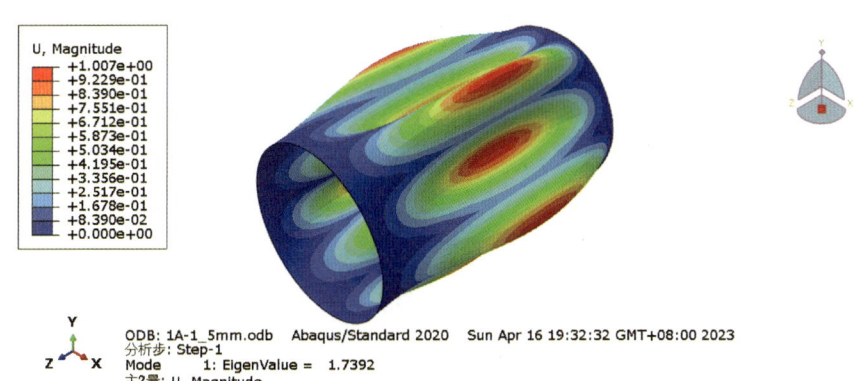

图 9-99　单层厚度为 1.5mm 的铺层序号 A1 耐压壳体失稳模态

表 9-34　复合材料耐压壳体稳定性计算表

系列	序号	单层厚度/mm	失稳压力/MPa
A	A1	1.00	0.64
		1.25	1.09
		1.50	1.74
	A2	1.00	0.62
		1.25	1.07
		1.50	1.70
	A3	1.00	0.67
		1.25	1.16
		1.50	1.86
B	B1	1.00	0.61
		1.25	1.04
		1.50	1.64
	B2	1.00	0.62
		1.25	1.05
		1.50	1.66
	B3	1.00	0.66
		1.25	1.13
		1.50	1.80
C	C1	1.00	0.62
		1.25	1.05
		1.50	1.65
	C2	1.00	0.61
		1.25	1.04
		1.50	1.63
	C3	1.00	0.67
		1.25	1.15
		1.50	1.83

在测试了 9 种不同铺层形式在不同单层厚度下碳纤维耐压壳的失稳压力后，设置高强度钢为对照组，该高强度钢弹性模量 $E = 2.06 \times 10^5$ MPa，泊松比 $\mu = 0.3$，屈服极限 $\sigma_\text{s} =$

588MPa，密度 $\rho = 7.85\text{g/cm}^3$。当高强度钢耐压壳体厚度分别为 $t_1 = 20\text{mm}$、$t_2 = 25\text{mm}$、$t_3 = 30\text{mm}$ 时，得到其失稳压力分别为 $p_1 = 0.38\text{MPa}$、$p_2 = 0.65\text{MPa}$、$p_3 = 1.05\text{MPa}$。将以上数据绘制为耐压壳体失稳压力柱状图，如图 9-100 所示。

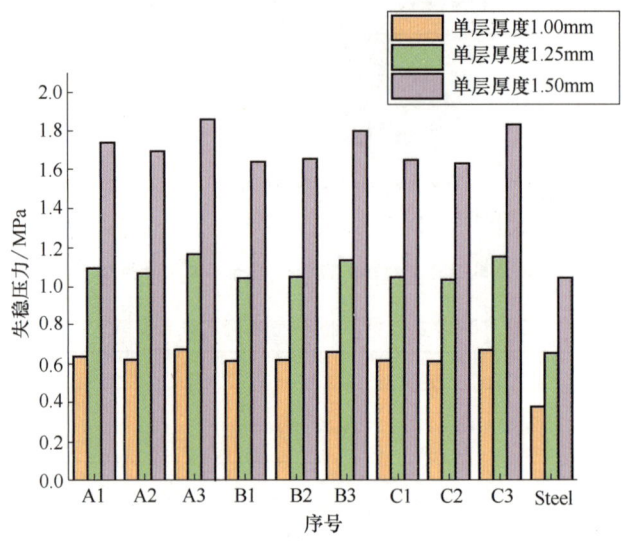

图 9-100 耐压壳体失稳压力柱状图

从有限元计算结果可以看出：

1）随着单层厚度的增加，复合材料耐压壳体的失稳压力也在逐渐增加。但是不应过度增加壳体厚度，否则会导致耐压壳体不再属于薄壳范畴（薄壳即 $t/R \leqslant 0.05$ 的壳体），以及增大结构的容重比。

2）±45°度铺层直接铺设在最外层会导致复合材料耐压壳体稳定性下降，应在最外层铺设 0°铺层或者 0°和 45°铺层。

3）对比三个系列复合材料耐压壳体，发现增加 0°铺层百分比可以增加复合耐压壳体稳定性，但是整体提升并不明显。

4）由于复合材料的高模量的特点，在高强度钢与复合材料耐压壳体几何尺寸相同的情况下，复合材料耐压壳体的失稳压力提升到 56.06% 以上。

从稳定性的角度来看，碳纤维材料耐压壳体通过一定的铺层角度设计相较于高强度钢材料的稳定性更加优越。此外，单层厚度、铺层百分比、铺层角度的变化对复合材料耐压壳稳定性均有一定的影响，应该合理地控制各个变量以提升水下航行器潜深。虽然在耐压壳表面铺设±45°铺层可以改善层合板的压缩和抗冲击性能，但是会导致耐压壳体稳定性下降，应在最外层铺设 0°铺层或者 0°和 45°铺层。

4. 耐压壳环肋形式设计

（1）肋骨形式及有限元模型　水下航行器的耐压结构一般包含主壳体以及环肋，在确定主壳体的铺层形式之后，应对肋骨形式进行选择和设计。在本章中，以在横舱壁之间设置一系列等间距同刚度的肋骨的耐压壳作为基本模型。为了广泛讨论肋骨形式对耐压壳稳定性的影响，考虑的肋骨形式包括：槽型肋骨、T 型肋骨、角钢型肋骨以及矩形肋骨，如图 9-101 所示。

通常的肋骨形式包含腹板和面板，复合材料肋骨的铺层形式应从其具体的受力情况出发来考虑。当复合材料耐压壳处于静水中时，耐压壳主要承受由静水压力带来的环向压缩载荷，对于整个复合材料耐压壳而言，存在一个整体的环向压应力，因此需要增加面板的环向强度。

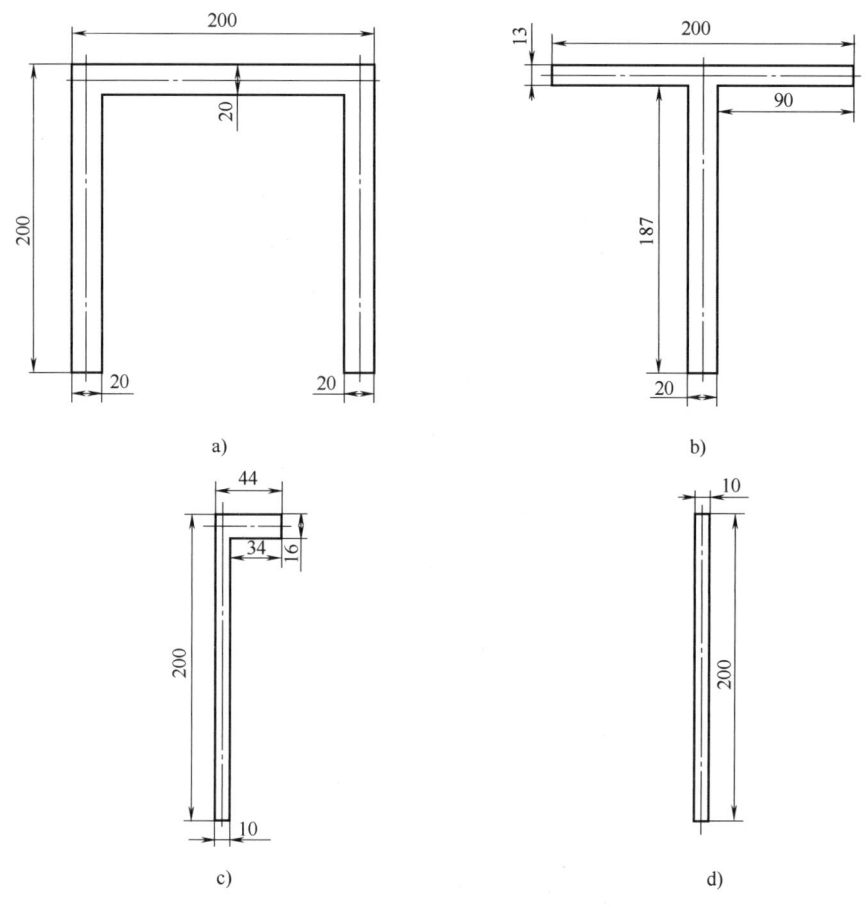

图 9-101　不同肋骨模型示意图

a）槽型肋骨　b）T 型肋骨　c）角钢型肋骨　d）矩形肋骨

肋骨的腹板除了需要承受面板带来的环向压应力之外，在耐压壳产生形变时，会对腹板与耐压壳连接的部位产生一个侧向弯矩以及一个径向拉力或者压力，即耐压壳体会对肋骨腹板产生径向正应力和切向剪应力。所以在考虑腹板的铺层方向时，除了需要考虑环向压应力外，还需要考虑肋骨自身的侧向失稳问题。在此基础上，结合有限元软件以及可行的成型工艺主要可以研究腹板铺层形式（正交、环向）与面板铺层形式（正交、环向）对于耐压壳临界失稳压力的影响。肋骨铺层形式设计见表 9-35。

表 9-35　肋骨铺层形式设计表

面板形式	腹板形式	
	环向	正交
环向	（环向,环向）	（环向,正交）
正交	（正交,环向）	（正交,正交）

（2）含环肋的耐压壳稳定性计算　对于纤维增强材料而言，由于材料的各向异性沿材料主方向的性能通常较好，因此不同的铺层形式的层合板可以应对不同的载荷工况，建立不同肋骨形式以及铺层形式下复合材料耐压壳体的有限元模型，对比研究复合材料耐压壳环肋形式对水下航行器稳定性的影响。以槽型肋骨（腹板与面板均为环向铺层）为例，在 ABAQUS 中建立有限元模型，如图 9-102 所示。在 ABAQUS 中对于耐压壳体和肋骨利用绑定约束进行连接，默认耐压壳与肋骨之间不会发生脱粘等失效行为。

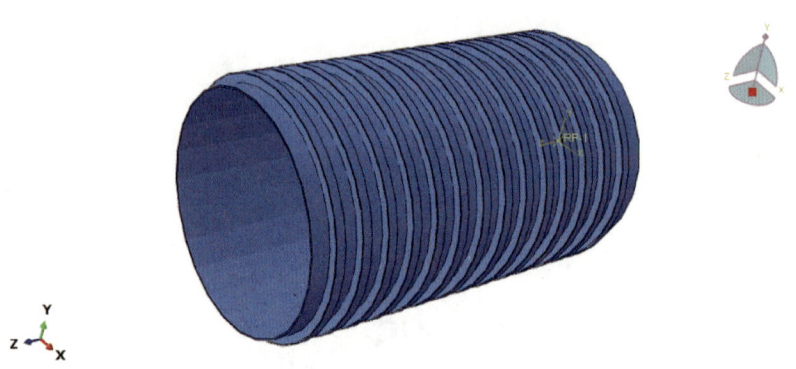

图 9-102　槽型环肋圆柱壳有限元模型示意图

建立有限元模型后进行屈曲分析，可得到耐压壳的一系列失稳模态，由于所添加的载荷为单位载荷，故相应的特征值即为该耐压壳体的失稳压力。经计算可以得到，槽型环肋耐压壳（环向，环向）的失稳压力为 $p_{cr} = 15.997$ MPa，计算深度为 $h_c = 1600$ m，失稳模态及有限元计算结果如图 9-103 所示。

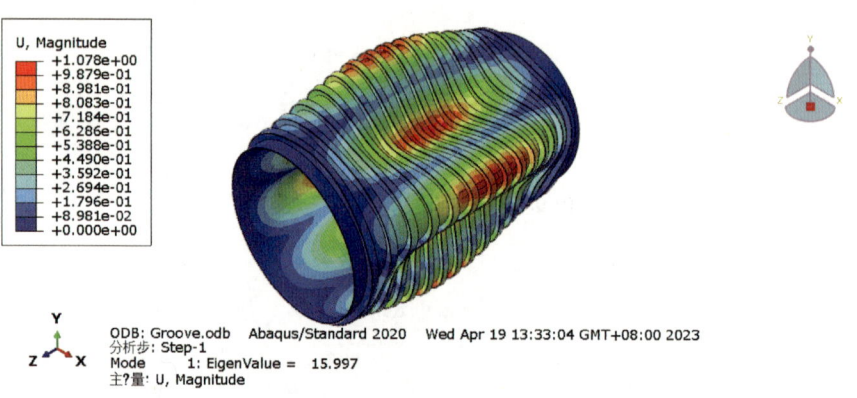

图 9-103　槽型环肋耐压壳失稳模态图

将不同肋骨形式以及铺层形式的环肋耐压壳，进行屈曲分析获得其失稳压力，见表 9-36。

表 9-36　肋骨形式对耐压壳稳定性影响计算表　　　　　　　　　　（单位：MPa）

肋骨形式	槽型	角钢型	T 型	矩形	无肋骨
（环向,环向）	16.00	7.17	7.68	无肋骨	1.85
（环向,正交）	15.71	6.56	7.47		
（正交,环向）	15.81	7.11	7.68	5.10	
（正交,正交）	15.52	6.45	7.47	5.64	

从表中可以看出，选用槽型肋骨可以最大限度地提升水下航行器的极限潜深，然后是 T 型肋骨以及角钢型肋骨。横向对比各肋骨形式发现：采用包含面板的肋骨的耐压壳稳定性相较于不含面板的肋骨的耐压壳有较大的提升，因此在实际的水下航行器建造过程中加强筋应选择包含面板的肋骨形式。纵向对比各肋骨的铺层形式发现：面板采用环向铺层的耐压壳稳定性普遍优于面板采用正交铺设的情况，这是由于材料主方向与外载荷的方向相一致导致的。但是腹板采用正交铺层对稳定性的贡献不大，分析原因可能是由于耐压壳主壳体微小变形所产生的切向剪应力并不大，因此其腹板的铺层形式仍应当以静水载荷带来的环向压应力为主。

从上述计算结果可以看出，肋骨的形式对耐压壳的稳定性至关重要。根据肋骨稳定性计算结果并结合前两部分的内容，保证肋骨的选择与耐压壳体相匹配，该耐压壳的肋骨形式可以确定为腹板与面板采用环向铺设的 T 型肋骨。该复合材料耐压壳的优选设计结果，见表 9-37。该复合材料水下航行器的极限潜深为 760m，相比于"海狼"级核潜艇下潜深度提升 26.67%。

表 9-37 复合材料耐压壳优选设计表

圆柱壳半径 R/mm	舱段长度 L/mm	环肋间距 l/mm	主壳体铺层形式
2500	9000	600	$[0/\pm45/0/0/\pm45/0/90/0]_s$
环肋数目 n	环肋形式	环肋面板	环肋腹板
14	T 型	环向	环向

（3）耐压壳质量与容重比计算结果　耐压壳既是水下航行器的重要组成部分，又保证了其拥有足够的浮力与承载能力，因此耐压壳的质量对潜艇的容重比有很大的影响。容重比是一个量纲为一的参数，表征了水下航行器的空船质量与排水量之比。水下航行器的容重比越小，该水下航行器所能提供的承载能力就越强，可利用的有效载荷就越大。所以为了尽可能地提升水下航行器的承载能力，在实际的建造过程中往往追求更小的容重比。对于复合材料耐压壳应当校核耐压壳质量与耐压结构容重比，探究复合材料在减轻结构质量、保障水下航行器承载能力方面性能的优劣。为了结果直观，不同材料耐压壳尺寸不变，根据耐压壳基本尺寸参数，计算了高强度钢、碳纤维材料耐压壳在一个舱段内的耐压壳质量以及容重比，见表 9-38。

表 9-38 耐压壳质量及容重比计算表

耐压壳材料	耐压壳质量/t	肋骨质量/t	总质量/t	容重比
高强度钢	33.09	11.53	44.63	0.25
碳纤维	6.75	2.35	9.10	0.05

从表 9-38 中可以看出将复合材料用于水下航行器耐压结构可以极大地降低潜艇质量，平衡载质量与排水量之间的关系。由于碳纤维材料密度低，故由该材料设计而成的耐压壳结构质量较小，相对于高强度钢耐压壳减重 79.61%。因此，碳纤维水下航行器在耐压壳尺寸不变时结构容重比较小，相对于高强度钢水下航行器容重比降低约 80%。

从环肋形式设计的角度，耐压壳设置环肋可以极大地提升水下航行器的极限潜深，但是在设置肋骨时应合理选择肋骨形式与铺层形式，综合考虑肋骨受力状态与几何尺寸。在最后的选型阶段，肋骨的选择应与耐压壳体相匹配，即在尽可能提升水下航行器潜深的同时，水下航行器所承受的静水压力不得超过其复合材料壳板的极限载荷。

9.5.4 加筋球壳结构稳定性分析

球壳结构因其易于加工、受力均匀、材料利用率高等特点被广泛应用于压力容器、船舶建造等领域。典型的加筋球壳结构常出现在潜水器艏部水密舱壁的设计中，由于加筋球壳结构凸面承受静水压力，而当球壳结构凸面承受压力载荷时易出现失稳破坏，因此，有必要对加筋球壳结构的稳定性进行讨论。

1. 实际失稳压力

在校核球面舱壁加强筋结构的失稳压力时，由于加强筋结构与球壳的相互影响，其理论失稳压力很难由理论公式计算得到，且在船台泵水载荷作用下，加强筋结构截面压应力分布不均，距离球壳表面越远处结构压应力越大，因此，加强筋结构的稳定性修正比较复杂。出于安全考虑，假定结构截面上各点应力与加强筋结构最大压力点相同，如图 9-104 所示，并采用 6.1 节中提到的"切线模数理论"对加强筋结构的非弹性稳定性进行分析。

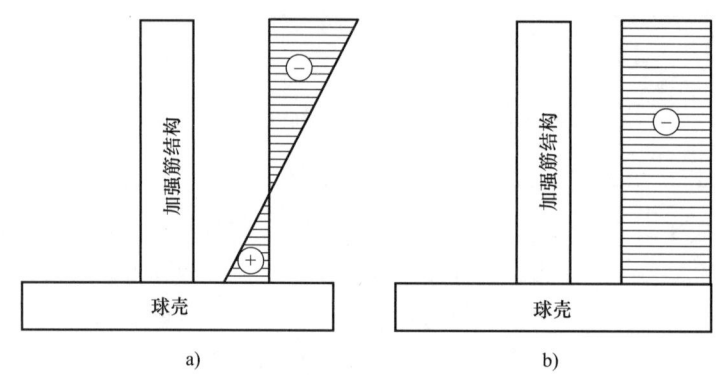

图 9-104 球壳外部受压时加强筋结构的应力分布
a）加强筋实际应力分布 b）加强筋假定应力分布

实际材料中，σ_y 与 σ_p 的数值往往在一定范围内变化，因此式（6-13）中 σ_y 与 σ_p 的值根据其出现频率选取可能出现的最小值。实际应用中取 $\sigma_p = \sigma_y/2$，代入式（6-14）即得

$$\sigma_{cr} = \sigma_y \left(1 - \frac{\sigma_y}{4\sigma_E}\right) \tag{9-63}$$

式中，σ_E 为结构欧拉应力，可由有限元法计算得到。

这样只需采用有限元法对不同加强形式下球面舱壁结构的稳定性进行分析，并采用式（6-13）及式（9-63）分别对球壳结构、加强筋结构进行校核，即可得到球面舱壁结构的实际失稳压力。

2. 计算模型及工况设置

内凹球面舱壁结构凸面朝向潜艇内部，发射水舱结构布置于球壳内凹面。球壳上半部分多处与强力构件相连，不存在稳定性问题；球壳下半部分无其他加强结构，其稳定性是加筋球壳设计的主要矛盾。为提高球壳结构的稳定性，针对球壳结构下部采用纬向加强筋与经向加强筋同时加强的措施，对球面舱壁结构进行加强（图 9-105）。

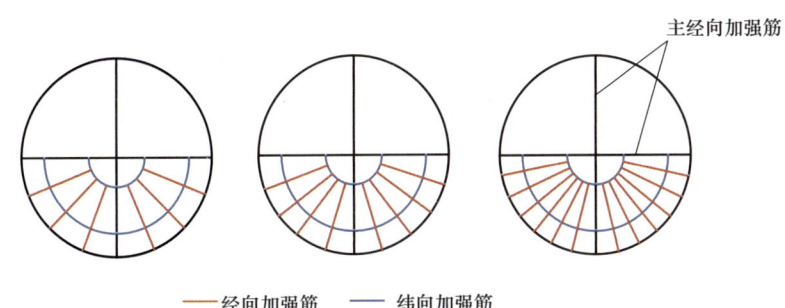

图 9-105 球壳结构加强形式示意图

为探讨球面舱壁结构稳定性的变化规律，通过改变主经向加强筋尺寸、经向加强筋尺寸，保持纬向加强筋与发射水舱结构尺寸不变，针对球壳中径厚度比 $R/t = 125$、167 时的球面舱壁结构失稳压力进行了计算。表 9-39 所列为球面舱壁结构名称及尺寸参数。

表 9-39 球面舱壁结构名称及尺寸参数

名称	纬向加强筋	主经向加强筋 T1	主经向加强筋 T2	主经向加强筋 T3	经向加强筋 L1
尺寸/mm	$\perp\dfrac{10\times300}{20\times100}$	$\perp\dfrac{10\times300}{20\times100}$	$\perp\dfrac{20\times300}{20\times100}$	$\perp\dfrac{30\times300}{20\times100}$	14a 球扁钢
名称	经向加强筋 L2	经向加强筋 L3	水舱壁板厚	水舱壁加强筋 T	水舱壁加强筋 L
尺寸/mm	16a 球扁钢	18a 球扁钢	20	$\perp\dfrac{10\times300}{20\times100}$	14a 球扁钢

同一球壳厚度时球面舱壁结构稳定性计算的具体工况见表 9-40。表中"（T1、7L14a）"表示：球壳结构设置 7 根经向加强筋与一根纬向加强筋，主经向加强筋尺寸为 T1，经向加强筋尺寸为 14a 球扁钢。

表 9-40 球面舱壁结构稳定性计算工况表

工况	加强形式	工况	加强形式	工况	加强形式	工况	加强形式
01	(T1、7L14a)	08	(T2、7L18a)	15	(T3、9L16a)	22	(T1、13L16a)
02	(T2、7L14a)	09	(T3、7L18a)	16	(T1、9L18a)	23	(T2、13L16a)
03	(T3、7L14a)	10	(T1、9L14a)	17	(T2、9L18a)	24	(T3、13L16a)
04	(T1、7L16a)	11	(T2、9L14a)	18	(T3、9L18a)	25	(T1、13L18a)
05	(T2、7L16a)	12	(T3、9L14a)	19	(T1、13L14a)	26	(T2、13L18a)
06	(T3、7L16a)	13	(T1、9L16a)	20	(T2、13L14a)	27	(T3、13L18a)
07	(T1、7L18a)	14	(T2、9L16a)	21	(T3、13L14a)		

3. 稳定性计算结果

当 $R/t = 167$ 时球面舱壁结构的失稳比较复杂：主经向加强筋腹板厚度取 10mm 时，主经向加强筋首先失稳；当经向加强筋采用 14a 球扁钢时，经向加强筋的理论失稳压力也较低。这样，在讨论球面舱壁结构的失稳问题时将涉及主经向加强筋及经向加强筋失稳问题。图 9-106 给出了部分工况球面舱壁结构的失稳压力及失稳图，图中的失稳压力为 $p_{th}/1.25p_c$

(p_{th} 为理论失稳压力。当 $p_{th}/1.25p_c \geq 1$ 时,球面舱壁结构满足稳定性要求;当 $p_{th}/1.25p_c < 1$ 时,球面舱壁结构不满足稳定性要求)。其他工况球面舱壁结构的失稳情况相似。

可以看出,不同加强形式及不同加强构件尺寸下球面舱壁结构的失稳压力及失稳部位各不相同:当主经向加强筋及经向加强筋结构刚度较小时,主经向加强筋及经向加强筋结构首先出现局部失稳;当主经向加强筋及经向加强筋结构刚度较大时,球壳结构先出现失稳。

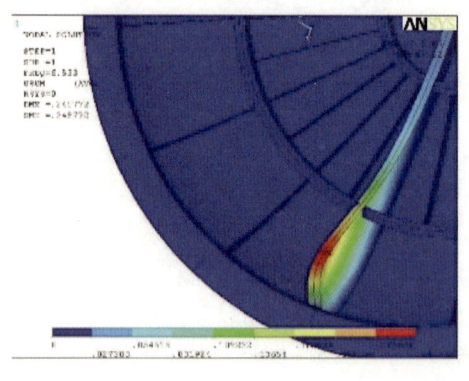

a)

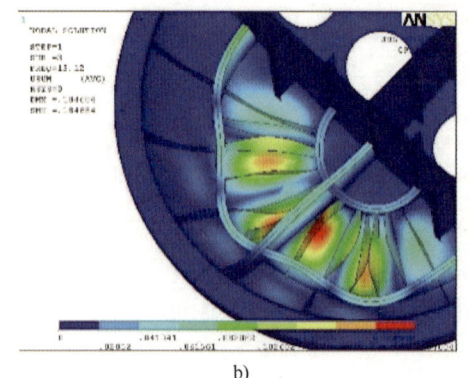

b)

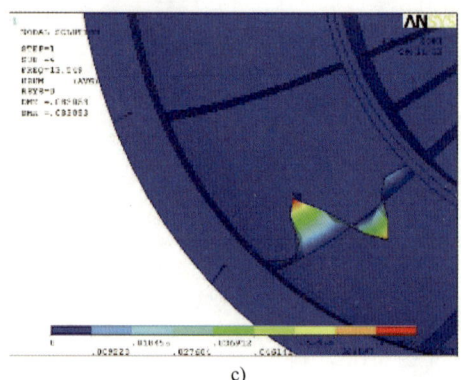

c)

图 9-106 球面舱壁结构的失稳压力和失稳图
a) 主经向加强筋结构失稳压力 $p=1.16$ b) 球壳结构失稳压力 $p=2.33$ c) 经向加强筋结构失稳压力 $p=2.41$

得到了球壳结构的理论失稳压力后,采用式(9-63)对球壳结构、加强筋结构的实际失稳压力进行校核,即可得到球面舱壁结构的实际失稳压力。图 9-107 给出了球壳结构及球面舱壁结构的实际失稳压力随经向加强筋型号的变化曲线,图中横坐标为加强筋型号,纵坐标为量纲为 1 的失稳压力 $p_{th}/1.25p_c$。

由图 9-107 可以看出,球壳结构实际失稳压力均小于 1,球壳结构不满足稳定性要求。球壳结构实际失稳压力随经向加强筋的增大基本呈线性增加。球面舱壁结构实际失稳压力均小于 1,球面舱壁结构不满足稳定性要求;球面舱壁结构实际失稳压力随经向加强筋的增大而增加;但采用 7 根经向加强筋时,球面舱壁的实际失稳压力曲线的规律性较差;这主要是因为:当主加强筋腹板厚度为 10mm、20mm,经向加强筋为 14a 球扁钢时,球面舱壁结构的失稳为经向加强筋及主加强筋结构的失稳;当经向加强筋选用 16a、18a 球扁钢时球面舱壁结构的失稳为球壳结构的失稳,故球面舱壁结构实际失稳压力曲线的规律性较差。

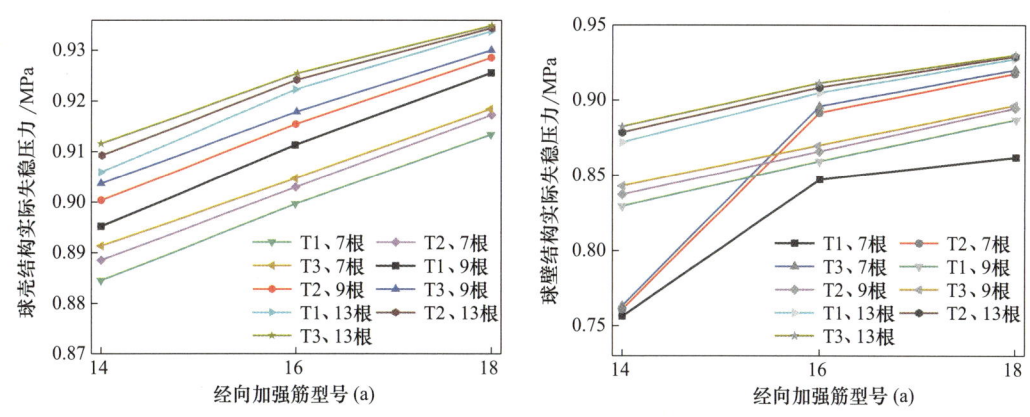

图 9-107 $R/t=167$ 时失稳压力随经向加强筋型号的变化曲线

这也从反面说明，当加强构件刚度过弱时将因加强构件自身的失稳而不能有效提高球面舱壁结构的稳定性，反而会使球面舱壁结构的实际失稳压力有所降低。

$R/t=125$ 时，球面舱壁结构的失稳同 $R/t=167$ 时的情况相同。下面仅给出球壳结构及球面舱壁结构的实际失稳压力随经向加强筋的变化曲线（图 9-108）。

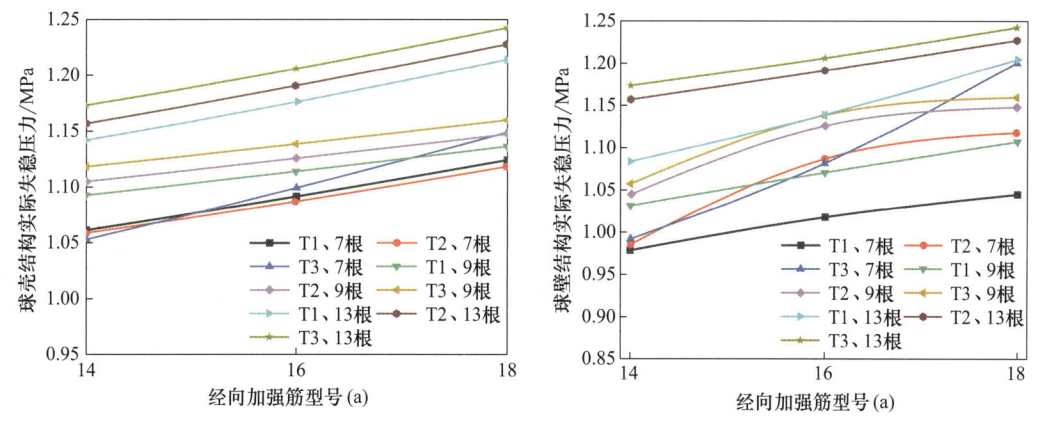

图 9-108 $R/t=125$ 时失稳压力随经向加强筋型号的变化曲线

由图可以看出，球壳结构实际失稳压力均大于 1，球壳结构满足稳定性要求；同一加强形式下，球壳实际失稳压力随经向加强筋尺寸的增大基本呈线性增大；球面舱壁结构实际失稳压力随经向加强筋的增大而增加；当采用 7 根经向加强筋加强、经向加强筋选为 14a 球扁钢时，球面舱壁结构实际失稳压力小于 1，球面舱壁结构不满足稳定性要求；采用其他方案加强时，球面舱壁结构满足稳定性要求。从图中还可看出，采用 7 根经向加强筋加强时，球面舱壁结构的实际失稳压力曲线的规律性较差；这主要是因为，球面舱壁结构的失稳为经向加强筋的失稳，而非球壳结构产生失稳；当经向肋骨选用 16a、18a 球扁钢时球面舱壁结构的失稳为球壳结构的失稳，故球面舱壁结构实际失稳压力曲线的规律性较差。

4. 结构优化设计

综上，当 $R/t=125$ 时，采用 7 根经向加强筋加强，且经向加强筋选为 14a 球扁钢，球面舱壁结构不满足稳定性要求；当 $R/t=167$ 时，不论采用何种加强形式，球面舱壁结构均不满足稳定性要求。当 $R/t=125$ 时，球壳结构的厚度已使其加工十分困难，加工质量难以

保证;且当 $R/t=125$ 时,在极限深度下球壳膜应力为

$$\sigma = \frac{p_c R}{2t} = 345 \text{MPa} \ll \sigma_s = 800 \text{MPa}$$

此时结构应力距离材料的屈服极限仍有较大空间可以利用,因此,球壳厚度仍有进一步减小的可能,有必要对球面舱壁结构进行优化。

观察一下球面舱壁结构的失稳波形(图9-106)可以发现:不论球壳结构采用何种加强构件加强,球壳结构的失稳主要发生在两纬向加强筋之间位置,球壳失稳时其长波方向也位于纬向加强筋方向上,经向加强筋尺寸的改变不会影响球壳结构的失稳波形。

由结构力学可知,提高结构失稳压力的有效方法是减小加强结构的跨距,并将其布置于结构失稳最大位移处。为此,本节设想去掉原来两条纬向加强筋,在原两条纬向加强筋正中间(此处为球壳失稳时变形最大处)敷设一条纬向加强筋结构,并在此基础上在原纬向加强筋之间敷设经向加强筋,分如下四种加强形式对球壳结构进行加强。加强形式如图9-109所示。

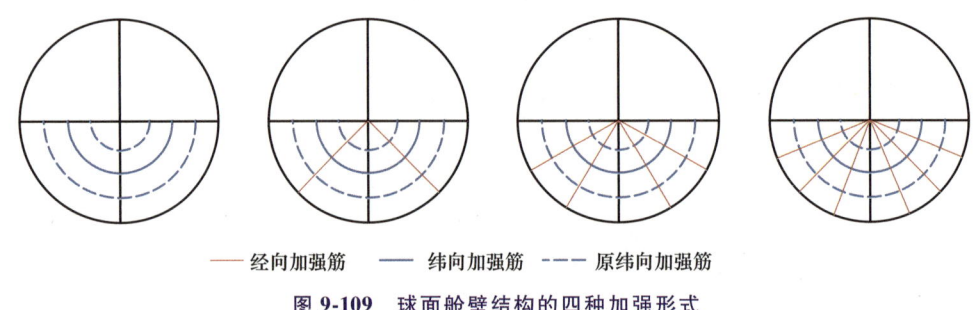

图 9-109　球面舱壁结构的四种加强形式

当球壳厚度为 $R/t=143$ 时,球面舱壁结构的第一阶失稳均为球壳结构失稳。可以看出,改进加强形式后,球面舱壁结构失稳波形发生较大变化,此时球面舱壁结构的失稳波形长波方向主要发生在纬向,并分布于两经向加强筋之间。这说明球面舱壁结构的整体失稳现象已得到有效改善。为直观给出优化工况下球面舱壁结构稳定性的变化规律,图9-110给出了球面舱壁结构的理论失稳压力与实际失稳压力随经向加强筋型号的变化关系。

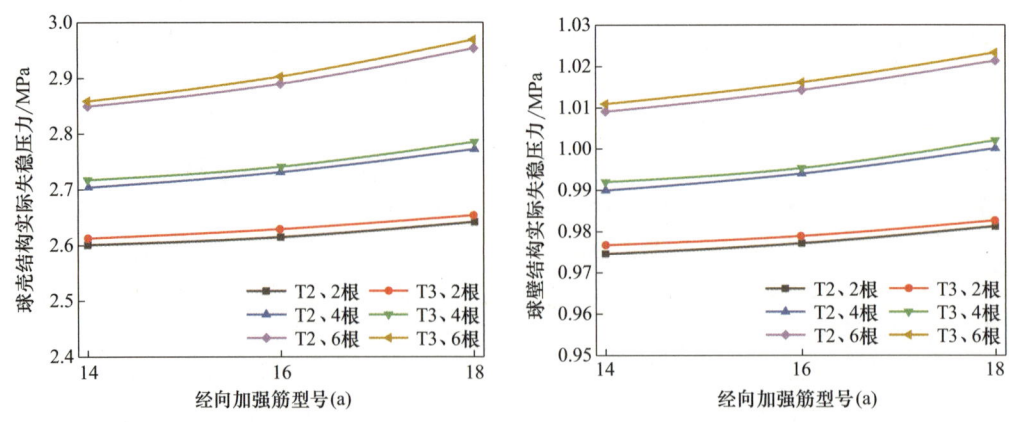

图 9-110　$R/t=143$ 时失稳压力随经向加强筋型号的变化曲线

由图可以看出，舱壁结构的理论失稳压力随加强筋尺寸与经向加强筋数目的增加而增大，但其随主经向加强筋及经向加强筋尺寸改变的变化不大，而与经向加强筋数目关系变化较大；球面舱壁结构的实际失稳压力随经向加强筋结构尺寸的增加而增大；采用方案 4 对球面舱壁结构进行加强时，不论经向加强筋采用 14a、16a 还是 18a 球扁钢，球面舱壁结构均满足稳定性要求；采用其他加强形式加强时，球面舱壁结构不满足船台泵水时的稳定性要求。

故从球壳结构稳定性角度出发，认为宜将球壳厚度定为 $R/t=143$，并采取方案 4 的加强形式；偏于安全考虑，建议主经向加强筋选为 $\perp \dfrac{20\times 300}{20\times 100}$，经向加强筋选为 18a 球扁钢。

针对艏端内凹球面舱壁结构船台泵水时的稳定性进行分析，讨论了不同球壳厚度、不同加强形式时艏端球面舱壁结构的稳定性，并根据艏端球面舱壁结构稳定性分析的结果对艏端球面舱壁结构进行了优化设计。通过前面的分析，可以得到如下主要结论：

1）按原设计方案，当 $R/t=167$ 时，不论采取何种加强形式，球面舱壁结构均不满足稳定性要求。当 $R/t=125$ 时，且经向加强筋选为 16a、18a 球扁钢，球面舱壁结构满足稳定性要求；其他加强方案时球面舱壁结构将因加强筋结构失稳而不满足稳定性要求。

2）同一加强形式下，球壳结构的失稳压力随经向加强筋结构的尺寸的增加而增大；设置 9 根经向加强筋时球壳结构的失稳压力增幅最小，设置 7 根经向加强筋时球壳结构的失稳压力增幅次之，设置 13 根经向加强筋时球壳结构的失稳压力增幅最大。

3）当加强构件刚度过弱时将因加强构件自身的失稳而不能有效提高球面舱壁结构的稳定性，反而会使球面舱壁结构的实际失稳压力有所降低。

4）对于球面艏端舱壁结构的设计，优化后球壳厚度取 $R/t=143$ 并采用方案 4 的加强形式对球壳进行加强；偏于安全考虑，建议主经向加强筋选为 $\perp \dfrac{20\times 300}{20\times 100}$，经向加强筋选为 18a 球扁钢。

9.5.5 内肋骨舱段总体稳定性分析

由各国潜艇结构的现状与发展趋势可见，基于大分舱思想的单壳体长舱段结构形式是一种成功的设计方案，单壳体圆柱壳舱段通常采用内肋骨形式，与外肋骨相比，避免了肋骨受海水双面腐蚀的不利状况，其翼缘应力有所增大，但结构总体稳定性理论上会比外肋骨更好，长舱段的长径比（耐压壳长度/直径）往往比小分舱舱段大一倍以上，为保证总体稳定性，常设置一根或多根特大肋骨进行加强，因此耐压结构设计需要解决普通肋骨内置且带特大肋骨的单壳体长舱段结构的总体稳定性计算问题。

利用能量法计算单壳体长舱段结构的弹塑性失稳压力时，首先将割线模量 E_s 和切线模量 E_t 取为弹性值，求得与弹性临界压力对应的等效应力强度，若高于材料比例极限，则在附近选定一个应力强度计算相应的 E_s 和 E_t（E_s 和 E_t 可根据高强度材料单向拉伸试验的弹塑性本构关系确定），再通过迭代求解塑性失稳压力。

带特大肋骨的单壳体长舱段结构的弹塑性总体失稳形式既可能表现为含大肋骨的舱段失稳（一般周向整波数 $n=2$），也会发生在大肋骨之间的舱段上（一般周向整波数 $n=3$）。

针对长径比 $L/D=3.14$ 的内肋骨长舱段模型进行了有限元建模和数值计算，其结构形式为 T 型内环肋圆柱壳，舯部采用内置 T 型特大肋骨加强，大肋骨根部耐压壳板进行了局部加厚，材料为高强度钢，其有限元数值计算结果如图 9-111 所示。特大肋骨的剖面结构参数与舱段位置的确定是长舱段环肋圆柱壳总体稳定性设计的核心。所以，考虑与理论公式的相对误差时，应先尽可能消除特大肋骨带来的误差。舱段壳体板厚是环肋圆柱壳总体稳定性解析解和仿真解之间相对误差的影响因素之一，由于其变化程度较小且几乎呈线性相关，可通过梯度消除法进行修正。

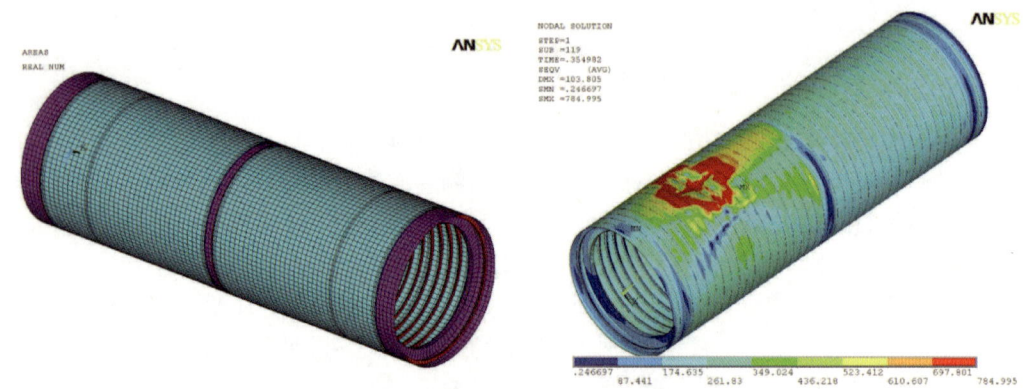

图 9-111 舱段总体失稳计算结果

环肋间距对长舱段耐压圆柱壳的主要贡献是参与整个舱段抵抗失稳变形的过程，其对于总体稳定性解析解与仿真解之间的相对误差影响较小。舱段失稳时的临界塑性压力是 8.81MPa，利用解析公式计算所得的理论临界塑性压力值是 8.58MPa，通过与理论值解的对比，可以说明利用有限元法对圆柱壳屈曲计算的结果是可靠的。

接下来利用 Riks 法进行圆柱壳失稳分析，圆柱壳采用 304 不锈钢材料 $E=176.05\text{GPa}$，$\mu=0.25$，$\sigma_s=323.18\text{MPa}$，几何参数见表 9-41。

分析中，设置外压为 $p_0=1\text{MPa}$，作用在圆柱壳整个外表面，边界条件为：两端周向和径向位移被限制，轴向方向没有约束，即

$$U_1=U_2=U, R_3=0, U_1\neq 0$$

表 9-41 不同长径比圆柱壳尺寸

长径比	壁厚/mm	半径/mm	长度/mm
1	1	50	50
1.5	1	50	75
2	1	50	100
3	1	50	150
4	1	50	200
7	1	50	350

Riks 弧长分析法可以追踪壳体结构的非线性平衡路径，获得壳体结构的载荷-位移曲线，并且可以评估壳体的真实临界失稳压力和后屈曲行为。采用特征值屈曲——Buckle 算法以及

非线性屈曲——弧长分析法进行圆柱壳的屈曲分析。特征值屈曲分析中，进行了不同长径比下的圆柱壳模态分析，将其与理论推导出的最小失稳波数进行了对比，如图 9-112 所示。

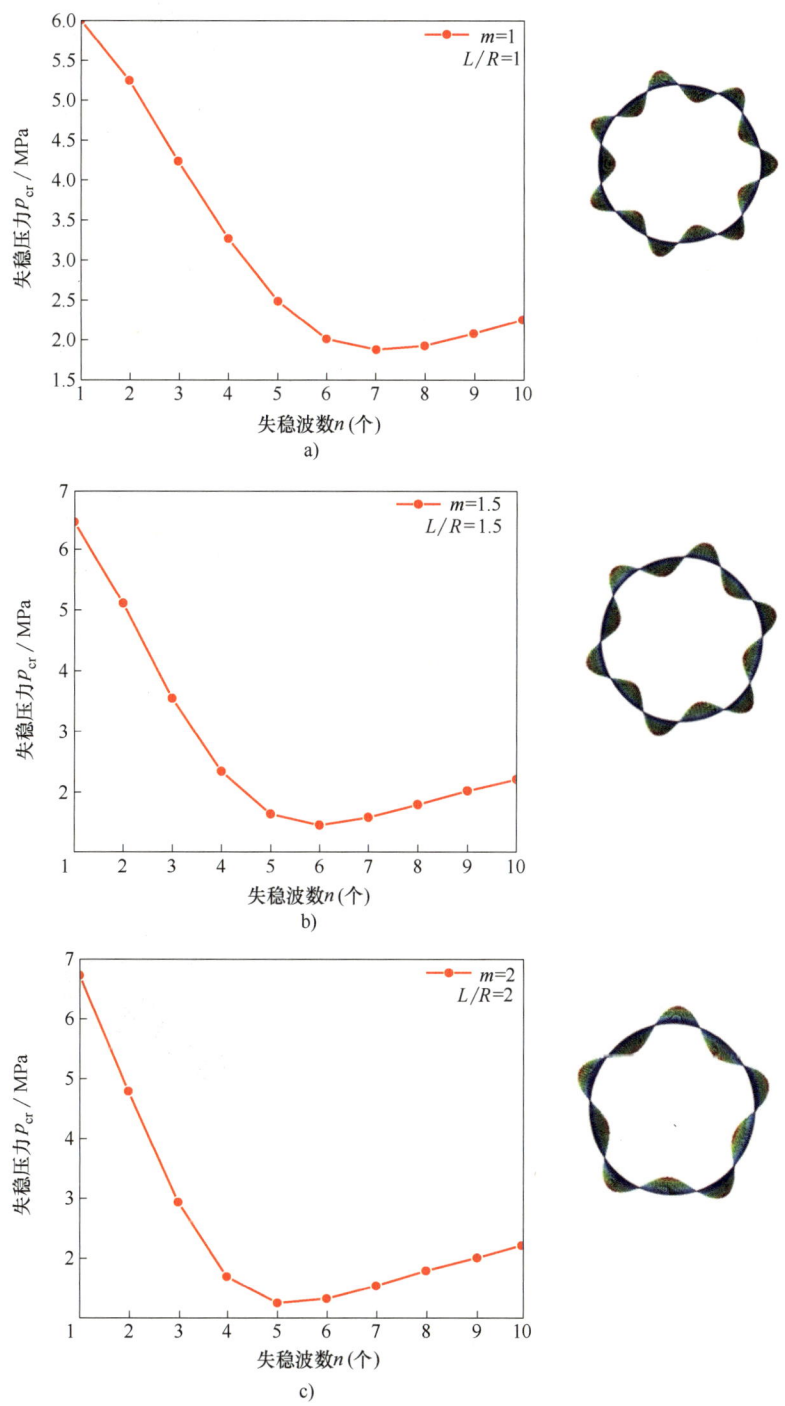

图 9-112　不同长径比下失稳波数对比

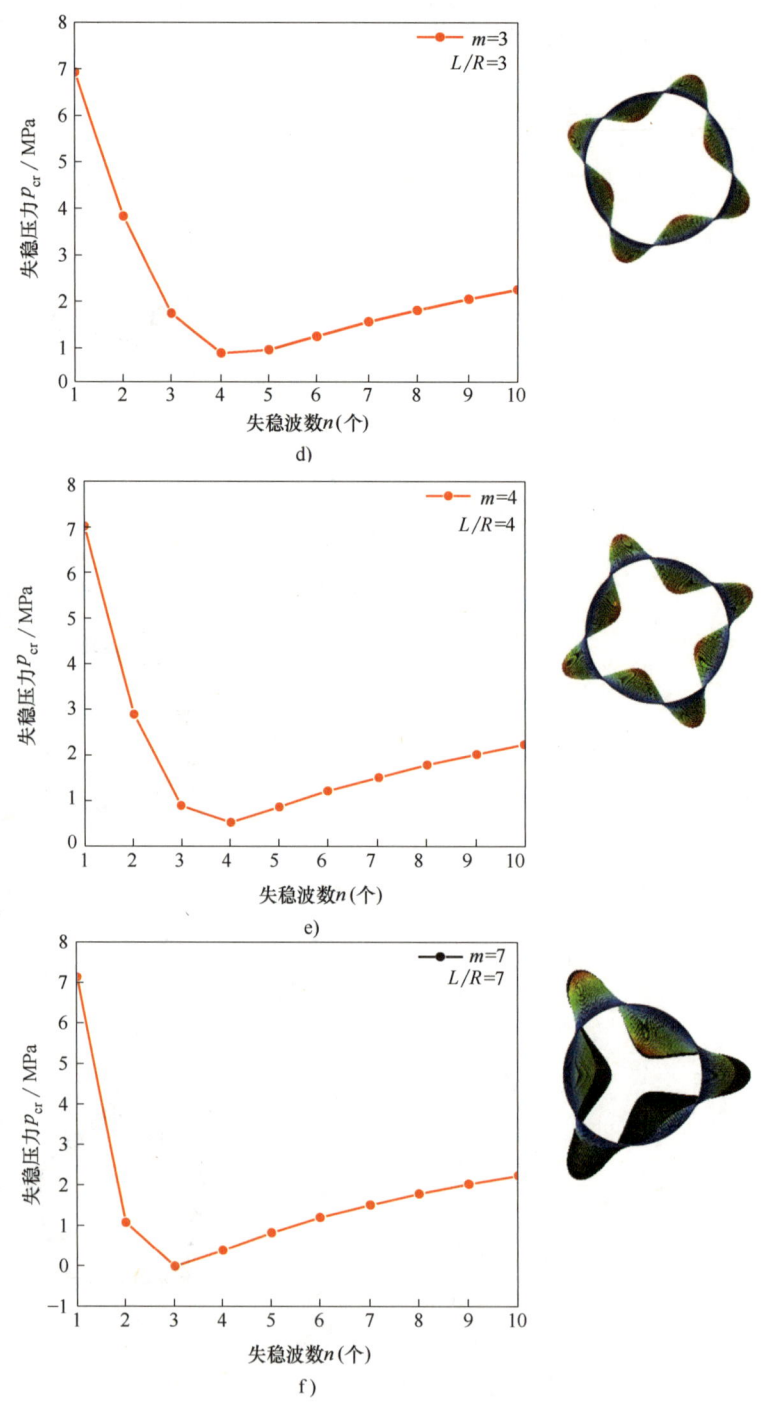

图 9-112 不同长径比下失稳波数对比（续）

对于初始几何缺陷，常将线性屈曲的第一阶本征模态作为最坏几何缺陷引入。对于薄壳结构，缺陷幅值一般取为 1%～10% 的壳体厚度，为了探究不同初始缺陷幅值对临界失稳压力的影响规律，建立不同缺陷值下的圆柱壳模型，进行了有限元验证，结果如图 9-113 所示。其中,横坐标代表不同壁厚百分比下的初始缺陷幅值,纵坐标代表圆柱壳的临界失稳压力。

根据图 9-114 可以看出,随着弧长值的增加,载荷几乎呈线性增加,直至达到临界失稳压力 3.40MPa,超过该峰值,载荷急剧下降,随后缓慢下降。

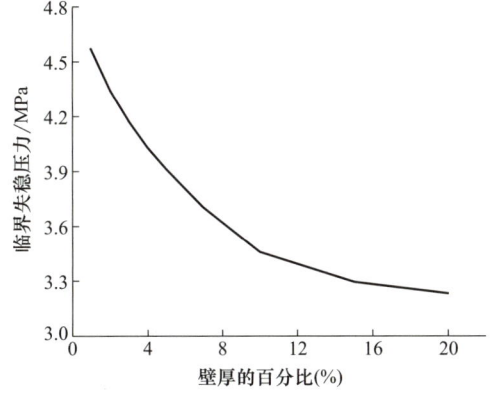 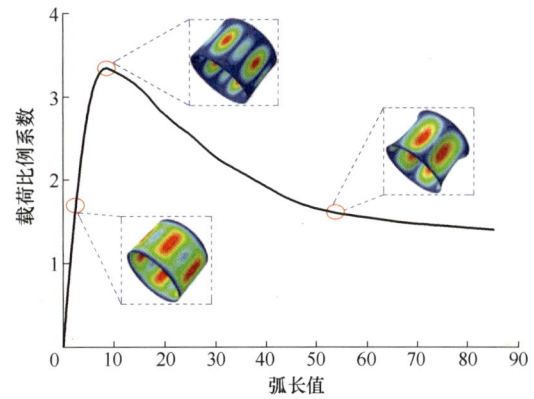

图 9-113　初始缺陷幅值对临界失稳压力的影响　　　图 9-114　圆柱壳的非线性屈曲平衡路径

第 10 章

典型船舶结构力学问题分析实例

10.1 船体结构疲劳损伤强度分析

随着船舶大型化发展以及高强度钢的广泛应用,航行于恶劣海况下船体结构的疲劳强度问题日益成为行业关注的焦点。目前,疲劳强度评估方法主要包含时域疲劳评估方法和频域疲劳评估方法。在对船体结构进行疲劳强度分析的过程中,当考虑载荷非线性时,一般可以采用时域载荷结合雨流计数法的疲劳评估方法;在能方便获取船体结构的应力功率谱密度函数的情况下,一般可以采用频域载荷结合谱分析的方法。

传统的船体结构疲劳强度评估方法一般仅考虑了波浪载荷,而往往忽略了砰击等高频载荷,由于砰击所引起的高频交变应力对大型船舶的疲劳强度具有较大影响,忽略该因素必然会导致高估结构的疲劳寿命,这对船舶的安全航行来说十分不利。因此,为了能够准确预报恶劣海况下的船舶疲劳强度,有必要考虑计及了非线性砰击的载荷对疲劳强度的影响。

10.1.1 疲劳损失强度评估方法

1. 基于非线性时域载荷的损伤计算

对于非线性时域载荷下的结构疲劳损伤,可以基于非线性波浪载荷时域分析方法来计算船体梁垂向波浪弯矩的时间历程,其中包含砰击颤振诱导弯矩的高频分量和波频分量。采用三点雨流计数法获得应力范围和应力均值,然后再计算考核点的长期疲劳累积损伤。如果采用纯时域方法来预报计及砰击的热点应力,虽然计算结果准确但计算量极大,不适合工程应用,故通过三维非线性水弹性方法来计算得到各短期海况下船舶的弯矩时历。基于梁理论按式(10-1)计算得到热点的剖面模数,再按式(10-2)得到计算点的应力时历。

$$W = \frac{I_{yy}}{Z} \tag{10-1}$$

$$\sigma(t) = \frac{M(t)}{W} \tag{10-2}$$

式中,W 为剖面模数;I_{yy} 为热点处结构的垂向惯性矩;Z 为热点与其所在位置垂向中和轴的垂向长度;$M(t)$ 为弯矩时历;$\sigma(t)$ 为应力时历。

使用三点雨流计数法对上述计算得到的热点应力时历进行处理分析,得到应力时历的应力范围和应力均值。由于应力峰值是应力范围的一半,故可以得到各应力范围所对应的应力峰值。因为这样计算的应力范围是根据梁理论得到的,因此还需要对其进行平均应力修正,本章使用 Goodman 方法对应力范围进行修正,修正的原理是把计算所得的应力范围变成应力比为 $R=-1$ 的 S-N 曲线的等效应力范围,等效应力的计算式为

$$S_{eq} = \frac{S}{1-\dfrac{S_m-S/2}{\sigma_b}} = \frac{S}{1-\dfrac{\sigma_{min}}{\sigma_b}} \tag{10-3}$$

式中,S_{eq} 为修正后的等效应力范围;S、S_m 分别为通过雨流计数得到的应力范围与应力均值;σ_b 为材料的抗拉极限;σ_{min} 为应力范围的最小值。

得到修正的等效应力范围后,便可根据 Miner 线性累积损伤理论,按照装载、浪向、各海况概率将短期损伤予以加权从而得到长期损伤度 D,即

$$D = T\sum_{n=1}^{n_l}\sum_{j=1}^{n_s}\sum_{i=1}^{n_h} p_n p_j p_i d_t \tag{10-4}$$

$$d_t = \sum_{k=1}^{n} \frac{1}{N(S_k)} \tag{10-5}$$

式中,p_n 为第 n 个装载的时间分配系数;p_i 为第 i 个海况出现的概率;p_j 为第 j 个航向出现的概率;d_t 为单位时间内第 n 个装载工况、第 i 个海况和第 j 个浪向角的疲劳损伤度;S_k 为第 k 个应力循环的应力范围;n_l、n_s 和 n_h 分别为装载工况总数、海况总数和浪向总数;T 为计算疲劳寿命;$N(S_k)$ 为相应条件下第 k 个应力范围 S_k 的疲劳失效循环次数。

2. 基于线性频域载荷下的疲劳谱分析

对于线性频域载荷下结构的疲劳损伤,其基本的思路是基于线性水弹性理论和谱分析方法,先计算船体梁的垂向波浪弯矩,然后再与谱分析方法相结合,计算得到结构的疲劳损伤度。本章使用波浪载荷计算软件 COMPASS-WALCS-BASIC 得到船体运动响应和湿表面网格的水动压力响应,通过将其加载到船体有限元模型上,计算获得应力响应。应力响应与规则波的波幅之比就是对应浪向角和圆频率条件下的应力响应传递函数,即谱分析计算所用的应力幅值。

假设波浪与船舶航向之间的夹角 θ 所对应的传递函数为 $H(\omega_e, \theta)$,波能谱为国际船舶与结构大会 ISSC 提供的改进的 P-M 谱,则应力的功率谱密度可以写为

$$G_{XX}(\omega_e) = \int_{-\frac{\pi}{2}}^{\frac{\pi}{2}} f(\beta) [H_\sigma(\omega_e, \theta-\beta)]^2 G_{\eta\eta}(\omega_e) d\beta \tag{10-6}$$

式中,ω_e 为遭遇频率;$G_{\eta\eta}(\omega_e)$ 为遭遇频率下的应力响应谱;H_σ 为遭遇频率下应力响应传递函数;θ 为浪向角;$f(\beta)$ 为波浪扩散函数,β 为相应角度,这里 ISSC 推荐的波浪扩散公式如下:

$$f(\beta) = \frac{2}{\pi}\cos^2(\beta) \tag{10-7}$$

定义 m_0,m_2 分别为功率谱密度的零阶矩与二阶矩,则由随机过程原理可知,此时平均跨零率 f_0 为

$$f_0 = \frac{1}{2\pi}\sqrt{\frac{m_2}{m_0}} \tag{10-8}$$

假设应力循环为窄带高斯过程,一个跨零均值对应一个应力峰值。因此,可以假设应力

范围 S 和应力峰值 y 的关系为

$$y = \frac{S}{2} \tag{10-9}$$

应力范围的概率密度函数为

$$f_s(S) = \frac{S}{4m_0}\exp\left(-\frac{S^2}{8m_0}\right), \quad 0 \leqslant S < +\infty \tag{10-10}$$

假设所计算的船舶在第 i 海况和第 j 航向的航向时间为 T_{ij},则在 T_{ij} 时间中的损伤度 D_{ij} 为

$$D_{ij} = \frac{T_{ij}f_{0ij}}{A}\int_0^{+\infty} S^m f_{Sij}(S)\,\mathrm{d}S \tag{10-11}$$

式中,f_{0ij} 为短期海况应力交变过程的平均跨零率;$T_{ij}f_{0ij}$ 为航行状态时间内的应力范围循环次数;$f_{Sij}(S)$ 为短期应力范围分布;A 和 m 为 S-N 曲线的常数。

对于设计寿命内的总损伤度 D,可以通过对各短期分布所得的所有疲劳损伤的加权求和来获得,具体公式如下:

$$D_{ij} = \frac{\delta \cdot T_d}{\bar{a}}\Gamma\left(1+\frac{m}{2}\right)\sum_{n=1}^{N_{\text{load}}} p_n \cdot \sum_{i=1}^{n_s}\sum_{j=1}^{n_h} p_i p_j \nu_{ijn}(2\sqrt{2m_{0ijn}})^m \tag{10-12}$$

式中,δ 为在航率系数;T_d 为船舶的设计疲劳寿命(s);$\bar{a}$,m 为 S-N 曲线的 2 个参数;$\Gamma(1+m/2)$ 为伽马函数;m_{0ijn} 为各短期分布的应力响应谱零阶矩;p_n 为第 n 个装载的时间分配系数;p_i 为第 i 个海况出现的概率;p_j 为第 j 个航向出现的概率;ν_{ijn} 为各短期海况下的应力响应跨零率,N_{load}、n_s 和 n_h 分别为装载工况总数、海况总数和浪向总数。

3. 基于非线性时域载荷的疲劳谱分析计算

对于考虑砰击载荷的船舶疲劳寿命分析,若仅用梁理论方法,则其对热点的疲劳评估不如谱分析法准确;而谱分析法仅针对线性载荷,无法计及砰击载荷,若仅用该方法则不如梁理论方法考虑的全面。因此,本章将非线性载荷的时域计算与线性频域的谱分析方法相结合,提出一种计及砰击的谱分析计算方法。

首先,使用三维非线性水弹性软件 COMPASS-WALCS-NE,基于梁理论分析得到各短期海况下船舶的应力时历;然后,通过雨流计数法和 S-N 曲线计算得到各考核点的损伤;接着,参考中国船级社(CCS)的疲劳评估指南计算得到计及砰击的非线性载荷对疲劳损伤的贡献度及影响系数;最后,结合谱分析法,修正对应的应力响应传递函数并计算应力谱,最终得到计及砰击的疲劳损伤。计及砰击载荷的疲劳评估流程如图 10-1 所示。

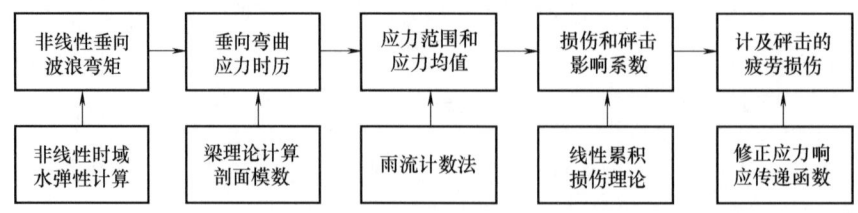

图 10-1 计及砰击载荷的疲劳评估流程

按照上述内容,可分别计算出含砰击弯矩与不含砰击弯矩所造成的损伤度,然后按照 CCS 指南,即可得到计及砰击的非线性贡献度 α_{WS} 和影响系数 f_{ews}^m,即

$$\alpha_{\mathrm{WS}} = \frac{D_{\mathrm{total},t}}{D_{\mathrm{wave},t}} - 1 \tag{10-13}$$

$$\alpha_{\mathrm{WS}} = f_{\mathrm{ews}}^m \frac{\Gamma\left(1+\frac{m}{\xi}\right) - \Gamma\left(1+\frac{m}{\xi}, \nu_{\mathrm{tws}}\right) + \nu_{\mathrm{tws}}^{-\left(\frac{\Delta m}{\xi}\right)} \cdot \Gamma\left(1+\frac{m+\Delta m}{\xi}, \nu_{\mathrm{tws}}\right)}{\Gamma\left(1+\frac{m}{\xi}\right) - \Gamma\left(1+\frac{m}{\xi}, \nu_{\mathrm{ws}}\right) + \nu_{\mathrm{ws}}^{-\left(\frac{\Delta m}{\xi}\right)} \cdot \Gamma\left(1+\frac{m+\Delta m}{\xi}, \nu_{\mathrm{ws}}\right)} - 1 \tag{10-14}$$

式中，ξ 为威布尔（Weibull）形状参数，其值取 1；$D_{\mathrm{wave},t}$ 为由垂向波浪弯矩波频分量应力响应产生的疲劳累积损伤；$D_{\mathrm{total},t}$ 为由垂向波浪总弯矩应力响应产生的疲劳累积损伤度；ν_{tws}、ν_{ws} 的表达式分别为

$$\nu_{\mathrm{tws}} = \left(\frac{S_Q}{f_{\mathrm{ews}} \Delta\sigma_{\mathrm{HG,WV}}}\right)^\xi \ln N_R \tag{10-15}$$

$$\nu_{\mathrm{ws}} = \left(\frac{S_Q}{\Delta\sigma_{\mathrm{HG,WV}}}\right)^\xi \ln N_R \tag{10-16}$$

式中，S_Q 为应力循环的应力范围；N_R 为应力范围的疲劳失效循环次数；$\Delta\sigma_{\mathrm{HG,WV}}$ 为船体梁垂向波浪弯矩产生的应力范围。

在 CCS 指南中，影响系数 f_{ews}^m 在简化计算中是用于修正船体的垂向波浪弯矩，但简化计算法没有谱分析法精确，而在谱分析计算中，载荷是通过各浪向角各频率的规则波来具体表示的，垂向波浪弯矩不能直接体现在其中。又因波浪弯矩和应力呈线性关系，所以可以通过修正对应浪向的单位波幅规则波，即用影响系数修正对应的应力响应传递函数来计算出应力谱，从而得到计及砰击的疲劳损伤。由此，可实现在通过谱分析法计算损伤的同时又能考虑砰击效应的影响这一目标。修正后的应力谱公式如下：

$$S_\sigma(\omega_e | H_S, T_Z, \theta, L_o) = |f_{\mathrm{ews},\theta} \cdot H_\sigma(\omega | \theta, L_o)|^2 g \cdot S_\eta(\omega | H_S, T_Z) \left|1 - \frac{2\omega V \cos\theta}{g}\right|^{-1} \tag{10-17}$$

式中，S_σ 为应力的功率谱密度；S_η 为波浪谱；ω_e 为波浪遭遇频率；ω 为波浪圆频率；H_S 为有义波高；T_Z 为跨零周期；L_o 为装载工况；H_σ 为应力响应传递函数；V 为航速；g 为重力加速度；$f_{\mathrm{ews},\theta}$ 为非线性影响系数，其具体数值可分为 2 种情况，当计算的浪向角不计及砰击时，$f_{\mathrm{ews},\theta}=1$，当计算的浪向角需要计及砰击时，使用式（10-13）~式（10-16）即可计算得到。

10.1.2 疲劳损失强度分析模型

现以一艘约长 250m 的某型船为例，来进行非线性砰击载荷的疲劳损伤计算。表 10-1 和表 10-2 所示分别为该船疲劳热点位置以及疲劳损伤计算的基本参数。

表 10-1 某船疲劳热点位置

热点编号	热点所在位置
Hotspot01	345 号肋位、横舱壁、06 甲板与纵舱壁三者交点处
Hotspot02	345 号肋位、横舱壁、03 甲板与纵舱壁三者交点处
Hotspot03	262 号肋位、横舱壁、07 甲板与纵舱壁三者交点处

(续)

热点编号	热点所在位置
Hotspot04	208号肋位,03甲板左舷右侧舱口角隅处
Hotspot05	136号肋位,上层建筑左端部和03甲板交点处
Hotspot06	137号肋位,02甲板左端上建折角处
Hotspot07	60号肋位,04甲板横梁和横舱壁交点处
Hotspot08	52号肋位,横舱壁和03甲板与纵舱壁交点处
Hotspot09	234号肋位,03甲板下横梁和横舱壁交点处
Hotspot10	222号肋位,横舱壁和04甲板与左侧距船中1000mm纵舱壁交点处

表10-2 疲劳损伤计算的基本参数

参数	数值	参数	数值
装载工况	满载	海况	北大西洋海况
浪向角/(°)	0,30,60	海浪谱	双参数P-M谱
波浪圆频率/(rad·s^{-1})	0~2.5(间隔频率为0.01)	设计寿命(年)	50

该船所使用高强度钢的屈服极限为550MPa,而CCS提供的S-N曲线只适用于屈服极限小于400MPa的钢材,故采用疲劳实验所得到的S-N曲线进行疲劳损伤计算。S-N曲线主要修正了自由边的C曲线和双面全焊透对接焊缝的E曲线。对于焊接节点,疲劳强度评估采用D曲线,对于母材自由边,疲劳强度评估采用C曲线,K、S_q分别为S-N曲线常数和两线段交点处的应力范围值,实验所得的S-N曲线见表10-3。

表10-3 实验S-N曲线参数

S-N曲线	K	S_q
C	$4.68×10^{12}$	77.62
D	$1.52×10^{12}$	53.37
E	$1.28×10^{12}$	50.43

在计算垂向波浪弯矩时,需要选用适合的波浪频率范围,既要包含对砰击影响较大的海况,又不能因计算过多的工况而影响工作效率。参考CCS指南,选取频率范围0.1~2.5rad/s,该频率范围包含绝大部分的波浪频率。另外在计算时,还应对频率间隔进行适当的加密以保证结果的准确性,因此频率步长采用0.01rad/s,此时频率的计算总数量为241个。

10.1.3 基于时域雨流计数法和梁理论的疲劳损伤计算

根据全浪向下计及砰击疲劳损伤结果的计算可知,砰击在浪向角$\theta=0°$、30°、60°、300°和330°时对疲劳损伤的影响最大,其余浪向角下的影响则不大,而且由于是基于梁理论进行的计算,可假设船体为左右对称,因此本节只计算$\theta=0°$、30°、60°浪向角下的垂向波浪弯矩时历结果,但航向的发生概率需全航向等概率确定。最后,再由30°和60°的结果对称得到300°与330°浪向角下的时历结果。

根据以上计算参数和相关公式,可计算出计及砰击和不计及砰击的垂向波浪弯矩时历及应力时历,而由式(10-1)和式(10-2)计算得出的弯矩和应力时历可知,同一个计算点在相同海况(H_s = 9.5m,T_z = 5.5s)下的应力时历和弯矩时历完全呈线性关系,故此处仅截取了部分海况的弯矩时历,如图10-2和图10-3所示。图10-2中的3600s是规定的1h时间历程,图10-3所示是将图10-2中的时间历程截取一部分显示的数据。

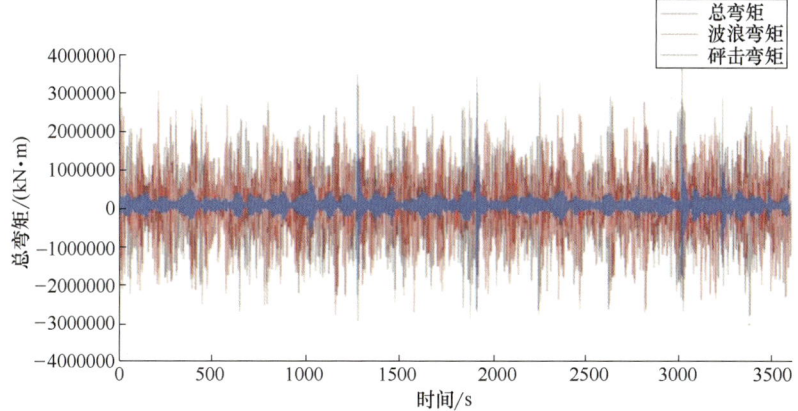

图 10-2 船舯剖面弯矩时历 (0~3600s)

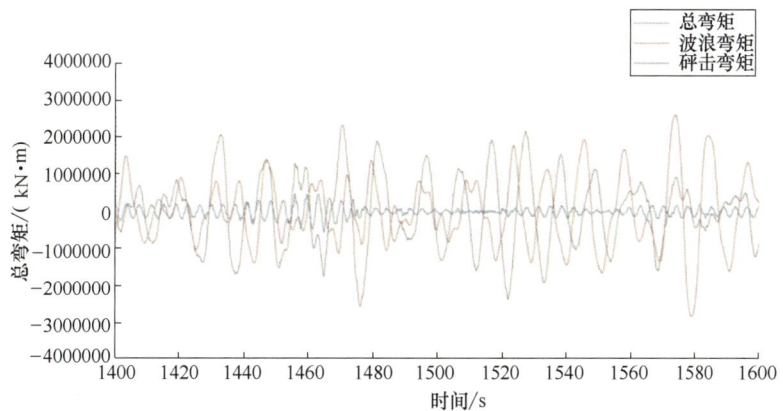

图 10-3 船舯剖面弯矩时历 (1400~1600s)

基于 S-N 曲线以及应力范围结果,可得出各热点在北大西洋海况散点图中的损伤结果,然后再根据各海况的发生概率对其进行加权求和,可得到每个热点在3600s时间历程中的疲劳损伤度,随后再根据船舶的设计航行概率、设计寿命和在航率,即可计算出算例船的各热点在计及和不计及砰击时的垂向波浪弯矩诱导损伤度,以及非线性贡献度和影响系数。

根据贡献度公式,可计算出计及砰击的垂向波浪弯矩疲劳损伤的贡献度及其影响系数,各热点在3600s时间历程内所有海况下的疲劳损伤度以及非线性贡献度见表10-4。

表 10-4 各热点的疲劳损伤度与非线性贡献度

热点编号	波频分量的 疲劳损伤度	计及砰击的 总损伤度	非线性贡献度	非线性影响系数
Hotspot01	3.40×10^{-12}	5.58×10^{-12}	0.642	1.104

(续)

热点编号	波频分量的疲劳损伤度	计及砰击的总损伤度	非线性贡献度	非线性影响系数
Hotspot02	5.27×10^{-9}	8.82×10^{-9}	0.674	1.171
Hotspot03	1.10×10^{-1}	1.80×10^{-1}	0.640	1.147
Hotspot04	3.48×10^{-7}	5.83×10^{-7}	0.672	1.167
Hotspot05	3.08×10^{-8}	5.47×10^{-8}	0.775	1.215
Hotspot06	3.96×10^{-8}	6.90×10^{-8}	0.744	1.216
Hotspot07	3.00×10^{-9}	5.69×10^{-9}	0.895	1.255
Hotspot08	2.00×10^{-8}	3.70×10^{-8}	0.847	1.296
Hotspot09	7.39×10^{-8}	1.27×10^{-7}	0.718	1.148
Hotspot10	1.21×10^{-7}	2.07×10^{-7}	0.703	1.152

在采用简化计算对船疲劳热点进行疲劳强度评估时，按照简化计算方法，可用非线性影响系数对波浪弯矩进行修正。通常，需要计算以下外载荷：船体梁载荷、海水动压力，以及由全船运动引起的舱内货物动压力。由于筛选的疲劳热点没有处于船底至舷侧位置的结构，因此本章不计算海水的动压力，只计算梁载荷和货物动压力这两个外载荷。具体的计算公式和规定详见中国船级社指南。由于本章选取的 10 个考核点不止位于纵骨位置处，所以应力集中系数不能简单地根据规范给定的数值来计算，本章采用的方法是，通过热点应力和名义应力的比值来得到应力集中系数。

根据上述内容，即可得到由 CCS 规范所得的计及砰击的损伤度，具体见表 10-5。

表 10-5　时域结合梁理论法计算所得损伤

热点编号	非线性影响系数	应力集中系数	计及砰击的损伤度
Hotspot01	1.104	1.454	0.172
Hotspot02	1.171	1.312	0.087
Hotspot03	1.147	1.453	0.180
Hotspot04	1.167	4.644	0.617
Hotspot05	1.215	1.384	0.107
Hotspot06	1.216	1.305	0.132
Hotspot07	1.255	1.336	0.107
Hotspot08	1.296	1.152	0.408
Hotspot09	1.148	1.251	0.050
Hotspot10	1.152	1.819	0.292

10.1.4　基于频域谱分析法及砰击修正的疲劳损伤计算

计及砰击载荷的疲劳谱分析的基本思路是：首先进行线性频域的载荷计算，得到遭遇频率下应力响应传递函数，再利用砰击影响系数对应力响应传递函数进行修正。对于线性疲劳载荷，需要先计算水动压力和惯性力，然后根据确定的装载工况，利用三维水弹性波浪载荷软件，得到不同浪向和不同频率线性规则波下，整船在6个自由度的运动响应、局部考核点的加速度，以及船壳水线面以下的水动压力。接着，利用MSC/NASTRAN软件建立整船结构的有限元模型，并使模型在达到平衡条件和边界条件后进行加载，得到各装载、浪向、频率工况下模型的应力响应，再由插值法获取主应力响应的传递函数。最后，通过谱分析法计算考核点的疲劳损伤度与寿命。

算例船的在航率为0.75，其装载工况有压载和满载两种，时间分配系数均为0.5。在两种装载工况下，因船体在谱分析计算过程中的波浪载荷及结构响应均不相同，故应分别计算出各装载工况所对应时间分配系数的疲劳损伤度。由线性损伤累计理论，得到总损伤度为压载和满载工况下的损伤分别乘以相应的时间分配系数加和之后再乘以在航率，具体如下：

$$D = (D_B T_B + D_F T_F) f \tag{10-18}$$

式中，D_B 和 D_F 分别为压载和满载的损伤；T_B 和 T_F 分别为压载和满载的时间分配系数；f 为在航率。

根据疲劳规范，进行疲劳计算时计算航速取最大航速的75%时损伤最大，此时，算例船的计算航速为16kn（1kn=1海里/h=1.852km/h）。浪向角 θ 取为0°~330°，间隔为30°，一共12个浪向。船长约等于波长时所受的应力最大，算例船的计算船长为250m，根据频率-波长公式，波浪频率约为0.5时波长与船长大致相等。因此，波浪频率可以取为0.1~2.0rad/s，原则上以0.1为间隔。波浪载荷响应计算参数见表10-6。

表10-6 波浪载荷响应计算参数

参数	数值
计算航速/kn	16
计算浪向角/(°)	0,30,60,90,120,150,180,210,240,270,300,330
各航向出现的概率	1/12
计算波浪圆频率/(rad·s^{-1})	0.1,0.2,0.3,0.4,0.5,0.6,0.7,0.8,0.9,1.0,1.1,1.2,1.3,1.4,1.5,1.6,1.7,1.8,1.9,2.0

完成波浪载荷的选取后，通过三维波浪载荷计算软件WALCS，可获得各规则波6个自由度的运动响应、主要剖面载荷、水动压力等载荷成分。将上述载荷施加到细化后的有限元模型上后，可计算得到各工况的热点应力，再根据插值和主应力计算得到最大主应力（对应浪向角45°时主应力达到最大值），即可得到各热点的应力响应传递函数。

根据式（10-6）得到应力响应谱后，采用谱分析法计算的考核点的疲劳损伤结果见表10-7。

表10-7 算例船谱分析评估结果

热点编号	压载疲劳累积损伤度	满载疲劳累积损伤度	总损伤度
Hotspot01	0.105	0.116	0.221
Hotspot02	0.075	0.084	0.160
Hotspot03	0.093	0.125	0.217

（续）

热点编号	压载疲劳累积损伤度	满载疲劳累积损伤度	总损伤度
Hotspot04	0.317	0.355	0.671
Hotspot05	0.085	0.095	0.179
Hotspot06	0.075	0.090	0.165
Hotspot07	0.063	0.071	0.134
Hotspot08	0.156	0.175	0.331
Hotspot09	0.085	0.110	0.194
Hotspot10	0.273	0.305	0.578

要对砰击进行修正，首先需计算出各浪向角的影响系数，然后再对应力响应传递函数进行修正，随后按照上述谱分析法求得计及砰击的疲劳损伤。

根据贡献度公式以及 10.1.2 小节的计算步骤，计算出各热点在 3600s 时间历程内在 $\theta = 0°$、$30°$、$60°$ 时的砰击影响系数见表 10-8。其中，$\theta = 300°$ 时的结果与 $\theta = 60°$ 时的相同，$\theta = 330°$ 时的结果与 $\theta = 30°$ 时的相同。

表 10-8 各工况下各热点砰击影响系数

热点编号	砰击影响系数		
	$\theta = 0°$	$\theta = 30°$	$\theta = 60°$
Hotspot01	1.129	1.110	1.079
Hotspot02	1.215	1.175	1.123
Hotspot03	1.131	1.092	1.084
Hotspot04	1.207	1.169	1.058
Hotspot05	1.247	1.199	1.107
Hotspot06	1.252	1.201	1.112
Hotspot07	1.263	1.210	1.144
Hotspot08	1.300	1.245	1.160
Hotspot09	1.188	1.126	1.097
Hotspot10	1.181	1.139	1.113

将每个热点的 5 个砰击影响系数代入各自的应力响应传递函数以后，可得到砰击修正后的满载工况下的应力响应传递函数，随后，再根据谱分析法计算得到修正后的计及砰击影响的船舶疲劳损伤度。各热点的疲劳损伤度和砰击影响系数见表 10-9。

表 10-9 各热点的疲劳损伤度和砰击影响系数

热点编号	压载工况下的疲劳损伤度	满载工况下的疲劳损伤度	不考虑砰击的总损伤度	计及砰击的总损伤度	砰击影响系数
Hotspot01	0.105	0.116	0.221	0.260	1.18
Hotspot02	0.075	0.084	0.160	0.194	1.21

（续）

热点编号	压载工况下的疲劳损伤度	满载工况下的疲劳损伤度	不考虑砰击的总损伤度	计及砰击的总损伤度	砰击影响系数
Hotspot03	0.093	0.125	0.217	0.238	1.10
Hotspot04	0.317	0.355	0.671	0.770	1.15
Hotspot05	0.085	0.095	0.179	0.192	1.07
Hotspot06	0.075	0.090	0.165	0.200	1.21
Hotspot07	0.063	0.071	0.134	0.208	1.55
Hotspot08	0.156	0.175	0.331	0.429	1.30
Hotspot09	0.085	0.110	0.194	0.223	1.15
Hotspot10	0.273	0.305	0.578	0.663	1.15

10.1.5 疲劳损伤强度分析结果

由10.1.3小节和10.1.4小节的损伤度计算结果可以发现，Hotspot04，Hotspot10的疲劳损伤度较大。这是因为Hotspot04的结构形式为大型船舶主甲板的大开口角隅结构，Hotspot10的结构形式为舯位置压载舱底部、横舱壁和纵舱壁三者交接的结构，这两个位置都是突变比较明显的结构，容易发生应力集中。按照10.1.3小节和10.1.4小节的计算，相同设计寿命下的损伤值见表10-10。

表10-10 时域雨流计数法和频域谱分析法的疲劳损伤度

热点编号	未计及砰击的损伤度		计及砰击的损伤度		砰击影响系数	
	时域雨流计数法	频域谱分析法	时域雨流计数法	频域谱分析法	时域雨流计数法	频域谱分析法
Hotspot01	0.156	0.221	0.172	0.260	1.103	1.176
Hotspot02	0.074	0.16	0.087	0.194	1.176	1.213
Hotspot03	0.157	0.217	0.180	0.238	1.146	1.097
Hotspot04	0.529	0.671	0.617	0.770	1.166	1.148
Hotspot05	0.088	0.179	0.107	0.192	1.216	1.073
Hotspot06	0.109	0.165	0.132	0.200	1.211	1.212
Hotspot07	0.085	0.134	0.107	0.208	1.259	1.552
Hotspot08	0.315	0.331	0.408	0.429	1.295	1.296
Hotspot09	0.044	0.194	0.050	0.223	1.136	1.149
Hotspot10	0.253	0.578	0.292	0.663	1.154	1.147

10.1.3小节是采用时域载荷结合梁理论的方式进行的计算，而采用梁理论计算热点应力时，仅考虑了热点位于剖面的位置，并没有考虑热点处具体的结构，所以其误差相对于10.1.4小节的谱分析结合有限元法来说误差较大，整体损伤度均偏小。通过对比采用两种

方法分别计算得到的砰击影响系数，可以看出两者相差不大，说明无论是哪种方法，砰击发生的概率和影响比例均一样，也说明本章提出的计及砰击的直接计算方法是可行的。由于谱分析法相比梁理论计算考虑得更全面，计算更精准，所以按本章方法计算的计及砰击载荷的疲劳损伤度相比雨流计数法结合梁理论的更为准确。

通过与线性谱分析计算结果的比较发现：

1) 在计及砰击载荷的情况下，各热点的疲劳损伤度的增加 10%~50%，影响较大，因此在进行舰船疲劳强度评估时，砰击载荷不可忽略。

2) 不同的部位受到的砰击载荷和计算出的损伤度不同，产生差异的原因除了沿船长方向的位置不同外，还跟热点处的结构不同有关。

3) 采用常规算法和本章算法所得砰击影响系数相差不大，说明无论是哪种方法，砰击发生的概率和影响比例都一样，也说明本章提出的计及砰击载荷的直接计算方法可行。

4) 本章计算方法可应用于各种砰击载荷严重的船型以及全船所有节点，可以在提高计算精确度的同时节省计算时长和复杂度，但因在计算砰击影响系数时采用了梁理论，会带来一定的误差，所以后续建议采用有限元法来计算应力时历，从而得出影响系数。

10.2 半潜式钻井平台结构力学问题分析实例

深水钻井装备是勘探开发深海油气资源的关键，也是制约我国石油公司进军深海的主要瓶颈之一。目前世界主流的深水钻井装置有半潜式钻井平台和钻井船两种。相对于钻井船，半潜式钻井平台下浮体潜入水中，甲板处于水上安全高度，水线面面积小，受波浪影响小，稳定性和运动性能好，适应海域广，是应用最广泛的深水钻井装置。

10.2.1 半潜式钻井平台的发展概述

半潜式钻井平台，又称立柱稳定式钻井平台，是从坐底式钻井平台演变而来的。主体结构由上层平台（Deck Box）、浮箱或下浮体（Pontoon）、撑杆及立柱（Column）等三大部分组成。半潜式钻井平台仅少数立柱暴露在波浪环境中，抗风暴能力强，稳定性等安全性能良好。一般深海半潜式平台都能生存于百年一遇的海况条件，适应风速达 100~120kn，波高达 16~32m，流速达 2~4kn。半潜式钻井平台在波浪中的运动响应较小，钻井作业稳定性好，在作业海况下其运动幅值可为升沉±1m，摇摆±2°，漂移为水深的 1/20。随着动力配置能力的增大和动力定位技术的新发展，半潜式钻井平台进一步适应更深海域的恶劣海况，甚至可达全球全天候的工作能力。

1961 年，Bluewater 钻井公司对 "蓝水 1 号" 坐底式钻井平台进行了改造，在原有基础上加装了一些立柱，这就是世界上第一座半潜式钻井平台的雏形。第一代半潜式钻井平台如图 10-4 所示。

第二代半潜式钻井平台工作水深达 300~500m，钻深达 7000m，甲板可变载荷 2700~3600t，如图 10-5 所示。

第三代半潜式钻井平台开始向深水发展，工作水深达 500~1500m，钻深达 7000~9000m，甲板可变载荷 3600~4500t，如图 10-6 所示。

图 10-4 第一代半潜式钻井平台

a）蓝水 1 号 b）海洋钻井者号

图 10-5 第二代半潜式钻井平台

a）吉姆·汤普森号 b）Nabhai Ⅱ 号

图 10-6 第三代半潜式钻井平台

a）自豪委内瑞拉号 b）Aker H-3 增强型

第四代半潜式钻井平台开始向超深水发展，工作水深在 1500~2500m，钻深达 9000~10000m，甲板可变载荷 4500~6000t，如图 10-7 所示。

图 10-7　第四代半潜式钻井平台

a）杰克·贝茨号　b）Transocean 理查森号

第五代半潜式钻井平台出现了超深水平台，工作水深在 2500~3000m，钻深达 10000~12000m，甲板可变载荷 6000~10000t，如图 10-8 所示。

图 10-8　第五代半潜式钻井平台

a）GSF 开发的钻井平台 Ⅰ & Ⅱ 号　b）西方创业号

第六代半潜式钻井平台，工作水深超过 3000m，钻深可超过 12000m，甲板可变载荷超过 10000t，作业系统高度自动化、智能化，并出现了全液压钻井（RAMRIG）的配置，因此被称为智能型超深水半潜式平台，如图 10-9 所示。2008 年 4 月 28 日，我国首座自主设计、建造的第六代深水半潜式钻井平台 "海洋石油 981" 开工建造，2012 年 5 月 9 日在南海海域正式开钻，如图 10-9 所示。该平台由中国海洋石油总公司全额投资建造，并由中国船舶工业集团公司第七〇八研究所设计、上海外高桥造船有限公司承建、中海油服租赁并运营管理。该平台整合了全球一流的设计理念和一流的装备，最大作业水深 3000m，最大钻井深度可达 10000m，是世界上首次按照南海恶劣海况设计的，能抵御 200 年一遇的台风。该平台的建成，标志着我国在海洋工程装备领域已经具备了自主研发能力和国际竞争能力。

第七代半潜式钻井平台，工作水深超过 3600m，钻深可超过 15000m，甲板可变载荷超过 12000t，作业系统自动化和智能化程度比第六代更高。2017 年 2 月 13 日，由中集来福士海洋工程有限公司建造的超深水双钻塔半潜式钻井平台 "蓝鲸 1 号" 在山东烟台交付，如

图 10-9 第六代半潜式钻井平台

a) 梅纳石油 b) 海洋石油 981 平台

图 10-10 所示。作为最先进的第七代半潜式钻井平台,该平台长 117m,宽 92.7m,高 118m,最大作业水深 3658m,最大钻井深度 15240m,可以在全球 95% 的海域作业。与传统单钻塔平台相比,"蓝鲸 1 号"配置了高效的液压双钻塔和全球领先的 DP3 闭环动力管理系统,可提升 30% 作业效率,节省 10% 的燃料消耗。2017 年 5 月,"蓝鲸 1 号"在南海首次实现可燃冰试采,产气总量超过 30 万 m^3,产气时长、产气总量双双打破世界纪录,向全世界展示了"大国重器"的实力。2019 年 9 月,"蓝鲸 1 号"的姊妹船"蓝鲸 2 号"完成建造并命名,在试航中完成了国内首次 DP3 操作模式下的电力系统的闭环试验,实现了海洋工程能源及动力系统优化的重大突破。2020 年 3 月,"蓝鲸 2 号"在水深 1225m 的南海神狐海域顺利开展第二轮可燃冰试采任务,创造了"产气总量 86.14 万 m^3,日均产气量 2.87 万 m^3"两项新的世界纪录,攻克了深海浅软地层水平井钻采核心技术。"蓝鲸 1 号"和"蓝鲸 2 号"代表了当今世界海洋钻井平台设计建造的最高水平,将我国深水油气勘探开发能力带入世界先进行列。

比较第一代半潜式钻井平台到第七代超深水智能型半潜式钻井平台,可以发现其技术特点和发展趋势有:工作水深显著增加、适应更恶劣海域、可变载荷增大、外形结构趋于简化、高强度钢大量采用、装备先进化和多功能系列化等。

图 10-10 第七代半潜式钻井平台

a) 蓝鲸 1 号 b) 蓝鲸 2 号

10.2.2 半潜式钻井平台的总强度评估

半潜式钻井平台在海上作业时往往会遭遇危险海况，结构总强度是保障半潜式平台安全运行的重要指标之一。目前，工程上认可的较先进的半潜式钻井平台结构总强度评估方法是基于直接计算的评估方法，即平台载荷采用三维势流理论程序计算，结构的应力状态采用结构总体有限元模型计算。

1. 计算模型

（1）目标半潜式钻井平台主尺度（见表10-11）

表 10-11 目标半潜式钻井平台的主尺度

结构	类型	尺寸/m
主甲板	长	90.22
	宽	73.46
	高	39.62
纵向浮筒	长	89.93
	宽	15.24
	高	6.40
横向浮筒	宽	6.40
	高	3.66
角立柱	直径	9.14
中间立柱	直径	5.49
工作吃水		22.86

目标半潜式钻井平台为八立柱双浮体结构，设有平台甲板主体，2个平行的纵向浮筒，连接纵向浮筒的横向浮筒，四角为直径9.14m的立柱，中间为四个直径5.5m的立柱，在立柱与甲板主横梁之间设有撑材。

（2）有限元分析模型　半潜式钻井平台的总体有限元模型及部分结构模型如图10-11所示。

图 10-11　半潜式钻井平台有限元模型

有限元分析模型的坐标原点建立在2个纵向浮筒的底部对称点上，X轴沿半潜式钻井平台纵向并且指向尾部为正，Y轴从左舷指向右舷，Z轴垂直向上为正。总体分析的有限元模型采用空间的板梁组合结构。其中，平板结构用4节点或3节点壳单元模拟，包括外板、水密舱壁、甲板/平板结构、主要横梁和型材的腹板等结构，并控制单元边长比和角度以减少由于单元质量问题带来的误差。半潜式钻井平台的骨架结构包括加强筋、肋骨和肋板及纵桁的面板，这些结构用2个节点的梁单元模拟，骨材尺寸及板厚根据图纸资料及测厚报告设置。在半潜式钻井平台的有限元模型中共使用了151086个节点、260838个单元和905756个自由度。

(3) **质量分布的调整** 为了保证半潜式钻井平台的受力平衡,真实地反映工作状态下半潜式钻井平台结构的受力状态,需要将模型中没有计入的上层建筑、舾装及设备的质量,通过一定的质量模型予以计入。采用集中质量点的方法来调节模型的质量分布,并根据质量质心的资料在有限元模型相关位置布置质量点,保证有限元模型的总体质量及质量质心与原半潜式钻井平台一致。由质量产生的惯性力通过施加反向的加速度来实现,即准静态方法。

(4) **边界条件** 平台计算的边界条件施加在平台甲板的4个角点,各点的边界条件如下:

首部左侧角点:$U_X=0$,$U_Y=0$,$U_Z=0$;

尾部左侧角点:$U_Y=0$;

首部右侧角点:$U_X=0$;

尾部右侧角点:$U_Z=0$。

其中,U_X、U_Y、U_Z分别表示沿X、Y、Z轴的平动自由度。

2. 计算工况

半潜式钻井平台的总强度分析应包括静水、正常工作和风暴自存3种状态。对于静水工况,计算载荷只计入工作载荷;正常工作状态下的计算载荷为一年无风暴的环境载荷和钻井、吊钩等工作载荷;风暴自存状态下的计算载荷为百年一遇的风暴状态时的环境载荷。对于正常工作和风暴自存状态,还应该按照海况的不同,进一步划分为不同的计算工况。

目标平台采用业主给定的海况资料,按正常工作及风暴自存状态,共划分为48种计算工况。正常工作状态下的计算工况及海况见表10-12,风暴自存状态下的计算工况及海况见表10-13。

表10-12 正常工作状态下的计算工况及海况

工况	浪向	波浪参数		风速/kn	工况	浪向	波浪参数		风速/kn
		波高/ft	周期/s				波高/ft	周期/s	
O-1	静水	—	—	—	O-10	横浪/分离	38	9.4	32
O-2	迎浪/中拱	21	8.7	32	O-11	横浪/压缩	38	9.4	32
O-3	迎浪/中垂	21	8.7	32	O-12	横浪/分离	38	10.8	32
O-4	迎浪/中拱	21	9.4	32	O-13	横浪/压缩	38	10.8	32
O-5	迎浪/中垂	21	9.4	32	O-14	横浪/分离	38	12.7	32
O-6	迎浪/中拱	21	10.8	32	O-15	横浪/压缩	38	12.7	32
O-7	迎浪/中垂	21	10.8	32	O-16	135°/扭矩	24	8.7	32
O-8	横浪/分离	38	8.7	32	O-17	135°/扭矩	24	9.4	32
O-9	横浪/压缩	38	8.7	32	O-18	135°/扭矩	24	10.8	32

注:1ft=0.3048m。

表10-13 风暴自存状态下的计算工况及海况

工况	浪向	波浪参数		风速/kn	工况	浪向	波浪参数		风速/kn
		波高/ft	周期/s				波高/ft	周期/s	
S-1	迎浪/中拱	39	8.7	82	S-3	迎浪/中拱	45	9.4	82
S-2	迎浪/中垂	39	8.7	82	S-4	迎浪/中垂	45	9.4	82

(续)

工况	浪向	波浪参数		风速/kn	工况	浪向	波浪参数		风速/kn
		波高/ft	周期/s				波高/ft	周期/s	
S-5	迎浪/中拱	60	10.8	82	S-18	横浪/压缩	78	13.4	87
S-6	迎浪/中垂	60	10.8	82	S-19	横浪/分离	78	15.9	87
S-7	迎浪/中拱	67	12.6	82	S-20	横浪/压缩	78	15.9	87
S-8	迎浪/中垂	67	12.6	82	S-21	45°/扭矩	39	8.7	87
S-9	迎浪/中拱	67	15.1	82	S-22	45°/扭矩	45	9.4	87
S-10	迎浪/中垂	67	15.1	82	S-23	45°/扭矩	60	10.8	87
S-11	横浪/分离	39	8.7	87	S-24	45°/扭矩	72	13.4	87
S-12	横浪/压缩	39	8.7	87	S-25	45°/扭矩	72	15.9	87
S-13	横浪/分离	45	9.4	87	S-26	135°/扭矩	39	8.7	75
S-14	横浪/压缩	45	9.4	87	S-27	135°/扭矩	45	9.4	75
S-15	横浪/分离	60	10.8	87	S-28	135°/扭矩	60	10.8	75
S-16	横浪/压缩	60	10.8	87	S-29	135°/扭矩	77	13.4	75
S-17	横浪/分离	78	13.4	87	S-30	135°/扭矩	77	15.9	75

3. 计算载荷

半潜式钻井平台在正常工作状态和风暴自存状态下主要受有环境载荷和工作载荷,环境载荷包括风、浪、流载荷,工作载荷包括锚链力、钻井作用力等。

(1) 重力载荷 计算吃水下的排水量主要有以下几项产生：空船重力、钻井操作载荷、锚链力、压载水和其他各种变载荷。为了便于加载,锚链力、钻井载荷、压载水等各种变载荷按坐标系分解为 X、Y、Z 三个方向的分量,其中垂向分量以质量形式加载,归入质量分布。两种状态的质量分布由工作手册得到。

(2) 浮力载荷 浮力由吃水以下的水密结构提供,主要是纵向浮筒、横向浮筒、撑材、立柱及立柱外侧的保护装置等。浮力总和与重力相等。

(3) 波浪载荷 波浪载荷采用哈尔滨工程大学环境载荷与结构强度"兴海"学术团队与中国船级社联合开发的船舶与海洋工程线性波浪载荷直接计算软件(COMPASS-WALCS-BASIC)计算,该软件基于三维线性频域势流理论。半潜式钻井平台的水动力计算网格如图 10-12 所示。

为了得到合理的载荷组合,采用了设计波法。首先,将垂向弯矩、水平分离力、压缩力及扭矩作为控制载荷。然后,根据计算工况中的浪向及海况参数,对以上 4 个控制载荷进行短期预报。假定控制载荷的响应为瑞利分布,设计波的波幅可按下式计算：

$$A_D = \frac{R_{max}}{A_C} L_f \qquad (10\text{-}19)$$

式中,A_D 为设计波的波幅；R_{max} 为控制载荷响应最大值；A_C 为控制载荷最大值的响应幅值算子对应的频率即为设计波的频率；L_f 为在 1.1~1.3 变化的载荷因子。

根据上述方法和表 10-12 及表 10-13 中的海况,即可确定各工况所对应的设计波,进而计算各工况的波浪载荷,如图 10-13 所示。

第10章 典型船舶结构力学问题分析实例 315

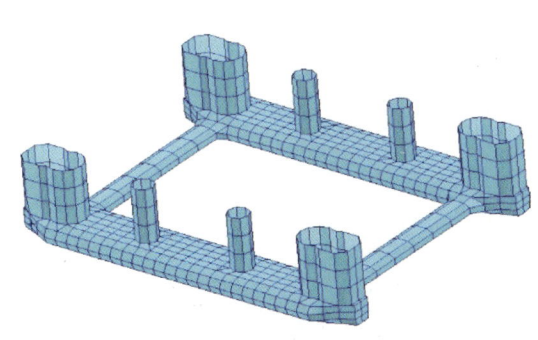

图 10-12 半潜式钻井平台的水动力计算网格

图 10-13 波浪载荷加载示意图（S-1 工况）

对于撑材等小尺度构件，所受载荷用莫里森（Morison）公式计算，以集中力形式加载，如图 10-14 所示。

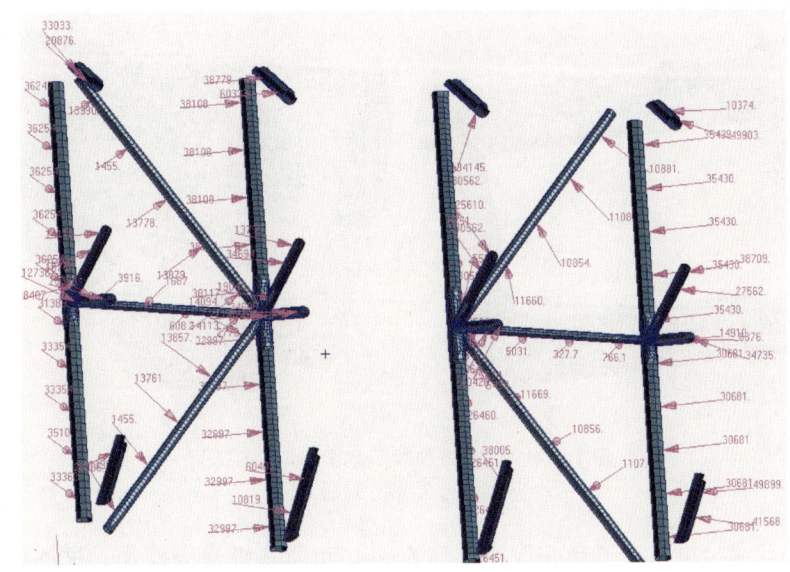

图 10-14 撑杆莫里森力加载示意图（S-1 工况）

（4）风载荷 风载荷的作用部位为半潜式钻井平台水面以上部位。因为计算考虑的是最不利的载荷组合，所以使风载荷与波浪载荷同向，分为迎浪、斜浪和横浪 3 个方向。为便于加载，由井架及其底部结构引起的风载荷加载于距基线 76.2m 处（模型井架顶端），其余部分受风面积引起的风载荷加载于主甲板上。图 10-15 所示为 S-1 工况的加载示意图。

（5）锚链力 目标平台由 11 根锚链定位于油井上方，每根锚链都有一定的预张力，使之在水平方向保持稳定。根据锚泊系统的设计要求，正常工作状态下，每根锚链的预张力可取 500kips⊖；风暴状态下，每根锚链的预张力可取 350kips。锚链预张力可分解为水平分量和垂直分量，垂直分量通过质量的方式加载在角立柱距基线 22.9m 的区域，水平分量可根据锚链的布置及预张力算得，并通过水平力的方式加载于角立柱距基线 12.5~15.8m 的区域，如图 10-16 所示。

⊖ 1kips 约为 4.448kN。——作者注

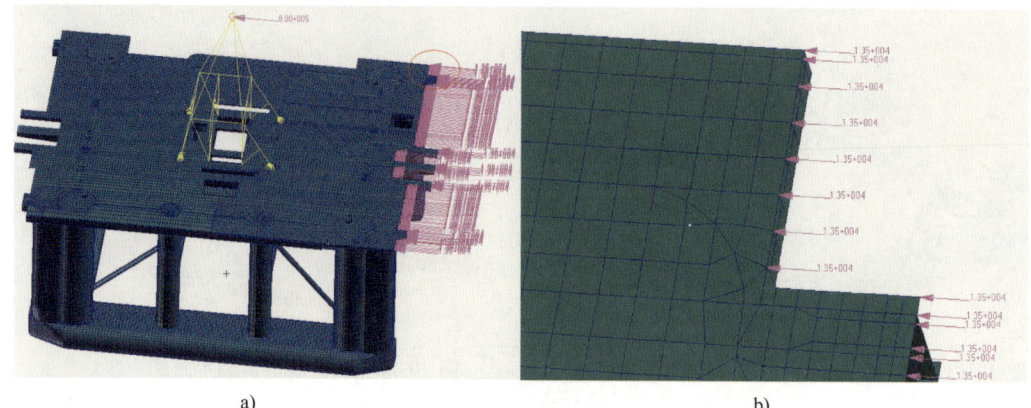

图 10-15　半潜式钻井平台风载荷加载示意图（S-1 工况）
a）整体　b）局部

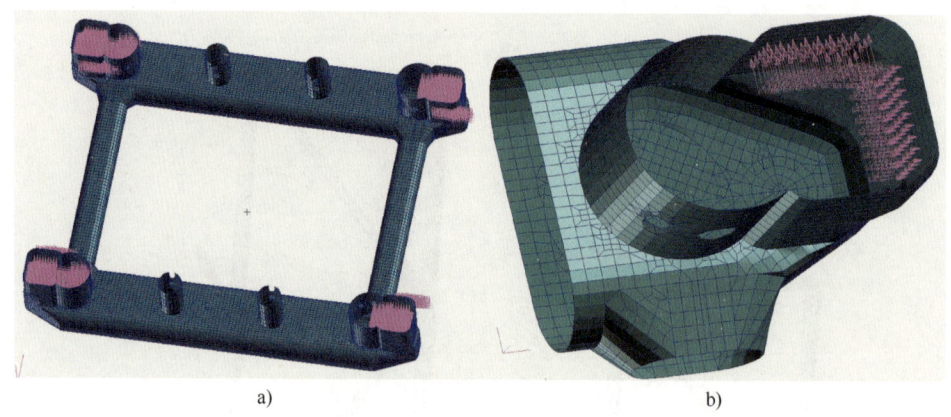

图 10-16　锚链力加载示意图（S-1 工况）
a）整体　b）局部

（6）钻井载荷　半潜式平台在服役期间有钻井和油井维修等操作，这些载荷都以质量的方式加载于有限元模型上。与工作状态不同的是百年一遇的风暴状态大钩，载荷等钻井操作都将停止。各项载荷的具体分类见表 10-14，加载方式如图 10-17 所示。

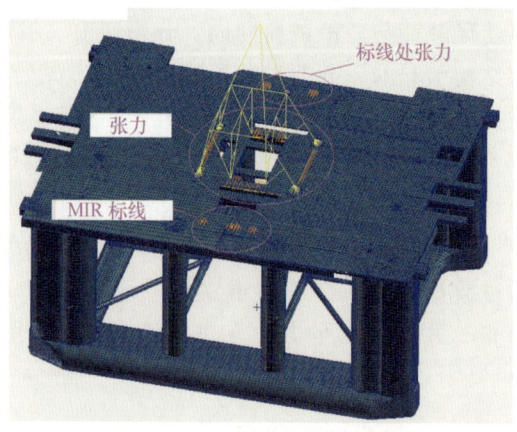

图 10-17　钻井载荷加载示意图

表 10-14　油井操作和电子潜泵载荷　　　　　　　　　　（单位：kN）

载荷成分	正常工作状态	风暴自存状态	载荷成分	正常工作状态	风暴自存状态
钻井立管张力	480	—	ESP 缆线张力	252	570
导缆器张力	48	—	液压缆线张力	118	118
大钩载荷	632	—	服务立管张力	30	30
钻台区钻杆质量	315	—	MIR 导缆器张力	32	—

4. 总强度评估

在此基础上，对半潜钻井平台在正常工作状态和风暴自存状态的 48 个工况进行结构应力计算（图 10-18），进而按照美国船级社 ABS 规范对平台进行屈服强度和屈曲强度校核。

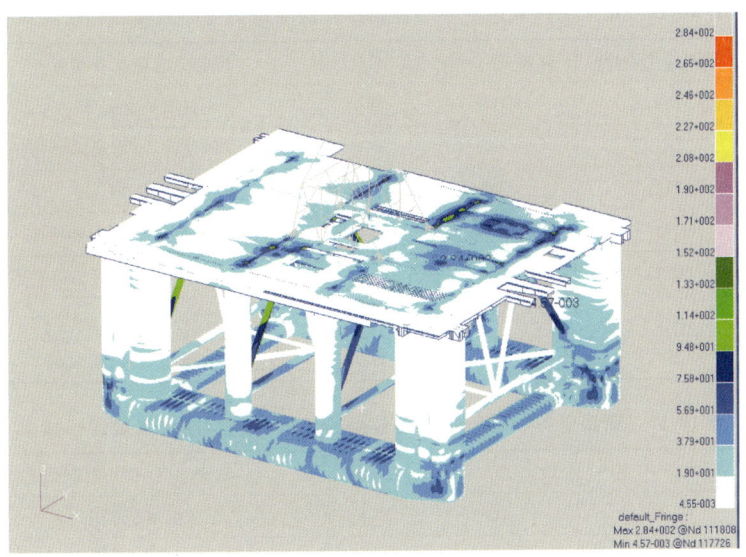

图 10-18　应力云图（S-1 工况）

（1）屈服强度评估衡准　屈服强度依据 ABS 规范 *Rules for Building and Classing Mobile Offshore Drilling Units*，*Part 3 Hull Construction and Equipment*，采用 von Mises 等效应力进行评估，即

$$\sigma_{eqv} < \frac{F_Y}{F_S} \tag{10-20}$$

式中，F_Y 为钢材的最小屈服强度；F_S 为安全系数，静载工况取 1.43，组合工况取 1.11；σ_{eqv} 为等效应力，按下式计算：

$$\sigma_{eqv} = \sqrt{\sigma_x^2 + \sigma_y^2 - \sigma_x \sigma_y + 3\tau_{xy}} \tag{10-21}$$

式中，σ_x 为沿 x 方向的单元面内应力；σ_y 为沿 y 方向的单元面内应力；τ_{xy} 为单元面内剪应力。

根据具体构件位置和材料属性，对应不同的工作状态选取安全系数，计算得到许用应力见表 10-15。

表 10-15　平台各部位结构许用应力

构件	材料	屈服极限/MPa	工作状态	安全系数	许用应力/MPa
甲板板	ABS A	235	正常工作	1.43	164.2
			风暴自存	1.11	211.7
其他构件	ABS-AH32	315	正常工作	1.43	220.3
			风暴自存	1.11	283.8

（2）屈服强度评估结果　对于前述的 48 种工况进行计算，可得到每种工况下的半潜式钻井平台结构的应力响应，由于计算结果较多，这里只将典型结构部位的最大应力值及其与许用应力的比较进行汇总，结果见表 10-16 和表 10-17。

表 10-16　正常工作状态下平台主要结构最大应力与屈服强度评估结果

结构部位	许用应力/MPa	最大应力/MPa	工况	高应力区域所在位置	结果
甲板板	164.2	180	O-4	右舷吊机底座	不满足
甲板型材	211.7	267	O-6	甲板尾部中纵桁与甲板横梁连接处	不满足
甲板 K 型节点	211.7	265	O-13	B2 处	不满足
立柱	211.7	220	O-6	C1 立柱顶端环向肋板	不满足
撑管	211.7	191	O-11	C1 立柱与 C2 节点间垂向撑管顶端	满足
横向浮筒	211.7	133	O-8	艏右舷第 6 肋位处	满足
纵向浮筒	211.7	255	O-7	右舷浮筒第 19 肋位处	不满足

表 10-17　风暴自存状态下平台主要结构最大应力与屈服强度评估结果

结构部位	许用应力/MPa	最大应力/MPa	工况	高应力区域所在位置	结果
甲板板	212	186	S-6	右舷吊机底座	满足
甲板型材	284	301	S-18	甲板尾部第 5、6 纵桁处	不满足
甲板 K 型节点	284	260	S-18	B2 处	满足
立柱	284	244	S-23	C1 立柱顶端环向肋板	满足
撑管	284	201	S-6	C1 立柱与 C2 节点间垂向撑管顶端	满足
横向浮筒	284	146	S-19	艏左舷第 7 肋位处	满足
纵向浮筒	284	292	S-28	右舷浮筒第 3 肋位处	不满足

（3）屈曲强度评估衡准　屈曲强度评估依据 ABS 规范 *Buckling and Ultimate Strength Assessment for Offshore Structures* 进行，具体如下：

1）对于平台甲板板格、浮筒和横向浮筒的上下表面平板板格，只需校核其受面内组合应力作用下的极限强度：

$$\left(\frac{\sigma_{x\max}}{\eta\sigma_{U_x}}\right)^2 - \phi\left(\frac{\sigma_{x\max}}{\eta\sigma_{U_x}}\right)\left(\frac{\sigma_{y\max}}{\eta\sigma_{U_y}}\right) + \left(\frac{\sigma_{y\max}}{\eta\sigma_{U_y}}\right)^2 + \left(\frac{\tau}{\eta\tau U}\right)^2 \leq 1 \quad (10\text{-}22)$$

2）对于立柱外壳板和浮筒曲板，需要考虑轴向压力、弯矩和侧向压力的共同作用：

$$\left(\frac{\sigma_x}{\eta\sigma_{CxB}A_e/A}\right)^2 - \phi_B\left(\frac{\sigma_x}{\eta\sigma_{CxB}A_e/A}\right)\left(\frac{\sigma_\theta}{\eta\sigma_{C\theta B}}\right) + \left(\frac{\sigma_\theta}{\eta\sigma_{C\theta B}}\right)^2 \leq 1 \quad (10\text{-}23)$$

3) 对于撑管等独立构件，需要考虑轴向力、弯矩和波浪压力的共同作用：

轴向受拉状态：

$$\frac{\sigma_{tc}}{\eta_2 \sigma_{T\theta}} + \frac{\sqrt{\sigma_{by}^2 + \sigma_{bz}^2}}{\eta_2 \sigma_{CB\theta}} \leq 1 \quad (10\text{-}24)$$

轴向受压状态：

当 $\sigma_{ac}/\sigma_{CA\theta} > 0.15$ 且 $\sigma_{ac} > 0.5\sigma_\theta$ 时，

$$\frac{\sigma_{ac} - 0.5\sigma_\theta}{\eta_1 \sigma_{CA\theta}} + \frac{1}{\eta_2 \sigma_{CB\theta}} \left[\left(\frac{C_{my} + \sigma_{by}}{1 - \frac{\sigma_{ac} - 0.5\sigma_\theta}{\eta_1 \sigma_{Ey}}} \right)^2 + \left(\frac{C_{mz} + \sigma_{bz}}{1 - \frac{\sigma_{ac} - 0.5\sigma_\theta}{\eta_1 \sigma_{Ez}}} \right)^2 \right]^{0.5} \leq 1 \quad (10\text{-}25)$$

当 $\sigma_{ac}/\sigma_{CA\theta} \leq 0.15$ 时，

$$\frac{\sigma_a}{\eta_1 \sigma_{CA\theta}} + \frac{1}{\eta_2} \left[\left(\frac{\sigma_{by}}{\sigma_{CB\theta}} \right)^2 + \left(\frac{\sigma_{bz}}{\sigma_{CB\theta}} \right)^2 \right]^{0.5} \leq 1 \quad (10\text{-}26)$$

此外，当 $\sigma_x > 0.5\eta_\theta \sigma_{C\theta}$ 并且 $\eta_x \sigma_{Cx} > 0.5\eta_\theta \sigma_{C\theta}$ 时，

$$\frac{\sigma_x - 0.5\eta_\theta \sigma_{C\theta}}{\eta_x \sigma_{Cx} - 0.5\eta_\theta \sigma_{C\theta}} + \left(\frac{\sigma_\theta}{\eta_\theta \sigma_{C\theta}} \right)^2 \leq 1 \quad (10\text{-}27)$$

4) 对于撑管和立柱连接处的 K 型节点和 T 型节点：

$$\left| \frac{P_D}{\eta P_u} \right| + \left(\frac{M_{IPB}}{\eta M_{UIPB}} \right)^2 + \left| \frac{M_{OPB}}{\eta M_{UOPB}} \right| \leq 1 \quad (10\text{-}28)$$

上述公式中相关参数详见 ABS 规范。

（4）屈曲强度评估结果　对于前述的 48 种工况进行计算，可得到每种工况下的半潜式平台结构的应力响应，由于计算结果较多，此处只列举甲板区域的屈曲强度校核结果，图 10-19 所示为甲板校核区域编号，表 10-18 所列为平台部分甲板板的屈曲校核结果。

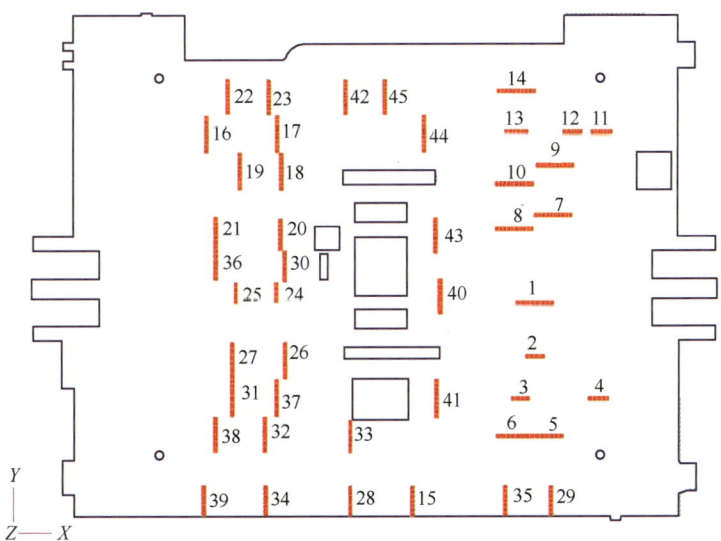

图 10-19　甲板校核区域编号

表 10-18 平台部分甲板板的屈曲校核结果

构件编号	正常工作状态			风暴自存状态		
	屈曲因子	工况	结果	屈曲因子	工况	结果
1	0.888	O-13	满足	0.613	S-16	满足
2	0.604	O-13	满足	0.415	S-16	满足
3	0.174	O-13	满足	0.126	S-12	满足
4	0.401	O-13	满足	0.281	S-14	满足
5	0.034	O-13	满足	0.027	S-3	满足
6	0.047	O-6	满足	0.039	S-23	满足
7	0.454	O-13	满足	0.325	S-16	满足
8	0.558	O-13	满足	0.354	S-16	满足
9	0.666	O-6	满足	0.491	S-16	满足
10	0.979	O-13	满足	0.708	S-23	满足
11	1.673	O-15	不满足	1.46	S-16	不满足
12	0.601	O-13	满足	0.443	S-16	满足
13	0.772	O-13	满足	0.553	S-23	满足
14	0.25	O-6	满足	0.239	S-16	满足
15	0.189	O-4	满足	0.185	S-23	满足
16	0.057	O-4	满足	0.065	S-3	满足
17	0.175	O-4	满足	0.14	S-3	满足
18	0.116	O-4	满足	0.091	S-3	满足
19	0.068	O-3	满足	0.066	S-3	满足
20	0.076	O-13	满足	0.038	S-8	满足
21	0.054	O-13	满足	0.041	S-8	满足
22	0.025	O-4	满足	0.043	S-3	满足
23	0.089	O-4	满足	0.117	S-19	满足
24	0.043	O-9	满足	0.031	S-23	满足
25	0.037	O-9	满足	0.029	S-23	满足
26	0.093	O-6	满足	0.069	S-23	满足
27	0.04	O-9	满足	0.035	S-14	满足
28	0.044	O-6	满足	0.038	S-19	满足
29	0.038	O-4	满足	0.035	S-3	满足
30	0.101	O-9	满足	0.046	S-23	满足

10.2.3 半潜式钻井平台的极限强度预报

半潜式钻井平台和大多数海洋平台与船舶不同，即使遭遇十分恶劣的海况，通常也不允许退避。一旦发生事故后果不堪设想，历史上曾有多次海洋平台的事故，造成了重大的经济损失和不良的社会影响。2005 年 8 月在飓风"卡特里娜"的影响下，美国墨西哥湾数千座海上结构物中90%停止工作,致使50多座采油平台被损坏或摧毁,6座大型钻井平台脱离系泊位置。

为了保证半潜式钻井平台在风暴巨浪中的安全性,对平台开展极限强度评估就显得尤为重要。

1. 典型受力模式

对于半潜式钻井平台在海洋环境条件下的受力特点、载荷传递方式、结构变形模式等与单船体结构有显著的不同。ABS船级社MODU规范给出半潜式钻井平台强度分析需要考虑主要的载荷模式。针对半潜式钻井平台的构造形式、结构刚度、载荷效应等特点,从中选取主要工况作为半潜式钻井平台极限状态的计算工况,以变形模式对相关工况进行定义。

(1) 横向分离模式 横向分离模式是指因横向波浪作用而产生横向分离载荷效应,如图10-20所示,半潜式钻井平台遭受波长 L_w 等于2倍的平台型宽的横向来浪,横向分离载荷达到最大值。

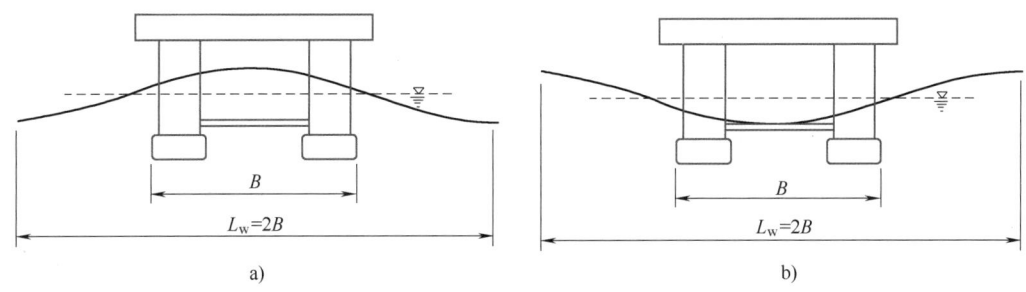

图 10-20　横向分离模式
a) 横向分离　b) 横向挤压

(2) 最大剪切受力模式 斜浪中,当波长 L_w 大约等于平台特征长度 D (下浮体对角线长度) 的1.5倍且波谷位于下浮体对角线上时,平台将处于最大剪切受力模式,如图10-21所示,在这一时刻平台的下浮体将产生方向相反的纵向力。

(3) 最大扭转受力模式 斜浪中,当波长 L_w 大约等于平台特征长度 D 且波谷位于下浮体对角线上时,平台将处于最大扭转受力模式,如图10-22所示,在这一时刻平台下浮体绕水平横撑的扭矩将达到最大值。

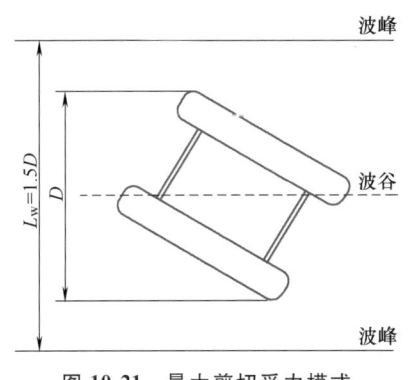

图 10-21　最大剪切受力模式

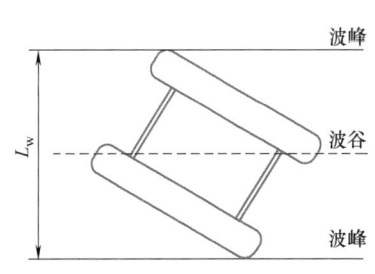

图 10-22　最大扭转受力模式

2. 计算载荷与边界条件

极限强度的数值仿真主要采用非线性有限元计算方法，由于涉及材料非线性和几何非线性，因此建模与计算过程需要考虑网格大小、单元属性、分析步参数、初始缺陷及材料本构关系等，上述参数的选取可借鉴船体极限强度非线性有限元分析的相关要求。本节重点阐述半潜式钻井平台极限强度数值仿真中的载荷与边界条件如何施加。

实际平台处于自由漂浮状态，六个方向的运动均处于自由状态，而数值仿真分析时需要约束整体运动，根据载荷模式采取不同的约束处理方式，合理的简化尤为重要。三种载荷模式下载荷边界模型见表 10-19。

表 10-19 三种载荷模式下载荷边界模型

载荷模式	载荷施加方式	边界条件	载荷、边界模型
横向分离	两参考点分别位于两下浮体中心外侧 0.5m，分别与浮体外侧板面内的节点耦合；左侧参考点施加横向速度 $v_y = 0.05$m/s	右舷下浮体：约束参考点六个自由度；左舷下浮体：约束 x 向平动自由度	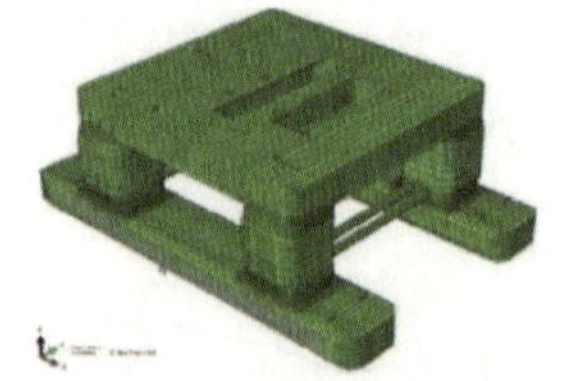
纵剪	两参考点分别位于两下浮体底板下 0.5m，分别与浮体底板面内的节点耦合；两参考点施加纵向速度 $v_x = 0.1$m/s，方向相反	右舷下浮体：约束参考点仅放松 x 平动自由度；左舷下浮体，约束 z 向平动、转动自由度	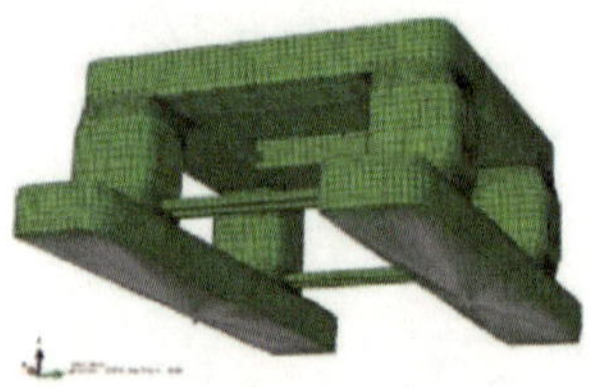
纵扭	四参考点与浮体在立柱区域的底板结构节点耦合；四参考点施加垂向速度 $v_z = 0.1$m/s，使平台产生扭转变形	右舷下浮体：两参考点约束 x、y 向的平动自由度；左舷下浮体：两参考点约束 y 向平动自由度	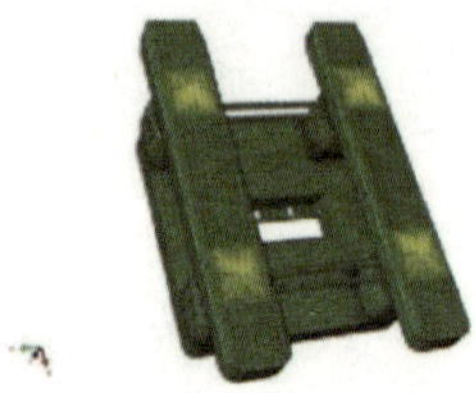

载荷施加位置、方式等对计算结果的合理性至关重要，载荷简化处理要考虑到半潜式钻井平台结构形式特点、载荷传递过程、载荷模式等方面。半潜式钻井平台下浮体受到波浪载荷作用，这些载荷首先作用于下浮体，再经立柱传递于上部船体、横撑结构，载荷由上部船体、横撑承受。因此，有限元仿真分析时位移载荷施加于下浮体。载荷施加方式是通过定义参考点并与其中一个下浮体外侧板（或底板）整个平面所有节点耦合，约束参考点的运动自由度，定义参考点速度来实现的。

3. 极限强度预报

（1）横向分离模式　计算得到载荷-位移曲线及 $d = 1.0$m 位置对应的变形与应力云图分别如图 10-23 和图 10-24 所示。载荷-位移曲线可分：弹性加载段、塑性变形段、塑性流动段（卸载段）三阶段。在弹性加载段，载荷会随着结构位移增加也线性增加，当部分构件发生屈曲、屈服失效后，结构继续承载能力会下降，随着位移增加，承载能力的下降速度急剧增大，位移曲线进入卸载段或明显塑性流动阶段。横向分离、挤压两种变形下极限承载力分别为 209MN、194MN。前者曲线为非分叉模式，结构达到极限承载力后还具备继续承载的能力，在该极限载荷下不会引起失效的进一步扩展；后者属于分叉模式，当达到极限载荷结构失效后，结构承载能力迅速降低，很快发生整体崩溃。这也说明横向挤压载荷模式更值得关注。

通过 ABAQUS 软件计算时，首次计算很难判断计算时间间隔是否合适，因此采用多次计算的方法使计算数据点增加。第一次计算时选取较大的时间间隔（20s）使结构完全进入塑性流动或完全失效，计算得到载荷-位移曲线；然后根据载荷-位移曲线确定第二次计算的时间（10s），这样使得载荷-位移曲线在塑性阶段的数据点加密，对极限承载力确定更精确。

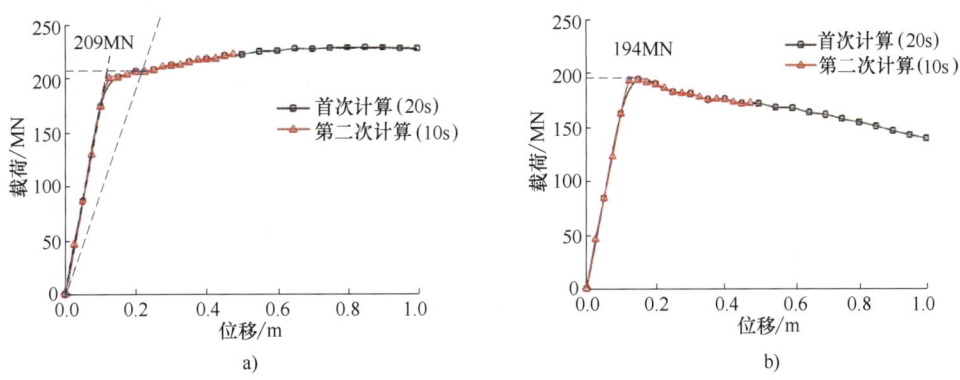

图 10-23 横向分离模式下的载荷-位移曲线

a）横向分离 b）横向挤压

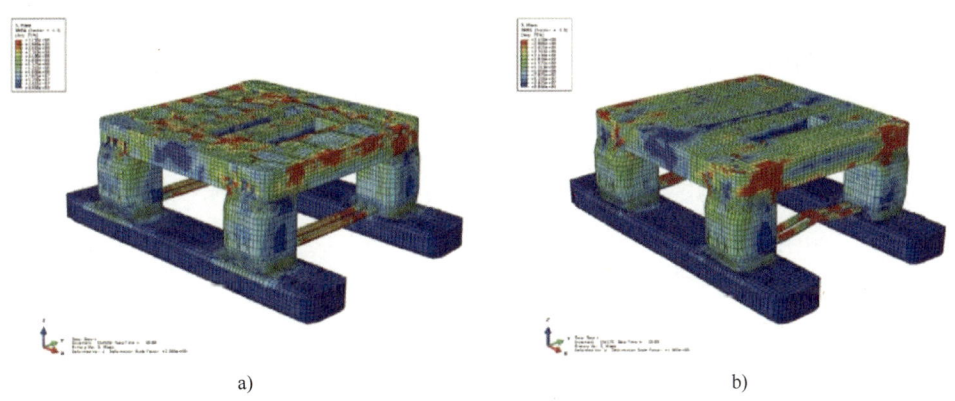

图 10-24 横向分离模式下的变形与应力云图

a）横向分离（$d=1.0$m） b）横向挤压（$d-1.0$m）

系列变形云图可反映出整个平台结构在横向载荷下结构失效的过程、失效区域及相应的失效模式。在弹性阶段，水平撑杆是主要的承载构件，当拉应力先达到 315MPa 时，进入屈服失效状态；随后载荷发生转移，载荷-位移曲线进入塑性阶段。载荷主要由上部船体承受，上部船体主甲板、横向纵壁板上缘等结构处于受压缩状态，更易于产生屈曲失效，主甲板屈曲标志着进入明显的塑性流动阶段。下甲板处于受拉伸状态，主要产生屈服失效模式，但在纵向立柱与甲板开孔之间的下甲板连接局部区域载荷模式较复杂，产生明显的较高的应力，易发生屈曲、屈服变形。随着甲板塑性变形的增加，甲板围壁也发生较大的塑性变形，结构达到极限状态。限于篇幅，横向挤压损伤变形过程分析省略。

（2）最大剪切受力模式　计算得到最大剪切受力模式下的载荷-位移曲线及 $d = 2.0\text{m}$ 位置对应的变形与应力云图分别如图 10-25 和图 10-26 所示。

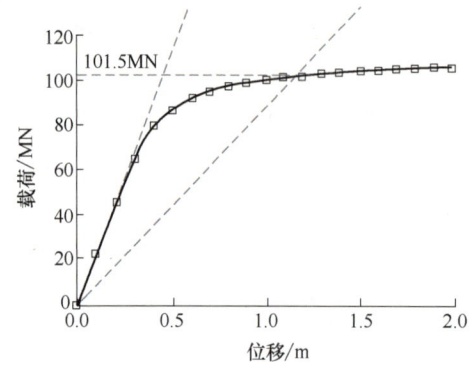

图 10-25　最大剪切受力模式下的载荷-位移曲线

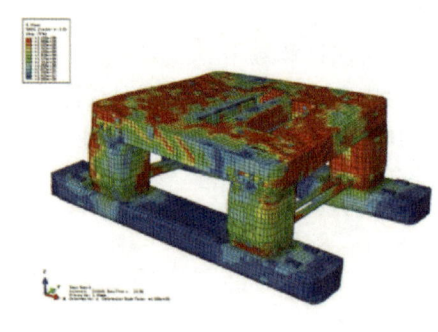

图 10-26　最大剪切受力模式下的变形与应力云图

最大剪切受力模式下的载荷-位移曲线为非分叉模式，采用两倍弹性斜率方法得到极限载荷为 101.5MN。载荷-位移曲线可分为三段：弹性段、塑性变形段、明显塑性流动阶段。从变形云图中看出，在下浮体受到纵向剪力作用时，载荷由立柱传递于平台甲板，在纵向剪力下主要承载构件为上部船体结构；在剪切作用下甲板开口角隅处结构产生明显的应力集中；甲板结构开口间区域结构的塑性变形并不明显，开口结构四周有围壁结构，使得开口区域的扭转刚度较大，不易发生扭转变形；在立柱间的甲板区域发生较为明显的塑性变形。立柱结构内侧围壁结构是剪切载荷传递的主要构件，该区域结构的应力较高；立柱结构内部结构较强，结构刚度较大，立柱结构并没有发生屈曲和较大的塑性变形。

（3）最大扭转受力模式　计算得到最大扭转受力模式下的载荷-位移曲线及 $d = 2.0\text{m}$ 位置对应的变形与应力云图分别如图 10-27 和图 10-28 所示。最大扭转受力模式下的载荷-位移曲线为非分叉模式，采用两倍弹性斜率方法得到极限剪力为 61.7MN、扭矩为 3740MN·m。位移载荷通过下浮体、立柱传递到平台甲板及水平横撑，主要由上部船体甲板承受。平台甲板受到扭转变形，发生较大变形的区域为甲板开口两侧、立柱之间的甲板结构，结构失效主

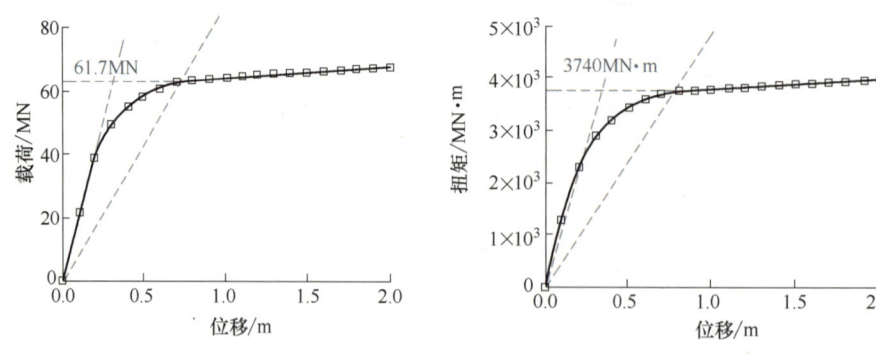

图 10-27　最大扭转受力模式下的载荷-位移曲线

要由该区域的结构决定。靠近立柱结构的水平横撑结构、开口周围及立柱附近区域的结构扭转刚度相对较大，变形相对较小。

4. 结构优化设计建议

通过对三种变形模式下结构的损伤变形、应力云图可以清楚地反映结构在各载荷模式下的损伤机制，也反映了载荷的传递过程及主要承载构件，为结构优化设计指明了方向。

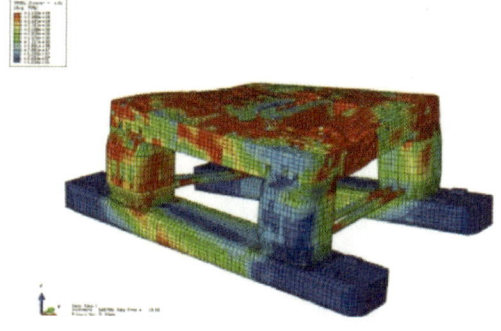

图10-28 最大扭转受力模式下的变形与应力云图

1）水平横撑结构在横向挤压下首先发生失效，横撑结构的失效将会导致平台整体结构极限承载力的迅速下降。水平横撑结构比较重要，设计时应重点关注，其中包括总体外形尺寸、局部板架结构匹配、与立柱之间连接等方面。

2）载荷通过立柱传递至上部船体，上部船体结构是主要承载构件，上部船体结构需重点关注：①上部船体结构整体刚度；②左右立柱间纵向舱壁、月池开口区域甲板等结构在剪切、扭转等载荷下的屈曲强度；③上部船体与立柱连接区域结构在复杂受力下的屈曲、屈服强度以及两者之间的刚度匹配。

3）提高易于发生屈曲、屈服的局部结构的承载能力会提高平台整体的承载力，分析首先发生屈曲、屈服失效的区域，对其增加结构尺寸是一种有效方式。通过改变结构形式、调整相邻结构的刚度等方式可使结构刚度匹配更合理，也可提高结构承载能力。

10.3 复杂构型浮体平台结构力学问题分析实例

21世纪是海洋的世纪，发达的海洋经济是建设海洋强国的重要支撑。复杂构型浮体平台长期在深海作业，不可避免地会遭遇恶劣海况，在复杂载荷的作用下更易产生强度不足的问题，从而造成人员、浮体和海洋环境的严重损失。浮体的极限强度是结构安全评估的重要参数之一。由于海上浮体所受环境载荷的复杂性和随机性，弯矩和扭矩的可能组合使得浮体结构的极限强度分析十分复杂。

10.3.1 浮式平台的结构特点及载荷分析

复杂构型平台预计长期应用在复杂的环境下，会面对包括但不限于风、浪、流、温度、腐蚀等载荷，同时该复杂构型平台的结构比较新奇，其跨度大、构型复杂、不同构件之间的连接方式多样，故不同的载荷组合也会造成不同的破坏形式。因此，对复杂构型平台进行相应的载荷响应分析、强度校核及极限承载能力分析是极其必要的。

平台所受载荷的形式较为复杂，除了一般海洋结构物受到的波浪载荷，该平台的上层建筑海拔高，综合受风面积大。海面风速快、风压大会导致较大的风力，因此风载荷也应当计入强度计算中。载荷分析及强度计算时，除了需要对复杂构型平台的总体结构进行分析，对于部分连接结构、通道结构的强度也应当进行校核，还应通过极端海况的应力分布确认其受力模式，为后续的计算提供依据。

结合相关研究工作，须对复杂构型平台的结构特点进行分析，分析其结构样式及可能存在的薄弱部位；对其包括波浪载荷及风载荷在内的载荷进行分析，分析其运动响应函数，预测其运动规律；分析各个剖面内的弯矩，并基于海况分析统计规律对其危险海况值下的载荷进行设计波计算，并基于此进行了结构整体的屈服强度分析；对其应力分布、失效模式、薄弱构件进行分析，为后续的极限承载能力分析提供理论上的支撑。

1. 平台构型

表 10-20 给出了某浮式平台的一些主要技术参数。本小节研究的复杂构型平台不同于普通半潜式钻井平台，结构形状类似圆环，横纵跨度相近。平台主要布置在岛礁边缘或泄湖内，由 3 大模块组成。3 大模块通过环形及辐射状通道连接为一个整体，呈扇形布局。3 大模块又分为几个小板块，通过连接器进行连接。在整个平台中的主要校核区域包括平台甲板、球体甲板、通道甲板、连接区域、上层建筑等，还包括用于船体停泊的港口、用于小艇通过的通道等特殊功能结构。

表 10-20　某浮式平台的主要技术参数

总长 L/m	型宽 B/m	型深 D/m	总高/m	自存吃水/m	排水量/t
100	120	10	10	2.5	740000

复杂构型平台的特殊之处在于其不同于普通的半潜式钻井平台，它不具备单独的下浮筒结构，其浮力主要来源于平台的大体积入水部分。同时由于其上层建筑要实现多种功能，故上层建筑较高，构型非常规。同时大部分构件都类似于连接梁型的结构，如各个连接横梁通道、旁侧通道等，整个平台可以看作连接类结构的集合体。综上所述，平台的构型较为复杂。

有限元模型包括结构的主体部分，如平台外板、舱壁、甲板和主要的横纵向支持结构。对于尺寸较小的构件如肘板等暂不做考虑。小型开孔忽略不计。

有限元模型仿真以及后续分析采用有限元软件 MSC.Patran。Patran 是中国船级社认定的审图软件，具有线性分析、模态分析、屈曲分析等多种功能。计算采用 Nastran。

为了保证计算准确，模型构建采取了以下原则：

1）普通的骨材，肋骨、纵骨等小型骨材通过梁单元进行模拟；浮体的壳板壳体结构、强框架、肋骨的高腹板用板单元模拟。

2）折角处、开孔、大形变区域等易产生应力集中的部位减少三角形单元的使用。

3）控制板单元的长宽比保持在 1，严格控制长宽比不超过 2。

综上所述，建立了如图 10-29 所示的模型。

模型建立后对浮心进行了调整，使得入水区域的重心位于整体结构的重心之下，保证了浮态稳定。对浮式平台施加外载荷

图 10-29　复杂构型平台模型图

（波浪压力、风载荷）之后，不添加任何约束，采用惯性释放作为约束条件。其原理是假设浮体处于一种"准静态"的平衡状态，从而构造一个平衡的力系（支座反力等于零）。

2. 波浪载荷

针对作用于平台结构上的波浪载荷，现阶段最普遍、最有效的方法是设计波法。1940年设计波法被提出用于石油勘探船的设计，直至现在各个船级研究社、研究所仍然在通过设计波法来对结构在波浪中的运动响应、剖面载荷等进行分析。

设计波法的思想为考虑船舶实际航行状态（工况）下载荷的瞬时状态，选择若干典型工作状态计算结构的应力。计算过程中，要根据结构的参数设置相应的浪向角、斜率的搜索范围进行规则波的预报计算，在此步骤中，可以分析结构的六自由度运动响应，也可以计算相应横纵剖面的剖面载荷，再结合所投放海域的海浪谱统计资料进行长短期预报，综合分析得到最危险海况的设计波参数。

作用在平台结构上的波浪载荷包括拖曳力、绕射力、惯性力。这三种载荷对结构的作用方式不同，对结构的重要性取决于结构形式和尺度。

当采用三维线性势流理论进行船体波浪载荷计算时，需要将平台表面离散。计算时首先根据资料在 Patran 中建立目标平台的近似粗网格有限元模型，再将该模型的 bdf 文件导入 WALCS 中，在 WALCS 中进行水动力网格划分。划分好的网格如图 10-30 所示。

ABS 规范规定了浮筒式半潜式钻井平台的典型工况，这是基于其结构形式决定的。类似于双体船，普通半潜式钻井平台因其存在下浮体，入水的部分在两侧居多，相对于一般船舶的受力情况有所区分。浮体部分所受载荷的不同会对平台结构造成不同的影响。

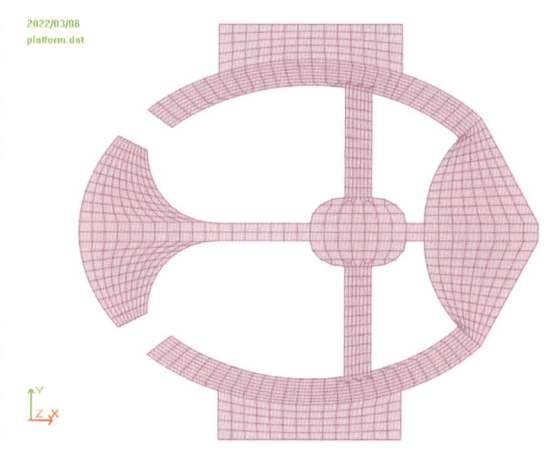

图 10-30　水动力网格模型

通过分析水动力网格可以得知：由于有过船通道存在，平台的水动力网格被两个通道分割，沿宽度方向划分为左中右三个部分，因此普通半潜式钻井平台的危险工况同样适用于此复杂构型平台。由于平台跨度较大、水动力网格部分不连续、形状奇异等原因，平台所受载荷形式相对更加复杂，因此复杂构型平台应当考虑横向剖面载荷及纵向剖面载荷，在进行剖面载荷计算时应选取多体质量模型来模拟其质量分布。

首先进行规则波响应计算。规则波的计算是假定波高为 1m，对一定范围的浪向角及频率进行搜索的过程。在这一过程中可以计算出结构在规则波中的六自由度运动响应、结构的各个计算剖面的六向载荷分布。分析其计算结果可得出结构在波浪中的运动规律，并且选择出结构在规则波中的最大响应函数，可为下一步分析提供理论支持。

规则波的计算参数选取见表 10-21。

表 10-21　规则波计算参数选取

参数	值
计算航速 U/kn	0
计算航向角 θ	0°、30°、60°、90°、120°、150°、180°
各航向出现的概率 p_j	0° 与 180° 为 1/12，其余为 1/6
计算波浪圆频率 ω/(rad/s)	0.1, 0.15, 0.2, …, 1.90, 1.95, 2.0

平台结构基本对称,故计算时取全方向浪向角360°的1/2即0°~180°,波浪前进方向与平台艏部的夹角为0°时判定浪向角为0°。依据此种分析方法,取纵向浪向角包括$\theta=0°$、$\theta=180°$;横向浪向角$\theta=90°$,斜向浪向角取$\theta=30°$、$\theta=60°$、$\theta=120°$、$\theta=150°$等6个浪向。

波浪频率的选取方法是根据波长船长比进行频率搜索范围的确定。一般取波长船长比在0.25到4之间的频率为搜索范围。首先根据结构的参数确定特征波长L_c,根据波长与周期T之间的关系得到近似特征波浪周期T_c。其中,周期T的表达式为

$$T=\frac{2\pi}{\omega} \quad (10-29)$$

然后通过关系式(10-29)得到在某一波长船长比下的波浪频率ω,由此确定了频率搜索范围。根据频率所涉及的范围取0.05为间隔。在规则波计算中,依据规范及平台特点提炼了三种平台的极端海况,它们分别由不同的载荷作为主导,分别是横向弯矩、纵向弯矩、横向扭矩。对每个工况的响应函数进行数值分析,能够得到在相应工况下的规则波参数,包括:响应峰值、浪向角、频率等。规则波计算结果见表10-22。

表10-22 规则波计算结果

主控载荷	浪向角/(°)	频率/(rad/s)	响应峰值/kN·m	剖面编号	剖面类型
横向弯矩 M_{x1}	90	0.60	151700	13	纵剖面
纵向弯矩 M_{y1}	180	0.60	444900	7	横剖面
横摇扭矩 M_{x2}	30	0.60	197900	8	横剖面

3. 风载荷

将浮体上层建筑依据结构的关联性分为三部分,计算时首先要计算不同风向角下每一个上层建筑所受到的风力,然后根据节点的疏密确定每个点施加的具体风力计算施加载荷的结果。表10-23~表10-25列出了对应不同风向角时,不同的上层建筑所对应的风力。

表10-23 180°风向角不同上层建筑对应风力

	风压/(N/mm²)	面积/mm²	总风力/N
柱体	2.50×10⁻⁴	2.61×10⁸	2.95×10⁴
鸟体	2.50×10⁻⁴	4.17×10⁸	5.21×10⁴

表10-24 90°风向角不同上层建筑对应风力

	风压/(N/mm²)	面积/mm²	总风力/N
柱体	2.50×10⁻⁴	8.75×10⁷	1.09×10⁴
鸟体	2.50×10⁻⁴	2.12×10⁸	2.66×10⁴
球体	2.50×10⁻⁴	1.00×10⁸	1.00×10⁴

表10-25 30°风向角不同上层建筑对应风力

	风压/(N/mm²)	面积/mm²	总风力/N
柱体	2.50×10⁻⁴	2.04×10⁸	2.56×10⁴
鸟体	2.50×10⁻⁴	2.20×10⁸	2.75×10⁴
球体	2.50×10⁻⁴	3.09×10⁷	3.09×10⁴

在计算出每个独立结构所受风力后,依据节点的疏密计算每个节点所施加的风力。风向不为90°时,可采用分解风力的方法进行加载。分别提取出按0°、90°、180°、270°投影的

上层建筑表面网格。当风向不为上述四个角度时，以平行四边形法则分解风力并施加于对应垂直角度的网格，这样可以节省提取表面网格的时间，可有效地节省计算时间。但由于本小节不涉及过多工况的风载荷施加，故采用直接投影面积的方式进行加载。加载后的风力云图如图10-31和图10-32所示。

图 10-31　180°风向压力云图

图 10-32　90°风向压力云图

4. 失效模式分析

选取整体及典型部位进行校核。板单元许用应力为235N/mm²。结合《海上移动平台入级规范》进行屈服强度校核。下面对结构的应力分布情况进行分析。

对全结构进行相应载荷的加载，加载结果叠加了风力计算结果，计算后，屈服应力分布云图如图10-33~图10-35所示。

图 10-33　横向受力危险工况应力云图
a）中垂工况　b）中拱工况

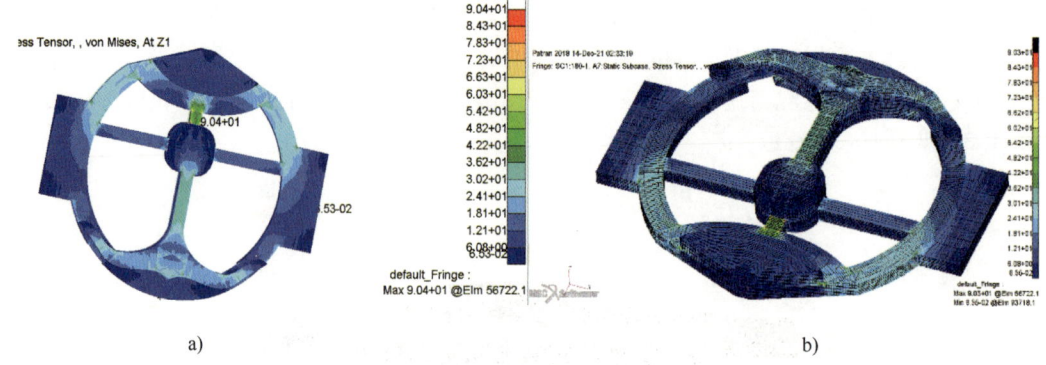

图 10-34 纵向弯矩危险工况应力云图
a) 中垂工况 b) 中拱工况

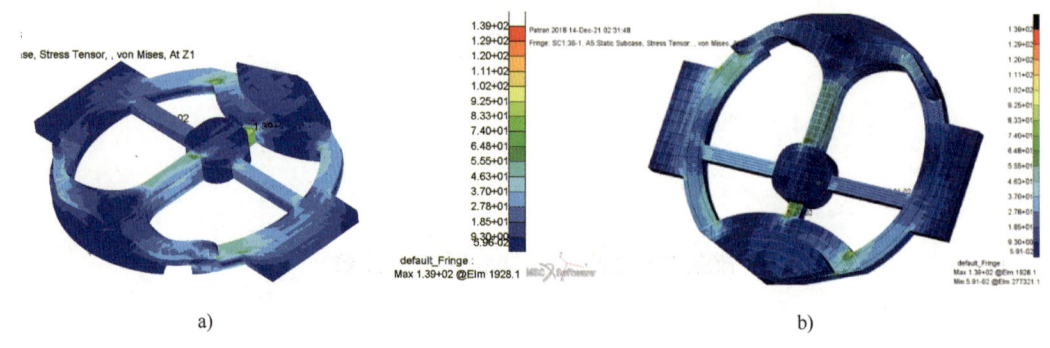

图 10-35 最大扭转力矩危险工况应力云图
a) 中垂工况 b) 中拱工况

根据计算结果,横向波浪载荷作用下(图 10-33),停靠码头、纵向通道、球体的应力较小,应力水平基本在 20.4MPa 以下,而鸟体与旁侧通道连接部位的应力较大,基本在 71.5MPa 以上,整个结构最大应力为 153MPa。

纵向弯矩作用下(图 10-34),鸟体与柱体连接通道的应力水平达到了 84.3MPa 以上,这是由于此处的连接通道跨度不够,应力无法分担,且存在大形变结构所致,其他结构的应力水平不高,整体结构最大应力为 90.4MPa。

最大扭矩作用下(图 10-35),与上层建筑相连的纵向连接通道、旁侧通道的应力水平较大,普遍在 55.5MPa 以上,又以鸟体与球体之间的连接通道的应力最大,整体结构最大应力为 139MPa。

综合考察典型工况下整体结构的应力水平与应力分布,连接通道的应力普遍较大,尤其是连接两个上层建筑的连接通道。旁侧通道的应力视具体工况而定,与上层建筑相连的部位易应力过载。同时还可以看出:该平台结构抗纵向弯矩的能力较强;但在面对横向弯矩为主控载荷的工况及扭矩为主控载荷的工况时,整体结构会表现较为薄弱。

10.3.2 单一载荷作用下极限承载能力研究

1. 横向受力工况

经过计算后,在图 10-36、图 10-37 中列出横向受力模式下平台的极限承载能力计算结果。

（1）弯矩-转角曲线分析　当平台达到极限状态时，横向受力状态下的弯矩-转角曲线如图10-36所示，平台整体变形及应力云图如图10-37所示。平台中拱时，结构的极限承载能力为 9.023×10^{11} N·mm，极限状态对应的结构转角为 $0.346°$；平台中垂时，结构的极限承载能力为 8.91×10^{11} N·mm，极限状态对应的结构转角为 $0.239°$。两种工况的应力、应变情况比较相似，在弹性应变阶段，结构的弯矩-转角曲线呈线性增长；随着

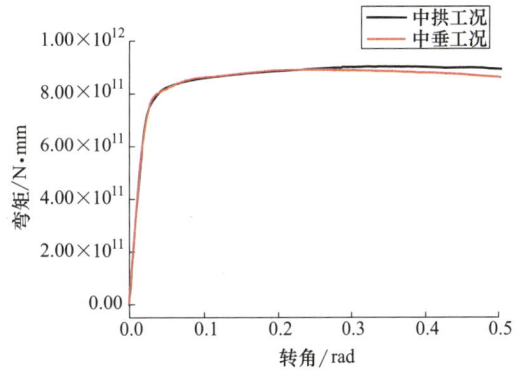

图 10-36　横向受力模式下结构的弯矩-转角曲线

结构应变增加，某些构件产生屈曲、屈服现象并失效，弯矩-转角曲线进入平缓阶段。位移加载到一定程度时，横向连接横梁通道及环形通道结构的区域发生断裂，结构的承载能力增加的趋势极其平缓，并趋向于极限状态。当连接横梁通道结构完全失效及部分旁通通道失效后，平台达到了最大极限状态。此后结构将进入卸载阶段，但在连接横梁结构失效前，平台仍具有一定承载能力，这一点在弯矩-转角曲线中也有所体现，在达到极限承载状态后，曲线下降缓慢，这说明平台结构失效后仍保留有一定程度的承载能力。

（2）失效模式分析　在横向受力状态下，中拱状态时，平台上横梁通道两侧的上甲板、部分上层建筑等结构受拉，相应位置的下甲板受压，结构的整体呈现中间向上凸起的状态；中垂状态时相反。最大应力出现在连接横梁与旁通通道的交界处、平台的大开口部位、不同上层建筑和旁通通道连接部位，这些部位为连接部位或存在形状上的大开口，因此受到此类型的载荷作用时会产生较大的应力值并失效。相对地，上层建筑之间纵向连接通道并未产生特别大的应力以及发生破坏。

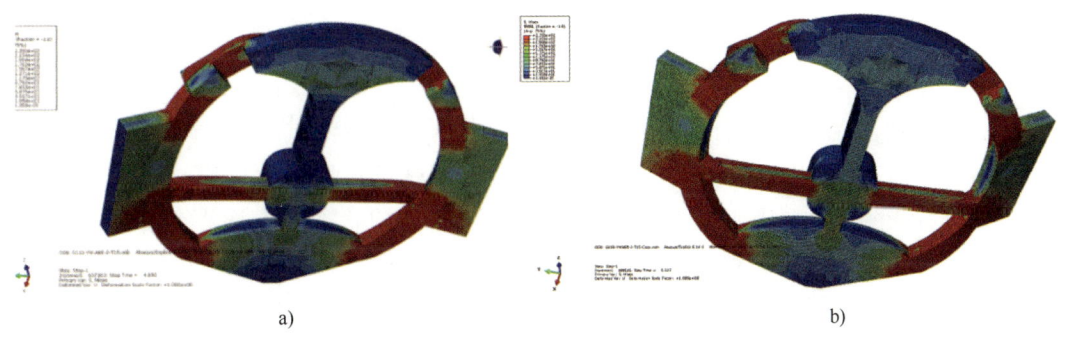

图 10-37　横向受力模式下浮体极限状态变形及应力云图
a）中拱状态　b）中垂状态

2. 纵向受力工况

纵向受力模式下平台极限承载能力计算结果结合图10-38、图10-39进行说明。

（1）弯矩-转角曲线分析　当平台达到极限状态时，纵向受力状态下的弯矩-转角曲线如图10-38所示，平台整体变形及应力云图如图10-39所示。平台中拱时，结构的极限承载能力为 1.084×10^{12} N·mm，极限状态对应的结构转角为 $0.07798°$；平台中垂时，结构的极限

承载能力为 $1.1011×10^{12}$ N·mm，极限状态对应的结构的转角为 $0.0954°$。两种工况的应力、应变情况比较相似，在弹性应变阶段，结构的弯矩-转角曲线呈线性增长；随着结构应变增加，某些构件产生屈曲、屈服现象并失效，曲线也变得平缓。位移加载至一定程度后，上层建筑之间的纵向连接构件以及部分靠近舯部和艉部的旁通通道的应力值逼近其极限承载能力值，弯矩-转角曲线增长趋势极其平缓。当上层建筑之间的纵向连接构件以及艉部的旁通结构等完全失效时，平台结构达到了最大

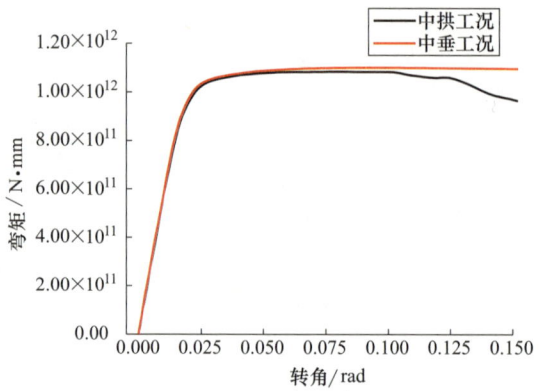

图 10-38 纵向受力模式下结构的弯矩-转角曲线

极限状态。此后结构进入了卸载阶段。在弯矩-转角曲线中可以观察到：在达到极限承载状态后，曲线存在较明显的下降，但幅值不大，这说明在此种工况下平台结构失效后的极限承载能力不至于完全破坏。

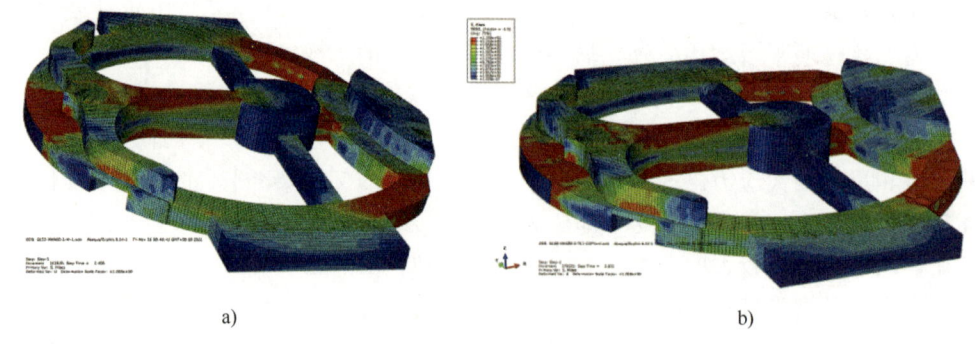

图 10-39 纵向受力模式下浮体极限状态变形及应力云图
a) 中拱状态　b) 中垂状态

（2）失效模式分析　在纵向弯矩的极限状态下，中拱状态时，结构的上层甲板，包括上层建筑的纵向连接构件，以及部分上层建筑的上甲板受到拉力的作用，同时结构下表面相应的位置受到压力的作用，结构整体呈现向上凸起的状态；中垂状态时相反，类似于横向的中拱。最大应力出现在纵向连接构件与上层甲板的交界处、上层建筑与上层甲板的交接处等位置，这些部位属于大形变区域，在受到纵向弯矩的作用下会产生较大的应力值并且失效。

3. 最大扭矩工况

在扭矩的极限承载能力分析中引入了新的极限承载能力计算方法：二倍斜率法。它是由 ASME 在《锅炉和压力容器规范》第三节和第八节中提出用来计算极限承载能力值的方法。

二倍斜率法的原理如图 10-40 所示，从载荷-挠度曲线的原点画出一条直线，其相对于载荷轴的斜率等于弹性区切线相对于载荷轴的斜率的两倍。二次弹性斜率法将交点的载荷值定义为极限载荷。这种方法使用比较方便，因为它不需要确定第一屈服点，同时还可以分析每种情况下最大弹性挠度的位置。

本章引用该方法的原因是：横扭工况作用下的弯矩-转角曲线不收敛，这是由于载荷造成了结构产生拉伸变形，但未达到断裂的程度，故仍在提供应力，所以弯矩-转角曲线不收敛，因此采用二倍斜率法确定其极限承载能力值。

依据前面设计波的载荷响应分析，最大扭转模式为横扭模式，平台的极限承载能力计算结果结合图 10-41、图 10-42 进行说明。

（1）**弯矩-转角曲线分析**　平台的极限状态即转动 0.036° 时平台整体变形及应力云图如图 10-41 所示，横扭状态下的弯矩-转角曲线如图 10-42 所示。横扭状态下结构的极限承载能力值为 $1.26×10^{12}$ N·mm，极限状态对应的结构的转角为 0.036°。在弹性应变阶段，结构的弯矩-转角曲线即载荷-位移曲线为线性增长。随着应变增加，某些构件产生屈曲、屈服现象并失效，因此曲线的增长变得平缓。当加载的形变达到 0.016° 时，部分靠近舯部和艉部的旁通通道的应力值即将达到极限值，结构的承载能力的增长趋势趋于平缓。当横向与纵向的连接型通道都达到了极限状态时，这些构件失效，平台结构达到了最大极限状态，在图 10-41 中，二倍斜率法辅助线与弯矩-转角曲线的交点的纵坐标值即为结构在此种工况之下的极限承载能力。

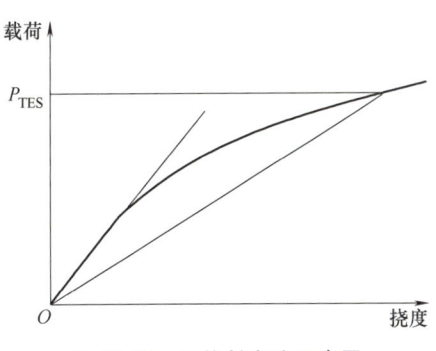

图 10-40　二倍斜率法示意图

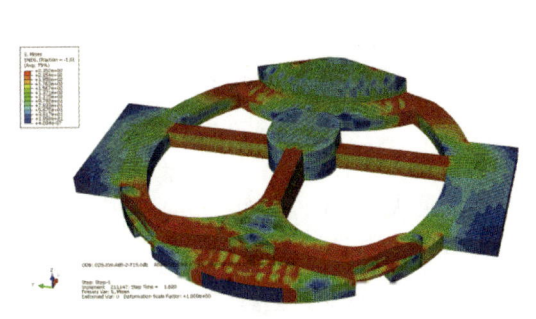

图 10-41　变形及应力云图

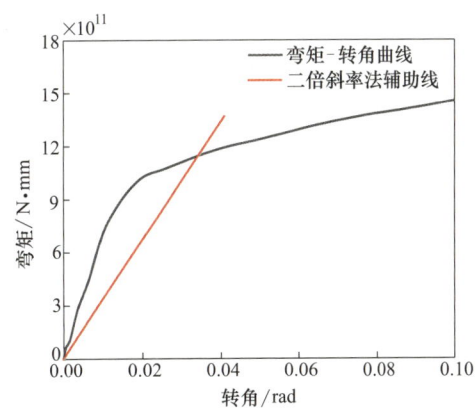

图 10-42　弯矩-转角曲线

根据弯矩-转角曲线可知，在达到极限承载状态后，曲线并未下降，而是线性增加，但要注意的是这并不是其结构的真实极限承载能力值，如前面所述，这是由于平台在塑性变形过程中不断强化且某些不会断裂，导致了结构仍然在提供承载能力，但这只是一个塑性的过程，故平台中抗力不断增长。

（2）**失效模式分析**　结构在横扭工况下的极限状态区别于前两个极限状态的失效模式，结构受力及变形最大的区域主要为连接梁型通道、旁侧通道等结构。这是因为这些结构比较细长，使其在横扭载荷作用下产生了扭转和拉伸综合作用的缘故。另外，跨度较大的上层建筑也受到了较大的扭转力，同样产生了破坏。结构的失效部位大部分受到拉力、扭转力、剪切力等作用。

10.3.3 双向联合载荷作用下极限承载能力分析

1. 载荷模式及边界条件

计算双向弯扭联合载荷工况时，边界条件示意图如图 10-43 所示，耦合点位置同上一节所述。沿横向施加转角加速度 R_{x1}（模拟横向弯矩 M_{x1}）、沿纵向施加转角加速度 R_{x2}（模拟横向扭矩 M_{x2}）模拟联合载荷造成的形变。

由于力的效果即为使物体产生形变，故形变程度的不同也代表着结构所受到的力或力矩不同。根据牛顿第二定律，一定程度上结构变形的比值可以等效为结构受力的比值，同理变形速度的比值也可以等效为结构所受载荷的比值。因此可通过调整结构面对不同载荷时的变形的速率来模拟不同比例载荷混合下的联合载荷。

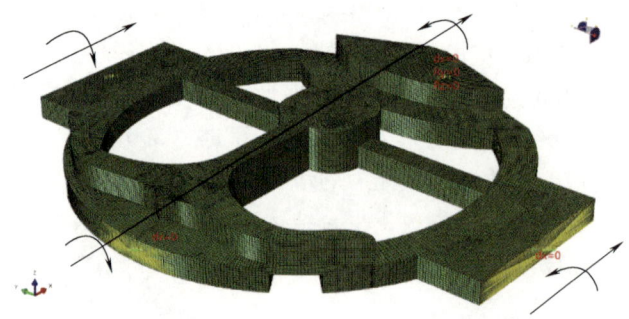

图 10-43 双向弯扭联合载荷的模型边界条件

施加速度的比例关系分别取为 $R_{x1}:R_{x2}=1:9，2:8，3:7，4:6，5:5，6:4，7:3，8:2，9:1$。当 $R_{x1}:R_{x2}=10:0$ 时，即为横向受力工况；当 $R_{x1}:R_{x2}=0:10$ 时，即为最大扭转工况。在这种联合载荷作用下，沿着平台横向限制其中一侧耦合点的沿 x 轴的线位移自由度；沿着平台纵向限制其中一侧耦合点的沿 x 轴的线位移自由度与 y、z 轴的转角自由度，限制另一侧耦合点的沿 x 轴的线位移自由度。

2. 双向弯扭耦合受力工况计算结果

双向弯扭耦合受力工况下平台极限承载力计算结果见表 10-26，弯矩-转角曲线与平台的失效模式在图 10-44~图 10-48 中一并给出。

表 10-26 双向弯扭耦合受力工况下平台的极限承载力计算结果

载荷混合比例 $A1:A2$ ($R_{x1}:R_{x2}$)	极限横向弯矩 M_{x1} 计算值/N·mm	极限扭矩 M_{x2} 计算值/N·mm
1:9	2.29×10¹¹	1.18×10¹²
2:8	2.89×10¹¹	1.15×10¹²
3:7	3.45×10¹¹	1.15×10¹²
4:6	4.11×10¹¹	1.14×10¹²
5:5	5.25×10¹¹	1.05×10¹²
6:4	6.93×10¹¹	8.36×10¹¹
7:3	8.07×10¹¹	6.30×10¹¹
8:2	8.71×10¹¹	3.60×10¹¹
9:1	8.89×10¹¹	3.89×10¹¹

由图 10-44 可知：横向弯矩转角 R_{x1} 与横向扭矩转角 R_{x2} 的比值为 1∶9 时，极限横向弯矩的值为 $2.29×10^{11}$ N·mm，极限扭矩的值为 $1.18×10^{12}$ N·mm，横向弯矩造成的形变并不明显，扭矩造成的影响极其显著，横向弯矩的弯矩-转角曲线不光滑，跳动幅度大。

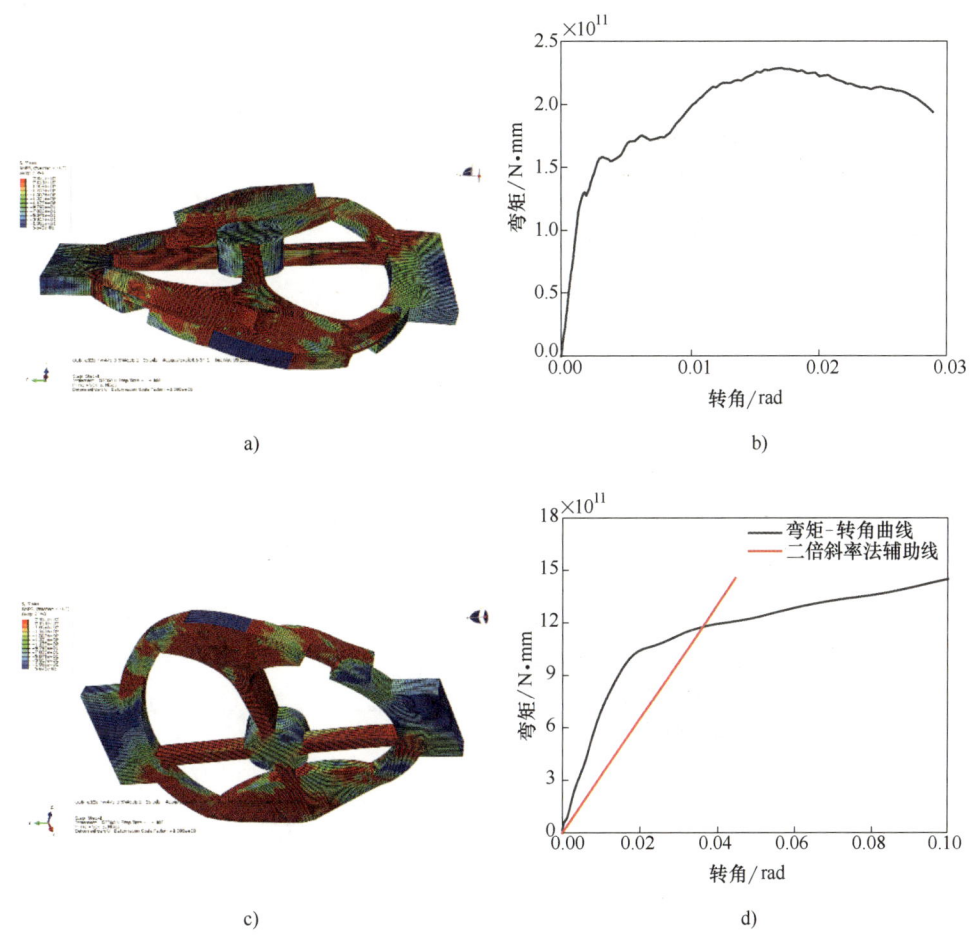

图 10-44 应力分布模式及弯矩-转角曲线 （$R_{x1}∶R_{x2}=1∶9$）
a) 横向弯矩（M_{x1}）的极限状态 b) 横向弯矩（M_{x1}）的弯矩-转角曲线
c) 扭矩（M_{x2}）的极限状态 d) 扭矩（M_{x2}）的弯矩-转角曲线

由图 10-45 可知：横向弯矩转角 R_{x1} 与横向扭矩转角 R_{x2} 的比值为 2∶8 时，极限横向弯矩的值为 $2.89×10^{11}$ N·mm，极限扭矩的值为 $1.15×10^{12}$ N·mm，横向弯矩造成的形变不明显，扭矩造成的影响极其显著。受扭矩的影响，横向弯矩的弯矩-转角曲线不光滑，但跳动的幅度有所降低。

由图 10-46 可知：横向弯矩转角 R_{x1} 与横向扭矩转角 R_{x2} 的比值为 3∶7 时，极限横向弯矩的值为 $3.45×10^{11}$ N·mm，极限扭矩的值为 $1.15×10^{12}$ N·mm，横向弯矩造成的形变相对前两种比例增加，扭矩造成的影响较为显著。横向弯矩的弯矩-转角曲线在扭矩的影响下不光滑，说明扭矩对结构的横向弯矩的影响仍然较大。

由图 10-47 可知：横向弯矩转角 R_{x1} 与横向扭矩转角 R_{x2} 的比值为 4∶6 时，极限横向弯

矩的值为 4.11×10^{11} N·mm，极限扭矩的值为 1.14×10^{12} N·mm，横向弯矩造成的形变与扭矩造成的形变较为显著，在应力分布图中都可以观察到。

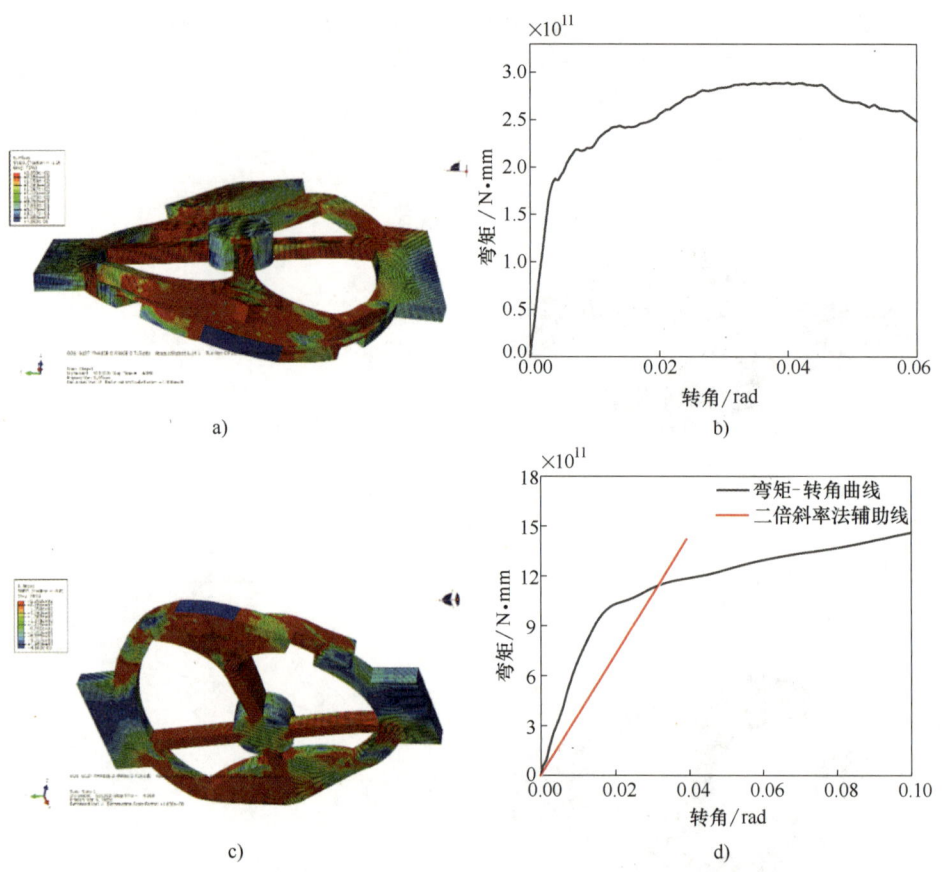

图 10-45 应力分布模式及弯矩-转角曲线（$R_{x1}：R_{x2}=2：8$）
a）横向弯矩（M_{x1}）的极限状态 b）横向弯矩（M_{x1}）的弯矩-转角曲线
c）扭矩（M_{x2}）的极限状态 d）扭矩（M_{x2}）的弯矩-转角曲线

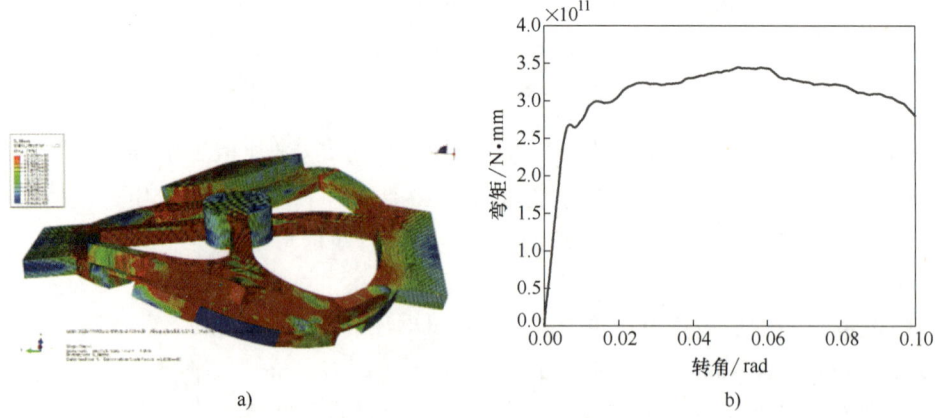

图 10-46 应力分布模式及弯矩-转角曲线（$R_{x1}：R_{x2}=3：7$）
a）横向弯矩（M_{x1}）的极限状态 b）横向弯矩（M_{x1}）的弯矩-转角曲线

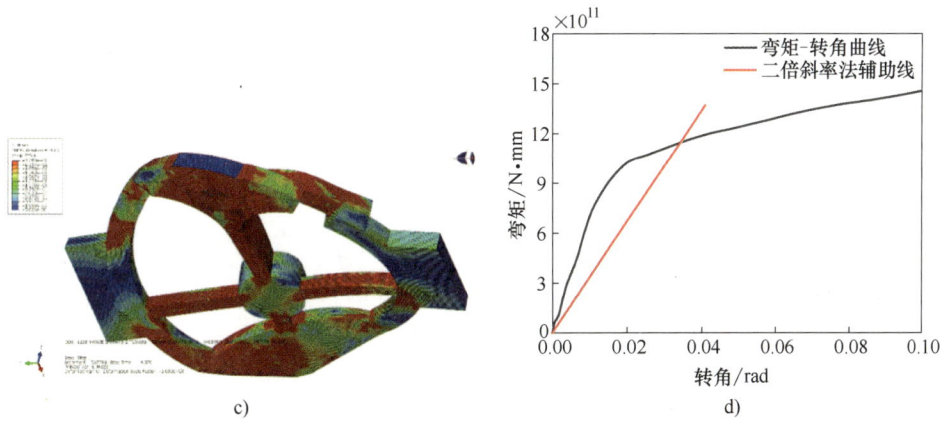

c)

图 10-46 应力分布模式及弯矩-转角曲线 ($R_{x1}:R_{x2}=3:7$)（续）

c）扭矩（M_{x2}）的极限状态   d）扭矩（M_{x2}）的弯矩-转角曲线

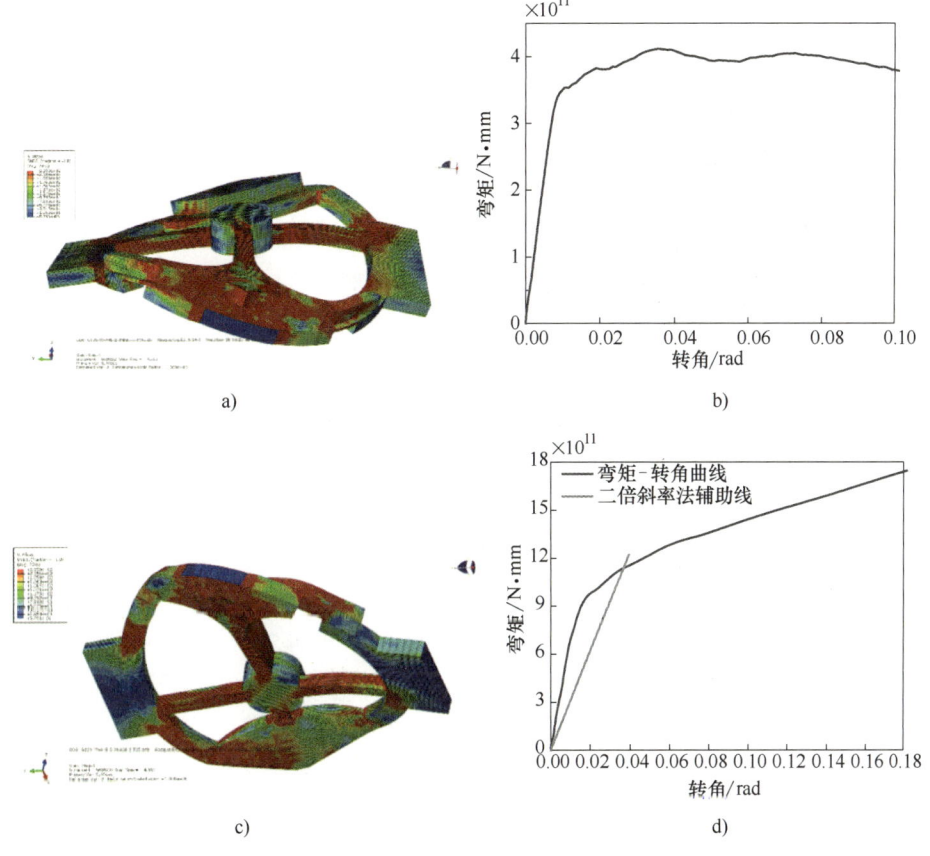

图 10-47 应力分布模式及弯矩-转角曲线 ($R_{x1}:R_{x2}=4:6$)

a）横向弯矩（M_{x1}）的极限状态 b）横向弯矩（M_{x1}）的弯矩-转角曲线
c）扭矩（M_{x2}）的极限状态   d）扭矩（M_{x2}）的弯矩-转角曲线

由图 10-48 可知：横向弯矩转角 R_{x1} 与横向扭矩转角 R_{x2} 的比值为 5∶5 时，极限横向弯矩的值为 5.25×10^{11} N·mm，极限扭矩的值为 1.05×10^{12} N·mm，横向弯矩造成的形变与扭矩造成的形变都比较明显，可在应力分布图中观察得到。从此比例开始，横向弯矩的弯矩-转角曲线相对光滑、稳定，极限横向弯矩所受扭矩的影响也越来越小。

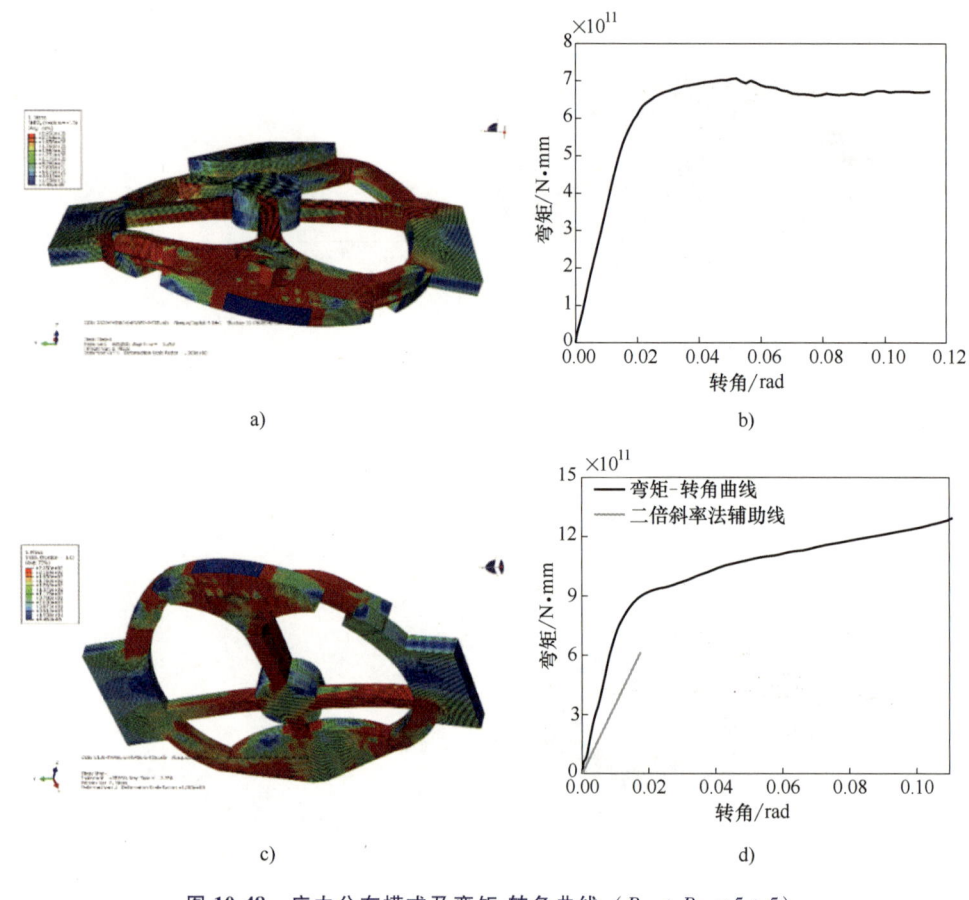

图 10-48 应力分布模式及弯矩-转角曲线（$R_{x1}:R_{x2}=5:5$）
a）横向弯矩（M_{x1}）的极限状态　b）横向弯矩（M_{x1}）的弯矩-转角曲线
c）扭矩（M_{x2}）的极限状态　d）扭矩（M_{x2}）的弯矩-转角曲线

3. 极限承载能力分析

（1）比例性的验证　横向弯矩和扭矩的实际极限承载能力计算值与其在联合载荷中所占的比例基本一致，即施加的横向转角加速度或垂向转角加速度在设定工况中所占的比例越大，则相应的极限横向弯矩或极限扭矩的计算值就越大。

（2）弯矩-转角曲线分析　观察弯矩-转角曲线的变化趋势，弯矩对应的弯矩-转角曲线及扭矩对应的弯矩-转角曲线变化趋势不尽相同。但弹性阶段的应变规律大体类似，表现为随着载荷量的增大，弯矩-转角曲线呈线性增长，随着结构的部分构件产生屈服、屈曲等破坏，弯矩-转角曲线趋于平缓。不同点在于：当结构达到极限状态后的曲线变化，横向弯矩的弯矩-转角曲线进入卸载阶段并缓慢下降，扭矩的弯矩-转角曲线进入塑性阶段，但由于结构不断裂，故仍提供承载力，所以曲线一直上升。

从表 10-26 双向弯扭耦合模式下平台的极限承载能力计算结果可以看出，联合载荷中载荷对彼此对应的极限承载能力值有着显著的影响。为了进一步评价双向弯扭联合载荷作用下的结构的极限承载能力,下面将分析双向弯扭联合载荷作用下的横向弯矩与扭矩的极限承载能力相互作用关系。

4. 失效模式分析

分析各种比例载荷下的应力云图,观察到当横向弯矩的作用占主体时,仍能看出较明显的扭转变形,当扭矩的作用占主体时,横向变形很小,这说明结构相对扭转工况更弱。以单一横向弯矩工况作为对比,在耦合工况下,当比例 $R_{x1}:R_{x2}$ 降低至 20%,极限横向弯矩值下降至 32.02%;当比例 $R_{x2}:R_{x1}$ 降低至 20%,极限扭转弯矩值降为单一载荷极限承载能力的 28.57%。通过降幅也可以证明平台在此种工况之下更容易受到扭转带来的结构破坏。

从结构特点及薄弱部位进行分析:横向弯矩作用下,薄弱部位多为沿着结构横向的大开口部位,连接横梁通道等。但沿着结构的横向存在着跨度较大的上层建筑,可以有效地增加对抗横向弯矩的结构强度,因此横向弯矩对结构的破坏相对较小;在扭矩的作用下,整个结构产生扭转,因此连接部位、各种连接横梁结构(横纵向连接通道、旁侧连接通道等)都会产生拉压、扭转等现象,面对扭转工况的薄弱部位较多,因此也造成了结构弱扭转的情况。综合来看,弯扭耦合工况之下,结构的薄弱区域包括:横纵连接横梁通道结构、无上层建筑的连接旁通结构。

10.4 超大型集装箱船结构力学问题分析实例

10.4.1 集装箱船的发展概述

目前世界贸易中,80%的贸易货物由海运承担,而这其中很多货物都可以采用集装箱运输。集装箱海运始于 20 世纪五六十年代,自诞生以来,便以其高效、安全、便捷等特点,迅速为市场所接受,并越来越受到追捧。随着全球经济一体化,集装箱海运借着这股东风,迎来了自身发展的爆发期,截至目前达到了前所未有的高度。

20 世纪 70 年代最大的集装箱船装箱量仅 2000TEU,80 年代初出现了 3000TEU 的集装箱船,1988 年已经有船宽超过巴拿马运河限宽(40m)的 4800TEU 集装箱船,到 90 年代,出现了 5000TEU、6000TEU 甚至 8000TEU 的超巴拿马集装箱船。2006 年,马士基推出了容量为 11000~14500TEU 的第三代超巴拿马型集装箱船:艾玛·马士基号(E 级)。由于船舶尺度超过了拓宽的巴拿马运河所能通行的最大限制,因此被称为"超大型集装箱船"。2013 年,超巴拿马型船的设计进一步发展,引入了 18000TEU 及以上的超大型集装箱船。2017 年,20000TEU 以上的船只开始交付。

2022 年 6 月 22 日,中国首艘全球最大 24000 标准箱超大型集装箱船,在中国船舶集团有限公司旗下沪东中华造船(集团)有限公司交付,如图 10-49 所示。该船总长 399.99m,宽 61.5m,甲板面积达 24000m²,相当于 3.5 个标准足球场;货舱深度达 33.2m,可承载 24 万 t 货物,一次可装载 24000 多只标准集装箱,最大堆箱层数可达 25 层,相当于 22 楼的高度。这是沪东中华自 2020 年 9 月完工交付中国首创全球首艘 23000TEU 双燃料动力超大型集装箱船后,在顶级超大型集装箱船建造领域取得的又一重大突破,创造了中国船舶工业新的里程碑。

图 10-49　24000TEU 超大型集装箱船出坞

10.4.2　大型集装箱船的结构分析

集装箱船作为运输船三大主力船型之一，其结构设计特点显著区别于其他船型，如图 10-50 所示。由于甲板面积有限，因此集装箱船主甲板与舱口围区域多采用厚板结构和抗扭箱结构形式，以确保船舶的总体强度。在舱口角隅处采用尽可能大的圆弧过渡并采用更高等级及厚度的钢材，以避免舱口角隅位置的应力集中。

图 10-50　MOL Comfort 海损事故

作为"海上巨无霸"和"带货王"，大型集装箱船结构设计特点如下：

（1）结构布置　大型集装箱船为了保证总纵强度，通常在舷侧使用抗扭箱以及连续有效的舱口纵向围板，或者采用双壳舷侧结构，并在双壳的上、下两部分都采用纵骨架。而机舱与上层建筑则通常布置在整个船体的中间偏后位置，其中机舱多采用横骨架结构。另外，一般将大型集装箱船的横舱壁分为结构舱壁和水密舱壁，其中的结构舱壁的主要作用是增加强度以及作为导轨的支撑。为了保护甲板上的集装箱，很多大型集装箱船还经常设置挡浪板，并将两端设为尖瘦形状。

(2) 船体骨架　大型集装箱船的骨架一般采用纵骨架式，其目的是让纵骨参与船体梁总纵弯曲，从而有效提高船体梁的总纵强度以及抗扭转能力，因此大部分的纵骨都应采用角钢、型钢或球扁钢。在装箱数一定的情况下，要根据集装箱的布置、导轨的设置和板材局部强度的要求来设置纵桁以及确定纵骨间距。另外，依据弯曲扭转应力与外载荷分布特征，应在管弄处将强框间距设为两档肋距，而在抗扭箱与舱口围板处则设为八档肋距，其余部分都设为四档肋距。

(3) 箱形梁设计　在船舶运动时，上部横向箱形梁的主要作用是控制舱内和甲板上的集装箱对甲板产生的应力，使其在一定范围内，从而减少舱口的变形；同时通过其刚性来支持舱壁垂向扶强材的上部，阻止横舱壁的变形，因此对其导轨和绑扎要求极高。下部纵向箱形梁的主要作用是增加双层底与双壳结构的连接刚性以及抗扭刚度，从而减少扭转应力及舱口的变形，因此纵向箱形梁通常取集装箱的高度，并且将其端部与横舱壁的下壁凳进行牢固连接。

(4) 总纵强度　由于大型集装箱船的开口极大，因此其总纵强度成为结构设计的关键问题。通常，抗扭箱上部采用屈服极限达 $355\text{N}/\text{mm}^2$ 的高强度钢，其板厚为 $50\sim95\text{mm}$，采用相同板厚的还有甲板、纵舱壁上列板、舷顶列板、舱口围板以及舷顶抗扭箱内纵骨等部分。在计算横剖面时，采用的中剖面模数通常比规范要求值适当大些，从而满足垂向弯矩、水平弯矩以及扭矩综合作用对强度的要求。另外，当艏部有明显外飘造成波浪弯矩增大时，应将船体剖面模数也做适当增加。

(5) 扭转强度　影响船体扭转刚性的因素主要有船体的纵向抗扭箱、横向抗扭箱、甲板结构、翘曲刚性及其两端部的约束等。其中船体的翘曲刚性的影响因素是机舱区域与箱形结构的翘曲约束有效度，当机舱足够长，并且机舱上的甲板开口不大时，就可以提供有效的翘曲约束，但艏部船体的翘曲刚性一般比中部小，从而导致了翘曲约束有效度的降低。另外，通过将有效纵向箱形结构设置在艏部区域的方法，也可实现对其翘曲刚性的补偿。

(6) 疲劳强度　在不同方向的载荷作用下，大型集装箱船的应力变化通常较大，尤其是位于机舱前端的舱口角隅位置，因此处纵舱壁的不连续，导致其在波浪弯矩影响下扭转明显，同时结构变化也十分明显。另外，波浪诱导的船体垂向弯矩、斜浪诱导的波浪扭矩、波浪对局部结构的动压力以及货舱内货物的运动惯性力等因素也会对船体构件产生交变应力，导致纵骨疲劳。

10.4.3　超大型集装箱船结构疲劳强度评估

超大型集装箱船由于主尺度过大，主甲板大开口的特征使船舶的刚度降低，低阶固有频率与波浪频率非常接近，致使船舶在海上航行时，很容易诱发船体发生共振现象产生弹振响应。为了在甲板上尽可能多地加装集装箱，超大型集装箱船被设计成了艏部大外飘结构，当船体和波浪发生相对运动时，会产生很强烈的颤振响应，导致船体结构疲劳损伤更显著。

1. 基于设计波法的疲劳强度评估

(1) 疲劳强度评估的设计波法

1) 设计波法的基本原理。设计波法是考虑船舶结构遭受的各种可变载荷，当其中某一主要载荷（主要控制载荷）达到最大值时，其他载荷取为相应的瞬时值。设计波法的关键在于如何合理地确定以控制载荷为基础的规则波的各个参数（包括波幅、浪向、频率等），使按它计算出来的船体应力范围能代表实际船体航行过程中对应一定概率水平的应力范围。

2）主要控制载荷。进行疲劳强度校核的每个危险工况都会使控制载荷中的其中一个达到最大值，从而对船体结构中某些构件产生决定性的影响。根据 BV 规范，疲劳强度评估中为了得到热点位置最大应力范围，将提供三种（迎浪、斜浪和横浪）由不同浪向组合成的典型情况来选取主要控制载荷，迎浪工况下以船中横剖面垂向弯矩为主要控制载荷，斜浪工况下以船中横剖面扭矩为主要控制载荷浪向角有 60°、75°、115°和 120°，横浪工况下以船中横剖面舷部局部压力、船中横剖面水平弯矩和船中横剖面扭矩为主要控制载荷。

3）频率和浪向。选定控制载荷之后，运用三维波浪载荷软件在各选定工况下计算不同浪向下响应幅值算子，根据 BV 规范，计算波浪周期范围为 4~22s，计算浪向范围 0°~360°，计算航速为 60%的最高服务航速，另外还要计算各控制载荷长期预报值。在浪向和波频范围内进行搜索，其中控制载荷的响应幅值算子达到最大值对应的浪向和频率即为由该控制载荷主导的设计波的浪向 β 和频率 ω，设计波波长 λ 为

$$\lambda = \frac{2\pi g}{\omega^2} \tag{10-30}$$

4）设计波波幅。通过计算得到相应浪向和波长的响应幅值算子之后，设计波的波幅 ξ 计算如下：

$$\xi = \frac{控制载荷长期预报值}{控制载荷响应幅值算子} \tag{10-31}$$

5）设计波相位。在不同相位处，设计波对应各载荷成分的组合是不相同的，因此在选定设计波时，要进一步确定相位，使选定的瞬时是对应的控制载荷达到最大值的时刻，通过以上过程确定设计波参数之后即确定了疲劳强度评估计算的等效设计波，对于每种载荷工况，可视为船舶在某种由特定载荷参数主导的规则波中航行。

综上所述，疲劳设计波的确定过程包括以下步骤：①确定主要控制载荷；②计算主要控制载荷响应幅值算子，确定设计波浪向、频率；③计算主要控制载荷长期预报值，确定设计波波幅；④计算确定设计波相位，最终计算疲劳设计波载荷。

（2）疲劳强度评估方法

1）应力范围。用于计算疲劳损伤度的应力范围为

$$\Delta\sigma_N = K_C \Delta\sigma_{N0} \tag{10-32}$$

式中，$\Delta\sigma_{N0} = 0.7 K_F K_M \Delta\sigma_G$，$K_F$ 为疲劳切口因子，K_M 为应力集中系数，$\Delta\sigma_G$ 为热点应力范围；$K_C = 0.4 R_{eH}/\Delta\sigma_{N0} + 0.6$，且 $0.8 \leq K_C \leq 1$，R_{eH} 为材料屈服极限。

2）疲劳损伤度。根据 BV 船级社规范，疲劳损伤度计算中认为船舶结构设计寿命期间应力范围 S 的长期分布为两参数的威布尔分布，使用规范提供的双斜率 S-N 曲线，则疲劳损伤度 D 按下式计算：

$$D = \frac{N_t}{A} \frac{(\Delta\sigma_N)^m}{(-\ln p_R)^{m/\xi}} \mu \Gamma\left(1 + \frac{m}{\xi}\right) \tag{10-33}$$

式中，$N_t = 5.36 \times 10^8 / 4\log L$，为船舶设计寿命内应力范围的总循环次数；$m$、$A$ 为 S-N 曲线的参数，取 $m = 3$，$A = 5.802 \left(\frac{22}{t}\right)^{0.9} \times 10^{12}$，$t$ 为热点位置净板厚；$\xi = \max\left(\xi_0\left(1.04 - 0.14\frac{|z-T_1|}{D-T_1}\right)\right)$，

为威布尔分布的形状参数，T_1 为对应工况下吃水，$\xi_0 = 73 - 0.07 \dfrac{L}{60}$；$\Delta \sigma_N$ 为切口应力范围；p_R 为疲劳载荷的超越概率，取 10^{-5}；$\mu = 1 - \left(\Gamma\left(\dfrac{m}{\xi}+1, \nu\right) - \Gamma\left(\dfrac{5}{\xi}+1, \nu\right) \nu^{-2/\xi} \right) / \Gamma\left(\dfrac{m}{\xi}+1\right)$，$\nu = -\left(\dfrac{S_q}{\Delta \sigma_N}\right)^\xi \ln p_R$，$S_q$ 为疲劳载荷循环 10^7 次时的参考应力范围，$S_q = (A \cdot 10^{-7})^{\frac{1}{m}}$；$\Gamma$ 为不完整伽马函数。

3）疲劳累积损伤度。根据 BV 规范，疲劳强度评估中将考虑以下两种具有代表性的装载工况：满载工况和压载工况，认为船舶的整个寿命期间，75% 处于满载，25% 处于压载。疲劳累积损伤度 D 为

$$D = K_{cor}(0.75 D_F + 0.25 D_B) \tag{10-34}$$

式中，D_F 为满载工况下的疲劳损伤度；D_B 为压载工况下的疲劳损伤度；K_{cor} 为腐蚀因子，对于有涂层防护的液舱 $K_{cor} = 1.1$，其他情况取 1.5。D_F 和 D_B 的表达式分别为

$$D_F = \dfrac{1}{3} D_{HF} + \dfrac{1}{3} D_{QF} + \dfrac{1}{3} D_{BF} \tag{10-35}$$

$$D_B = \dfrac{1}{3} D_{HB} + \dfrac{1}{3} D_{QB} + \dfrac{1}{3} D_{BB} \tag{10-36}$$

式中，D_{HF} 为满载迎浪（随浪）工况下的最大疲劳损伤度（0°、180°）；D_{QF} 为满载斜浪工况下的最大疲劳损伤度（60°、75°、105°、120°）；D_{BF} 为满载横浪工况下的最大疲劳损伤度（90°）；D_{HB} 为压载迎浪（随浪）工况下的最大疲劳损伤度（0°、180°）；D_{QB} 为压载斜浪工况下的最大疲劳损伤度（60°、75°、105°、120°）；D_{BB} 为压载横浪工况下的最大疲劳损伤度（90°）。

4）疲劳强度评估衡准。根据 BV 规范，疲劳强度的校核衡准为

$$D \leqslant \dfrac{1}{\gamma_R} \tag{10-37}$$

疲劳强度的校核衡准也可以表达为以下疲劳寿命的形式：

$$疲劳寿命 = \dfrac{T}{\gamma_R D} \tag{10-38}$$

式中，γ_R 为局部安全因子，疲劳计算中取 1.02；T 为设计疲劳寿命，取 25 年。

（3）实船计算

1）目标超大型集装箱船主尺度。

选取一超大型集装箱船作为疲劳强度评估目标船，在疲劳设计波计算时所使用装载工况以及相应的质量分布情况将根据实际装载情况确定。实船主尺度见表 10-27。

表 10-27 实船主尺度

参数	参数值	参数	参数值
总长/m	299.95	设计吃水/m	12.50
垂线间长/m	286.00	结构吃水/m	14.80
型宽/m	48.20	航速/kn	22
型深/m	24.60		

2) 有限元分析模型。整个建模工作以及计算分析操作都是使用商业有限元软件 MSC/PATRAN 和 NASTRAN 进行，其中有限元模型均由四边形、三角形壳单元以及梁单元模拟建成（图 10-51）。

图 10-51　全船有限元模型

在不同装载工况下的质量调整过程中，整船质量的调整是通过调整材料密度和加结构质量点来实现的。不同装载工况下的载质量的调整是通过在相应的装载位置加结构质量点来实现的，而质量点通过 MPC 与周围节点关联在一起。

3) 波浪载荷计算。波浪载荷的计算是基于势流理论的三维线性频域方法，采用波浪载荷计算软件 WALCS 进行计算，图 10-52 所示为用于计算的水动力模型。

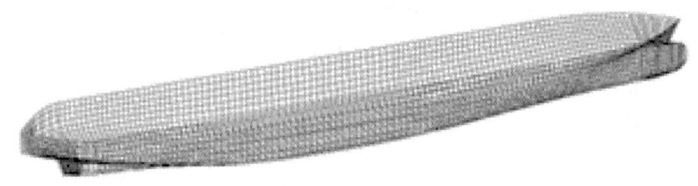

图 10-52　用于计算的水动力模型

4) 设计波参数确定。根据以上疲劳设计波的确定方法，考虑相应的装载情况，各设计波参数可以分别确定，见表 10-28。

表 10-28　疲劳设计波参数

编号	浪向/(°)	控制载荷	压载		满载	
			频率/(rad/s)	波幅/m	频率/(rad/s)	波幅/m
1	0	垂向弯矩	0.50	5.60	0.50	5.43
2	180	垂向弯矩	0.45	3.33	0.45	6.90
3	90	水平弯矩	0.75	3.05	0.75	3.91
4	60	扭矩	1.00	4.05	1.00	5.19
5	75	扭矩	1.05	3.94	1.05	3.54
6	90	扭矩	1.05	5.04	1.05	6.59
7	105	扭矩	1.25	3.50	1.25	3.39
8	120	扭矩	0.70	4.40	0.70	4.94
9	90	船中剖面舷部处压力	0.60	3.94	0.60	5.75

5）疲劳评估区域。疲劳评估区域一般选取承受循环交变载荷以及应力集中明显的结构，对于具有大开口的超大集装箱船来说，分别选取机舱处纵桁与横舱壁连接处，位于船艏、船舯、船艉的舱口角隅和上甲板角隅作为疲劳强度计算位置，具体见表10-29，表中计算点位置如图10-53所示。

表 10-29 疲劳强度评估位置

疲劳强度计算点	位置			位置描述
	X	Y	Z	
Spot1	Fr66	6515 of CL	26700ABL	Fr66 纵桁与横舱壁连接处 1
Spot2	Fr66	6515 of CL	20160ABL	Fr66 纵桁与横舱壁连接处 2
Spot3	Fr285	21700 of CL	26700ABL	Fr285 船艏舱口角隅
Spot4	Fr285	21700 of CL	24600ABL	Fr285 船艏上甲板角隅
Spot5	Fr146	21700 of CL	26700ABL	Fr146 船舯舱口角隅
Spot6	Fr146	21700 of CL	24600ABL	Fr146 船舯上甲板角隅
Spot7	Fr48	21700 of CL	26700ABL	Fr48 船艉舱口角隅
Spot8	Fr48	21700 of CL	24600ABL	Fr48 船艉上甲板角隅

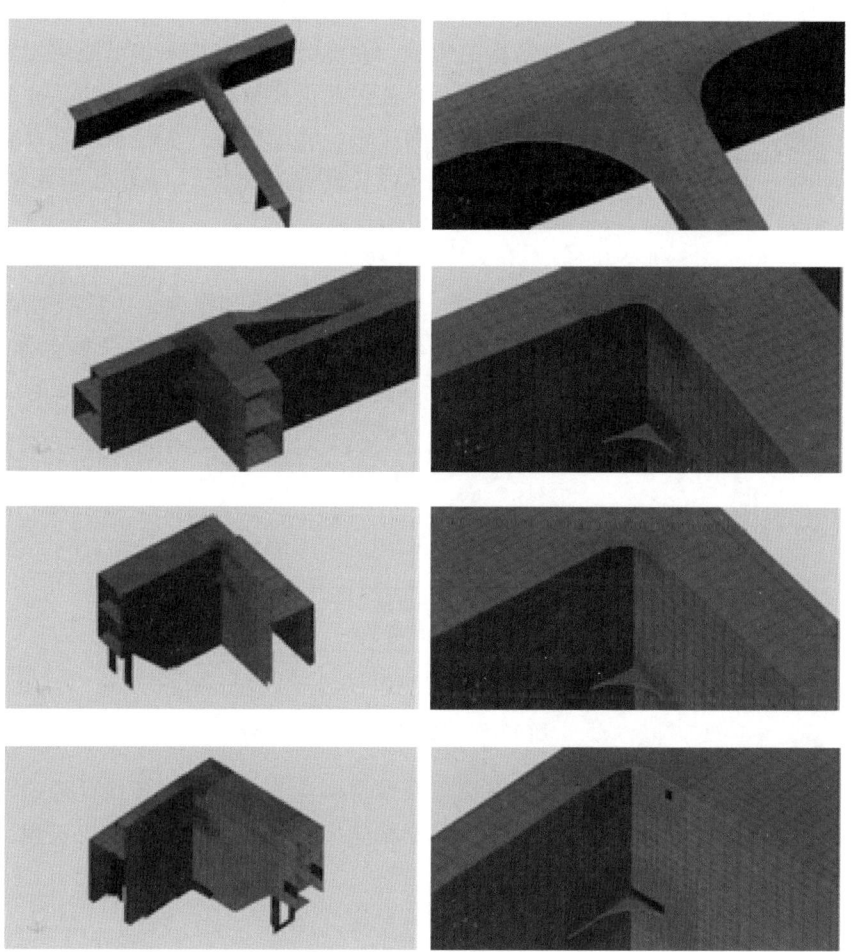

图 10-53 计算点 1~8 热点细化图

6）疲劳强度评估结果（见表 10-30）。

表 10-30　疲劳强度评估结果

疲劳强度计算点	位置描述	疲劳寿命
Spot1	Fr66 纵桁与横舱壁连接处 1	>100 年
Spot2	Fr66 纵桁与横舱壁连接处 2	>100 年
Spot3	Fr285 船艏舱口角隅	>100 年
Spot4	Fr285 船艏上甲板角隅	71.9 年
Spot5	Fr146 船舯舱口角隅	39.2 年
Spot6	Fr146 船舯上甲板角隅	68.7 年
Spot7	Fr48 船艉舱口角隅	>100 年
Spot8	Fr48 船艉上甲板角隅	>100 年

2. 基于谱分析法的疲劳强度评估

对于集装箱船舱口角隅位置结构的疲劳强度，采用直接计算方法可较为真实地考虑结构细节，而且载荷通过直接计算获得，从而能够更为准确地确定舱口角隅疲劳强度。谱分析法属于船舶结构疲劳强度评估的直接计算方法，考虑了船舶寿命期内一定频率和浪向范围内的相当多的规则波以及多个装载工况对结构的影响，在疲劳强度分析中尽可能真实地反映船舶寿命期间经历的各类海况，并通过直接计算获得波浪载荷和结构响应，因此其疲劳评估结果更为可靠和全面。对于大型集装箱船的舱口角隅位置，其结构形式多样复杂且没有形成针对该结构有效、统一的评估方法，采用谱分析法对其疲劳寿命进行预报可使评估结果最为准确。

（1）疲劳强度评估的谱分析法

1）谱分析法的基本原理。疲劳强度的谱分析法是以随机过程理论中的线性系统变换为理论基础，而船舶与海洋工程结构则属于典型的线性动力系统，其线性变换关系如图 10-54 所示。图中 $\eta(t)$ 为输入，即作用在集装箱船体结构上的波浪载荷；$X(t)$ 为响应，即波浪作用引起的结构交变应力，系统的输入与响应的函数关系式可表示为

$$X(t) = L(\eta(t)) \tag{10-39}$$

式中，L 为线性算子。

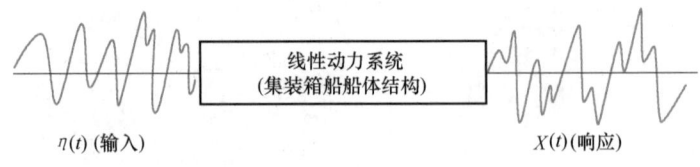

图 10-54　谱分析原理图

在船体结构疲劳强度分析中，波浪载荷以及结构响应分析都是基于线性理论，作为一个平稳的随机过程的波浪，其作用于船体之后的结构响应也是一个平稳的随机过程，则由随机过程理论以上两平稳随机过程功率谱密度关系为

$$G_{XX}(\omega) = |H(\omega)|^2 G_{\eta\eta}(\omega) \tag{10-40}$$

式中，$|H(\omega)|$ 为频率响应函数；$|H(\omega)|^2$ 为响应幅值算子；$G_{\eta\eta}(\omega)$ 为波浪谱密度函数。

船舶结构疲劳谱分析法的基本思想和主要内容为：首先，应力范围的长期分布一般采用分段连续分布形式，每一短期航行工况都是船舶在特定装载工况、浪向和波频下的短期航行状态；其次，认为每个短期工况下应力范围的短期分布为瑞利分布形式，其统计参数可通过谱分析法计算得到应力传递函数，并结合特定海域的海浪谱和海况资料而获得；最后，基于线性累积损伤理论计算各短期工况的疲劳损伤并进行组合。谱分析法的分析过程可通过流程图10-55来反映。

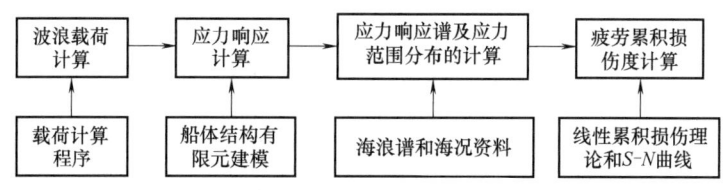

图 10-55　疲劳谱分析流程

2）应力响应传递函数。当船舶结构在给定航向角和频率的规则波作用时，其应力幅值和波浪幅值的比值就是传递函数值。实际操作中，可直接输入船舶在单位波幅规则波作用下产生的波浪载荷，这时结构所产生的应力响应即为传递函数值。波浪载荷计算得到不同频率对应下的水动压力，将该压力分解为实部与虚部加载到有限元模型对应单元上分析求解。根据线性相似原则，应力响应结果也以实部 σ_C 和虚部 σ_S 来表达，应力传递函数的幅值为

$$\sigma_A = \sqrt{\sigma_C^2 + \sigma_S^2} \tag{10-41}$$

考虑实船正常行驶时要将波浪圆频率 ω 转化为遭遇频率 ω_e，则应力传递函数应该写成

$$H_\sigma(\omega_e) = \sigma_E(\omega_e) \tag{10-42}$$

3）应力响应谱计算。谱分析方法中，波浪功率的谱密度一般可采用国际船舶结构会议推荐的双参数 Pierson-Moskowitz 谱（即 P-M 谱），该波浪谱的表示形式有多种，其中以有义波高 H_S 和平均跨零周期 T_z 两参数为自变量，谱密度函数表达式为

$$G_{\eta\eta}(\omega) = \frac{H_S^2}{4\pi}\left(\frac{2\pi}{T_z}\right)^4 \omega^{-5} \exp\left(-\frac{1}{\pi}\left(\frac{2\pi}{T_z}\right)\omega^{-4}\right) \tag{10-43}$$

式中，ω 为波浪自然频率（rad/s）。

实际遭遇频率 ω_e 与波浪自然频率 ω 的关系为

$$\omega_e = \omega\left(1 + \frac{2\omega U}{g}\cos\theta\right) \tag{10-44}$$

式中，θ 为航向角；U 为航速。

遭遇频率确定后，输入的波能谱要相应地转化为遭遇频率表达的形式，可利用对应频率微元能量不变关系进行转换，其关系为

$$G_{\eta\eta}(\omega)\mathrm{d}\omega = G_{\eta\eta}(\omega_e,\theta)\mathrm{d}\omega_e \tag{10-45}$$

根据式（10-44）和式（10-45），则

$$G_{\eta\eta}(\omega_e,\theta) = \frac{G_{\eta\eta}(\omega)}{1+\dfrac{2\omega U}{g}\cos\theta} \tag{10-46}$$

则应力的响应谱可表示为

$$G_{XX}(\omega_e, \theta) = |H_\sigma(\omega_e, \theta)|^2 G_{\eta\eta}(\omega_e, \theta) \tag{10-47}$$

式中，$H_\sigma(\omega_e, \theta)$ 为应力响应传递函数。

前面这些考虑的都是波浪只朝一个方向传播的情况，而实际的海浪由于具有扩散性，波浪会向各个方向传播，因而还需考虑波浪的扩散性。实际上，船舶在海上航行过程中，船体结构受到的波浪来流的作用方向是不确定的，各个方向都会受到波浪的作用，因而应力响应的功率谱密度公式（10-47）变成

$$G_{XX}(\omega_e, \bar{\theta}) = \int_{-\pi/2}^{\pi/2} f(\beta) [H(\omega_e, \bar{\theta} - \beta)]^2 \cdot G_{\eta\eta}(\omega_e, \bar{\theta} - \beta) \mathrm{d}\beta \tag{10-48}$$

式中，$\bar{\theta}$ 为船舶航向和主浪向之间的夹角；$G_{XX}(\omega_e, \bar{\theta})$ 为与船舶航向之间夹角为 $\bar{\theta}$ 的波浪所对应的传递函数；$f(\beta)$ 为波浪扩散函数。

4）应力范围的短期分布。谱分析法中应力范围的长期分布采用分段连续模型，每一分段内的短期海况中应力范围的峰值服从瑞利分布，其概率密度函数为

$$f_\sigma(\sigma) = \frac{\sigma}{m_0} \exp\left(-\frac{\sigma^2}{2m_0}\right), 0 \leqslant \sigma < +\infty \tag{10-49}$$

式中，σ 为应力峰值；m_0 为功率谱密度 $G_{XX}(\omega_e, \bar{\theta})$ 的零阶矩。

一般情况下，认为应力范围和应力峰值是 2 倍关系，可以表示为

$$S = 2\sigma \tag{10-50}$$

则相应的应力范围 S 的概率密度函数和分布函数可表示为

$$f_S(S) = \frac{S}{4m_0} \exp\left(-\frac{S^2}{8m_0}\right), 0 \leqslant S < +\infty \tag{10-51}$$

$$F_S(S) = 1 - \exp\left(-\frac{S^2}{8m_0}\right), 0 \leqslant S < +\infty \tag{10-52}$$

对于响应谱的 n 阶矩，可用以下公式计算：

$$m_n = \int_0^{+\infty} \omega_e^n \cdot G_{YY}(\omega_e) \mathrm{d}\omega_e = \int_0^{+\infty} \omega_e^n \cdot \int_{-\pi/2}^{\pi/2} f(\beta) [H(\omega_e, \theta) - \beta]^2 \cdot G_{\eta\eta}(\omega_e) \mathrm{d}\beta \mathrm{d}\omega_e \tag{10-53}$$

5）疲劳损伤度计算。计算并统计得到各短期工况下的应力范围分布之后，则可根据 Miner 累积损伤理论计算其疲劳累积损伤度，对于某一短期工况疲劳损伤度为

$$D_{ij} = \frac{T_{ij} f_{0ij}}{A} \int_0^{+\infty} S^m f_{Sij}(S) \mathrm{d}S \tag{10-54}$$

式中，i 表示海况；j 表示浪向；T_{ij} 表示此短期工况航行时间；f_{0ij} 为应力交变过程跨零率；$T_{ij} f_{0ij}$ 为此短期工况内应力循环次数；f_{Sij} 为此短期工况内应力范围分布；A 和 S 为 S-N 曲线参数。

在整个长期时间 T 范围内，相应的疲劳损伤度应为所有短期海况造成的疲劳损伤按其出现的概率进行加权组合，并且将应力范围的短期分布形式代入公式，则船舶结构整个寿命期间总的疲劳损伤度为

$$D = \sum_{i=1}^{n_s} \sum_{j=1}^{n_H} D_{ij} = \frac{T}{A} \Gamma\left(1 + \frac{m}{2}\right) \sum_{n=1}^{N_{\text{total}}} p_n \cdot \sum_{i=1}^{n_s} \sum_{j=1}^{n_H} p_i p_j \nu_{ijn} (2\sqrt{m_{0ij}})^m \tag{10-55}$$

式中，T 为设计疲劳寿命；A、m 为 S-N 曲线的参数；N_{total} 为所考虑的装载状态的总数；p_n

为第 n 个装载状态所占设计寿命的比例;n_s 为海况分布资料中的海况总数;n_H 为航向总数;p_i 为第 i 个海况出现的概率;p_j 为第 j 个航向出现的频率;ν_{ijn} 为装载工况为 n、海况为 i、航向为 j 的短期工况下的应力响应跨零率;m_{0ij} 为海况为 i、航向为 j 工况下的零阶矩。

(2) 实船计算 根据本节给出的疲劳强度评估的谱分析法,对 9200TEU 集装箱典型结构位置处进行疲劳强度评估。

波浪载荷采用三维势流理论波浪载荷计算软件 COMPASS-WALCS 进行计算,根据给出的谱分析法,所确定的需要计算的工况和相关参数见表 10-31。

表 10-31 谱分析波浪载荷计算工况和数据

项目	内容和数据
装载状态($n=5$)	LC_i($i=1\sim5$,$P_i=0.2$)
计算航速 U/kn	14
计算航向角 θ	0°,30°,60°,90°,120°,150°,180°,210°,240°,270°,300°,330°
各航向出现的概率 p_j	1/12
计算波浪频率/(rad/s)	0.1,0.2,0.3,0.4,0.45,0.5,0.55,0.6,0.7,0.8,0.9,1.0,1.1,1.2,1.3,1.4,1.5,1.6,1.7,1.8

各角隅结构位置处的评估结果与设计波法的评估结果见表 10-32,表中节点位置如图 10-56 所示。从疲劳谱分析法评估结果与设计波法评估结果的对比中可以看出:对于所有评估构件,谱分析法评估疲劳寿命均大于设计波法疲劳评估寿命,分析其原因主要是因为疲

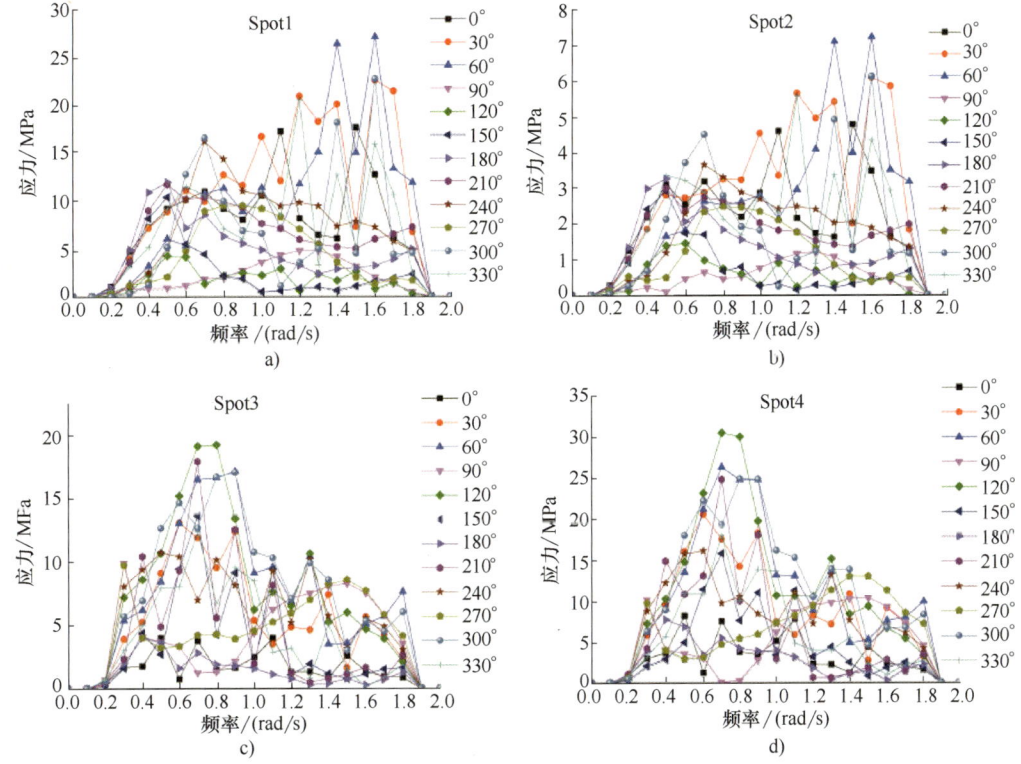

图 10-56 典型节点应力响应传递函数

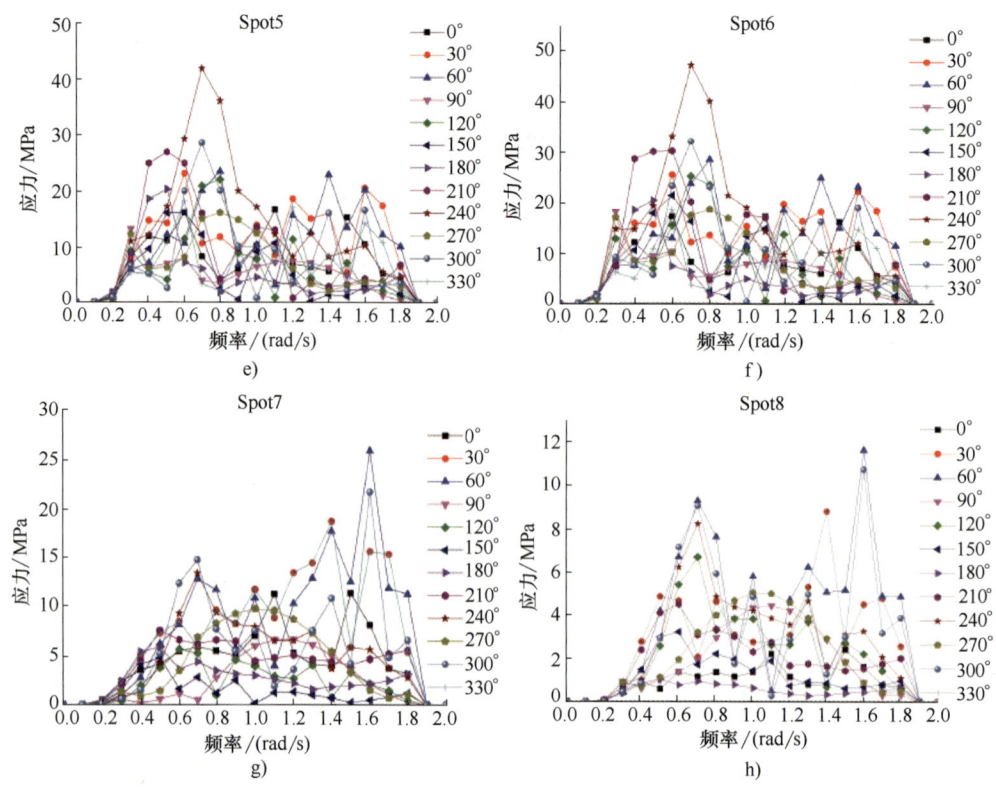

图 10-56 典型节点应力响应传递函数（续）

劳谱分析中综合考虑了船舶寿命期可能出现的多个短期海况，根据其出现概率进行组合叠加来计算评估结果，而设计波法往往只注重对角隅疲劳强度影响比较大的设计波工况，因此设计波法评估结果更为严格。

通过以上两种方法评估结果的对比分析，由于疲劳谱分析法评估结果更为全面可靠，以其评估结果为依据，可对设计波法做出评价，即设计波法可以有效对集装箱船角隅结构进行疲劳强度评估，判断危险构件位置，其工作量也相对较小，但是其评估结果往往偏于严格而不够全面，在工程应用中可根据具体情况选取不同疲劳强度直接计算方法进行评估。

表 10-32　集装箱船谱分析法疲劳强度评估结果

节点编号	各工况损伤度		总损伤度	谱分析法疲劳寿命（年）	设计波法疲劳寿命（年）
	压载	满载			
Spot1	0.001	0.023	0.018	>100	>100
Spot2	0.004	0.067	0.051	>100	>100
Spot3	0.003	0.014	0.011	>100	>100
Spot4	0.030	0.038	0.036	>100	71.9
Spot5	0.071	0.035	0.044	>100	39.2
Spot6	0.083	0.350	0.283	88.2	68.7
Spot7	0.001	0.020	0.015	>100	>100
Spot8	<0.001	0.015	0.011	>100	>100

10.4.4 超大型集装箱船结构极限强度分析

在船舶设计过程中，船舶在总纵弯曲作用下的极限强度是评估船体结构安全指数的重要内容。目前超大型集装箱船（ULCS）是现代高技术船舶的代表，在船舶领域中将越来越重要。但是对于超大型集装箱船极限强度特性的研究相对较少。本节以一艘10000TEU超大型集装箱船为研究对象，介绍超大型集装箱船极限强度试验测试与评估。超大型集装箱船（10000TEU）的主要参数见表10-33，典型横剖面如图10-57所示。

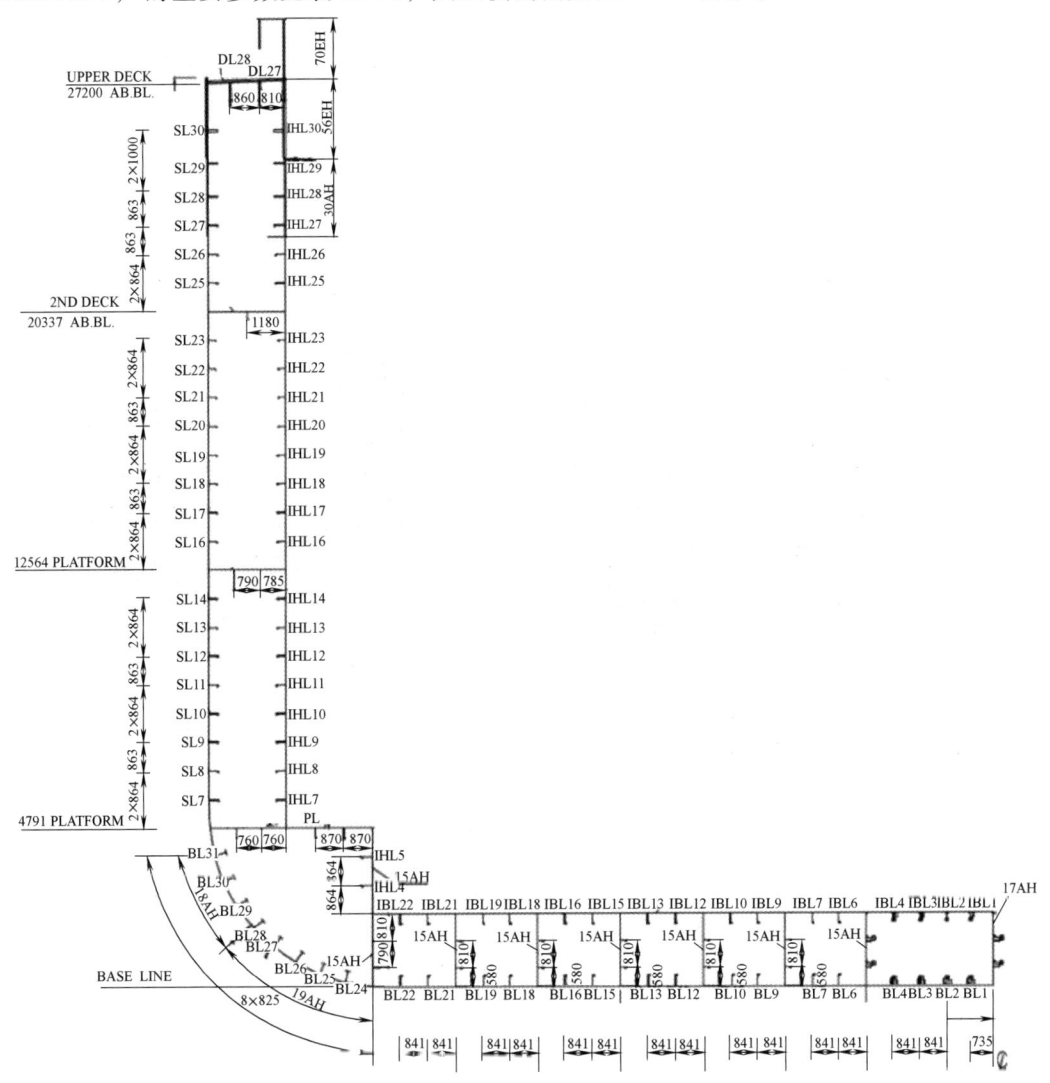

图 10-57 10000TEU 集装箱船典型横剖面

表 10-33 10000TEU 集装箱船主要参数

主要参数	取值	主要参数	取值
总长/m	337.0	结构吃水/m	15.5
结构船长/m	315.7	设计吃水/m	13.0
型宽/m	48.2	设计中拱静水弯矩/kN·m	6.5×10^6
型深/m	27.2	设计中垂静水弯矩/kN·m	8×10^6

1. 非线性有限元分析

(1) 单元类型和网格尺寸　ABAQUS 采用的 S4R 单元是一种采用减缩积分的四节点通用双重曲壳单元，相比于完全积分单元，S4R 单元可以使数值计算耗时更少。S3 单元是一种三节点的三角形通用壳单元，这两种单元可以计及结构薄膜刚度、弯曲刚度以及大变形等影响因素。因此，本章采用这两种单元构建船体梁的有限元模型。

在船舶极限强度数值分析中，要求两个相邻的纵向加强筋之间局部板格的网格数量要足够多，以达到所要求的计算精度，如能较好地捕捉加筋板的屈曲破坏模式，因此在两个相邻的纵向加强筋之间仅划分一两个网格是不够的。通常情况下有限元模型的网格尺寸应当足够精密，从而可以准确捕捉结构的逐步破坏行为，但是网格越精密，计算成本就会越大。因此，在有限元计算过程中需要研究网格尺寸的收敛性，以达到在计算结果的精确度和计算成本之间取一个平衡的目的。

本节在网格尺寸收敛性研究中使用了两种类型的网格，分别为在两个相邻纵向加强筋之间的局部板格上布置 4 个和 8 个网格。图 10-58 所示为两种网格精度下超大型集装箱船在中垂弯矩作用下的逐步破坏行为比较结果。表 10-34 所列为网格收敛性的研究结果。

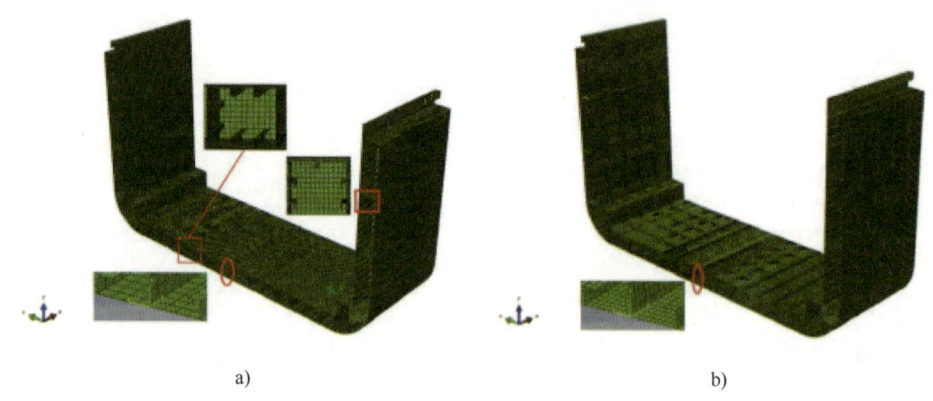

图 10-58　ULCS 有限元模型网格收敛性研究

a) 4 个网格　b) 8 个网格

表 10-34　网格收敛性的研究结果

Case	N_t	U_s/N·m	D_i(%)	C_e/h
S/4	152865	$2.16×10^{10}$	—	5
S/8	632990	$2.14×10^{10}$	-0.93	22

注：S/4 和 S/8 分别代表两个相邻纵向加强筋之间的板格上有 4 个和 8 个单元。N_t 代表单元的总数目；U_s 代表船体梁极限强度；D_i 代表两个算例之间极限强度的差别；C_e 代表在同样的计算机配置下的计算时间。

由表 10-34 可知，在两种类型网格数量之间得到的极限强度的差别非常小，但是计算工作量的差别却非常大。而且由图 10-59 可知在两种类型网格数量下，超大型集装箱船在中垂弯矩作用下的逐步破坏行为是一样的。因此，S/4 算例中的网格布置更适合本章中有限元模型的数值计算，有限元模型总共包含 152865 个单元，其中包括 152617 个 S4R 类型的四边形单元和 248 个 S3 类型的三角形单元。

(2) 载荷施加和边界条件　在用非线性有限元法进行极限强度分析的过程中，边界条件的设置十分重要。船体梁在不同的边界条件下会产生不同的翘曲应力从而可以影响其极限强度。Paik 等人对带有不同翘曲应力的船体梁在扭转作用下的极限强度做过讨论分析，结果表明船体梁的翘曲应力可以显著影响船体梁的抗扭刚度。

为了研究翘曲应力对超大型集装箱船的船体梁极限强度的影响，并确定本章研究极限强度时所要用的边界条件，本节研究了三种类型的边界条件，即分别为对纵向（翘曲）位移施加完全自由、部分约束以及完全约束边界条件，研究步骤和 Paik 等人提出的方法类似，如下所述：

1）对于完全自由约束，模型除了尾端横截面（有限元模型 X 方向最右边的截面）上位于外底面中心线上的一个节点被

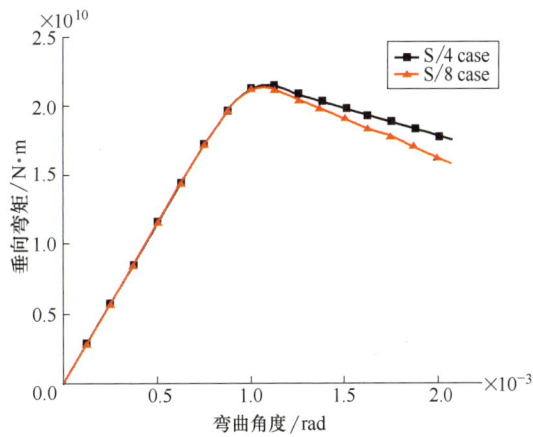

图 10-59　不同网格精度下船体梁中垂弯矩下逐步破坏行为比较

约束以防止刚性位移之外，其余模型上所有节点的纵向位移自由度均自由。

2）对于部分约束，尾端横截面上所有节点的所有自由度被完全固定，模型上剩余节点自由度均自由。

3）对于完全约束，尾端横截面上所有节点的所有自由度被完全固定的同时，模型上所有节点的纵向位移自由度也被约束。

在有限元模型中为了施加模型所受到的载荷（比如弯矩和扭矩）和边界条件，本章采用刚体连接的方式，即将有限元模型的首尾两个端部截面的节点通过刚体约束连接在了两个参考点上，分别为 RP-1 和 RP-2，这样可以保证在有限元分析的过程中，船体梁的端部截面保持平面状态。参考点是一个设计点，可以将施加在其上面的力、力矩以及位移等载荷有效地传递给所选择的特定截面上的单元或节点。每个端部截面都设置一个参考点，参考点被定义在端部横截面的中和轴和中心对称线的交界处并且处于自由状态。其实当模型的截面使用刚体连接约束时，参考点的位置可以是任意的，并不会影响求解结果，本节通过比较将扭矩施加在参考点和施加在横截面的扭转中心得到的两种结果验证了该结论。

本节中施加的载荷和边界条件都是施加在了参考点上，而且联合载荷作用是同时施加，而不是顺序施加。在数值仿真分析中使用转角位移模拟由静水弯矩和波浪弯矩所产生的船体梁外部载荷，转角施加在前端的参考点上，而且所施加的转角应当足够大以便得到船体梁的极限弯矩，本模型数值计算中施加的转角大小为 0.005rad。

本模型采用显式动力学分析方法，与隐式静态分析方法相比，显式动力学分析方法可以考虑时间的瞬时影响，并且可以避免迭代求解过程中的收敛问题，更加适用于大尺度模型。在显式动力学分析中，为了使静态和准静态问题被模拟和分析得更加精确，要给定一个合理的加载时间。理论上加载时间应当接近四分之一的实际海况下的最大波长周期。如果有限元计算中所设定的加载时间是通过实际波长周期规定的，整个分析过程将会非常耗费时间。设定短的加载时间将会节省时间，但是加载时间太短，由于触发材料硬化以及惯性效应等的影响，将会使分析结果偏大。一般情况下，加载时间应当至少是模型基频周期的十倍，从而在有限元数值计算的过程中，动能可以保持足够小。在本节数值分析中，加载时间设置为 2s。

图 10-60a 所示为边界条件对船体梁中垂和中拱极限强度的影响,图 10-60b 所示为边界条件对船体梁扭转极限强度的影响。从图 10-60 可以看出,翘曲应力对船体梁在扭矩作用下的极限强度的影响大于其在垂向弯矩作用下极限强度的影响。而且翘曲应力对船体梁在垂向弯矩作用下的后极限强度有着一定的影响,而对船体梁初始刚度的影响很小。然而当船体梁受到扭矩作用时,翘曲应力对船体梁的极限强度影响非常大。表 10-35 所列为超大型集装箱船船体梁在三种边界条件下的极限强度值。

当翘曲位移被约束,扭转作用会使船体梁产生翘曲应力以及剪切应力,可以提高扭转极限强度。随着翘曲约束程度的增加,扭转刚度随之增大(图 10-60b),使得船体梁扭转极限强度增大。对于第二种边界条件,由于翘曲位移被部分约束,扭转弯矩将引起部分翘曲应力和剪应力,船体梁扭转刚度不会像"完全自由"约束条件时那样小,也不会像"完全约束"约束条件时那样大。

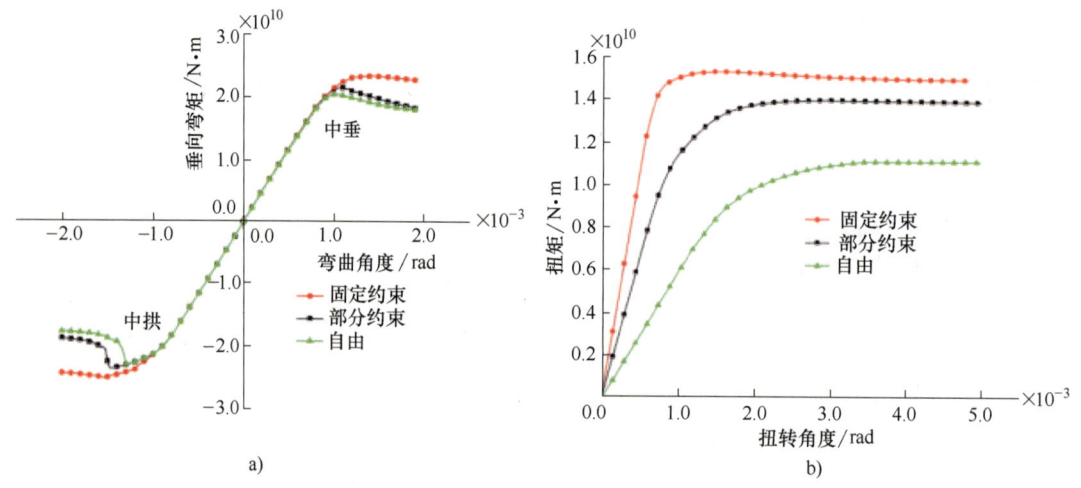

图 10-60 翘曲对超大型集装箱船极限强度的影响
a)中垂和中拱工况 b)扭转工况

表 10-35 三种边界条件下船体梁极限强度

翘曲位移	中垂/中拱弯矩/N·m	扭矩/N·m
自由	$2.06×10^{10}/2.30×10^{10}$	$1.12×10^{10}$
部分约束	$2.16×10^{10}/2.37×10^{10}$	$1.42×10^{10}$
固定约束	$2.35×10^{10}/2.52×10^{10}$	$1.55×10^{10}$

由于在模型两端横截面上都用到了刚体约束,根据薄壁结构力学理论,两个端部都存在力矩和翘曲应力,这就意味着所采用的边界条件处于部分约束翘曲和完全约束翘曲边界条件之间的某个位置,研究表明这种边界条件是可以接受的。

(3)初始缺陷 船体梁结构是由一系列的局部板架结构焊接而成,比如局部板格结构和加筋板结构。初始缺陷对船舶局部结构的极限强度有着重要影响,在局部板架结构加工过程中会因为焊接流程产生局部板格的初始变形和残余应力,得到最真实的初始变形最有效的途径是通过试验实际测量,但是流程比较复杂且不具有普遍性。

在众多学者关于加筋板初始缺陷理论分析中,主要是以屈曲模态的形式模拟加筋板焊接初始变形的形状,并用经验公式给出初始变形的幅值,而且许多试验也证明了这种初始变形的有效性。有学者指出船内外底板加筋之间局部板单元的初始变形为单波和多波的形式,也有学者研究关于一个铝制板结构的初始变形情况,也表明板的焊接变形沿纵向方向为多波形状,沿着横向方向为半波形状。

将船体梁初始变形分为三个部分,第一部分为加强筋之间局部板的变形,第二部分为加强筋腹板的侧向变形,第三部分为板与加强筋一起的纵向梁柱变形。

1) 加强筋之间局部板单元的初始变形 w_{0p},可由下式表示:

$$w_{0p} = w_0 \sin\left(\frac{m\pi x}{a}\right) \sin\left(\frac{\pi y}{b}\right) \tag{10-56}$$

式中,a 和 b 分别为局部板格的长度和宽度;m 为板格的变形的半波数目,m 的取值与 $\frac{a}{b}$ 有关,满足 $\frac{a}{b} \leq \sqrt{m(m+1)}$;$w_0$ 为板沿着纵向或横向构件初始变形的最大幅值。

根据 Smith 等人的研究,板单元初始变形幅值 w_0 为板柔度系数的函数,可由下式表示:

$$w_0 = \begin{cases} 0.025\beta^2 t, & \text{微小程度} \\ 0.1\beta^2 t, & \text{中等程度} \\ 0.3\beta^2 t, & \text{严重程度} \end{cases} \tag{10-57}$$

式中,板柔度系数可由 $\beta = \frac{b}{t}\sqrt{\frac{\sigma_y}{E}}$ 表示,t 为板厚,E 为弹性模量,σ_y 为材料的屈服强度。

根据 Faulkner 的研究,板单元初始变形幅值 w_0 的表达式为

$$w_0 = \begin{cases} k\beta^2 t_w, & t_w < t \\ k\beta^2 t, & t_w \geq t \end{cases} \tag{10-58}$$

式中,k 为一个系数,对于海洋结构物,其值为 0.05~0.15。

根据 Masaoka 的研究,板单元初始变形幅值 w_0 的公式可由如下形式定义:

$$w_0 = \frac{k_w b^2}{t} \tag{10-59}$$

式中,k_w 为一个系数,对于海洋结构物,其值取 8×10^5。

2) 加强筋单元由于板筋发生角位移而引起的侧向初始变形 v_{0s},表示如下:

$$v_{0s} = \frac{a}{1000 h_w} z \sin\left(\frac{\pi x}{a}\right) \tag{10-60}$$

式中,h_w 为加筋腹板高度。

3) 板与加筋梁同时发生的梁柱初始变形 w_{0s},由下式表示:

$$w_{0s} = \frac{a}{100} \sin\left(\frac{\pi x}{a}\right) \sin\left(\frac{\pi y}{2b}\right) \tag{10-61}$$

图 10-61 所示为根据 Smith 等人的研究,初始变形幅值取中等程度情况下的船体梁初始变形模式图。在船体梁中部舱段处施加初始变形,为了更清楚地显示,尺度放大了 200 倍。

2. 单向载荷作用下极限强度分析

（1）初始变形对船体梁极限强度的影响 由于初始变形对船体梁的最大承载能力有着重要影响，本节选取了六种类型的初始变形，分别为根据 Faulkner 的研究取初始变形幅值 $w_0 = 7\text{mm}$，根据 Masaoka 的研究取初始变形幅值为 5mm，根据 Smith 的微小程度取初始变形幅值为 2.5mm；中等程度（更为常见的情况）取初始变形幅值为 10mm；严重程度下取初始变形幅值为 30mm。除了上述情况，还选取了外舷侧的板厚作为初始变形幅值的一个研究对象，即 $w_0 = 16\text{mm}$。

图 10-61　船体梁初始变形模式图

（变形值放大 200 倍）

初始变形对船体梁在垂向弯矩、水平弯矩和扭矩作用下极限强度影响的分析结果如图 10-62 所示。

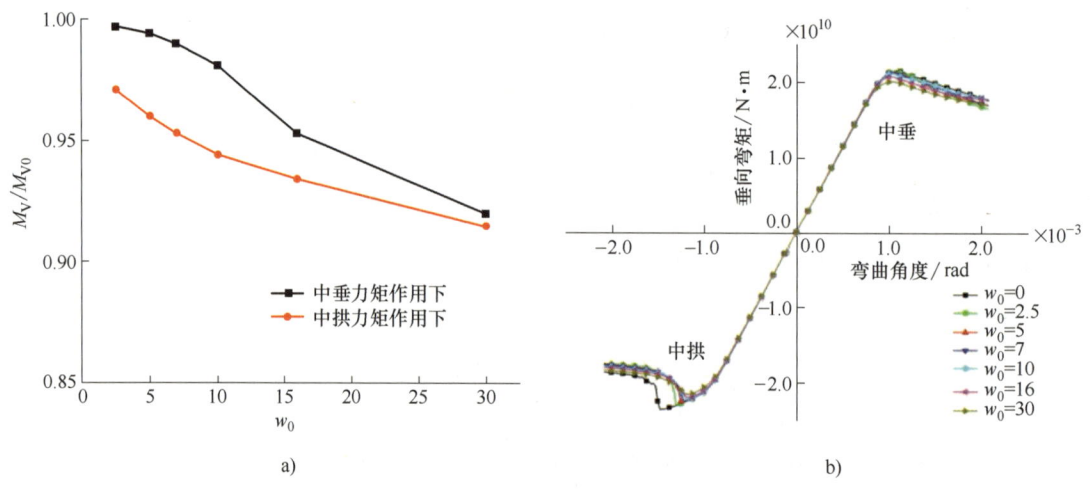

图 10-62　初始变形对船体梁垂向弯曲极限强度的影响

图 10-62a 所示为船体梁的垂向极限强度随着不同初始变形幅值变化的情况，纵坐标 M_V 和 M_{V0} 分别代表考虑和没有考虑初始缺陷的情况下船体梁在垂向弯矩作用下的极限强度。由图 10-62a 可以得知，无论是在中垂弯矩还是中拱弯矩的作用下，初始变形幅值的增加都会造成船体梁的垂向弯曲极限强度的严重下降。而且当初始变形幅值的大小接近或者超过实际板厚的时候，船体梁极限强度的减小更加显著，因此在有限元数值计算中应当采用合适量级的初始缺陷。图 10-62b 所示为不同初始变形幅值下船体梁在纯垂向弯矩（包括中垂和中拱工况）作用下的逐步破坏行为。从图 10-62b 可以得知，对于不同的初始变形幅值，船体梁逐步破坏过程中的初始加载路径几乎是相同的，而其卸载路径在不同的初始变形幅值下有很大差异。这说明初始缺陷对船体梁的初始弯曲刚度影响很小，但是对于船体梁非线性阶段以及垂向弯曲极限强度值有着重要的影响。

图 10-63a 和图 10-64a 分别表示船体梁的水平弯曲和扭转极限强度随着不同初始变形幅

值变化的情况。图 10-63b 和图 10-64b 分别表示不同初始缺陷下船体梁在水平弯矩和扭矩作用下极限强度逐步破坏行为。从图 10-63a 和图 10-64a 中可以看出，随着初始缺陷变形幅值的增加，船体梁的水平弯曲极限强度和扭转极限强度的减小比较小。水平弯曲极限强度和扭转极限强度与完整的船体梁相比所降低的最大比例分别仅为 4% 和 2%，二者都远小于最大垂向弯曲极限强度在初始缺陷影响下的减小程度。

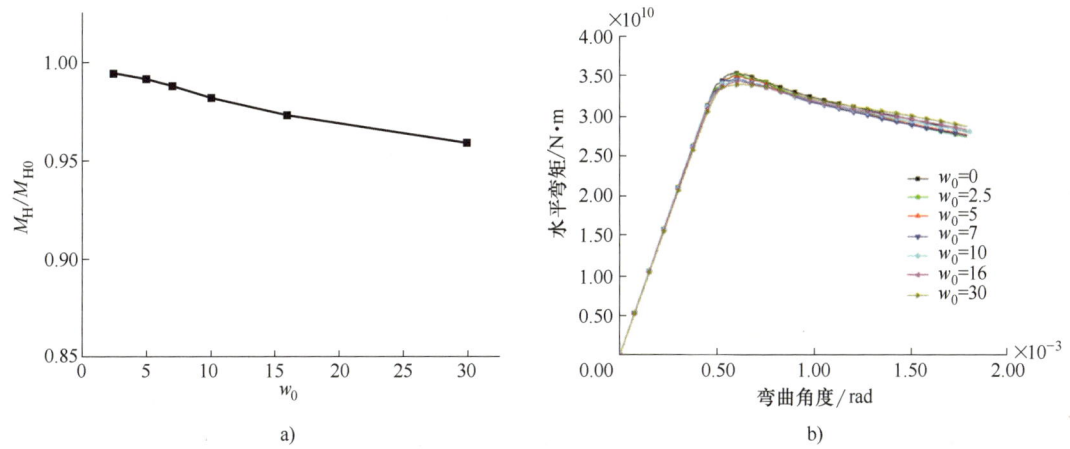

图 10-63 初始缺陷对船体梁水平弯曲极限强度的影响

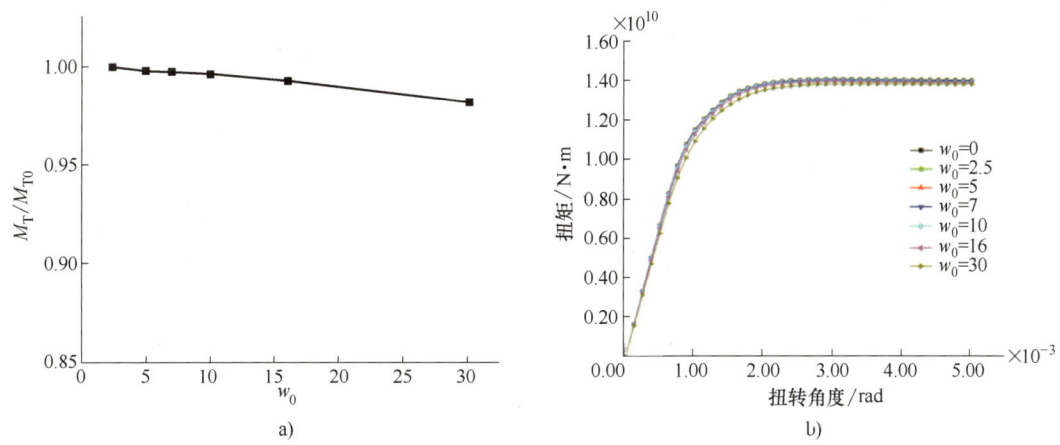

图 10-64 初始缺陷对船体梁扭转极限强度的影响

虽然研究学者们通过理论和数值的方法在预测船舶初始缺陷上做了大量的工作。但是由于初始缺陷现象的复杂性，从设计的目的出发，基于观察并测量初始变形的方法仍然是实际工程和科学研究中比较常用的方法。如果在设计中所采用的几何初始缺陷模态和船体梁局部破坏模态是一致的，最能削弱船体梁的极限强度。

初始缺陷模态（即局部屈曲模态）对于一个主要受到轴向压缩载荷的板格是最为不利的，比如中拱弯矩作用下的双层底结构和中垂弯矩作用下的上甲板结构（也就是受到垂向弯矩作用下的集装箱船）。然而这种初始缺陷模态和受到扭转及水平弯矩作用下的船体梁的局部破坏模态不同，扭转破坏变形通常是剪切屈曲出现在板格的对角线方向上。当船体梁受到水平弯曲力矩作用的时候，一边的双舷侧结构受到压缩作用而另一边双舷侧结构受到拉伸作用，在这种屈曲模态形式的初始缺陷下，反而可以增加受到拉伸作用的舷侧的拉伸极限强度。因此联合所有的例子，从中可以得出如下结论：文中所考虑的初始缺陷对船体梁的垂向弯曲极限强度的影响更加重要，而相比之下，对船体梁的水平弯曲极限强度和扭转极限强度的影响较小。

（2）单向极限载荷作用下船体梁逐步破坏行为　本节对船体梁分别在垂向弯矩、水平弯矩以及扭矩作用下的极限强度做了一系列的分析。简化起见，在算例中只考虑了初始变形幅值为 $w_0 = 10\text{mm}$（即如前面所述根据 Smith 的研究中所给出的中等程度）的情况。

图 10-65a、b、c、d 分别为船体梁在单一垂向弯矩（包括中垂和中拱工况）、单一扭矩和单一水平弯矩作用下的极限承载状态和后极限状态下的 von Mises 应力分布。图 10-66a、b、c 所示是船体梁在中拱、中垂、扭转以及水平极限弯矩工况下的逐步破坏行为。从结果图可以看出，船体梁在这三种载荷作用下 von Mises 应力分布和失效模式是很不相同的。这表明两种或者三种载荷的联合作用将会对船舶造成更加不利的影响，这和船舶实际工况也是一致的。

相较于闭合横截面的船舶，集装箱船的抗扭刚度相对较小，在扭矩的作用下更容易受到扭转破坏。对于这种类型的船舶，扭矩对船体梁的总极限强度的影响可能很大。因此，有必要对超大型集装箱船船体梁在联合载荷作用下的极限强度的综合评估做详细研究。

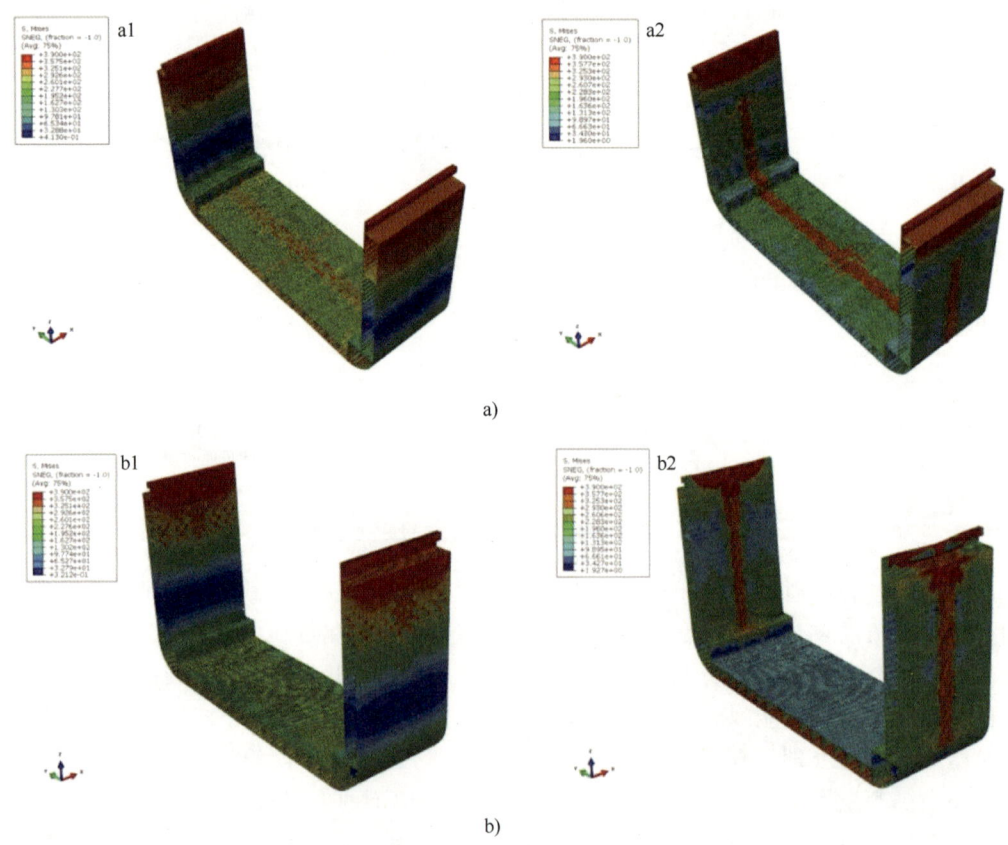

图 10-65　一些具体工况下船体梁 von Mises 应力分布情况
a）中拱工况下极限状态（a1）和后极限状态（a2）　b）中垂工况下极限状态（b1）和后极限状态（b2）

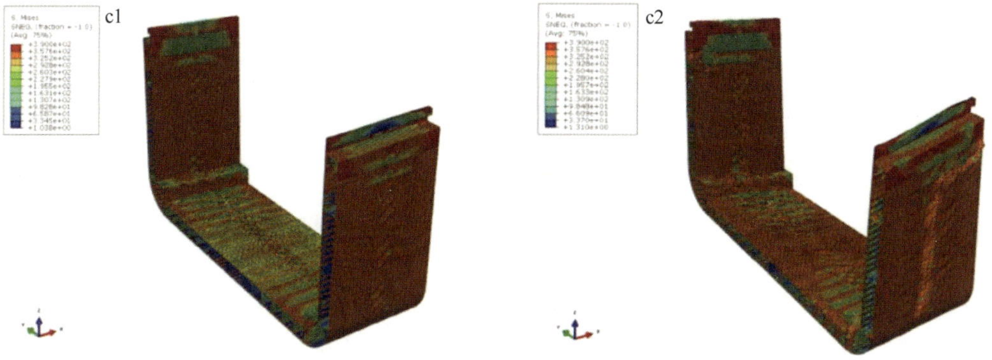

c)

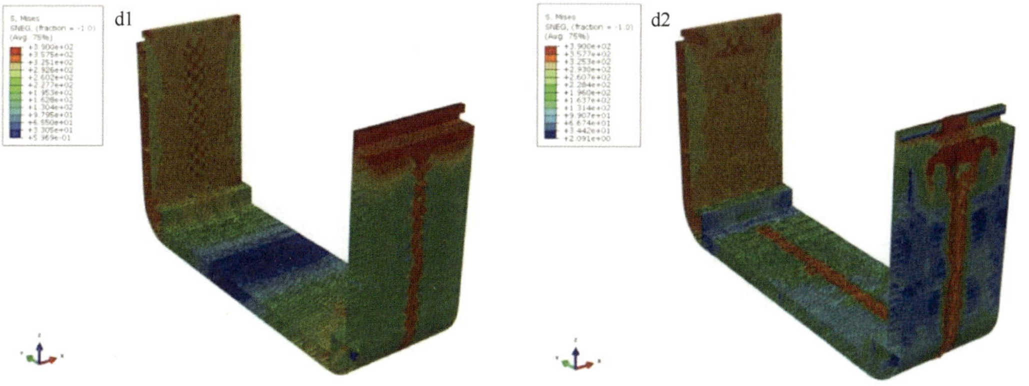

d)

图 10-65 一些具体工况下船体梁 von Mises 应力分布情况（续）

c）扭转工况下极限状态（c1）和后极限状态（c2） d）水平弯矩下极限状态（d1）和后极限状态（d2）

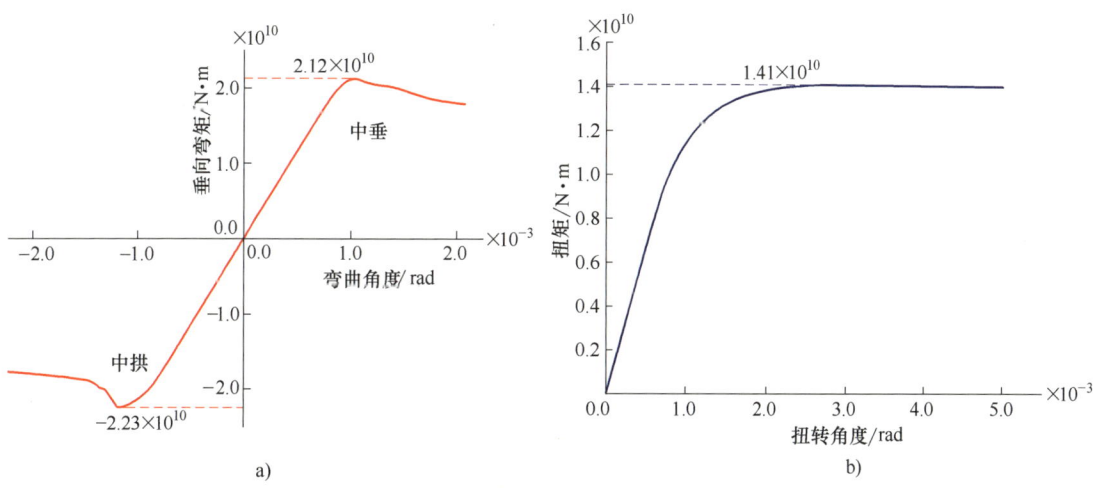

图 10-66 船体梁逐步破坏行为

a）中垂和中拱弯矩工况 b）扭转工况

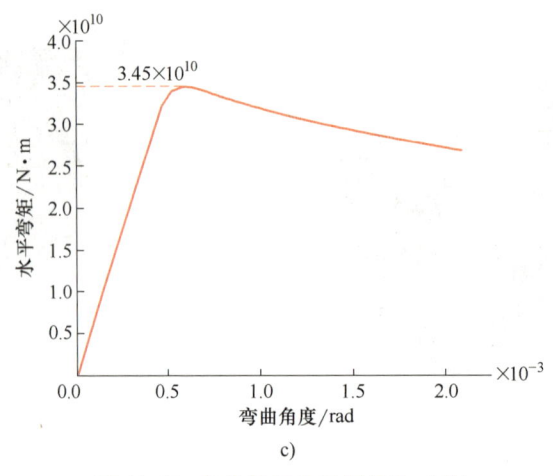

图 10-66 船体梁逐步破坏行为（续）

c）水平弯矩工况

3. 双向载荷作用下极限强度分析

（1）双向联合载荷作用下船体梁逐步破坏行为　在航行过程中，实船受到的垂向弯矩、水平弯矩和扭矩通常不会同时达到最大值。但是，船体梁的极限承载能力是在船体梁极限强度安全区域评价中需要考虑的一个特别重要因素。因此，有必要分析船体梁在不同联合载荷作用下的极限强度、逐步破坏行为以及极限强度之间的相互作用关系，这样可以得到船体梁最危险的失效工况以及在该危险工况下的失效模式和极限强度，从而给设计人员以指导，确保船舶在不同的波浪环境下航行的安全性。

船体梁受到的纵向载荷通常包括两部分：波浪载荷和静水载荷。前者与波浪的方向和形状有关，后者与船舶的装载状况有关。表 10-36 所列为 Mohammed 等人在短期和长期分析过程中得到的全球波浪载荷组合情况，从表中可以得知垂向弯矩、水平弯矩以及扭矩的量级分别为最大、次之和最小。因此可以得出结论：当船体梁受到垂向弯矩和水平弯矩的联合作用时，由于垂向弯矩和水平弯矩都非常大，这将是一个非常危险的状况。然而对于集装箱船这类的低扭转刚度的船舶，当船体梁受到的扭矩作用很大时，其极限强度将被严重削弱。因此对于集装箱船，当垂向弯矩和扭矩联合作用时，也是一种非常危险的状况。本节是从船体梁结构承载能力的角度分析船体梁的极限强度，没有考虑波浪的方向，同时假设这三种载荷是可以相互自由组合的。

表 10-36　短期和长期分析过程中得到的全球波浪载荷组合情况

	垂向弯矩/N·m	水平弯矩/N·m	扭矩/N·m
短期分析	1.17×10^{10}	4.41×10^9	2.77×10^8
长期分析	1.37×10^{10}	4.19×10^9	2.90×10^8

首先研究船体梁在中垂和中拱弯矩工况下分别联合 5 种不同量级的扭矩共同作用下的极限强度。扭转载荷对船体梁垂向弯曲极限强度的附加效应如图 10-67 所示，为了便于比较，单一中垂（sag）和中拱（hog）弯矩作用下的船体梁逐步破坏行为也显示在图中。相似地，扭转作用对水平弯曲极限强度的附加效应如图 10-68 所示。水平弯曲力矩对垂向弯曲极限强度的影响如图 10-69 所示。

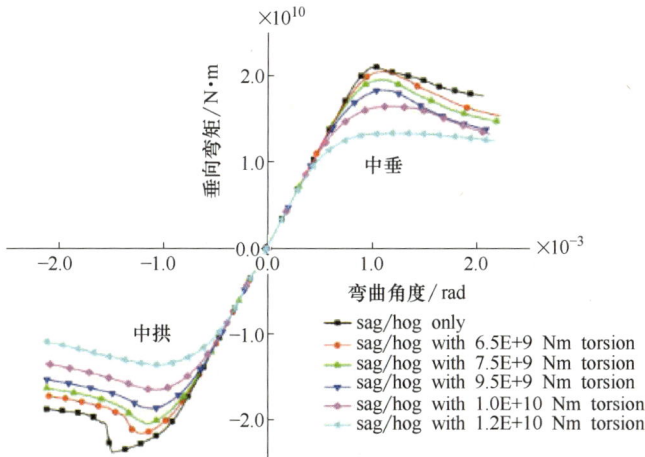

图 10-67　扭转载荷对船体梁垂向弯曲极限强度的附加效应

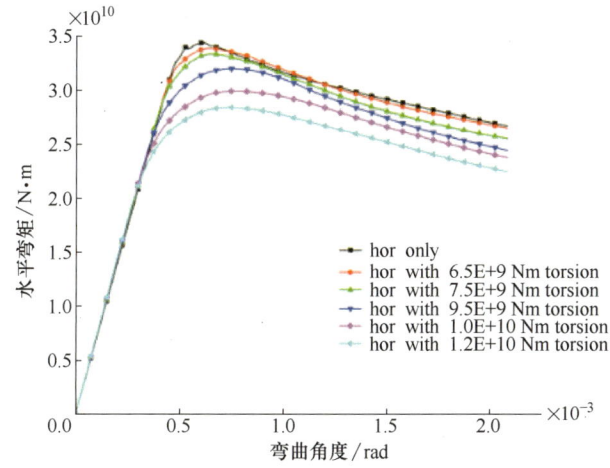

图 10-68　扭转作用对水平弯曲极限强度的附加效应

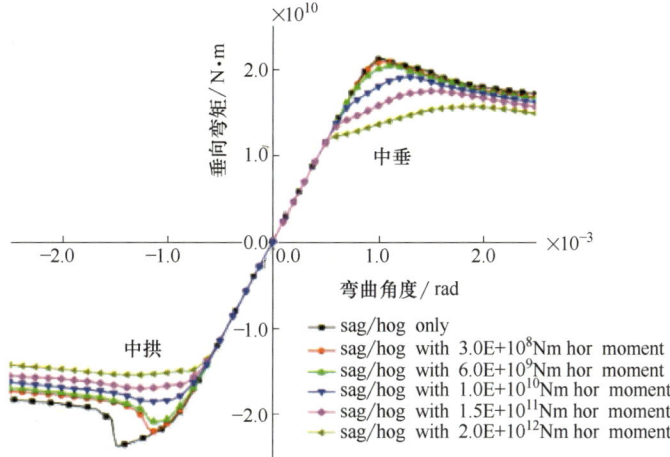

图 10-69　水平弯曲力矩对垂向弯曲极限强度的影响

从图 10-67 至图 10-69 可以明显看出，联合载荷对船体梁的极限强度有着显著的影响。而且随着第二种载荷的增加，船体梁在其主方向上的极限强度会显著降低。而且当所施加的第二种载荷的值接近在此载荷单独作用下的船体梁极限强度值时，这种削弱更加明显。为了进一步评价在联合载荷作用下的船体梁的极限强度，最好分析讨论联合载荷作用下的船体梁极限强度相互作用关系。

（2）双向联合载荷作用下极限强度关系　本节对超大型集装箱船在两种载荷联合作用下船体梁的极限强度相互作用关系做了一系列的研究，并且假设在一个算例中所有的载荷都按照一定的比例同时施加在有限元模型上。在每两组联合载荷之间，都做了五个算例以研究它们的极限强度相互作用关系。

首先研究了垂向弯曲（包括中垂和中拱）和扭转之间的极限强度相互作用关系。根据文献查阅，该类型极限强度相互作用关系通常根据下面的表达式描述：

$$\left(\frac{M_V}{M_{VU}}\right)^{\alpha_1} + \left(\frac{M_T}{M_{TU}}\right)^{\beta_1} = 1 \tag{10-62}$$

式中，M_V 和 M_T 分别是所施加的垂向弯矩和扭转弯矩；M_{VU} 和 M_{TU} 分别是船体梁在单一垂向弯矩和扭矩作用下的极限强度。

如图 10-70 所示，在数值计算结果的基础上，本节通过曲线拟合方法拟合出可以表征超大型集装箱船船体梁在垂向弯矩和扭矩联合作用下的极限强度相互作用关系的方程

$$\begin{cases} \left(\dfrac{M_V}{M_{VU}}\right)^{1.42} + \left(\dfrac{M_T}{M_{TU}}\right)^{5.03} = 1 & （中拱） \\ \left(\dfrac{M_V}{M_{VU}}\right)^{1.56} + \left(\dfrac{M_T}{M_{TU}}\right)^{5.26} = 1 & （中垂） \end{cases} \tag{10-63}$$

$$\begin{cases} \left(\dfrac{M_V}{M_{VU}}\right)^{3.1} + \left(\dfrac{M_T}{M_{TU}}\right)^{3.1} = 1 & （中拱） \\ \left(\dfrac{M_V}{M_{VU}}\right)^{3.7} + \left(\dfrac{M_T}{M_{TU}}\right)^{3.7} = 1 & （中垂） \end{cases} \tag{10-64}$$

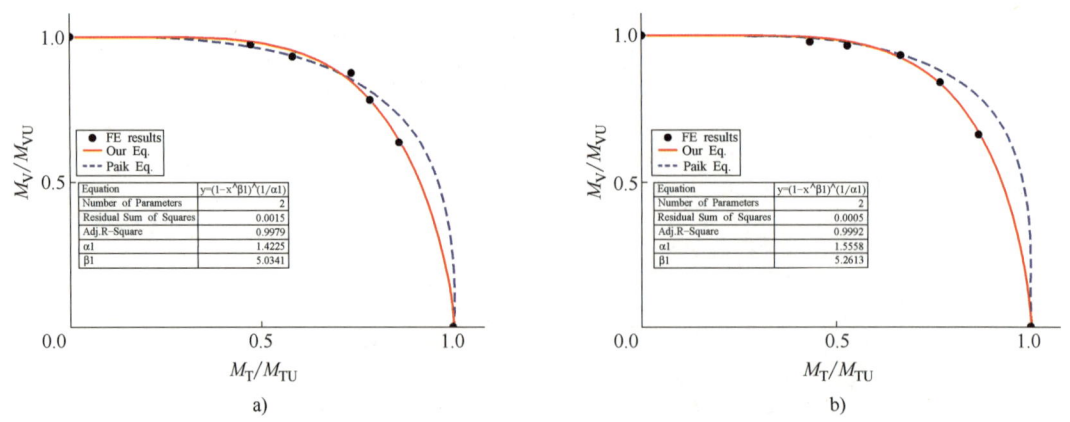

图 10-70　垂向弯矩和扭转联合作用下船体梁极限强度关系
a）中垂工况　b）中拱工况

作为参考，有限元分析的数据结果和所拟合式（10-63）之间的相关性也呈现在了图 10-70 中。从图中可以看到，数据和公式之间的标准差和相关系数分别为 0.0015 和 0.9979（中垂工况）及 0.0005 和 0.9992（中拱工况）。这说明式（10-63）可以很好地预测船体梁在垂向弯曲和扭矩联合作用下极限强度之间的相互作用关系。

为了验证前面以典型的 10000TEU 集装箱船为研究对象用曲线拟合法得到的适用于超大型集装箱船的公式的正确性，以及拟合过程中采用方法的可靠性，将该公式与 Paik 等人提出的适用于 4300TEU 集装箱船的方程［即式（10-64）］做比较，并将 Paik 等人提出的公式也绘制在图 10-70 中。

实际上式（10-64）是在假设扭矩的量级并不处于主导地位，同时扭矩也不是影响船体梁垂向弯曲极限强度非常敏感的一个因素。

因此，从上面的分析中可以看出，本节在得到超大型集装箱船垂向弯曲和扭转极限强度相互作用关系中所采用的方法具有一定的准确性，可以在工程应用中作为快速计算的参考，为超大型集装箱船的设计提供方法性指导。但是，式（10-62）中的指数需要根据不同的船舶类型和尺寸再具体调整。

相似地，船体梁在水平弯矩和扭矩联合作用下的极限强度的相互作用关系通常根据下面的表达式描述：

$$\left(\frac{M_H}{M_{HU}}\right)^{\alpha_2} + \left(\frac{M_T}{M_{TU}}\right)^{\beta_2} = 1 \tag{10-65}$$

式中，M_H 和 M_{HU} 分别是在模型上所施加的水平弯矩和模型的水平极限弯曲强度。M_T 和 M_{TU} 分别是所施加的扭矩和模型在纯扭矩作用下的极限强度。

使用与前面提到的相似的方法，基于数值计算结果用曲线拟合方法可以得出，表征超大型集装箱船在水平弯矩和扭矩联合作用下的极限强度的相互作用关系的方程如下：

$$\left(\frac{M_H}{M_{HU}}\right)^{1.35} + \left(\frac{M_T}{M_{TU}}\right)^{4.48} = 1 \tag{10-66}$$

图 10-71 所示为船体梁水平弯曲和扭转极限强度之间的相互作用关系，以及有限元数据结果和所拟合的方程［即式（10-66）］之间的相关性。通过比较数值计算结果和式（10-66），可知二者之间的标准差和相关系数分别为 0.0001 和 0.9999。这表明式（10-66）可以预测超大型集装箱船船体梁在水平弯矩和扭矩联合作用下极限强度的相互作用关系。

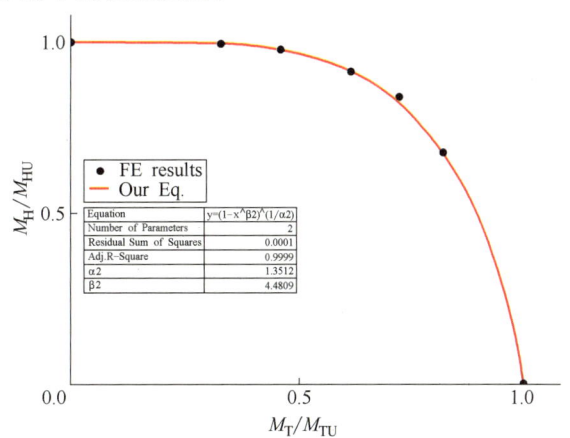

图 10-71 水平弯矩和扭矩联合作用下船体梁极限强度关系

根据文献资料显示船体梁在垂向弯矩和水平弯矩联合作用下的极限强度相互作用关系可以用以下表达式描述，其中的参数描述参考式（10-63）和式（10-66）：

$$\left(\frac{M_V}{M_{VU}}\right)^{\alpha_3} + \left(\frac{M_H}{M_{HU}}\right)^{\beta_3} = 1 \tag{10-67}$$

基于对超大型集装箱船船体梁的数值计算结果，本节导出了可以表征超大型集装箱船在垂向弯矩和水平弯矩联合作用下的极限强度相互作用关系为

$$\left(\frac{M_V}{M_{VU}}\right)^{1.08} + \left(\frac{M_H}{M_{HU}}\right)^{1.93} = 1 \quad (中拱)$$

$$\left(\frac{M_V}{M_{VU}}\right)^{1.67} + \left(\frac{M_H}{M_{HU}}\right)^{1.48} = 1 \quad (中垂)$$

(10-68)

图 10-72 所示为船体梁在垂向弯矩和水平弯矩联合作用下的极限强度关系，并且给出了数值计算结果和所拟合的方程之间的相关性。标准差和相关系数分别为 0.0013 和 0.9981 （中垂工况）及 0.0014 和 0.9975（中拱工况）。因此，式（10-68）可以很好地预测超大型集装箱船船体梁在垂向弯矩和水平弯矩联合作用下极限强度的相互作用关系。

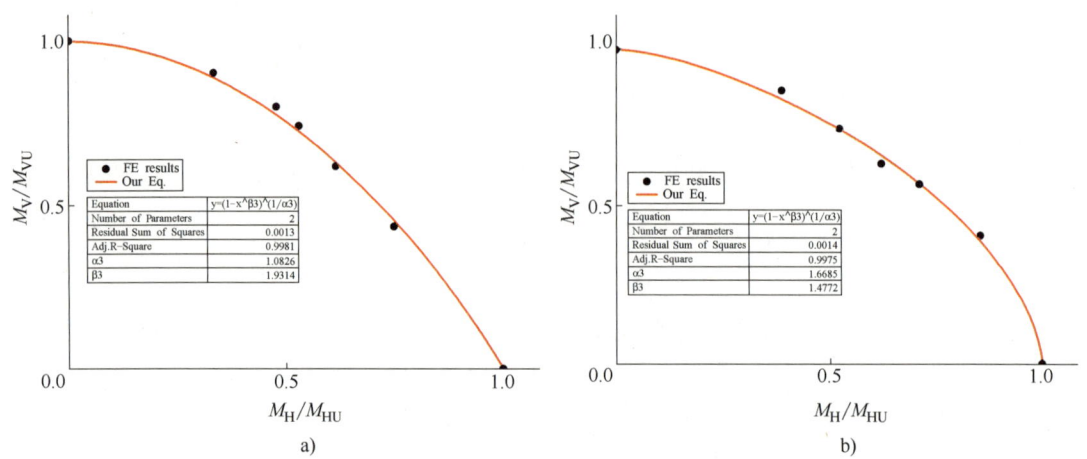

图 10-72　船体梁在垂向弯矩和水平弯矩联合作用下的极限强度关系
a）中垂工况　b）中拱工况

4. 三向载荷作用下极限强度分析

为了确定一个更加准确的超大型集装箱船船体梁极限强度包络面，并且得到一个完整的船体梁在极限状态下（超出这个状态后船体梁将会丧失其承载功能）的响应的情况，对船体梁在三种载荷的联合作用下（即垂向弯矩 M_V、水平弯矩 M_H 和扭矩 M_T 共同作用下）的极限强度分析是非常有必要的。这可以预估一艘船在其整个服役生涯中受到最极端载荷情况下的极限强度。

基于数值结果，本节推导出了表征关于超大型集装箱船船体梁安全区域的三维极限强度包络面。而且由于初始变形对船体梁的极限强度有着重要的影响，本节也提出了一个可以预测带有初始缺陷的船体梁在三种载荷联合作用下它们的极限强度相互作用关系公式。

船体梁在航行中受到的三向载荷联合作用的示意图如图 10-73 所示，其中 X、Y、Z 方向分别代表该三种弯矩的旋转轴方向。

（1）三向载荷联合作用下极限强度关系　评估船体梁在三种载荷联合作用下的极限强度特性的关键是研究三种载荷同时作用下的船体梁极限强度的相互作用关系，本节通过前面研究的三种载荷在两两组合情况下的极限强度相互作用关系（即垂向弯曲和扭转的相互作用关系、水平弯曲和扭转的相互作用关系以及垂向弯曲和水平弯曲的极限强度相互作用关

系）将其推导出。

根据前面的研究，在每两组载荷联合作用下它们之间的极限强度相互作用关系分别由式（10-63）、式（10-66）以及式（10-68）表示。当将第三个维度的载荷加到两个载荷联合作用时的船体梁极限强度相互作用关系中去的时候，由于第三个维度中载荷的影响，每个维度上的极限强度都会减小。因此本节通过前面所研究的三组二维极限强度相互作用关系推导出三维极限强度相互作用关系式。出于研究目的，为了强调对方法的介绍，并且主要关注极限强度的大小，同时也为了减少本节的计算量，本节在考虑垂向极限弯矩时只考虑了中垂弯矩。

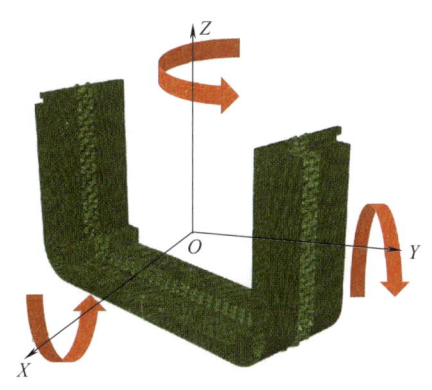

图 10-73 船体梁受到三向载荷联合作用示意图

首先，扭矩成为影响垂向弯曲和水平弯曲极限强度的变量，即第三个载荷分量，此时，

$$M_{\mathrm{VU}}^{\mathrm{C}} = M_{\mathrm{VU}} \left[1 - \left(\frac{M_{\mathrm{T}}}{M_{\mathrm{TU}}} \right)^{\beta_1} \right]^{\frac{1}{\alpha_1}} \tag{10-69}$$

$$M_{\mathrm{HU}}^{\mathrm{C}} = M_{\mathrm{HU}} \left[1 - \left(\frac{M_{\mathrm{T}}}{M_{\mathrm{TU}}} \right)^{\beta_2} \right]^{\frac{1}{\alpha_2}} \tag{10-70}$$

式中，$M_{\mathrm{VU}}^{\mathrm{C}}$ 和 $M_{\mathrm{HU}}^{\mathrm{C}}$ 分别是增加了扭矩之后而被改变的垂向弯曲和水平弯曲极限强度。

为简化起见，令 $M_{\mathrm{VR}} = \left[1 - \left(\frac{M_{\mathrm{T}}}{M_{\mathrm{TU}}} \right)^{\beta_1} \right]^{\frac{1}{\alpha_1}}$，$M_{\mathrm{HR}} = \left[1 - \left(\frac{M_{\mathrm{T}}}{M_{\mathrm{TU}}} \right)^{\beta_2} \right]^{\frac{1}{\alpha_2}}$，然后用 $M_{\mathrm{VU}}^{\mathrm{C}}$ 和 $M_{\mathrm{HU}}^{\mathrm{C}}$ 代替式（10-68）中的 M_{VU} 和 M_{HU}。因此，就得到了一个由

$$\left(\frac{M_{\mathrm{V}}}{M_{\mathrm{VU}} M_{\mathrm{VR}}} \right)^{\alpha_3} + \left(\frac{M_{\mathrm{H}}}{M_{\mathrm{HU}} M_{\mathrm{HR}}} \right)^{\beta_3} = 1 \tag{10-71}$$

所描述的关于垂向弯曲和水平弯曲的极限强度关系式的新方程。

然后，用代表着三种载荷方向的 X、Y、Z 分别替换 $\frac{M_{\mathrm{T}}}{M_{\mathrm{TU}}}$、$\frac{M_{\mathrm{H}}}{M_{\mathrm{HU}}}$、$\frac{M_{\mathrm{V}}}{M_{\mathrm{VU}}}$，代入式（10-71），就可以得到如下包含三个维度的载荷方程：

$$\left[\frac{Z}{\left(1 - X^{\beta_1} \right)^{\frac{1}{\alpha_1}}} \right]^{\alpha_3} + \left[\frac{Y}{\left(1 - X^{\beta_2} \right)^{\frac{1}{\alpha_2}}} \right]^{\beta_3} = 1 \tag{10-72}$$

式（10-72）是在三种载荷联合作用下船体梁的极限强度的相互作用关系。基于式（10-62）、式（10-65）以及式（10-67）中的系数 $\alpha_1 \sim \beta_3$，得到了由方程

$$\left[\frac{Z}{\left(1 - X^{5.03} \right)^{\frac{1}{1.42}}} \right]^{1.08} + \left[\frac{Y}{\left(1 - X^{4.48} \right)^{\frac{1}{1.35}}} \right]^{1.93} = 1 \tag{10-73}$$

表征的典型的超大型集装箱船的三维极限强度相互作用关系，也是带有初始变形幅值为 $w_0 = 10\mathrm{mm}$ 的超大型集装箱船船体梁的三维极限强度包络面，即三维极限强度安全区域如图 10-74 所示。

本节还通过一系列的非线性有限元分析验证了推导出的超大型集装箱船船体梁三维极限强度相互作用关系式的可靠性。图 10-74 中标出了有限元计算的结果（红色点，一共 170 个算例）。有限元计算结果和式（10-73）之间的绝对平均误差为 0.03，表明式（10-73）可以很好地表征船体梁的三维极限强度相互作用关系。

（2）含初始缺陷的三维极限强度安全区域 如前面所讨论的，初始缺陷对船体梁在垂向弯矩作用下的极限强度有着重要的影响，而且扭矩对于像超大型集装箱船这样的低扭转刚度的船舶也是一个敏感因素。因此，研究初始缺陷对

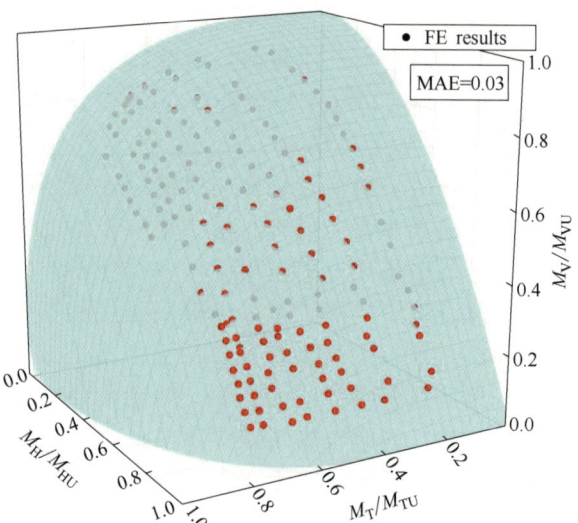

图 10-74 初始变形幅值为 **10mm** 的超大型集装箱船船体梁的三维极限强度包络面

船体梁在垂向弯矩和扭矩联合作用下的极限强度相互作用关系的影响非常重要。

前面已经研究了当初始缺陷的大小为中等程度下的情况，即对本船来讲 $w_0 = 10\text{mm}$ 的情况，并且给出了式（10-72）。另外，为了进一步研究考虑不同初始缺陷时船体梁极限强度的相互作用关系，做了一系列的补充研究算例并对其进行了数值分析，这样不仅可以验证曲线拟合法的准确性，而且还可以验证经验公式是否满足其他初始缺陷时的情况。

图 10-75 所示为在不同初始缺陷、垂向弯矩和扭矩联合作用下的船体梁极限强度相互作用关系，以及数值结果与拟合的公式之间的相关性。从图 10-75 可以看出得到的所有关系式的标准差都非常小、接近于 0，而相关系数非常接近于 1。因此，这些公式可以被用于预测不同初始变形下船体梁在垂向弯矩和扭矩联合作用下极限强度的相互作用关系，同时也验证了本节使用的曲线拟合法导出的这些公式指数是合理的。表 10-37 总结出了拟合参数 α_1 和 β_1 以及初始变形 w_0 值。其中，

$$\alpha_1 = 2.34 - 1.07(1 - e^{-\frac{w_0}{5.18}}) \tag{10-74}$$

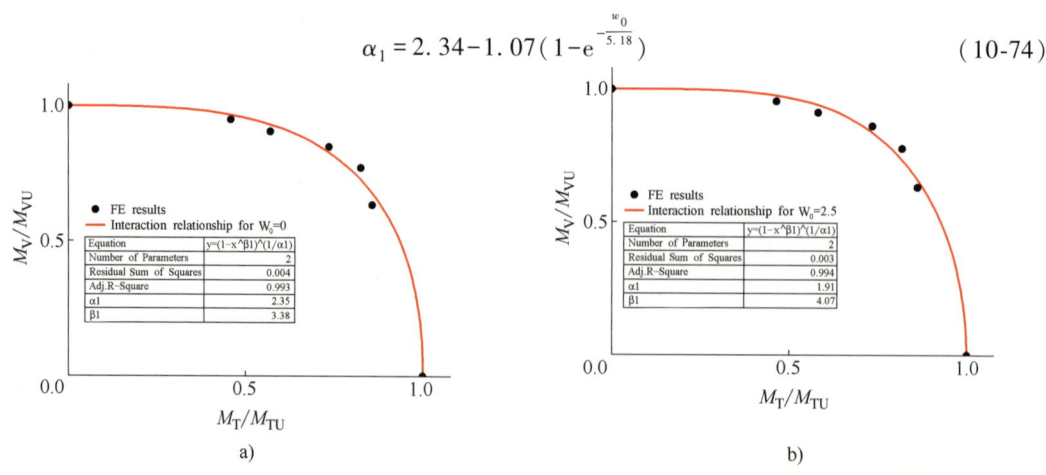

图 10-75 不同初始缺陷幅值下的垂向弯矩和扭转极限强度关系

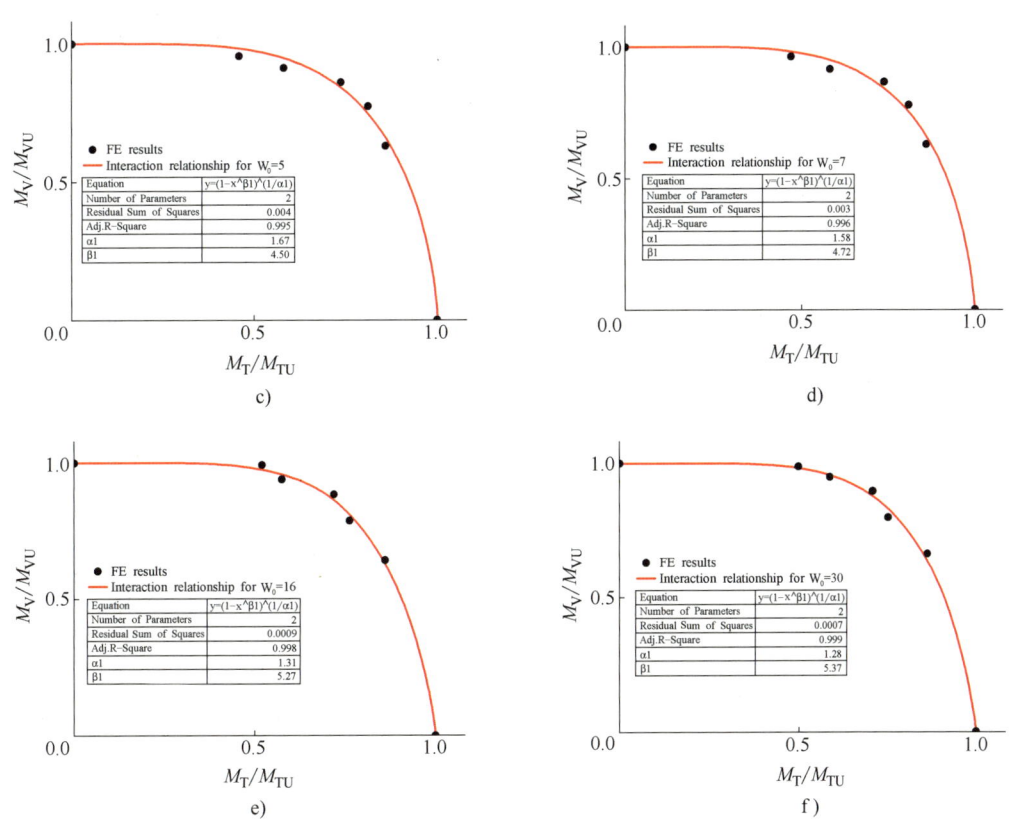

图 10-75 不同初始缺陷幅值下的垂向弯矩和扭转极限强度关系（续）

$$\beta_1 = 3.38 - 2.03(1 - e^{-\frac{w_0}{6.23}}) \quad (10\text{-}75)$$

基于表 10-37 中的值，通过曲线拟合法推导出关于初始缺陷幅值 w_0 与拟合参数的函数，即式（10-74）和式（10-75），并表现在图 10-76 中。

表 10-37 初始缺陷幅值 w_0 和拟合参数 α_1、β_1 的关系

w_0	α_1	β_1
0	2.35	3.38
2.5	1.91	4.07
5	1.67	4.50
7	1.58	4.72
10	1.42	5.03
13	1.36	5.18
16	1.31	5.27
20	1.30	5.34
25	1.29	5.36
30	1.28	5.37

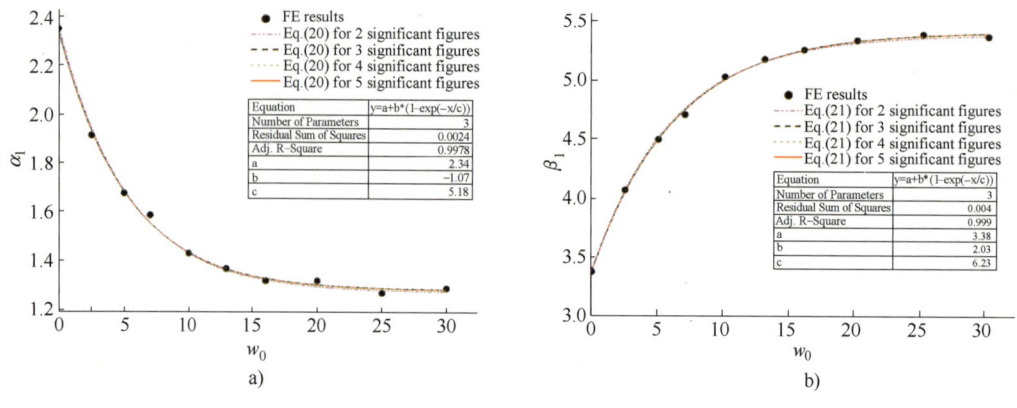

图 10-76 初始缺陷幅值 w_0 与拟合参数的关系

a) α_1 与 w_0　b) β_1 与 w_0

含有三位有效数字的有限元计算结果和拟合的相互作用关系的标准差和相关系数也在图 10-76 中做了标明。从图 10-76 中可以看出，式（10-74）和式（10-75）可以很好地表征初始缺陷幅值 w_0 分别与参数 α_1 和 β_1 之间的关系。为了研究所得到公式的不确定性，本节还选取了四种情况，使所导出的指数分别含有两位、三位、四位和五位有效数字。如图 10-76 所示，通过比较它们之间的结果，可以看出它们的相关性都非常相近，这也就意味着该相互作用方程是稳定可用的。本节所导出的指数统一取三位有效数字。

$$\left[\frac{Z}{(1-X^{\beta_1})^{\frac{1}{\alpha_1}}}\right]^{\alpha_3} + \left[\frac{Y}{(1-X^{\beta_2})^{\frac{1}{\alpha_2}}}\right]^{\beta_3} = 1, \begin{cases} \alpha_1 = 2.34 - 1.07(1-e^{-\frac{w_0}{5.18}}) \\ \beta_1 = 3.38 - 2.03(1-e^{-\frac{w_0}{6.23}}) \end{cases} \quad (10\text{-}76)$$

式（10-76）表征了超大型集装箱船三维的船体梁在三向载荷联合作用下并计及初始缺陷影响的极限强度安全区域。通过式（10-76）可以直接得到带有不同初始变形幅值的三维船体梁的极限强度包络面。除了 α_1 和 β_1 之外的指数，其余参数的值与式（10-66）和式（10-68）中的参数大小是相同的，在式（10-66）和式（10-68）中，初始缺陷 w_0 取的是 Smith 所说的中等程度。

5. 极限强度分析小结

本节探讨了超大型集装箱船的极限强度特性，选取了一个典型的 10000TEU 集装箱船作为研究对象，研究了船体梁在单一垂向弯矩、单一水平弯矩和单一扭矩作用下的极限强度行为，还研究了船体梁在每两组载荷联合作用下的极限强度相互作用关系以及船体梁在三向载荷联合作用下的极限强度相互作用关系，并且考虑了影响数值计算结果的单元网格尺寸、边界条件以及初始缺陷等基本因素。在非线性有限元分析中，本节假设水平弯矩和扭矩都只有一个载荷方向，但是对垂向弯曲极限强度的研究中取了中垂和中拱两个方向，并且假设这三种方向的载荷可以互相自由组合。基于数值计算结果，本节可以得出以下结论：

1）通过对单一载荷作用下船体梁极限强度的计算结果分析，可以得知上述单元网格尺寸、边界条件以及初始缺陷等基本因素对船体梁的极限强度有着重要的影响，并且在非线性有限元计算中应当在计算结果的准确性和所需要的计算资源之间做一个平衡。

2）船体梁的极限强度随着初始变形幅值的增加而降低，并且当初始变形幅值的大小接近或者超过相应板厚时,船体梁的极限强度降得特别快。对集装箱船,局部屈曲模态形式的初始变形对船体梁垂向弯曲极限强度的影响要大于对水平弯曲极限强度和扭转极限强度的影响。

3) 与纯弯曲和纯扭转工况相比,联合载荷作用将会导致船体梁极限强度的降低。当所施加的第二种载荷接近这种载荷单独作用下的船体梁极限强度时,船体梁极限强度的减小效果会更加明显。

4) 本节通过三组两两联合载荷作用下的船体梁极限强度相互作用关系推导出船体梁在三种载荷联合作用下的极限强度的相互作用关系式,可用以表征船体梁的三维极限强度安全区域。

5) 初始缺陷将影响船体梁在三向载荷联合作用下的极限强度相互作用关系,基于非线性有限元计算结果,本节提出了计及不同初始缺陷影响的、可以表征船体梁在三向载荷联合作用下的极限强度安全区域的包络面,并且通过不确定性分析验证了本节所提出公式的稳定性,可以为超大型集装箱船的结构设计提供方法性指导与参考。

10.5 深潜器耐压壳结构力学问题分析实例

10.5.1 深海潜水器概述

载人深潜器作为深海科学考察与探索的工具之一,在深海地质研究、资源调查、海洋生物研究等方面拥有着不可替代的作用,它能够携载科学家深入大洋深处,直观地进行科学考察与研究工作。

19世纪初,罗伯特·富尔顿建造了两艘以铁作为肋骨、铜为壳板的潜艇;西蒙·莱克于1890年前后建造了一艘由汽油机作动力的小型潜水器 Argonaut the Firs,被认为全球首艘"现代化"潜水器。此后,"弗恩斯-1"号、"里雅斯特"号、"海底观察者"号和"曲斯特Ⅰ"号等系列潜水器相继问世。但这一时期的载人潜水器仍存在着诸多问题,如重力过大、难以操纵、不具备自航能力、功能单一等。

20世纪70年代,美国的伍兹霍尔海洋研究所(Woods Hole Oceanographic Institution,WHOI)成功研制了"Alvin"号(图10-77)载人潜水器,最大下潜深度可达4550m,可探测地球上86%的海底。这一时期,载人潜水器的自重(去掉了为了提供浮力而设计的大型舱室)大大降低,同时添加了机械设备、推进设备和蓄电池等,使载人潜水器在自航能力、操纵性、机械作业等方面有了长足的进步,但还存在续航时间短、建造成本高和工作效率低等不足。

图 10-77 "Alvin"号

日本海洋-地球科技研究所(JAMSTEC)于1989年建造的"SHINKAI 6500"号("深海6500"号)载人潜水器曾下潜到

6527m 深的海底，创造了载人潜水器深潜的纪录。俄罗斯"和平"系列的载人潜水器具有携带能源充足、操纵性能良好、水下航速较高等优点。

21 世纪以来，我国以实现海洋强国梦为目标，在国家高技术研究发展计划（863 计划）的重大支持下，成功研制出了"蛟龙"号（图 10-78）载人潜水器，"蛟龙"号的长、宽、高分别为 8.2m、3.0m、3.4m，空重低于 22t，不仅工作覆盖面积可达全球海洋范围的 99.8%，同时适用环境广泛，可在海沟、洋中脊、海山等环境工作，2012 年在马里亚纳海沟

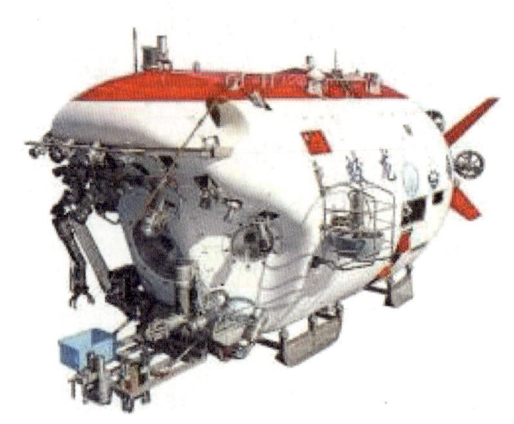

图 10-78　"蛟龙"号

完成了 7000m 级海试任务，打破了当时的深潜世界纪录，我国自此跻身于世界载人深潜强国的行列。"蛟龙"号的研制与应用不仅提高了我国的载人深潜技术，为我国的深海研究做出了巨大贡献，同时也使我国在该技术领域达到了国际领先地位。

在载人潜水器的系统组成中，耐压结构为其提供了人员活动及设备存放的空间，为其水下安全提供了保证，对于其水下的安全性能以及总体性能等诸多方面都有着极其重要的作用。此外，耐压结构也为载人潜水器提供了很大的浮容积，占据了载人潜水器质量的很大比例。因此，耐压结构对载人潜水器性能、安全性等诸多方面均有重要的影响，使其成为载人潜水器的关键系统之一。针对耐压结构的研究一直是潜水器技术的热点和难点问题，这些研究主要集中在耐压结构的材料、结构形式以及单一的强度和稳定性校核等方面。图 10-79 所示为典型耐压壳结构。

a)

b)

图 10-79　典型耐压壳结构

10.5.2　耐压球壳结构有限元计算

1. 有限元模型

耐压球壳的参数化模型如图 10-80 所示，将耐压球壳模型以 *.model 格式导入 ABAQUS 有限元计算软件中。

2. 材料属性

在 ABAQUS 中，材料是以真实的应力与应变进行输入的。然而通过材料拉伸试验或者压缩试验得到的应力与应变值一般是名义应力和名义应变，那么就需要把名义应力和名义应变转化为真实应力与真实应变。转化公式如下：

名义应变 $\varepsilon_{\text{nom}} = \dfrac{\Delta l}{l_0}$

真实应变 $\varepsilon_{\text{true}} = \int_{l_0}^{l} \dfrac{\mathrm{d}l}{l} = \ln\left(\dfrac{l}{l_0}\right) = \ln(1 + \varepsilon_{\text{nom}})$

名义应力 $\sigma_{\text{nom}} = \dfrac{F}{A_0}$

真实应力 $\sigma_{\text{true}} = \dfrac{F}{A} = \dfrac{F}{A_0 \dfrac{l_0}{l}} = \sigma_{\text{nom}}(1 + \varepsilon_{\text{nom}})$

在耐压球壳极限载荷的计算中往往需要考虑材料非线性的影响，因此可以用对应材料的应力-应变试验数据完成对有限元模型的材料定义，这样计算得到的结构强度与稳定性计算才更准确。图 10-81 所示为某高强度钢应力-应变试验测试曲线。

图 10-80　耐压球壳的参数化模型

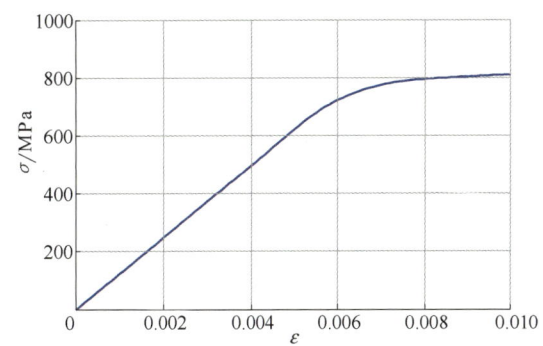

图 10-81　某高强度钢应力-应变试验测试曲线

3. 载荷施加

安全系数 K 是在计算结构的强度时考虑在载荷中的强度储备，它考虑了所有强度计算中没有考虑的、影响艇体强度的各种因素。工作深度 h_g 是指潜水器在正常使用过程中所能达到的最大深度。极限深度 h_{jx} 则是指潜水器能下潜的最大深度。一般而言，

$$h_g = (0.85 \sim 0.90) h_{jx} \qquad (10\text{-}77)$$

$$h_j = K h_{jx} \qquad (10\text{-}78)$$

表 10-38 所列为国内外载人潜水器主要参数，对于安全系数的选取一般取为 $K = 1.5$。根据式（10-77），取 $h_g = 0.90 h_{jx}$。根据《潜水系统与潜水器入级规范》（2018）中应力计算与校核公式并结合式可知

$$t \geqslant \dfrac{P_j R}{2[\sigma]} = \dfrac{P_j R}{2 \times 0.85 \sigma_s} \qquad (10\text{-}79)$$

$$P_j = 0.0098 h_j = 24.5 \text{MPa} \qquad (10\text{-}80)$$

表 10-38　国内外载人潜水器主要参数

潜水器名称	"和平"1号和"和平"2号	"领事"号	"鹦鹉螺"号	"深海6500"号	"Alvin"号	"蛟龙"号
国家	俄罗斯	俄罗斯	法国	日本	美国	中国
状态	工作	工作	工作	工作	工作	工作
深度/m	6000	6000	6000	6500	4500	7000
耐压壳材料	马氏体 Ni 钢	钛	钛	钛	钛	钛
耐压壳内径/m	2.1	2.1	2.1	2.0	2.0	2.1
出入舱口直径/mm	—	—	450	500	508	—
设计厚度/mm	—	77	62~73	75	49	76~78
安全系数	1.5	1.5	1.5	1.55	1.2	1.5

耐压壳体模型所受载荷的施加范围为模型整体外表面，在进行结构强度分析时，所施加的载荷取最大工作深度的 1.5 倍深度处的静水压力作为计算压力；在进行稳定性校核时，则基于特征值法所施加的载荷为单位载荷，模型载荷施加示意图如图 10-82 所示。

4. 网格划分

耐压球壳采用 C3D8R8 节点六面体线性减缩积分单元，网格密度为 30mm×30mm，对于人员进出通道处几何变化比较剧烈，因而在边上多撒种子实现网格加密。由于潜水器下潜深度较大，属于低周疲劳，在局部可能出现弹塑性变形，故在厚度方向上分 2 层网格，这能体现出沿球壳厚度方向的非线性关系。图 10-83 所示为采用自动分网耐压球壳网格，图 10-84 所示为耐压球壳的剖面网格。

图 10-82　模型载荷施加示意图

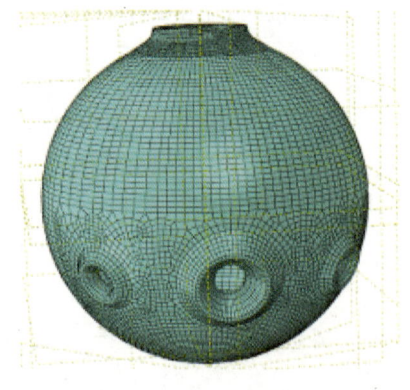

图 10-83　采用自动分网耐压球壳网格　　图 10-84　耐压球壳剖面网格

5. 边界条件

为了得到正确的边界条件，本节在此对两种边界条件进行有限元模拟并对比从而获得符合本模型的边界条件：

1) 三点约束（边界条件一）：根据中国船级社《潜水系统与潜水器入级规范》，当对耐压壳体整体进行分析时，壳体需 3 点支持，约束 6 个位移分量，边界条件对称设置，这样既可以消除整个刚体位移又不妨碍相对变形，即在壳体位于 x 和 z 坐标轴的位置上（相隔 90°）取三个节点：在 z 坐标轴上的节点 1 和节点 2，其 $u_x = u_y = 0$；在 x 坐标轴上的节点 3，其 $u_y = u_z = 0$（圆柱壳取柱中点）。如果有限元程序具备自动刚体位移约束功能，可不施加刚体位移约束，但需确保耐压壳体整体外载荷平衡。

2) 惯性释放（边界条件二）：不施加任何边界条件，把质心设为虚约束。简单地说，惯性释放是采用结构的惯性力与外力相平衡，从而使得模型成为一个平衡力系。使用惯性释放功能计算时，仅需要对一个节点进行 6 个方向的自由度约束即可，对于受约束的支座，软件首先计算出在外力作用下每个节点在每个方向上的加速度，通过加速度转化惯性力，然后再将这个惯性力施加到模型的每一个节点上，从而使得模型保持一个自平衡的力系。

通过对比表 10-39、图 10-85~图 10-88 可知，当分别采用边界条件一和边界条件二时，结构在应力、应变方面都有较大的差别。采用三点约束来限制刚体位移，支座反力将导致耐压球壳在约束处应力集中。与完整球约束相比，多开孔耐压球壳三点约束的边界条件存在一定的不足，但这种方法是《潜水系统与潜水器入级规范》中规定的耐压球壳结构在进行有限元边界条件处理时采用的方法，在处理完整球壳结构的强度和稳定性计算时是可以采用的，对于具有多开孔耐压球壳而言，可以考虑采用惯性释放的方法进行处理。

表 10-39 不同边界条件下应力应变最大值

	总应力/MPa	周向应力/MPa	应变/mm
边界条件一	704.2	-1019.0	3.47
边界条件二	610.2	-637.6	2.37

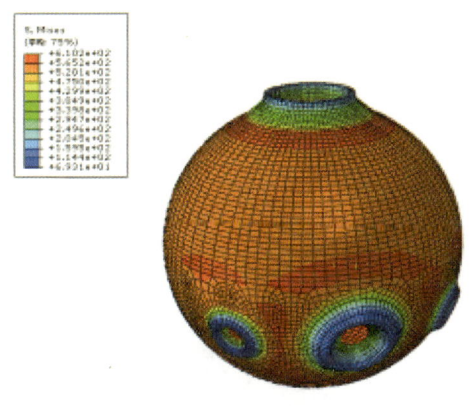

图 10-85 惯性释放结构总应力云图

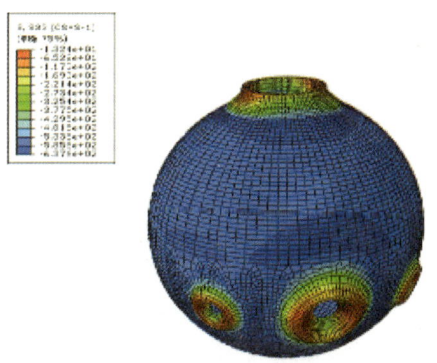

图 10-86 惯性释放结构周向应力云图

6. 强度与稳定性计算

使用非线性有限元技术解决包含初始缺陷的耐压球壳的极限载荷的计算，已经在很多论文中都有详述。包含初始缺陷的耐压球壳极限载荷的计算可以分为两个部分来进行：第一部分是确定耐压结构的初始缺陷值，可以基于线性屈曲的方法将第一阶特征值失稳模态引入初始挠度，来替代初始缺陷对结构稳定性的影响，因此在非线性分析之前就需要进行特征值的屈曲分析；第二部分进行非线性屈曲分析，分析方法采用静力弧长法，初始挠度通过修改关

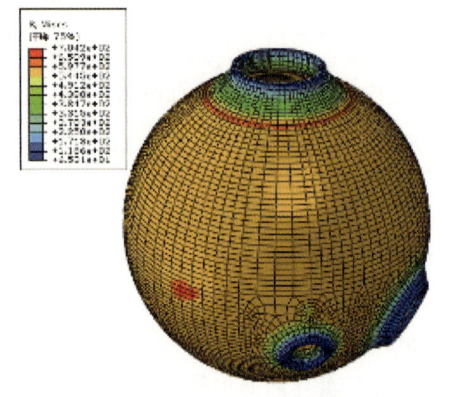

图 10-87 约束节点结构总应力云图

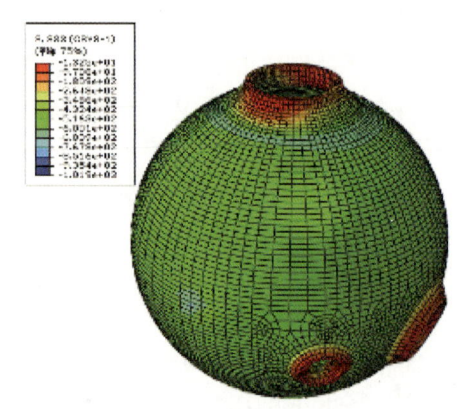

图 10-88 约束节点结构周向应力云图

键字引入，初始挠度形状与线性屈曲分析第一阶特征值失稳模态一致，在分析中考虑材料、几何非线性的影响，控制增量迭代，最终得到载荷-位移曲线，曲线最高点对应的载荷即为临界失稳力，对应模型的极限强度，当超过该临界力后，结构所能承受的压力将急剧下降，应变将急剧增大，结构会随之发生破坏。具体的非线性屈曲求解流程如图10-89所示。

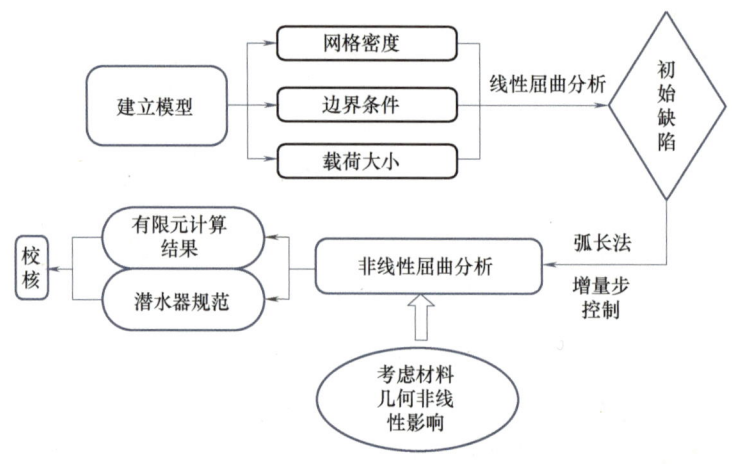

图 10-89 非线性屈曲分析求解流程

本节采用 ABAQUS 有限元分析软件，首先进行线性屈曲分析，通过编辑关键词输出模型的结点位移，然后在非线性屈曲分析中采用弧长法并引入初始挠度，综合计及材料非线性和几何非线性，通过 Risk 方法迭代得到载荷-位移曲线，位移曲线的最大值处就是模型所能承受的最大的极限载荷。

耐压体在计算深度 6750m 下的静水压力为 67.5MPa，设置完相应载荷之后对耐压壳体进行有限元计算，导出相应的应力、位移分布云图，如图 10-90 和图 10-91 所示。

在对耐压球壳进行稳定性计算时，也就是确定耐压球壳的失稳时对应的临界压力。通过

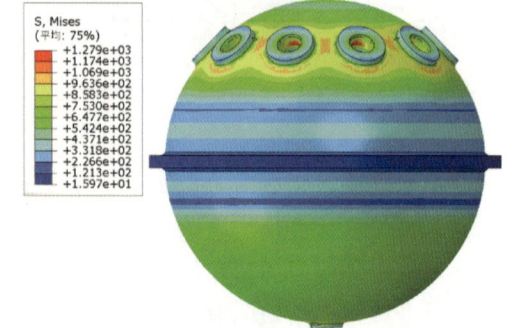

图 10-90 耐压壳体应力分布云图

ABAQUS 有限元分析软件对耐压壳体进行稳定性计算以确定壳体的失稳压力，计算得到耐压壳体的一系列失稳模态，由于所添加的载荷为单位载荷，故相应的特征值即为该耐压壳体的失稳压力。对于球壳而言，取一阶屈曲模态，并认为耐压体在此压力下失稳，耐压体失稳模态如图 10-92 所示。

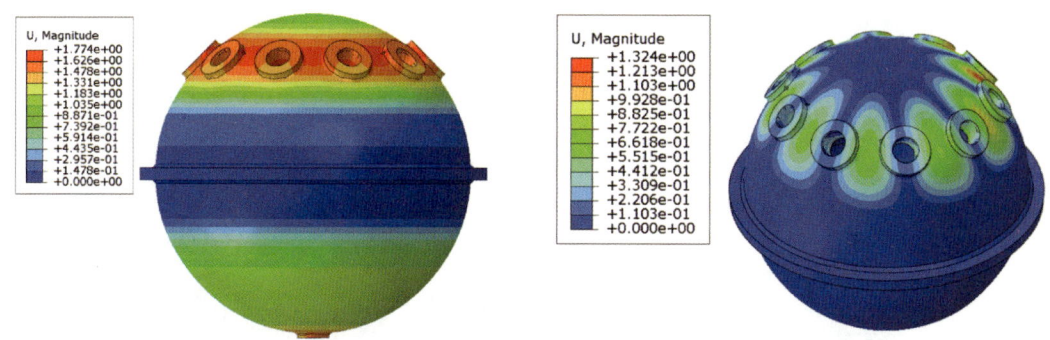

图 10-91　耐压壳体位移分布云图　　　　图 10-92　耐压球壳体失稳模态示意图

由耐压壳三维拓扑示意图可以看出，上半球壳开孔数量多，虽然结构在开孔处进行了大幅度加强提升结构刚度，保证了结构稳定性，但是结构在开孔处中断导致模型不连续，因此耐压体首先在上半球壳发生失稳。耐压体结构发生失稳时的一阶特征值为 EV＝303.88，即该耐压体的极限深度为 $h \approx 31000m$，因此耐压体稳定性满足工程计算深度 4500m×1.5＝6750m 要求。

7. 有限元计算验证

1980 年，日本在研制"Shinkai2000"和"Shinkai6000"的过程中，为了考虑耐压球壳的极限载荷，在考虑初始缺陷的条件下，做了一系列的耐压球壳的试验。为了验证有限元计算的准确性，以 MT-1 模型为基础，在 ABAQUS 中进行非线性有限元模拟，计算出数值模拟的极限载荷值。MT-1 模型几何物理参数见表 10-40。

表 10-40　MT-1 模型几何物理参数

模型名称	MT-1	模型名称	MT-1
模型形状	真球形状	弹性模量 E/MPa	$1.127×10^5$
中径 D/mm	500	泊松比 μ	0.3
球壳厚度 t/mm	16	比例极限 σ_p/MPa	640
真球度测量值 f	1.004	屈服强度 σ_s/MPa	872
球壳厚度实测值 t_c/mm	15.88～16.14（南半球）	极限强度 σ_b/MPa	941
	16.00～16.12（北半球）	断后伸长率 δ	13%

在 ABAQUS 软件中建立耐压球壳模型（图 10-93），采用 10×10 的 C3D8R 结构网格，在耐压球壳厚度方向上分两层，总网格数目为 18112 个网格，边界条件采用惯性释放，耐压球壳外表面受 50MPa 的均匀水压。初始挠度为 0.05，最大增量步 1，最小增量步 0.01，迭代总步数为 100。

如图 10-94～图 10-96 所示，经过有限元计算可知，数值模拟的极限载荷为 115.68MPa，整球壳的试验结果临界失稳压力约为 120.54MPa。本节的计算结果与 MT-1 给出的试验值的误差为 4.031%，误差球壳的实际测量值为 15.88～16.14（南半球）、16.00～16.12（北半球），因而模型的实际厚度的均值要大于 16mm，厚度的增加使得模型的极限载荷也相应有所增加。所以采用此有限元计算方法是符合实际要求的。

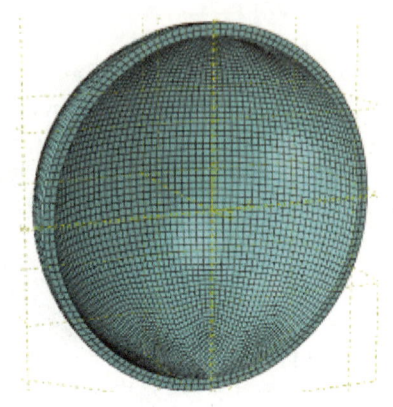

图 10-93　有限元模拟模型半剖面网格

图 10-94　模型压坏图

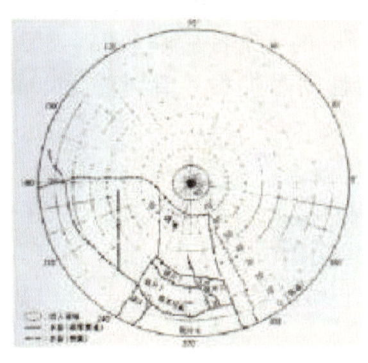

图 10-95　压坏状况

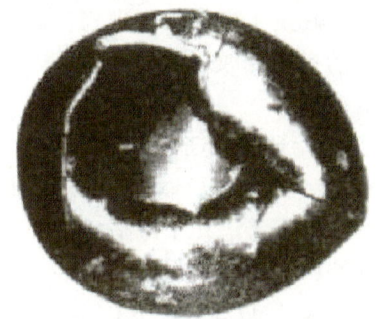

图 10-96　坏模型

10.5.3　耐压球壳的材料特性和应力分布特性

载人潜水器是进行深海探测的重要技术装备，以其便于操作、可近距离观察海洋环境和主观能动性地进行信息收集的特性，成为研究的热点之一。载人舱是载人潜水器的核心部件，也是大深度载人潜水器研制的关键技术之一。载人舱的耐压结构主要承受外部海水压力，保护舱内电子元器件和仪器设备的正常运转，不受外部海水的腐蚀和破坏，为舱内科学研究人员提供生活环境和工作空间，确保科学研究人员的生命安全。因此，这对载人舱的耐压结构的强度和密封性能提出了更高的要求。通常，通过质量与排水体积之比来衡量耐压球壳的使用性能，比值越小，潜水器能够提供的有效载荷就越大。一方面，耐压球壳的制造材料和结构形式对其体积密度有着重要的影响；另一方面，载人舱的质量约占整个潜水器系统的 1/5～1/4，载人舱的质量也是制约深潜器发展的因素之一。因此，在保证耐压球壳的强度及稳定性的前提下，合理地选用制造材料和结构设计，是提高载人舱的耐压性能、控制潜水器系统的整体质量的重要方向。

1. 耐压球壳的备选材料

深潜器的耐压球壳一般由几个厚重的瓜瓣组合焊接而成，由于其在海底作业过程中要承受复杂的低周交变载荷和海水的腐蚀，容易导致焊缝区域应力集中，削弱局部结构强度，因此，对其制造材料提出了更加严格的要求，避免深潜器在长期服役的过程中出现结构失效的问题。一般来说，耐压球壳的制造材料有金属材料和非金属材料，常用的金属材料有高强度合金钢、铝合金、钛合金等，常用的非金属材料有碳纤维复合材料、特种陶瓷材料和透明玻璃等。

（1）金属材料　高强度合金钢具有良好的焊接性能、力学性能以及耐海水腐蚀性能等，但由于其密度较大，导致大深度潜水器的整体质量偏重，严重影响浮力材料的控制，因此限制了其应用范围。目前，世界上的大部分潜深不超过 2000m 的潜水器和潜艇的耐压壳采用高强度合金钢或等强度合金钢制造。铝合金是常用的轻金属之一，其密度小，导电性能好，具有良好的耐腐蚀性能，可在体积密度较小的情况下保持较大的有效载荷和工作深度，但其焊接性能不好控制，影响载人舱焊接区域的结构强度，因此只在中小型无人潜水器的耐压结构中广泛使用。例如，水下滑翔机 Seaglider 和 Slocum 采用 6061T6 铝合金，PETREL 和"海翼"号采用 7075T6 铝合金。

与上述两种金属材料相比，钛合金具有明显的优势，有"海洋金属"之称。钛合金具有比强度高、质量轻（只有高强度钢的 60%）、优异的耐腐蚀、耐高温性能、良好的冲压成型能力和焊接性。它凭借优异的材料性能，现已成为世界各国现役作业型深潜器耐压球壳的首选材料。通常用于制造耐压球壳的钛合金有 Ti-6Al-4VELI 和 Ti-6AI-2Nb-1Ta-0.8Mo 两种。这两种钛合金材料都属于中强度钛合金，只适用于最大潜深在 6000～7000m 范围内的深潜器。当用于 11000m 潜深的研制时，须保证深海耐压结构在服役中的安全可靠性，在其强度满足要求的前提下尽可能地提高其材料的断裂韧性。

合金钢拥有高强度，同时也具有较高的密度，故由合金钢制成的耐压壳结构通常厚度和质量较大，尤其是在大潜深的情况下，受结构自重和钢板厚度的限制，该类潜水器所能提供的有效载荷及空间不足，不利于装备的布置及人员的活动。钛合金的出现在一定程度上解决了这一问题，钛合金的强度虽稍弱于合金钢，但其密度则仅仅只有合金钢的 1/2 左右，具有较高的比强度。与此同时，钛合金具有优异的耐海洋环境性能，能够很好地满足水下装备的需求，是目前水下装备中最热门的金属材料，在役的潜水器耐压壳结构几乎都采用钛合金材料制造。法国的"Naut-ile"号、日本的"Shinkai6500"号以及国内研发的"蛟龙"号、"深海勇士"号、"奋斗者"号等潜水器耐压壳结构均为钛合金材料。不同材料的典型潜水器应用及其性能参数见表 10-41。

我国钛合金载人深潜器研究工作起步较晚，但发展速度很快。2003 年开始建造的"蛟龙"号载人深潜器，质量为 22.9t，耐压壳体内径为 2.1m，由超低间隙 TC4 合金建造而成。经过国内总体设计单位、装备制造单位、材料（尤其是钛合金）研究单位的通力合作，"蛟龙"号于 2012 年成功完成 7000m 级下潜试验，最大下潜深度达到 7062m。这表明，我国已经掌握相关牌号钛合金的制备、成型及焊接技术，实现壳体的完全自主设计、研发与制造。我国继续实施具有完全自主知识产权的"深海勇士"号载人深潜器的研制工作，于 2017 年按期完成下潜试验。这表明，我国在深海用钛合金的材料研制及加工工艺开发方面取得了重大突破，进入世界先进行列。

表 10-41 不同材料的典型潜水器应用及其性能参数

耐压壳体材料	型号	起用时间	国家	设计深度/m	耐压壳内径/m	耐压壳厚度/mm
钛合金	Alvin	1964	美国	1868	2.0	49
	改造后的 Alvin	1972	美国	4500	2.0	49
	Shinkai6500	1985	日本	6500	2.0	73.5
	Naut-ile	1985	法国	6000	2.1	62~73
	RUS/CONSUL	1989	俄罗斯	6000	—	—
	蛟龙	2009	中国	7000	2.1	77
	New Alvin	2014	美国	6500	2.1	71.3
	深海勇士	2017	中国	4500	—	—
	奋斗者	2020	中国	10909	—	—

（2）非金属材料　碳纤维复合材料，具有良好的降噪减震效果以及耐酸、耐碱、耐腐蚀性能，其强度和比模量显著高于金属材料，是近些年来发展较快的一种深海耐压材料。在耐压结构中采用碳纤维复合材料，可极大地减轻艇体质量，实现更小的容重比，增加潜深，增强耐腐蚀性能等。据报道，美国的 AUTOSUB 无人自主潜水器采用轻质合金与碳纤维复合材料制造的圆柱形耐压壳体，曾潜深达 6000m。

高强度的特种陶瓷材料由单一的或复合的氧化物或非氧化物构成，耐压强度高且材料密度小，具有良好的热传导、耐腐蚀、耐高温、耐氧化、耐磨损等性能，因而在深海装备的耐压结构中具有极大的应用发展潜力。在众多的氧化陶瓷材料和非氧化陶瓷材料中，氧化铝陶瓷具有较高的抗压屈服强度、较小的材料密度和成熟的生产制造工艺，并且成本低廉，是理想的深海装备耐压材料，各种高强度陶瓷材料的材料性能见表 10-42。世界上的部分发达国家已经开始进行特种陶瓷材料在耐压壳中的应用，美国研制的潜深 10902m "海神" 号无人潜水器，其艇体表面材料使用的就是新型轻量级的陶瓷材料。但由于陶瓷材料的断裂韧性很小，大幅度地限制了其在结构中的应用范围，因此对于陶瓷材料的增韧工艺和方法成为众多国内外学者研究的热点之一。

表 10-42 高强度陶瓷材料的材料性能

陶瓷种类	理论密度/(g/m³)	抗压强度/MPa	抗折强度/MPa	断裂韧性/MPa·m$^{1/2}$
Al_2O_3	3900	2800	300	4
ZTA	4200	2900	480	7
PSZ	5900	2500	1500	15
SiC	3200	2200	350	4
Si_3N_4	3400	3500	700	7
Sialon	3100	3500	400	3

透明玻璃材料，因其能够极大地减轻载人球壳的整体质量和提供优良的视野观察环境而广泛应用于观光型和探险型的载人潜水器中，如 Hawkes 海洋技术公司的 DeepFlight 系列产品（图 10-97）以及中国船舶重工集团 702 所研制的 "寰岛蛟龙" 1 号载人潜水器（图 10-98）

等。在第三代大深度载人潜水器的研发中也计划部分或者全部耐压结构采用透明玻璃材料,如美国 Triton 公司在研的 Triton36000/3 深潜器和日本在研的 Shinkai12000 深潜器,如图 10-99 所示。

图 10-97　DeepFlight Dragon 观光潜水器

图 10-98　"寰岛蛟龙"1 号观光潜水器

2. 耐压球壳应力分布特性

采用 ABAQUS 中自带的网格划分工具对模型球进行全局网格划分,模型球的单元类型选择为六面体单元。此次计算只为得到整体应力分布,观察应力集中部位,因此暂不进行网格细分工作,且考虑到计算时间和计算结果精度的因素,确定网格单元尺寸为 15mm。模型球全局网格如图 10-100 所示,共计 81453 个节点,21515 个单元。

图 10-99　Triton 载人潜水器

图 10-100　模型球全局网格

根据 CCS 中对整球分析时的边界条件规定,采取三点支撑(三个节点相隔 90°),约束六个位移分量,以此保证在消除整个刚体位移时不影响整球的相对变形,即选取同时位于 Z 轴和赤道弧线的节点 A 和节点 B,约束其 X 方向和 Y 方向的位移分量,选取位于南半球顶点的节点 C,约束其 X 方向和 Z 方向的位移分量,如图 10-101 所示。在模型球表面施加均布压力,取值为 105MPa,如图 10-102 所示。

模型球的应力云图如图 10-103 所示。从图中可知,应力集中主要在开孔区域过渡部位,最大应力达 810.4MPa,根据 CCS 相关规范中要求,校核强度时需在计算应力基础上额外增加 2%~5%,则计算强度为 850.92MPa,小于 876MPa,因此模型球强度满足规范要求。

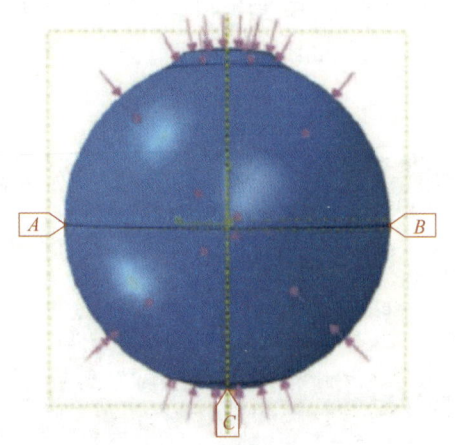

图 10-101　约束节点示意图

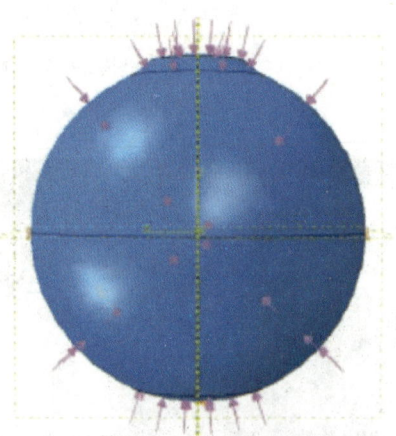

图 10-102　加载载荷

10.5.4　基于缺陷的耐压球壳屈曲行为研究

1. 理想球形耐压壳数值模型

本节在基础球形壳的基础上，引入等效初始缺陷，进行球形耐压壳的非线性屈曲研究，系统研究了初始几何缺陷，其中包括弹性屈曲模态缺陷、局部缺陷，对不同深度下球形耐压壳的极限承载力变化规律。通过对不同深度潜水器的有限元分析，得出了不同深度球形耐压

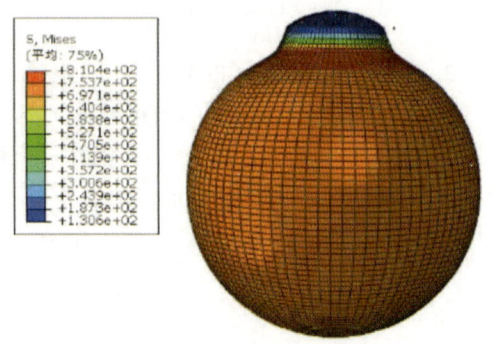

图 10-103　模型球的应力云图

壳体受初始缺陷影响的极限承载力下降规律，可以确认大深度载人潜水器的最差屈曲模态缺陷近似等效相同缺陷幅值下的局部缺陷。通过对比数值模型的一阶模态缺陷和前 50 阶最差模态缺陷发现，在某些情况下，一阶模态缺陷往往不是最差缺陷，且在特定的条件下等缺陷幅值的局部缺陷可以进行最差模态缺陷的近似计算。

以直径为 2m 的球形耐压壳为研究对象，研究其屈曲行为。球形耐压壳的基本力学参数为：屈服强度 σ_b 取 830MPa，密度 ρ_{ph} 取 4.5g/cm^3，弹性模量 E 取 110GPa，泊松比 μ 取 0.3，其真实塑性应力-应变曲线如图 10-104 所示，该曲线由钛合金试样进行拉伸试验得到。

采用三维建模软件进行理想球形耐压壳的数值建模，并对其进行网格划分，网格的划分形式参照的是网球画法，单元类型为 S4，厚度分别取 15mm、30mm、45mm、60mm、75mm。计算载荷以均布压力形式施加在耐压壳表面；理论上是耐压壳不受任何约束，为了消除模型的刚性位移，选择三个点限制其六个方向位移如图 10-105 所示。所求得的各约束力接近 0，说明所施加的约束为虚约束，仅限制了模型的

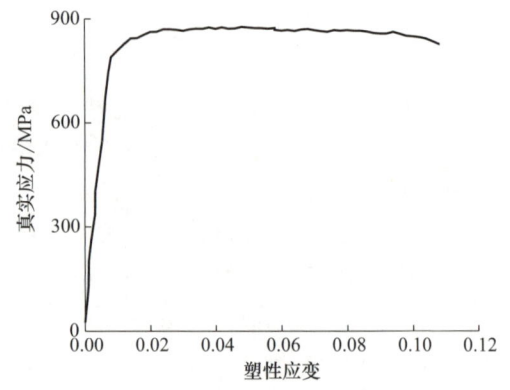

图 10-104　钛合金真实塑性应力-应变曲线

刚体位移。综合考虑计算时间和精度，球形耐压壳数值模型的网格尺寸应该选取70mm，共6534个单元、7866个节点。

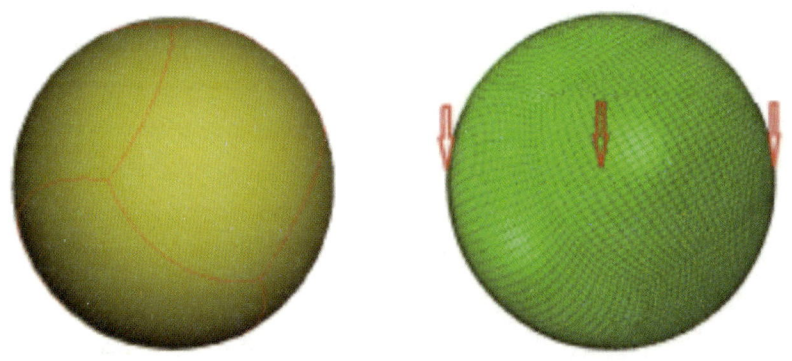

图10-105　有限元网格划分形式和边界条件

本节主要研究前述两种缺陷形式对深海载人潜水器极限承载力的影响，故最大缺陷幅值Δ都取5mm，在符合工程计算要求的条件下，根据计算，临界弧长L_{cr}为

$$L_{cr}=\frac{\sqrt{R_{cr}t_{cr}}}{\sqrt[4]{3(1-\Delta^3)}} \tag{10-81}$$

通过ABAQUS计算得出5种厚度下球形耐压壳50阶线性屈曲模态失稳模式图，并统计得出50阶相邻模态之间屈曲载荷相邻偏差百分比，可得出结论：在同一厚度（15mm厚度）下，球形耐压壳线性屈曲载荷从1阶到50阶相邻阶数间偏差增加最大为0.3%。这种比较小的相邻偏差表明球形耐压壳是具有相近空间特征值问题的缺陷敏感结构，其对缺陷敏感度非常高。随着厚度从15mm增加到75mm，1阶与50阶之间的偏差百分比也随之增大，球形耐压壳在15mm厚度下1阶和50阶屈曲载荷偏差为2.10%，而在75mm厚度时两者偏差上升为10.28%，15mm厚度下相邻阶数屈曲载荷最大偏差为0.30%，而在75mm厚度下相邻阶数最大偏差为6.18%，初步表明随着厚度的增加，球形耐压壳对缺陷的敏感度也随之减小。

理想球形耐压壳失稳模式都为对称形态，其波峰数随着模态阶数的增大而增大，50阶模态的失稳模式中没有发生局部失稳的情况。当球形耐压壳的厚度为15mm时，球形耐压壳的50阶屈曲失稳模式图都为对称失稳模式，波峰和波谷数随着模态阶数的增加而逐渐增多，球形耐压壳的波峰和波谷数的密集程度也逐渐增大，但是由规律的对称失稳模式转变为不规律的失稳模式。随着球形耐压壳厚度的增加，球形耐压壳失稳模式的波峰和波谷数逐渐降低。根据球壳屈曲理论，球形耐压壳屈曲临界载荷P_{cr}采用Zolley公式表述，该公式为船级社球形耐压壳稳定性设计规范的共性理论基础，即

$$P_{cr}=\frac{2Et^2}{R^2}\sqrt{\frac{1}{3l-\mu^2}} \tag{10-82}$$

根据式（10-82）可以得出15~75mm厚度下线性理论屈曲结果分别为29.84MPa、118.86MPa、266.32MPa、471.51MPa、733.67MPa，而通过ABAQUS计算得出5种厚度下球形耐压壳一阶线性屈曲特征值分别为30.41MPa、119.7MPa、266.8MPa、470.0MPa、733.7MPa，ABAQUS的有限元计算结果与线性理论屈曲结果的误差分别为1.910%、

0.707%、0.180%、0.320%、0.004%。5 种厚度下的线性屈曲结果的理论误差百分比都在 2% 以内，如此小的误差说明了球形耐压壳的有限元模型的正确性。

2. 基于模态缺陷的球形耐压壳非线性屈曲分析

模态缺陷和非线性是影响模型非线性屈曲分析的主要因素，所以有必要进行同时考虑材料、几何非线性和模态缺陷的有限元分析，通过有限元计算得出 5 种厚度下球形耐压壳非线性屈曲模态失稳模式，如图 10-106 所示。可以发现，线性与非线性的失稳模式图完全不同，考虑非线性情况下的屈曲失稳模式图都为局部失稳。选择 15mm 厚度下的一个模型，根据增量步做出载荷-位移的关系曲线，如图 10-107 所示，纵坐标为载荷，横坐标为位移/厚度，从图 10-107a 中可以看出完整球壳位移曲线为一条直线，其达到最大值时为 40MPa，载荷曲线不再下降，这是因为并没有考虑各种非线性的原因。从图 10-75b 可以看出临界屈曲载荷为 36.4MPa，在未达到临界屈曲载荷时，载荷首先近似线性急剧增大，达到临界载荷后，载荷急剧下降，之后趋于平缓下降，最终的后屈曲值为 14.8MPa，约为临界屈曲载荷的 1/3，而 2013 船级社规范中也规定了载荷-位移曲线如果是光滑和连续的，为一个稳定的屈曲行为，这种曲线的急剧变化趋势符合船级社规范中弹塑性壳体的失稳模式。在后续的小节里统计了所有的后屈曲失稳模式，发现球形耐压壳的后屈曲失稳模式都为一个凹坑。

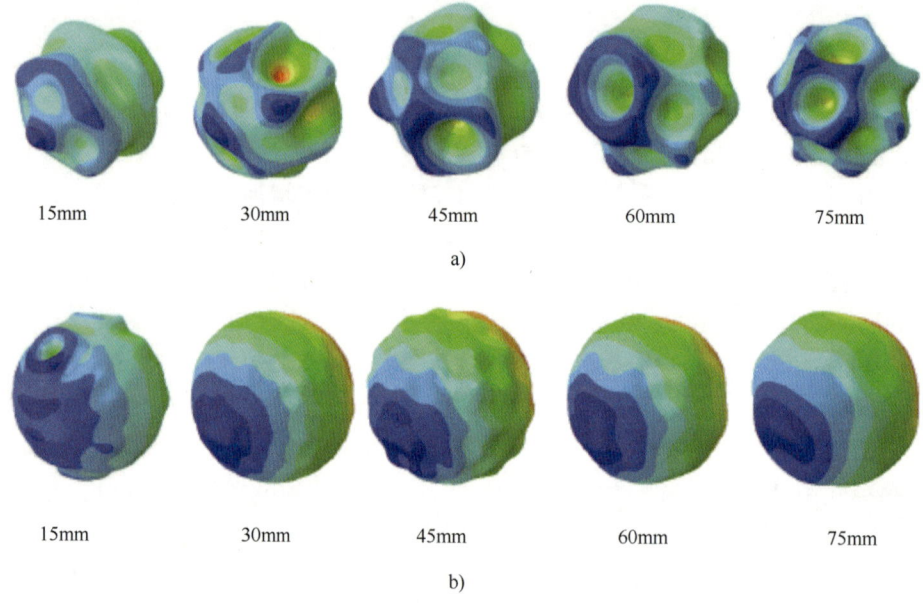

图 10-106　考虑不同非线性下的屈曲失稳模式图

a）几何非线性的屈曲失稳模式图　b）同时考虑材料和几何非线性的屈曲失稳模式图

将仅考虑线性及考虑非线性和模态缺陷所得到的非线性屈曲载荷整理成表（见表 10-43）。由表 10-43 可以得出结论：在薄壳区域，如 15mm 时，如果仅考虑非线性所引起的屈曲载荷下降为理想线性屈曲载荷的 17.55%，而考虑模态缺陷所导致的屈曲载荷下降为理想线性屈曲载荷的 49.58%，说明在薄壳区域内非线性对球形耐压壳的稳定性影响较小，而模态缺陷对球形耐压壳的稳定性影响较大。在厚壳区域，比如 75mm 时，如果仅考虑非线性所引起的屈曲载荷下降为理想线性屈曲载荷的 81.60%，而考虑模态缺陷所引起的屈曲载荷下降为理想线性屈曲载荷的 1.28%，说明在厚壳范围内非线性对球形耐压壳的稳定性影

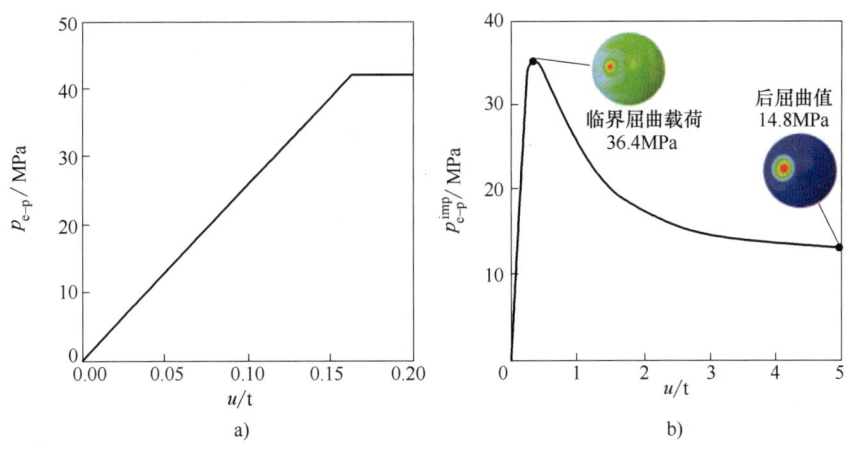

图 10-107 完整球壳和缺陷球形耐压壳屈曲载荷-位移曲线

响较大，而模态缺陷对球形耐压壳的稳定性影响较小。

归纳总结得出结论：在厚壳范围内非线性对球形耐压壳的稳定性影响较大，而模态缺陷对球形耐压壳的稳定性影响较小；在薄壳区域内非线性对球形耐压壳的稳定性影响较小，而模态缺陷对球形耐压壳的稳定性影响较大。

表 10-43 非线性和模态缺陷对极限承载力下降的影响

厚度/mm	15	30	45	60	75
理想线性屈曲载荷/MPa	30.41	119.70	266.80	470.00	733.70
非线性屈曲载荷/MPa	25.07	50.57	75.85	101.49	134.99
一阶模态 5mm 缺陷幅值下屈曲载荷/MPa	9.99	37.27	63.97	94.78	125.57
由非线性因素影响下降的屈曲载荷/MPa	5.34	69.13	190.95	368.51	598.71
非线性对屈曲载荷下降贡献度	17.55%	57.75%	71.57%	78.41%	81.60%
由缺陷影响下降的屈曲载荷/MPa	15.08	13.30	11.88	6.71	9.42
模态缺陷对屈曲载荷下降贡献度	49.58%	11.11%	4.45%	1.43%	1.28%

10.5.5 耐压柱壳结构有限元计算

潜水器耐压壳体的选择主要考虑结构强度及稳定性问题。同时，耐压壳体也是浮力的主要提供者，而它的质量也占潜水器质量的很大比例。所以耐压壳体的结构形式、强度是至关重要的。潜水器主要有椭球形、球形、圆柱形和球柱结合等形式。其中，圆柱形潜水器具有易加工、内部舱室布置便利、空间利用率高、流体运动阻力小的优点，但是稳定性差、需用肋骨加强、材料利用率低、质量-排水量比大，图 10-108 所示为环形加强筋圆柱体耐压结构。

1. 强度分析

根据耐压结构的材料和结构形式，加筋柱壳耐压结构的主要参数为：封头半径 R，平行中体长度 L。相邻加强筋中点处壳板的周向应力 $[\sigma_1]$ 按下式计算：

$$[\sigma_1] = 1.15\sigma_s \tag{10-83}$$

加强筋处壳板的轴向应力 $[\sigma_2]$ 按下式计算：

$$[\sigma_2] = 0.85\sigma_s \tag{10-84}$$

加强筋应力 $[\sigma_3]$ 按下式计算：

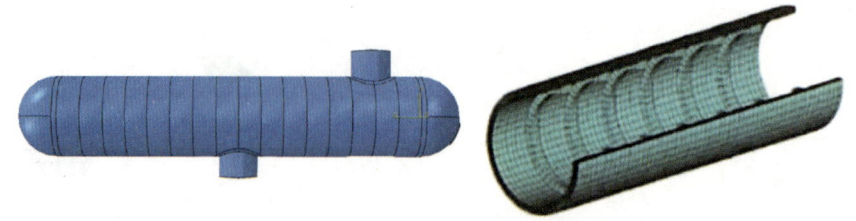

图 10-108　环形加强筋圆柱体耐压结构

$$[\sigma_3] = 0.6\sigma_s \tag{10-85}$$

其中，MISES 应力 $[\sigma_{\max}] = \sigma_s$。耐压壳体厚度 t 为

$$t = \frac{pD_0}{4[\sigma] - p} \tag{10-86}$$

肋距 l 需满足

$$l \leqslant 0.6\left(\frac{Et^2}{P_j R^2} + 1\right)\sqrt{Rt} \tag{10-87}$$

肋骨间距如果设置过大将会影响耐压结构的稳定性，肋骨间距设置过小又会影响人员的活动和内部的布置，也会给轻量化带来负担。因此，综合考虑以上问题，决定肋骨间距。

$$u = 0.643 \frac{l}{\sqrt{Rt}} \tag{10-88}$$

$$\beta = \frac{lt}{F} \tag{10-89}$$

根据规范，在进行强度分析时需满足：

周向应力

$$\sigma_1 = \frac{K_1 P_j R}{t} \leqslant [\sigma_1] \tag{10-90}$$

轴向应力

$$\sigma_2 = \frac{K_2 P_j R}{t} \leqslant [\sigma_2] \tag{10-91}$$

加强筋应力

$$\sigma_3 = \frac{K_3 P_j R}{t} \leqslant [\sigma_3] \tag{10-92}$$

式中，K_1、K_2、K_3 为系数，根据式（10-88）和式（10-89）中的 u、β 并查 CCS 潜水器规范可得。

对环形加强筋圆柱耐压结构使用 ABAQUS 进行强度分析，应力云图如图 10-109 所示。

2. 稳定性分析

在巨大的海水压力作用下，圆柱形耐压结构失稳前处于平衡状态，耐压结构此时几乎只会受到压缩应力的作用。但如果再增加载荷值，打破原有平衡，耐压结构体内会突然受到弯曲应力的作用，且该应力远大于之前所承受的压缩应力，这时候就认为耐压结构处于失稳状态，此时的载荷值叫作临界载荷。失稳状态下的圆柱形耐压结构的两端会受到不同的力，一端的压缩应力和另一端的拉伸应力同时作用会使耐压结构发生瞬间的形变而产生褶皱或被压扁，并且结构再也恢复不到原本的状态。

根据潜水器建造规范，耐压壳板稳定性计算如下，壳板局部失稳理论的临界压力：

$$P_E = E \frac{l^2}{R^2} \frac{0.6}{u - 0.37} \tag{10-93}$$

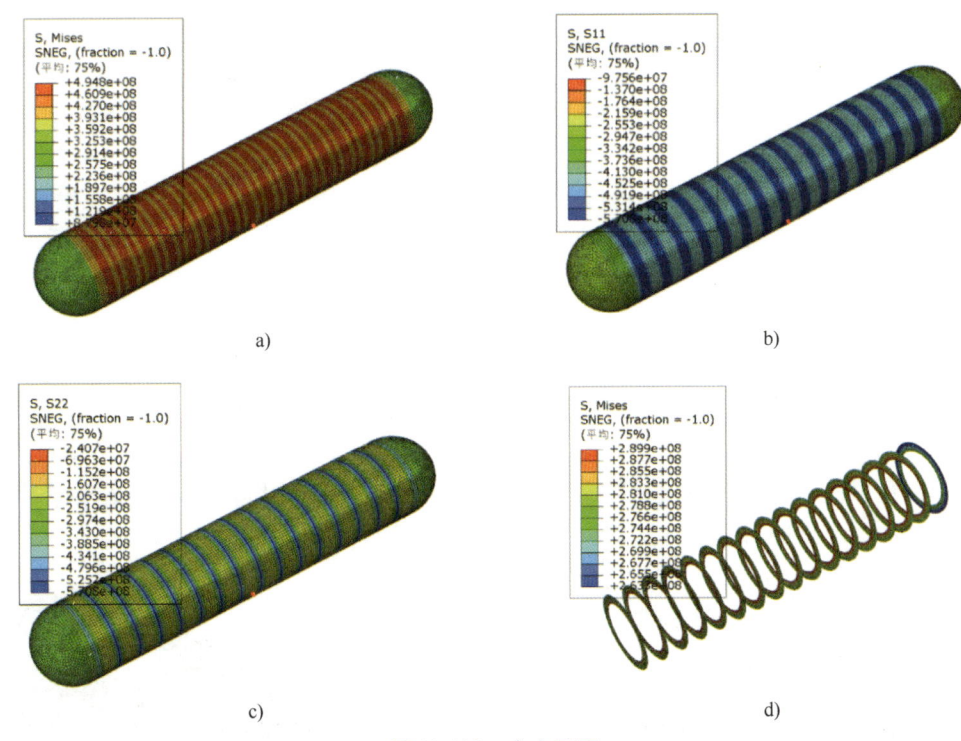

图 10-109 应力云图

a) σ_{max} 云图 b) σ_1 云图 c) σ_2 云图 d) σ_3 云图

式中，E 为弹性模量；l 为肋距；R 为半径。耐压结构临界载荷为

$$P_{cr} = C_s C_g P_E \tag{10-94}$$

$$\sigma_E = \frac{P_E R}{t} \tag{10-95}$$

通过下式求修正系数 C_g：

$$C_g = \begin{cases} 1.0, u \leqslant 1 \\ 1.25 - 0.26u, 1 < u < 2 \\ 0.75, u \geqslant 2 \end{cases} \tag{10-96}$$

进而计算得到 P_{cr}，大于计算压力时，壳板稳定性满足规范要求。肋骨失稳理论临界应力为

$$P'_E = \frac{1}{1 + \frac{\alpha^2}{2(n^2-1)}} \left(\frac{Et\alpha^4}{R} \frac{1}{(n^2+\alpha^2)^2(n^2-1)} + \frac{EI}{R^3 l}(n^2-1) \right) \tag{10-97}$$

$$\alpha = \frac{\pi R}{L} \tag{10-98}$$

$$\sigma_E = \frac{P_E R}{t + \frac{F}{l}} \tag{10-99}$$

$$U = \frac{0.535 l t^{2.5} L}{I \sqrt{R \left(1 + \frac{F}{lt}\right)}} \tag{10-100}$$

$$C_\mathrm{g}=\begin{cases}1-0.14U,\ 0<u<1.2\\ 0.83,\ u\geqslant 1.2\end{cases} \quad (10\text{-}101)$$

式中，α 为总体失稳系数；I 为肋骨型材惯性矩；n 为模态阶数，n 取 2 时得到最小临界应力 P_E；L 为平行中体长。

计算过程中，压力以单位力的形式施加，并在舱段一端做简支约束，另一端释放轴向位移并施加等效节点力，等效节点力计算见下式：

$$T=-\pi\frac{R^2 P_\mathrm{c}}{n} \quad (10\text{-}102)$$

式中，R 为受力面积（m^2）；P_c 为计算压力（Pa）；n 为节点数。

以某耐压圆柱壳模型为例，载荷及边界条件施加如图 10-110 所示。提交分析，得到一系列失稳模态及相应失稳模态下的结果，如图 10-111 所示，由于添加的载荷是单位力，所以结果中特征值一栏显示的即为相应模态下的欧拉压力。图中"EigenValue = 7.29422E+06"即为相应屈曲模态下的有限元计算的欧拉压力。

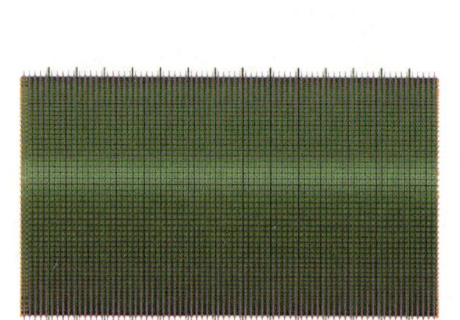

图 10-110 载荷及边界条件示意图

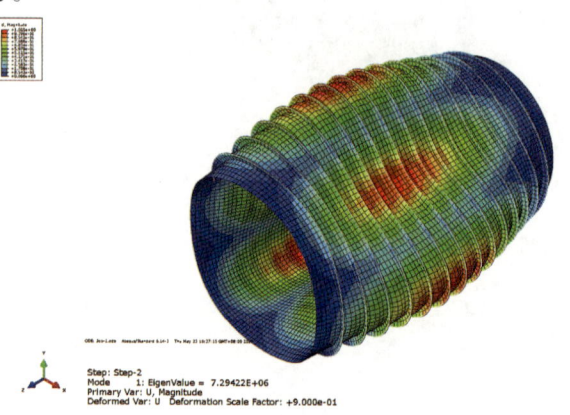

图 10-111 屈曲模态及计算结果

3. 材料选取

耐压壳体材料的选取很大程度上取决于其下潜深度，此外，还需要从比强度、断裂韧性、抗侵蚀性、易加工性等要求出发来考虑，也需要顾及到蠕变、脆裂等因素。耐压结构材料有金属和非金属两类，常用的金属类有铝合金、钢材、钛合金等材料，非金属类的有玻璃钢等。常用材料及其特性如下：

1）高强度合金钢：密度大，开孔性、可塑性和易加工性好，比强度和屈服极限都比较高，用于 200~500m 对质量没有限制的情况（弹性模量 $E=2.06\times 10^5$ MPa、泊松比 $\mu=0.3$、屈服极限 $\sigma_\mathrm{s}=785$ MPa）。

2）铝合金：密度小，强度高，耐腐蚀；焊接变形较大，熔点较低，500~1000m 水深具有较好的轻量化优势。

3）钛合金：密度中等，耐腐蚀，低温性能好，强度高，无磁；不耐磨，冲压成型性能差，造价昂贵；用于腐蚀比较严重的情况。

4）碳纤维复合材料：密度最小，比强度高，耐腐蚀，耐疲劳性强，减震性能好；需整体成型；二次加工较差；1000~6000m 水深具有明显轻量化优势。

5）陶瓷：密度中等，耐压强度极高，6000m 以上具有明显的轻量化优势。

附录

附录 A 单跨梁的弯曲要素表

说明：

1. 在弯曲要素表中采用下列符号：

l——梁的长度；x——沿梁长度方向的坐标，向右为正；v——梁的挠度，向下为正；E——材料的弹性模量；I——梁的截面惯性矩；θ——梁截面的转角，顺时针方向为正；θ_1、θ_2——梁左、右支座截面的转角；M——梁截面的弯矩，在左截面逆时针为正，在右截面顺时针为正；M_1、M_2——梁左、右支座截面的弯矩；N——梁截面的剪力，在左截面向下为正，在右截面向上为正；R_1、R_2——梁左、右支座的支座反力，向上为正；q——梁上单位长度的分布载荷；Q——梁上分布载荷的总值；P——梁上的集中力；m——梁上的集中外弯矩。

2. 梁的坐标原点在左支座。

3. 弯曲要素表的公式中，符号 $\|_c$ 后的项仅用于 $x>c$ 的断面。

表 A-1 悬臂梁的弯曲要素表

项次	载荷形式	挠曲线方程	梁端挠度	梁端转角
1	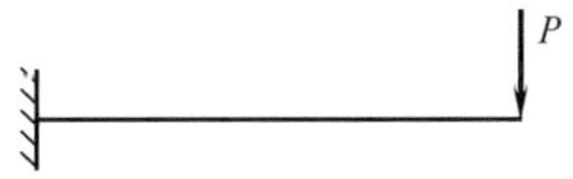	$v=\dfrac{Pl^3}{3EI}\left[\dfrac{x^2}{l^2}\left(\dfrac{3}{2}-\dfrac{x}{2l}\right)\right]$	$\dfrac{Pl^3}{3EI}$	$\dfrac{Pl^3}{2EI}$
2	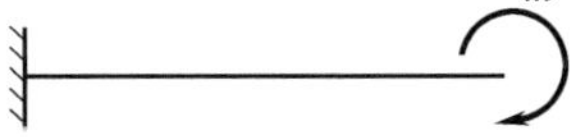	$v=\dfrac{mx^2}{2EI}$	$\dfrac{ml^2}{2EI}$	$\dfrac{ml^2}{EI}$
3	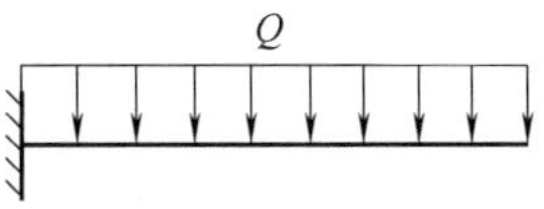	$v=\dfrac{Ql^3}{24EI}\dfrac{x^2}{l^2}\left(6-4\dfrac{x}{l}+\dfrac{x^2}{l^2}\right)$	$\dfrac{Ql^3}{8EI}$	$\dfrac{Ql^2}{6EI}$
4	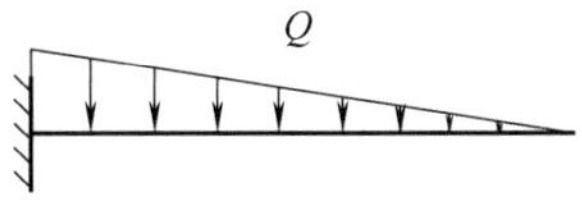	$v=\dfrac{Ql^3}{60EI}\dfrac{x^2}{l^2}\left(10-10\dfrac{x}{l}+5\dfrac{x^2}{l^2}-\dfrac{x^3}{l^3}\right)$	$\dfrac{Ql^3}{15EI}$	$\dfrac{Ql^2}{12EI}$

表 A-2 两端自由支持梁的弯曲要素表

项次	载荷形式及弯矩剪力图	挠曲线方程	梁端转角	弯矩	支座反力
1	(集中力 P，距离 a、b)	$v = \dfrac{Pl^3}{6EI}\left[\dfrac{b}{l}\dfrac{x}{l}\left(1-\dfrac{b^2}{l^2}-\dfrac{x^2}{l^2}\right) + \left\|_a \left(\dfrac{x-a}{l}\right)^3\right.\right]$ $v(a) = \dfrac{Pa^2b^2}{3EIl}$ 当 $a=b=\dfrac{l}{2}$ 时，$v\left(\dfrac{l}{2}\right) = \dfrac{Pl^3}{48EI}$	$\theta_1 = \dfrac{Pab}{6EI}\left(1+\dfrac{b}{l}\right)$ $\theta_2 = -\dfrac{Pab}{6EI}\left(1+\dfrac{a}{l}\right)$ 当 $a=b=\dfrac{l}{2}$ 时，$\theta_1=-\theta_2=\dfrac{Pl^2}{16EI}$	$M(a) = \dfrac{Pab}{l}$ 当 $a=b=\dfrac{l}{2}$ 时，$M\left(\dfrac{l}{2}\right)=\dfrac{Pl}{4}$	$R_1 = \dfrac{Pb}{l}$ $R_2 = \dfrac{Pa}{l}$ 当 $a=b=\dfrac{l}{2}$ 时，$R_1=R_2=\dfrac{P}{2}$
2	(两个集中力 P，对称)	$v = \dfrac{Pl^3}{6EI}\left[\dfrac{x}{l}\left(3\dfrac{ab}{l^2}-\dfrac{x^2}{l^2}\right) + \left\|_a \left(\dfrac{x-a}{l}\right)^3 + \left\|_b \left(\dfrac{x-b}{l}\right)^3\right.\right.\right]$ $v(a) = \dfrac{Pa^2l}{6EI}\left(3\dfrac{b}{l}-\dfrac{a^2}{l^2}\right)$ $v\left(\dfrac{l}{2}\right) = \dfrac{Pa^2l}{6EI}\left(\dfrac{3}{4}-\dfrac{a^2}{l^2}\right)$	$\theta_1 = -\theta_2 = \dfrac{Pab}{2EI}$	当 $a \le x \le b$ 时， $M = -Pa$	$R_1 = R_2 = P$
3	(端部力矩 m)	$v = -\dfrac{mlx}{6EI}\left(2-3\dfrac{x}{l}+\dfrac{x^2}{l^2}\right)$ $v\left(\dfrac{l}{2}\right) = \dfrac{ml^2}{16EI}$	$\theta_1 = -\dfrac{ml}{3EI}$ $\theta_2 = \dfrac{ml}{6EI}$	$M = \dfrac{m}{l}(l-x)$	$R_1 = \dfrac{m}{l}$ $R_2 = -\dfrac{m}{l}$
4	(两端力矩 m_1、m_2)	$v = -\dfrac{l^2}{6EI}\dfrac{x}{l}\left(1-\dfrac{x}{l}\right) \times \left[m_1\left(2-\dfrac{x}{l}\right) + m_2\left(1+\dfrac{x}{l}\right)\right]$	$\theta_1 = -\dfrac{m_1 l}{3EI} - \dfrac{m_2 l}{6EI}$ $\theta_2 = \dfrac{m_1 l}{6EI} + \dfrac{m_2 l}{3EI}$	$M = m_1\left(1-\dfrac{x}{l}\right) + m_2\dfrac{x}{l}$	$R_1 = \dfrac{m_1-m_2}{l}$ $R_2 = -\dfrac{m_1-m_2}{l}$

（续）

项次	载荷形式及弯矩剪力图	挠曲线方程	梁端转角	弯矩	支座反力
5		$v = \dfrac{ml^2}{6EI}\left[\dfrac{x}{l}\left(1-3\dfrac{b^2}{l^2}-x\right) + \Big\|_a^3\left(\dfrac{x-a}{l}\right)\right]$ $v(a) = \dfrac{mab}{3EI}\left(\dfrac{a-b}{l}\right)$	$\theta_1 = \dfrac{ml}{6EI}\left(1-\dfrac{3b^2}{l^2}\right)$ $\theta_2 = \dfrac{ml}{6EI}\left(1-\dfrac{3a^2}{l^2}\right)$	$M = -m\left(\dfrac{x}{l} - \Big\|_a 1\right)$	$R_1 = \dfrac{m}{l}$ $R_2 = -\dfrac{m}{l}$
6		$v = \dfrac{Qbl^2}{24EI}\left[\dfrac{x}{l}\left(1-2\dfrac{x^3}{l^3}+\dfrac{x^4}{l^4}\right)\right]$ $v\left(\dfrac{l}{2}\right) = \dfrac{5}{384}\dfrac{Ql^3}{EI}$	$\theta_1 = -\theta_2 = \dfrac{Ql^2}{24EI}$	$M\left(\dfrac{l}{2}\right) = -\dfrac{Ql}{8}$	$R_1 = R_2 = \dfrac{Ql}{2}$
7		$v = \dfrac{Qbl^3}{24EI}\left[\dfrac{x}{l}\left(1+2\dfrac{a}{l}-\dfrac{a^2}{l^2}-2\dfrac{x^2}{l^2}\right) + \Big\|_a \dfrac{(x-a)^4}{b^2l^2}\right]$	$\theta_1 = \dfrac{Qbl}{24EI}\left(1+\dfrac{2a}{l}-\dfrac{a^2}{l^2}\right)$ $\theta_2 = -\dfrac{Qbl}{24EI}\left(1+\dfrac{a}{l}\right)^2$	$M_{\max} = -\dfrac{Qb}{8}\left(1+\dfrac{a}{l}\right)^2$	$R_1 = \dfrac{Qb}{2l}$ $R_2 = Q\left(1-\dfrac{b}{2l}\right)$
8		$v = \dfrac{Ql^3}{180EI}\left(7\dfrac{x}{l}-10\dfrac{x^3}{l^3}+3\dfrac{x^5}{l^5}\right)$ 当 $x = 0.5193l$ 时，$v_{\max} = 0.01304\dfrac{Ql^3}{EI}$	$\theta_1 = \dfrac{7}{180}\dfrac{Ql^2}{EI}$ $\theta_2 = -\dfrac{2}{45}\dfrac{Ql^2}{EI}$	当 $x = 0.5773l$ 时，$M_{\max} = 0.1283Ql$	$R_1 = \dfrac{Q}{3}$ $R_2 = \dfrac{2Q}{3}$
9		$v = \dfrac{Ql^3}{180EI}\left[\dfrac{bx}{l^2}\left(7+6\dfrac{a}{l}-3\dfrac{a^2}{l^2}-10\dfrac{x^2}{l^2}\right) + \Big\|_a 3\dfrac{(x-a)^5}{b^2l^3}\right]$	$\theta_1 = \dfrac{Qbl}{180EI}\left(7+6\dfrac{a}{l}-3\dfrac{a^2}{l^2}\right)$ $\theta_2 = -\dfrac{Qbl}{180EI}\left(8+9\dfrac{a}{l}+3\dfrac{a^2}{l^2}\right)$	$M = \dfrac{Ql}{3}\left[\dfrac{bx}{l^2} - \Big\|_a \dfrac{(x-a)^3}{b^2l}\right]$	$R_1 = Q\dfrac{b}{3l}$ $R_2 = Q\left(1-\dfrac{b}{3l}\right)$

表 A-3　一端自由支持，一端刚性固定梁的弯曲要素表

项次	载荷形式及弯矩剪力图	挠曲线方程	固定截面弯矩	右支座反力
1		$v=\dfrac{Pl^3}{6EI}\left\{\dfrac{x^2}{l^2}\left[\dfrac{3}{2}\dfrac{ab}{l^2}\left(1+\dfrac{b}{l}\right)-\left(1-\dfrac{3}{2}\dfrac{a^2}{l^2}+\dfrac{a^3}{2l^3}\right)\dfrac{x}{l}\right]+\Big\|_a\left(\dfrac{x-a}{l}\right)^3\right\}$ 当 $a=b=\dfrac{l}{2}$ 时，$v\left(\dfrac{l}{2}\right)=\dfrac{7}{768}\dfrac{Pl^3}{EI}$	$M_1=\dfrac{P}{2}\dfrac{ab}{l}\left(1+\dfrac{b}{l}\right)$ 当 $a=b=\dfrac{l}{2}$ 时，$M_1=\dfrac{3}{16}Pl$	$R_2=\dfrac{Pa^2}{2l^2}\left(3-\dfrac{a}{l}\right)$ 当 $a=b=\dfrac{l}{2}$ 时，$R_2=\dfrac{5P}{16}$
2		$v=\dfrac{Ql^3}{24EI}\dfrac{x^2}{l^2}\left(\dfrac{a^2}{l^2}-\dfrac{5}{2}\dfrac{x}{l}+\dfrac{3}{2}\right)$ $v\left(\dfrac{l}{2}\right)=\dfrac{1}{192}\dfrac{Ql^3}{EI}$ 当 $x=0.579l$ 时，$v_{max}=\dfrac{Ql^3}{185EI}$	$M_1=\dfrac{Ql}{8}$	$R_2=\dfrac{3}{8}Q$
3		$v=\dfrac{ql^4}{24EI}\left[\dfrac{x^2}{l^2}\left(\dfrac{a^2}{l^2}-6-6\dfrac{a}{l}+\dfrac{3}{2}\dfrac{a^2}{l^2}\right)+\dfrac{x}{l}\left(-\dfrac{4a}{l}+2\dfrac{a^3}{l^3}-\dfrac{a^4}{2l^4}\right)\right]-\Big\|_a\left(\dfrac{x-a}{l}\right)^4$ $v\left(\dfrac{l}{2}\right)=\dfrac{Ql^3}{213.3EI}$	$M_1=\dfrac{qa^2}{8}\left(2-\dfrac{a}{l}\right)^2$	$R_2=\dfrac{qa^3}{8l^2}\left(4-\dfrac{a}{l}\right)$
4		$v=\dfrac{Ql^3}{60EI}\dfrac{x^2}{l^2}\left(4-8\dfrac{x}{l}+5\dfrac{x^2}{l^2}-\dfrac{x^3}{l^3}\right)$ $v\left(\dfrac{l}{2}\right)=\dfrac{Ql^3}{213.3EI}$ 当 $x=0.552l$ 时，$v_{max}=\dfrac{Ql^3}{209.3EI}$	$M_1=\dfrac{Ql}{7.5}$	$R_2=0.2Q$

表 A-4 两端刚性固定梁的弯曲要素表

项次	载荷形式及弯矩剪力图	挠曲线方程	固定截面弯矩	支座反力
1		$v=\dfrac{Pl^3}{6EI}\left[\dfrac{b^2}{l^2}\dfrac{x^2}{l^2}\left(3a+b-\dfrac{3a}{l}x\right)+\left\Vert_a\left(\dfrac{x-a}{l}\right)^3\right]$ $v(a)=\dfrac{Pl^3}{3EI}\dfrac{a^3b^3}{l^6}$ 当 $a=b=\dfrac{l}{2}$ 时,$v\left(\dfrac{l}{2}\right)=\dfrac{Pl^3}{192EI}$	$M_1=\dfrac{ab^2}{l^2}P$ $M_2=\dfrac{a^2b}{l^2}P$ 当 $a=b=\dfrac{l}{2}$ 时,$M_1=M_2=\dfrac{Pl}{8}$	$R_1=\dfrac{b^2}{l^3}(3a+b)P$ $R_2=\dfrac{a^2}{l^3}(3b+a)P$ 当 $a=b=\dfrac{l}{2}$ 时,$R_1=R_2=\dfrac{P}{2}$
2		$v=\dfrac{Pl^3}{6EI}\left[\dfrac{x^2}{l^2}\left(3\dfrac{ab}{l^2}-\dfrac{x}{l}\right)+\left\Vert_a\dfrac{a^3}{l^3}\dfrac{2b-a}{l}+\left\Vert_b\left(\dfrac{x-b}{l}\right)^3\right.\right.$	$M_1=M_2=P\dfrac{ab}{l}$	$R_1=R_2=P$
3		$v=\dfrac{Ql^3}{24EI}\dfrac{x^2}{l^2}\left(1-2\dfrac{x}{l}+\dfrac{x^2}{l^2}\right)$ $v\left(\dfrac{l}{2}\right)=\dfrac{Ql^3}{384EI}$	$M_1=M_2=\dfrac{Ql}{12}$	$R_1=R_2=\dfrac{Q}{2}$
4		$v=\dfrac{ql^3}{24EI}\left\{\dfrac{x^2}{l^2}\left[\dfrac{2ax}{l^2}\left(2-2\dfrac{a^2}{l^2}+\dfrac{a^3}{l^3}\right)+\dfrac{a^2}{l}\left(6-8\dfrac{a}{l}+3\dfrac{a^2}{l^2}\right)\right]-\left\Vert_a\left(\dfrac{x-a}{l}\right)^4\right\}$	$M_1=\dfrac{qa^2}{12}\left(6-8\dfrac{a}{l}+3\dfrac{a^2}{l^2}\right)$ $M_2=\dfrac{qa^2}{12}\left(4-3\dfrac{a}{l}\right)\dfrac{a}{l}$	$R_1=\dfrac{qa}{2}\left(2-2\dfrac{a^2}{l^2}+\dfrac{a^3}{l^3}\right)$ $R_2=\dfrac{qa}{2}\left(2-\dfrac{a}{l}\right)\dfrac{a^2}{l^2}$

（续）

项次	载荷形式及弯矩剪力图	挠曲线方程	固定截面弯矩	支座反力
5		$v=\dfrac{Ql^3}{60EI}\dfrac{x^2}{l^2}\left(\dfrac{x^3}{l^3}-3\dfrac{x}{l}+2\right)$ $v\left(\dfrac{l}{2}\right)=\dfrac{Ql^3}{384EI}$ 当 $x=0.525l$ 时，$v_{\max}=\dfrac{Ql^3}{382EI}$	$M_1=\dfrac{Ql}{15}$ $M_2=\dfrac{Ql}{10}$	$R_1=0.3Q$ $R_2=0.7Q$
6		$v=\dfrac{Ql^3}{60EI}\left\{\dfrac{b}{l}\dfrac{x^2}{l^2}\left[2+\dfrac{a}{l}-\dfrac{3a^2}{l^2}+\dfrac{x}{l}\left(2\dfrac{a^2}{l^2}+\dfrac{a}{l}-3\right)\right]-\Big\|\dfrac{(x-a)^5}{a\,b^2l^3}\right\}$	$M_1=\dfrac{Q}{30}\dfrac{b^2}{l^2}(2l+3a)$ $M_2=\dfrac{Qb}{30}\left(10a-\dfrac{3b^2}{l^2}\right)$	$R_1=\dfrac{Q}{10}\dfrac{b^2}{l^2}\left(3+2\dfrac{a}{l}\right)$ $R_2=\dfrac{Q}{10}\left(10-\dfrac{3b^2}{l^2}-\dfrac{2ab^2}{l^3}\right)$

附录 B　单跨梁复杂弯曲的弯曲要素表及辅助函数

说明：

1. 采用下列符号：

T——梁的轴向拉力；T^*——梁的轴向压力。

$$k=\sqrt{\dfrac{T}{EI}},\ k^*=\sqrt{\dfrac{T^*}{EI}};\ u=\dfrac{kl}{2},\ u^*=\dfrac{k^*l}{2}$$

其余符号同附录 A。

2. 梁受到对称于跨度中点的载荷作用时，坐标原点在跨度中点，其余情况下的坐标原点在梁左端。
3. 弯曲要素表 B-1、表 B-2 中的辅助函数公式及其数值分别在表 B-3、表 B-4 中。

表 B-1　复杂弯曲（轴向拉力）的弯曲要素表

项次	梁约载荷与支座形式	挠曲线方程及挠度	梁端转角	弯矩
1	简支梁承受均布载荷 q	$v = \dfrac{ql^4}{EI(2u)^4}\left(\dfrac{\mathrm{ch}kx}{\mathrm{ch}u} - 1 + \dfrac{u^2 - k^2x^2}{2}\right)$ $v(0) = \dfrac{5}{384}\dfrac{ql^4}{EI}f_0(u)$	$\theta_1 = -\theta_2 = -\dfrac{ql^3}{24EI}\psi_0(u)$	$M(0) = -\dfrac{ql^2}{8}\varphi_0(u)$
2	两端固定梁承受均布载荷 q	$v = \dfrac{ql^4}{EI(2u)^4}\left(\dfrac{u^2-k^2x^2}{2} + \dfrac{u\,\mathrm{ch}kx}{\mathrm{sh}u} - \dfrac{u}{\mathrm{th}u}\right)$ $v(0) = \dfrac{1}{384}\dfrac{ql^4}{EI}f_1(u)$	—	$M(0) = -\dfrac{ql^2}{24}\varphi_1(u)$ $M\left(\pm\dfrac{l}{2}\right) = \dfrac{ql^2}{12}\chi(u)$
3	简支梁跨中作用集中力偶 m	$v = \dfrac{m}{EIk^2}\left[\dfrac{\mathrm{sh}k(l-x)}{\mathrm{sh}kl} - \dfrac{k(l-x)}{kl}\right]$	$\theta_1 = -\dfrac{ml}{3EI}\psi_1(u)$ $\theta_2 = -\dfrac{ml}{6EI}\psi_2(u)$	—
4	简支梁作用集中力 P（a, b）	$v = \dfrac{Pl^3}{EI(2u)^3}\left[\dfrac{kb\,kx}{2u} - \dfrac{\mathrm{sh}kb\,\mathrm{sh}kx}{\mathrm{sh}2u}\right]$ $\bigg\|_a\ \mathrm{sh}k(x-a) - k(x-a)$	$\theta_1 = \dfrac{Pl^2}{EI(2u)^2}\left(\dfrac{kb}{2u} - \dfrac{\mathrm{sh}kb}{\mathrm{sh}2u}\right)$ $\theta_2 = -\dfrac{Pl^2}{EI(2u)^2}\left(\dfrac{ka}{2u} - \dfrac{\mathrm{sh}ka}{\mathrm{sh}2u}\right)$	$M = \dfrac{Pl}{2u}\left[-\dfrac{\mathrm{sh}kb\,\mathrm{sh}kx}{\mathrm{sh}2u}\right]$ $\bigg\|_a\ \mathrm{sh}k(x-a)$
5	简支梁承受三角形分布载荷 q	$v = \dfrac{ql^2}{EI(2u)^2}\left(-\dfrac{x^3}{6l} + \dfrac{\mathrm{sh}kx}{k^2\,\mathrm{sh}2u} - \dfrac{x}{2uk} + \dfrac{lx}{6}\right)$	$\theta_1 = \dfrac{ql^2}{EI(2u)^2}\left(\dfrac{1}{k\,\mathrm{sh}2u} - \dfrac{1}{2uk} + \dfrac{l}{6}\right)$ $\theta_2 = -\dfrac{ql^2}{EI(2u)^2}\left(\dfrac{1}{k\,\mathrm{th}2u} - \dfrac{1}{2uk} - \dfrac{l}{3}\right)$	$M = \dfrac{ql^2}{(2u)^2}\left(-\dfrac{kx}{2u} + \dfrac{\mathrm{sh}kx}{\mathrm{sh}2u}\right)$

表 B-2 复杂弯曲（轴向压力）的弯曲要素表

项次	梁的载荷与支座形式	挠曲线方程及挠度	梁端转角	弯矩
1	（均布载荷 q，简支-简支）	$v = \dfrac{ql^4}{EI(2u^*)^4}\left(\dfrac{\cos k^*x}{\cos u^*} - 1 + \dfrac{k^{*2}x^2 - u^{*2}}{2}\right)$ $v(0) = \dfrac{5}{384}\dfrac{ql^4}{EI}f_0^*(u^*)$	$\theta_1 = -\theta_2 = \dfrac{ql^3}{24EI}\psi_0^*(u^*)$	$M(0) = -\dfrac{ql^2}{8}\varphi_0^*(u^*)$
2	（均布载荷 q，固支-固支）	$v = \dfrac{ql^4}{EI(2u^*)^4}\left(\dfrac{k^{*2}x^2 - u^{*2}}{2} + \dfrac{u\cos k^*x}{\sin u^*} - \dfrac{u^*}{\tan u^*}\right)$ $v(0) = \dfrac{1}{384}\dfrac{ql^4}{EI}f_1^*(u^*)$	—	$M(0) = -\dfrac{ql^2}{24}\varphi_1^*(u^*)$ $M\left(\pm\dfrac{l}{2}\right) = \dfrac{ql^2}{12}\chi^*(u^*)$
3	（端弯矩 m）	$v = -\dfrac{m}{EIk^{*2}}\left[\dfrac{\sin k^*(l-x)}{\sin k^*l} - \left(1 - \dfrac{x}{l}\right)\right]$	$\theta_1 = \dfrac{ml}{3EI}\psi_1^*(u^*)$ $\theta_2 = \dfrac{ml}{6EI}\psi_2^*(u^*)$	—
4	（集中力 P，距离 a、b）	$v = \dfrac{Pl^3}{EI(2u^*)^3}\left[\dfrac{\sin k^*b\sin k^*x}{\sin 2u^*} - \dfrac{k^*bk^*x}{2u^*}+\right.$ $\left.\|_a \ \sin k^*(x-a)\right]$	$\theta_1 = \dfrac{Pl^2}{EI(2u^*)^2}\left(\dfrac{\sin k^*b}{\sin 2u^*} - \dfrac{k^*b}{2u^*}\right)$ $\theta_2 = \dfrac{-Pl^2}{EI(2u^*)^2}\left(\dfrac{\sin k^*a}{\sin 2u^*} - \dfrac{k^*a}{2u^*}\right)$	$M = \dfrac{Pl}{2u^*}\left[\dfrac{\sin k^*b\sin k^*x}{\sin 2u^*}+\right.$ $\left.\|_a\ \sin k^*(x-a)\right]$
5	（三角形分布载荷 q）	$v = \dfrac{ql^2}{EI(2u^*)^3}\left(-\dfrac{x^3}{6l} + \dfrac{\sin k^*x}{k^{*2}\sin 2u^*} - \dfrac{x}{2u^*k^*} - \dfrac{lx}{6}\right)$	$\theta_1 = \dfrac{ql^2}{EI(2u^*)^2}\left(\dfrac{1}{k^*\sin 2u^*} - \dfrac{1}{2u^*k^*} - \dfrac{l}{6}\right)$ $\theta_2 = \dfrac{ql^2}{EI(2u^*)^2}\left(\dfrac{1}{k^*\tan 2u^*} - \dfrac{1}{2u^*k^*} + \dfrac{l}{3}\right)$	$M = \dfrac{ql^2}{EI(2u^*)^2}\left(\dfrac{\sin k^*x}{\sin 2u^*} - \dfrac{k^*x}{2u^*}\right)$

表 B-3　复杂弯曲的辅助函数（轴向拉力）

函数公式：

$$f_0(u) = \frac{24}{5u^4}\left(\frac{u^2}{2} + \frac{1}{\operatorname{ch}u} - 1\right), \quad \varphi_0(u) = \frac{2}{u^2}\left(1 - \frac{1}{\operatorname{ch}u}\right)$$

$$\psi_0(u) = f_1(2u) = \frac{3}{u^3}(u - \operatorname{th}u), \quad f_1(u) = \frac{24}{u^3}\left(\frac{u}{2} - \operatorname{th}\frac{u}{2}\right)$$

$$\varphi_1(u) = \frac{6}{u^2}\left(1 - \frac{1}{\operatorname{sh}u}\right), \quad \chi(u) = \frac{3}{u^2}\left(\frac{u}{\operatorname{th}u} - 1\right)$$

$$\psi_1(u) = \chi(2u) = \frac{3}{2u}\left(\frac{1}{\operatorname{th}2u} - \frac{1}{2u}\right), \quad \psi_2(u) = \varphi_1(2u) = \frac{3}{u}\left(\frac{1}{2u} - \frac{1}{\operatorname{sh}2u}\right)$$

u	$f_0(u)$	$f_1(u)$	$\varphi_0(u)$	$\varphi_1(u)$	$\chi(u)$
0	1.000	1.000	1.000	1.000	1.000
0.5	0.908	0.976	0.905	0.972	0.984
1.0	0.711	0.909	0.704	0.894	0.939
1.5	0.532	0.817	0.511	0.788	0.876
2.0	0.380	0.715	0.367	0.673	0.806
2.5	0.281	0.617	0.268	0.563	0.736
3.0	0.213	0.529	0.200	0.467	0.672
3.5	0.166	0.453	0.153	0.386	0.614
4.0	0.132	0.388	0.120	0.320	0.563
4.5	0.107	0.335	0.097	0.267	0.519
5.0	0.088	0.291	0.079	0.224	0.480
5.5	0.074	0.254	0.066	0.189	0.446
6.0	0.036	0.223	0.055	0.162	0.417
6.5	0.054	0.197	0.047	0.139	0.391
7.0	0.047	0.175	0.041	0.121	0.367
7.5	0.041	0.156	0.036	0.106	0.347
8.0	0.036	0.141	0.031	0.093	0.328
8.5	0.032	0.127	0.028	0.083	0.311
9.0	0.029	0.115	0.025	0.074	0.296
9.5	0.026	0.105	0.022	0.066	0.283
10.0	0.024	0.096	0.020	0.060	0.270
10.5	0.021	0.088	0.018	0.054	0.259
11.0	0.020	0.081	0.017	0.050	0.248
11.5	0.018	0.075	0.015	0.045	0.238
12.0	0.016	0.069	0.014	0.042	0.229

表 B-4　复杂弯曲的辅助函数（轴向压力）

函数公式：

$$f_0^*(u^*) = \frac{24}{5u^{*4}}\left(\frac{1}{\cos u^*} - \frac{u^{*2}}{2} - 1\right), \quad \varphi_0^*(u^*) = \frac{12}{u^{*2}}\left(\frac{1}{\cos u^*} - 1\right)$$

$$\psi_0^*(u^*) = f_1^*(2u^*) = \frac{3}{u^{*3}}(\tan u^* - u^*), \quad f_1^*(u^*) = \frac{24}{u^{*3}}\left(\tan\frac{u^*}{2} - \frac{u^*}{2}\right)$$

$$\varphi_1^*(u^*) = \frac{6}{u^{*2}}\left(\frac{u^*}{\sin u^*} - 1\right), \quad \chi^*(u^*) = \frac{3}{u^{*2}}\left(1 - \frac{u^*}{\tan u^*}\right)$$

$$\psi_1^*(u^*) = \chi^*(2u^*) = \frac{3}{2u^*}\left(\frac{1}{2u^*} - \frac{1}{\tan 2u^*}\right), \quad \psi_2^*(u^*) = \varphi_1^*(2u^*) = \frac{3}{u^*}\left(\frac{1}{\sin 2u^*} - \frac{1}{2u^*}\right)$$

表 B-4-1

u^*	$\varphi_1^*(u^*)$	$\chi^*(u^*)$	$f_1^*(u^*)$
0.00	1.0000	1.0000	1.0000
0.50	1.0300	1.0171	1.0256
1.00	1.1304	1.0737	1.1113
1.10	1.1617	1.0912	1.1379
1.20	1.1979	1.1114	1.1686

(续)

u^*	$\varphi_1^*(u^*)$	$\chi^*(u^*)$	$f_1^*(u^*)$
1.30	1.2396	1.1345	1.2039
1.40	1.2878	1.1610	1.2445
1.50	1.3434	1.1915	1.2914
1.60	1.4078	1.2266	1.3455
1.70	1.4830	1.2673	1.4085
1.80	1.5710	1.3147	1.4821
1.90	1.6750	1.3704	1.5689
2.00	1.7993	1.4365	1.6722
2.10	1.9494	1.5157	1.7967
2.20	2.1336	1.6124	1.9492
2.30	2.3641	1.7325	1.1392
2.40	2.6595	1.8854	2.3822
2.45	2.8404	1.9786	2.5307
2.50	3.0502	2.0864	2.7027
2.55	3.2964	2.2125	2.9043
2.60	3.5890	2.3617	3.1435
2.65	3.9422	2.5415	3.4320
2.70	4.3766	2.7619	3.7863
2.75	4.9233	3.0386	4.2317
2.80	5.6315	3.3964	4.8082
2.85	6.5865	3.8774	5.5852
2.90	7.9343	4.5550	6.6798
2.95	9.9915	5.5875	8.3503
3.00	13.506	7.7686	11.201
3.05	20.863	11.031	17.168
3.10	45.923	23.566	34.484
π	∞	∞	∞

表 B-4-2

u^*	$\varphi_0^*(u^*)$	$f_0^*(u^*)$	u^*	$\varphi_0^*(u^*)$	$f_0^*(u^*)$	u^*	$\varphi_0^*(u^*)$	$f_0^*(u^*)$
0	1.000	1.000	0.30	1.038	1.037	0.60	1.176	1.173
0.10	1.004	1.004	0.40	1.073	1.040	0.70	1.255	1.250
0.20	1.016	1.016	0.50	1.117	1.114	0.80	1.361	1.354

表 B-4-3

u^*	$\varphi_0^*(u^*)$	$f_0^*(u^*)$	u^*	$\varphi_0^*(u^*)$	$f_0^*(u^*)$	u^*	$\varphi_0^*(u^*)$	$f_0^*(u^*)$
0.90	1.504	1.494	1.20	2.441	2.400	1.45	6.940	6.790
1.00	1.704	1.690	1.30	3.240	3.181	1.50	11.670	11.490
1.10	1.989	1.962	1.40	4.938	4.822	$\frac{\pi}{2}$	∞	∞

附录 C 弹性基础梁的弯曲要素表及辅助函数

说明：

1. 采用下列符号：

k——弹性基础的刚性系数；

$$\alpha = \sqrt[4]{\frac{k}{4EI}}, u = \frac{\alpha l}{2}$$

A——梁端弹性支座的柔性系数。

其余符号同附录 A。

2. 梁受到对称于跨度中点的载荷作用时，坐标原点在跨度中点；其余情况下的坐标原点在梁左端。

3. 弯曲要素表 C-1 中的函数 V_0、V_1、V_2、V_3 的公式及其数值列在表 C-3 中；弯曲要素表 C-1 中的辅助函数的数值列在表 C-2 中。

表 C-1 弹性基础梁的弯曲要素表

项次	梁的载荷与支座形式	挠曲线方程及挠度	梁端转角	弯矩	梁端剪力
1	(均布载荷 q，两端简支)	$v = \dfrac{q}{k}\left[1 - \dfrac{V_0(u)V_0(\alpha x) + V_2(u)V_2(\alpha x)}{V_0^2(u) + V_2^2(u)} \cdot \dfrac{1}{1+B}\right]$ $B = \dfrac{Akl}{2}\mu_0(u)$ $v(0) = \dfrac{q}{k}\left[1 - \dfrac{\varphi_0(u)}{1+B}\right]$	$v'\left(\pm\dfrac{l}{2}\right) = \mp\dfrac{ql^3}{24EI}\cdot\dfrac{\psi_2(u)}{1+B}$	$M(0) = -\dfrac{ql^2}{8}\cdot\dfrac{\chi_0(u)}{1+B}$	$N\left(\pm\dfrac{l}{2}\right) = \pm\dfrac{ql}{2}\cdot\dfrac{\mu_0(u)}{1+B}$
2	(均布载荷 q，两端固支)	$v = \dfrac{q}{k}\left[1 - \dfrac{V_1(u)V_0(\alpha x) + V_3(u)V_2(\alpha x)}{V_0^2(u) + V_2^2(u)} \cdot \dfrac{1}{1+B_1}\right]$ $B_1 = \dfrac{Akl}{2}\mu_1(u)$ $v(0) = \dfrac{q}{k}\left[1 - \dfrac{\varphi_1(u)}{1+B_1}\right]$	—	$M(0) = -\dfrac{ql^2}{24}\cdot\dfrac{\chi_1(u)}{1+B_1}$ $M\left(\pm\dfrac{l}{2}\right) = \dfrac{ql^2}{12}\cdot\dfrac{\chi_2(u)}{1+B_1}$	$N\left(\pm\dfrac{l}{2}\right) = \pm\dfrac{ql}{2}\cdot\dfrac{\mu_1(u)}{1+B_1}$
3	(集中载荷 P 作用在简支梁跨中)	$v = \dfrac{P}{4\sqrt{2}\alpha^3 EI}\Bigg\{V_3(\alpha x) + \dfrac{[V_1(u)V_2(u) - V_0(u)V_3(u)]V_0(\alpha x)}{V_0^2(u) + V_2^2(u)} - \dfrac{[V_0^2(u)V_1(u) + V_2(u)V_3(u)]V_2(\alpha x)}{V_0^2(u) + V_2^2(u)}\Bigg\}$ $v(0) = \dfrac{Pl^3}{48EI}\psi_2(u)$	$v'\left(\pm\dfrac{l}{2}\right) = \mp\dfrac{Pl^2}{16EI}\chi_0(u)$	$M(0) = -\dfrac{Pl}{4}\mu_0(u)$	$N\left(\pm\dfrac{l}{2}\right) = \pm\dfrac{P}{2}\varphi_0(u)$
4	(集中载荷 P 作用在固支梁跨中)	$v = \dfrac{P}{4\sqrt{2}\alpha^3 EI}\Bigg\{V_3(\alpha x) + \dfrac{[V_2^2(u) - V_1(u)V_3(u)]V_0(\alpha x)}{V_0(u)V_1(u) + V_2(u)V_3(u)} - \dfrac{[V_3^2(u) + V_0(u)V_2(u)]V_2(\alpha x)}{V_0(u)V_1(u) + V_2(u)V_3(u)}\Bigg\}$ $v(0) = \dfrac{Pl^3}{192EI}\eta_1(u)$	—	$M(0) = -\dfrac{Pl}{8}\mu_1(u)$ $M\left(\pm\dfrac{l}{2}\right) = \dfrac{Pl}{8}\lambda_1(u)$	$N\left(\pm\dfrac{l}{2}\right) = \pm\dfrac{P}{2}\varphi_1(u)$

（续）

项次	梁的载荷与支座形式	挠曲线方程及挠度	梁端转角	弯矩	梁端剪力
5		$v = \dfrac{Pl^3}{32u^3 EI}\left\{A_0 V_0(\alpha x) - A_2 V_2(\alpha x) + \left\|\dfrac{1}{6}\sqrt{2}V_3\left[\alpha\left(x - \dfrac{l}{6}\right)\right]\right\|\right\}$ $A_0 = \dfrac{1}{V_0^2(u) + V_2^2(u)}\left[\sqrt{2}V_2(u)V_1\left(\dfrac{2u}{3}\right) - \sqrt{2}V_0(u)V_3\left(\dfrac{2u}{3}\right)\right]$ $A_2 = \dfrac{1}{V_0^2(u) + V_2^2(u)}\left[\sqrt{2}V_0(u)V_1\left(\dfrac{2u}{3}\right) + \sqrt{2}V_2(u)V_3\left(\dfrac{2u}{3}\right)\right]$ $v(0) = \dfrac{23}{648}\dfrac{Pl^3}{EI}\zeta_0(u)$	—	$M(0) = -\dfrac{Pl}{3}\varepsilon_0(u)$	—
6		$v = \dfrac{q_0}{k}\left[\dfrac{x}{l} - \dfrac{V_1(2u) V_1(\alpha x) + V_3(2u) V_3(\alpha x)}{V_1^2(2u) + V_3^2(2u)}\right]$	$v'(0) = \dfrac{7}{180}\dfrac{Ql^2}{EI}\pi_0(u)$ $v'(l) = -\dfrac{2}{45}\dfrac{Ql^2}{EI}\rho_0(u)$	$M(0) = \dfrac{Ql}{15}\omega_0(u)$ $M(l) = \dfrac{Ql}{10}\omega_1(u)$	$N(0) = -\dfrac{Q}{3}\sigma_0(u)$ $N(l) = \dfrac{2Q}{3}\tau_0(u)$
7		$v = \dfrac{q_0}{k}\left[\dfrac{x}{l} - \dfrac{\sqrt{2}V_1(\alpha x)}{4u} + A_2 V_2(\alpha x) + \sqrt{2}A_3 V_3(\alpha x)\right]$ $A_2 = \dfrac{\sqrt{2}}{B_1}\left[V_3(2u) - 2\sqrt{2}uV_3(2u) - \sqrt{2}V_1(2u)\right]$ $A_3 = -\dfrac{1}{B_1}\left[V_2(2u) - 2\sqrt{2}uV_1(2u) - V_0(2u)V_3(2u)\right]$ $B_1 = 4u\left[V_2^2(2u) - V_1(2u)V_3(2u)\right]$	—	—	$N(0) = -\dfrac{3Q}{10}\sigma_1(u)$ $N(l) = \dfrac{7Q}{10}\tau_1(u)$
8		$v = \dfrac{q_0 x}{kl} + \dfrac{q_0}{kB_2}\left\{\left[4uV_0(2u) - \sqrt{2}V_3(2u)\right]V_1(\alpha x) - \left[4uV_0(2u) - \sqrt{2}V_1(2u)\right]V_3(\alpha x)\right\}$ $B_2 = 4u\left[V_0(2u)V_3(2u) - V_1(2u)V_2(2u)\right]$	$v'(0) = \dfrac{Ql^2}{60EI}\pi(u)$	$M(l) = \dfrac{Ql}{7.5}\omega(u)$	$N(0) = -\dfrac{Q}{5}\sigma_2(u)$ $N(l) = \dfrac{4Q}{5}\tau_2(u)$
9		$v = \dfrac{m}{2\alpha^2 EI}\dfrac{V_1(2u)V_3(\alpha x) - V_3(2u)V_1(\alpha x)}{V_1^2(2u) + V_3^2(2u)}$	$v'(0) = -\dfrac{ml}{6EI}\psi_1(u)$ $v'(l) = \dfrac{ml}{3EI}\psi_0(u)$	—	$N(0) = \dfrac{m}{l}\theta_1(u)$ $N(l) = \dfrac{m}{l}\theta_0(u)$

表 C-2a 弹性基础梁的辅助函数

u	$\varphi_0(u)$	$\varphi_1(u)$	$\chi_0(u)$	$\chi_1(u)$	$\chi_2(u)$	$\psi_0(u)$	$\psi_1(u)$	$\psi_2(u)$	$\mu_0(u)$	$\mu_1(u)$
0	1.000	1.000	1.000	1.000	1.000	1.000	1.000	1.000	1.000	1.000
0.1	1.000	1.000	1.000	1.000	1.000	1.000	1.000	1.000	1.000	1.000
0.2	0.999	1.000	0.999	1.000	1.000	0.999	0.999	0.999	0.999	1.000
0.3	0.993	0.999	0.995	0.999	0.999	0.997	0.994	0.995	0.996	1.000
0.4	0.979	0.996	0.983	0.996	0.997	0.990	0.980	0.983	0.987	0.999
0.5	0.950	0.990	0.959	0.991	0.993	0.976	0.953	0.961	0.968	0.995
0.6	0.901	0.979	0.919	0.982	0.985	0.951	0.906	0.923	0.936	0.988
0.7	0.827	0.961	0.895	0.967	0.973	0.916	0.838	0.866	0.882	0.978
0.8	0.731	0.935	0.781	0.946	0.956	0.868	0.747	0.791	0.828	0.967
0.9	0.619	0.899	0.689	0.917	0.931	0.812	0.641	0.702	0.755	0.948
1.0	0.448	0.852	0.591	0.878	0.899	0.752	0.529	0.609	0.678	0.920
1.1	0.380	0.795	0.494	0.830	0.859	0.692	0.420	0.517	0.602	0.889
1.2	0.272	0.728	0.405	0.774	0.813	0.636	0.321	0.431	0.531	0.856
1.3	0.178	0.653	0.327	0.712	0.761	0.586	0.237	0.357	0.470	0.814
1.4	0.100	0.573	0.262	0.645	0.705	0.542	0.167	0.294	0.417	0.769
1.5	0.037	0.492	0.208	0.576	0.648	0.503	0.114	0.242	0.373	0.723
1.6	−0.013	0.441	0.164	0.509	0.591	0.470	0.073	0.200	0.337	0.681
1.7	−0.052	0.355	0.129	0.444	0.537	0.442	0.042	0.166	0.308	0.639
1.8	−0.081	0.264	0.101	0.384	0.483	0.417	0.021	0.138	0.285	0.598
1.9	−0.102	0.201	0.075	0.328	0.439	0.394	0.006	0.116	0.265	0.561
2.0	−0.117	0.144	0.062	0.279	0.397	0.375	−0.003	0.009	0.249	0.527
2.2	−0.133	0.054	0.037	0.197	0.325	0.341	−0.007	0.072	0.224	0.469
2.4	−0.135	−0.009	0.021	0.136	0.269	0.313	−0.001	0.055	0.204	0.424
2.6	−0.127	−0.051	0.011	0.092	0.226	0.289	−0.009	0.043	0.189	0.387
2.8	−0.144	−0.074	0.005	0.060	0.193	0.268	−0.006	0.034	0.177	0.356
3.0	−0.098	−0.085	0.002	0.038	0.167	0.250	−0.003	0.028	0.166	0.333
3.2	−0.081	−0.087	0.000	0.023	0.146	0.234	−0.001	0.023	0.156	0.311
3.4	−0.064	−0.082	0.000	0.012	0.129	0.221	0.000	0.019	0.147	0.293
3.6	−0.049	−0.073	−0.002	0.006	0.115	0.208	0.000	0.016	0.139	0.278
3.8	−0.035	−0.063	−0.002	0.002	0.104	0.197	0.000	0.014	0.132	0.263
4.0	−0.024	−0.052	−0.002	−0.001	0.094	0.183	0.000	0.012	0.125	0.250
4.2	−0.015	−0.041	−0.002	−0.002	0.085	0.179	0.000	0.010	0.119	0.238
4.4	−0.008	−0.031	−0.001	−0.003	0.078	0.171	0.000	0.009	0.114	0.227
4.6	−0.002	−0.022	−0.001	−0.003	0.071	0.163	0.000	0.003	0.109	0.217
4.8	0.001	−0.015	−0.001	−0.002	0.065	0.156	0.000	0.007	0.104	0.208
5.0	0.004	−0.009	−0.001	−0.002	0.060	0.150	0.000	0.006	0.100	0.200

表 C-2b 弹性基础梁的辅助函数

u	$\lambda_1(u)$	$\eta_1(u)$	$\varepsilon_0(u)$	$\zeta_0(u)$	$\varepsilon_1(u)$	$\zeta_1(u)$	$\omega(u)$	$\omega_0(u)$	$\omega_1(u)$	$\rho_0(u)$
0	1.000	1.000	1.000	1.000	1.000	1.000	1.000	1.000	1.000	1.000
0.1	1.000	1.000	1.000	1.000	1.000	1.000	1.000	1.000	1.000	1.000
0.2	1.000	1.00	1.000	1.000	0.998	0.998	1.000	1.000	1.000	0.999
0.3	0.999	0.999	0.996	0.994	0.996	0.996	0.998	0.999	0.999	0.996
0.4	0.995	0.997	0.980	0.980	0.993	0.993	0.993	0.997	0.997	0.984
0.5	0.992	0.991	0.955	0.956	0.988	0.988	0.986	0.993	0.993	0.965
0.6	0.980	0.983	0.912	0.918	0.979	0.900	0.974	0.985	0.988	0.927
0.7	0.966	0.969	0.855	0.864	0.963	0.967	0.955	0.965	0.978	0.876
0.8	0.945	0.949	0.776	0.787	0.941	0.944	0.927	0.941	0.966	0.806
0.9	0.911	0.921	0.683	0.699	0.910	0.915	0.888	0.911	0.944	0.721
1.0	0.874	0.889	0.587	0.603	0.870	0.879	0.841	0.876	0.914	0.632
1.1	0.822	0.849	0.483	0.510	0.818	0.836	0.787	0.827	0.880	0.545
1.2	0.763	0.800	0.393	0.421	0.751	0.785	0.725	0.769	0.841	0.463
1.3	0.699	0.742	0.316	0.349	0.675	0.725	0.668	0.709	0.796	0.392
1.4	0.630	0.680	0.250	0.280	0.600	0.664	0.610	0.640	0.748	0.331
1.5	0.557	0.618	0.190	0.224	0.525	0.600	0.558	0.577	0.695	0.272
1.6	0.482	0.554	0.144	0.180	0.450	0.540	0.504	0.510	0.646	0.238
1.7	0.420	0.500	0.109	0.150	0.380	0.478	0.478	0.445	0.599	0.204

（续）

u	$\lambda_1(u)$	$\eta_1(u)$	$\varepsilon_0(u)$	$\zeta_0(u)$	$\varepsilon_1(u)$	$\zeta_1(u)$	$\omega(u)$	$\omega_0(u)$	$\omega_1(u)$	$\rho_0(u)$
1.8	0.355	0.445	0.080	0.125	0.311	0.417	0.417	0.378	0.557	0.174
1.9	0.299	0.395	0.058	0.104	0.248	0.364	0.384	0.328	0.509	0.151
2.0	0.248	0.348	0.039	0.085	0.192	0.317	0.355	0.284	0.470	0.133
2.2	0.165	0.272	0.012	0.059	0.104	0.239	0.296	0.209	0.402	0.101
2.4	0.103	0.214	-0.004	0.043	0.036	0.173	0.259	0.151	0.348	0.080
2.6	0.059	0.170	-0.016	0.033	-0.010	0.135	0.225	0.116	0.300	0.076
2.8	0.029	0.137	-0.025	0.024	-0.044	0.100	0.194	0.089	0.262	0.052
3.0	0.009	0.111	-0.030	0.017	-0.069	0.076	0.176	0.070	0.231	0.044
3.2	-0.003	0.092	-0.034	0.012	-0.088	0.058	0.158	0.057	0.205	0.036
3.4	-0.010	0.077	-0.036	0.009	-0.100	0.044	0.136	0.048	0.183	0.030
3.6	-0.012	0.064	-0.037	0.007	-0.106	0.033	0.125	0.040	0.165	0.026
3.8	-0.013	0.055	-0.037	0.005	-0.110	0.025	0.117	0.034	0.151	0.023
4.0	-0.013	0.048	-0.037	0.004	-0.110	0.020	0.106	0.030	0.137	0.020
4.2	-0.012	0.041	-0.036	0.003	-0.108	0.016	0.095	0.026	0.125	0.016
4.4	-0.011	0.035	-0.035	0.002	-0.105	0.013	0.088	0.022	0.115	0.015
4.6	-0.009	0.031	-0.034	0.002	-0.101	0.010	0.080	0.019	0.106	0.013
4.8	-0.007	0.027	-0.032	0.001	-0.097	0.009	0.077	0.017	0.090	0.011
5.0	-0.005	0.024	-0.030	0.001	-0.092	0.008	0.067	0.015	0.090	0.010

表 C-2c　弹性基础梁的辅助函数

u	$\pi_0(u)$	$\pi(u)$	$\sigma_1(u)$	$\sigma_2(u)$	$\tau_0(u)$	$\tau_1(u)$	$\tau_2(u)$	$\theta_0(u)$	$\theta_1(u)$
0	1.000	1.000	1.000	1.000	1.000	1.000	1.000	1.000	1.000
0.1	1.000	1.000	1.000	1.000	1.000	1.000	1.000	1.003	1.000
0.2	0.999	0.999	1.000	1.000	0.999	1.000	1.000	1.005	0.998
0.3	0.994	0.998	1.000	0.999	0.997	0.999	0.999	0.011	0.990
0.4	0.982	0.992	0.999	0.994	0.991	0.997	0.997	1.036	0.968
0.5	0.957	0.978	0.998	0.979	0.976	0.994	0.992	1.085	0.926
0.6	0.918	0.965	0.995	0.957	0.951	0.989	0.982	1.171	0.852
0.7	0.855	0.929	0.986	0.923	0.915	0.978	0.969	1.289	0.744
0.8	0.774	0.883	0.951	0.872	0.868	0.967	0.950	1.468	0.604
0.9	0.680	0.827	0.911	0.808	0.812	0.954	0.924	1.672	0.442
1.0	0.583	0.767	0.874	0.729	0.753	0.939	0.892	1.898	0.274
1.1	0.485	0.725	0.824	0.640	0.693	0.918	0.837	2.132	0.114
1.2	0.396	0.615	0.766	0.546	0.636	0.896	0.815	2.364	-0.022
1.3	0.317	0.528	0.706	0.452	0.587	0.862	0.778	2.588	-0.130
1.4	0.252	0.462	0.634	0.362	0.542	0.828	0.737	2.803	-0.206
1.5	0.198	0.376	0.571	0.284	0.503	0.790	0.698	3.010	-0.254
1.6	0.157	0.317	0.501	0.214	0.469	0.759	0.661	3.212	-0.276
1.7	0.123	0.265	0.438	0.155	0.441	0.727	0.628	3.410	-0.278
1.8	0.097	0.214	0.383	0.108	0.417	0.694	0.598	3.608	-0.264
1.9	0.076	0.175	0.330	0.071	0.395	0.662	0.574	3.805	-0.238
2.0	0.060	0.142	0.284	0.054	0.375	0.634	0.549	4.002	-0.206
2.2	0.039	0.094	0.211	0.015	0.340	0.581	0.500	4.400	-0.136
2.4	0.026	0.066	0.162	-0.006	0.312	0.534	0.467	4.800	-0.072
2.6	0.018	0.045	0.130	-0.012	0.288	0.497	0.435	5.200	-0.024
2.8	0.013	0.032	0.107	-0.011	0.268	0.465	0.412	5.600	0.006
3.0	0.010	0.023	0.092	-0.008	0.250	0.437	0.384	6.000	0.020
3.2	0.008	0.019	0.081	-0.004	0.235	0.411	0.364	6.400	0.021
3.4	0.006	0.014	0.072	-0.002	0.221	0.389	0.337	6.800	0.024
3.6	0.005	0.012	0.064	-0.001	0.208	0.370	0.328	7.200	0.015
3.8	0.004	0.009	0.057	-0.001	0.198	0.352	0.117	7.600	0.009
4.0	0.003	0.008	0.051	0.000	0.187	0.336	0.297	8.000	0.005
4.2	0.003	0.007	0.046	0.000	0.178	0.320	0.281	8.400	0.001
4.4	0.002	0.006	0.042	0.000	0.171	0.306	0.271	8.800	0.001
4.6	0.002	0.005	0.039	0.000	0.163	0.293	0.259	9.200	-0.001
4.8	0.002	0.004	0.037	0.000	0.156	0.281	0.253	9.600	-0.001
5.0	0.001	0.002	0.036	0.000	0.150	0.271	0.237	10.000	-0.001

表 C-2d　两端刚性固定均布载荷的弹性基础梁的辅助函数

u	φ_1	χ_1	χ_2	μ_1	u	φ_1	χ_1	χ_2	μ_1
0.50	0.9900	0.9910	0.9930	0.9950	0.98	0.8614	0.8858	0.9054	0.9256
0.51	0.9889	0.9901	0.9922	0.9943	0.99	0.8567	0.8819	0.9022	0.9228
0.52	0.9878	0.9892	0.9914	0.9936	1.00	0.8520	0.8780	0.8990	0.9200
0.53	0.9867	0.9883	0.9906	0.9929	1.01	0.8463	0.8732	0.8950	0.9169
0.54	0.9856	0.9874	0.9898	0.9922	1.02	0.8406	0.8684	0.8910	0.9138
0.55	0.9845	0.9865	0.9890	0.9915	1.03	0.8349	0.8636	0.8870	0.9107
0.56	0.9834	0.9856	0.9882	0.9908	1.04	0.8292	0.8588	0.8830	0.9076
0.57	0.9823	0.9847	0.9874	0.9901	1.05	0.8235	0.8540	0.8790	0.9045
0.58	0.9812	0.9838	0.9866	0.9894	1.06	0.8178	0.8492	0.8750	0.9014
0.59	0.9801	0.9829	0.9858	0.9887	1.07	0.8121	0.8444	0.8710	0.8983
0.60	0.9790	0.9820	0.9850	0.9880	1.08	0.8064	0.8396	0.8670	0.8952
0.61	0.9772	0.9805	0.9838	0.9870	1.09	0.8007	0.8348	0.8630	0.8921
0.62	0.9754	0.9790	0.9826	0.9860	1.70	0.0035	0.4440	0.5370	0.6390
0.63	0.9736	0.9775	0.9814	0.9850	1.71	0.3279	0.4380	0.5316	0.6349
0.64	0.9718	0.9760	0.9802	0.9840	1.72	0.3208	0.4320	0.5262	0.6308
0.65	0.9700	0.9745	0.9790	0.9830	1.73	0.3137	0.4260	0.5208	0.6267
0.66	0.9682	0.9730	0.9778	0.9820	1.74	0.3066	0.4200	0.5154	0.6226
0.67	0.9664	0.9715	0.9766	0.9810	1.75	0.2995	0.4140	0.5100	0.6185
0.68	0.9646	0.9700	0.9754	0.9800	1.76	0.2924	0.4080	0.5046	0.6144
0.69	0.9628	0.9685	0.9742	0.9790	1.77	0.2853	0.4020	0.4992	0.6103
0.70	0.9610	0.9670	0.9730	0.9780	1.78	0.2782	0.3960	0.4938	0.6062
0.71	0.9584	0.9649	0.9713	0.9769	1.79	0.2711	0.3900	0.4884	0.6021
0.72	0.9558	0.9628	0.9696	0.9758	1.80	0.2640	0.3840	0.4830	0.5980
0.73	0.9532	0.9607	0.9679	0.9747	1.81	0.2577	0.3784	0.4786	0.5943
0.74	0.9506	0.9586	0.9662	0.9736	1.82	0.2514	0.3728	0.4742	0.5906
0.75	0.9480	0.9565	0.9645	0.9725	1.83	0.2451	0.3672	0.4698	0.5869
0.76	0.9454	0.9544	0.9628	0.9714	1.84	0.2388	0.3616	0.4654	0.5832
0.77	0.9428	0.9523	0.9611	0.9703	1.85	0.2325	0.3560	0.4610	0.5795
0.78	0.9402	0.9502	0.9594	0.9692	1.86	0.2262	0.3504	0.4566	0.5758
0.79	0.9376	0.9481	0.9577	0.9681	1.87	0.2199	0.3448	0.4522	0.5721
0.80	0.9350	0.9460	0.9560	0.9670	1.88	0.2136	0.3392	0.4478	0.5684
0.81	0.9314	0.9431	0.9535	0.9651	1.89	0.2073	0.3336	0.4434	0.5647
0.82	0.9278	0.9402	0.9510	0.9632	1.10	0.7950	0.8300	0.8590	0.8890
0.83	0.9242	0.9373	0.9485	0.9613	1.11	0.7883	0.8244	0.8544	0.8857
0.84	0.9206	0.9344	0.9460	0.9594	1.12	0.7816	0.8188	0.8498	0.8824
0.85	0.9170	0.9315	0.9435	0.9575	1.13	0.7749	0.8132	0.8452	0.8791
0.86	0.9134	0.9286	0.9410	0.9556	1.14	0.7682	0.8076	0.8406	0.8758
0.87	0.9098	0.9257	0.9385	0.9537	1.15	0.7615	0.8020	0.8360	0.8725
0.88	0.9062	0.9228	0.9360	0.9518	1.16	0.7548	0.7964	0.8314	0.8692
0.89	0.9026	0.9199	0.9335	0.9499	1.17	0.7481	0.7908	0.8268	0.8659
0.90	0.8990	0.9170	0.9310	0.9480	1.18	0.7414	0.7852	0.8222	0.8626
0.91	0.8943	0.9131	0.9278	0.9452	1.19	0.7347	0.7796	0.8176	0.8593
0.92	0.8896	0.9092	0.9246	0.9424	1.20	0.7280	0.7740	0.8130	0.8560
0.93	0.8849	0.9053	0.9214	0.9396	1.21	0.7205	0.7678	0.8078	0.8518
0.94	0.8802	0.9014	0.9182	0.9368	1.22	0.7130	0.7616	0.8026	0.8476
0.95	0.8755	0.8975	0.9150	0.9340	1.23	0.7055	0.7554	0.7974	0.8434
0.96	0.8708	0.8936	0.9118	0.9312	1.24	0.6980	0.7492	0.7922	0.8392
0.97	0.8661	0.8897	0.9086	0.9284	1.25	0.6905	0.7430	0.7870	0.8350

(续)

u	φ_1	χ_1	χ_2	μ_1	u	φ_1	χ_1	χ_2	μ_1
1.26	0.6830	0.7368	0.7810	0.8308	1.54	0.4596	0.5492	0.6252	0.7062
1.27	0.6755	0.7306	0.7766	0.8266	1.55	0.4515	0.5425	0.6195	0.7020
1.28	0.6680	0.7244	0.7714	0.8224	1.56	0.4434	0.5358	0.6138	0.6978
1.29	0.6605	0.7182	0.7662	0.8182	1.57	0.4353	0.5291	0.6081	0.6936
1.30	0.6530	0.7120	0.7610	0.8140	1.58	0.4272	0.5224	0.6024	0.6894
1.31	0.6450	0.7053	0.7554	0.8095	1.59	0.4191	0.5157	0.5967	0.6852
1.32	0.6370	0.6986	0.7498	0.8050	1.60	0.4110	0.5090	0.5910	0.6810
1.33	0.6290	0.6919	0.7442	0.8005	1.61	0.4034	0.5025	0.5856	0.6768
1.34	0.6210	0.6852	0.7386	0.7960	1.62	0.3958	0.4960	0.5802	0.6726
1.35	0.6130	0.6785	0.7330	0.7915	1.63	0.3882	0.4895	0.5748	0.6684
1.36	0.6050	0.6718	0.7274	0.7870	1.64	0.3806	0.4830	0.5694	0.6642
1.37	0.5970	0.6651	0.7218	0.7825	1.65	0.3730	0.4765	0.5640	0.6600
1.38	0.5890	0.6584	0.7162	0.7780	1.66	0.3654	0.4700	0.5586	0.6558
1.39	0.5810	0.6517	0.7106	0.7735	1.67	0.3578	0.4635	0.5532	0.6516
1.40	0.5730	0.6450	0.7050	0.7690	1.68	0.3502	0.4570	0.5478	0.6474
1.41	0.5649	0.6381	0.6993	0.7644	1.69	0.3426	0.4505	0.5426	0.6432
1.42	0.5568	0.6312	0.6936	0.7598	1.90	0.2010	0.3280	0.4390	0.5610
1.43	0.5487	0.6243	0.6879	0.7552	1.91	0.1950	0.3231	0.4348	0.5576
1.44	0.5406	0.6174	0.6822	0.7506	1.92	0.1890	0.3182	0.4306	0.5542
1.45	0.5325	0.6105	0.6765	0.7460	1.93	0.1830	0.3133	0.4264	0.5508
1.46	0.5244	0.6036	0.6708	0.7414	1.94	0.1770	0.3084	0.4222	0.5474
1.47	0.5163	0.5967	0.6651	0.7368	1.95	0.1710	0.3035	0.4180	0.5440
1.48	0.5082	0.5898	0.6594	0.7322	1.96	0.1650	0.2986	0.4138	0.5406
1.49	0.5001	0.5829	0.6537	0.7276	1.97	0.1590	0.2937	0.4096	0.5372
1.50	0.4920	0.5760	0.6480	0.7230	1.98	0.1530	0.2888	0.4054	0.5338
1.51	0.4839	0.5693	0.6423	0.7188	1.99	0.1470	0.2839	0.4012	0.5304
1.52	0.4758	0.5626	0.6366	0.7146	2.00	0.1410	0.2790	0.3970	0.5270
1.53	0.4677	0.5559	0.6309	0.7104					

表 C-3　弹性基础梁的普日列夫斯基函数

$V_0(u) = \mathrm{ch}u\cos u$, $\sqrt{2}V_1(u) = \mathrm{ch}u\sin u + \mathrm{sh}u\cos u$, $V_2(u) = \mathrm{sh}u\sin u$, $\sqrt{2}V_3(u) = \mathrm{ch}u\sin u - \mathrm{sh}u\cos u$

u	$V_0(u)$	$\sqrt{2}V_1(u)$	$V_2(u)$	$\sqrt{2}V_3(u)$	u	$V_0(u)$	$\sqrt{2}V_1(u)$	$V_2(u)$	$\sqrt{2}V_3(u)$
0	1	0	0	0	0.16	0.9999	0.3200	0.0256	0.0028
0.01	1.0000	0.0200	0.0001	0.00000	0.17	0.9999	0.3400	0.0289	0.0032
0.02	1.0000	0.0400	0.0004	0.00000	0.18	0.9998	0.3600	0.0324	0.0039
0.03	1.0000	0.0600	0.0009	0.00002	0.19	0.9998	0.3800	0.0361	0.0046
0.04	1.0000	0.0800	0.0016	0.00004	0.20	0.9997	0.4000	0.0400	0.0054
0.05	1.0000	0.1000	0.0025	0.00010	0.21	0.9997	0.4200	0.0441	0.0062
0.06	1.0000	0.1200	0.0036	0.0002	0.22	0.9996	0.4400	0.0484	0.0071
0.07	1.0000	0.1400	0.0049	0.0003	0.23	0.9995	0.4600	0.0529	0.0081
0.08	1.0000	0.1600	0.0064	0.0004	0.24	0.9995	0.4800	0.0576	0.0092
0.09	1.0000	0.1800	0.0081	0.0005	0.25	0.9993	0.5000	0.0625	0.0104
0.10	1.0000	0.2000	0.0100	0.0006	0.26	0.9992	0.5199	0.0676	0.0117
0.11	1.0000	0.2200	0.0121	0.0008	0.27	0.9991	0.5399	0.0729	0.0131
0.12	1.0000	0.2400	0.0144	0.0012	0.28	0.9990	0.5599	0.0784	0.0147
0.13	0.9999	0.2600	0.0169	0.0014	0.29	0.9988	0.5799	0.0841	0.0163
0.14	0.9999	0.2800	0.0196	0.0018	0.30	0.9987	0.5998	0.0900	0.0180
0.15	0.9999	0.3000	0.0225	0.0022	0.31	0.9985	0.6198	0.0961	0.0198

（续）

u	$V_0(u)$	$\sqrt{2}V_1(u)$	$V_2(u)$	$\sqrt{2}V_3(u)$	u	$V_0(u)$	$\sqrt{2}V_1(u)$	$V_2(u)$	$\sqrt{2}V_3(u)$
0.32	0.9983	0.6398	0.1024	0.0218	0.81	0.9283	1.5968	0.6530	0.3536
0.33	0.9980	0.6597	0.1089	0.0239	0.82	0.9247	1.6154	0.6690	0.3668
0.34	0.9978	0.6797	0.1156	0.0263	0.83	0.9210	1.6337	0.6853	0.3803
0.35	0.9975	0.6996	0.1225	0.0286	0.84	0.9171	1.6522	0.7017	0.3942
0.36	0.9972	0.7196	0.1296	0.0310	0.85	0.9131	1.6704	0.7183	0.4084
0.37	0.9969	0.7396	0.1369	0.0338	0.86	0.9090	1.6387	0.7351	0.4229
0.38	0.9965	0.7594	0.1444	0.0366	0.87	0.9047	1.7068	0.7521	0.4378
0.39	0.9961	0.7794	0.1521	0.0396	0.88	0.9002	1.7248	0.7692	0.4530
0.40	0.9957	0.7993	0.1600	0.0427	0.89	0.8956	1.7428	0.7666	0.4686
0.41	0.9953	0.8192	0.1680	0.0460	0.90	0.8931	1.7607	0.8041	0.4845
0.42	0.9948	0.8392	0.1763	0.0494	0.91	0.8859	1.7785	0.8218	0.5007
0.43	0.9943	0.8590	0.1848	0.0530	0.92	0.8508	1.7961	0.8397	0.5173
0.44	0.9938	0.8789	0.1935	0.0567	0.93	0.8753	1.8137	0.8577	0.5843
0.45	0.9932	0.8988	0.2024	0.0608	0.94	0.8701	1.8311	0.8759	0.5517
0.46	0.9925	0.9187	0.2115	0.0649	0.95	0.8545	1.8484	0.8943	0.5694
0.47	0.9919	0.9384	0.2208	0.0692	0.96	0.8587	1.8657	0.9129	0.5875
0.48	0.9911	0.9582	0.2303	0.0736	0.97	0.8528	1.8829	0.9317	0.6059
0.49	0.9904	0.9781	0.2399	0.0785	0.98	0.8466	1.8998	0.9506	0.6248
0.50	0.9895	0.9979	0.2498	0.0833	0.99	0.8389	1.9071	0.9697	0.6343
0.51	0.9837	1.0177	0.2599	0.0885	1.00	0.8337	1.9335	0.9889	0.6635
0.52	0.9873	1.0375	0.2702	0.0937	1.01	0.8270	1.9500	1.0033	0.6834
0.53	0.9869	1.0572	0.2807	0.0992	1.02	0.8201	1.9665	1.0279	0.7039
0.54	0.9858	1.0769	0.2913	0.1049	1.03	0.8129	1.9828	1.0476	0.7246
0.55	0.9847	1.0967	0.3022	0.1109	1.04	0.8056	1.9990	1.0675	0.7453
0.56	0.9836	1.1164	0.3133	0.1170	1.05	0.7980	2.0151	1.0876	0.7673
0.57	0.9824	1.1360	0.3245	0.1234	1.06	0.7902	2.0309	1.1079	0.7893
0.58	0.9811	1.1556	0.3360	0.1300	1.07	0.7822	2.0466	1.1282	0.8116
0.59	0.9798	1.1752	0.3476	0.1366	1.08	0.7740	2.0622	1.1488	0.8344
0.60	0.9784	1.1949	0.3595	0.1439	1.09	0.7655	2.0776	1.1695	0.8576
0.61	0.9769	1.2144	0.3715	0.1512	1.10	0.7568	2.0929	1.1903	0.8811
0.62	0.9754	1.2339	0.3838	0.1587	1.11	0.7479	2.1079	1.2113	0.9051
0.63	0.9738	1.2534	0.3962	0.1666	1.12	0.7387	2.1226	1.2325	0.9294
0.64	0.9721	1.2728	0.4088	0.1746	1.13	0.7293	2.1374	1.2538	0.9544
0.65	0.9703	1.2923	0.4217	0.1829	1.14	0.7196	2.1519	1.2752	0.9797
0.66	0.9684	1.3117	0.4347	0.1915	1.15	0.7097	2.1662	1.2968	1.0054
0.67	0.9664	1.3310	0.4479	0.2004	1.16	0.6995	2.1803	1.3186	1.0317
0.68	0.9644	1.3503	0.4613	0.2095	1.17	0.6891	2.1942	1.3404	1.0582
0.69	0.9623	1.3696	0.4749	0.2188	1.18	0.6784	2.2079	1.3625	1.0853
0.70	0.9600	1.3888	0.4887	0.2284	1.19	0.6674	2.2213	1.3846	1.1127
0.71	0.9577	1.4079	0.5027	0.2383	1.20	0.6561	2.2346	1.4039	1.1406
0.72	0.9552	1.4271	0.5168	0.2485	1.21	0.6446	2.2476	1.4293	1.1690
0.73	0.9527	1.4462	0.5312	0.2590	1.22	0.6330	2.2612	1.4518	1.1986
0.74	0.9501	1.4652	0.5458	0.2698	1.23	0.6206	2.2729	1.4745	1.2271
0.75	0.9473	1.4842	0.5605	0.2808	1.24	0.6082	2.2852	1.4973	1.2568
0.76	0.9444	1.5031	0.5755	0.2921	1.25	0.5955	2.2971	1.5202	1.2870
0.77	0.9415	1.5220	0.5906	0.3038	1.26	0.5824	2.3090	1.5432	1.3176
0.78	0.9384	1.5408	0.6059	0.3158	1.27	0.5691	2.3204	1.5664	1.3488
0.79	0.9351	1.5595	0.6214	0.3281	1.28	0.5555	2.3318	1.5896	1.3802
0.80	0.9318	1.5782	0.6371	0.3406	1.29	0.56415	2.3427	1.6130	1.4123

（续）

u	$V_0(u)$	$\sqrt{2}V_1(u)$	$V_2(u)$	$\sqrt{2}V_3(u)$	u	$V_0(u)$	$\sqrt{2}V_1(u)$	$V_2(u)$	$\sqrt{2}V_3(u)$
1.30	0.5272	2.3534	1.6365	1.4448	1.89	−1.0623	2.1993	3.0708	4.2291
1.31	0.5126	2.3638	1.6601	1.4778	1.90	−1.1049	2.1776	3.0927	4.2908
1.32	0.4977	2.3740	1.6838	1.5112	1.91	−1.1481	2.155	3.1143	4.3529
1.33	0.4824	2.3837	1.7076	1.5451	1.92	−1.1920	2.1317	3.1358	4.4153
1.34	0.4668	2.3932	1.7314	1.5794	1.93	−1.2364	2.1075	3.1570	4.4783
1.35	0.4508	2.4024	1.7554	1.6144	1.94	−1.2815	2.0822	3.1779	4.5416
1.36	0.4345	2.4113	1.7795	1.6497	1.95	−1.3273	2.0562	3.1986	4.6054
1.37	0.4178	2.4197	1.8036	1.6855	1.96	−1.3736	2.0291	3.2190	4.6695
1.38	0.4008	2.4279	1.8279	1.7219	1.97	−1.4207	2.0013	3.2392	4.7341
1.39	0.3838	2.4358	1.8522	1.7586	1.98	−1.4683	1.9723	3.2591	4.7991
1.40	0.3656	2.4433	1.8766	1.7959	1.99	−1.5166	1.9425	3.2786	4.8645
1.41	0.3474	2.4504	1.9011	1.8338	2.00	−1.5656	1.9115	3.2979	4.9301
1.42	0.3289	2.4572	1.9256	1.8720	2.01	−1.6153	1.8798	3.3168	4.9964
1.43	0.3100	2.4635	1.9502	1.9107	2.02	−1.6656	1.8470	3.3355	5.0630
1.44	0.2907	2.4667	1.9529	1.9529	2.03	−1.7165	1.8132	3.3538	5.1298
1.45	0.2710	2.4751	1.9996	1.9897	2.04	−1.7682	1.7783	3.3718	5.1971
1.46	0.2509	2.4804	2.0244	2.0300	2.05	−1.8205	1.7425	3.3893	5.2647
1.47	0.2304	2.4852	2.0492	2.0706	2.06	−1.8734	1.7056	3.4066	5.3326
1.48	0.2095	2.4896	2.0741	2.1120	2.07	−1.9271	1.6675	3.4234	5.4009
1.49	0.1882	2.4935	2.0990	2.1536	2.08	−1.9815	1.6284	3.4399	5.4696
1.50	0.1664	2.4971	2.1239	2.1959	2.09	−2.0365	1.5878	3.4560	5.5380
1.51	0.1442	2.5002	2.1489	2.2386	2.10	−2.0923	1.5470	3.4717	5.6078
1.52	0.1216	2.5029	2.1740	2.2819	2.11	−2.1487	1.5046	3.4870	5.6774
1.53	0.0986	2.5052	2.1990	2.3256	2.12	−2.2058	1.4611	3.5018	5.7473
1.54	0.0746	2.5068	2.2241	2.3698	2.13	−2.2636	1.4163	3.5162	5.8175
1.55	0.0512	2.5081	2.2491	2.4145	2.14	−2.3221	1.3705	3.5301	5.8879
1.56	0.0268	2.5089	2.2742	2.4597	2.15	−2.3814	1.3235	3.5436	5.9587
1.57	0.0020	2.5092	2.2993	2.5056	2.16	2.4413	1.2752	3.5566	6.0296
1.58	−0.0233	2.5090	2.3244	2.5518	2.17	−2.5020	1.2258	3.5691	6.1010
1.59	−0.0490	2.5083	2.3495	2.5985	2.18	−2.5633	1.1752	3.5811	6.1724
1.60	−0.0753	2.5070	2.3745	2.6458	2.19	−2.6254	1.1232	3.5926	6.2442
1.71	−0.3961	2.4563	2.6482	3.1983	2.20	−2.6882	1.0702	3.6036	6.3162
1.72	−0.4284	2.4480	2.6727	3.2516	2.21	−2.7518	1.0157	3.6140	6.3883
1.73	−0.4612	2.4391	2.6971	3.3053	2.22	−2.8160	0.9601	3.6239	6.4607
1.74	−0.4945	2.4296	2.7215	3.3594	2.23	−2.8810	0.9031	3.6332	0.5333
1.75	−0.5284	2.4193	2.7457	3.4141	2.24	−2.9466	0.8448	3.6419	6.6060
1.76	−0.5628	2.4084	2.7699	3.4692	2.25	−3.0131	0.7852	3.6501	6.6790
1.77	−0.5977	2.3968	2.7937	3.5248	2.26	−3.0802	0.7242	3.6576	6.7520
1.78	−0.6333	2.3846	2.8178	3.5810	2.27	3.1481	0.6620	3.6645	6.8252
1.79	−0.6694	2.3714	2.8416	3.6376	2.28	−3.2167	0.5984	3.6709	6.8986
1.80	−0.7060	2.3577	2.8652	3.6947	2.29	−3.2861	0.5333	3.6765	6.9721
1.81	−0.7433	2.3432	2.8887	3.7522	2.30	−3.3562	0.4669	3.6815	7.0457
1.82	−0.7811	2.3280	2.9121	3.8102	2.31	−3.4270	0.3991	3.6859	7.1193
1.83	−0.8195	2.3120	2.9353	3.8686	2.32	−3.4986	0.3297	3.6895	7.1931
1.84	−0.8584	2.2952	2.9583	3.9276	2.33	−3.5708	0.2591	3.6924	7.2669
1.85	−0.8980	2.2777	2.9812	3.9871	2.34	−3.6439	0.1870	3.6946	7.3408
1.86	−0.9382	2.2593	3.0039	4.0469	2.35	−3.7177	0.1134	3.6962	7.4146
1.87	−0.9790	2.2401	3.0264	4.1071	2.36	−3.7922	0.0382	3.6969	7.4886
1.88	−1.0203	2.2201	3.0487	4.1679	2.37	−3.8675	−0.0383	3.6970	7.5625

（续）

u	$V_0(u)$	$\sqrt{2}V_1(u)$	$V_2(u)$	$\sqrt{2}V_3(u)$	u	$V_0(u)$	$\sqrt{2}V_1(u)$	$V_2(u)$	$\sqrt{2}V_3(u)$
2.38	-3.9435	-0.1165	3.6961	7.6365	2.87	-8.5225	-6.0946	2.3581	10.841
2.39	-4.0202	-0.1961	3.6946	7.7103	2.88	-8.6312	-6.2662	2.2963	10.888
2.40	-4.0976	-0.2772	3.6922	7.7842	2.89	-8.7404	-6.4399	2.2328	10.933
2.41	-4.1759	-0.3599	3.6891	7.8581	2.90	-8.8471	-6.6158	2.1675	10.977
2.42	-4.2548	-0.4442	3.6850	7.9318	2.91	-8.9598	-6.7938	2.1005	11.020
2.43	-4.3345	-0.5302	3.6802	8.0054	2.92	-9.0703	-6.7943	2.0316	11.061
2.44	-4.4150	-0.6177	3.6745	8.0791	2.93	9.1811	-7.1567	1.9609	11.101
2.45	-4.4961	-0.7068	3.6678	8.1524	2.94	-9.2923	-7.3414	1.8885	11.140
2.46	-4.5780	0.7975	3.6603	8.2257	2.95	-9.4039	-7.5284	1.8141	11.177
2.47	-4.6606	-0.8899	3.6518	8.2989	2.96	-9.5158	-7.7176	1.7379	11.212
2.48	-4.7439	-0.9840	3.6425	8.3718	2.97	-9.6281	-7.9090	1.6597	11.246
2.49	-4.8280	-1.0797	3.6321	8.4445	2.98	-9.7407	-8.1027	1.5797	11.279
2.50	-4.9128	-1.1770	3.6209	8.5170	2.99	-9.8536	-8.2986	1.4977	11.309
2.51	-4.9984	-1.2762	3.6086	8.5894	3.00	-9.9669	-8.4969	1.4137	11.338
2.52	-5.0846	-1.3770	3.5953	8.6614	3.01	-10.080	-8.6973	1.3277	11.366
2.53	-5.1716	-1.4796	3.5811	8.7332	3.02	-10.194	-8.9001	1.2397	11.391
2.54	-5.2593	-1.5839	3.5658	8.8047	3.03	-10.308	-9.1051	1.1497	11.415
2.55	-5.3477	-1.6900	3.5494	8.8758	3.04	-10.427	-9.3124	1.0577	11.437
2.56	-5.4368	-1.7978	3.5320	8.9466	3.05	-10.532	-9.5221	0.9634	11.458
2.57	-5.5266	-1.9075	3.5134	9.0171	3.06	-10.652	-9.7339	0.8672	11.476
2.58	-5.6172	-2.0189	3.4938	9.0871	3.07	-10.766	-9.9481	0.7688	11.492
2.59	5.7084	2.1322	3.4730	9.1568	3.08	-10.88	-10.165	0.6682	11.507
2.60	5.8003	-2.2472	3.4511	9.2260	3.09	-10.997	-10.383	0.5655	11.519
2.61	-5.8929	-2.3641	3.4281	9.2949	3.10	-11.112	-10.604	0.4606	11.529
2.62	-5.9862	-2.4830	3.4038	9.3632	3.11	-11.227	-10.828	0.3534	11.537
2.63	-6.0802	-2.6036	3.3784	9.4310	3.12	-11.343	-11.054	0.2440	11.543
2.64	-6.1748	-2.7261	3.3518	9.4983	3.13	-11.458	-11.281	0.1323	11.547
2.65	-6.2701	-2.8506	3.3239	9.5650	3.14	-11.574	-11.512	0.0183	11.549
2.66	-6.3661	2.9769	3.2947	9.6311	3.15	-11.680	-11.744	-0.0979	11.548
2.67	-6.4628	-3.1053	3.2644	9.6969	3.16	-11.804	-11.979	-0.2166	11.545
2.68	-6.5600	-3.2354	3.2326	9.7618	3.17	-11.920	-12.217	-0.3375	11.539
2.69	-6.6580	-3.3676	3.2654	9.8262	3.18	-12.035	-12.456	-0.4609	11.531
2.70	-6.7565	-3.5018	3.1653	9.8898	3.19	-12.151	-12.698	-0.5867	11.521
2.71	-6.8558	3.6379	3.1296	9.9527	3.20	-12.266	-12.917	-0.7148	11.508
2.72	-6.9556	-3.7761	3.0925	10.015	3.21	-12.381	-13.189	-0.8454	11.492
2.73	-7.0560	-3.9161	3.0541	10.076	3.22	-12.496	-13.437	-0.9787	11.474
2.74	-7.1571	-4.0583	3.0142	10.137	3.23	-12.610	-13.688	-1.1142	11.453
2.75	-7.2588	-4.2024	2.9729	10.197	3.24	-12.737	-13.742	-1.2524	11.429
2.76	-7.3611	4.3486	2.9301	10.256	3.25	-12.839	-14.198	-1.3932	11.498
2.77	-7.4639	-4.4968	2.8859	10.314	3.26	-12.953	-14.455	-1.5363	11.374
2.78	-7.5673	-4.6472	2.8402	10.371	3.27	-13.066	-14.716	-1.6822	11.342
2.79	-7.5714	-4.7996	2.7929	10.428	3.28	-13.179	-14.978	-1.8307	11.306
2.80	-7.7759	-4.9540	2.7442	10.483	3.29	-13.292	-15.243	-1.9817	11.268
2.81	-7.8810	5.1106	2.6939	10.538	3.30	-13.405	-15.510	-2.1356	11.227
2.82	-7.9866	-5.2693	2.6420	10.591	3.31	-13.517	-15.779	-2.2919	11.183
2.83	-8.0929	-5.4301	2.5885	10.643	3.32	-13.628	-16.050	-2.4511	11.135
2.84	-8.1995	-5.5930	2.5334	10.694	3.33	-13.739	-16.324	-2.6129	11.085
2.85	-8.3067	-5.7580	2.4766	10.745	3.34	-13.850	-16.600	-2.7776	11.031
2.86	-8.4144	-5.9253	2.4182	10.793	3.35	-13.960	-16.878	-2.9450	10.974

u	$V_0(u)$	$\sqrt{2}V_1(u)$	$V_2(u)$	$\sqrt{2}V_3(u)$	u	$V_0(u)$	$\sqrt{2}V_1(u)$	$V_2(u)$	$\sqrt{2}V_3(u)$
3.36	-14.069	-17.158	-3.1153	10.913	3.44	-14.920	-19.478	-4.5798	10.300
3.37	-14.178	-17.441	-3.2887	10.849	3.45	-15.022	-19.778	-4.7760	10.206
3.38	-14.287	-17.725	-3.4641	10.781	3.46	-15.124	-20.079	-4.9752	10.109
3.39	-14.394	-18.012	-3.6427	10.710	3.47	-15.224	-20.383	-5.1777	10.007
3.40	-14.501	-18.301	-3.8242	10.636	3.48	-15.324	-20.688	-5.3830	9.901
3.41	-14.607	-18.591	-4.0088	10.557	3.49	-15.422	-20.995	-5.5914	9.792
3.42	-14.712	-18.885	-4.1960	10.475	3.50	-15.520	-21.305	-5.8028	9.678
3.43	-14.816	-19.181	-4.3865	10.389					

附录 D 矩形平板的弯曲要素

符号:

t——板厚;

a——x 方向上的边长;

b——y 方向上的边长;

E——材料的弹性模量;

q——板上单位面积的均布载荷;

M_x——垂直于 x 轴截面单位宽度的弯矩;

M_y——垂直于 y 轴截面单位宽度的弯矩;

N_x——垂直于 x 轴截面单位宽度的剪力;

N_y——垂直于 y 轴截面单位宽度的剪力。

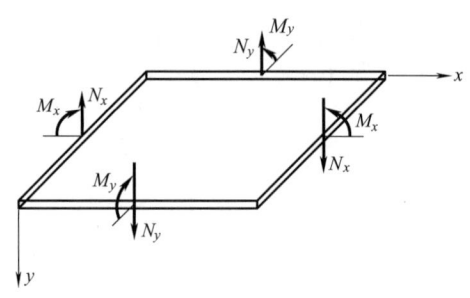

表 D-1 四边自由支持的矩形板在均布载荷作用下的挠度、弯矩、剪力与约束力

$w_{\max} = k_1 \dfrac{qb^4}{Et^3}$——板中点的最大挠度;

$M_x = k_2 qb^2$——板中点垂直于 x 轴的截面弯矩;

$M_y = k_3 qb^2$——板中点垂直于 y 轴的截面弯矩;

$N_x = k_4 qb$——板短边中点的剪力;

$N_y = k_5 qb$——板长边中点的剪力;

$r_x = N_x + \dfrac{\partial M_{xy}}{\partial y} = k_6 qb$——板短边中点的支反力;

$r_y = N_y + \dfrac{\partial M_{xy}}{\partial x} = k_7 qb$——板长边中点的支反力;

$R = k_8 qab$——板四角的集中约束力。

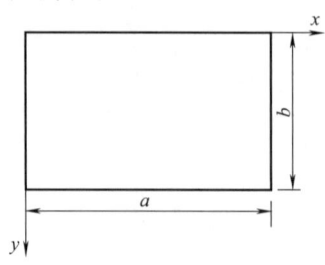

（续）

a/b	k_1	k_2	k_3	k_4	k_5	k_6	k_7	k_8
1.0	0.0443	0.0479	0.0479	0.338	0.338	0.420	0.420	0.065
1.1	0.0530	0.0493	0.0554	0.347	0.360	0.440	0.440	0.064
1.2	0.0616	0.0501	0.0627	0.353	0.380	0.453	0.455	0.062
1.3	0.0697	0.0503	0.0694	0.357	0.397	0.464	0.468	0.061
1.4	0.0770	0.0502	0.0755	0.361	0.411	0.471	0.478	0.059
1.5	0.0843	0.0498	0.0812	0.363	0.424	0.480	0.486	0.057
1.6	0.0906	0.0492	0.0862	0.365	0.435	0.488	0.491	0.054
1.7	0.0964	0.0486	0.0908	0.367	0.444	0.485	0.496	0.052
1.8	0.1017	0.0479	0.0948	0.368	0.452	0.491	0.499	0.050
1.9	0.1064	0.0471	0.0985	0.369	0.459	0.494	0.502	0.048
2.0	0.1106	0.0464	0.1017	0.370	0.465	0.495	0.503	0.046
3.0	0.1336	0.0406	0.1189	0.372	0.493	0.498	0.505	0.031
4.0	0.1400	0.0384	0.1235	0.372	0.498	0.500	0.502	0.024
5.0	0.1416	0.0375	0.1246	0.372	0.500	0.500	0.500	0.019
∞	0.1422	0.0375	0.1250	0.372	0.500	0.500	0.500	

表 D-2 四边刚性固定的矩形板在均布载荷作用下的挠度、弯矩与剪力

$w_{max} = k_1 \dfrac{qb^4}{Et^3}$ ——板中点的最大挠度；

$M_x = k_2 qb^2$ ——板中点垂直于 x 轴的截面弯矩；

$M_y = k_3 qb^2$ ——板中点垂直于 y 轴的截面弯矩；

$\overline{M}_x = -k_4 qb^2$ ——板短边中点的弯矩；

$\overline{M}_y = -k_5 qb^2$ ——板长边中点的弯矩；

$N_x = k_6 qb$ ——板短边中点的剪力；

$N_y = k_7 qb$ ——板长边中点的剪力。

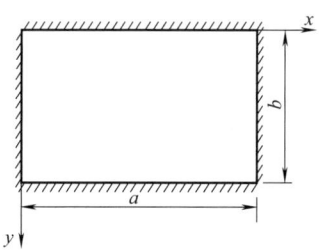

a/b	k_1	k_2	k_3	k_4	k_5	k_6	k_7
1.0	0.0138	0.0231	0.0231	0.0513	0.0513	0.452	0.452
1.1	0.0164	0.0231	0.0264	0.0538	0.0581	0.412	0.448
1.2	0.0188	0.0228	0.0299	0.0554	0.0639	0.381	0.471
1.3	0.0209	0.0222	0.0327	0.0563	0.0687	0.352	0.491
1.4	0.0226	0.0212	0.0349	0.0568	0.0726	0.327	0.505
1.5	0.0240	0.0203	0.0368	0.0570	0.0757	0.305	0.517
1.6	0.0251	0.0193	0.0381	0.0571	0.0780		
1.7	0.0260	0.0182	0.0392	0.0571	0.0799		
1.8	0.0268	0.0174	0.0401	0.0571	0.0812		
1.9	0.0272	0.0165	0.0407	0.0571	0.0822		
2.0	0.0277	0.0158	0.0412	0.0571	0.0829		
3.0	0.0279	0.0143	0.0415	0.0571	0.0832		
4.0	0.0282	0.0139	0.0417	0.0571	0.0833		
5.0	0.0284	0.0139	0.0417	0.0571	0.0833		
∞	0.0284	0.0125	0.0417	0.0571	0.0833		

表 D-3 一对边自由支持另一对边刚性固定的矩形板在均布载荷作用下的挠度与弯矩

$$w_{\max} = \begin{cases} k_1 \dfrac{qb^4}{Et^3}, & a>b \\ k_1 \dfrac{qa^4}{Et^3}, & a<b \end{cases} \quad \text{——板中点的最大挠度；}$$

$$M_y = \begin{cases} k_2 qb^2, & a>b \\ k_2 qa^2, & a<b \end{cases} \quad \text{——板中点垂直于 } x \text{ 轴的截面弯矩；}$$

$$M_x = \begin{cases} k_3 qb^2, & a>b \\ k_3 qa^2, & a<b \end{cases} \quad \text{——板中点垂直于 } y \text{ 轴的截面弯矩；}$$

$$\overline{M}_y = \begin{cases} -k_4 qb^2, & a>b \\ -k_4 qa^2, & a<b \end{cases} \quad \text{——板刚性固定边的中点弯矩。}$$

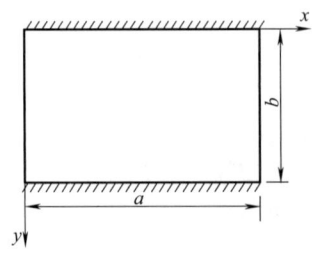

板的边长比	$a>b$				$a<b$			
	k_1	k_2	k_3	k_4	k_1	k_2	k_3	k_4
1.0	0.0214	0.0332	0.0244	0.0697	0.0214	0.0332	0.0244	0.0697
1.1	0.0228	0.0355	0.0230	0.0793	0.0274	0.0371	0.0307	0.0787
1.2	0.0244	0.0375	0.0215	0.0771	0.0348	0.0400	0.0376	0.0868
1.3	0.0256	0.0388	0.0203	0.0794	0.0424	0.0426	0.0446	0.0938
1.4	0.0262	0.0399	0.0192	0.0810	0.0502	0.0448	0.0514	0.0998
1.5	0.0270	0.0406	0.0179	0.0822	0.0580	0.0460	0.0585	0.1049
1.6	—	—	—	—	0.0658	0.0469	0.0650	0.1090
1.7	—	—	—	—	0.0729	0.0475	0.0712	0.1122
1.8	—	—	—	—	0.0799	0.0477	0.0768	0.1152
1.9	—	—	—	—	0.0863	0.0476	0.0821	0.1174
2.0	0.0284	0.0420	0.0142	0.0842	0.0922	0.0474	0.0869	0.1191
3.0	—	—	—	—	0.1276	0.0419	0.1144	0.1246
4.0	—	—	—	—	0.1383	0.0390	0.1223	0.1250
5.0	—	—	—	—	0.1412	0.0379	0.1243	0.1250
∞	0.0284	0.0417	0.0125	0.0833	0.1422	0.0375	0.1250	0.1250

附录 E 在中间弹性支座上连续压杆的稳定性曲线

图 E-1~图 E-8 所示为在中间弹性支座上连续压杆的稳定性曲线。

符号：

n——连续压杆的跨度数；

l——每跨的长度；

K——弹性支座的刚性系数；

I——压杆的截面惯性矩；

E——材料的弹性模量；

T——压杆的欧拉力；

j——压杆失稳时的半波数。

$$X_j = \frac{K}{\dfrac{\pi^4 EI}{l^3}}, \quad \lambda = \frac{T}{T_0} = \frac{T}{\dfrac{\pi^2 EI}{l^2}}$$

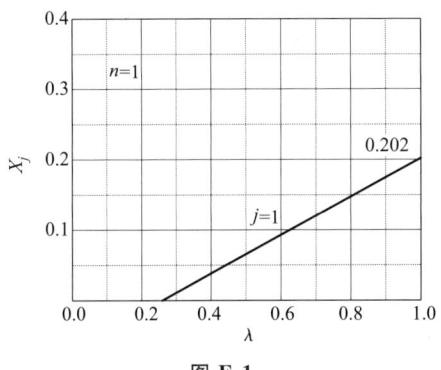

图 E-1

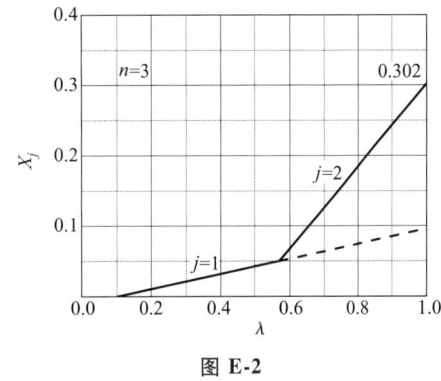

图 E-2

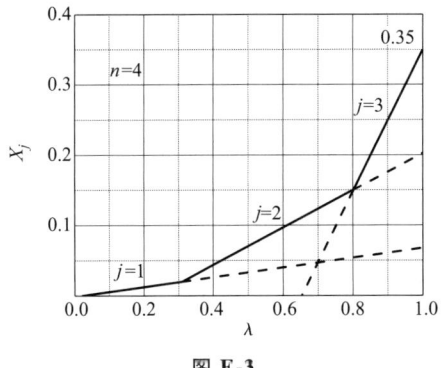

图 E-3

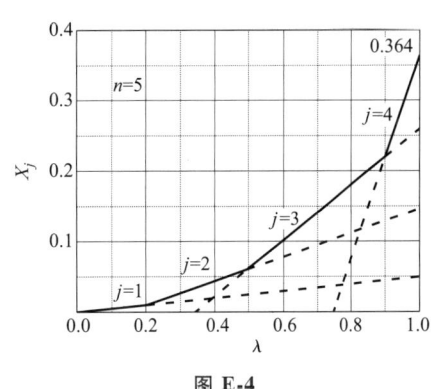

图 E-4

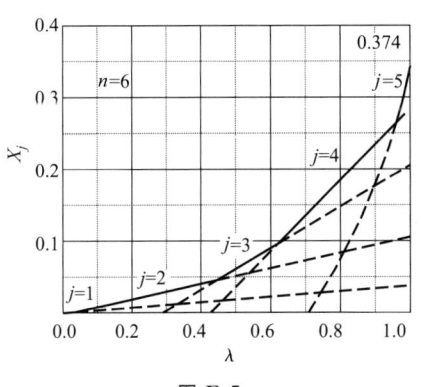

图 E-5

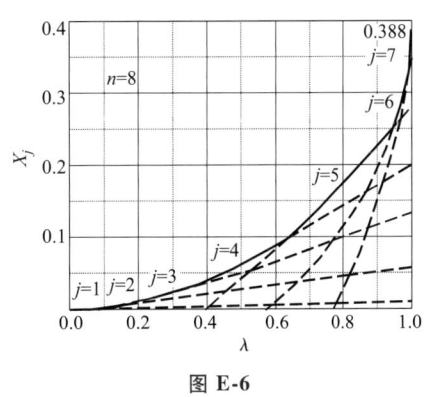

图 E-6

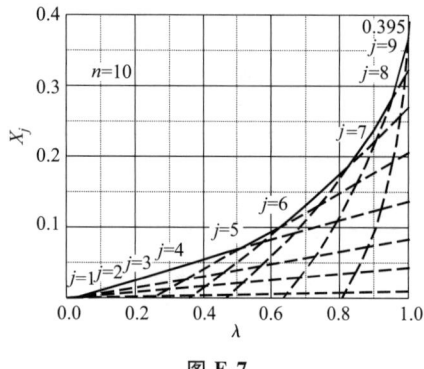

图 E-7

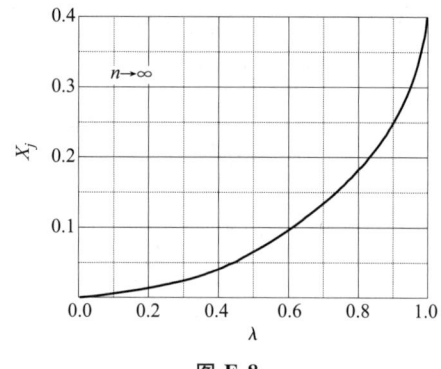

图 E-8

参 考 文 献

[1] 陈铁云，陈伯真. 船舶结构力学：修订本［M］. 北京：国防工业出版社，1984.

[2] 郭日修. 船舶结构力学在中国的传播和发展［J］. 力学与实践，2007（5）：74-77.

[3] 帕利，巴依佐夫，沃罗涅诺克. 船舶结构力学手册［M］. 徐秉汉，徐绚，徐铭麒，等译. 北京：国防工业出版社，2002.

[4] 戴仰山，沈进威，宋竞正，等. 船舶波浪载荷［M］. 北京：国防工业出版社，2007.

[5] 陈伯真. 薄壁结构力学［M］. 上海：上海交通大学出版社，1988.

[6] 吴梵，朱锡，梅志远. 船舶结构力学［M］. 北京：国防工业出版社，2010.

[7] 陆明万，罗学富. 弹性理论基础［M］. 北京：清华大学出版社，1990.

[8] 包世华，周坚. 薄壁杆件结构力学：修订版［M］. 北京：中国建筑工业出版社，2006.

[9] 聂武. 船舶计算结构力学［M］. 哈尔滨：哈尔滨工程大学出版社，2000.

[10] 胡毓仁，陈伯真. 船舶及海洋工程结构疲劳可靠性分析［M］. 北京：人民交通出版社，1996.

[11] 朱锡，吴梵. 舰艇强度［M］. 北京：国防工业出版社，2005.

[12] 陈海燕. ABAQUS 有限元分析从入门到精通［M］. 北京：电子工业出版社，2015.

[13] 沈亚鹏. 板壳理论［M］. 西安：西安交通大学出版社，1993.

[14] 吴连元. 板壳稳定性理论［M］. 武汉：华中理工大学出版社，1996.

[15] 刘光栋，罗汉泉. 杆系结构稳定［M］. 北京：人民交通出版社，1988.

[16] 周承倜. 薄壳弹塑性稳定性理论［M］. 北京：国防工业出版社，1979.

[17] 尼基福罗夫. 船舶结构声学设计［M］. 谢信，王轲，译. 北京：国防工业出版社，1998.

[18] 欧宝贵，朱加铭. 材料力学［M］. 哈尔滨：哈尔滨工程大学出版社，1997.

[19] 陈传尧. 疲劳与断裂［M］. 武汉：华中科技大学出版社，2002.

[20] 中国船级社. 船体结构疲劳强度指南［M］. 北京：人民交通出版社，2007.

[21] 侯海量，陈长海，白雪飞，等. 水面舰艇强度［M］. 北京：国防工业出版社，2020.

[22] 陈骥. 钢结构稳定理论与设计［M］. 3 版. 北京：科学出版社，2006.

[23] 许维军，李陈锋，王晓天. 潜艇强度［M］. 哈尔滨：哈尔滨工程大学出版社，2020.

[24] 聂晓玲. 船舶与海洋平台平地建造及气囊下水研究［D］. 哈尔滨：哈尔滨工程大学，2007.

[25] 赵育新. 大型滚装船下水安全性研究［D］. 哈尔滨：哈尔滨工程大学，2003.

[26] 朱珉虎. 柔性下水的时代来到了吗？［J］. 中国修船，2003，12（4）：48.

[27] 顾永宁. 船舶纵向下水弹性计算方法和结构安全性［J］. 上海交通大学学报，1996，30（10）：104-110.

[28] 孙菊香. 具有创新意义的中国船用气囊标准［J］. 科技信息，2005（6）：38.

[29] 鲁春林. 一种简便有效的下水（上排）方式［J］. 江苏船舶，2003（3）：4-9.

[30] 陈占阳. 船舶气囊下水安全性评估方法研究［D］. 哈尔滨：哈尔滨工程大学，2008.

[31] 王绍清，朱珉虎. 高承载力多层揉压气囊的研制与使用［J］. 造船技术，2006（5）：27-31.

[32] 吴正毅. 测试技术与测试信号处理［M］. 北京：清华大学出版社，2001.

[33] 陈海龙，许维军，万乐天. 加筋板结构后极限强度行为影响参数研究［J］. 哈尔滨工业大学学报，2015，47（5）：118-122.

[34] TANAKA Y, ANDO T, ANAI Y, et al. Ultimate Longitudinal Strength of Ships′ Hull Girder under Combined Loading［J］. Journal of the Japan Society of Naval Architects and Ocean Engineers, 2012, 16: 121-130.

[35] SAAD-ELDEEN S, GARBATOV Y, SOARES C G. Experimental assessment of the ultimate strength of a box girder subjected to severe corrosion [J]. Marine Structures, 2011, 24 (4): 338-357.

[36] ZHANG S, KHAN I. Buckling and ultimate capability of plates and stiffened panels in axial compression [J]. Marine Structures, 2009, 22 (4): 791-808.

[37] FUJIKUBO M, YAO T, KHEDMATI M R, et al. Estimation of ultimate strength of continuous stiffened panel under combined transverse thrust and lateral pressure part 1: continuous plate [J]. Marine Structures, 2005, 18 (5): 383-410.

[38] FUJIKUBO M, HARADA M, YAO T, et al. Estimation of ultimate strength of continuous stiffened panel under combined transverse thrust and lateral pressure part 2: continuous stiffened panel [J]. Marine Structures, 2005, 18 (5): 411-427.

[39] PAIK J K, KIM D K, PARK D H, et al. Modified Paik-Mansour formula for ultimate strength calculations of ship hulls [J]. Ships and Offshore Structures, 2013, 8 (3): 245-260.

[40] PAIK J K, SOHN J M. Effects of welding residual stresses on high tensile steel plate ultimate strength: nonlinear finite element method investigations [J]. Journal of Offshore Mechanics and Arctic Engineering, 2012, 134 (2): 21-41.

[41] CUI H, YANG P, SEN C, et al. Research on Ultimate Strength and Accumulated Plastic Deflection of Box Beam under Cyclic Loading [J]. Applied Mechanics and Materials, 2014, 496: 567-570.

[42] 肖文勇. 潜艇分段板式吊耳强度校核 [J]. 船海工程, 2007, 36 (5): 38-40.

[43] 刘玉贵, 徐书华, 汪雪凤, 等. 基于ABAQUS软件的大吨位钢箱梁施工吊耳的有限元分析 [J]. 钢结构, 2015, 30 (5): 56-59.

[44] XU W J, IIJIMA K, FUJIKUBO M. Parametric dependencies of the post-ultimate strength behavior of a ship's hull girder in waves [J]. Journal of Marine Science and Technology, 2012, 17 (2): 203-215.

[45] 李建彰, 任慧龙, 刘宁, 等. 气垫船起吊眼板的结构响应分析 [J]. 船海工程, 2013, 42 (6): 92-95.

[46] 肖文勇, 佘凯. 吊耳局部有限元建模技术分析 [J]. 船舶工程, 2009, 31 (S1): 94-97.

[47] 张平, 陈海涛, 沈剑毅. 大中型气垫船吊艇结构设计和起吊强度校核 [J]. 船舶工程, 2014, 36 (6): 5-8.

[48] 程国平. 船舶强度与结构设计 [M]. 北京: 人民交通出版社, 1998.

[49] 中国船级社. 内河高速船入级与建造规范2002 [M]. 北京: 人民交通出版社, 2002.

[50] 郑颖人, 王乐, 孔亮, 等. 钢材破坏条件与极限分析法在钢结构中的应用探索 [J]. 工程力学, 2018, 35 (1): 55-65.

[51] 吕岩松, 尹江南, 张二. 加肋凹型锥-环-柱结合壳塑性极限分析 [J]. 海军工程大学学报, 2019, 31 (4): 100-103.

[52] 祝露, 刘伟庆, 方海, 等. 腹板增强复合材料夹层板低速冲击试验与有限元分析 [J]. 南京工业大学学报 (自然科学版), 2017, 39 (5): 126-132.

[53] 刘向东, 庞福振, 姚熊亮. 敷设阻尼材料的圆柱壳声辐射性能实验分析 [J]. 船海工程, 2009, 38 (3): 26-31.

[54] 吴文伟, 吴崇健, 沈顺根. 双层加肋圆柱壳振动和声辐射研究 [J]. 船舶力学, 2002 (1): 44-51.

[55] 姚熊亮, 刘庆杰, 孙谦, 等. 基于ABAQUS平台对球冠结构焊接变形的数值试验 [J]. 焊接学报, 2007 (6): 89-92.

[56] 冯国庆, 任慧龙, 陈北燕, 等. 半潜式平台结构屈曲强度评估 [J]. 船舶工程, 2010, 32 (2): 67-72.

[57] 姚熊亮, 刘庆杰, 庞福振, 等. 厚壁球冠结构焊接变形及残余应力数值实验研究 [J]. 哈尔滨工程

大学学报，2007（4）：369-374.

[58] 冯国庆，任慧龙. 船体结构疲劳评估的设计波法［J］. 哈尔滨工程大学学报，2005，26（7）：430-434.

[59] 甄春博，冯国庆，任慧龙，等. 小水线面双体船结构疲劳评估方法研究［J］. 华中科技大学学报（自然科学版），2012，40（4）：96-99.

[60] 庞福振，姚熊亮，缪旭弘，等. 加筋球壳结构稳定性及其优化研究［J］. 机械强度，2012，34（3）：342-350.

[61] 邱昌贤，黄进浩，秦天，等. 内肋骨长舱段塑性总体稳定性计算方法研究［J］. 船舶力学，2021，25（9）：1232-1238.

[62] 王东海，任慧龙，邹勇. 平均应力对船体结构疲劳损伤计算的影响［J］. 哈尔滨工程大学学报，1998，19（1）：1-7.

[63] 王东海. 船体总纵弯曲时的疲劳强度分析［D］. 哈尔滨：哈尔滨工程大学，1998.

[64] 任慧龙，翟帅帅，于鹏垚，等. 砰击载荷作用下船艏结构瞬态响应研究［J］. 中国舰船研究，2013，8（6）：14-19.

[65] 冯国庆，任慧龙，李辉，等. 基于直接计算的半潜式平台结构总强度评估［J］. 哈尔滨工程大学学报，2009，30（3）：255-261.

[66] 徐志亭，赵超，王福花. 非线性砰击载荷对某大外飘型船舶疲劳损伤的影响［J］. 中国舰船研究，2019，14（6）：180-185.

[67] 彭丽华. 考虑雨流计数的频域疲劳计算方法［D］. 武汉：武汉理工大学，2018.

[68] 周渝航. 高低频组合应力对超大型集装箱船疲劳强度的影响研究［D］. 哈尔滨：哈尔滨工程大学，2020.

[69] 汪雪良，杨鹏，顾学康，等. 船体结构砰击总体载荷理论研究综述［J］. 中国舰船研究，2015，10（1）：7-18.

[70] 王迪. 弹振与颤振响应对超大型集装箱船的疲劳强度影响研究［D］. 哈尔滨：哈尔滨工程大学，2017.

[71] 中国船级社. 船体结构波激振动和砰击颤振直接计算评估指南［M］. 北京：人民交通出版社，2018.

[72] 任晨辉. 非线性波浪载荷对船体结构强度的影响研究［D］. 哈尔滨：哈尔滨工程大学，2016.

[73] 中国船级社. 船体结构疲劳强度指南［M］. 北京：人民交通出版社，2001.

[74] 徐海秋，王晓侠，陈志坚，等. 建造中的船体在船台上的应力松弛现象研究［J］. 中国舰船研究，2010，5（5）：72-76.

[75] 闵少松，王中，王海霖，等. 潜艇建造中的全站仪高精度转站方法［J］. 中国舰船研究，2017，12（5）：141-146.

[76] 李银山，官云龙，李彤，等. 求解变截面梁变形的快速解析法［J］. 工程力学，2015，32：116-121.

[77] 张寿富，朱小龙. 船舶布墩理论与实践［J］. 江苏船舶，1995，12（3）：19-20.

[78] 周上然. 简述墩木变形与反力的计算方法［J］. 上海船舶运输科学研究所学报，2016，39（1）：16-19.

[79] 程远胜，曾光武. 船舶坐墩配墩优化［J］. 中国造船，1995，1（128）：20-25.

[80] 程远胜，游建军. 船舶坐墩墩木布局及尺寸优化设计［J］. 船舶力学，2004，8（2）：64-69.

[81] 王福花，朱云翔，王维. 大型舰船坐坞强度衡准与计算方法［J］. 中国造船，2008，49（183）：83-88.

[82] 粟京，王钰涵，刘健，等. 半潜式钻井平台大型模块坞墩布置方案研究［J］. 船舶结构，2016

(3): 59-63.

[83] 刘金峰, 王佳颖, 刘涛. B 型独立液货舱 LNG 船的温度场分布 [J]. 船舶工程, 2017, 39 (4): 33-38.

[84] 邓波, 陈献军, 王辉辉. 船舶入浮船坞的坞墩优化布置 [J]. 造船技术, 2008 (6): 22-23.

[85] 张立刚, 王其昌, 梁有祥. 新造船坞墩布置经验和模糊计算方法 [J]. 造船技术, 2015, 3: 9-13.

[86] 章伟星, 李科浚, 周昊, 等. 薄膜式 LNG 运输船温度场研究 [J]. 天然气工业, 2005, 25 (10): 110-112.

[87] 王佳颖. LNG 船进坞坞墩布置设计研究 [J]. 船舶工程, 2012, 34 (2): 121-124.

[88] 周敏, 徐义刚, 陈涛. 大型集装箱船坞墩反力简化计算法分析 [J]. 船海工程, 2017, 46 (6): 17-21.

[89] 刘文, 胡术, 李辉. 潜艇隐蔽效能建模与快速计算 [J]. 舰船科学技术, 2023, 45 (6): 39-46.

[90] 潘杰. 潜艇非耐压结构抗爆性能研究 [D]. 哈尔滨: 哈尔滨工程大学, 2012.

[91] FATHALLAH E, QI H, TONG L L, et al. Design Optimization of Lay-up and Composite Material System to Achieve Minimum Buoyancy Factor for Composite Elliptical Submersible Pressure Hull [J]. Composite Structures, 2015, 121: 16-26.

[92] 王珂晟. 复合材料圆柱壳稳定性分析及其新算法研究 [D]. 长沙: 国防科学技术大学, 2002.

[93] 马骋, 李宪栋, 许维军. 水下航行器复合材料耐压壳优选设计研究 [J]. 装备环境工程, 2023, 20 (9): 58-65.

[94] 李彬. 水下航行器复合材料耐压壳优化设计方法研究 [D]. 哈尔滨: 哈尔滨工程大学, 2019.

[95] 陈悦, 朱子旭, 李永清, 等. 夹层复合材料耐压圆柱壳深水静压承载特性分析 [J]. 海军工程大学学报, 2018 (2): 83-87.

[96] 柯仙送. 受压复合材料圆柱壳破坏的数值分析与试验研究 [D]. 南京: 南京航空航天大学, 2017.

[97] 冯丽娜, 熊健, 郑伟, 等. 复合材料波纹夹层圆柱壳设计及轴压性能 [J]. 复合材料学报, 2016, 33 (2): 418-429.

[98] 李峰, 刘加顺, 张恒铭. 复合材料圆柱壳的轴压屈曲失效试验 [J]. 复合材料学报, 2017, 34 (7): 1469-1477.

[99] OHGA M, WIJENAYAKA A S, CROLL J G A. Buckling of Sandwich Cylindrical Shells Under Axial Loading [J]. Steel & Composite Structures, 2005, 5 (1): 1-15.

[100] 中国航空研究院. 复合材料结构稳定性分析指南 [M]. 北京: 航空工业出版社, 2002.

[101] 王振世. 变厚度复合材料层合板铺层递减设计 [D]. 南京: 南京航空航天大学, 2009.

[102] 任慧龙, 李陈峰. 破损舰船剩余承载能力分析 [J]. 大连海事大学学报 (自然科学版), 2008, 34 (1): 10-14.

[103] 李峰, 张恒铭. MATLAB 复合材料力学 [M]. 北京: 科学出版社, 2022.

[104] 朱子旭, 李永清, 朱锡, 等. 夹芯复合材料耐压壳舱段仿真计算及临界环肋高度确定方法研究 [J]. 哈尔滨工业大学学报, 2019, 51 (5): 155-162.

[105] CRAVEN R, GRAHAM D, DALZEL-JOB J. Conceptual Design of a Composite Pressure Hull [J]. Ocean Engineering, 2016, 128: 153-162.

[106] 潘涛. 深潜器耐压结构强度分析与优化设计 [D]. 哈尔滨: 哈尔滨工程大学, 2010.

[107] 周维新. 复合材料新型水下耐压壳及船舶结构特性研究 [D]. 武汉: 华中科技大学, 2015.

[108] 张延昌, 刘昆, 王璞, 等. 半潜式钻井平台承载力极限状态设计 [J]. 船舶, 2015, 26 (2): 1-13.

[109] 何懋华, 孙树民. 南海固定式平台极限承载能力分析 [J]. 船海工程, 2013, 42 (5): 161-165.

[110] 杨蕃菲, 周国强, 王维刚. 基于相似模型的导管架平台的极限承载能力分析 [J]. 装备制造技术,

2015, 242 (2): 90-92.

[111] 文艳, 张云峰, 崔桂媛, 等. 大型浮式平台结构强度 [J]. 中国海洋平台, 2019, 34 (5): 37-40.

[112] 魏涛. 半潜式平台结构强度评估比较研究 [D]. 哈尔滨: 哈尔滨工程大学, 2009.

[113] PAIK J K, MANSOUR A E. A simple formulation for predicting the ultimate strength of ships [J]. Journal of Marine Science and Technology, 1995 (1): 52-62.

[114] 郭昌捷, 唐翰岫, 周炳焕. 受损船体极限强度分析与可靠性评估 [J]. 中国造船, 1998 (4): 49-56.

[115] RAHMAN-M K. Ultimate strength estimation of ship's transverse frames by incremental elastic-plastic finite element analysis [J]. Marine structure, 1998 (11): 291-317.

[116] CHUANG F, GUANG W Z, ZHONG Y F. Discussion about ultimate longitudinal strength criterion in the rules of high speed craft [J]. Int. Shipbuilding Progress, 2000, 47 (449): 53-60.

[117] 孙久龙, 胡毓仁. 船体总纵极限弯矩计算的一种简化方法及程序开发 [J]. 船舶力学, 2001 (4): 38-46.

[118] 矢尾哲也. Progressive collapse analysis of a ship's hull under longitudinal bending [C] //日本机械学会. 日本造船学会论文集, 东京: 日本机械学会, 1991.

[119] 何福志, 万正权. 船体结构总纵极限强度的简化逐步破坏分析 [J]. 船舶力学, 2001 (5): 21-35.

[120] 贺双元. 船体梁总纵极限强度分析 [D]. 武汉: 武汉理工大学, 2005.

[121] 贺双元, 吴卫国, 甘进. 液化天然气船船体极限强度分析 [J]. 中国舰船研究, 2008, 3 (6): 30-33.

[122] AMLASHI II K K, MOAN T. Ultimate strength analysis of a bulk carrier hull girder under alternate hold loading condition-A case study Part 1: Nonlinear finite element modelling and ultimate hull girder capacity [J]. Marine Structures, 2008 (21): 327-352.

[123] 彭大炜, 张世联. 结构极限强度分析的三种有限元解法研究 [J]. 中国海洋平台, 2010, 25 (2): 1-5.

[124] PAIK J K, SOHN J M. Effects of welding residual stresses on high tensile steel plate ultimate strength: Nonlinear finite element method investigations [J]. Offshore Mechanics and Arctic Engineering, 2012 (134): 1-6.

[125] 余洋喆. 半潜式平台结构极限承载力研究 [D]. 哈尔滨: 哈尔滨工程大学, 2018.

[126] 赵南. 复杂载荷作用下超大型浮体极限强度研究 [D]. 北京: 中国舰船研究院, 2018.

[127] 沈中祥. 深海半潜式平台关键结构极限强度研究 [D]. 镇江: 江苏科技大学, 2013.

[128] 樊佳. 基于设计波法的舰船整船有限元强度分析 [D]. 武汉: 华中科技大学, 2011.

[129] 钟音, 李德祥. 客船波浪载荷直接计算方法的研究 [J]. 辽宁航海, 2013 (1): 4-8.

[130] 曾志. 半潜式平台气隙响应的预报 [D]. 上海: 上海交通大学, 2009.

[131] 姜峰. 基于非线性有限元方法的半潜式平台极限强度研究 [D]. 哈尔滨: 哈尔滨工程大学, 2010.

[132] 卢润泽. 舰船总纵弯曲极限承载能力分析 [D]. 哈尔滨: 哈尔滨工程大学, 2012.

[133] 余磊. 动态弯矩载荷作用下船体梁结构极限强度数值模拟 [D]. 哈尔滨: 哈尔滨工程大学, 2018.

[134] 刘帆, 李德江, 冯国庆, 等. 组合载荷下半潜式平台极限强度评估方法研究 [J]. 华中科技大学学报 (自然科学版), 2019, 47 (11): 103-108.

[135] 徐栋, 刘俊, 刘社文. 冰载荷作用下极区船舶极限载荷准则研究 [J]. 船舶力学, 2014 (3): 280-290.

[136] 崔维成, 刘峰, 胡震, 等. 蛟龙号载人潜水器的7000米级海上试验 [J]. 船舶力学, 2012, 16 (10): 31-43.

[137] 易伏斌. 集装箱船的结构分析和设计研究 [D]. 哈尔滨：哈尔滨工程大学，2012.

[138] 王鹏飞，江亚彬，宋江，等. 深海用复合材料耐压壳体结构设计方法研究 [J]. 复合材料科学与工程，2020（11）：49-53.

[139] 王东海，李润培，杜忠仁，等. 1700TEU 集装箱船甲板大开口强度分析 [J]. 上海交通大学学报，2002，36（1）：107-111.

[140] 王建辉. 超大型集装箱船疲劳强度评估研究 [D]. 哈尔滨：哈尔滨工程大学，2017.

[141] 盛振邦，杨尚荣，陈学深. 船舶静力学 [M]. 北京：国防工业出版社，1984.

[142] 甄春博，冯国庆，任慧龙，等. 小水线面双体船结构疲劳评估方法研究 [J]. 华中科技大学学报（自然科学版），2012，40（4）：96-99.

[143] 李依阳. 船舶结构疲劳强度评估的设计波法 [D]. 哈尔滨：哈尔滨工程大学，2010.

[144] 韩钰，杨旭. 4250TEU 集装箱船的结构设计 [J]. 船舶，2009，20（5）：17-22.

[145] 吴晓源. 大型 FPSO 船舶结构疲劳寿命预报方法研究 [D]. 上海：上海交通大学，2008.

[146] 钟音. 舰船结构疲劳强度评估方法研究 [D]. 哈尔滨：哈尔滨工程大学，2007.

[147] 余小川，唐永生，杜忠仁，等. 8530 TEU 大型集装箱船船中货舱区舱口角隅疲劳强度校核 [J]. 船舶，2005（6）：22-26.

[148] 冯国庆，任慧龙. 船体结构疲劳评估的设计波法 [J]. 哈尔滨工程大学学报，2005（4）：430-434.

[149] 王东海，李润培，杜忠仁，等. 1700 TEU 集装箱船甲板大开口强度分析 [J]. 上海交通大学学报，2002（1）：107-111. DOI：10.16183/j.cnki.jsjtu.2002.01.028.

[150] 赵虹. 集装箱船结构特点及建造方针的研究 [D]. 哈尔滨：哈尔滨工程大学，2001.

[151] 刘峰. 深海载人潜水器的现状与展望 [J]. 工程研究-跨学科视野中的工程，2016，8（2）：172-178.

[152] 刘峰，王力丰，韩端锋，等. 载人潜器耐压球壳参数化设计与稳定性分析 [J]. 海洋技术学报，2015，34（1）：32-37.

[153] 刘峰，韩端锋，王小波，等. 载人潜器水动力性能研究 [J]. 科技导报，2014，32（6）：29-33.

[154] 伍莉，徐治平，张涛，等. 球形大深度潜水器耐压壳体优化设计 [J]. 船舶力学，2010，14（5）：509-515.

[155] 曲文新，韩端锋，刘峰. 载人潜水器耐压壳结构临界失稳压力研究 [J]. 船舶，2013，24（3）：42-47.

[156] 刘峰，韩端锋，曲文新. 载人潜器耐压球壳开孔加强结构优化设计 [J]. 武汉理工大学学报，2013，35（9）：50-56.

[157] 王丹，万正权. 考虑初始形状影响的耐压球壳临界载荷简化计算公式 [J]. 船舶力学，2014，18（5）：557-565.

[158] 姚军. 载人潜水器耐压壳多目标优化设计 [D]. 哈尔滨：哈尔滨工程大学，2014.

[159] 曲文新. 载人潜水器耐压壳结构设计与分析 [D]. 哈尔滨：哈尔滨工程大学，2013.

[160] 陆蓓，刘涛，崔维成. 深海载人潜水器耐压球壳极限强度研究 [J]. 船舶力学，2004（1）：51-58.

[161] 赵彦凯. 多开孔柱状耐压结构稳健性优化 [D]. 哈尔滨：哈尔滨工程大学，2021.

[162] GHAVAMI K, KHEDMATI M R. Numerical and experimental investigations on the compression behavior of stiffened plates [J]. Journal of Constructional Steel Research，2006，62（11）：1087-1100.

[163] 姚熊亮，刘庆杰，孙谦. 球面舱端隔壁结构焊接变形研究 [J]. 哈尔滨工程大学学报，2006（6）：806-811.

[164] 甄春博，任慧龙，冯国庆. 三体船典型节点 Weibull 分布形状参数估计 [J]. 武汉理工大学学报，2012，34（7）：57-60.

[165] 汪鲁兵. 竖轴潮流水轮机水动力性能理论与实验研究 [D]. 哈尔滨：哈尔滨工程大学，2006.

[166] 宋世伟，张二，吴梵. 基于 Abaqus 的环肋圆柱壳长舱段稳定性分析与结构优化 [J]. 航海工程，2011，40（6）：7982.

[167] MANSOUR A E, LOZOW J. Stochastic theory of the slamming response of marine vehicle in waves [J]. Journal of Ship Research，1982，26（4）：276-285.

[168] 戴仰山，贺五洲. 底部砰击预报 [J]. 中国造船，1979（2）：37-48.